都信息工程大学银杏酒店管理学院资助科研项目

旅游住宿业升级增效研究

——成都市旅游住宿业“十三五”发展研究报告

STUDY ON SYNERGISM OF TOURISM UPGRADE

韩勇　魏佳　陈颖 等◎著

中国旅游出版社

前言

近年来，中国旅游业不断发展，旅游业在国民经济与社会结构中的地位不断提升，区域旅游一体化进程加快明显，全域旅游已经成为当前国内旅游业发展的重要趋势之一。此外，旅游新业态不断涌现，“旅游 + 农业”“旅游 + 工业”“旅游 + 研学”“旅游 + 医疗”等新业态已经成为行业发展、产业提档升级的重要途径，大量创业创新团队的进入带动了资本市场发展，大型投资公司纷纷进入旅游领域，旅游产业迎来了最好的发展阶段。在此大背景下，国民旅游市场需求旺盛，以大众旅游为基础的自驾游、体验游等新常态旅游消费，已经成为旅游经济平稳运行的坚实支撑，旅游业的供给侧改革将为行业发展带来更强的动力。

随着旅游业外延的不断扩大，传统的酒店业也逐渐演化为含义更广泛的住宿业。随着旅游和住宿业结合的更加紧密，旅游住宿业的概念应运而生，旅游业的带动已然成为住宿业快速增长的新亮点。据不完全统计，2016 年中国住宿全行业经营单位已经达到 57.4 万个，新的经营主体不断进入，住宿行业规模持续扩张。观其现状，这种变化主要体现在三个方面：一是旅游住宿业消费不断升级。住宿业由本地消费向异地消费转移，由单一消费向多样消费转移，由规模消费向个性消费转移，主题酒店、特色民宿、服务式公寓及民宿、客栈等新兴业态不断兴起。二是产业不断升级。由标准住宿向非标准住宿转移，由标准服务向个性定制服务转移。三是行业运营升级。在互联网及移动互联网发展的带动下，传统酒店开始转变其运营思路，开始利用微博、微信等新媒体进行酒店运营推广，创新、服务、产品齐头并进；运营对象不断调整，越来越多的消费者不再满足于“住酒店”，追求个性差异的消费者逐渐成为旅游住宿业主流消费人群。

成都旅游住宿业在“十二五”期间快速发展，截至 2015 年 5 月，成都市共有旅游住宿企业 8403 家，其中星级酒店 130 家、商务连锁酒店 563 家、乡村酒店 3069 家、社会旅馆 4641 家。这期间，成都市旅游住宿业发展呈现出如下特征：一是旅游住宿业在结构调整中快速增长，成为推动成都市旅游业发展的重要力量，虽然星级酒店增长速度缓慢，但是商务连锁酒店、乡村酒店和社会旅馆发展迅猛，增长了近一倍。二是旅游住宿业态日趋完整。新的业态如养老公寓、青年旅店、度假酒店、主题客栈、乡村民宿、养生山庄、森林旅馆、汽车旅馆、帐篷营地等不断涌现。三是星级酒店营业总收入呈上升趋势，而经济型连锁酒店、主题酒店、乡村酒店和社会旅馆的收益则稳步增长，一定程度上反映了社会需求和发展趋势，与这一发展趋势相适应的是投资星级酒店的增长率开始下降，而经济型连锁酒店、乡村酒店、民宿客栈、度假酒店等投资快速上升。四是绿色服务意识增强，节能降耗备受重视。截至2016年12月，成都市绿色饭店已达20家，其中金叶级14家、银叶级6家。五是信息化、智能化普遍受到重视。星级酒店、商务连锁酒店基本上实现智能化管理。“十三五”时期是成都旅游住宿业的关键发展时期，随着成都作为国家中心城市地位的确立，国家“一带一路”战略的部署，“中优、西控、北改、东进、南拓”城市发展战略的提出，成都建设世界旅游目的地城市目标的确定，旅游住宿业作为旅游要素的组成部分，必将成为成都旅游业发展的重要支撑。总之，总结成都市旅游住宿业等发展的成绩与经验，探讨转型升级、提质增效的途径和方法，将是成都旅游住宿业在“十三五”期间或者更长一段时期面临的重大问题。

本研究团队在大量调查研究的基础上，结合成都旅游住宿业发展实际，提出了系列观点和建议，试图探索成都市旅游住宿业转型升级、提质增效的最佳途径。本书内容和结构分成三大部分。第一部分是总体研究报告，包括发展环境、发展战略、发展目标、发展任务和保障措施。在发展环境方面，总结了成都市旅游住宿业“十二五”期间的发展成就，分析了存在的问题和原因，探讨了“十三五”期间面临的机遇与挑战。第二部分为专题研究。研究团队对成都市旅游住宿业空间区域与投资规划、经营项目及特色建设规划、人力资源发展规划、智能化建设规划、环境保护及绿色发展规划、市场营销规划等进行了深入、系统的研究，有针对性地提出了一系列成都市旅游住宿业发展新思路、新机制和新模式。第三部分为附录，主要是调查研究资料汇编，包括成都市20个区市县旅游住宿业单位区域分布示意图；成都市20个区县市旅游住宿业单位名单；成都市绿色饭店名单；以及2014年全国重点旅游城市星级饭店主要指标排名前十位统计表；2014年四川省星级饭店主要经济指标统计表；2014年中国饭店60强名单等。其中成都市20个区市县旅游住宿业单位区域分布示意图和名单，是课题组通过各种渠道调研统计的成果，第一次比较准确地统计了成都市旅游住宿业各种业态的区域分布和具体单位，对成都市旅游住宿业的现状分析和发展研究有着十分重要的意义。

参与本书撰写的学校有：成都信息工程大学银杏酒店管理学院、成都大学、成都理工大学、成都信息工程大学、成都职业技术学院等。市旅游局局长多央拉姆，旅游市场监督管理处处长杨健，刘媛媛等在课题研究过程中给予了各方面的指导和帮助，在此表示衷心感谢！同时，四川大学李原教授，成都饭店协会会长安茂成，四川盛嘉饭店管理有限公司总经理鲍小伟，成都旅游饭店协会秘书长龚宇，岷山酒店管理公司总经理蒲琳，西藏饭店陈蓉总经理，金牛宾馆武国强总经理，成都安泰锦云酒店袁惠总经理，天府阳光酒店赵彩虹总经理等住宿业行业专家对本书提出了建设性意见和专业指导，在此一并表示感谢。参加本书撰写的有韩勇、魏佳、陈颖、陈进忠、黄萍、黄方正、宋雪茜、刘芸、杨道静、傅剑波、朱万木、肖晓、龚燕、孙传宝、赵萍。本书在出版过程中，中国旅游出版社段向民老师、徐峥老师提出了许多宝贵修改意见，在此一并致谢！

成都市旅游局副局长　杨齐英

2017年5月22日

目录

第一章

成都市旅游住宿业发展研究分析

第一节　2010—2014年度回顾与现状分析

成都市旅游住宿业作为成都市改革开放的窗口、服务业品质的引领者、旅游业发展的基础和旅游就业的核心，在市委市政府的领导下，坚持“稳中求进、改革创新、统筹发展”的工作基调，围绕“转型升级、优化监管、细化服务”的工作思路，排除各种艰难，在2010—2014的“十二五”期间得到快速的发展，呈现出如下的特征。

一、旅游住宿业在结构调整中整体快速增长

2010—2015年期间，成都市旅游住宿业在整体上得到快速发展。截至2015年5月，成都市共有旅游住宿企业8403家。其中星级饭店130家；商务连锁酒店563家；乡村酒店3069家；社会旅馆4641家[①]。五年期间，虽然星级饭店数量分别增长为2.13%、-2.17%、-1.47%、2.16%、-6.47%（见表1-1），呈下降趋势，但商务连锁酒店、乡村酒店和社会旅馆增长近一倍，从而呈现整体快速发展的势头。

表1-1　近五年成都星级饭店数量变化情况（家）

年份/时间	总数	5星级	4星级	3星级	2星级以下	1星级
2010年	138	12	29	67	27	3
2011年	141	14	30	67	27	3
2012年	138	13	31	66	25	3
2013年	136	13	34	65	21	3

① 成都市旅游住宿业名录见附录

续表

年份/时间	总数	5星级	4星级	3星级	2星级以下	1星级
2014年	139	16	34	65	21	3
2015年	130	18	36	56	20	0

二、成都市旅游住宿业态趋于完整，区域分布广泛

2010—2015 年期间，成都市旅游住宿业适应市场发展通过多种业态满足游客的需求，包括最具代表性的星级饭店、商务连锁酒店、乡村酒店和各类社会旅馆。其中大邑县、都江堰市、青羊区、金牛区星级饭店在所在区域占比较高；乡村酒店在所在区域占比较高的是邛崃市、彭州市、都江堰市；金牛区、锦江区、青羊区的商务连锁酒店在所在区域占比较高；郫县、双流县、新都区的社会旅馆从数量及所占比例上都较高①（见表 1-2）。其中青羊区、金牛区、武侯区星级饭店的数量位列前三（见图 1-1）；武侯区、青羊区、锦江区的商务连锁酒店位列前三（见图 1-2）；彭州市、邛崃市、郫县乡村酒店位列前三（见图 1-3）；武侯区、青羊区、锦江区社会旅馆位列前三（见图 1-4）。

表 1-2 成都各类旅游住宿设施数量及区域占比

区市县	星级酒店（家）	区域占比（%）	商务连锁酒店（家）	区域占比（%）	乡村酒店（家）	区域占比（%）	社会旅馆（家）	区域占比（%）
锦江区	16	3.40	69	14.68	4	0.85	381	81.06
青羊区	27	3.80	91	12.82	3	0.42	589	82.96
金牛区	19	5.05	58	15.43	46	12.23	253	67.29
武侯区	17	1.31	149	11.48	121	9.32	1011	77.89
成华区	7	1.83	46	12.01	26	6.79	304	79.37
高新区	5	1.70	36	12.24	43	14.63	210	71.43
龙泉驿区	3	0.69	12	2.76	296	68.05	124	28.51
温江区	1	0.48	13	6.22	85	40.67	110	52.63
新都区	4	0.96	9	2.16	181	43.51	222	53.37
青白江区	1	1.28	5	6.41	30	38.46	42	53.85
双流县	7	1.22	30	5.24	218	38.05	318	55.50
郫县	2	0.28	15	2.10	390	54.70	306	42.92
蒲江县	3	1.99	3	1.99	56	37.09	89	58.94
大邑县	5	6.41	0	0.00	41	52.56	32	41.03
金堂县	1	0.43	3	1.29	127	54.74	101	43.53

① 成都市旅游住宿业分布状态示意图见附录 1

续表

区市县	星级酒店（家）	区域占比（%）	商务连锁酒店（家）	区域占比（%）	乡村酒店（家）	区域占比（%）	社会旅馆（家）	区域占比（%）
新津县	0	0.00	3	1.35	133	59.64	87	39.01
都江堰市	8	1.88	16	3.76	255	60.00	146	34.35
彭州市	0	0.00	3	0.49	477	77.94	132	21.57
邛崃市	2	0.40	1	0.20	403	80.44	95	18.96
崇州市	2	0.88	1	0.44	134	59.29	89	39.38

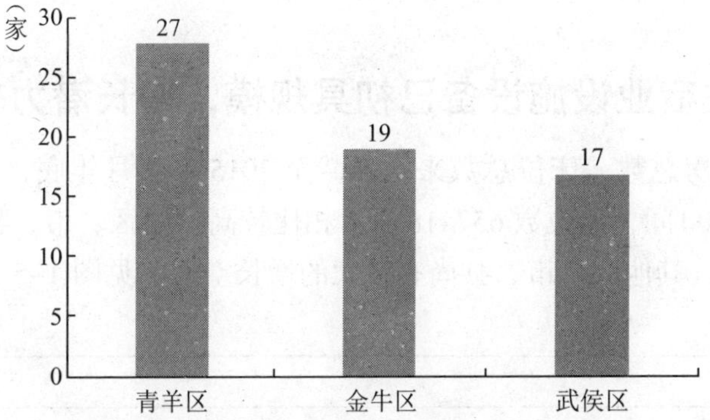

图 1-1　成都市星级饭店数前三名

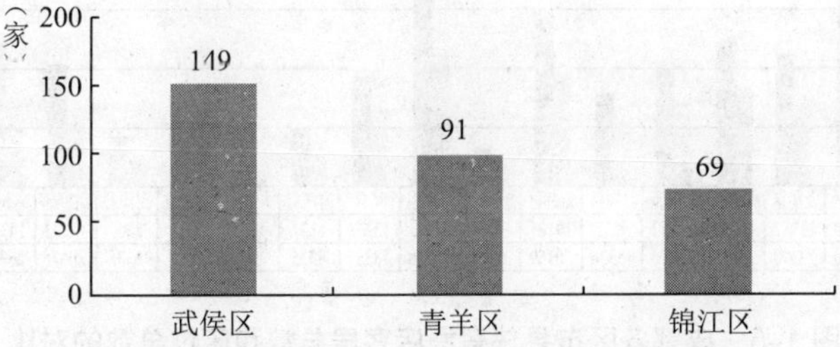

图 1-2　成都市商务连锁酒店数前三名

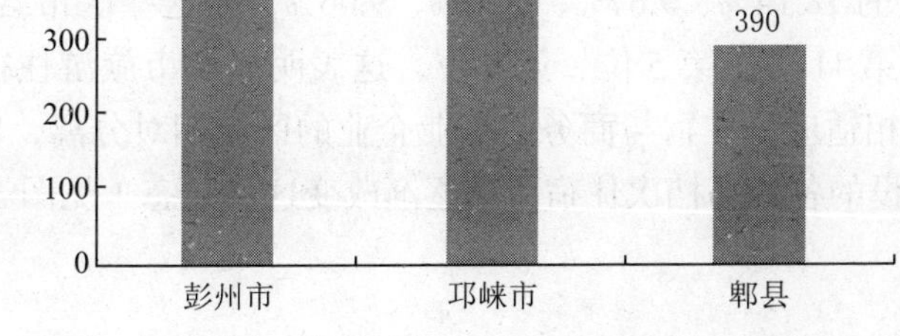

图 1-3　成都市乡村酒店数前三名

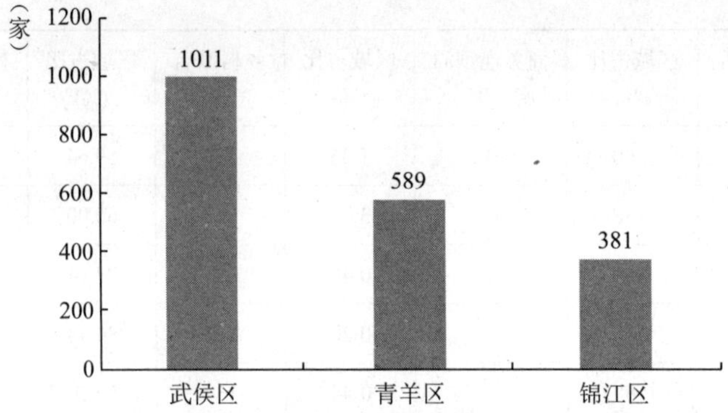

图 1-4 成都市社会旅馆数前三名

三、旅游住宿业设施设备已初具规模，增长潜力较大

从各区市县客房总数、床位总数来看，截至 2015 年 5 月年底，成都市旅游住宿业客房总数约为 397000 间，床位数 657418 张。相比较高值的区、市、县，分别是武侯区、青羊区、金牛区等，其他区、市、县尚有较大的增长空间（见图 1-5）。

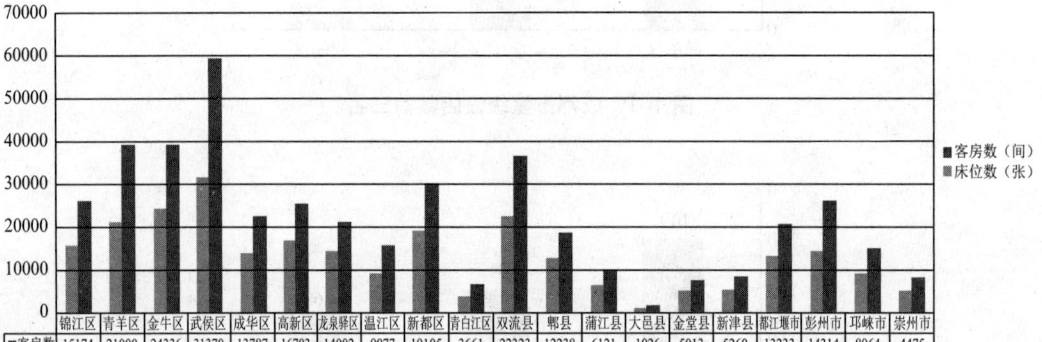

	锦江区	青羊区	金牛区	武侯区	成华区	高新区	龙泉驿区	温江区	新都区	青白江区	双流县	郫县	蒲江县	大邑县	金堂县	新津县	都江堰市	彭州市	邛崃市	崇州市
客房数	15174	21000	24336	31370	13787	16703	14002	9077	19105	3661	22323	12238	6121	1026	5013	5260	13233	14314	8964	4475
床位数	25873	39206	39060	59260	22390	25325	20976	15336	30159	6503	36338	18337	9935	1582	7626	8335	20675	26013	14755	7935

图 1-5 成都各区市县住宿酒店客房总数和床位总数的对比

四、同地方经济文化传统相适应，住、商、工区域分布明显

从成都各区、市、县住宿企业数量来看，武侯区、郫县、青羊区、双流县 2014 年分别占全市住宿业的 18.14%、9.67%、9.51%、9.06%，而这些区市县 GDP 分别位于全市排名的第 4 位、第 11 位、第 5 位、第 9 位，这表明成都市旅游住宿业的分布结构与地方文化传统习惯相适应，住宿与商务、工业企业的区域相对分离，但正在发展的北改工程和天府新区建设的各种高档次住宿业将逐渐改变这种状态（见图 1-6）。

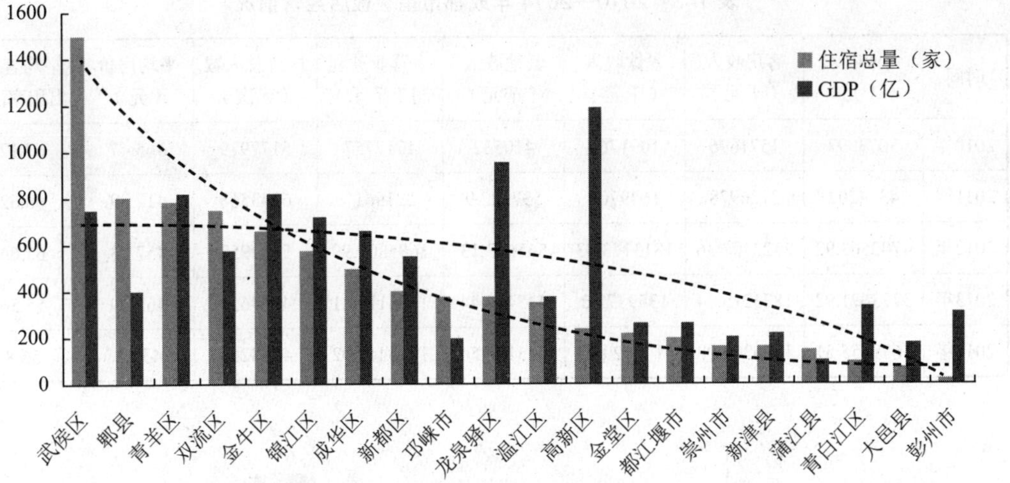

图 1–6　成都各区市县住宿酒店的总数和 GDP 的对比

五、成都市旅游住宿业经营业绩起伏并逐渐平稳提升

2010—2014 年星级饭店平均出租率徘徊在 55.56%~68.62% 之间，平均房价分别为 365.47 元、412.89 元、457.83 元、462.69 元、439.2 元（见图 1–7）。

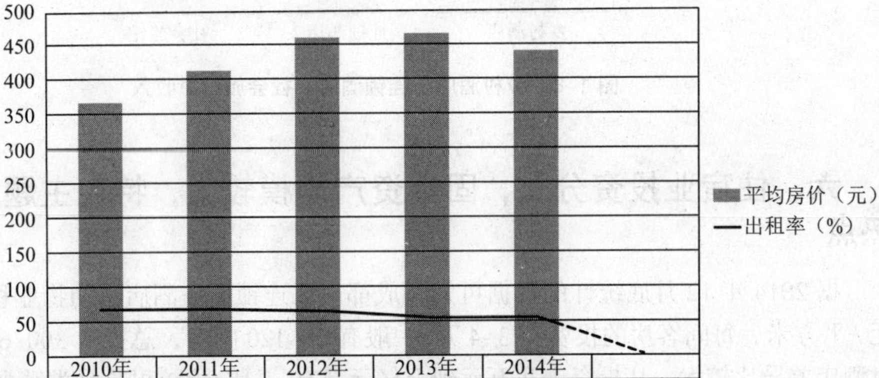

	2010年	2011年	2012年	2013年	2014年
平均房价（元）	365.47	412.89	457.83	462.69	439.2
出租率（%）	67.12	68.62	65.66	55.56	56.8

图 1–7　2010—2014 年成都酒店平均房价及出租率

从人工成本费用来看，近三年三星级以上酒店平均人工成本呈逐年递增趋势，分别为 26.76%，30.90%，33.98%。

从收入情况来看，2010—2014 年间星级饭店的总收入分别为 3073997、4314202、4702563.92、3773671.92、3689455.51 千元（见表 1–3），2014 年乡村酒店的总收入约为 19.4 亿元，连锁酒店的总收入约为 16 亿元，社会旅馆的总收入约为 65 亿元（见图 1–8）。总体看来星级饭店前期收益较高，后期下滑。而连锁酒店、乡村酒店和社会旅馆的收益稳定增长，说明社会需求的基本状态和发展趋势。

表 1-3　2010—2014 年成都市星级饭店经营情况

时间	营业收入（千元）	客房收入（千元）	餐饮收入（千元）	其他收入（千元）	主营业务利润（千元）	接待总人数（人次）	平均房价（元）	平均客房出租率(%)
2010年	3073997	1571696	1091769	410532	1717757	5177919	365.47	67.12
2011年	4314202	2126978	1649701	537522.9	2219611	6243568	412.89	68.62
2012年	4702563.92	2323707.36	1813173.43	565683.13	1685801.99	5692953	457.83	65.66
2013年	3773671.92	1873215.94	1359372.2	445414.44	1008113.21	4204653	462.69	55.56
2014年	3689455.51	1865307.08	1145429.45	425166.56	1046416.02	4238268	439.2	56.8

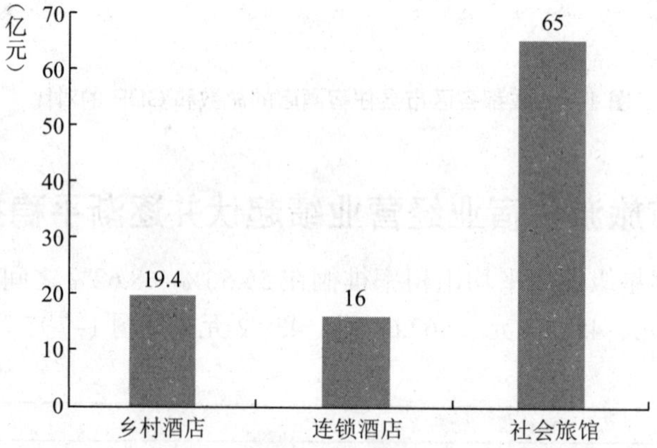

图 1-8　乡村酒店、连锁酒店、社会旅馆总收入

六、住宿业投资分化，固定资产规模较大，特色主题化成投资热点

据 2014 年 12 月底统计的数据可知，成都市区连锁商务酒店平均物业租金为 30~60 元 / 平方米，每间客房的投资在 3~4 万，一般有 60~120 间房，总投入 300~600 万元。乡村酒店差异比较大，从投资十几万元到上亿元都有。社会旅馆更是种类繁多，从家庭自营型到规模已达星级饭店都有。从投资状态来看，旅游住宿业成为这个时期投资热点，虽然星级饭店增长率开始下降，到 2014 年 12 月底，从已统计的 68 家星级饭店来看，固定资产投资总额已达 370108.5 千元，但商务连锁酒店、乡村酒店和社会旅馆投资却快速上升。同时星级饭店、商务连锁酒店、乡村酒店和社会旅馆都在向主题特色化方向转变，并在不断加大这方面的投入（见表 1-4）。

表 1-4　星级饭店的固定资产总额

汇总报告期	汇总数（家）	固定资产小计（千元）
2010年	126	5741459

续表

汇总报告期	汇总数（家）	固定资产小计（千元）
2011年	137	5647304
2012年	125	5382364
2013年	118	5564528.5
2014年	68	370108.5

七、人力资源规模较大，但整体专业素质尚待提高

截至 2014 年底，成都市有旅游住宿业从业人员约 40 万人。其中五星级星级饭店员工约 4.8 万人，占住宿业从业人员的 12%；四星级饭店员工约 5.2 万人，占 13%；三星级饭店员工约 5.6 万人，占 14%，二星级饭店员工比例最大，约 19.2 万人，占 48%；其他住宿企业员工约 5.2 万人，占 13%。从员工学历结构来看，本科以上学历占 7.83%，专科学历占 17.58%，高中或中专学历占比最高，达 47.86%，初中及以下占 26.73%，员工受教育程度较低，以初高中为主。这表明星级饭店对成都市劳动就业具有较高的承载力度和服务支持力度。另外，成都旅游住宿业的从业人员综合素质和专业素质还有较大的提升空间（见图 1–9）。

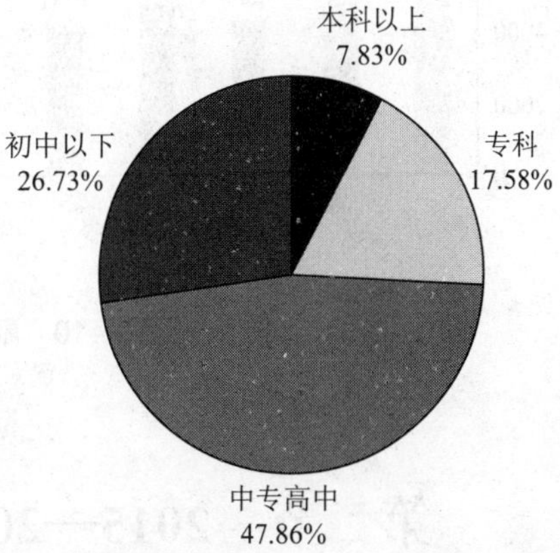

图 1–9　成都旅游住宿业从业人员的学历占比

八、绿色服务意识增强，节能降耗备受重视

由于主客观方面的原因，2010—2014 年这五年成都市旅游住宿业各单位逐渐重视绿色环保工作，特别是节能降耗工作。虽然到 2014 年底成都市绿色酒店数量不高，只有 19 家，但这 19 家酒店近五年的能耗平均降低在 5% 左右，由此形成了样板和示范作用，带动其他住宿业单位关注和推进这项工作。

九、住宿业信息化技术发展较快，智能化受到重视

成都市旅游住宿业网络化技术呈现普及状态，星级饭店、商务连锁酒店、乡村酒店、社会旅馆四种业态已基本实现 Wi-Fi 全覆盖；星级饭店、商务连锁酒店智能管理水平较高，智能门禁、安防监控、电子登记、财务管理软件、库存管理软件等安装较齐。但是，乡村酒店和社会旅馆智能化水平尚需提升。

十、住宿业横向对比整体优势明显，但面临巨大压力

成都市住宿数量在全国副省级城市水平中有较大的规模，远高于平均数量 6247 家（见图 1-10），且发展潜力巨大。但同时考虑到其他副省级城市的旅游住宿业结构、质量、管理水平、市场影响力，以及“一带一路”经济圈的发展都将不同程度地减弱成都市目前旅游住宿业的一些优势，所以成都市旅游住宿业未来将面临巨大压力。

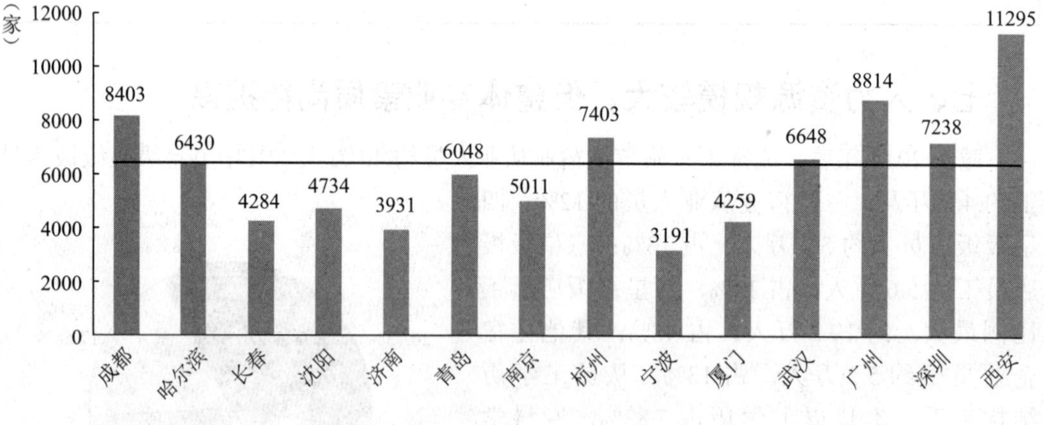

图 1-10　副省级城市住宿业数量对比

第二节　2015—2020年度面临的机遇与挑战

2015—2020 年期间，成都旅游住宿业处于一个关键时期，面临着前所未有的机遇和挑战。这要求政府和旅游住宿业各参与者坚定信心、开阔眼界、升级观念、抓住机遇、迎接挑战，从而促使成都旅游住宿业在 2015—2020 年期间上一个新台阶。

一、面临机遇

（一）新常态下依法治国依法治旅面临了新机会

党的十八以来，党中央做出了依法治国的战略决定，为成都市旅游住宿业创造了良好的制度环境和有力的法治保障。作为市场化和标准化程度最高的旅游住宿业十分渴望在法治化规范化的环境中经营和发展，未来的旅游住宿业的环境将是增长速度更加符合成都地区的现实，产业结构向可持续发展方向调整和优化，发展动力向创新驱动转化。由此简政放权，发挥市场的决定性作用，进而促进成都市旅游住宿业做大做强品牌，提质增效稳收入。旅游住宿业在这样的环境中投资和经营，排除了影响旅游住宿业的诸多不可预测的风险和危机。

（二）国家与地方战略规划"一轴、双核、六走廊"的发展格局迎来新机会

国家"一带一路"的战略部署，以"长江经济带"的规划为成都市经济文化的发展包括旅游住宿业的发展开辟了新天地。按照市委、市政府的规划，根据《四川省成都市天府新区总体规划（2010—2030）》的部署，未来成都将实施"一轴、双核、六走廊"的发展格局，坚持以城市中轴线为发展主轴，以中心城区和天府新区为双核，以成龙走廊、成青走廊、成蒲走廊、成温邛走廊、成新走廊和南部走廊为纽带构建起"一轴、双核、六走廊"，组团式、网络化的城镇发展格局为成都旅游住宿业迎来了新机遇。天府新区规划的天府新城、空港高技术产业功能区、龙泉高端制造产业功能区、创新产业功能区将聚集巨大的人流。龙门山、龙泉山生态旅游综合功能区和A级景区的提档升级，将为旅游住宿业新业态开拓新空间。成都天府古镇旅游圈、乡村旅游的成片发展和全域成都旅游资源的深度开发利用为成都旅游住宿业创造了全新的机遇。

（三）建设以成都为核心的世界旅游目的地创造了新机会

成都计划分两步建设"世界旅游目的地"，其中2015—2020年建成西部旅游中心城市，实现旅游产品、购物、服务和营销等全面执行国际标准和体系，融入国际旅游市场产业链。同时，成都作为西部会展之都，仅2014年举办的各种国际会议上百次，国际性展览达50个。2014年，全市过夜游客超过5650万人次，平均滞留天数1.8天。目前成都拥有国际航线38条，通达国内外城市187个，国际友城25个，友好合作城市36个，中西部城市中唯一的"72小时免签城市"将以大开放、大产出的姿态开拓国际市场，从而为成都旅游住宿业特别是高星级饭店、精品主题酒店、特色乡村酒店开拓更大的市场，从而也为成都本地旅游住宿业开拓海外市场创造了新机会。

（四）产业融合发展的大趋势和创新驱动的大背景带来新机会

按照省委、市委经济工作会议精神和五大兴市战略，挖掘旅游领域消费潜力，培育新兴服务业和支持成都成为加快建设服务业的核心城市，提升旅游发展文化内涵，强化与第一产业、第二产业以及第三产业内各行业的融合发展，这将从根本上改造传统旅游住宿业的概念，从而促进成都旅游住宿业的技术创新、业态创新、内容创新、模式创新和管理创新。引领成都市旅游住宿业产业化、专业化、集约化、品牌化，促进其与相关产业的深度融合，催生新服务、新产品，从而满足旅游住宿业的新需求。

二、面临挑战

（一）转型期间供需结构矛盾突出，星级饭店面临巨大的经营压力

由于宏观经济的转型，国际经济复苏缓慢，国内经济增长下行压力并未减弱。星级饭店现有产品供给与需求之间的脱节影响了它的平稳运行，这是明显的转型期

间供需失衡的表现。一是平均房价总体下降，三星级饭店实际平均房价180元左右，扣除早餐为165元，几乎达不到国内主流经济型酒店的水平；四星级饭店实际平均房价330元，扣除早餐为260~280元。二是出租率指标在2013年基础上回升缓慢，三星级饭店客房出租率55%，四星级饭店客房出租率65%。三是每间可售房平均收益（RevPAR），三星级饭店90~100元，四星级饭店210~230元，成都中高端酒店的整体收益能力比较薄弱，特别是投资回报率仍然处于行业历史最低水平。

（二）住宿业运营成本不断增长

由于人工、能耗、资金、税费等各类成本的上升，整个住宿业将长期面临成本的压力。特别是星级饭店，根据2014年星级饭店的财务报表显示，较多的饭店处于负利润状态，有些星级饭店亏损严重。主要原因是运营成本不断增长。一是水电气的价格逐年攀升，管理水平较高的酒店能耗比在6%~8%，其余酒店基本在10%~15%，园林式饭店能耗成本更高。二是三星级、四星级饭店人工成本逐年递增，平均人工成本率达到30%甚至更高，个别国有饭店企业因历史原因，人工成本最高可达到45%以上。低迷的房价和出租率与不断高涨的人工成本形成强烈反差。此外，因CPI每年攀升，导致餐饮原料、客用品价格不断上涨，酒店成本率居高不下，三星级、四星级饭店的综合成本率在40%~50%，加之经营费用和管理费用同样呈增长趋势，饭店利润率被大大压缩。

（三）酒店智能化以及新技术的应用，经营人才与技术人才更加匮乏

由于旅游教育起步较晚，人才培养与企业需求还存在一定的脱节。专业的住宿业人才市场尚未形成，缺乏信息引导、人才流动和调配机制。同时，社会饭店人才培养的机制和体制存在缺陷。在成都市范围的学院开办旅游类、酒店类专业的面较窄，培养旅游本专科、酒店本专科专业人才较为单一。随着酒店智能化以及新技术的应用，酒店的经营人才、技术人才供给面临极大的挑战。另外，其他行业与旅游住宿业争夺人才激烈，旅游住宿业薪水吸引力较低，高星级饭店中高级管理人员平均薪水较相关服务业、制造业低，工作时间又最长，这更加剧了经营人才与技术人才的匮乏。

（四）消费需求的变化和需求内涵的提升对旅游住宿业提出了更高的要求

消费需求的多样性对传统旅游住宿业的业态、形态、文态、生态都提出了多种多样的要求。一方面、80、90后消费者对时尚提出了更多要求；另一方面，中老年消费者对怀旧、乡愁、健康、养老、环保和休闲的要求也呈现多样性。成都天府新区将迎来更多国内和海外住宿客人，同时旅游住宿业本身所包括的种类十分复杂，这种矛盾从宏观上不易解决，在微观上具体的某一消费者对某一住宿单位的匹配就更加困难。而且消费者维权意识在增强，加之一些媒体典型化片面化的报坏倾向，要求成都旅游住宿业的管理者和各企业必须投入更大的精力来处理这类问题。

（五）住宿业新业态不断涌现，传统管理的规范性受到挑战

"互联网+"意识的普及，线上线下的融合发展，产业渗透的复杂性，使得各种直接或间接的有针对性的服务将面临新问题。与住宿业相关的产业和设施的涌现，将极大地改变传统住宿业的思维和管理的模式。诸如途家这种分享经济服务形式的住宿业模式，自驾游营地这种 DIY 模式、洗浴健身健体中心等五花八门的旅游住宿新形式将改变传统的住宿业产品印象、概念和职能。但与此同时出现的安全、卫生、治安、消防、产权等问题也不容忽视，如何引导、规范促进旅游住宿业的发展是成都市 2015—2020 年面临的巨大新课题。

第二章 成都市旅游住宿业发展战略分析

第一节 指导思想和发展战略

一、指导思想

以党的十八届三中全会《关于全面深化改革若干重大问题的决定》精神为指导，认真贯彻国务院《关于促进旅游业改革发展的若干意见》，以及商务部《关于促进住宿业规范发展的指导意见》、四川省人民政府《关于加快建设旅游经济强省的意见》和成都市人民政府《成都市旅游业“十二五”发展规划》等文件精神，以主动融入“一带一路”的国家战略，按照互“联网+”的特点和规律，以及建设“以成都为中心的世界旅游目的地”为指导思想和原则，以“大旅游”综合协调机制为依托，以产业融合发展为途径，增强成都市社会住宿业发展动力，拓展社会住宿业发展空间，优化行业发展环境，完善发展政策。遵循改革创新、调整结构、转型升级、特色发展、生态推进、智能建设的总体要求，在经营理念、经营模式、产品体系、机制体系等方面改革创新；在市场定位和产品开发、发展战略、经营管理、营销模式、服务内涵、技术创新、人才培养等方面转型升级；优化行业结构、空间布局、产业结构；创新产品体系，实施产品多元化、标准化、特色化和主题化战略；注重品牌建设、连锁化和集团化发展、特色发展、绿色低碳发展，推进全市住宿业信息化、智能化建设。逐步形成布局合理、结构优化、特色鲜明、生态文明、智能化程度较高、具备不同类型和层级的社会住宿企业、多点多级支撑的新格局，促进成都市社会住宿业健康、协调发展。

二、发展战略

（一）主动融入“一带一路”的国家战略，科学定位发展方向

成都作为“一带一路”国家战略的重要节点城市和国际旅游港口，旅游住宿业要主动融入“一带一路”建设，发挥旅游住宿业在游客接待、城市影响、对外宣传等方面的重要作用。结合成都市旅游住宿业发展现状和趋势，成都市旅游住宿业发展总体定位为：形成“一纵、两带、三圈层”的发展格局。“一纵”即以天府大道沿线为中轴，北至人民北路，南至天府新区秦皇寺中央商务区，包括天府广场、桐梓林、环球中心、世纪城、秦皇寺等中心节点，以高端星级饭店、特色文化主题酒店为建设核心，重点发展高端商务会展旅游住宿集群。“两带”即以龙门山生态旅游带、龙泉山生态旅游带为依托，以特色生态旅游度假酒店、特色生态旅游保育体验酒店、生态乡村酒店、农家乐住宿为建设重点，发展生态旅游住宿集群。其中，龙门山生态旅游带，以都江堰为龙头，重点打造以熊猫文化为代表的特色生态旅游住宿集群；龙泉山生态旅游带，以龙泉湖、三岔湖为节点，重点打造“水湖”主题的特色生态旅游住宿集群。“三圈层”第一圈层：重点发展以音乐主题公园、华侨城、国色天乡、南湖梦幻岛，以及各城市休闲旅游综合体等为节点的休闲体验旅游住宿集群。第二圈层：重点发展以西岭雪山、花水湾温泉、花舞人间、黄龙溪古镇、平乐古镇、街子古镇、洛带古镇、安仁古镇等为节点的特色主题度假旅游住宿集群，并形成品牌。第三圈层：重点建设主题星级乡村酒店住宿集群，带动川西休闲农业和乡村旅游的整体发展。

（二）依托“以成都为中心的世界旅游目的地”建设，提升行业发展水平

以建设成都为中心的世界旅游目的地为契机，大力推行旅游住宿业在产品体系结构、产品布局、产品类型层等方面优化升级。明确重点、科学规划，引导旅游住宿业有序发展，提升国际竞争力和影响力。推动星级饭店、社会宾馆包括经济型酒店、个体旅店、“农家乐”“客栈”等高中低档不同层次的住宿设施科学均衡发展。鼓励有一定发展规模和管理能力的住宿企业或单个体进行自我提升。

（三）调整和优化全市旅游住宿业类型与业态结构，逐步转型升级

进一步优化旅游住宿设施结构，加快建设一批星级饭店、精品酒店、主题酒店、经济型品牌连锁酒店、度假公寓、星级乡村酒店、休闲农庄、特色客栈，形成高中低档相互配套、满足国际旅游者不同需求的旅游住宿设施体系。大力鼓励经济型、度假型、产业配套型等酒店发展。坚持以市场为导向，大力支持和规范大众化产品开发，扶持经济型饭店、度假型、产业配套型“农家乐”、家庭旅馆、短租式公寓等大众化住宿产品的发展，在财政、税收等方面给予优惠政策，更好地满足中低收入群体的住宿需求。坚持存量转化和集约发展原则，突破区域和行业界限，加快资源整合，积极推动国有中小型住宿企业改制，鼓励和支持民营资本、外资等参与国有中小型住宿企业的改革，鼓励投

资主体多元化。实现旅游住宿业产业功能、发展方式、管理模式的转型以及品牌形象、产业内涵、管理水平、竞争能力的升级。

（四）招大引强，培育旅游住宿业品牌

引导和支持在经营规模和效益方面位居行业前列、竞争优势明显、品牌影响力强、经营网络覆盖面广的住宿企业集团做大做强，创新发展。确立一批全国性重点住宿业会展活动并给予支持，培育一批特色住宿品牌和优秀企业家，扩大品牌示范和带动效应。支持品牌饭店企业做强宾馆餐饮服务、婚庆服务、会议服务，发展宾馆饭店专用产品基地、优质原辅材料基地，对重点企业给予税收、信贷、用地、资金、项目审批等方面的支持，对经政府和国家级行业协会认定的全国性优秀饭店企业给予重点支持。继续鼓励国际品牌酒店的进入和引进一批具有市场影响力和带动性的国际性旅游住宿企业进入，如地中海俱乐部、悦榕庄等。大力培育一批管理制度合理、有发展潜力的本地旅游住宿企业，在税收、财政等方面给予大力支持。

（五）推进旅游住宿业与其他产业融合发展

将社会住宿业发展与新型工业化、农业现代化、信息化、城镇化发展相结合，鼓励文化创意、体育健身、休闲农业、养生养老、康体医疗、商务会展、新型工业（汽车、飞机、航空）、现代商贸、教育研学（假期修学、科普教育、地质公园）等产业同社会住宿业的跨界合作发展。

（六）以旅游住宿业标准化建设为抓手，提升旅游住宿业服务质量

建立健全国家标准、行业标准、地方标准和企业标准相互衔接的饭店业标准化体系。以政府牵头、协会贯彻、企业执行为推进标准化的基本原则，大力加强已颁布标准的宣传贯彻工作，使《绿色饭店》《经济型饭店经营服务规范》《农家乐经营服务规范》等国家和行业标准真正发挥出应有的引导、规范作用。建立由旅游、商务、质检、工商、物价、卫生、食药监等行政主管部门、行业协会、企业共同参与的行业监管体系，实行跨部门联合执法；建立顾客满意度测评体系，建立诚信评价、信用等级、信誉监督、企业违规黑名单、失信惩戒、违规退出等制度；注重发挥、强化行业协会在规范市场、维护行业自律等方面的作用，全面提升成都市旅游住宿业服务质量。

（七）推进“智慧旅游住宿业”建设

以成都市建设“智慧城市”和“智慧旅游”为基础，建立基于大数据、云处理的城市旅游住宿数据平台。探索建立网上支付担保系统，建立网上消费诚信机制，实现行业监管的科学化、住宿服务的便捷化、营销的智能化。分类制定智慧住宿企业建设规范，鼓励企业通过网站建设、在线支付、移动终端的应用等方式参与智慧企业建设。在现代信息技术和互联网基础上，充分利用跨业态、地区和平台的产业链相关集群的虚拟联合

体，实现住宿企业内部管理和上下游产业信息网络平台资源的共享和利用。鼓励基于移动平台的各种订房的应用软件、微信营销、微博营销、二维码营销、社交网络营销在行业内更加普遍的应用。

（八）推动市场平台建设，加大旅游住宿业专业人才培养力度

有序有效地推动市场在引导人力资源流动方向的作用。一是以就业为导向，有针对性地通过职业技术教育，培养和储备一批扎根本土的基础性人才；二是通过良好的工作条件和薪资水平积极引进一批具有先进经营管理经验的高层次人才；三是理顺行业人才结构，全面提高员工素质和管理者管理水平，以此为基础形成公益性和经济性相结合的既有社会效益又有经济效益的旅游住宿业人力资源市场。

第二节 发展目标

按照建设以成都为中心的世界旅游目的地战略步骤，抓住国家“一带一路”旅游战略机遇，力争 2015—2020 年期间把成都市旅游住宿业建成中西部城市中品牌优势突出、空间布局合理、发展类型多样、集团带动明显、产出效益递增、低碳节能有效、综合竞争最强的现代化旅游服务业。总体目标包括：到 2020 年，成都市住宿业在全省旅游经济的综合实力更加突显，客房总数达 57.87 万间，床位总数达 95.84 万张，住宿业总收入年均增长 15%，旅游住宿业占全市旅游业总收入的 25%，成为成都市旅游业的重要支柱性产业。具体目标包括以下几点：

一、高星级饭店引领住宿业品质优化发展

其中，五星级饭店新增 20 家，四星级饭店新增 20 家。聚集星级饭店的空间效应，以地方品牌为标志全力做大做强，有 1 家进入全国星级饭店综合实力排名前 20 强的酒店集团，有 5 家进入前 50 强的酒店集团，有 2 家进入中国酒店品牌 100 强榜单。从而使星级饭店群体对全市和全省经济增长的贡献率达到旅游业贡献率的 25%。

二、主题酒店领跑住宿业结构转型

依托成都厚重的文化资源优势，引导一批低星级饭店、社会旅馆积极推进与文化产业的融合发展，重点培育以三国文化、熊猫文化、川剧文化、金沙文化、民间工艺美术文化、宗教文化、民俗文化等有成都特色的文化为主题的休闲文化酒店，彰显成都历史文化名城特色与优势，将平乐、黄龙溪、洛带、街子率先打造成中国主题客栈之乡。力争文化主题酒店数量达到 100 家，并将成都打造成“中国主题酒店之都”。

三、社会旅馆服务质量和诚信质量提升

通过协会活动、奖评活动、网络记录等方式和方法进一步规范社会旅馆的经营行为，加强社会旅馆诚信、安全、卫生、服务、质量的管理，全面提升社会旅馆经营管理

水平和服务质量，使社会旅馆成为住宿业的重要基础。重点扶持500家社会旅馆的改造建设，其中200家改成特主题特色客栈，200家改成连锁经济酒店，100家改成与途家等互联网企业联合经营的酒店式公寓，形成多元的社会旅馆经营模式和服务体系，以多品种、信息化、质量优、高水平满足市场需求。

四、住宿业全面推行低碳环保

制定成都住宿业分类分级节能减排、节水降耗标准，鼓励住宿业智能化，推行住宿业绿色节能软件系统应用，开展住宿业低碳环保绩效评估。到2020年，全市住宿业节能降耗达30%左右。

第三章

成都市旅游住宿业发展的任务和对策

第一节 优化空间布局，增强投资效益

成都市旅游住宿业的空间布局在2015—2020年期间要综合考虑城市的产业布局、各区域的自然环境、商业氛围和文化脉络、旅游者的行为规律、各类公共交通、网络及道路规划、住宿设施本身的层次和类别等因素，在充分把握其历史和现状的内在规律基础上，结合城市形象、产业发展、功能定位进行旅游住宿业发展的空间布局。成都市作为西部经济社会增长极，将带动周边区域向都市带发展。随着城市化水平的提高，城市功能将从集聚走向分散，在更广泛的区域内形成多核多心的城市格局。因此，成都市的旅游住宿业投资也应从高度聚集到按类别和层次逐渐形成聚集—扩散格局，形成结构化均衡态势。依托城市空间功能格局和未来产业发展定位，形成“一核、两圈、两带、四组团”的投资格局。“一核”是指以第一圈层中心城区为核心的国际化都市酒店聚集区；“二圈”是指以第二圈层为近郊商务经济住宿圈，以第三圈层为环城休闲度假住宿圈；“二带”是指龙门山、龙泉山特色生态住宿区；“四组团”是指西部生态休闲度假住宿组团、东部空港商务休闲住宿组团，北部舒适快捷集散住宿组团，南部会展商务游憩住宿组团。

顺应新常态下经济形势的转变，成都旅游住宿业的投资将由追求速度的粗放型投资模式向重视质量和效率的集约型投资模式发展，具体表现为：放弃一味追求高星级、高回报的投资思路；采取市场决定定位、定位决定资源分配方式、资源分配方式决定盈利模式的投资理念；以建立新的利润增长点，增强投资收益。

一、由市场决定酒店投资的定位，创新增长热点

新常态下的集约型投资重点转移到面向个性化消费群体的主题精品酒店，以满足个人体验的差异性、情感性、品位独特性和社会参与性的需求；以及面向功能性消费主体的中端住宿业态，迎合主流消费群体，缓解供需矛盾。

二、扩展融资渠道，合理引导民间资本

除了通过入股投资或加盟等方式直接介入已有的品牌，更应该鼓励民间资金进入新兴的住宿业态：如产权式短租公寓酒店（民间资本拥有产权，专业管理公司经营或者与房地产公司合作开发，共享产权、分配收益）、信托投资管理类酒店（民间资本以信托投资方式投入）、精品客栈、房车露营式住宿等。开拓成都住宿业新的盈利领域，从根本上扩展获利渠道。

三、投资模式实现金融化、去地产化、轻资产化等多元化融合

鼓励酒店品牌通过投资、合资、参股、控股或租赁等多种形式进行投资，减少资本成本，降低财务风险，改变饭店特别是星级饭店过于依赖房地产的局面。强化现代金融的观念，从而提高投资效益。

四、突破单一同质化的商业模式

增加酒店的服务功能和行业融合，摆脱酒店盈利过分依赖公务会议、宴请、出差的困境，产品定位要有针对性（细分中端住宿业市场，满足不同的功能需求）和有前瞻性。例如，应对带薪年休假制度引发的未来家庭旅游、休闲度假旅游、自驾旅游、跨国旅游等热点保持高度关注，建立新的获利增长点。

五、编制成都市住宿业白皮书，按未来发展的要求引导投资

成都市旅游住宿业的态势和空间布局（参见附录一：成都市旅游住宿业单位区域分布示意图）是由过去高速增长的经济环境和社会需求决定的。当下成都和全国一样进入了新常态，即由高速增长进入中高速平稳发展阶段，更注重环境、人的生活质量的提升和和谐发展。成都市旅游局正在制订“十三五”规划。与此同时，为了更好地引领成都市旅游住宿业未来五年的效益，使之更健全、更有效和更超前，应及时公布“成都市住宿业（2015 年）白皮书”，以明确政府的政策、要求和规范，从而使投资区域政策更合理，以有效地推动成都市旅游住宿业的健康、可持续发展。

第二节　创新品牌经营项目，提升特色服务竞争力

在成都旅游住宿业基本解决机制和体制问题的基础上，今后五年应重点在质量和特色上下功夫。即通过统筹兼顾、分层推进和转型升级实施住宿业提升工程，推进住宿业向文化创意产业转型。

一、建设“中国主题酒店之都”为成都旅游住宿业特色标志

成立特色主题文化酒店指导与评估机构，编制成都特色主题文化酒店发展规划，使之重点突出、科学布局，并分步实施。争取在 2015—2020 年期间，初步实现“全域成

都、一核多极”[①] 的特色文化住宿业发展格局，争取到 2020 年，以成都市区为核心，以酒店数量相对集中的周边市县为极点，打造并逐渐形成 8 个特色文化主题酒店群落（见图 3–1），使成都真正成为“中国主题酒店之都”。

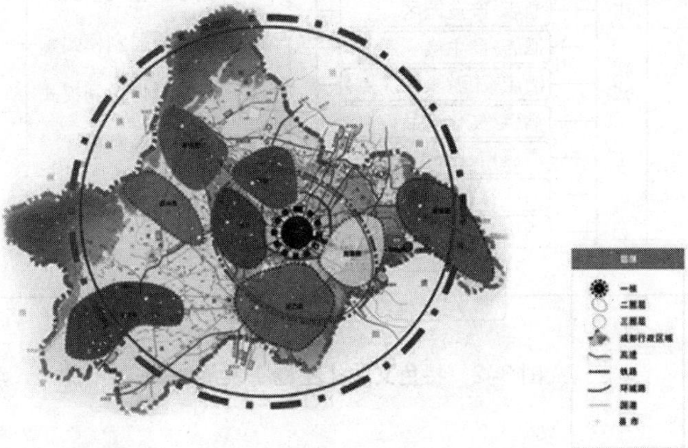

图 3–1　成都市特色文化酒店群落分布

二、开发特色品牌项目，构建独特经营模式

创新品牌经营项目，以特色谋发展。通过合理定位，调整产品结构，从而提升酒店品牌竞争力。以酒店为载体，以文化为灵魂，发展酒店的多元功能。改变传统酒店经营观念，创新酒店发展模式（见图 3–2）。以品牌延伸和产业链的视角，创新酒店的产品功能。构建新型酒店创建模式和赢利模式。采取“酒店 + 旅游景区（点）”“酒店 + 文化产品”“酒店 + 农庄”“酒店 + 商业综合体”等 12 种“酒店 +”的创新模式；采用“基础产品盈利模式”“物业增值盈利模式”“品牌效益盈利模式”“产品线延伸盈利模式”“管理输出盈利模式”和“产业集群盈利模式”六大盈利模式。打造新型创意酒店产品体系，培育新的利润增长点，提升特色服务竞争力。力争住宿业向规模化、品牌化、特色化的旅游产品体系延伸。努力促进由传统单一的住宿餐饮类功能向高附加值、高整合度和高体验度的现代文化体验旅游产品体系过渡。

三、强化区域文化特色，丰富酒店品牌内涵

挖掘巴蜀文化底蕴，依托丰富的历史文化遗存，提升餐饮酒店的文化特色，突出熊猫文化、金沙文化、芙蓉文化、蜀绣（蜀锦）文化、川剧文化、茶馆文化、川菜文化、道教文化、林盘文化、川酒文化等成都地域文化。针对这 10 大成都地域文化打造 10 个示范精品主题酒店，如图 3–3 所示。传承和弘扬老品牌，树立新品牌，大力发展具有成都文化特色的住宿业态，培育打造民俗品牌。弘扬区域文化特色，把文化特征变为酒店产品特色。

① “一核”指成都市区（一圈层），“多极”指二圈层的龙泉、双流、温江、郫县，三圈层的都江堰、邛崃、崇州和金堂

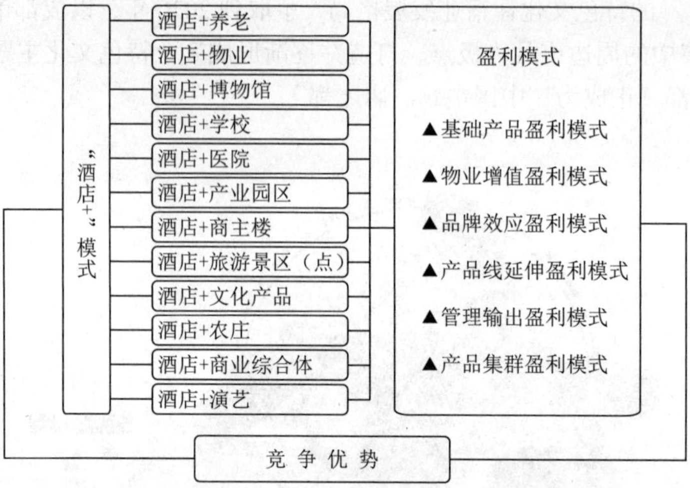

图 3-2 特色文化（主题）发展模式

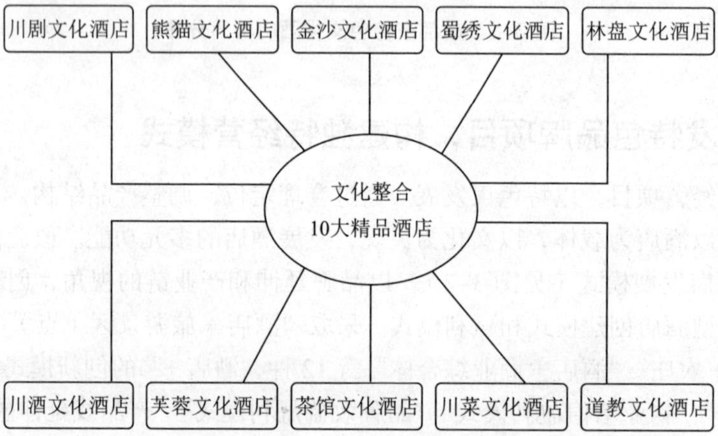

图 3-3 文化整合后的成都旅游住宿业精品主题酒店

四、创新酒店经营项目，推进住宿业新业态

积极发展星级饭店、商务连锁酒店、乡村酒店和社会旅馆等多种酒店业态，满足不同市场顾客需求。调整酒店产品结构，适应经济发展新常态。加强商务连锁酒店文化内涵的打造，加强酒店品牌建设。以乡村旅游转型升级为契机，进行乡村酒店的特色化建设和提档升级。尽快修订社会旅馆管理办法，指导社会旅馆品质建设和提升。对有条件的社会旅馆，鼓励向主题客栈或商务连锁酒店发展。同时，建设可移动的帐篷营地、满足自驾游客的汽车旅馆；鼓励兴建不破坏耕地的空中旅馆（如“集装箱酒店”）和节能环保的“绿色酒店”；对有条件的区域，引导并规范开展“民宿”体验。

五、加强国际交流，引进品牌和促进“走出去”战略

根据不同住宿业形态，设计相应特色服务产品，借鉴国际酒店发展经验，提升住宿业服务特色与服务水平。制定国际化酒店服务标准与流程，规范住宿业的整体服务。多层次满足游客不断变化的多元住宿需求，提升成都国际旅游目的地的国际化服务。同时鼓励星级饭店和连锁酒店针对成都旅游目的地共同实施“走出去”的战略，从而汇入“一带一路”整体战略。

六、强化产业融合，延伸旅游住宿业价值链

加强酒店上游产业链监管力度，提升酒店产品品质。提高酒店餐饮原材料质量，加强餐饮特色管理，适应经济新常态发展。继续推进成都市农委和市旅游局提出的“让优质生态农业产品进酒店”的活动。根据酒店特色与文化，积极开拓酒店附加值产品经营，酒店下游产品的创新和设计，寻求新的经营空间，推广西藏饭店等住宿单位开拓酒店附加值产品经营的经验，提升非常规酒店经营项目的收益占比，努力提升住宿单位每平方米的收入高效率。

因此，在未来的“互联网＋”时代，必须以特色品牌增强服务竞争力，以特色项目增强服务竞争力。为此要积极营造良好的住宿环境，让宾客在住宿体验中发现“成都烙印”。依托成都正在建设“世界旅游目的地”和“国际文化创意之都”的契机，通过五年时间，将成都打造成全国知名主题文化酒店之都，让成都酒店业成为成都体验旅游的新品牌，成为成都文化的新名片。

第三节　培育多层次人力资源，实现以人为本的理念

2015—2020年期间，成都市旅游住宿业必须以人为本。强化人力资源建设是适应和引领住宿业健康发展的关键。必须明确旅游住宿业作为人力密集地产业，必须以长远战略眼光来制定这五年的工作部署，因为未来旅游住宿业人力资源开发和管理将面临很多挑战。

一、建设完善国际化、标准化的旅游住宿人力资源职业标准及评价认证体系

以提升职业素质和职业技能为核心，在《饭店业职业经理人资格条件》国家标准和《饭店业星级服务人员资格条件》等行业规范基础上，引进行业认同度高的国际饭店职业资格标准，如美国饭店协会教育学院（AH&LA-EI）的认证标准等，制定《成都市旅游住宿业岗位分类及职业资格标准》。建立和完善适应现代旅游住宿业发展需要的职业资格认证体系，提高旅游住宿业从业人员执业资格水平。推动旅游住宿业职业资格认证国际化、标准化。依托成都市旅游饭店协会，与人力资源与社会保障相关部门联合，开展旅游住宿业人才职业资格等级考核和认证以及职称评定。到2020年，基本建成国际

化职业资格认证体系，使成都旅游住宿业职业资格认证体系得到行业认可。

二、强化住宿业人才培养与培训，建设多层融合的人才培养体系

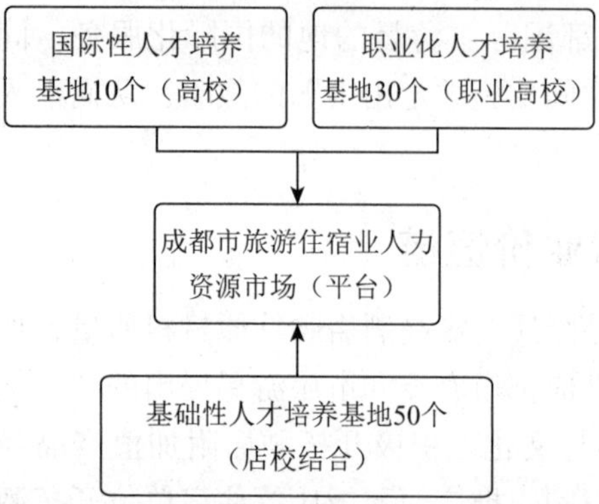

图 3–4　成都市旅游住宿业人才培养体系

依托行业协会、高等院校、大型旅游住宿企业培训中心和职业培训机构，建设一批以培养国际化经营管理人才和全球视野的职业经理人为目标的国际化人才培养基地；依托行业协会、中职院校、连锁旅游住宿企业培训中心和职业培训机构，建设一批以培养连锁经营管理人才、职业经理人为目标的职业化人才培养基地；依托行业协会、高中职技术院校、乡村酒店培训中心和社会培训机构，建设一批以培养乡村酒店经营人才、实用技能人才为目标的本土化人才培养基地。形成以行业协会与企业（集团）为主体、行业专家与相关院校为基础、学校教育与企业培养紧密结合、国际化、职业化、本土化多层融合的培训体系。到 2020 年，建成国际化人才培养基地 10 个，职业化人才培养基地 30 个，本土化基础性人才培养基地 50 个，并将这些基地作为核心资源整合为成都旅游住宿业人力资源平台和人力资源市场平台。从而形成稳定的旅游住宿业人力资源交易平台（见图 3–4）。

三、深化“行校企”合作机制，统筹建设“行校企网”大融合平台

依托行业协会，深化校企融合的内容和方式，创新“行校企”融合机制。鼓励行业协会、企业与学校根据市场需求和自身资源条件，以大资源、大网络、大市场、大融合理念为指导，统筹搭建“政产学研用”大融合平台。推动学校和酒店实施“前店后校”模式，强化技能培养。以旅游住宿业职业标准为目标，以专业学习与岗位培养紧密融合为核心，以教学与生产经营一体化为重点，以移动互联网技术为基础，推动实施人才培养“工学融合”，落实“双证书”和“多证书”制度，将院校专业课程设置与职业资格标准紧密结合，既能降低成本又能提高效益。推动实施师资队伍“产教融合”，建设一批“产学研用”一体化融合基地。推动实施职业培训“行校企网融合”，建设行业统筹、校企交融、产教互促、研用互动、工学一体的“行产学研用”大融合平台。根据旅游住宿业人才的专业特色，回归传统欧洲酒店人才培养的模式和机制。推动学校和酒店实施“前店后校”模式，强化技能培养。到 2020 年，重点建设旅游住宿业示范性“政校企网”大融合平台 1 个，示范性行校企融合基地 100 个。

四、强化动态监测与需求预警，培育新业态紧缺人才

加强旅游住宿业人才发展统筹规划和分类指导，加强人力资源数据库建设。围绕紧

缺专门人才重点领域，每年定期开展人才需求预测，每年定期发布旅游住宿业急需紧缺人才目录，每年定期发布旅游住宿业人力资源白皮书，引导企业、学校、培训机构以及个人开展重点急需和紧缺领域专门人才的培养和知识更新培训，强化旅游住宿业人力资源监测和预警。加强旅游住宿业新业态和新岗位分类研究，扩大国际化经营管理人才、智慧酒店技术研发人才、生态酒店研发人才、网络营销人才、数据分析与人工智能等跨行业、跨专业复合型人才的规模。引导旅游住宿院校根据新业态、新趋势发展需要调整专业设置，促进旅游住宿人才结构优化。

第四节　推进住宿业智能化建设，全面提升技术、服务和管理水平

为加快建设西部旅游中心城市，实现从国际区域旅游目的地向世界旅游目的地的转变，增强成都市旅游吸引力，建设符合成都市旅游住宿业发展要求的智能化服务体系，2015—2020 年期间，成都市旅游住宿业需要认清“互联网 +”时代的规律。本着信息化建设的要求，抓住这个机会，着重推进互联网、云计算和大数据等在旅游住宿业的广泛应用，不断创新服务方式，提升管理水平，实现管理、营销和服务智能化。本着政府规划、市场运作、共建共享、标准引导、创新应用、示范带动的原则，需要完成以下工作。

一、加快推进成都市旅游住宿业网络基础设施建设

要大力加强网络基础设施建设，为游客打造接入质量高，覆盖范围广的网络环境。根据《成都智慧旅游总体规划》的安排，协调相关各方加强网络基础设施的建设，提高旅游住宿业企业光纤宽带网络接入速度和覆盖率，提升 4G 移动互联网的覆盖率，实现旅游住宿业企业内部无线 Wi–Fi 全覆盖，打好智能化建设基础。到 2016 年，全市 9 区 10 县主城区内、重点旅游景点的旅游住宿业企业全部要实现 20M 以上光纤宽带网络接入，4G 移动互联网实现全覆盖，旅游住宿业企业内部要实现无线 Wi–Fi 全覆盖；到 2019 年，全市旅游住宿业企业要全部实现光纤宽带网络接入，接入速度 50M 以上，有条件的企业要达到 100M 以上，4G 移动互联网实现全覆盖，旅游住宿业企业内部实现高速度的无线 Wi–Fi 全覆盖。

二、推动《成都市智慧旅游饭店建设规范》标准落实

旅游行政管理部门要采取示范引导、行业交流、纳入考评等方式将《成都市智慧旅游饭店建设规范》标准落实到旅游住宿业企业的规划、建设和改造中；鼓励旅游住宿业企业根据自身特点，运用各种创新技术、手段和方法进行智能化建设和创新性业务应用；2016 年底前将《成都市智慧旅游饭店建设规范》纳入新建旅游住宿业企业评级评星指标体系，并逐步推广到全行业。

三、建设成都市旅游住宿业智能化“113”工程

2015—2020年期间，成都市旅游住宿业要着力建设行业智能化的“113工程”，即建设一个成都市旅游住宿业信息服务平台，培育一个成都市旅游住宿业电子商务垂直搜索平台，建立旅游住宿业智能化服务体系、旅游住宿业管理信息系统、旅游住宿业安全应急管理体系等三个体系（见图3–5）。

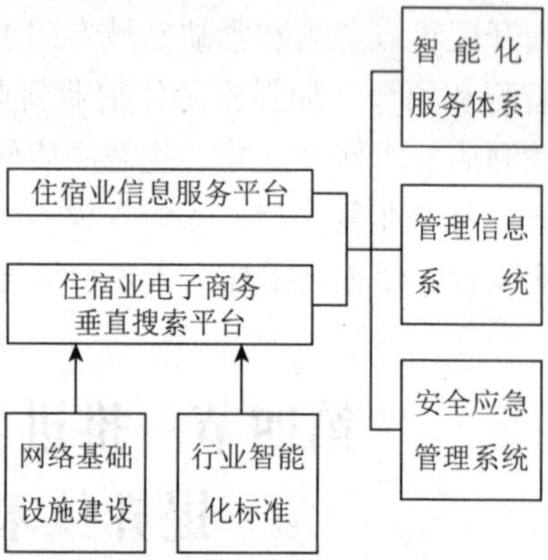

图3–5 成都市旅游住宿业智能化建设示意

（一）建设成都市旅游住宿业信息公共服务平台

以成都市智慧旅游云数据中心为依托，建设成都市住宿业信息服务平台，建成以信息服务平台为中心的“1+N”信息网络，为游客、管理部门、相关企业提供全面、准确和及时的住宿业信息服务；规范成都市旅游住宿业的数据采集及交换方式，实现统一规则采集信息，统一标准存储信息，统一技术规范交换信息，并向各级旅游部门、旅游企业、电子商务平台开放信息数据。到2017年年底，完成成都市旅游住宿业数据的统一采集、集中存储和交换平台的建设，实现企业基本信息和业务信息的网络采集和共享应用；建设和完善旅游住宿业在线行政管理系统，实现行政审批事项网上申请、查询、办理；建设旅游住宿业投资信息统计系统，实现投资信息进度实时统计和分析；建设旅游住宿业产业统计分析系统，为管理部门和投资企业科学决策提供数据支持（见图3–6）。

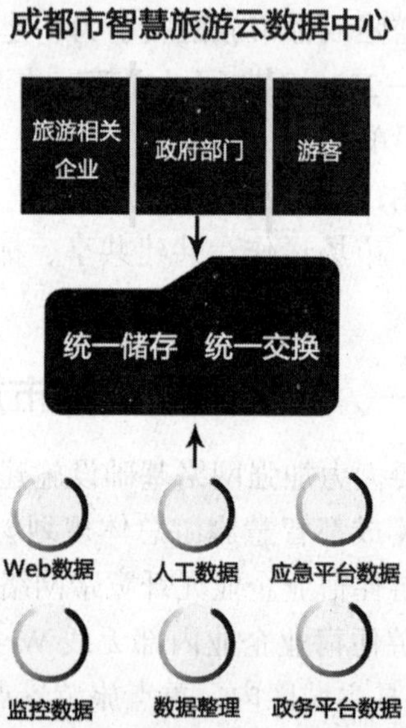

图3–6 成都市旅游住宿业信息公共服务平台

（二）培育成都市旅游住宿业电子商务搜索平台

由成都市旅游局和专业协会推动建设成都旅游住宿业电子商务搜索平台，统一收集和发布成都市旅游住宿业企业的业务信息，通过网站、移动终端、呼叫中心等渠道向游客提供权威、全面、准确和及时的信息搜索和查询、预订、支付等后续服务。

（三）建设旅游住宿业智能化服务体系

在成都市旅游饭店协会下成立成都市旅游住宿业智能化分会，提供智能化项目咨询

和项目评估服务。每年举办一次旅游住宿业智能化设备和解决方案展览，举办不少于两次高层论坛或研讨会。建立旅游住宿业智能化产品和解决方案数据库，并通过网络平台发布有关信息。鼓励旅游住宿业智能化解决方案提供商以及基于云计算、物联网、移动互联网的智能化项目进入旅游住宿业。邀请业内专家、厂家定期开展针对中小型旅游住宿业企业的智能化专项培训。

（四）鼓励旅游住宿业管理信息系统建设

支持旅游住宿业企业建设基于统一数据库的智能（BI）信息管理系统；鼓励旅游住宿业自主建设各类智能系统、智慧营销系统、智能信息服务、网站服务、虚拟饭店服务、智能娱乐等智能化应用系统。鼓励第三方服务供应商提供基于云计算的旅游住宿业管理应用服务，为中小型旅游住宿业企业提供基于网络，按需付费（Saas）模式的在线管理应用系统，降低智能化成本。

（五）建立旅游住宿业安全应急管理体系

建立成都市旅游住宿业应急管理平台，实现和省旅游指挥平台、市级公安、交通、工商、卫生、质检等有关部门，下属区县旅游部门和景区数据互通，数据实时共享，提高旅游住宿业应急管理能力。

（六）深入推进示范性智能化旅游饭店的建设

在《成都智慧旅游总体规划》规划建设的10家示范性智能化饭店基础上，在每区、每县新增建设两家，使示范性智能化饭店总数在2020年达到48家。

（七）加快融合创新，支持住宿业智能化研究和人才培养

推动融合创新，鼓励旅游住宿业探索与政产学研金结合的发展模式，加强与电子商务机构、专业服务商、高校、科研机构的合作，鼓励高校、科研机构研究人员积极参与“互联网+”背景下的旅游住宿业智能化研究，研究通过信息技术在住宿业管理、运营和服务上的创新。到2016年，与成都高校设立至少3家旅游住宿业智能化研究中心；支持相关高校和企业合作，建立多层次旅游信息化复合型人才培养和培训机构3家。

第五节　推动绿色生态环保建设，保障可持续发展

节能降耗，实施绿色可持续发展战略和行动措施将是成都市旅游住宿业2015—2020年期间的关键性工作，并且成为在这个领域的引领者。

一、坚持“一个适应、两个结合、三个发展”的原则

“一个适应”即旅游住宿业生态保健建设和绿色发展与成都市生态环保建设和绿色发展战略相适应。重点是与“一区两带”（城市休闲旅游区、龙门山生态旅游带、龙泉

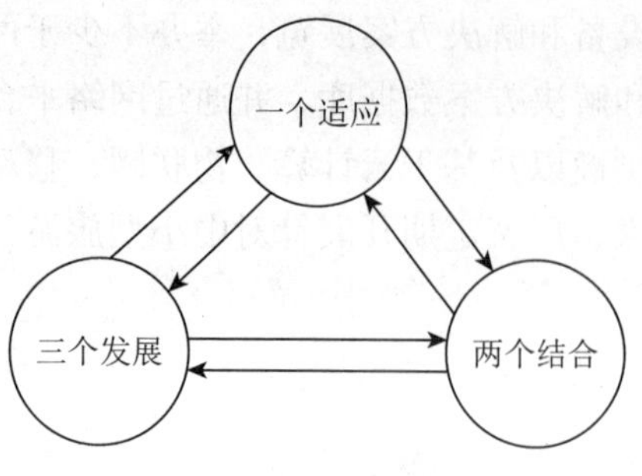

图 3-7 “一个适应、两个结合、三个发展”关系

山生态旅游带）旅游综合功能区和绿色发展相适应。“两个结合”即旅游住宿业全行业的生态环保建设和绿色发展与星级饭店重点创绿相结合，中心城区与二、三圈层旅游住宿业生态环保建设和绿色建设发展相结合。“三个发展”即坚持绿色发展，循环发展，低碳发展（见图 3-7）。

二、全力推进旅游住宿业全行业的节能减排、降低成本工作

到 2020 年，成都旅游住宿业全行业的能耗比（能耗支出占营业额的比例）控制在 5%~7%，三星级饭店控制在 5% 以下；四星级饭店控制在 7% 以下；五星级饭店控制在 8% 以下。基本实现由资源耗费为特征的传统住宿业向注重生态环保、追求可持续发展的绿色旅游住宿业转型升级。完善星级饭店节能减排指标，制定不同业态的节能减排指标体系，以及相应的管理制度，促进节能减排工作规范健康发展。引导和督促旅游住宿企业在节能减排工作中发挥主体作用，重视技术创新，加大技术改造项目和资金投入力度。积极推广使用新型的节能技术和节能产品，促进企业自觉节能，走“绿色发展、循环发展、低碳发展”道路。

三、创建“绿色旅游饭店”“创绿工程”

到 2020 年，成都市绿色饭店由 2014 年的 19 家增加到 70 家；其中，五星级饭店由 2014 年 6 家增加到 20 家，四星级饭店由 2014 年 11 家增加到 30 家，三星级饭店由 2014 年的 2 家增加到 8 家。其他非星级旅游住宿业态在“创绿”方面有所突破，经济型连锁酒店达到 8 家，客栈和乡村酒店达到 4 家（见图 3-8）。

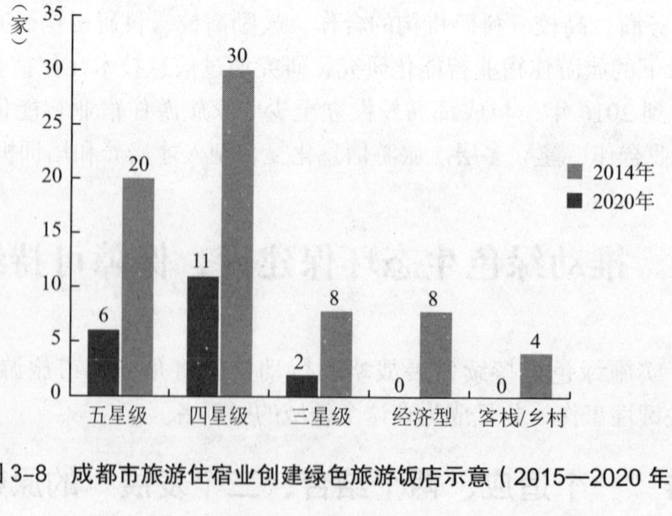

图 3-8 成都市旅游住宿业创建绿色旅游饭店示意（2015—2020 年）

遵循“一区、两带、三圈层”合理布局的要求，重点在中心城区、龙门山生态旅游带、龙泉山生态旅游带，以及国家 A 级景区附近的星级饭店、商务和经济型酒店、客栈

和乡村酒店推进“创绿”工程，同时，二、三圈层的旅游住宿业创建绿色旅游饭店工作也应取得较大成果，从而形成合理的空间布局（见图 3–9）。

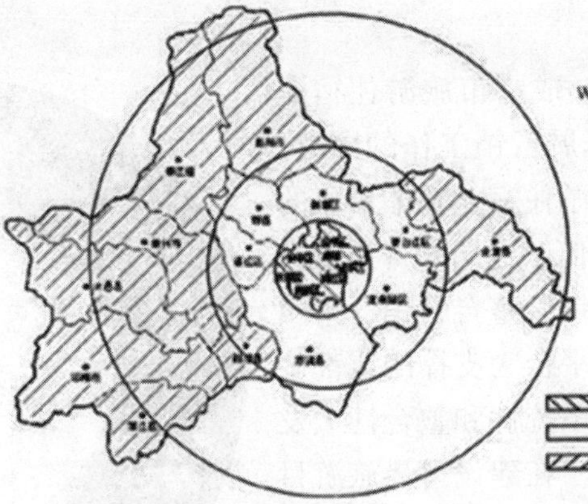

图 3–9　成都市旅游住宿业创建绿色旅游饭店空间布局

市级各旅游管理部门重点指导星级饭店的“创绿”及评定工作，充分调动中、高星级饭店的积极性，把创建过程作为星级饭店提档升级、可持续发展的重要内容。根据各区（市）县星级饭店的数量和中高档星级饭店的比例，下达创建“绿色旅游饭店”指标，认真开展评定工作。对新建或改建后被评定为国家“金叶级”“银叶级”绿色旅游饭店的企业，政府给予一次性奖励 50~100 万元。星级饭店在“创绿”过程和建设改造升级项目中，给予低息贷款或贴息贷款和项目贷款等方面的政策扶持。协调财政、税务等部门，对创建绿色饭店给予贷款贴息，或一次性财政补贴等政策支持。同时，在 2015—2020 年期间应重视非星级旅游饭店创建“绿色旅游饭店”工作，根据不同业态的非星级旅游饭店实际，下达“创绿”指标，指导企业制定“创绿”方案。正在创建或成功创建“绿色旅游饭店”的非星级旅游饭店享受与星级饭店相同的扶持政策。到 2020 年，成都市绿色旅游饭店在旅游住宿业各类业态中的布局如图 3–10 所示。

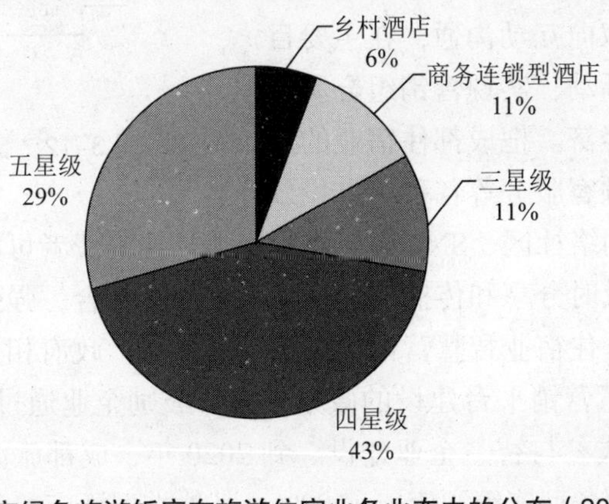

图 3–10　成都市绿色旅游饭店在旅游住宿业各业态中的分布（2015—2020 年）

第六节　构建新型平台，开创系统化营销新局面

在 2015—2020 年期间，成都市旅游住宿业要推动各住宿业单位广泛开展营销工作的同时，要设计出代表整体成都市旅游住宿业整体形象的营销品牌标志（Logo）和宣传广告词并打造以智慧营销、品牌营销、特色营销、整合营销、集团化营销、生态营销六大营销平台为支撑的成都旅游宿业系统化营销体系，从系统性和整合性上发挥营销规划的强劲功能作用。在建设世界旅游目的地的要求下，要在传统市场的基础上，沿"一带一路"和"长江经济带"来开拓成都旅游住宿业市场营销的新领域（见图 3-11）。

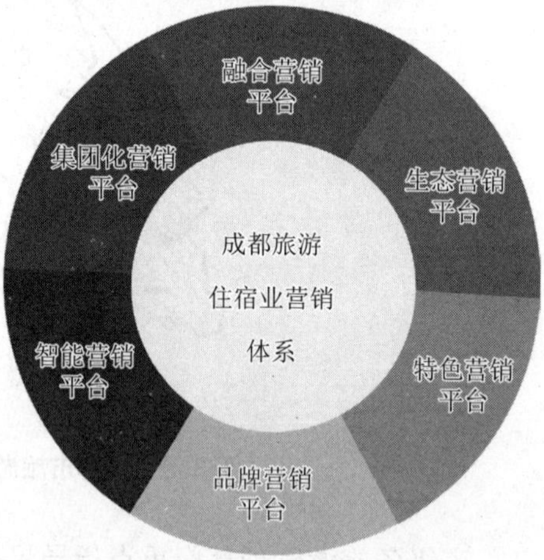

图 3-11　成都旅游住宿业营销体系

一、智慧营销平台建设

充分利用互联网、移动电视、博客、微信、手机短信、社交网站、桌面视窗、触摸技术等一系列在高新科技承载下展现出来的便捷、双向、低成本的媒体形式进行营销，使成都旅游住宿业在消费者中赢得更多的关注，及其信息传递更容易被广大消费者接受和认同。通过相互连接的全球信息系统把成都旅游住宿业的信息和各种营销活动，包括产品说明、广告、顾客意见、公共关系、顾客服务等整合在一起进行有效传递和双向互动沟通，在主要目的地客源国进行营销活动，实现营销组合所追求的综合效果和规模经济。把成都住宿业的广告促销、品牌价值、顾客服务等各种信息投放到智能手机、微博、网络社区、SNS 等应用程序上，使消费者可以便捷地随时搜索到所需要的各类信息，并及时分享和传播给他人。采用校企结合，强强联合，产研结合等各种方式，加快成都旅游住宿业智慧营销平台建设的步伐。政府相关部门要出台支持和鼓励成都旅游住宿业智慧营销平台建设的政策措施。鼓励企业通过网站建设、在线支付、移动终端的应用等方式参与智慧企业建设。到 2020 年，成都旅游住宿业星级饭店要做到智慧营销全覆盖，商务型连锁酒店覆盖 80%，其他类型酒店覆盖 50%（见图 3-12）。

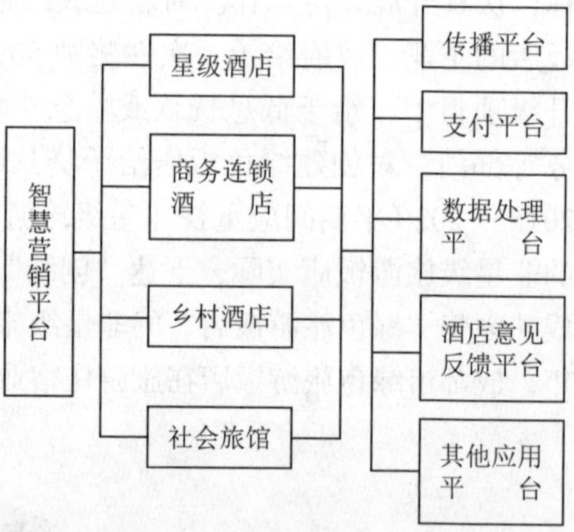

图 3-12　智慧营销体系示意图

二、集团化营销平台建设

通过组建旅游酒店联盟和酒店一站式服务联盟，大力推进成都旅游住宿业集团化营销平台建设。政府引导、行业协会牵头、企业参与，组建成都旅游酒店联盟及分联盟。通过组建旅游酒店联盟，整合全市旅游酒店联盟单位，共同制定整合营销策略，并与银行，电商，通信运营商（移动、联通、电信）、新闻媒体等相关机构合作，开展有效的资本运营，大力发展品牌战略，大力开发预定网络、销售网络和信息网络，发挥联盟营销的整体优势，不断提高国内外市场占有份额。通过酒店一站式服务联盟把符合和满足成都旅游住宿业消费者利益的有关商家整合起来，特别是对单体酒店或住宿企业围绕酒店做出一整套的全系列服务，逐步形成特色化的集团营销系统，并向交通运输、餐饮美食、文化传播、休闲娱乐等领域横向拓展，推动旅游住宿业向现代住宿服务业转型升级（见图 3–13）。

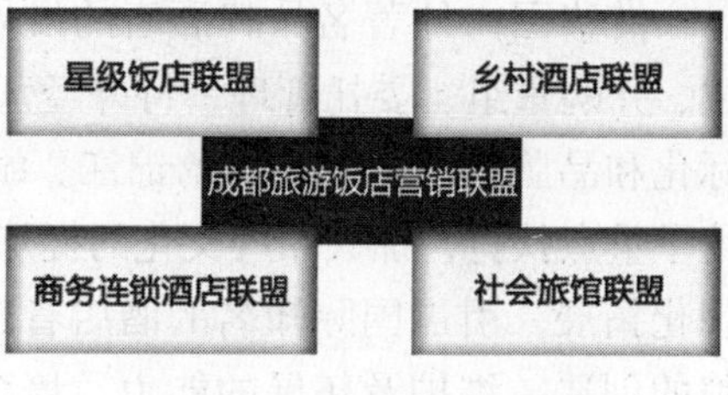

图 3–13 成都旅游饭店联盟

三、特色营销平台建设

通过开发旅游住宿特色产品来实施精准营销，大力推进成都旅游住宿业特色营销平台建设。充分利用西部综合交通枢纽建设的机遇与优势，依托成都丰厚、多样、特色鲜明的文化底蕴，大力开发有特色的旅游住宿服务产品，形成完整的旅游住宿特色产品体系。通过省内、国内和国外三级客源市场细分和针对不同客源市场特征，宣传差异化的特色产品和服务，实施精准营销，满足不同客源市场个性化服务的需求。针对国内核心客源市场，重点推出商务会展、历史文化、休闲旅游等住宿服务产品。针对国内基本客源市场，重点推出商务旅游、美食休闲、乡村旅游等住宿服务产品。针对国内潜力客源市场，重点推出蜂巢旅游、汽车酒店、家庭化的度假公寓等住宿服务产品。针对“一带一路”的东南亚，俄罗斯等市场以及欧美市场，重点推出生态旅游、美食休闲、历史文化旅游等住宿服务产品（见图 3–14）。

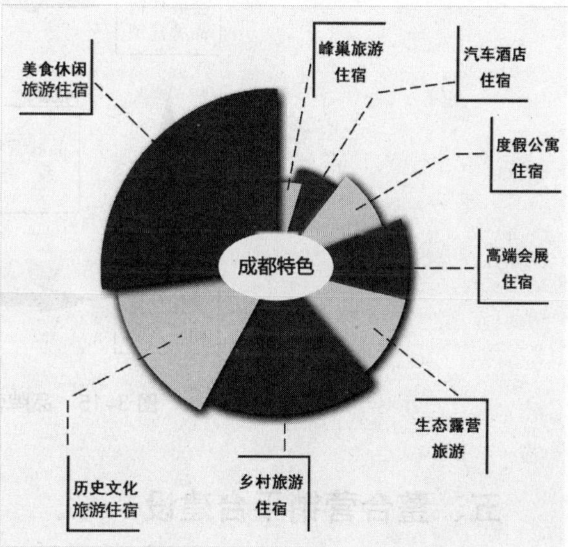

图 3–14 特色营销产品体系

四、品牌营销平台建设

借鉴国内外著名品牌酒店的发展模式及经验，结合成都酒店行业的实际，采用新建、并购重组、委托管理、特许经营、租赁等模式，实现成都旅游住宿业的集团化、国际化和品牌化。依托现有的锦江、岷山、盛嘉、明宇等本土优质酒店服务与管理品牌，给予重点扶持，加大品牌文化的提炼和应用，积极引导本土品牌向集团化、国际化、品牌化拓展。引进国际知名的酒店管理公司帮助本土酒店提升品质、扩大影响，增强品牌的创造、维护及拓展的能力，培育成都具有国际竞争力、知名度与雄厚实力的酒店品牌。加大品牌宣传推广力度，搭建企业品牌宣传推广平台。旅游、招商、外事、会展、交通等市级相关部门共同研究出台推动本土品牌酒店宣传推广和可持续发展的政策和举措，有重点地向本土酒店管理品牌予以倾斜，将其纳入政府的城市推广、媒体宣传、名品包装与政策性扶持框架内。着力整合政府与企业资源，在央视等权威媒体及交通要道、高大建筑物上集中发力强势宣传推广本土酒店管理品牌。继续发挥重大旅游节会活动的国际影响力，建立联合宣传机制，塑造独具魅力的成都住宿业品牌形象（见图3–15）。

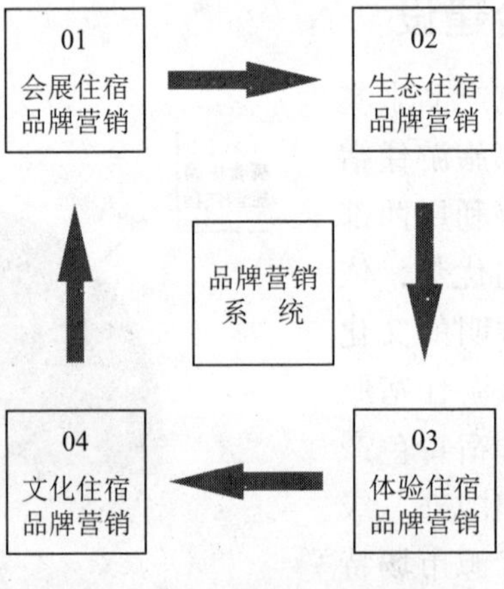

图 3–15　品牌营销系统

五、整合营销平台建设

整合成都旅游住宿业与相关产业（包括文化产业、信息技术产业、生态产业、会展产业等）之间的营销资源，大力推进成都旅游住宿业整合营销平台建设，建立面向国内外市场的国际化大营销体系。支持和鼓励旅游住宿业向一、二、三产业融合发展，将旅游住宿业发展与新型工业化、农业现代化、信息化、城镇化发展相结合。下功夫打破传统营销语言和新媒体在沟通上的障碍，消除旅游住宿业营销宣传中长期存在的简单化、格式化、概念化问题。制定激励政策，加强与游客相通的、能引起游客关注和兴趣的信息传播以及接地气的多语种旅游网站建设与升级。建设旅游住宿业营销的专门网络，不断增加丰富、实用、及时和符合消费者旅游住宿的鲜活信息。

六、生态营销平台建设

以塑造“熊猫之乡”旅游住宿品牌为核心，以大熊猫生态旅游住宿产业、大熊猫文化产业和数字大熊猫产业为内容和形式，全方位推进熊猫之乡的生态旅游营销。以龙门山生态旅游带、龙泉山生态旅游带为依托，以特色生态旅游度假酒店、特色生态旅游体验酒店、生态乡村酒店、农家乐住宿为建设重点，发展生态旅游住宿集群。通过树立绿色形象，开发绿色产品，加强绿色沟通，实行绿色服务等营销策略，建立统一的绿色营销体系和制度，带动行业走低碳化、环保型、可持续发展之路（见图 3-16）。由此赢得广大的、长远的游客的关注和好感，以此形成成都旅游住宿业的特色品牌。

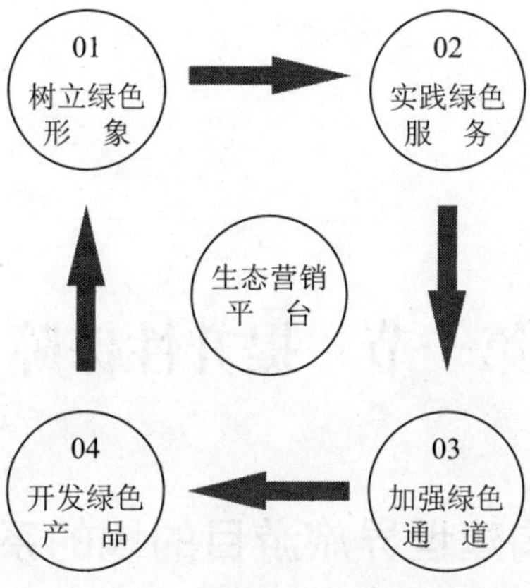

图 3-16　生态营销体系示意图

第四章

成都市旅游住宿业发展的保障措施

第一节　提升性保障

一、 以国际视野构建世界旅游目的地的系统化方略

成都旅游住宿业既是建设以成都为核心的世界旅游的重要内容，同时也必须以相应的系统建设为前提。作为开放程度越来越高、世界影响力越来越强的西部重要城市，成都凭借其独特的旅游资源和文化资源已具备打造世界旅游目的的条件，未来五年将是建立世界旅游目的地的重要时间段。为此，成都市旅游住宿业必须增强国际视野，与环球的角度、世界的眼光构建与之相符的旅游住宿业形象，发展旅游产品、设备和培养关键人才。这就要求有一个相应的系统化顶层设计、路径调配、资源和监控机制。未来五年，只有形成有全球竞争力的社会环境、经济基础、自然生态、文化氛围、交通通讯、安全卫生和教育培训，成都市旅游住宿业发展才能进入良性循环，也才能产生更大的劳动效应。

二、加强产业、行业融合，促进转型升级

成都旅游住宿业要配合成都旅游发展强调的“全域旅游化”“全产业链旅游化”和“全要素旅游化”的要求，使其在产业社会发展中起到带头和示范作用。

（一）鼓励旅游住宿业与相关产业融合发展

支持和鼓励旅游住宿业向一、二、三产业融合发展，将旅游住宿业发展与新型工业化、农业现代化、信息化、城镇化发展相结合。

（二）鼓励旅游住宿业跨界发展

鼓励旅游住宿业同文化创意、体育健身、休闲农业、养生养老、康体医疗、商务会展、新型工业（汽车、飞机、航空）、现代商贸、教育研学（假期修学、科普教育、地质公园）等产业的跨界发展。

三、鼓励旅游住宿业充分利用现代化信息技术

鼓励旅游住宿业在现代信息技术和互联网基础上，充分利用跨业态、地区和平台的产业链相关集群的虚拟联合体，实现住宿企业内部管理和上下游产业信息网络平台资源的共享和利用。

四、规模化、品牌化、集团化发展

成都市旅游酒店业在未来五年的发展中必须进一步强调机制创新和组织创新，更加重视规范化、品牌化和集团化发展。

（一）鼓励旅游住宿企业规模化经营

支持和鼓励成都市有条件的单体星级饭店、连锁酒店、精品酒店、乡村酒店以及新业态等企业根据市场需求拓展经营领域，扩大市场范围，优化产品结构，规范内部管理，提高服务质量，实现规模化经营。

（二）大力加强旅游住宿业品牌化建设

鼓励和支持成都市旅游住宿企业走创新发展、特色发展、主题发展、差异化发展之路，明确品牌定位，在成都独特文化与旅游资源基础上，培育特色文化主题品牌、生态住宿品牌、智慧住宿品牌、独特体验住宿品牌等旅游住宿品牌，不断积累品牌特色、个性和内涵，树立良好的品牌形象。

（三）鼓励组建大型旅游住宿企业集团

鼓励和推动成都市岷山、明宇、名人等有条件的星级饭店、连锁酒店按市场规律开展产业延伸，通过优势互补、资源整合，组建大型旅游住宿企业集团，增强市场竞争力，提高抗风险能力，引导有条件的大型企业集团上市。

第二节　基础性保障

一、加强法治建设，强化市场机制

十八大以来，加强法制建设和发挥市场在资源跑道上的决定性作用已成共识。在此环境中，成都市旅游住宿业要有针对性地明确要求、分解任务、协调相关部门和单位主

动维护和支持相关工作。

（一）健全机制，依法促进旅游住宿业市场秩序规范

配合省市各级旅游管理部门有关工作部署，深入开展规范旅游住宿业市场的各项工作。通过建立和完善跨部门联席会议、工作通报、信息共享、督查督办、案件协查、旅游警示等制度，推进依法治旅、规范市场工作的深入开展。

（二）全面实施旅游住宿业地方标准和行业规范

推动《四川省主题旅游饭店的划分与评定》《四川省旅游饭店管理公司等级的划分与评定》等地方标准和行业规范的宣传、贯彻、培训和全面实施。

（三）不断提高行业协会自身建设水平

完善旅游管理机制，简政放权，充分发挥成都市旅游饭店协会和相关专业协会的作用，不断提高行业协会自身建设水平，强化行业自律。

（四）建立和完善旅游住宿业失信惩戒体系，建立违法违规定期通报机制

与工商、税务、金融等部门联动实行“黑名单”制度，对服务品质低、游客投诉多的星级饭店实施服务等级“退出制度”。

二、提升诚信观念，培育丰富多彩的消费市场

按照诚信消费，文明住宿的要求，在2015—2020年期间启动文明住宿倡议行动。通过网络建设和管理杜绝不文明的住宿行为，对不文明的游客实施联网登记制度。要配合宣传、文化、公安、消费者协会等组织和社团倡导并形成具有成都特色的文明住宿标志性的活动、范例和住宿文化群。制定“文明住宿守则”和“文明住宿服务守则”，使成都成为住宿的消费之都、文明之都、品味之都、和谐之都。

三、优化政府管理职能，升级行业监管的手段和措施

随着成都旅游住宿业的快速发展，各种住宿新业态的产生和扩张，星级饭店面临诸多问题，成都市旅游住宿业管理部门应以变应变、转变职能、强化引领、落实监督，通过建立协会，促进行业自律。为此，必须优化政府管理职能和管理手段。在2015—2020年期间要运行信息化管理平台，实施数据管理手段，基本做到成都市旅游业的动态监控。为行业和社会提供舆情监控信息。同时落实各区委县属地化管理的便捷、有效优势，使规划、协调、监控、激励能真正落实下去。还要发挥成都市饭店协会和行业分会的职能，从而形成具有成都市旅游住宿业特色的、能调动各方面积极性的、能应对各种复杂环境变化的、受广大游客欢迎的监管体系和监管模式。

第五章

成都市旅游住宿业空间区域分析

第一节　成都市旅游住宿业空间区域分布现状分析

旅游住宿业的空间布局是衡量地区住宿业发展状况的主要指标，也是衡量区域旅游业发展水平的重要因素之一。为深入把握成都市旅游住宿业空间格局现状，科学合理规划未来住宿业的空间布局，必须对成都市各档次、各类型旅游住宿业的分布现状和区域差异、空间相关性和空间布局存在的问题等进行深入剖析，在此基础上提出未来成都市旅游住宿业空间规划思路。

一、成都市旅游住宿业分布的区域差异

根据成都市各区县旅游住宿设施数量统计数据分析结果（见图 5–1），成都市旅游住宿设施的空间分布可分为五个梯队：

第一梯队为武侯区，旅游住宿设施总量达到 1298 家，远远高于其他区县；

第二梯队包括郫县、青羊区、彭州市、双流县和邛崃市 5 个区县，旅游住宿设施总量在 500~800 家；

第三梯队包括锦江区、龙泉驿区、都江堰市、新都区、成华区和金牛区 6 个区县，旅游住宿设施总量在 300-500 家；

第四梯队包括高新区、金堂县、崇州市、新津县、温江区和蒲江县 6 个区县，旅游住宿设施总量在 100~300 家；

第五梯队包括青白江区和大邑县，旅游住宿设施总量低于 100 家。

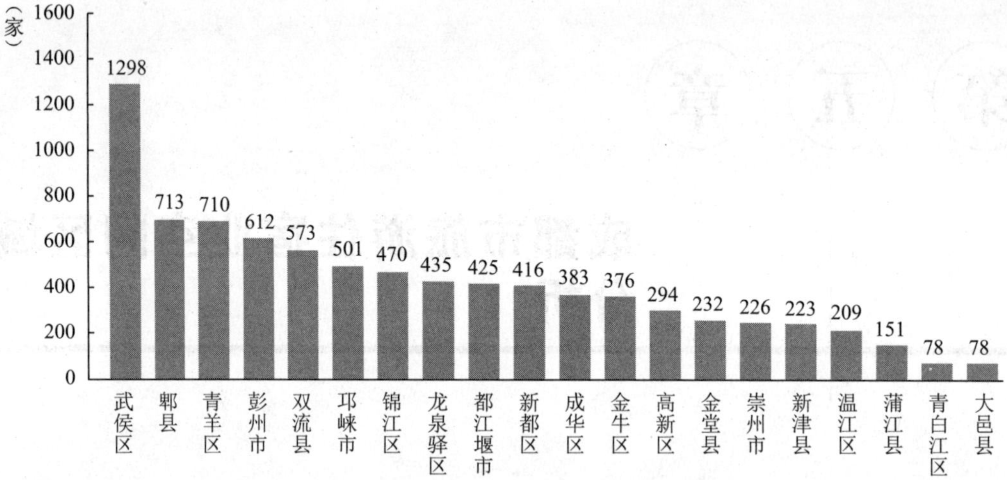

图 5-1　成都市旅游住宿设施数量分布地区差异

将成都市各区（市、县）旅游住宿设施数从高到低分为 6 个等级，分为均值以上和均值以下两部分（均值以上用暖色表示，如红色、橙色；均值以下用深蓝、浅蓝表示），即画出旅游住宿设施数量的标准差统计图（见图 5-2）。由统计图可以看出，成都市的旅游住宿设施平均数量约为 420.15 家，其中 8 个区（市、县）的旅游住宿设施高于平均水平，主要分布在中心城区中的武侯区、青羊区和锦江区，及北部的郫县、都江堰市和彭州市，南部及东南部的双流县和龙泉驿区，以及西南部的邛崃市。由此可见，成都市的旅游住宿设施总体呈现以中部为核心，向南北轴延伸，并向空港及重要旅游景区和物流集散中心聚集的空间分布格局。

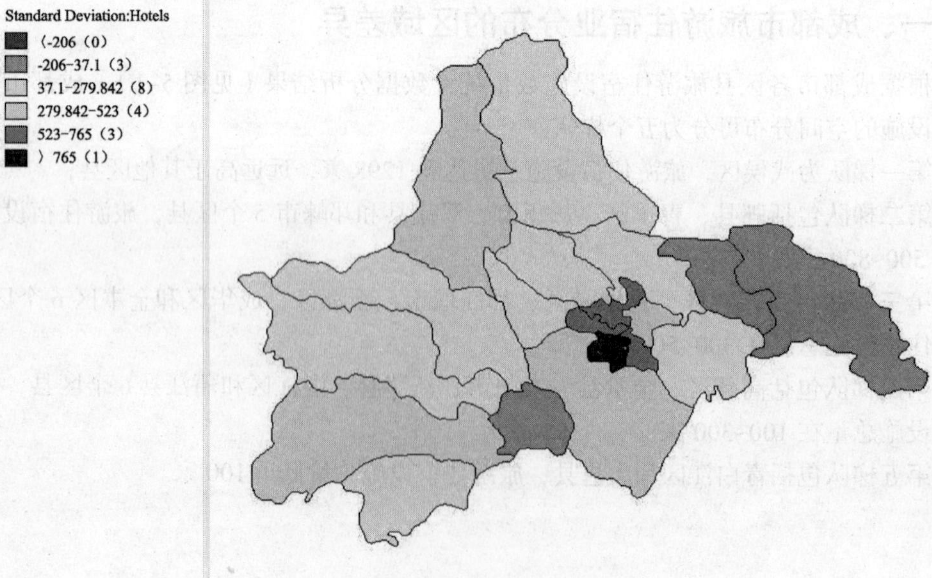

图 5-2　成都市旅游住宿设施方差图

二、成都市旅游住宿设施总体空间格局

旅游住宿设施分布四分图可以表现酒店在全市分布的总体情况，如图 5-3（a）所示。该图将成都市各区域按各类酒店数量高低分为不同类型，颜色越深的区域该类酒店数量越高，反之亦然。旅游住宿设施冷热点图可以根据旅游住宿设施的空间相关性，分析酒店局部聚集程度，如图 5-3（b）所示。据此将成都市分为四类区域：①深红色为高高型，即旅游住宿设施数量的热点区；②浅蓝色为低高型，即区域类旅游住宿设施数量自身较低而周边数量较高；③深蓝色为低低型，即旅游住宿设施数量的冷点区；④浅红色为高低型，即旅游住宿设施数量自身较高与周边较低。

成都市旅游住宿设施总量的空间分布呈现以南北轴为核心，向东西扩散的总体格局。具体而言，中心城区的青羊区、武侯区，南部的双流县，北部的郫县、彭州市旅游住宿设施分布最多；其次为锦江区、龙泉驿区、新都区、都江堰市和邛崃市；再次为金牛区、成华区、高新区、崇州市和金堂县；温江区、青白江区、新津县、蒲江县和大邑县旅游住宿设施分布最少。其中，青羊区和锦江区为旅游住宿设施总量的热点聚集区。

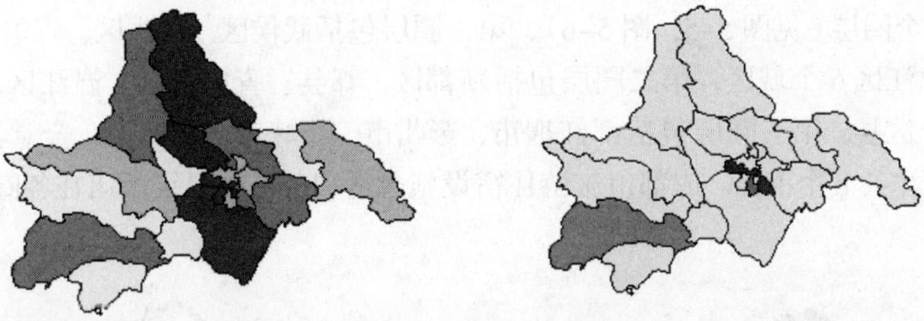

a 旅游住宿设施总数分布四分图　　b 旅游住宿设施总数密度冷热点图

图 5-3　成都市旅游住宿设施总量空间分布及冷热点图

三、成都市旅游住宿业离散程度

通过各星级和各类型旅游住宿设施在成都市各区（市、县）的离散系数，可以进一步了解成都市旅游住宿设施的结构化分布概况。离散系数越高，表明越在少数区域集中，即聚集度最高。由表 5-1 可知，成都旅游住宿设施总数、各层次星级饭店和各类型酒店的离散系数最高为 1.69，最低为 0.73，可见各类住宿设施的聚集性差别较大。

表 5-1　成都市各区（市、县）旅游住宿设施离散系数

酒店类型	酒店总数	五星级酒店	四星级酒店	三星级酒店	二星级酒店	商务连锁型酒店	乡村酒店	社会酒店
离散系数	0.52	1.69	1.39	1.31	1.34	1.22	0.94	0.73

由成都市各星级酒店离散趋势比较图（图 5–4）可知，在各层次酒店中，五星级酒店聚集程度最高，四星及以下星级酒店次之，商务连锁型酒店聚集程度最低，即档次越高分布越集中，档次越低分布越分散，这一结果完全符合国内外酒店业分布的普遍规律，即因土地价格由城市中心向外围梯度下降，各类经济社会要素也向城市中心区域聚集，高星级酒店普遍选择地价高、商业氛围浓厚的城市 CBD 或 RBD 区域，而低星级酒店则分散于周边地区。这一规律虽然在世界各大城市酒店分布格局均有一定程度的表现，但完全以档次依次向外扩散的典型空间格局还较为少见。究其原因，主要与成都市城市空间形态呈现圈层式梯度向外蔓延的特点有关。

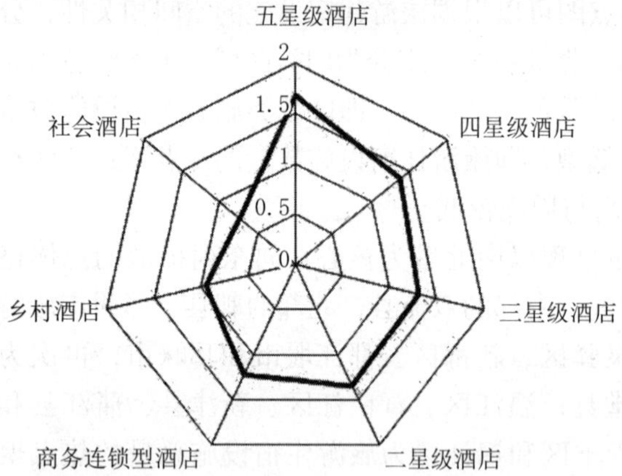

图 5–4　成都市各星级酒店离散趋势比较

成都市城市空间结构呈现典型的中心—外围格局，根据其距城市中心的距离，分为三个圈层（见图 5–5，图 5–6），第一圈层包括武侯区、金牛区、青羊区、成华区、高新区和锦江区 6 个城区，第二圈层包括新都区、郫县、青白江区、温江区、龙泉驿区、双流县 6 个区县，第三圈层包括都江堰市、彭州市、邛崃市、崇州市、金堂县、大邑县、蒲江县和新津县 8 个市县。成都市旅游住宿设施总量和各层次星级饭店在各圈层有不同的分布特点。

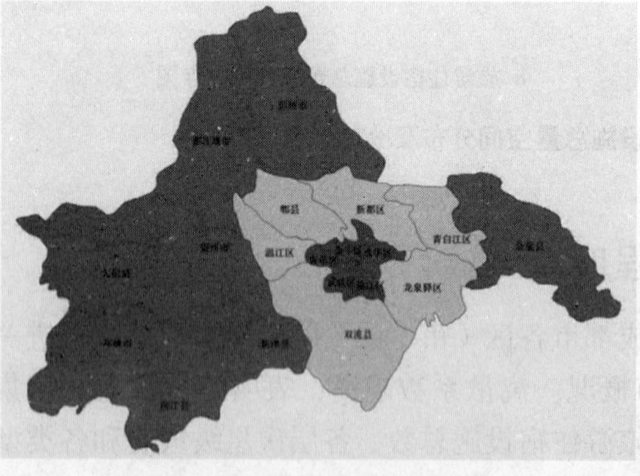

图 5–5　成都市三圈层空间分布图

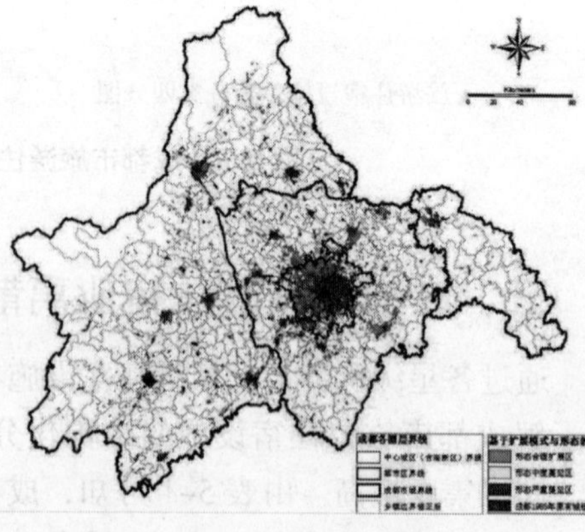

图 5–6　成都市空间形态圈层蔓延图[①]

由图 5–4 可知，不同类型的旅游住宿设施在各区、市、县分布差异非常大。其中，星级饭店的聚集程度高，商务连锁酒店次之，乡村酒店和社会酒店聚集程度低。由于顾客的行为方式、对周边环境的需求、对空间设计的要求和经营主体的布局特点等因素影

① 来源：兰晓熊．基于扩展效率与空间形态结合的城市蔓延综合判别——以成都市为例［D］．中国科学院中国科学院地理科学与资源研究所，2012.

响，各类型酒店的选址有不同的特点，从而形成不同类型酒店的空间聚集、均衡或分散的不同态势。因此，旅游住宿业的空间布局规划应在充分把握各类型酒店空间布局的客观规律上进行。

四、成都市旅游住宿设施每日平均房价空间分布格局

通过成都市旅游住宿设施的平均房价百分比盒状图（图 5–7）可知，成都市旅游住宿设施的平均房价基本符合大都市由中心向腹地递减的级差地租规律，并在高等级旅游景区房价较高。

按每日平均房价由高到低的顺序，可以将成都各区分为五个等级：第一等级包括青羊区和高新区，平均房价最高；第二等级包括金牛区、锦江区和都江堰市；第三等级包括武侯区、成华区、温江区、彭州市和蒲江县；第四等级包括双流县、崇州市、大邑县、清白江区和金堂县；第五等级包括郫县、新都区、龙泉驿区、新津县和邛崃市。

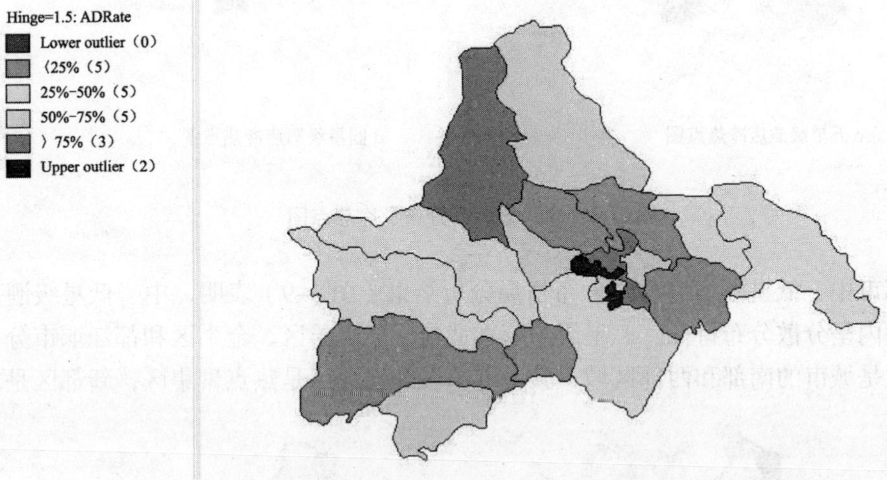

图 5–7　成都市旅游住宿设施每日平均房价盒状图

五、成都市各类型住宿设施空间分布格局

（一）成都市各档次星级酒店空间分布格局

成都市高星级酒店空间分布格局分析结果（图 5–8）表明，高星级酒店在全成都范围内呈聚集分布特征，且主要聚集于主城区，并在空港、著名旅游景区有较高的分布。五星级酒店的主要聚集于青羊区、武侯区、高新区和锦江区，而在主城区中的金牛区和成华区的分布则相对较少，尤其是成华区，呈现出主城区五星级酒店的低洼区域。此外，在双流县、郫县、新都区、大邑县和都江堰市五星级酒店的分布相对较高，都江堰市和大邑县是五星级酒店在主城区外聚集的高地。四星级酒店主要分布于青羊区、金牛区、成华区和锦江区，武侯区和高新区四星级酒店相对较少。四星级酒店在双流县、龙泉驿区和都江堰市相对较多。除高新区以外的 5 城区是四星级酒店的热点聚集区，都江

堰市是除主城区外其他区域的四星级酒店聚集高地。

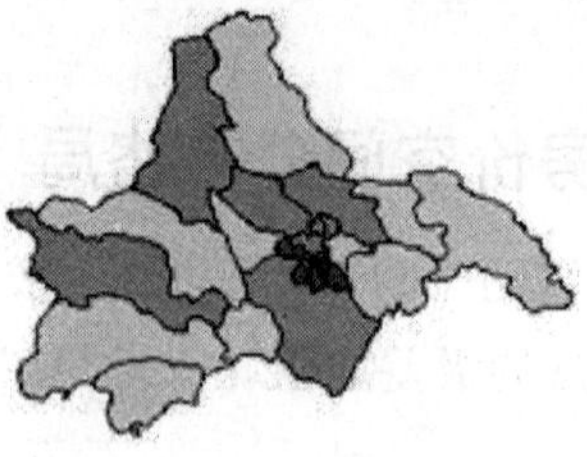

a 五星级酒店分布四分图

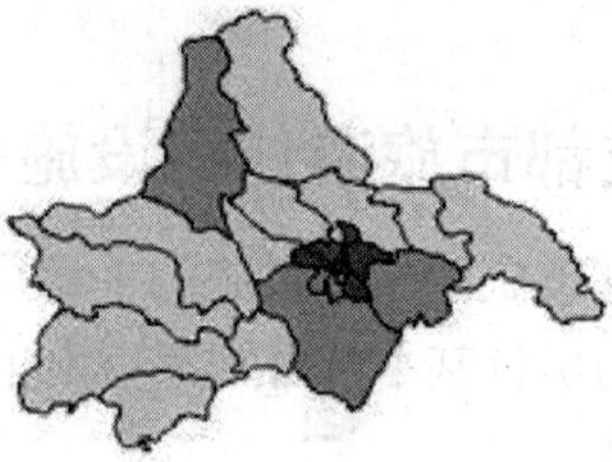

b 四星级酒店分布四分图

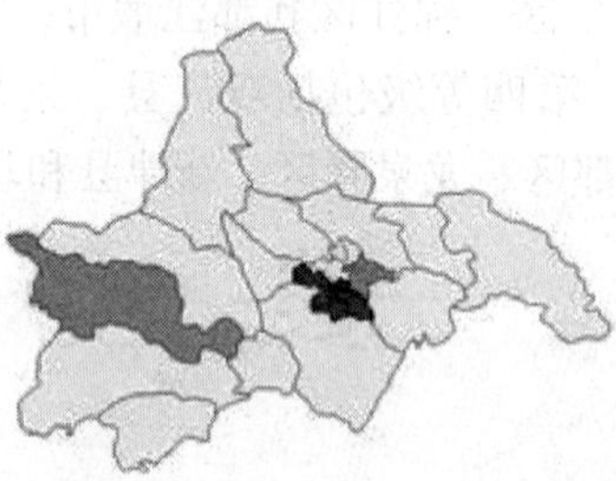

c 五星级酒店冷热点图

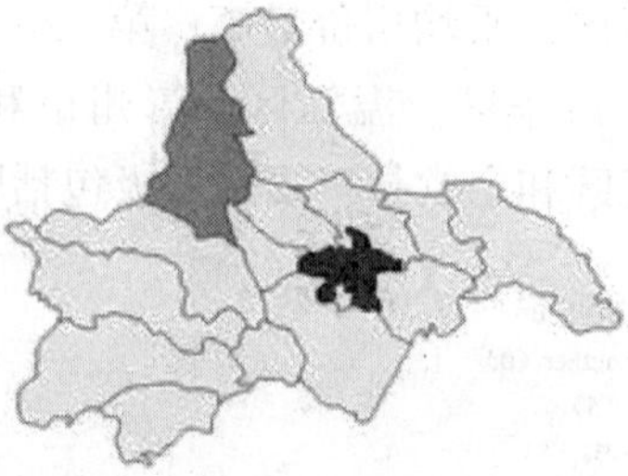

d 四星级酒店冷热点图

图 5-8　高星级酒店分布及冷热点图

成都市中、低星级酒店空间分布格局分析结果（图 5-9）表明，中、低星级酒店在全市范围内呈分散分布特征。三星级酒店在武侯区、青羊区、金牛区和都江堰市分布最多，其次是城市的南部和西部区域，其中青羊区和锦江区是热点聚集区，新都区是冷点

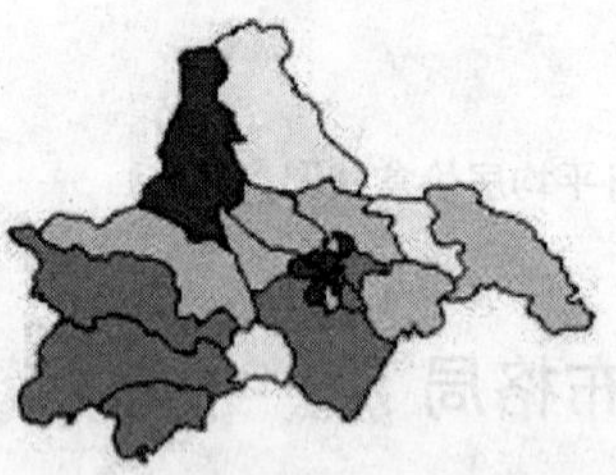

a 三星级酒店分布四分图

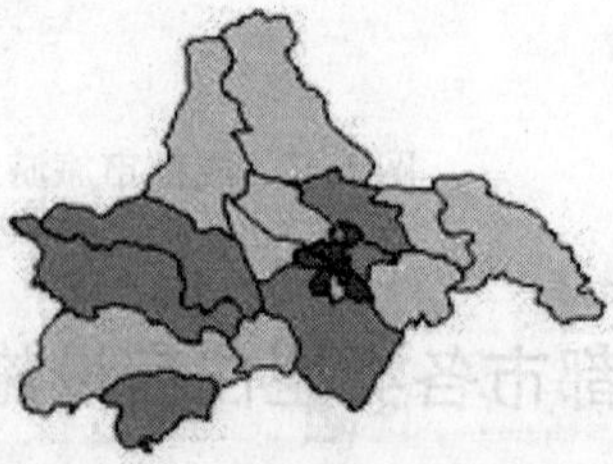

b 二星级酒店分布四分图

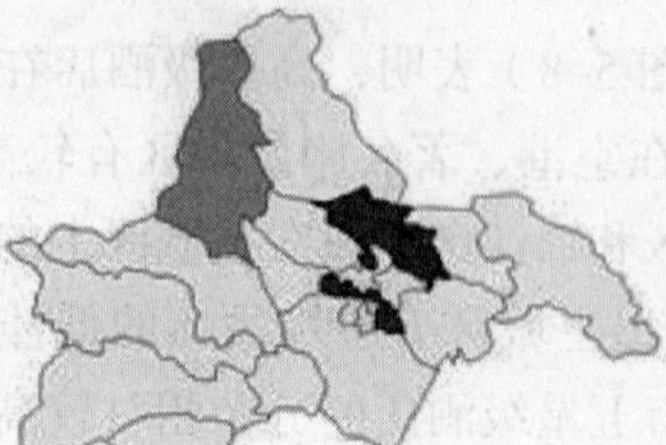

c 三星级酒店冷热点图

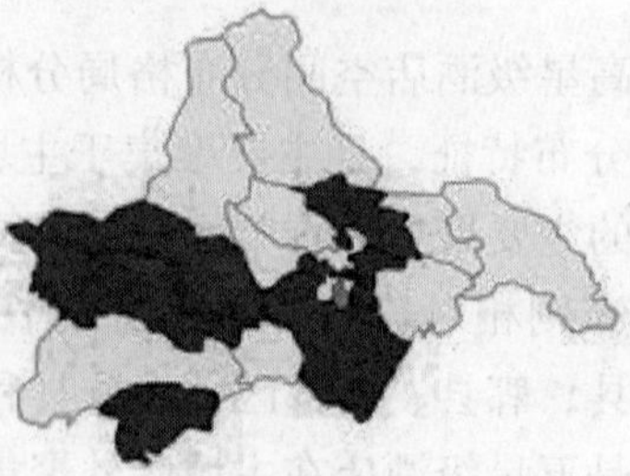

d 二星级酒店冷热点图

图 5-9　中、低星级酒店分布及冷热点图

区。二星级酒店在除高新区和成华区外的其他四个主城区分布最多，并在城市四周分散分布，呈现出多热点空间态势，无明显的冷点区。

（二）成都市各类型旅游住宿业空间分布特征

商务连锁型酒店呈以中心城区为核心，向南北方向呈轴状发展的趋势，东部和西部区域发展较弱，大邑县和邛崃市为全市商务连锁酒店的冷点区。

乡村酒店在城市环城游憩带呈分散分布趋势，除中心城区和大邑县、青白江区外，其余各区均有较好发展。尤其以北部的都江堰市、彭州市发展最好，郫县、邛崃市和龙泉驿区也有较多的乡村酒店分布。

社会酒店也由中心城区向南北扩散。中心城区中，青羊区、武侯区和锦江区为社会酒店发展的热点区，高新区、金牛区和成华区社会酒店的发展则较弱。第二、三圈层区县中郫县的社会酒店数量最多，其次为新都区和都江堰市。邛崃市和大邑县则为社会酒店的冷点区（见图 5-10）。

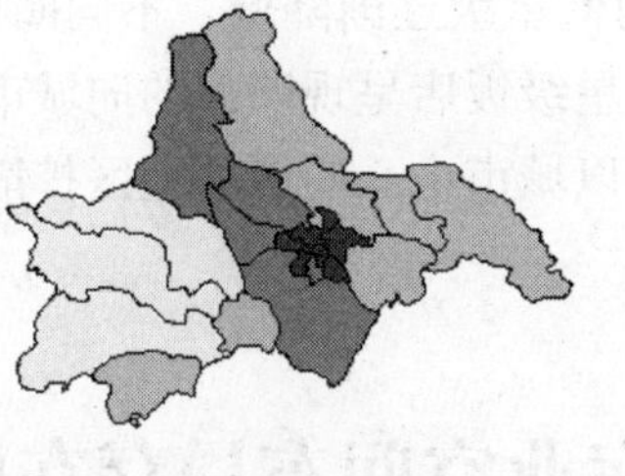

a 商务连锁型酒店分布四分图

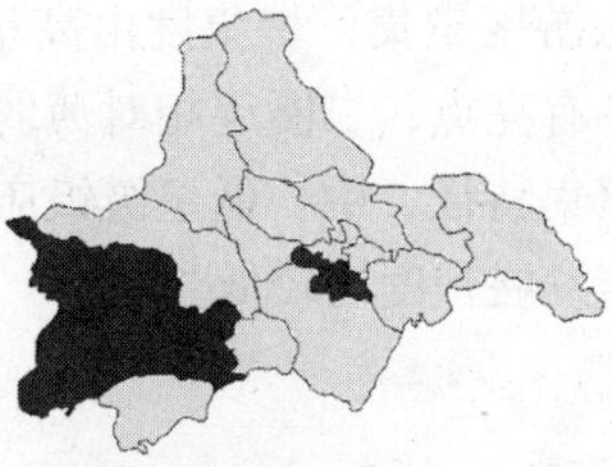

b 商务连锁型酒店冷热点图

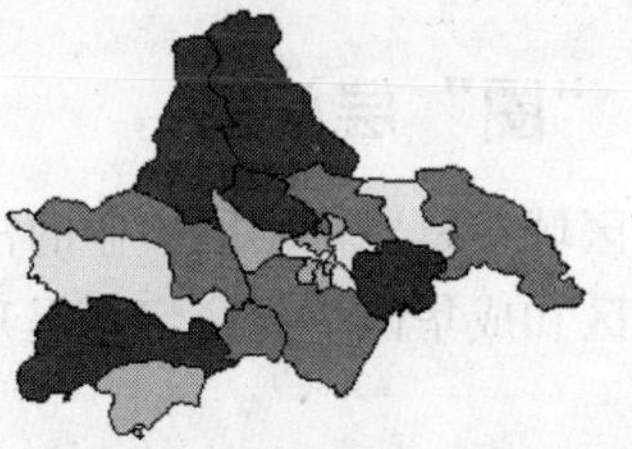

c 乡村酒店分布四分图

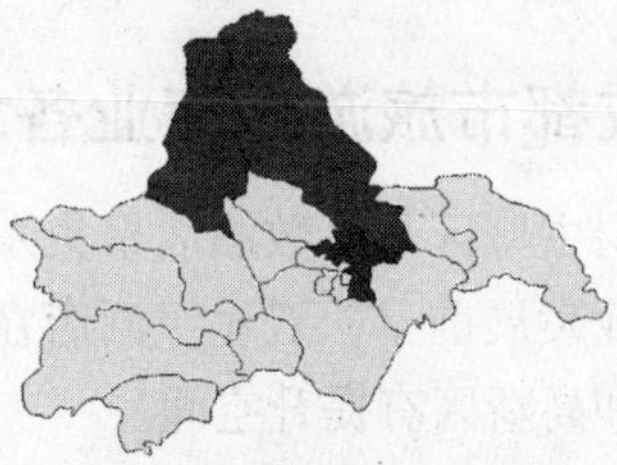

d 乡村酒店冷热点图

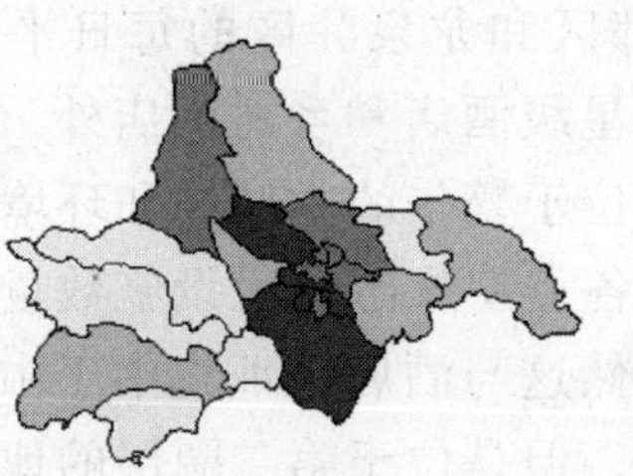

e 社会酒店分布四分图

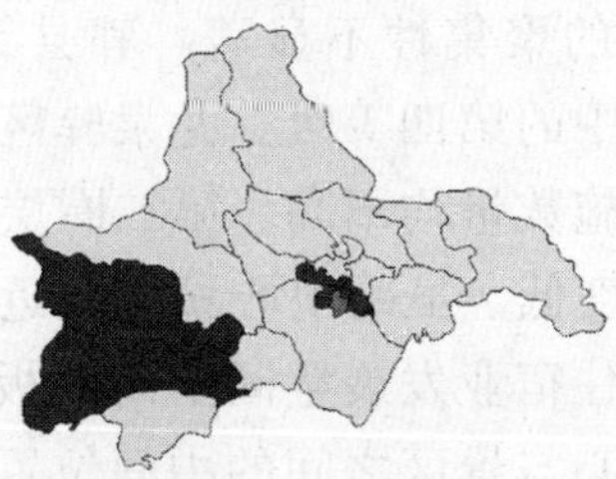

d 社会酒店冷热点图

图 5-10 各类型酒店分布及冷热点图

（三）成都市各圈层旅游住宿业空间分布特征

第一圈层是旅游住宿业发展的核心区，部分区域仍需提升。位于第一圈层的区域在旅游住宿业设施总量、每日平均房价方面均为全市的核心聚集区。除二星级酒店和乡村酒店外，各层次、各类型旅游住宿设施的热点区均聚集在第一圈层。

第二圈层旅游住宿设施总体应有较大的提升空间。旅游住宿设施总数在双流县和郫县较高。双流县因空港区位优势和经济发展水平较高，酒店总数和各等级、各类型酒店都较多。郫县是城市近郊乡村酒店发展最好的地区。

第三圈层旅游住宿设施有局部亮点，总体发展西部高于东部。都江堰市因坐拥世界文化遗产，并具有较好的生态环境和良好的休闲产业发展条件，旅游住宿设施总量和中、高档酒店数量及平均房价都明显高于周边地区，可称得上第三圈层中旅游住宿业的领头羊。彭州市和邛崃市的旅游住宿设施总量也较高，大邑县的五星级饭店明显高于周边地区。第三圈层乡村酒店发展较好，都江堰市、彭州市是乡村酒店的热点区，邛崃市和青白江区的乡村酒店则有待提升。

总体而言，成都市旅游住宿业空间分布现状特点为：地域集中指数较高、向发达城区和重要旅游区聚集，聚集度由高星级向低星级逐渐降低，不同圈层分布差异明显，一、三圈层各有亮点，二圈层相对薄弱。高星级饭店呈现明显的向城市中心及风景资源丰富的地区聚集特征，中、低星级饭店则呈以城市中心向西部地区扩散的趋势，东部各档次星级饭店发展程度均较低。

第二节　成都市旅游住宿业空间布局存在的问题

一、成都市旅游住宿业各均为“圈”层问题

第一圈层主城区是多数酒店聚集发展的区域，是成都市酒店业的核心区。按级差地租规律和产业发展前景，五星级酒店在金牛区和成华区仍有一定的提升空间，四星级酒店在武侯区和高新区有提升空间。

第二圈层旅游住宿业整体发展较为薄弱。温江区、青白江区各类旅游住宿设施数量均较低，新都区的三星级酒店是全成都市的冷点地区，其余各区县各层级旅游住宿设施的聚集性不显著。郫县、新都区和龙泉驿区的每日平均房价较低，属于五个等级中的第四等级。龙泉驿区除四星级酒店和乡村酒店外，各层次和各类型旅游住宿设施数量均不高。第二圈层由于位于繁华的主城区和环境宜人的风景区之间，建筑密度低，虽距中心城区较近，但各类型旅游住宿设施数量都较低，是目前成都市旅游住宿业发展空间上的短板。虽然这与酒店选址集中于中心和景区，较少选择城市中心与景区之间的中间位置有关，但是位于第二圈层的地区仍各有其区域发展的独特功能和产业定位，旅游住宿业结合区域产业和形象定位提升空间仍然很大。

第三圈层有增长极的雏形，但区域带动性不强。各区域间不同层次不同类型酒店的互补性不强，不易形成区域竞合效应。酒店类型较为单一，不能满足自驾游、背包自助游、生态游等散客化旅游的需求。散客、国际游客喜欢的营地住宿、别墅型住宿、汽车旅馆、生态小屋、水上船屋、奢华帐篷、有品质的乡村别墅度假酒店等都十分缺乏，不能满足消费者多元化的旅游休闲住宿需求。第三圈层中，西部地区旅游住宿业发展整体优于东部地区，但商务连锁酒店和社会酒店则是西部地区发展的短板。

二、成都市旅游住宿业各片区问题

从空间格局现状分析可以看出，成都市各片区的酒店业发展很不均衡，虽然酒店业向中心城区和主要旅游景区聚集是普遍规律，但目前许多片区的酒店发展仍与区域的经济、社会和空间的未来发展趋势不相适应，与产业融合尚不紧密。除了中心城区和南部区域以外，成都市西部、东部和北部区域的空间布局还存在一些问题，主要表现在以下几个方面。

第一，成都市西部区域酒店发展呈点状分散分布，尚不能满足城市规划中“两带”之一的带状发展要求。当前西部片区酒店业的发展相对较好，尤其是都江堰的高星级休闲度假酒店，邛崃市和崇州市的中低星级酒店发展较好，具备了西部区域酒店业增长极的雏形。但是，整个龙门山生态带的酒店要形成以点带面、点一轴发展的良性空间格局，仍有许多薄弱环节，如温江、新津等区域，位于各类型和档次酒店发展高地之间的过渡地带，酒店的发展现状不理想，需结合区域的产业定位重新思考酒店业的发展定位。此外，蒲江县位于成都西南边缘地带，与雅安毗邻，虽距城市中心较远，获得各种发展要素的机会相对较小，但由于其区位生态环境好，且有很好的茶业种植基础，应该可以发挥较好的城郊休闲游憩功能，但目前的特色住宿设施发展表现仍然欠佳。

第二，成都市北部区域的旅游住宿业在近年来有了较快的发展。但现有旅游住宿设施与其物流枢纽及商务服务的产业发展需求相比仍有较大提升空间。成都市北部以新都区以及金牛区、青白江区的部分区域为主，在产业上重点发展商贸（批发）、物流（铁路、公路）以及配套商务服务业，将建成西部地区最大的铁路物流枢纽和商品交易集散功能区，而根据对成都市旅游住宿业的空间布局分析，当前成都北部区域酒店总数和各档次、各类型酒店数量均较少，与该区域的产业功能和空间功能不相匹配，不能满足区域未来发展需求。

第三，成都市东部区域是酒店业发展的冷点区，远不能满足其新的区域功能定位需求。成都市的东部地区主要包括成华区、龙泉驿区、青白江区和金堂县。随着天府新区的建设、成都天府国际机场的开通、相应的公路、城际铁路、城市轨道交通的进一步发展和物流业、商贸业的发展，东部区域将成为成都市酒店业新的热点区。而且龙泉驿区和成华区的部分区域将重点发展现代制造业服务中的研发设计、工业物流、展示交易、教育培训和中介服务等行业，成为制造业与生产性服务业融合发展的西部最重要的工业商务服务功能区。此外，龙泉山作为两带中的一带，已经有较好的乡村旅游、古镇旅游的基础，并具备较好的休闲度假旅游发展前景，相应的旅游住宿设施的需求也会日益增大。而当前该区域却是成都市各类酒店分布最少的片区，如在未来五年没有显著的提升，将对该区域的功能实现产生制约影响。

第三节 成都市旅游住宿业空间区域发展的目的和任务

一、成都市旅游住宿业空间区域与投资规划的目的

旅游住宿业的空间布局必须综合考虑城市的产业布局、各区域的自然环境、商业氛围和文化脉络、旅游者的行为规律、住宿设施本身的层次和类别等因素，在充分把握其历史和现状的内在规律基础上，结合城市形象、产业发展、功能定位进行旅游住宿业发展的空间布局。成都市作为西部经济社会增长极，将带动周边区域向都市带发展。随着城市化水平的提高，城市功能将从集聚走向分散，在更广泛的区域内形成多核多心的城市格局。因此，成都市的旅游住宿业也应从高度聚集到按类别和层次逐渐形成聚集—扩散格局，形成结构化均衡态势，依托城市空间功能格局和未来产业发展定位，形成“一核、两圈、两带、四组团”的空间格局，使成都市旅游住宿业按类别、按层次形成结构化均衡分布态势，形成区域竞合式空间格局。顺应新常态下经济形势的转变，成都旅游住宿业的投资也将由追求速度的粗放型投资模式向重视质量和效率的集约型投资模式发展，具体表现为：放弃一味追求高星级、高回报的投资思路；采取市场决定定位、定位决定资源分配方式、资源分配方式决定盈利模式的投资理念；建立新的利润增长点，增强投资收益。

二、成都市旅游住宿业空间区域与投资规划任务

成都市旅游住宿业空间区域与投资规划的主要任务，是要着力推进旅游住宿业按区域空间功能定位和产业发展趋势形成合理的空间布局和集约型投资模式，实现旅游住宿业空间布局与成都市商业区位、城市内外交通格局、旅游者空间行为及城市人口的分布等发展相适应，提升旅游住宿业空间和投资配置效率。为此，在 2015—2020 年期间要完成以下 7 个方面的工作。

第一，通过建设国际化都市酒店聚集区，打造成都酒店空间结构的核心区，促进成都市第一圈层发展，并充分发挥各旅游住宿设施在该区域聚集的核心优势，使核心区旅游住宿业向腹地辐射，从而产生良性的空间溢出效应。

第二，通过建设近郊商务经济圈、环城休闲度假圈，促进成都空间结构第二圈层形成大型商务酒店多点聚集与经济型酒店环城扩散相结合的空间格局，在成都空间结构第三圈层形成档次齐全、风格各异的休闲度假酒店体系，形成各区域间休闲度假酒店互补的区域竞合效应。

第三，通过建设成都市龙门山、龙泉山特色生态住宿区，充分发挥成都市生态旅游发展带的功能和优势，发展多元化、个性化的现代旅游住宿设施，满足消费者不同层次和偏好的休闲游憩需求。

第四，通过建设城市西部生态休闲度假住宿组团、东部空港商务休闲住宿组团、北部舒适快捷集散住宿组团、南部会展商务游憩住宿组团，实现住宿设施按类别聚集发展

的规模递增效应，助力城市不同区域的功能定位和产业发展。

第五，由市场决定酒店投资的定位，创新增长热点。新常态下的集约型投资重点转移到面向个性化消费群体的主题精品酒店，以满足个人体验的差异性、情感性、品位独特性和社会参与性的需求；面向功能性消费主体的中端住宿业态，迎合主流消费群体，缓解供需矛盾。

第六，扩展融资渠道，合理引导民间资本在成都旅游住宿业的投资。除了通过入股投资或加盟等方式直接介入已有的品牌，更应该鼓励民间资金进入新兴的住宿业态：如产权式短租公寓酒店（民间资本拥有产权，专业管理公司经营；与房地产公司合作开发，共享产权、分配收益等）、信托投资管理类酒店（民间资本以信托投资方式投入）、精品主题客栈、房车露营式住宿等。开拓成都住宿业新的盈利领域，从根本上扩展获利渠道。

第七，投资模式实现金融化、去地产化、轻资产化等多元化融合。鼓励酒店品牌通过投资、合资、参股、控股或租赁等多种形式进行投资，减少资本成本，降低财务风险，从而提高投资效益。

第四节　成都市旅游住宿业空间区域规划

依托城市空间功能格局和未来产业发展定位，形成“一核两圈两带四组团”的空间格局，使成都市旅游住宿业按类别、按层次形成结构化均衡态势。

一、一核：国际化都市酒店聚集区

即城市空间结构第一圈层中心城区。成都市作为国家历史文化名城，国家重要的旅游中心城市，西部的金融、文化、商贸中心，西部地区重要的综合交通枢纽和通信枢纽，其中心城区理应成为我国西部旅游住宿业的制高点。应充分发挥各旅游住宿设施在该区域聚集的核心优势，促进其旅游住宿业向其腹地辐射，从而产生良性的空间溢出效应。

在现有的星级饭店、商务连锁酒店和社会酒店等住宿设施聚集的基础上，着力培育精品酒店、主题酒店等多种现代都市住宿设施。在宽窄巷子、小通巷、锦里、琴台路、东郊公园等特色街区发展经济型品牌连锁酒店、客栈、家庭公寓等，依托武侯祠、杜甫草堂、文殊院、青羊宫、水井坊等旅游景点及春熙路、太古里等 CDB 发展以传统文化或现代风格为主题的主题酒店，沿城市水系布局低调奢华且独具文化品位的精品酒店，从而满足顾客对国际化大都会多元化住宿的需求，支撑成都市国际旅游目的地城市形象的塑造。

二、两圈：近郊商务经济圈、环城休闲度假圈

（一）近郊商务经济住宿圈

该圈为城市空间结构第二圈层。该区域由于位于繁华的主城区和环境宜人的风景区之间，建筑密度低，虽距中心城区较近，但环境欠佳，各类型旅游住宿设施数量都较

少，是目前成都市旅游住宿业发展空间上的短板。由国内外大城市酒店发展规律可见，大型酒店由于受到昂贵地价、建造限制和交通不便影响，将逐渐从城市中心向与新区接壤地带迁移，因此成都市第二圈层将在未来吸纳更多大型商务酒店。随着城市各经济要素向外扩展，经济型酒店通常也会逐渐向城市近郊蔓延。因此，该圈层应形成大型商务酒店多点聚集与经济型酒店环城扩散相结合的空间格局。

（二）环城休闲度假住宿圈

通过对成都环城游憩带空间格局分析，距成都市中心城区 30 千米左右为风景区富集的休闲游憩区。这一区域也是成都空间格局的第三圈层。应利用其风景秀美、环境宜人的特点，结合微观环境，形成档次齐全、风格各异的休闲度假酒店体系，形成各区域间休闲度假酒店互补的区域竞合效应。

借鉴英国、法国、我国台湾等地经验，结合各地农业旅游和乡村旅游特色基础，发展具有一定档次和品位的民宿型乡村酒店，使民宿从旅游配套服务设施转变成成都乡村旅游业吸引力的重要组成部分。通过政府引导、政策补贴等形式，盘活农村存量房产，发展民宿经济，增加农民收入，建成一批形态各异、主题丰富、精致独特，并且饱含民宿主人各种巧思妙想与地区特色文化气息的民宿型乡村酒店。导入高质量的餐旅专业服务，同时运用科技多元营销的理念，不断创新民宿产品形态，丰富产品类型，增加民宿产业的附加价值。通过自然与人文环境景观、建筑风格与房间设备气氛、风味餐饮与体验活动三者的交互作用产生民宿的整体意象。以民宿旅游的发展带动成都市乡村旅游提档升级。

三、两带：龙门山、龙泉山特色生态住宿区

两带即龙门山、龙泉山生态旅游发展带，是自然生态保护带和成都建设国家重要的旅游中心城市的主要承载区。两带生态及旅游发展区是成都市的生态屏障，也是旅游产业的重点发展区。范围包括彭州、都江堰、崇州、大邑、邛崃、蒲江、双流、龙泉驿、青白江和金堂的山区。当前休闲度假酒店在都江堰可谓一枝独秀，除该区域外，今后应在现有风景名胜区、自然保护区中选择合适的区域，依托其集中的风景名胜资源、优美的自然环境、较好的游憩基础条件，进一步发展休闲度假酒店，在国家级风景名胜区都江堰—青城山、西岭雪山，省级风景名胜区龙泉花果山、黄龙溪，以及崇州鞍子河省级自然保护区、大邑黑水河省级自然保护区、都江堰龙溪—虹口国家级自然保护区等自然保护区外围区域适度发展不同层次、不同类型的旅游住宿设施，如营地住宿、别墅型住宿、汽车旅馆、生态小屋、水上船屋、奢华帐篷、乡村别墅等，满足消费者不同层次和偏好的休闲游憩需求，打造独特的生态住宿体验。

四、四组团

（一）西部生态休闲度假住宿组团

以青城山—都江堰为增长极，依托其国际等级旅游景区，利用其良好的生态环境，

打造高端休闲度假住宿设施组团，并带动周边区县发展特色休闲住宿设施。

（二）东部空港商务休闲住宿组团

以龙泉驿区为增长极带动其周边区县，依托天府国际机场和两湖一山[①]旅游资源，发展空港商务酒店及生态休闲住宿设施组团。

（三）北部舒适快捷集散住宿组团

以成华区为增长极，带动北部新都及其他区县，布局舒适快捷的中档酒店、经济型酒店和洗车旅馆，支撑其物流集散区的空间功能。

（四）南部会展商务游憩住宿组团

为成都市市域范围内全面加强会展业的硬件支撑，形成“中西部第一、全国一流、国际知名”的会展场馆体系，并继续发挥空港经济区域优势，以中心城区为起点沿南部交通干道向天府新区点扩展，形成会展及商务酒店点轴发展空间格局，并依托南部良好的生态环境发展特色游憩住宿。

① 两湖一山：指龙泉湖、三岔湖和龙泉山

第六章

成都市旅游住宿业经营项目及特色建设分析

第一节　成都市旅游住宿业经营项目及特色建设现状分析

一、成都市星级饭店特色经营项目及发展现状

目前成都市旅游星级饭店数量共计130家，在福布斯发布的2013年度中国大陆旅游业最发达30个城市榜中，旅游星级饭店数量名列第12位。2010—2013年，在全国重点旅游城市旅游星级饭店主要指标排名中，成都市旅游星级饭店在不同年度名列前10名。由此可见，成都旅游星级饭店已经成为成都市现代服务业升级发展、城市品牌塑造的重要支撑。

（一）市场规模分析

2013年成都市旅游星级饭店数量共计136家，在国内15个副省级城市中排名第7位（见图6–1）。其中五星级旅游饭店13家，四星级旅游饭店34家，三星级旅游饭店65家，二星级旅游饭店21家，一星级旅游饭店3家。成都市星级饭店主要集中在成都市主城区，周边区、县、市分布较少，都江堰市除外，因为都江堰市有成都市唯一的世界文化遗产——青城山—都江堰风景区，旅游业相对比较发达。其中，位于成都市中西部有“西贵”之称的青羊区，近些年来主城区的经济生产总值一直排第二并且拥有成都传统三大商圈之一的骡马市商圈和春熙路商圈的部分，其星级饭店所占比重最高；属成都市的核心区、中央商贸区，国务院确定的“商贸繁华区”的锦江区，全市200多家世界500强企业有一半汇集于此，其星级饭店所占比重仅次于青羊区；之后依次是金牛区、武侯区以及成华区。

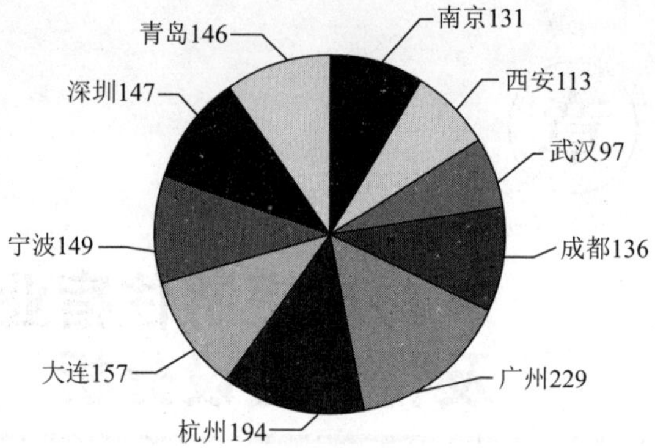

图 6-1　2013 年排名前十副省级城市旅游星级饭店数量情况（单位：家）

2013 年，成都市旅游星级饭店客房总数为 23985 间，其中，三星级旅游饭店客房拥有数最多，为 9018 间 / 套（见图 6-2）。

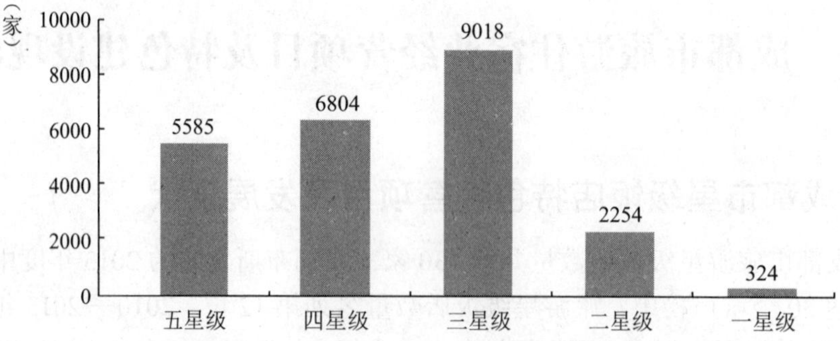

图 6-2　2013 年成都市各星级饭店客房数量情况

2013 年，成都市旅游星级饭店床位总数为 39134 张，其中，三星级旅游饭店拥有床位数最多，为 15795 张（见图 6-3）。

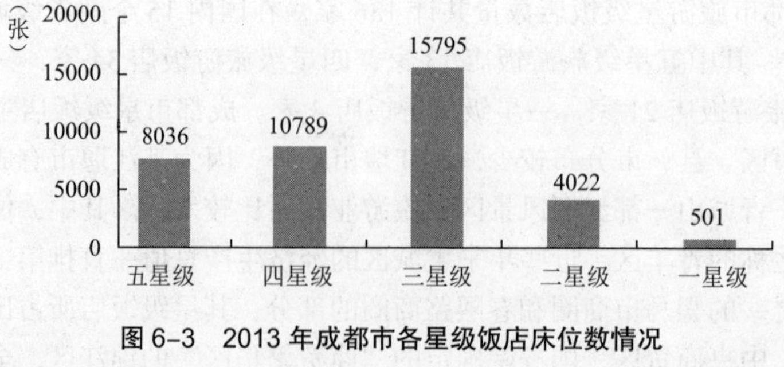

图 6-3　2013 年成都市各星级饭店床位数情况

（二）空间布局分析

从 2013 年的统计数据来看，139 家旅游星级饭店，第一圈层共 94 家，占据旅游星级饭店总数的68%；第二圈层17家，占旅游星级饭店的12%；第三圈层28家，占旅游星级饭店的20%(见图6-4)。由此可见，成都市旅游星级饭店主要分布于第一圈层，而第三圈层基本集中在都江堰、双流和大邑这三个以旅游业为主导产业的市县，这充分说明旅游住宿业的发展与区域经济发展差异和产业导向有明显的关系。

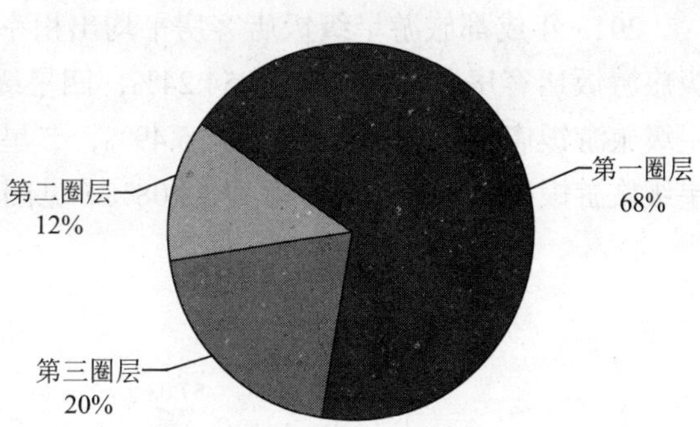

图6-4 成都市旅游星级饭店空间分布

(三)经营状况分析

2013年成都市旅游星级饭店营业收入总额共计37.51亿元，同比下降18.92%，远高于全国平均下降幅度（5.58%）。其中客房收入18.83亿元，占总收入比重49.6%；餐饮及娱乐收入13.69亿元，占比36.1%（见图6-5）。

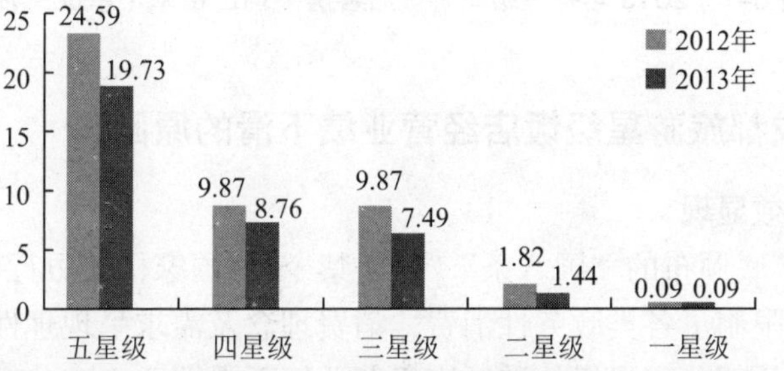

图6-5 2012年、2013年成都市各星级旅游饭店营业收入对比（单位：亿元）

2013年成都市旅游星级饭店平均房价为462.69元，同比上升1.06%。其中五星级旅游饭店平均房价931.25元，四星级旅游饭店平均房价393.75元，三星级旅游饭店平均房价252.75元，二星级旅游饭店平均房价206.5元，一星级旅游饭店平均房价105.1元（见图6-6）。

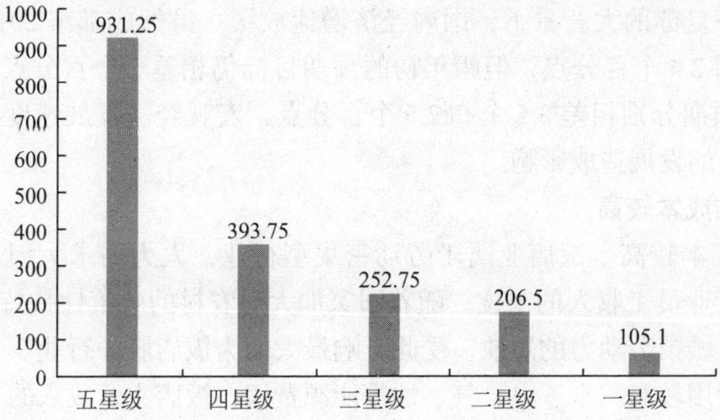

图6-6 2013年各星级旅游饭店平均房价（单位：元）

2013年成都旅游星级饭店客房平均出租率为55.56%，同比下降22.15%。其中五星级旅游饭店客房平均出租率为54.24%，四星级旅游饭店客房平均出租率为57.08%，三星级旅游饭店客房平均出租率为55.49%，二星级旅游饭店客房平均出租率为54.1%，一星级旅游饭店客房平均出租率为73.08%（见图6-7）。

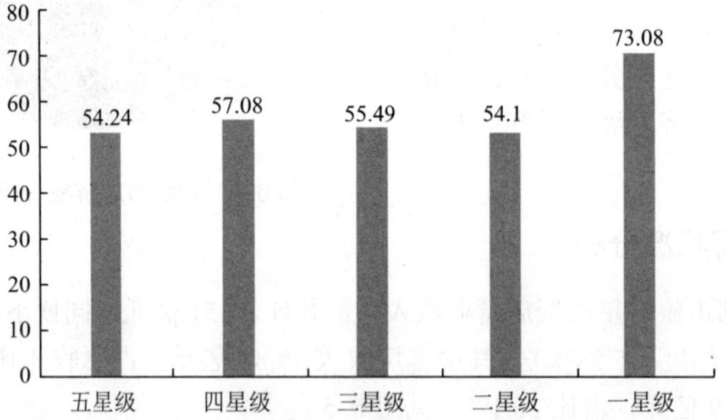

图6-7 2013年各星级旅游饭店客房平均出租率（单位：%）

（四）导致成都旅游星级饭店经营业绩下滑的原因

1. 政策调控成效显现

一是2012年年底颁布的“国八条”“六条禁令”《国家机关厉行节约反对浪费条例》等新政，一定程度限制了各类政务性消费，消费理念及需求呈现理性回归趋势，使过去主要依赖政务接待的部分高星级旅游饭店经营业绩下滑严重，充分暴露出这部分高星级旅游饭店计划经济思想严重、适应市场的应变能力不足的问题。

二是《中华人民共和国旅游法》颁布后，团队游减少，自驾游逐渐成为主流，自驾游游客对住宿设施的选择更加自由和多元，主题饭店、连锁酒店、体验型酒店、自驾驿站、青年旅社等高性价比的经济型饭店占据了一部分原属于旅游星级饭店的市场份额。

2. 宏观经济增速放缓

在全球经济复苏的大背景下，国内经济增速放缓。虽然成都市2013年地区生产总值增速高于全国2.4个百分点，但距年初的预期目标仍相差2个百分点，同时城乡居民人均收入也比预期分别相差3.5个和2.5个百分点。宏观经济发展速度放缓在一定程度上对成都饭店业的发展造成影响。

3. 维持标准成本较高

一是人工成本较高。饭店业属于劳动密集型行业，人力需求大但人均收入普遍偏低，处于众多行业员工收入的末位。随着国家加大对农村的政策性扶持，较多农民工选择返乡，带来了城镇劳动力的短缺，受此影响最大的为饭店服务行业。

二是能源费用较高。水、电、气、油等能源费用占饭店主营收入的10%以上。在旅游星级饭店收入下滑的情况下，要维持相应的服务水平和质量标准，各项能源固定费用无法缩减，直接压缩了旅游星级饭店的利润空间。

4. 高端市场竞争加剧

高星级旅游饭店规划布局与城市发展不相适应，受各种因素推动，部分投资商在未进行合理市场需求调研的前提下，盲目追求规模和档次，造成高端饭店市场出现一定程度的产能过剩。据全球最大的酒店数据库 STR 公司发布的数据，中国未来 3~5 年新增客房数供给量 7%。成都排名全国第三，增幅高达 29.11%。据统计，目前成都共有四星级、五星级旅游饭店 50 家，已处于相对饱和状态。而大批按照四星级、五星级标准进行建设的商务酒店的不断开业，致使行业市场竞争日趋激烈。

二、成都市非星级饭店特色经营现状

随着成都市旅游经济的蓬勃发展和商贸活动的不断繁荣，旅游业快速发展，带来了大量的观光客和商务客，成都市的非星级饭店也得到了飞速发展。据统计，2015 年成都市共有非星级饭店 8273 余家，年增长率超过了 20%。

非星级住宿业是住宿业的重要组成部分，承担着旅游接待的重要职能。2007 年 1 月 1 日，成都市颁布《成都市社会旅馆管理办法》(成都市人民政府第 132 号令)(以下简称《办法》)以来，成都市非星级住宿业得到了 8 年时间的快速发展，与旅游星级饭店形成互补格局，有效地促进了全市住宿接待产业的多元化、多层次发展。为更好地完成此次规划任务，项目组于 2014 年 9 至 11 月对成都市非星级住宿业经营现状进行了调研。

本次调查主要采取访谈、问卷发放等方式，由市旅游局牵头协调各区、县相关部门在成都市管辖的 21 个区、县范围内展开了为期近一个月的调查。共发放问卷 1800 份(其中顾客 1500 份，业主 300 份)，收回顾客问卷 1387 份、业主问卷 255 份，经检查剔除重要信息回答不完全、回答内容完全相同、抗议性回答等问卷，最终形成有效问卷分别为 1128 份和 201 份，有效率分别为 81.3% 和 78.8%。

(一)成都市非星级饭店类型等基本信息统计

对成都市饭店基本信息的统计分析有助于全方位了解成都市非星级住宿机构现有的经营状况、类型、所提供的服务等信息，进而从全局的角度合理规划布局及管理非星级住宿机构。

成都市非星级饭店的类型依然以传统的酒店 / 饭店 / 宾馆为主力，占总数量的 72.6%；其他类型，如乡村酒店、招待所、家庭旅馆等的占比均在 10% 以下，由此可见，住宿业的类型比较单一，与当前消费者多元化的需求差距较远。规模以小型饭店为主，拥有 100 间客房以内的饭店数量达 82%；以单体饭店为主，连锁的仅占约 22%。员工数量相应 100 人以内的非星级饭店占到 86%，其中 50% 饭店员工数量为 30 人以内。从价格水平来看，100~200 元为主打，占一半以上；月均入住率 41%~60% 约占 37.8%，66%~75% 仅占 29.9%，整体入住率偏低(见表 6–1)。

表 6-1　成都市非星级饭店基本信息统计

变量	特征	频数	比重（%）	变量	特征	频数	比重（%）
住宿机构类型	酒店/宾馆/饭店	146	72.6	员工数量	≤30人	107	53.2
	招待所	7	3.5		31~100人	66	32.8
	度假村	1	0.5		101~300人	21	10.4
	乡村酒店	16	8.0		301~500人	3	1.5
	旅店/旅社	19	9.5		≥501人	0	0
	青年旅社/客栈	5	2.5		系统缺失	4	2.0
	家庭宾馆	7	3.5	月入住率	0~40%	42	20.9
	汽车旅馆	0	0		41%~60%	76	37.8
是否连锁	是	41	21.8		61%~75%	60	29.9
	否	147	78.2		75%~100%	17	8.5
	系统缺失	13	6.5		系统缺失	6	3.0
房间数	≤20间	21	10.4	平均价格水平	≤100元	19	9.5
	21~50间	62	30.8		101~200元	115	57.2
	51~100间	82	40.8		201~400元	56	27.9
	101~300间	32	15.9		401~600元	6	3.0
	≥301间	4	2.0		≥601元	3	1.5
					系统缺失	2	1.0

（二）成都市非星级饭店顾客满意度调查统计

研究对成都市非星级住宿机构服务质量感知的 22 个观察变量得分进行了计算和排序，结果见表 6-2。以观察变量服务人员着装整洁、亲切热情来说，共有 1127 位顾客进行了评分，平均值为 4.00，标准差为 0.84，其中 369 位顾客选择完全同意（评分为 5），481 位顾客选择同意（评分为 4），196 位顾客选择较同意（评分为 3），71 位顾客选择不同意（评分为 2），11 位顾客选择完全不同意（评分为 1）。从总体上来说，顾客对成都市非星级住宿机构感知的评价较高，20 个观察变量的得分介于 3.60 ~ 4.48 分之间。其中，顾客对成都市非星级住宿机构所提供服务未涉及民族、种族、宗教歧视（4.48）；所提供服务项目未涉及黄、赌、毒等内容（4.41），安全提示信息完整、摆放准确（4.17），消防设施齐全、摆放准确（4.12）以及交通便捷、能顺利到达（4.10）的评分较高；而对成都市非星级住宿机构店内及附近购物方便（3.97），就餐环境舒适、干净、方便（3.91），装饰设计布局有特色、吸引人（3.86）以及娱乐项目丰富、可选择性多（3.60）的评分较低。分析结果表明，前五个评分较高的变量已构成成都市非星级住宿机构现阶段的优势，对于顾客有较强的吸引力；而后四个变量的较低得分说明它们是成都市非星级住宿机构今后需要下大力气改进的方面。

表 6–2 受访顾客对成都市非星级住宿机构服务感知评价统计

观察变量/同意程度	5分	4分	3分	2分	1分	D	S_d	V	M_j
所提供服务未涉及民族、种族、宗教、歧视等内容	721	272	106	19	10	1	0.80	0.65	4.48
所提供服务项目未涉及黄、赌、毒等内容	674	297	117	22	17	2	0.87	0.75	4.41
安全提示信息完整、摆放正确	511	376	181	43	16	2	0.93	0.86	4.17
消防设施齐全、摆放正确	490	364	204	49	16	6	0.95	0.91	4.12
交通便捷能顺利到达	456	412	184	63	12	2	0.94	0.88	4.10
房间内物品设施摆放整洁、大方、美观	401	472	203	40	8	5	0.86	0.74	4.08
各项服务物有所值、价格公道	417	427	233	43	8	1	0.89	0.79	4.07
文明引导标识醒目、直观易懂	415	434	217	47	12	4	0.91	0.82	4.06
房间内干净整洁、无异味	391	478	188	53	13	6	0.90	0.81	4.05
服务标识醒目、直观易懂	410	431	223	49	14	2	0.92	0.85	4.04
公共区域干净整洁、无异味	365	502	200	48	10	4	0.87	0.75	4.03
周边环境整洁美观	399	449	209	59	12	1	0.92	0.84	4.03
服务需求在第一时间得到反应	380	454	224	53	15	3	0.92	0.85	4.00
公共区域物品设施摆放整洁、大方、美观	352	502	206	58	10	1	0.88	0.78	4.00
服务人员着装整洁、亲切热情	369	481	196	71	11	1	0.92	0.84	4.00
服务设施保养好	361	482	210	57	16	3	0.92	0.84	3.99
服务设施齐全	361	476	222	56	13	1	0.91	0.82	3.99
服务人员操作技术娴熟规范	371	444	249	51	11	3	0.91	0.82	3.99
店内及附近购物方便	379	431	244	53	20	2	0.95	0.90	3.97
就餐环境舒适、干净、方便	341	456	239	57	29	7	0.97	0.95	3.91
装饰设计布局有特色、吸引人	319	455	244	78	26	7	0.98	0.97	3.86
娱乐项目丰富、可选择性多	293	370	256	123	82	5	1.19	1.42	3.60

注：D—系统缺失值，S_d—方差，V—标准差，M_j表示第 j 项服务的评分结，此表以降序排列。

研究对顾客总体满意度和住后行为共三个变量得分进行了计算，结果见表 6-3。总的来讲，顾客对住店的满意程度评价较高，得分为 4.07。而住后行为特征（忠诚度）大致可以分为重住意愿和推荐意愿两种，顾客的住后行为直接影响着住宿机构的可持续发展和经营。本次调查，顾客对成都市非星级住宿机构的推荐意愿评分较低，得分均在 4 分以下。这些表明，成都市非星级住宿机构未来发展还需要进一步调整和优化。

表 6-3　顾客满意度及住后行为特征描述性统计分析

观察变量/同意程度	5分	4分	3分	2分	1分	D	S_d	V	M_j
我对本次住店总体满意	384	508	178	42	13	4	0.86	0.75	4.07
以后我还会持续关注并选择入住该旅馆	388	441	201	59	33	7	1.0	1.0	3.97
我愿意向我的亲朋好友推荐该旅馆	369	442	230	62	19	7	0.95	0.91	3.96

注：D—系统缺失值，S_d—方差，V—标准差，M_j表示第 *j* 项服务的评分结，此表以降序排列。

（三）成都市非星级饭店发展存在的问题

1. 行业整体的发展缺乏统一的规划指导

一是监管能力行业范围内制度建设及有待加强。非星级饭店因其数量大、种类多、分布散等特征，使得它成为整个行业中至关重要且不可忽视的一部分。非星级饭店拥有非常强的服务接待能力，能够很大程度上填补星级饭店以外的行业空白。同时，因政府部门目前对非星级饭店并没有特别明确的统计备案、管理核查、巡查检验等相关的规章制度，使得非星级饭店成为行业管理的薄弱点。加之非星级住宿机构的业主对已有的管理制度理解范围和程度均不够，为了经营利益有时只会完成监管部门管理要求中的一部分，这就使得监管部门的管理效果大打折扣。

二是非星级饭店的类型较少且过于集中。据有关数据统计，目前行业中定位在酒店 / 宾馆 / 饭店这一类型住宿机构的比例高达 72.6%，紧随其后的类型即为近年因“穷游”概念大受追捧而热度有所提高的旅店 / 旅社类型的住宿机构，排在第三位的类型则是因古镇 / 乡村 / 文化旅游而兴起的乡村酒店类型，而汽车旅馆这一类型的住宿机构的数量特别少，所占比重很低。在这样的行业结构和现有状况下，难免会产生因产品重复、同质性严重而导致的竞争过激、生存压力大、经营困难，甚至出现为保盈利而放弃经营水准的情况，使得行业内的个体恶性竞争，不利于整个行业的发展与繁荣。

三是拥有品牌连锁能力的住宿机构较少。在整个行业中拥有连锁品牌经营能力的个体不到三成。众所周知，拥有品牌或连锁经营的能力在整个行业中是非常具有优势的，从掌握客源、成本控制、管理机制、财务管理或危机处理等方面都有十分突出的竞争优势。目前行业中，具有这样能力的个体较少，而竞争优势较集中，在目前这样一个激烈竞争的行业环境下，其他非连锁的个体竞争劣势较大，这样一来，不利于保障整个行业的高水准，同时不利于行业整体的长远发展。

2. 行业个体的管理与服务情况有待进一步提高

一是非星级饭店所提供的服务项目有待完善。据统计，仅有不到三成的非星级饭店提供餐饮服务，同时顾客对于桑拿以及运动中心的需求率都超过了现有的供给情况。随着时代的发展，人们的生活方式与习惯发生了巨大的改变，同时旅游出行方式与旅行需求也有了较大程度的转变与扩张。作为旅行者整个出行过程中尤为重要的一个环节，住宿业所需要提供的服务项目与类型也需要随着市场环境、顾客需求的变化而变化，以使消费者感到满意。据调查，已有很大比例的顾客表现出他们对于科技或网络服务的需求。另外，当下越来越多的游客选择“自由行”的出游方式，即到达旅游目的地以后能够轻松随意的决定自己的行程，因此住宿机构需要具有能够为旅行者提供高质量的旅游服务的能力，但调查数据显示，目前已提供旅游相关服务的非星级饭店的比例较少。

二是住宿机构的紧急预案有待完善。现在“旅行”已经成为一个非常时髦的词汇，越来越多的人加入到旅行者的行列。根据省旅游局统计报告，2007 年 1~11 月期间，四川省累计接待国内旅游者 1.84 亿人次，而到 2013 年，四川省接待国内旅游人数则增长至 4.87 亿人次，这个增长的数量中还不包括入境的游客。鉴于这样一个明显的增长趋势，应在保证住宿业机构所提供服务的质量与品质的同时，高度关注各类安全问题，这也是社会高度关注的热点话题，如食品安全、治安安全、紧急事故疏散等问题。在成都市这样一个高热度的旅游城市，在住宿业这样一个人员高度集中的行业，应更加重视安全问题。一旦发生不良伤害事件，不仅仅会造成巨大的损失，同时也会对本行业形象以及旅游发展带来难以挽回的危害。

三、成都市特色及主题文化酒店发展现状

主题文化酒店目前也被称为特色文化酒店、主题酒店，英文名叫 Theme Hotel 或 Themed Hotel，通常简称为主题酒店。在国外，酒店研究主要集中在酒店的营销与服务等实践层面上，主题酒店被作为独特概念酒店中的很小一个分支来研究，仅仅将其看作独特概念酒店（Unique Concept Hotel）中的一种，而独特概念酒店除了主题酒店（Themed Hotel）外，还包括设计酒店（Design Hotel）、生活方式酒店（Lifestyle Hotel）、精品酒店（Boutique Hotel）、联合品牌酒店（Co–Branded Hotel）和优质服务酒店（Service Quality Hotel）。

从 2002 年中国第一家特色四星级旅游饭店——都江堰鹤祥山庄被国家旅游局正式批准命名，到 2004 年中国国际主题饭店研究会筹备会议在成都京川宾馆隆重召开；从 2006 年国际主题饭店研究会落址京川宾馆，到 2009 年 2 月《四川省主题旅游饭店的划分与评定》被国家旅游局作为主题旅游饭店的标准进行审定，标志着主题饭店的创建从此有了可资借鉴的规范与标准。截至 2014 年初，成都市按照《四川省主题旅游饭店的划分与评定》标准共计评定了 5 家主题旅游饭店，分别是：西藏饭店（藏文化五级主题旅游饭店）、京川宾馆（三国文化四级主题旅游饭店）、岷山安逸大酒店（绵竹年画文化四级主题旅游饭店）、四川铁道大酒店（铁路文化四级主题旅游饭店）和川影宾馆

（电影文化三级主题旅游饭店）（见表 6-4）。

表 6-4　成都市主题酒店统计

系列	饭店名称	星级	主题级别	主题内容
1	西藏饭店	五星	五级	藏文化
2	京川宾馆	四星	四级	三国文化
3	岷山安逸大酒店	四星	四级	绵竹年画文化
4	四川铁道大酒店	四星	四级	铁路文化
5	川影宾馆	二星	三级	电影文化

但调查显示，目前特色文化主题酒店对其主题内涵的深层挖掘力度不够，产业链开发不足，饭店的主题化建设仅仅流于表面，服务产品和服务展示等不能有机地与所确定的主题相融合，因此消费者难以真正地参与到主题传播的相关活动中，感受不到主题的文化气息也就无法留下深刻的印象。

当前成都市特色文化主题酒店的发展优势较多。首先，成都市的经济持续增长，旅游业发展迅速，前景喜人，其旅游总收入不断上升，对特色文化主题酒店的发展提供了一定的空间，而且成都市位于拥有较为丰富旅游资源的中西部地区，并且被作为全国首批旅游改革试点城市，其旅游业将会进入前所未有的黄金发展时期；其次，随着入市游客和自驾游游客数量不断增多，人们对风俗习惯、审美情趣、价值观念、行为准则、消费偏好以及生活方式上的需求不断的升级，对旅游住宿设施的需求也具有多样化的特征，因而成都市的市场潜力较大。另外，成都市自然资源和文化资源丰富，历史悠久、文化底蕴深厚，拥有“天府之国”的美誉，是首批国家历史文化名城、中国最佳旅游城市，并且拥有“美食之都”的称号，这些都能成为成都市特色文化主题酒店发展的优势与前提。

第二节　成都市旅游住宿业特色经营的目的及任务

一、成都市旅游住宿业经营项目及特色建设规划的目的

（一）深化改革，加快旅游住宿业大发展

2014 年是全面贯彻十八届三中全会精神的开局之年，也是成都市旅游住宿业创新发展的关键之年。党的十八届三中全会通过了《中共中央关于全面深化改革若干重大问题的决定》，提出“使市场在资源配置中起决定性作用”的经济体制改革。成都市委十二届三次全会明确提出了“改革创新、转型升级”的总体战略，做出了“推动文化和旅游大发展”“加快建设国际旅游目的地”的重要部署。全会明确指出：“要进一步清理地方

性政策法规，着力消除市场壁垒和政策歧视，全面打造有利于市场开放的投资环境、生产环境、政务环境和生活环境。”这必将为进一步理顺政府和市场之间的关系、激发全行业的内生动力起到积极的推动作用。成都作为全国首批旅游综合改革试点城市、全国标准化试点城市和全国智慧旅游试点城市，诸多机遇并存。发展牵引改革，成都必将在旅游产业转型引导、旅游信息化建设、行业服务能力提升、标准化建设与应用、市场拓展等方面更有作为，推动旅游住宿业步入新的黄金发展期。

（二）促进成都市文化创意之都的打造

早在2009年，成都便启动了打造“文化创意之都”的步伐，紧紧围绕“努力建设中西部最具影响力、全国一流和国际知名的文化之都”的战略目标，深化文化体制改革，推动文化产业发展。国务院《关于促进旅游业改革发展的若干意见》（简称《若干意见》）中“鼓励发展特色餐饮、主题酒店”，预示着特色及文化主题饭店即将迎来发展黄金期，也为成都打造主题酒店之都带来了政策利好。

《若干意见》中提出，要大力发展乡村旅游，挖掘文化内涵，发挥生态优势，突出乡村特点，开发一批形式多样、特色鲜明的乡村旅游产品，合理利用民族村寨、古村古镇，并结合其历史记忆、地域特色以及民族特点来建设一批特色景观旅游名镇名村；提出要创新文化旅游产品，传承和弘扬老字号品牌，大力发展具有地方特色的商业街区，发挥具有地方和民族特色的传统节庆品牌效应，支持传统戏剧的排练演出场所、传统手工艺的传习场所和传统民俗活动场所建设；提出要重视产业链的拓展和建设，重视培育打造民族品牌，注重结合中国国情特点，加强学习借鉴国际酒店发展经验，善于总结挖掘地域文化，弘扬民族文化，把文化特征变为产品特色。积极推动体育旅游，加强竞赛表演、健身休闲与旅游活动的融合发展，支持和引导有条件的体育运动场所面向游客开展体育旅游服务；提出要发展特色医疗、疗养康复、美容保健等医疗旅游，并结合养老服务业、健康服务业发展，积极开发多层次、多样化的老年人休闲养生度假产品。《若干意见》的这些精辟论述为成都旅游住宿业打造“文化创意之都”进一步指明了发展方向。

文化产业是21世纪全球最有发展前途的产业之一，通过国内外的发展实践可以看出，文化创意是各产业转型升级的关键与动力，并且不断在加速转型升级的步伐。以文化创意塑造品牌可以促进旅游产业的提质增效，以文化创意创造价值可以推动旅游产业的市场创新，以文化创意促进融合可以推动旅游产业的跨界联动。

旅游业不断对“文化”与“创意”的关注度增多，对旅游住宿业的经营项目以及特色建设的规划步伐不断加快，将会进一步推动经济的不断增长，同时也有助于打造成都成为文化创意之都。

（三）顺应旅游产业转型升级、提质增效的要求

习近平总书记将中国经济的新常态概括为增长速度的新常态（从高速增长转变为中高速增长）、增长动力的新常态（传统的投资驱动转变为创新驱动）、结构调整的新常态（第三产业、消费需求逐步成为主体）。随着中国经济的不断发展，人民生

活水平的不断提高，人民群众的消费需求也随之升级，对旅游休闲的需求也在日益增长。

国务院关于促进旅游业改革的《若干意见》中提出要积极发展休闲度假旅游，推动体育旅游，加强竞赛表演、健身休闲与旅游活动的融合发展，发挥中医药优势，形成一批中医药健康旅游服务产品，完善旅居全挂车上路通行的政策措施，积极发展游轮快艇旅游、低空飞行旅游，来满足人民群众日益增长的旅游休闲需求；提出要大力发展乡村旅游，统筹利用惠农资金加强卫生、环保、道路等基础设施的建设，完善乡村旅游服务体系，并且加强乡村旅游从业人员的培训，为乡村旅游的发展提供充足的智力支持，不断满足人民群众对物质设施的需求；提出要积极开展研学旅行，支持各地依托自然和文化遗产资源、大型公共设施、知名院校、工矿企业、科研机构建设一批研学旅行基地，鼓励对研学旅行给予价格优惠来满足人民群众对知识文化的需求；提出要大力发展老年旅游扩大旅游购物消费，积极开发多层次、多样化的老年人休闲养生度假产品，优化商品品种，提高国内精品知名度。

为更好地满足人民群众日益增长的物质文化需求，需要重新审视以往的住宿业发展路径。日新月异的住宿产品不断涌现，以往的住宿服务需要转型升级，以满足人们对文化创意与休闲旅游的需求，进而不断提高顾客的满意度。

二、成都市旅游住宿业经营项目及特色建设规划的任务

（一）梳理成都住宿业经营项目及特色建设发展现状，为住宿业投资者提供依据

截至2013年末，成都市国有旅游星级饭店占48.76%，民营旅游星级饭店占47.93%，外资旅游星级饭店占4.13%。

在不同星级的旅游饭店中，不同所有制类别的饭店所占比例也有所不同。得益于旅游住宿业成熟的“委托管理”模式和非技术、资本密集型的产业特点，在城镇化的推动下，吸引了众多非旅企业把投资饭店作为其“多元化”发展战略和固定资产保值增值的重要选择，特别是在当前相关产业产能过剩，很多企业销售乏力、效益增长有限的情况下，众多大型化、集团化非旅企业进入旅游住宿业，积极开发建设高星级饭店，打造旅游不动产，使旅游住宿业获得了一般发展规律之外的强劲助推力。

近年来，为促进成都市旅游业跨越式发展，成都市旅游局积极引进国际知名品牌酒店和酒店管理公司，入驻成都市场，为成都市推进旅游国际化进程奠定了基础。因此，通过梳理成都住宿业经营项目及特色建设的现状，可以为广大酒店投资者提供投资依据。

（二）合理规划成都市多元住宿业态，满足消费者错位需求

随着中国经济的不断发展，人民生活水平的不断提高，人民群众的消费需求也随之升级，习近平总书记提出的经济新常态中的结构调整的新常态（第三产业、消费需求逐步成为主体）也预示着人民群众的消费需求将越来越多元化与主体化。

有需求就有市场，成都市目前的旅游住宿业市场就表明了当前广大消费者对多元住宿业的需求越来越多。当然，随着消费者经济水平越来越高，对生活品质的要求也越来越重视，对外出旅游的住宿质量也越来越看重，青年旅社、家庭旅馆以及各类型的主题酒店越来越受到广大消费群体的青睐。当前，成都市旅游住宿业市场已经开始接收容纳各种类型的住宿方式，随着市场需求的不断增加，其发展潜力将会越来越大。

（三）为行业主管部门相关决策提供参考

《国民旅游休闲纲要（2013—2020 年）》中的指导思想和发展目标中明确指出，要按照全面建成小康社会目标的总体要求，以满足人民群众日益增长的旅游休闲需求为出发点和落脚点，坚持以人为本、服务民生、安全第一、绿色消费，大力推广健康、文明、环保的旅游休闲理念，积极创造开展旅游休闲活动的便利条件，不断促进国民旅游休闲的规模扩大和品质提升，促进社会和谐，提高国民生活质量，希望到 2020 年，职工带薪年休假制度基本得到落实，城乡居民旅游休闲消费水平大幅增长，健康、文明、环保的旅游休闲理念成为全社会的共识，国民旅游休闲质量显著提高，与小康社会相适应的现代国民旅游休闲体系基本建成。

2014 年成都市旅游局也开展了旅游住宿业现状及发展方向的专题研究，形成了《成都市旅游住宿业发展调研报告》，并且召开了专题会议，就推动成都市旅游住宿业结构调整、转型升级等问题进行了认真研究，最终议定将从资格认证体系建设、创新金融产品、加强税收政策咨询服务等六个方面给予行业扶持。

通过对成都市旅游住宿业的基本情况进行调查，深入分析研究其经营项目的发展现状，并结合目前成都市区域经济发展的情况，成都市政府可以根据当地的资源禀赋状况，更好地为旅游住宿业的转型升级与可持续发展制定相关的扶持政策，进一步促进旅游住宿业特色规划项目的建设。

第三节　成都市旅游住宿业经营项目及特色建设

一、成都市旅游住宿业经营项目总体规划

随着四川省旅游市场和成都市会展业的蓬勃发展，成都市旅游收入逐步增加，带动了成都市酒店业近年的迅猛增长。在这一势头推动下，成都新建的星级饭店和中小型非星级宾馆、招待所以及经济连锁酒店如雨后春笋般竞相开业，国际酒店集团也在成都大展拳脚，不断增加市场投入并扩大酒店网络营销。在这一局面下，以特色经营促进成都市旅游住宿业转型升级是 2015—2020 年间的重要工作。

（一）发展战略

第一，指导思想：创新发展理念，注重文化的传承与创新，以人为本，积极营造良

好的住宿环境，通过开发新项目，延伸产业链和产业融合，让广大游客住得放心、舒心、开心；让宾客在住宿体验中发现美、享受美、传播美。

第二，发展思路：坚持低碳理念，促进文化引领和以点带面的布局，将住宿机构发展成为有成都味道、丰富多彩的满足健康生活、文化体验的新型休憩场所。

第三，规划思想：发展布局合理、特色鲜明、中低等级为主，高级适度发展，类型多样的现代文明旅游住宿业。

第四，建设目标：结合文化产业发展，将成都打造成西部特色及主题文化酒店之都。

（二）规划目标

1. 成都市主城区

成都市的主城区，即中心老城区，是成都市的政治经济发展中心，是城市化工业化的发展重地，其经济发展水平较高，道路、交通及基础设施建设都比较健全。

对于成都市的主城区，以高星级饭店 + 商务型酒店 + 星级连锁酒店 + 星级特色主题酒店为主导，再配备其他类型的住宿设施。在主城区建设高星级饭店是其政治经济娱乐发展的重要一环，高星级饭店所带来的高质量、高品质、高档次的住宿体验与人工服务也正是成都市主城区的重要体现；在主城区建设商务型酒店和星级连锁酒店作为高星级饭店的补充。政治经济发展中心无疑会有更多的会议交流与考察项目，而这一类旅客则更加倾向于选择商务型酒店或是给人感觉比较传统一类的星级连锁酒店；在主城区建设星级特色文化主题酒店，正好响应了当前国务院关于促进旅游业改革的《若干意见》中明确提出的“鼓励发展特色餐饮、主题酒店”，符合该区域经济发展的水平，有利于推动成都市文化对外交流的发展步伐。

2. 成都市第二圈层

成都市第二圈层是外环路中心城区以外的区域。在经济上，第二圈层是成都市城市发展的工业基地，分布在辖区内的各种工业企业项目是成都市经济发展的主动力。在交通上，第二圈层是成都主城区在各个方向上的门户，是成都市对外联系的交通要道。在生活上，第二圈层是主城区向外的延伸，分担着城市居民日常的生活压力。第二圈层是第一、第三圈层的连接带，是城市区域中心向四周农村地区扩散的过渡带。

对于成都市的第二圈层，以低星级饭店 + 连锁酒店 + 连锁型主题酒店为主导，再配备其他类型的住宿设施。在第二圈层建设低星级饭店和连锁酒店主要是因为该区块经济建设、娱乐发展、交通运输以及基础设施建设处于中等之上水平，低星级饭店和连锁酒店符合该区块发展的需要；在第二圈层建设连锁型主题酒店主要是因为第二圈层处于第一、第三圈层的连接带，处于政治经济发展中心和丰富旅游资源地的中间地带，连锁型主题酒店的性价比以及文化特色程度正好符合第二圈层发展的需要。

3. 成都市第三圈层

2012 年成都市发改委出台的《关于促进全域成都“三圈一体”融合发展的若干意见》，中提出的第三圈层要“兴二优一”，主动吸收先发圈层溢出的生产要素，大力发展有比较优势的先进制造业，加快优化特色农业和旅游业。但由于受区位因素及自然条件等多种因素制约，成都市第三圈层各县（市）的社会经济发展都相对比较滞后。

对于成都市的第三圈层，应以农家乐主题乡村酒店＋特色文化主题酒店＋非星级饭店为主，再配备其他类型的住宿设施。成都市第三圈层的旅游资源比较丰富，地域特色比较浓厚，非常适合建设具有浓郁地域特色的乡村主题酒店和特色文化主题酒店；成都市第三圈层的经济发展水平比较滞后，非星级饭店的建设符合第三圈层建设发展的需要。

二、成都市特色及文化主题酒店发展的分类规划

特色酒店即在普通酒店结构的基础之上加上综合的设计元素后，彰显着不同文化或气质底蕴的酒店。特色酒店的“特色”可能体现在其建筑形态上、内部装饰及餐饮宴会上，甚至是服务或娱乐上。主题酒店是将某一文化引入酒店，并通过酒店硬件（建筑、装饰、产品等有形方面）和软件（氛围的营造、服务等无形方面）的三维立体塑造，形成立体的、流动的主题文化氛围，带给顾客有价值的、难忘的体验。主题酒店是以文化为核心、以产品为载体、以客人体验为目标、以精神共鸣为本质的服务综合体，能体现酒店独特的市场形象，并以此形成其可持续发展的核心。历史、人物、自然、艺术、童话故事等都可成为酒店借以发挥的主题。

（一）成都市发展特色及主题文化酒店研究的意义

一是宏观使命的需要。党的十八大报告明确指出要加快传统产业转型升级，推动服务业特别是现代服务业发展壮大；国务院《关于促进旅游业改革发展的若干意见》中也明确提出要鼓励发展特色餐饮、主题酒店。这为特色文化主题酒店的深入研究和进一步发展提供了政策支持。

二是促进旅游业转型升级的需要。主题酒店发展模式研究及评价指标体系的建立有利于住宿业迈进“智慧”行列。而主题酒店本身作为文化维护与传播的载体，能够促进文化和生态的完整性，推动住宿业更加适应社会与经济的可持续发展，加快结构调整的步伐，促进旅游业的转型升级。

三是满足人民群众文化消费的需要。作为创意文化产品主题酒店及其文化体验能够满足人民群众日益增长的旅游休闲需求，因此对特色文化主题酒店的深入研究就显得意义重大。

（二）成都市发展特色文化主题酒店的优势

一是城市知名度高。成都作为四川省的省会城市和西南区域中心城市，历史悠久、文化底蕴深厚，拥有“天府之国”的美誉，是首批国家历史文化名城、中国最佳旅游城市。2010 年 2 月，成都市被联合国教科文组织授予“美食之都”的称号。2013 年，成都继续荣登福布斯中文版连续两年推出的 30 个中国内地旅游业最发达城市榜单，并较 2012 年排名提升了 3 位。在中国旅游研究院、携程旅游网发布的 2013 年度热门旅行目的地排行榜中，成都以排名全国第二位的优异成绩进入十大国内热门旅游目的地城市，仅次于海南三亚市，继续领跑中西部城市。

二是人文及旅游资源丰富。成都是中国本土宗教——道教的发源地，是中国佛教圣地，也是基督教和伊斯兰教在华西地区的活动中心。同时，成都是川菜、川茶、川剧的发源地。如今成都市拥有武侯祠、杜甫草堂、文殊院等历史人文景区近200个，其丰富的自然资源与文化资源为主题旅游饭店的创建奠定了深厚的文化根基。成都现已形成以市区为核心的、组合不同、风格各异的都江堰、青城山、宝光寺等8个国家级、省级、市级风景片区，以及西岭雪山国家级风景名胜区、龙池国家级森林公园、龙门山国家级地质公园和白水河国家自然保护区等。

中央民族大学魏小安教授在谈及四川主题酒店时道，四川一大批主题酒店的实践者、探索者和研究者，纷纷脱颖而出，成为创新骨干，时代先锋，在一定范围内对推动主题酒店发展建设起到了十分重要的积极作用意义，成都在中国主题酒店创建的历程中功不可没、地位显著。这是对成都市主题旅游饭店发展和贡献的充分肯定。

（三）特色及文化主题酒店发展规划

随着我国文化创意产业的大力发展，特色及主题酒店作为文化传承与创意的体验载体，近年来也成了文化旅游市场上的一道亮丽风景线。截至2013年，中国主题旅游酒店行业的投资规模达到115.64亿元，较2012年同比增长了15.46%。预计未来几年主题酒店行业的投资规模仍将保持在年均15%左右的增速。

四川省主题旅游酒店的建设已有十余年历史，在推进中国主题饭店建设的进程中，四川省在全国饭店行业中起到了良好的示范效应。而成都作为省会城市，主题酒店相对集中，目前已有藏文化、三国文化、佛禅文化、铁路文化、芙蓉文化等文化类别的主题酒店近40余家，与5年前相比，数量增加了50%以上。成都作为中国著名的历史文化名城和创意文化之都，为主题酒店文化的选择和打造提供了肥沃的土壤，大量的非星级住宿机构数量多但体量小，建设主题文化酒店有着自身的优势。只要很好地把握机会和方向，通过创新思考和精心打造，便能使顾客们眼前一亮，并在市场中异军突起。成都市特色及文化主题酒店规划数量见表6–5。

表6–5　成都市特色及文化主题酒店规划数量

特色文化主题酒店数量（家）	现有酒店总数量	目前比例（%）	规划数量	规划比例（%）
110	8403	1.3	600	7.2

根据表6–5分析，目前成都市拥有各类特色及文化主题酒店约110家，其中被标准化评定委员会认定的主题酒店仅有5家，占总数量的比重仅为1.3%。非星级饭店总数8273多家，其中大多数为规模较小的经济型酒店，加之天府之国的灿烂文化，为打造特色及主题文化酒店奠定了坚实的基础。

（四）打造主题文化酒店的措施

1. 政府引导与扶持

为顺应经济新常态，摒弃奢靡之风，促进旅游住宿业的良性健康发展，行业管理部门应尽快制定《成都市特色及文化主题酒店发展规划（2015—2020）》，引导住宿业向特色、精品及文化主题酒店发展，并对积极响应的酒店给予一定的奖励和补贴。

2. 制定评定标准

主题旅游饭店必须根据自身的实际情况，科学规划饭店的市场定位、产品定位、等级定位等，正确选择符合饭店发展的主题文化类型，提炼创新的文化价值，设计新颖的服务方式，制订相应的实施方案，打造独特的主题产品，全力构建企业可持续发展的核心竞争力。成都市旅游行业管理部门应尽快制定特色及文化主题酒店评定的标准，指导特色文化主题酒店的打造。

（五）精品特色酒店建设

著名饭店专家梅厄·勒斯（Mayer Rus）在权威的《*HOTELS*》杂志上撰文对Boutique Hotel做了本质性的诠释。美国精品酒店的管理专家依艾恩·希拉格一针见血地提出，“精品酒店”仅指那种具有一个鲜明的与众不同的文化理念内涵的酒店。精品酒店的产生源自稳定成熟的经济基础和长期积淀的文化底蕴，是一种反标准化的产品，代表的是一种与主流酒店的标准化和雷同化相对应的个性化产品。

随着客人对酒店体验度的加深，对酒店的要求也越来越高，所以，一批特色精品酒店也应运而生。如上海璞丽和洲际旗下的英迪格，是目前运作的比较成功的精品酒店。在五星级饭店占比很高的大都市，它们以差异化的定位，以都市桃源的理念，打造出度假式的艺术精品酒店。因此，这两家酒店当初一亮相，便赢得了客人的好评和推荐，尽管酒店的客房售价均超越其他五星级酒店。由此可见，特色精品酒店在目前的中国酒店行业还是较为空白的一块市场。

精品酒店的最主要特点便在于“精品”二字，这样的概念和要求与单一的五星标准是不一样的，是不能够直接画等号的。这类型的酒店从设计概念、经营理念到室内陈设、艺术品以及客房用品、卫浴用品等，都贯穿了经营者的与众不同的想法内涵，旨在为顾客提供特别的入住体验，不仅仅能感受到精致舒适的客房，还能够体会到整个酒店所包含的并向顾客传达的文化内涵。

可以发现，想要真正做到“精品酒店”并不容易。“精品”二字的要求不能够仅靠模仿或原封不动地照搬，而是需要经过思考与提炼的。建议住宿业机构业主方在计划打造精品酒店时，严格按照精品酒店的模式、品质标准与要求来打造，从设计理念、酒店文化到选址、装潢设计、室内陈设、易耗品与棉织品的使用等方面，均贯穿“精品”二字。

（六）汽车旅馆建设

汽车旅馆（Motel）是motor和hotel的合成词，以前是指没有房间的旅馆，可以停车，而人就在汽车内睡，比停在外面多了层保护。汽车旅馆产生于为驾车露营一族提供简单的休息处，产生之初并没有客房。经过许多年的发展演变，随着人们生活水平的提高和出行方式的转变，原本汽车旅馆的客人们的需求便发生了转变。从只有一个简单的停车位、加油加水站的汽车休息点，演变成为今天的配备私人停车库、汽车修理站、餐饮服务和舒适客房的汽车旅馆。

考虑到汽车旅馆所服务的客人类型以及出行目的，汽车旅馆大多建在高速公路出入口或普通公路附近，以方便驾车出行的客人能够方便快捷地到达，让驾车疲累的客人只需简单的、不必下车的check in服务便能进入舒适的客房。同时为他们配备较大的停车场和一定条件的汽车检查和修理设施，以解决出行过程中汽车自身可能出现的机械故障等问题，让客人们的安全旅途毫无隐患。目前中国汽车旅馆的发展并不成熟，真正意义上的汽车旅馆很少。但随着汽车产业的高速增长，这一酒店业态的前景十分可观。在未来的五年就应加快规划，推动典型、强化连锁和整合。

随着旅游市场的持续升温，很多景区依然面临节假日拥堵、接待设施无法满足假日井喷需求的局面。而汽车旅馆营地、自驾游营地、房东营地以及集装箱可移动式酒店则可以解决这种尴尬的局面。同时，有些景区，由于地形地貌（山地丘陵）的原因，无法建造过多永久性的住宿设施，汽车旅游营地同样可以在节假日起到缓解住宿压力的作用。

四川省是一个拥有丰富旅游资源的地区，尤其是以成都市为中心发散开来，周边地区已拥有较多名气大的景点景区，已具备许多成熟的旅游线路，加上近些年自驾游渐渐成为人们出行的首选方式，这样一来，对于汽车旅馆的需求量会大幅度增加。但若汽车旅馆过于密集，便无法实现为游客的出行提供无缝衔接服务的期望，因此相关部门与旅游规划单位应进行沟通，根据实际可行或是旅行者更偏好的旅游线路进行统一规划、统一安排，对于汽车旅馆的建设选址、设计规模等进行统一统筹，形成一条条让自驾游或骑行、背包客一类的旅行者能够舒适休息、安全出行、快乐游玩的线路，实现行业共成长。

（七）民宿（家庭旅馆）建设

民宿的概念一般认为起源自英国、日本和我国台湾。国内的民宿概念，跟很多流行的概念类似，自20世纪90年代后期由我国台湾传入。主要是指利用自用住宅空闲房间，以家庭副业方式经营，提供旅客以住宿为基础的旅居生活。家庭旅馆早年流行于欧洲、盛行于美国，是一种“自己管理自己”的小型家庭旅馆，有农舍旅馆、青年旅舍、汽车旅馆、公寓式旅馆等。从定义上便可以看出这一类旅馆的突出特点在于“家”，是能够让入住的客人感受到真实的家一般的感觉。不仅仅是所提供的住宿环境或是服务，能够让客人们体验到家一般的温暖和舒适，更是因经营人员更加居民化而非职业化的特征，让客人们能感受到家一般的温情与安心。

民宿，国内更多的称呼为“家庭旅馆”。目前现有的家庭旅馆的形式与类型非常多。城市内的市民可能将闲置的商品房进行装潢，配备了全面的住宿设备，并向公安部门、工商和卫生部门申报。同时在郊区或较便宜的旅游区，当地居民可能将自己本身居住的区域中大部分房间用来出租，并直接由家人进行经营与管理。这种“家庭旅馆”刚一出现，立即以它独有的温馨魅力、经济实惠、简洁方便而受到青睐，有些家庭出外旅游，已经不再选择那种传统的商住旅馆，而是选择家庭气氛比较浓的家庭旅馆，让自己身处异乡也有一种在家的感觉。

不可否认家庭旅馆是一种相对受欢迎的出行住宿方式，同时能够在一定程度上缓解节假日高峰期间的旅游住宿压力，在整个行业的发展与成长中都有不可忽视的地位和作用。但在鼓励家庭旅馆建设的同时，不能够忽略家庭旅馆所提供服务的标准性以及安全性。如住宿服务与食品安全、是否配置防火设施、是否配置急救药箱等。由于家庭旅馆的服务管理人员并不是专业的酒店管理人员，同时家庭旅馆本身所处区域较为复杂。因此，监管人员需要加大检查与监督力度，保证其经营不对所处社区和区域带来不良影响，同时为旅客提供安全卫生的服务。

在未来的五年间，由于房地产开发，居民空闲的房屋越来越多，同时互联网的快速发展，它们之间的产业化融合正成为一种趋势。如途家公司正在开发的住宿业新模式正受到广泛的关注。一方面它满足了多方面的需求；另一方面它又极大地挑战了传统的管理模式和方式。因此应当积极鼓励、引导、规范，扬长避短，通过深化改革来处理新生事物带来的发展中的问题。

（八）“绿色酒店”建设

当前及今后，住宿业也面临着转型升级、提质增效的要求，应更加注重资源能源节约和生态环境保护。占成都住宿市场98%份额的非星级住宿机构，其承担的社会责任不仅关系到旅游市场的健康发展，也直接影响成都市旅游品牌的塑造。因此，继续推进绿色酒店建设势在必行。绿色酒店（Green Hotel）是指以可持续发展为理念，将环境管理融入酒店经营管理之中，运用环保、健康、安全理念，坚持绿色管理和清洁生产，倡导绿色消费，保护生态环境和合理使用资源的酒店。其核心是为顾客提供符合环保、有利于人体健康要求的绿色客房和绿色餐饮，在生产过程中加强对环境的保护和资源的合理利用。

成都市要把创建“绿色饭店”作为转变发展方式的重要抓手，做好绿色饭店国家标准的宣传贯彻工作。全国“绿色饭店”工作委员会要加强指导，组织企业开展经验交流，把创建工作引向深入。应建立地方“绿色饭店”指导机构，积极协调财政、税务等部门制定鼓励和优惠政策，支持“绿色饭店”的创建与发展。同时，要引导住宿业把节水、节电、节气、安全、环保作为重要发展途径，大力强化内部管理和挖潜，广泛运用安全系数高、应用效果好、质量可靠的节能减排技术，提高新能源、新材料和新节能设备的采用率和推广度，特别要做好节能潜力较大的空调、电梯、照明等设备的更新换代。积极发展循环经济，实施高效照明改造，减少温室气体排放，实现垃圾、污水减量化和无害化处理，引导行业走低碳化发展之路。

第七章

成都市旅游住宿业人力资源发展分析

第一节　成都市旅游住宿业人力资源现状分析

一、总体情况

截至 2014 年底，成都市旅游住宿业从业人员约 27.5 万人。其中星级饭店员工 2.5 万人，占 9.1%；商务连锁酒店员工 2.4 万人，占 8.7%；乡村酒店 2.8 万人，占 10.2%；社会旅馆 19.8 万人，占 72%，如图 7–1 所示。

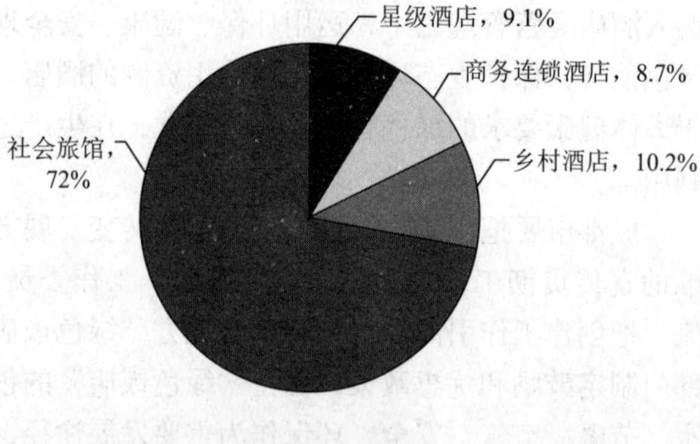

图 7–1　成都市旅游住宿业从业人员分布

2012—2014 年，三星类以上住宿企业平均人工成本呈逐年递增趋势，分别为 26.76%，30.90%，33.98%（见图 7–2）。

图 7–2　2012—2014 年旅游住宿企业人工平均成本变化情况

2014 年员工平均月薪情况为：自行管理酒店员工为 2331.8 元 / 月，国内公司管理酒店员工 2604.3 元 / 月，国际公司管理酒店员工为 3010.4 元 / 月，员工流失率平均为 47.4%（见图 7–3）。

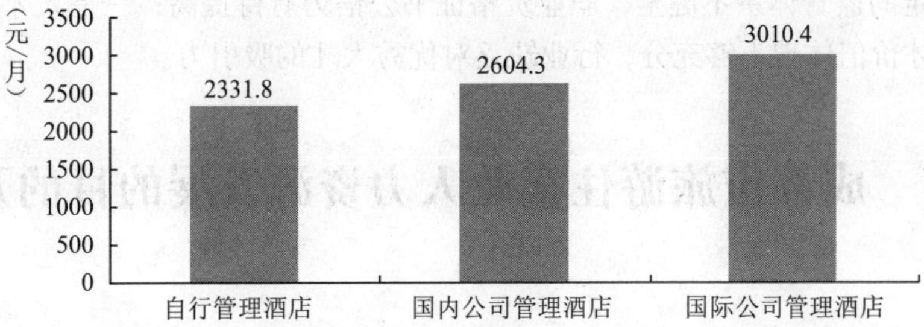

图 7–3 旅游住宿业员工月薪分布

从员工学历结构来看，本科以上学历占 7.83%，专科学历占 17.58%，高中或中专学历占比最高，达 47.86%，初中及以下占 26.73%（见图 7–4）。

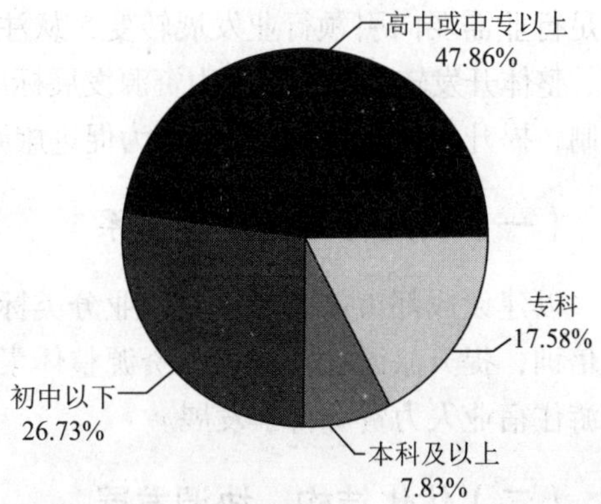

图 7–4 成都旅游住宿业从业人员的学历占比

从工作年限来看，0~2 年 45.66%，2~5 年占 30.4%，5 年及以上占 23.94%（见图 7–5）。从人才供给来看，2014 年成都及周边招收酒店管理专业的本科学校共 7 所，在校学生总数为 1500 余人；招收酒店管理大专学校共 25 所，在校生规模为 6600 余人。到 2014 年，本专科在校生人数共计 8000 人左右。

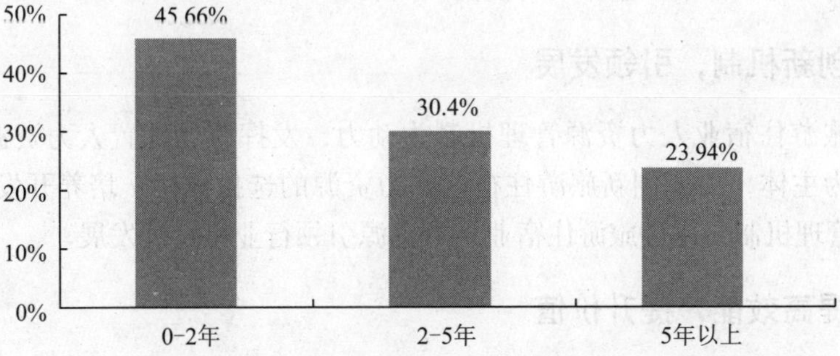

图 7–5 旅游住宿业员工工作年限分布

二、主要问题

未来五年，是成都市建设世界旅游目的地、智慧旅游城市的重要时期，为适应经济方式转变和产业结构优化升级，对旅游住宿业人才培养提出了更高的需求，而目前成都市旅游住宿业人才队伍的培养现状与实际需求还存在较大差距。存在的主要问题：一是总量不足，人员流动性大，用工成本较高，经营管理人才匮乏，人才结构不合理，劳动力供求还存在一定的结构性矛盾；二是人才职业化水平不高，人才专业标准不够规范，职业技能鉴定的监管体系不健全，职业资格证书公信力有待提高；三是人才激励机制不够健全，人才价值体现不够充分，行业缺乏对优秀人才的吸引力。

第二节　成都市旅游住宿业人力资源发展的目的及任务

一、规划目的

以人为本、科学发展、创新发展、系统发展，着力实现旅游住宿业人力资源发展。从满足行业需要向引领行业发展转变，从注重人力资源单项、分散开发向注重人力资源系统、整体开发转变，制定人力资源发展标准，优化人力资源结构体系，创新人力资源管理机制，提升人力资源效能价值，为促进旅游住宿业转型升级新常态提供人力资源保障。

（一）制定标准，完善体系

以建设成都市旅游住宿业职业分类标准和职业资格体系为抓手，强化人力资源培养与培训，提升旅游住宿业人力资源整体素质，完善旅游住宿业人力资源开发体系，促进旅游住宿业人力资源科学发展。

（二）优化结构，协调发展

以促进旅游住宿业人力资源结构优化为核心，统筹旅游住宿国际与国内人才发展、学历与非学历人才发展、高层与中基层人才发展、人才数量与质量发展，促进旅游住宿业人力资源结构与成都市产业布局均衡协调发展。

（三）创新机制，引领发展

以创新旅游住宿业人力资源管理机制为动力，发挥市场配置人力资源的决定性作用，以企业为主体，改革创新旅游住宿业人力资源的选拔任用、培养开发、评价激励、薪酬保障等管理机制，促进旅游住宿业人力资源引领行业可持续发展。

（四）提高效能，提升价值

以提高旅游住宿业人力资源使用效能为关键，以人为本，发挥旅游住宿业人力资源作用，鼓励人才主动创新创造，形成人尽其才、才尽其用、竞相成才的制度环境，实现旅游住宿业人力资源增值升值。

二、工作任务

（一）提高成都市旅游住宿业人才培养与产业结构的融合度

创新人才培养模式，鼓励企业与学校根据市场需求和自身资源条件融合办学，搭建校企融合平台，深化校企融合内容和方式，构建以旅游住宿业职业标准为目标，“学校教育与产业发展紧密融合、职业教育与专业教育紧密融合、线上教育与线下教育紧密融合”的校企融合新模式，体现人才培养引领产业结构调整，产业发展促进人才培养，实现专业人才数量充足，整体素质与创新能力显著提升，人才结构明显优化。

（二）提高成都市旅游住宿业人才国际化水平

依托高等院校、外资酒店、大型企业集团建设一批国际化人才创新创业基地，形成国际竞争比较优势，提高产业国际化水平。进一步提高海外人才集聚度，增强本土人才国际化素质和参与国际竞争合作的能力；建设国际化人才市场，建立符合国际惯例的薪酬定价标准及信息交互机制，提高人才队伍与国际要素市场的融合对接；每年资助一批优秀人才参加国际会议，加大本土人才出国（境）培训力度。

（三）大力开发成都市旅游住宿业急需紧缺人才

加强旅游住宿业人才发展统筹规划和分类指导，加强人力资源数据库建设，围绕紧缺专门人才重点领域，定期开展人才需求预测，定期发布旅游住宿业急需紧缺人才目录，定期发布旅游住宿业人力资源白皮书，引导企业、学校、培训机构以及个人开展重点急需和紧缺领域专门人才的培养和知识更新培训，强化各类旅游住宿业人力资源监测和预警。

第三节　成都市旅游住宿业人力资源发展规划

一、发展目标

到 2020 年，成都旅游住宿业从业人员达到 52 万人，年均增速 8% 左右，比 2014 年增长约 45%。到 2020 年，成都旅游住宿业人力资源专业结构、岗位结构、学历结构、年龄结构有效调整，高层次、国际化人才优势初步显现，大专及以上学历旅游住宿业人才占 25% 以上，即达到 10 万人以上，职业经理人才达到 2 万人，培养造就 1000 名能引领旅游住宿业可持续发展的战略企业家；遴选与培养 1000 名有影响力的旅游住宿业智库专家；进一步优化技术人才结构，高、中、初级职业资格人才比例接近 1 ∶ 5 ∶ 9；建成国际化人才培养基地 10 个，职业化人才培养基地 30 个，本土化人才培养基地 50 个；重点建设旅游住宿业示范性“行校企网”大融合平台 1 个，示范性行校企融合基地 100 个；培育乡村酒店人才培养示范基地 1000 个，建立起乡村酒店复合型人才资格标准；人才在行业、产业和区域之间分布相对合理，旅游住宿业从业人员全员培训率、职业化水平明显提升。旅游住宿人力资源发展体制机制创新取得突破性进展，以人为本的旅游住宿业人力资源开发体系基本形成，旅游住宿业人力资源开发投入占旅游住宿收入的比重逐年提升，促进旅游住宿业人才发挥作用的政策法规、制度环境和社会氛围基本形成。

二、主要任务

建设旅游住宿业人力资源职业标准及评价认证体系，强化人力资源培养与培训，深化“行校企”合作机制，培育新业态紧缺人才，建立国际化、职业化、本土化多层次融合的人力资源培育系统。

（一）建设完善国际化、标准化的旅游住宿业人力资源职业标准及评价认证体系

以提升职业素质和职业技能为核心，在《饭店业职业经理人资格条件》国家标准和《饭店业星级服务人员资格条件》等行业规范基础上，引进行业认同度高的国际饭店职业资格标准，如美国饭店协会教育学院（AH&LA–EI）的认证标准等，制定《成都市旅游住宿业岗位分类及职业资格标准》，建立和完善适应现代旅游住宿业发展需要的职业资格认证体系，提高旅游住宿业从业人员执业资格水平，推动旅游住宿业职业资格认证国际化、标准化。依托成都市旅游饭店协会，与人力资源与社会保障部门联合，开展旅游住宿业人才职业资格等级考核和认证以及职称评定。到 2020 年，实现国际化职业资格认证体系基本建成，成都旅游住宿业职业资格认证体系行业认可。

（二）强化人力资源培养与培训，建设多层融合的人才培养体系

依托成都市旅游饭店协会、高等院校、大型旅游住宿企业培训中心和职业培训机构，建设一批以培养国际化经营管理人才和全球视野的职业经理人为目标的国际化人才培养基地；依托西部旅游人才培养基地、连锁旅游住宿企业培训中心和职业培训机构，建设一批以培养连锁经营管理人才、职业经理人为目标的职业化人才培养基地。依托成都市乡村旅游协会、乡村酒店培训中心和社会培训机构，建设一批以培养乡村酒店经营人才、实用技能人才为目标的本土化人才培养基地，形成以行业协会与企业（集团）为主体、行业专家与相关院校为基础、学校教育与企业培养紧密结合、国际化、职业化、本土化多层融合的培训体系。到 2020 年，建成国际化人才培养基地 10 个，职业化人才培养基地 30 个，本土化人才培养基地 50 个。

（三）深化“行校企”合作机制，统筹建设“行校企网”大融合平台

依托行业协会，深化校企融合的内容和方式，创新“行校企”融合机制。鼓励行业协会、企业与学校根据市场需求和自身资源条件，以大资源、大网络、大市场、大融合理念为指导，统筹搭建“行产学研用”大融合平台。以旅游住宿业职业标准为目标，以专业学习与岗位培养紧密融合为核心，以教学与生产经营一体化为重点，以移动互联网技术为基础，推动实施人才培养“工学融合”，落实“双证书”制度，将院校专业课程设置与职业资格标准紧密结合；推动实施师资队伍建设“产教融合”，建设一批“产学研用”一体化融合基地；推动实施职业培训“行校企网融合”，建设一个行业统筹、校企交融、产教互促、研用互动、工学一体的“行产学研用”大融合平台。到 2020 年，重点建设旅游住宿业示范性“行校企网”大融合平台 1 个，示范性行校企融合基地 100 个。

（四）强化动态监测与需求预警，培育新业态紧缺人才

加强旅游住宿业新业态研究和新岗位分类研究，扩大国际化经营管理人才、智慧酒店技术研发人才、生态酒店研发人才、网络营销人才、数据分析与人工智能等跨行业、跨专业复合型人才的规模。引导旅游住宿院校根据新业态、新趋势发展需要调整专业设置，促进旅游住宿人才结构优化。

三、重点项目

根据成都市旅游住宿人才工作目标任务要求，重点抓好以下人才建设项目。

（一）职业经理人和企业家队伍建设项目

以提高旅游住宿业企业现代经营管理水平和国际竞争力为核心，以企业家和职业经理人为重点，依托成都市旅游饭店业协会，培养造就一批具有全球战略眼光、市场开拓精神、管理创新能力和社会责任感的优秀企业家和一支高水平的旅游住宿企业职业经理人队伍。

健全企业经营管理人才经营业绩评价指标体系，建立旅游住宿业职业经理人资质评定制度，推行旅游住宿业职业经理人资格认证，加快推进旅游住宿企业经营管理人才职业化、市场化、专业化和国际化；建立企业经营管理人才库。到 2020 年，培养注册旅游住宿业职业经理人达到 2 万人，培养造就 1000 名能引领旅游住宿业可持续发展的战略性企业家。

（二）行业智库专家队伍建设项目

以提供行业指导与智力支持为核心，以旅游住宿行业基础研究与宏观发展研究为重点，培养一支有影响力的旅游住宿业智库专家人才队伍。

依托高等院校和研究机构，通过校企融合、服务外包、项目合作等方式，大力推动旅游住宿业行业基础研究、产业融合研究、国际化运作研究、新技术应用转化研究、新业态研究、管理模式研究、人才开发研究等，为旅游住宿业长期发展提供指导与智力支持；落实旅游住宿青年专家计划和旅游住宿业英才计划；建立行业智库专家人才库。到 2020 年，遴选与培养 1000 名有影响力的旅游住宿业智库专家，推动旅游住宿业智库专家人才队伍长期健康发展。

（三）专业技术人才队伍建设项目

以提高专业化水平、促进旅游住宿产业提质升级为核心，以旅游住宿业信息技术应用人才为重点，培养一支高素质的专业技术人才队伍。

依托旅游住宿现代化和新业态发展，重点培养旅游住宿智能化、信息化、网络化等方面的信息技术人才；通过行校企大融合平台、产教融合、合作外包等方式，统筹建立旅游住宿行业专家库；构建分层分类的旅游住宿专业技术人才继续教育体系；推动完善专业技术人才职业资格认证、职称申报与审批、职业资格与职称序列同等对待制度，拓

展专业技术人员职业发展空间。到 2020 年，进一步优化人才结构，高、中、初级职业资格人才比例接近 1 ∶ 5 ∶ 9，人才在行业、产业和区域之间分布相对合理，旅游住宿从业人员全员培训率、职业化水平明显提升。

（四）乡村酒店复合型人才队伍建设项目

以提升乡村酒店经营管理水平为核心，以乡村酒店特色经营人才、综合管理人才及营销人才为重点，着力打造一支懂经营、会管理、数量充足的乡村酒店复合型人才队伍。

建立乡村酒店人才培训综合平台，依托各区（市，县）行业协会统筹资源，开展多渠道、多层次、多形式的人才培训，建立一批乡村酒店人才培养示范基地，逐步建立乡村酒店复合型人才资格标准；积极推动乡村酒店与行业协会、高等院校等建立对口支援机制。通过挂职、交流、项目合作等，实现乡村酒店人才素质提升。到 2020 年，培育乡村酒店人才培养示范基地 1000 个，构建乡村酒店复合型人才资格标准。

（五）国际化人才队伍建设项目

以提升旅游住宿企业国际化经营管理水平为核心，以提高旅游住宿业国际化服务水平为重点，培养一支管理能力强、服务水平高的国际化人才队伍。

积极推动国际化经营管理人才外引内培工作，重点打造一个国内一流、国际知名的行业论坛——成都旅游住宿业高峰论坛。引领旅游住宿业国际化人才可持续聚集交流；加强旅游住宿业经营管理人才、高层次专业技术人才的国际联合培养，引进国际权威机构的旅游住宿业职业资格认证，支持引导国内旅游住宿业人才参加国际资格考试；积极推动成都市旅游酒店院校开展国际合作，加强旅游院校及旅游专业学生外语教育，强化在岗人才外语培训，建立和完善旅游住宿业企业外语水平考试和资格认定制度；举办国际化、职业化的技能品牌赛事，以赛为媒，聚集人才，不断提升水平，促进旅游住宿业人力资源结构与产业布局均衡协调发展。

（六）职业资格市场化认证平台建设项目

以提升职业素质和职业技能为核心，以企业主导、行业共享为重点，推动完善旅游住宿业服务技能人才职业资格认证体系。遴选跨国经营、管理规范、经验丰富的酒店集团和认证机构，建设国际化饭店职业资格管理与认证示范基地 3~5 个；遴选管理规范、经验丰富、规模适当的连锁企业，总结旅游住宿连锁企业职业资格管理与开发模式，建设连锁企业职业资格管理与认证示范基地 3~5 个；遴选经验丰富、规模适当、特色显著的乡村酒店企业，建设乡村酒店职业资格管理与认证示范基地 5~10 个。

（七）行校企融合培养基地项目

以专业学习与岗位培养紧密融合为核心，以一体化师资队伍建设为重点，推动建立一批旅游住宿高技能人才行校企融合培养基地。

重点建设旅游住宿业示范性行校企融合基地 100 个，大力推行企业为主体、需求导向、市场化运作的新型校企融合、工学融合和顶岗实习。深化校企合作，提高旅游职业院校毕业生的职业素质和工作岗位适应性。以新知识和新技术更新为主要内容，构建分层分类的旅游专业技术人才继续教育体系。

同时在未来五年中，实施教师素质提高计划，加强院校一体化教师队伍建设，安排教师国内外进修培训，组织教师参加企业顶岗锻炼。学科建设和专业建设顾问、课程建设和改革的指导教师，并直接与学生互动的。鼓励教师参加职业资格认定，支持院校面向行业聘用管理人才、高技能人才担任专业课教师或实习指导教师，促进校企深度融合。

第八章

成都市旅游住宿业智能化建设分析

第一节　成都市旅游住宿业智能化建设现状分析

一、总体情况

成都市作为四川省的核心城市，旅游业在经济发展中占据了重要的地位，旅游产业规模和旅游收入近年来均保持高速度增长。旅游住宿业作为旅游行业的三大支柱行业，在互联网、云计算和物联网等新一代信息技术的冲击下，应不断探索如何利用信息技术提升顾客满意度、改进酒店服务管理，提高经营管理水平。

（一）成都市旅游和旅游住宿业发展势头良好

近年来，成都市旅游产业规模不断壮大。2014年，全市接待旅游总人数1.86亿人次，同比增长20.01%；其中，接待入境游客197.8万人次，同比增长12.11%。实现旅游总收入1663.37亿元，同比增长25.01%。成都地区旅游住宿业也取得了长足的发展，截至2014年末，已有各类住宿设施6000余家。其中，有旅游星级饭店140家、绿色旅游饭店19家、特色旅游饭店15家、连锁酒店83家、乡村酒店107家、其他高端舒适型旅游饭店500余家。

（二）旅游行业信息化支撑平台初步建成

“十二五”期间，成都市以国家智慧旅游试点城市为契机，编制了《成都智慧旅游总体规划》，明确“智慧慢城”的智慧旅游城市总体规划目标定位，通过智慧化手段将“慢城”成都建设成为“满城”的旅游数字化、信息化智慧化，并将总体目标分解为“慢生活”智慧旅游城市、国际化智慧旅游城市、智慧旅游枢纽城市。明确了成都智慧旅游建设的“1135”工程：即建成一个中心、绘好一张图、建成三大支撑平台、完成五个重点系统。制订了《成都旅游信息化服务规范》和成都智慧旅游景区、智慧旅游饭店、智慧旅游旅行社建设规范；建立了成都旅游微博、成都市旅游局OA办公平台系统；开通了手机“成都旅游一点通”，实现手机智能旅游；建成的智慧旅游数据中心平台拥有40万条旅游信息数据；建立的成都旅游呼叫中心，具备了咨询服务和投诉受理等服务功能；启动了成都旅游综合管理信息服务中心建设（见图8-1）。

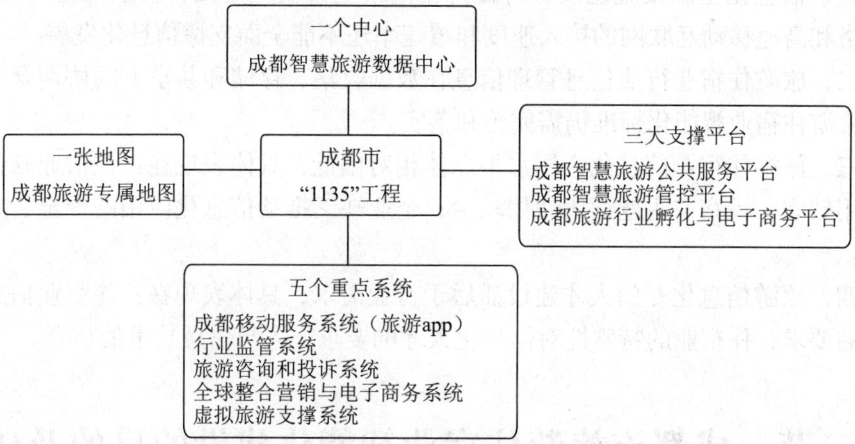

图8-1　成都市智慧旅游建设“1135”工程

（三）旅游住宿业智能化建设发展迅速

“十二五”期间，成都市旅游住宿业呈现出国际化、特色化和信息化融合发展特点。全行业从硬件设施、管理应用、业务创新和服务质量上不断地在提档升级，呈现出良好的发展势头。从旅游住宿业智能化建设总体来看，高星级旅游饭店和品牌连锁旅游饭店的智能化建设开展得较好，目前星级旅游饭店智能化客房占比率约为8%~10%，主要集中在四星级、五星级高档旅游饭店中；品牌连锁旅游饭店也基本实现了客房部分智能化。旅游住宿业的信息化管理应用水平不断提升，企业网站、网络营销平台、收益管理系统、预订管理系统、在线采购系统和企业OA系统等信息化系统得到广泛的应用。

所以这些基础性的建设工作都为“十三五”的进一步提升和发展奠定了基础，同时由于互联网技术的快速发展，社会需求特别是住宿业智能化需求的提高，要求有关方面必须与时俱进，所有这些工作都必须在较高的层次和要求下才能适应发展的需要。

二、成都市旅游住宿业智能化建设中存在的问题

与旅游住宿业智能化发展水平较高的地区相比，成都市旅游住宿业智能化建设的发展仍然存在一定的差距。行业信息化管理仍然存在着信息孤岛现象；旅游住宿业内部对智能化系统的认识不足；现有信息系统短期内暂时可满足旅游住宿业的需求；在智能化技术及标准层面，技术更新迭代速度较快，还未形成行业统一标准，以及智能化建设和

改造成本居高不下等因素，都妨碍了智能化建设的推进步伐。旅游住宿业信息化建设还存在着比较严重的不平衡情况，与高星级旅游饭店和品牌连锁旅游饭店相比，为数众多的中小型旅游饭店和单体旅游饭店普遍存在着企业信息化程度较低，欠缺自建和运营信息系统的资金和技术能力等情况，智能化建设明显滞后。目前，成都市旅游住宿行业智能化建设存在以下问题。

第一，信息化基础设施建设有待提升。网络基础设施建设，特别是光纤宽带网络、无线网络和高速移动互联网的接入速度和覆盖率还不能全面支撑信息化发展。

第二，旅游住宿业行业信息管理信息在数据收集、存储和共享上的协调合作还有待加强；旅游住宿业智能化标准仍需完善和落实。

第三，旅游住宿业信息化应用水平总体相对偏低，具体表现在：住宿业软件以星级酒店使用较多，民宿、主题酒店使用较少；企业缺乏推动信息化应用的资金、人才和技术支持。

第四，旅游信息化专门人才建设滞后于行业需求，具体表现在：住宿业信息化建设对人才的要求；住宿业的特殊性对信息化人才的要求；人与信息技术的整合。

第二节　成都市旅游住宿业智能化建设的目的及任务

一、主要目的

本规划立足于旅游业信息化整体发展趋势和成都市旅游住宿业智能化建设发展的实际，以国家旅游局《关于促进智慧旅游发展的指导意见》为指引，以国家旅游信息化建设技术规范和标准为依据，以成都市旅游局《成都市智慧旅游总体规划》为指导，推动基于互联网、大数据和云计算的应用在旅游住宿业得到普遍采用，提高成都市旅游住宿行业的信息化应用水平，革新管理方式，创新服务项目，全面提升旅游住宿业的服务质量和用户体验，促进旅游住宿业转型升级。

到 2020 年，成都市旅游住宿业的智能化运营和管理水平将明显提升，信息化网络基础设施建设全面完成，行业信息化管理能力持续增强，旅游住宿业企业的智能化应用基本普及，电子商务、旅游大数据、移动互联网等在旅游业住宿业得到广泛应用，建成一批有代表性的示范性智能化旅游饭店。成都市旅游住宿业将形成管理信息化、商务电子化和服务智能化的局面。

二、主要任务

成都市旅游住宿业智能化建设的主要任务，是着力推进互联网、云计算、物联网等新兴技术在旅游住宿业的应用，实现旅游住宿业经营管理、服务和营销的智能化，提升行业信息化管理水平，加快旅游住宿业升级转型。为此，在 2015—2020 年期间要完成以下五方面的工作。

（一）加快推进成都市旅游住宿业网络基础设施建设

通过落实分工，协调各方推进网络基础设施建设，实现旅游住宿行业高速宽带网络全面接入，以及4G高速移动互联网的全面覆盖，为旅游住宿业企业实现管理信息化，服务智能化打好基础，为游客提供无处不在的无缝网络接入体验，破除信息服务的障碍束缚。

（二）推动《成都市智慧旅游饭店建设规范》标准落实

《成都市智慧旅游饭店建设规范》为成都市旅游住宿业智能化建设明确了地方性行业标准，行政管理部门要通过示范引导、经验交流、考评推动等方式推动建设规范的落实，推动旅游住宿业智能化建设。

（三）建设成都市旅游住宿业智能化“113”工程

即建设一个成都市旅游住宿业信息服务平台，培育一个成都市旅游住宿业电子商务垂直搜索平台，建立旅游住宿业智能化服务体系、旅游住宿业管理信息系统、旅游住宿业安全应急管理体系三个体系。

（四）建设成都市旅游住宿业信息服务平台

为游客、旅游行政管理部门、各相关部门以及旅游企业构建“统一、规范、便利、高效”的信息服务平台，实现即时沟通、即时掌握市场动态、即时实施资源调度和即时处理突发事件的综合运用。打造一个提供成都市旅游住宿业信息电子商务垂直搜索平台，该平台面向游客提供权威的住宿信息，支持游客通过电脑、电话、平板、智能手机等终端查询符合其需求的信息，提供集搜索、预订、在线支付和客服为一体的全面服务。打造旅游住宿业智能化服务体系，通过举办智能化建设论坛、解决方案展示、建设项目数据库等方式，提供行业信息、项目咨询评估等服务，支持旅游住宿业企业智能化建设的发展；建设旅游住宿业管理信息系统，推动旅游住宿业企业通过建设各类业务管理系统、智慧营销系统、智能信息服务、网站服务、数字虚拟饭店服务、智能娱乐系统等智能化应用系统，提高管理和服务水平；推动企业提供基于云平台的，大数据的网络应用服务，降低智能化成本；建设成都市旅游住宿业安全应急管理体系，加强与上级应急指挥平台，市级其他部门，下属旅游部门的数据共享能力，提高处理应急事件的能力。

（五）深入推进各区县示范性智能化旅游饭店的建设工作

通过在全市9区10县扩大示范性智能化旅游饭店的建设，以点带面，推动旅游住宿业智能化建设。

（六）加快融合创新，支持成都市旅游住宿业智能化建设研究和人才培养

旅游住宿业智能化建设成功的关键是“互联网+”背景下的融合创新研究和信息化

人才支撑；要发挥区位优势，推动成都市旅游住宿业企业探索与政产学研金的有机结合，加强与高校、科研机构、专业服务公司之间的合作研究；大力推动校企合作，加大人才培养力度，在人才培养的数量上和质量上有显著提高。

第三节　成都市旅游住宿业智能化建设规划

一、推动成都市旅游住宿业网络基础设施建设

根据《成都智慧旅游总体规划》的安排，协调相关部门、运营商等加强旅游住宿业网络基础设施的建设，提高旅游住宿业光纤宽带网络接入速度和覆盖率，提升 4G 移动互联网的覆盖率，打好旅游住宿业智能化发展基础。到 2016 年，10 区 10 县主城区内、重点旅游景点、休闲度假地的旅游住宿业企业全部要实现光纤宽带网络全面接入，接入速度普遍达到 20M 以上，旅游住宿业企业内部要实现免费 Wi-Fi 全覆盖，4G 移动互联网实现全覆盖；到 2019 年，全市旅游住宿业企业要全部实现光纤宽带网络接入，接入速度普遍达到 50M 以上，有条件的企业要达到 100M 以上，旅游住宿业企业内部要实现免费 Wi-Fi 全覆盖，4G 移动互联网实现全覆盖。

二、落实旅游住宿业智能化建设规范

将《成都市智慧旅游饭店建设规范》标准落实到新建旅游住宿业企业的规划和建设中以及现有企业的改造中；鼓励旅游住宿业企业根据自身特点，运用各种创新技术、手段和方法进行多层次的智能化建设和创新性业务应用；2016 年底前将建设规范中的各项智能化指标纳入新建旅游住宿业评级评星指标体系，并逐步推广到全行业。

三、建设成都市旅游住宿业信息公共服务平台

以成都市智慧旅游云数据中心为依托，建设成都市住宿业信息服务平台，为游客、政府管理部门、旅游相关企业提供全面、准确和及时的住宿业信息服务；通过住宿业信息服务平台规范成都市旅游住宿业的数据采集及交换方式，实现统一规则采集信息，统一标准存储信息，统一技术规范交换信息，并可以向各级旅游部门、旅游企业、电子商务平台开放信息数据。到 2017 年，完成成都市旅游住宿业数据的统一采集、集中存储和交换平台的建设，实现旅游住宿业企业基本信息和业务信息网络采集和共享应用；建设和完善旅游住宿业在线行政管理系统，实现行政审批事项网上申请、查询、办理，促进政务信息公开。建设旅游住宿业投资信息统计系统，动态统计行业投资状况，到 2016 年底实现旅游住宿业投资进度实时统计和分析；建设旅游住宿业产业统计分析系统，为旅游住宿业管理部门科学决策提供数据支持。

四、培育成都市旅游住宿业电子商务搜索平台

由成都市旅游局牵头建设成都旅游住宿业电子商务搜索平台，这是一个集搜索、预订、在线支付和客服服务为一体的垂直旅游住宿业搜索平台，该平台将集成成都市旅游住宿业企业的业务信息，包括地理位置、房型、设施、特色项目、价格等，为游客提供权威、全面、准确和及时信息搜索和后续服务；同时，该平台的信息还可以共享、集成到旅游住宿业营销平台。

五、建设旅游住宿业智能化服务体系

在成都市旅游饭店协会下设立成都市旅游住宿业智能化建设分会，为旅游住宿业智能化提供咨询和项目评估服务。每年举办一次旅游住宿业智能化设备和解决方案展览，举办不少于两次高层论坛或研讨会；建立旅游住宿业智能化产品和解决方案数据库，并通过网络平台发布有关信息；鼓励旅游住宿业智能化解决方案提供商以及基于云计算、物联网、移动互联网的智能化项目进入旅游住宿业；邀请业内专家、厂家定期开展针对中小型旅游住宿业企业的智能化专项培训。和经验交流。

六、鼓励旅游住宿业管理信息系统建设

支持旅游住宿业企业建设基于统一数据库的智能（BI）信息管理系统，以提高管理和服务水平；鼓励旅游住宿业自主建设各类智能系统、智慧营销系统、智能信息服务、网站服务、虚拟饭店服务、智能娱乐等智能化应用系统；鼓励第三方服务供应商提供基于云计算的旅游住宿业管理应用服务；为中小型旅游住宿业企业提供基于网络，按需付费（Saas）模式的在线管理应用系统，降低智能化成本。

七、建立旅游住宿业安全应急管理体系

建立成都市旅游住宿业应急管理平台，实现和省旅游指挥平台、市级公安、交通、工商、卫生、质检等有关部门、下属区县旅游部门和景区数据互通，数据实时共享，提高旅游住宿业应急管理能力。

八、深入推进示范性智能化旅游饭店的建设

在原有“五批示范点建设工程”规划中建设 10 家示范性智能化饭店基础上，在 9 区 10 县每区、每县新增建设两家示范性智能化饭店，使示范性智能化酒店数量总数在 2020 年达到 48 家。

九、加快融合创新，支持住宿业智能化研究和人才培养

推动融合创新，鼓励旅游住宿业探索与政产学研金结合的发展模式，加强与电子商务机构、专业服务商、高校、科研机构的合作，鼓励高校、科研机构研究人员积极参与“互联网 +”背景下的旅游住宿业智能化研究，研究通过信息技术在管理、运营和服务上的创新；到 2016 年，与在蓉高校设立至少 3 家旅游住宿业智能化研究中心；支持相关

高校和企业合作，建立旅游信息化复合型人才培养和培训机构。

总之，在未来的五年，成都旅游住宿业将转型升级，互联网科技也将得到大发展。无论是住宿业+还是互联网+，都将推动旅游住宿业的大发展。只有将其整合起来、只有优化智能化的意识，才能使成都旅游住宿业得到根本性发展。为此，相应制度创新、组织创新、金融创新和人事创新是根本，是前提。

第九章

成都市旅游住宿业环保及绿色发展分析

第一节　成都市旅游住宿业环保及绿色发展现状分析

一、发展现状

（一）成都市生态环保和绿色发展取得巨大成就

2012 年 5 月，成都市政府印发了《成都市环境保护“十二五”规划》。三年来，随着《规划》的具体实施，成都市生态环保和绿色发展取得较大成绩。《规划》强调加大产业结构调整力度，推进清洁生产，促进绿色发展，从源头入手推进主要污染物减排，促进绿色发展。《规划》提出，成都将加大产业结构调整力度，推行清洁生产，大力发展新兴产业和高端产业；推动重点产业高端化，促进城市产业升级，逐步建立起以现代服务业和总部经济为核心，以高端技术产业为先导，以现代制造业和现代农业为基础的城市现代产业体系。在保持产业持续较快发展的同时，大幅提高资源能源利用率，以节能型经济发展模式取代高耗能模式。到 2015 年，三次产业结构优化为 3 ∶ 45 ∶ 52；高新技术产业增加值占工业增加值的比重达 50% 以上，在环境保护方面，化学需氧量削减 3.9%；氨氮排放总量削减 5.5%；二氧化硫排放总量削减 6.0%；氮氧化物排放总量削减 14.9%；城市空气质量达到二级标准；岷江外流、沱江出境断面水质达到Ⅲ类标准。

《规划》的最大亮点是加强生态保护，实现绿色生态建设，良好的生态环境是宜人成都的基本要素和可持续发展的重要支撑。成都将通过天然林保护、退耕还林、龙门山生态植被修复、龙泉山生态植被恢复、绿地系统建设等重点工程的实施，加强重要生物多样性保护区、水源涵养区、水土保持区、水体自净生态功能区等重要生态功能的保护。

城市绿色系统建设方面，结合山丘地区旅游及产业发展需求，规划建设森林公园，重点建设龙泉花果山、柏合镇、烟霞湖、长滩湖 4 处森林公园。平原地区以织林网、建林廊、保林盘为建设重点，完善道路、水系绿化，建设序、带、网、林、水、田一体的绿色林网，同时，提升现有绿地公园的品质，新建市政公园 10 个以上；全面实现三环路 51 千米、绕城高速公路 85 千米，北部廊道 122 千米的绿色生态廊道建设，以及中心城区其他道路绿化建设；实施锦江、江安河等河道绿化带建设，促进湿地保护区的面积达到 1300 公顷；初步完成青龙湖等以游憩为主的湿地公园建设，打造具有平原特色的湿地景观。到 2015 年，成都中心城区绿化覆盖率将达到 42%；人均公园绿色面积达 13.5 平方米；郊区（市）县城镇建成区绿化覆盖率达到 40%；人均公园绿地面积达到 9 平方米；12 个郊区（市）县要达到国家级生态县建设标准并获命名，成都市力争实现国家级生态城市的建设目标。

成都市加大产业结构调整力度，推进清洁生产，促进绿色发展；加强生态保护，实现绿色生态建设的规划与指标，将在 2015 年内基本实现。这将为旅游住宿业生态环保和绿色发展提供良好的外部环境与发展机遇。

（二）创建绿色旅游饭店成效显著

成都市旅游住宿业创建绿色饭店状况自国家旅游局颁布《绿色旅游饭店》（LB/T007—2006）行业标准后，全国旅游住宿业掀起一股“绿色浪潮”，各类型酒店，特别是星级饭店纷纷创建绿色饭店。绿色饭店划分为金叶级和银叶级两个等级。金叶级和银叶级绿色饭店的标准如表 9–1 所示。

表 9–1　金叶级和银叶级绿色旅游饭店标准

等级	标准	备注
金叶级	1. 建立绿色管理机构，形成管理网络	
	2. 自觉遵守国家有关节能、环保、卫生、防疫、规划等法律法规	
	3. 分区域分部门安装水、电、气计量表，并有完备的统计台账	
	4. 锅炉安装除尘处理设备	
	5. 厨房安装油烟净化装置，并运行正常	
	6. 污水处理设备完备或排入城市管网，不直接排向河流等自然环境排放超标废水	
	7. 室内空气质量符合《室内空气质量标准》（GB/T18883—2000）要求	
	8. 不加工和出售以野生保护动物为原料的食品	
	9. 一年内未出现重大的环境污染事故，无环境方面的投诉	
	10. 达到附录B评定细则240分以上	
银叶级	1. 建立综合管理机构，形成管理网络	
	2. 自觉遵守国家有关节能、环保、卫生、防疫、规划等法律法规	
	3. 主要区域安装水、电、气计量表，并建立台账或记录	
	4. 锅炉安装除尘处理设备	

续表

等级	标准	备注
银叶级	5. 厨房安装油烟净化装置	
	6. 不直接向河流等自然环境排放超标废水	
	7. 不加工和出售以野生保护动物为原料的食品	
	8. 一年内未出现重大环境污染事故，无环境方面的投诉	
	9. 达到附录B评定细则180分以上	

成都市政府和市旅游局高度重视绿色旅游饭店的创建工作。引导和鼓励旅游住宿企业、特别是星级饭店创建绿色旅游饭店，取得较大成绩。截至 2015 年 3 月，成都市已建成绿色旅游饭店 19 家，其中金叶级 13 家，银叶级 6 家（见表 9-2）。

表 9-2　成都市绿色旅游饭店统计

序号	饭店名称	星级	地址	审批日期
1	成都博瑞花园酒店	金叶	成都龙泉驿区龙都北路	2007.8
2	成都西藏饭店	金叶	成都人民北路北一段18号	2007.8
3	四川星逸酒店	金叶	成都市德胜路33号	2007.8
4	成都索菲特万达酒店	金叶	成都市滨江中路15号	2007.12
5	锦江宾馆	金叶	成都市人民南路二段80号	2007.12
6	望江宾馆	金叶	成都市下沙河铺42号	2007.12
7	成都岷山饭店	金叶	成都市人民南路二段63号	2007.12
8	成都市金阳光大酒店	金叶	成都市双林路88号	2007.12
9	成都市天府阳光酒店	金叶	成都市泰山北路2号	2007.12
10	成都京川宾馆	金叶	成都市一环路西一段144号	2007.12
11	加州花园酒店贵宾楼	银叶	成都市沙湾路258号	2008.6
12	成都天湖宾馆	银叶	成都市五丁路17号	2008.12
13	成都润邦国际酒店	金叶	成都市金牛区蜀汉路249号	2009.11
14	成都鱼凫国都温泉酒店	金叶	成都温江区	2009.12
15	成飞宾馆	银叶	成都市青羊区黄田堤	2010.12
16	青城（豪生）国际酒店	金叶	都江堰市青城山镇青城大道88号	2011.8
17	成都波尔菲特酒店	银叶	成都武侯区佳灵路75号	2012.12
18	凤凰湖天泉酒店	银叶	成都市青白江区	2012.5
19	国堰宾馆	银叶	都江堰市观景路729号	2015.1

这 19 家绿色旅游饭店，其中五星级饭店 6 家，占 31.58%；四星级饭店 11 家，占 57.89%；三星级饭店 2 家，占 10.53%，其比例如图 9–1 所示。

（三）成都市低碳城市建设和星级饭店节能减排成效显著

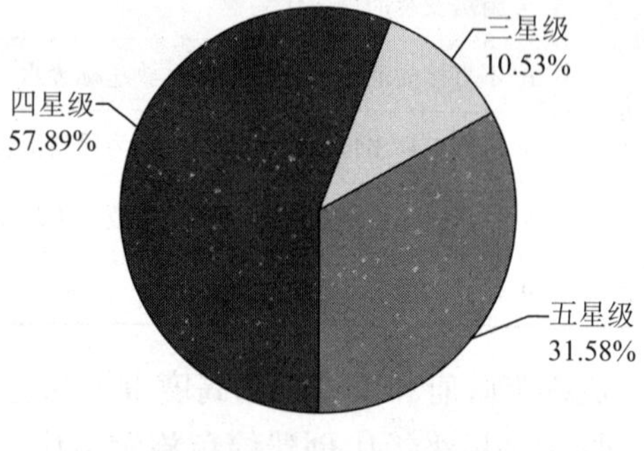

图 9–1　成都市绿色旅游饭店业态分布图

1. 低碳城市建设状况

成都市旅游局按照《成都市低碳城市建设工作方案》（成府发〔2010〕4 号）和《关于下达“十二五”各区（市）县碳强度下降目标的通知》（成府发〔2013〕12 号）文件要求，高度重视、认真落实，以发展低碳经济、强化低碳管理、倡导低碳生活为切入点，有序推进低碳城市建设工作。

一是宣传发动，做好节能主题活动。通过开展“节能减排，低碳生活”为主题的宣传活动，引导游客增强环保节能意识，关注低碳生活，自觉保护生态环境。

二是低碳发展，倡导绿道环线建设。有计划地在生态旅游区建设自行车绿道环线。目前，都江堰市龙池—虹口旅游区，温江北部生态旅游区已建设了自行车绿道环线。同时，积极向游客宣传低碳生活的重大意义，宣传节能低碳法律法规，节能低碳科普知识，以及节约能源、降低能耗、减少污染排放的重要意义，提高了游客的资源意识、能源意识、环保意识和忧患意识。

三是加强对广大游客和旅游业从业人员的节能低碳教育和培训，营造节能低碳的环境氛围。

四是在旅游景区和旅游饭店倡导健康、文明、节俭、适度的消费理念，逐步形成节约型消费模式。

五是节能降耗，引导绿色旅游饭店建设。要求在住宿业，特别是星级饭店中推广使用新型节能技术和节能产品，应用新能源开发技术成果，有效提高能源利用效率，积极创建绿色旅游饭店。

2. 星级饭店节能减排状况

成都市旅游局根据《成都市“十二五”节能减排综合性工作方案》（成府发〔2012〕6 号）和《成都市 2013 年节能工作要点》（成节能发〔2013〕6 号）文件要求，认真落实文件精神，有序推进旅游星级饭店的节能减排工作，取得明显成效。

一是高度重视，成立节能减排工作领导小组。成都市旅游局重视旅游行业节能减排工作，成立以局长为组长，副局长为副组长，各处室负责人为成员的旅游星级饭店节能减排工作领导小组，全面部署全市旅游星级饭店节能减排工作，指导星级饭店相继出台了《能耗考评制度》《能源管理实施办法》《酒店计划用水管理制度》《节能“五 定”表》等管理制度，用制度促进节能减排工作的规范、健康发展。

二是强化节能减排培训工作。成都市旅游局积极督促旅游星级饭店加强对从业人员的宣传培训工作，增强了员工节能减排的责任意识和自觉意识，普及了节能减排的方法措施。同时，星级饭店大多建立了节能减排激励机制。

三是提档升级，引导了绿色旅游酒店建设。促进住宿业提档升级，强化服务理念，引导宾馆饭店向“专业化、特色化、主题化”方向发展，鼓励和引导开展了绿色旅游饭店创建活动。成都市现已建成绿色旅游饭店 19 家，其中金叶级 13 家、银叶级 6 家。

四是创新形式，有序推进节能减排工作。市旅游局编制了《星级饭店用能指南》，结合星级饭店实际，制定饭店用能限额标准，指导全市旅游星级饭店用能，积极探索建立旅游星级饭店节能减排考核指标体系。

五是引导和督促星级饭店在节能减排中发挥主体作用，重视技术创新，加大节能技术改造项目的资金投入力度。

综上所述，成都市旅游住宿业，特别是旅游星级饭店在创建绿色旅游饭店和节能减排工作中取得了显著成效，做出了突出贡献，其中锦江宾馆、成都天府阳光酒店、成都龙泉博瑞花园酒店等是成都创建金叶级绿色饭店的典范，也是成都市旅游局宣传和推广的绿色旅游饭店。

二、问题分析

（一）旅游星级饭店生态环保和绿色发展存在的主要问题

一是创建绿色旅游饭店的工作发展不平衡。成都市现有五星级饭店 18 家，待评 2 家，其中绿色旅游饭店 6 家，占总数的 33.33%；四星级饭店 36 家，其中绿色旅游饭店 11 家，占总数的 30.56%；三星级饭店 56 家，其中绿色旅游饭店 2 家，占总数的 3.58%。显然，高星级饭店中绿色旅游饭店的比例较高，低星级比例较低。从五星级饭店到三星级饭店呈递减趋势。

二是绿色旅游饭店的地域分布不平衡。19 家绿色旅游饭店中，14 家在中心城区，占 73.68%，其他 5 家分别在温江区、龙泉驿区、青白江区和都江堰市，占 26.32%。龙泉山生态旅游带和龙门山生态旅游带的旅游饭店创建绿色旅游饭店的成效不够显著。

三是缺乏绿色经营管理的专业人才。绿色管理是一种新的经营理念和管理模式，大多数星级饭店已经开始探索这一管理模式。但缺乏绿色饭店管理的专业人才，影响了绿色管理的质量。

四是星级饭店应进一步树立绿色管理的观念。有的星级饭店在“创绿”过程中，片面理解“减量化原则”，降低服务标准；以减低舒适性为代价来节约。个别饭店甚至以环保为名，节约必要的开支，取消星级饭店服务标准中规定提供的服务产品；有的饭店营销目标还停留在刺激消费、追求消费数量阶段，而不是追求绿色消费和可持续性消费模式。

五是节能环境标志制度尚未引起高度重视。虽然知道可通过 ISO 14001 环境标志的论证，以促进饭店的可持续发展，但有的低星级饭店因需投入较多的人力、物力和财力而积极性不高。

六是管理模式不够完善。部分星级饭店未能将绿色管理与当前的经营管理模式有机融合，绿色管理体系不健全，从而影响了绿色管理的实施。

（二）经济型连锁酒店存在的主要问题

成都市现有经济型连锁品牌酒店 83 家，目前尚无一家绿色旅游酒店，虽然在推进“绿色浪潮”，实施“绿色行动”中取得了一定的成效，但仍有以下问题。

一是经济型连锁酒店创建绿色旅游饭店的内部动力不足。经济型连锁酒店主要提供“清洁、舒适、实惠”的客房产品，因此能耗相对于星级饭店较低，其创建绿色旅游饭店的内部动力不足，部分经济型连锁酒店对生态环保和绿色发展缺乏认识，没有真正接受环境保护和绿色发展的观念，也未能制定绿色发展战略规划和工作方案。或者虽有规划和方案，但节能环保设施不到位，经济技术水平低，达不到绿色旅游饭店标准。

二是绿色管理制度不够健全。成都市的经济型连锁酒店，在市政府和市旅游局的引导下，大多数已经开展了绿色行动。但主要是以减少固体废弃物污染，减少资源浪费为主要内容，尚未建立健全绿色管理制度。

三是片面强调降低成本而忽视产品质量。有的经济型连锁酒店在客房质量中片面强调节能降耗，忽视了客房质量。例如，有的经济型酒店客房照明都达不到基本标准。

四是服务环节未能完全落实“绿色环保”。经济型酒店以客房服务为主。虽然服务流程有严格的规定，环保要求有明确的标准，但在实际操作和服务中，绿色环保、安全卫生的观念并没有完全落实到服务环节中，从而使服务和产品难免存在不符合环保要求的情况。

（三）乡村酒店、农家乐（含住宿）存在的主要问题

成都市现有乡村酒店 3032 家。其中五星级乡村酒店 12 家，目前尚无绿色旅游饭店，其问题主要表现在：

一是乡村酒店，特别是农家乐的绿色经营管理理念比较滞后。相当部分“农家乐”还处于粗放经营状态，既无生态环保意识，又无“创绿”的规划和行动。

二是乡村酒店和农家乐缺乏动力和资金投入。乡村酒店和农家乐在引进环保节能产品，采用绿色新技术、新设备或者设施设备更新改造等方面缺乏动力和资金投入，还未进入生态环保和绿色发展阶段。

（四）成都市旅游住宿业生态环保和绿色发展存在的共性问题

一是旅游住宿企业市场营销重点是宣传企业的硬件设施和软件服务，而对绿色营销重视不够，缺乏相应的策略研究与组织实施。

二是如何引导游客绿色消费，是旅游住宿业面临的共同问题。目前，多数旅游住宿企业尚无“绿色消费指南”，以引导游客绿色消费。

三是尽可能采用绿色新技术节能减排，也是旅游住宿业必须解决的问题，大多数旅游住宿业面临转变观念、资金投入、团队建设等问题。

四是推出绿色产品体系，提供绿色服务系统，是旅游住宿业绿色发展、可持续发展的共同途径。

第二节 成都市旅游住宿业环保及绿色发展规划的目的及任务

一、规划的目的和意义

第一，旅游住宿业环保及绿色发展规划是成都市建设“世界生态·田园城市”“世界旅游目的地城市”和“亚洲内陆的旅游枢纽城市”的需要。

《成都市“十二五”旅游业发展规划》在“发展战略”中明确提出了“绿色发展战略”，要求“依托生态旅游综合功能区建设，集约利用资源，保护生态环境，加强生态旅游、低碳旅游的项目开发建设，结合林权制度改革，建立生态补偿机制，为推进资源节约型和环境友好型社会发展做出积极贡献”。目前，成都市正努力打造世界旅游目的地和积极推进“一区两带”（城市休闲旅游区，龙门山生态旅游带、龙泉山生态旅游带）的旅游业发展格局。成都市生态环保建设正在与旅游发展有机结合，旅游住宿业作为旅游业的三大产业之一，其生态环保建设和绿色发展是成都市旅游业“绿色发展”战略的重要组成部分。而且，旅游住宿业是成都市建设国际旅游目的地城市的窗口和形象。因此，成都市旅游住宿业环保及绿色发展规划具有十分重要的战略性意义。

第二，旅游住宿业生态环保及绿色发展是成都市循环经济建设和旅游产业绿色化的重要组成部分。成都市“环境保护‘十二五’规划”和“循环经济发展‘十二五’规划”，都强调以绿色创新为核心，以科学化、绿色化、低碳化、可持续发展为原则，大力发展现代绿色服务业，积极推进绿色旅游业的发展，加快建设生态城区、生态区县，生态乡镇。整合集约利用资源，保护生态环境，建立旅游区生态文明建设机制，遵循低碳旅游发展理念，开发绿色旅游产品，完善生态旅游产业链。因此，旅游住宿业生态环保及绿色发展，将加快环境保护，循环经济发展和整个旅游产业绿色化的进程。

第三，旅游住宿业环保及绿色发展是企业转型升级、降低成本、增强活力的重要途径。其一，成都市旅游局《2013 年星级饭店节能减排工作总结》明确提出旅游住宿业要提档升级，要鼓励和引导开展绿色旅游饭店建设；强调在旅游住宿业，特别是星级饭店中推广使用新型节能技术和节能产品，应用新能源开发技术成果，有效提高能源利用效率。要求“星级饭店完善管理制度和操作流程，加强员工培训，积极宣传节能减排、环境保护的相关知识，引导游客使用绿色旅游产品，形成节约能源、资源的消费模式，促进节能行动转变为全社会的自觉行动”。显然，生态环保建设和绿色发展规划是成都市旅游住宿业提档升级的重要内容和途径。其二，生态环保和绿色发展要求旅游住宿业节能、节电、节水，合理利用自然资源，尽量减少资源的消耗。同时，减少废料和污染物的生成和排放，降低住宿业对环境的污染和危害。目前，成都市旅游住宿业能源和用水成本占总成本的比例仍然较大，部分住宿企业在 10% 左右，有的高达 15% 以上。因此，节能减排能有效降低成本，增加企业利润，促进企业转型升级。它将促进成都市旅游住宿业由以耗费大量资源为特征的传统经营模式转变为注重生态环保、追求可持续发展的绿色模式。

第四，生态环保建设和绿色发展是推动经济型酒店、乡村酒店和农家乐提档升级，绿色发展的重要动力。根据成都市旅游局统计，截至2014年末，成都市有经济型酒店（含连锁酒店）83家、高端商务酒店（达到4星级以上标准）145家、乡村酒店106家；此外，全市有农家乐8000多家。

经济型酒店重视客房的“清洁、舒适、实惠、简洁”，但对绿色管理的重要性认识不足，投入不够，片面强调降低成本而忽视产品质量；乡村酒店，特别是农家乐的生态环保和绿色发展理念更加滞后，还处在粗放经营的状态，其生态环保建设和绿色发展任重而道远。加快经济型酒店、乡村酒店，特别是农家乐的生态环保建设和绿色发展应是其提档升级的重要内容和强大动力。

二、规划的主要任务

第一，加强调研，为规划提供基础条件根据国家旅游局《绿色旅游饭店》（LB/T007—2006）行业标准和国家质检总局《绿色饭店》（GB/T21084—2007）国家标准，以及《成都市“十二五”节能减排综合工作方案》（成府发〔2012〕6号）《成都市2013年节能工作要点》（成节能发〔2013〕6号）通知精神和《成都市旅游局关于推进星级饭店节能减排工作的意见》，对成都市的星级饭店、商务酒店、经济型酒店（连锁酒店）、乡村酒店和农家乐等的生态环保和绿色发展状况进行调查研究；调研内容包括各类型住宿业态的地域分布、空间布局、经营状况、生态环保和绿色发展的典型经验，存在问题及原因，并在此基础上提出相应的对策和措施。

第二，根据《成都市旅游业“十二五”发展规划》《循环经济“十二五”发展规划》和《环境保护“十二五”规划》，实施绿色发展战略，制定《旅游住宿业生态环境及绿色发展五年规划（2015—2020年）》，“规划”应包括规划的目的与任务；现状及问题分析；规划原则及总体思路；绿色旅游饭店发展规划；保障措施等内容。

第三，制定“绿色饭店创建规划”。绿色饭店（Green Hotel / Ecology-Efficient hotel），意为生态效益性饭店。其内涵是酒店业发展必须建立在生态环保的承受能力之上，符合当地经济发展状况和道德规范。即一是通过节能、节电、节水，合理利用自然资源，减缓资源的消耗；二是减少废料和污染物的生成和排放，促进酒店产品的生产、消费过程与环境相容，降低整个酒店业对环境的危害。绿色饭店经营的核心是为顾客提倡符合安全、健康、环保要求的绿色客房和绿色餐饮的基础上，在生产运营过程中加强对环境的保护和资源的合理利用；在安全方面重视消防安全、治安安全和食品安全；在健康方面突出绿色客房、绿色餐饮和卫生操作；在环保方面注意节能、降耗和垃圾处理。因此，创建“绿色旅游饭店”应是成都市住宿业生态环保及绿色发展规划的主要内容。成都市绿色饭店建设规划，在住宿业应包括其地域分布（空间分布），在住宿业各类型业态中的分布，以及绿色饭店的等级分布等的规划，以形成地域业态类型，层级分布合理的格局。

第三节 成都市旅游住宿业环保及绿色发展规划

一、规划原则与总体思路

（一）成都市旅游住宿业生态环保建设和绿色发展，应坚持“一个适应，两个结合，三个发展”的原则

“一个适应”，即旅游住宿业生态保健建设和绿色发展，应与成都市生态环保建设和绿色发展战略相适应。重点是与“一区两带”（城市休闲旅游区、龙门山生态旅游带、龙泉山生态旅游带）旅游综合功能区和绿色发展相适应。“两个结合”，即旅游住宿业全行业的生态环保建设和绿色发展，与星级饭店重点创绿相结合；中心城区与二、三圈层旅游住宿业生态环保建设和绿色发展相结合。“三个发展”，即坚持“绿色发展，循环发展，低碳发展”。“一个适应，两个结合，三个发展”是相互依存，互相促进的。

（二）成都市旅游住宿业环保及绿色发展总体思路

根据党的十八大报告中提出的“推进绿色发展，循环发展，低碳发展”的要求，以及《成都市旅游业“十二五”发展规划》中提出的建设“世界生态·田园城市”和省委经济工作会议提出的建设“世界旅游目的地城市”的发展目标，在成都市旅游住宿业中全力推进生态环保和绿色发展工作，努力创建“绿色旅游饭店”，大力推行“安全、健康、环保”的绿色理念，尽量采用先进的绿色环保设计，引进行之有效的节能设备，加强排放物的污染控制，最大限度地回收可再生资源，积极倡导绿色消费，提高整个旅游住宿业的环境效益、经济效益和社会效益，促进旅游住宿业全面提档升级。

二、发展目标及技术线路

（一）发展目标

1. 全力推进旅游住宿业全行业的节能减排，降低成本工作，坚持走“绿色发展、循环发展、低碳发展”道路

到 2020 年，旅游住宿业全行业的能耗比（能耗支出占营业额的比例）应控制在 5%~7%，三星级饭店控制在 5% 以下；四星级饭店控制在 7% 以下；五星级饭店控制在 8% 以下。基本实现由资源耗费为特征的传统住宿业向注重生态环保，追求可持续发展的绿色旅游住宿业转型升级。

2. 引导和鼓励酒店创建“绿色旅游饭店”

根据国家旅游局颁布的《绿色旅游饭店》（LB/T007—2006）行业标准及评定细则，引导和鼓励星级饭店、商务酒店、旅游饭店、经济型连锁酒店、客栈和乡村酒店创建

"绿色旅游饭店"。到2020年，全市绿色旅游饭店的数量应由2014年的19家增加到70家。

（二）发展线路

第一，完善星级饭店节能减排指标，制定商务酒店、经济型连锁酒店、乡村酒店、社会旅馆、客栈等不同业态的节能减排指标体系，建立健全相应的《能源管理实施办法》《酒店计划用水管理制度》《节能"五定"表》《能耗考评制度》等管理制度，促进节能减排工作的规范健康发展。

第二，引导和督促旅游住宿企业在节能减排工作中发挥主体作用，重视技术创新，加大技术改造项目和资金投入力度，积极推广使用新型的节能技术和节能产品，促进企业自觉节能，自愿走"绿色发展，循环发展，低碳发展"道路。

第三，加强员工培训，开展全行业的节能减排，环保意识教育和技能的培训。增强员工的环保意识和节能减排的责任意识和自觉意识，普及节能减排方法与措施，并建立相应的激励机制。

第四，旅游住宿业全行业都应推进清洁生产，开发绿色产品，提供绿色服务，倡导绿色消费，注重环境绩效，坚持减量化、再循环、再使用原则。在环境保护方面，污水排放符合《污水综合排放标准》(G8978—1996)，积极使用环保型设备、用品和材料，以保护生态的原则做好室内外绿化工作。

第五，在旅游住宿业全行业，特别是在星级旅游饭店中全力推进创建"绿色旅游饭店"工作。

2015—2020年成都旅游住宿业生态环保建设和绿色发展线路如图9-2所示：

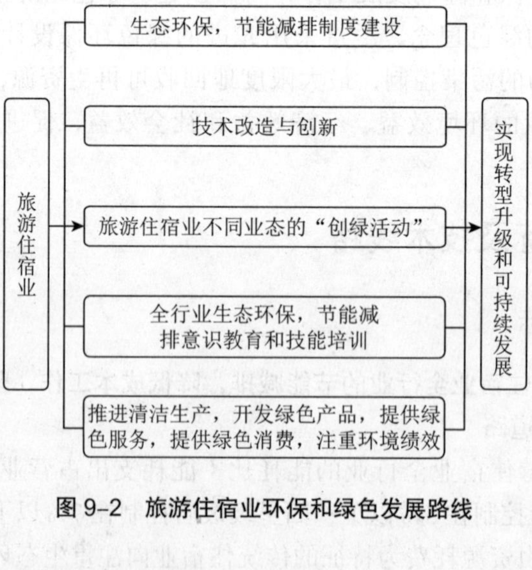

图9-2 旅游住宿业环保和绿色发展路线

（三）制定绿色旅游饭店规划

1. 成都市旅游住宿业创建绿色旅游饭店总体规划

绿色旅游饭店是旅游住宿业生态环保建设和绿色发展的重要载体，到2020年，成都市绿色饭店由2014年的19家增加到70家；其中，五星级饭店由2014年6家增加到20家，四星级饭店由2014年11家增加到30家，三星级饭店由2014年的2家增加到8家。其他非星级旅游住宿业态在“创绿”方面有所突破，商务酒店和经济型连锁8家，客栈和乡村酒店4家。

2. 绿色旅游饭店在区域和业态中的合理布局

成都市高中档次的旅游饭店大多分布在中心城区，以及龙门山生态旅游带和龙泉山生态旅游带，因此，应遵循“一区、两带，三圈层”合理布局的要求，在地域分布上，应重点在中心城区、龙门山生态旅游带、龙泉山生态旅游带，以及国家A级景区附近的星级饭店、商务酒店、客栈和乡村酒店推进“创绿”工程，同时，第二、三圈层的旅游住宿业创建绿色旅游饭店工作也应取得较大成果，从而形成合理的空间和业态布局并起到示范带头作用。具体要求包括以下几点：

（1）五星级旅游饭店。成都市现有五星级饭店18家，待评2家。其中14家在中心城区，6家分别在双流县、郫县、大邑县、都江堰市、新都区和金堂县。原则上，现有的未被评定为“绿色旅游饭店”的五星级饭店，都应在2020年前成功创建“绿色旅游饭店”。2015年以后新建的五星级饭店，应该按照“绿色旅游饭店”标准建设。

（2）四星级旅游饭店。成都市现有四星级饭店36家，其中28家在中心城区，8家在都江堰市、龙泉驿区、郫县、双流县和新都区。现已评定的11家“绿色旅游饭店”其中8家在中心城区，3家分别都江堰市、龙泉驿区和青白江区。中心城区28家四星级饭店已评定绿色旅游饭店8家，其余20家四星级饭店中应有16家成功创建绿色旅游饭店，郊县（区）8家四星级饭店中已有3家已被评定绿色旅游饭店，其中5家四星级饭店中应有3家成功创建绿色旅游饭店，2015年后新建或升级的四星级旅游饭店，原则上应符合绿色旅游饭店标准。

（3）三星级旅游饭店。成都市现有三星级旅游饭店56家，其中天湖宾馆和成飞宾馆已成功创建“绿色旅游饭店”。到2020年，中心城区34家三星级旅游饭店中应有4家成功创建绿色旅游饭店；郊县（市、区）21家三星级旅游饭店中应有至少2家成功创建绿色旅游饭店。

（4）商务酒店、经济型连锁酒店。成都市现有的573家商务酒店和8家经济型连锁酒店，应尽快实现零的突破，到2020年，应有8家商务酒店和经济型连锁酒店成功创建绿色旅游饭店。

（5）乡村酒店和客栈。乡村酒店和客栈，应在近两年在创建绿色旅游饭店方面实现零的突破。到2020年，至少应有4家乡村酒店和客栈成功创建绿色旅游饭店。

3. 重点引导星级饭店创建绿色旅游饭店，同时鼓励非星级旅游饭店参与“创绿”工程

（1）市、区（市）县旅游行政管理部门应认真宣传贯彻《绿色旅游饭店》（LB/T007—2006）标准，大力推进“绿色旅游饭店”创建工作，指导星级饭店的“创绿”及评定工作；充分调动中、高星级饭店的积极性，把创建过程作为星级饭店提档升级、可持续发展的重要内容。

（2）根据各区（市）县星级饭店的数量和中高档星级饭店的比例，下达创建“绿色旅游饭店”指标，认真开展评定工作。对新建或改建后被评定国家“金叶级”“银叶级”

绿色旅游饭店的企业，政府给予一次奖励 50~100 万元。

（3）星级饭店在“创绿”过程中，在建设改造升级项目中，给予低息贷款或贴息贷款和项目贷款等方面的政策扶持。

（4）各区（市）县政府要协调财政、税务等部门，对创建绿色饭店给予贷款贴息，或一次性财政补贴等政策支持。

（5）各区（市）县政府商务主管部门应重视非星级旅游饭店创建“绿色旅游饭店”工作，应根据不同业态的非星级旅游饭店实际，下达“创绿”指标，指导企业制定“创绿”方案，对广泛采用环保技术和节能产品的非星级旅游饭店；以及正在创建或成功创建“绿色旅游饭店”的非星级旅游饭店享受与星级饭店相同的扶持政策。

（6）通过重点引导星级饭店创建绿色旅游饭店，同时鼓励非星级旅游饭店参与创建绿色旅游饭店，到 2020 年，形成绿色旅游饭店在旅游住宿业各类业态中的合理布局。

（7）推出创建绿色旅游饭店“培训工程”，按照“绿色旅游饭店”标准，对成都市旅游住宿业按业态和岗位群进行生态环保和绿色发展的业务技能培训。

第十章 成都市旅游住宿业营销规划分析

第一节 成都市旅游住宿业营销现状分析

一、成都市旅游住宿业营销总体情况

经过多年的发展，成都市旅游住宿业营销在改革探索中积累了不少经验，总体情况良好。

（一）普遍重视观念转变

成都市旅游住宿企业的营销管理理念，已实现了从“销售”向“营销”的转变，并逐步把酒店的市场营销管理提高到了企业经营决策层面，取得了明显效果。也正是在这样的发展过程中，成都旅游住宿业获得了较高的社会声誉，酒店的服务价值得到了社会的认可。

（二）宏观管理加强

成都市相关部门越来越重视对旅游住宿业市场营销的宏观引导和管理，进行了许多专题调研，先后制定、出台了《成都市主题旅游饭店发展实施规划》《成都市智慧旅游饭店建设规范》等一系列文件，以引导全市旅游住宿业在发展过程中进一步转变观念，提升竞争能力。

（三）特色与亮点正在形成

随着营销理念和营销思路的不断调整，成都旅游住宿企业营销的特色与亮点正在逐步形成。许多具有创新意义的工作，如智慧旅游酒店建设、主题旅游酒店建设、旅游营销联盟等正在推进并取得明显进展。成都旅游住宿业营销正在步入一个新的发展阶段。

二、成都旅游住宿业营销当前存在的问题

（一）营运情况不容乐观（以中高端酒店为例）

运营情况是反映营销管理及其效果的重要方面。从近年运营数据看，情况不容乐观。2014年，成都酒店业整体呈下降态势，酒店业供需矛盾日趋激烈，三星级、四星级、五星级饭店在不同档次、不同市场中竞争激烈，加之各类商务酒店以及如途家等其他住宿设施的介入，星级饭店均承受着较大的经营压力。

1. 营销价格策略受到挑战——平均房价总体下降

三星级饭店平均日房价180元左右，扣除早餐为165元，几乎达不到国内主流经济型酒店的水平；四星级饭店平均日房价330元，扣除早餐为260~280元之间，同比下降10%~15%。2013年成都三星级旅游饭店平均日房价252.9元，四星级旅游饭店平均日房价393.9元（见图10–1）。

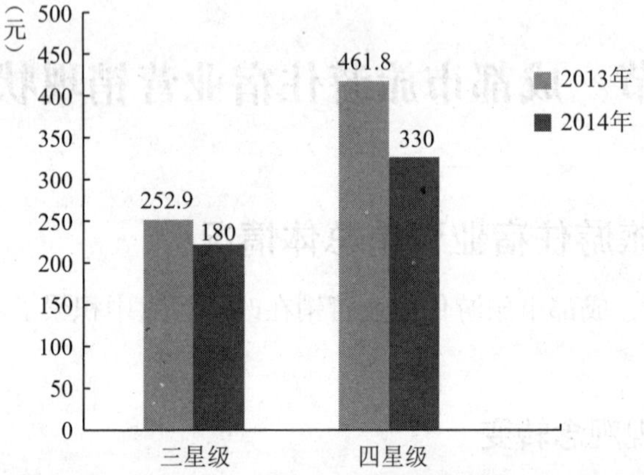

图10–1 2013年、2014年三星级、四星级饭店平均日房价对比

2. 营销开拓能力受阻——出租率太低

成都酒店出租率指标2014年上半年低迷的表现令人担心，尽管从5月起该指标开始呈上升态势，但三星级饭店平均出租率仅为55%，同比略有下降，四星级饭店平均出租率为65%（由于平均房价下降的原因），同比略有上升。2013年成都三星级旅游饭店客房平均出租率仅为55.49%，四星级旅游饭店客房平均出租率为57.08%（见图10–2）。

3. 营销收益减少——整体收益能力薄弱

每间可售房平均收益（RevPAR）三星级饭店为90~100元，四星级饭店为210~230元。该指标显示，成都中高端酒店的整体收益能力比较薄弱，投资回报率仍然处于行业历史最低水平。

4. 营销费用压力增大——人工、能耗、综合成本增大

三星四星级饭店人工成本逐年递增，平均人工成本率达到30%甚至更高。个别国有背景的酒店因历史原因，人工成本最高可达到45%以上。低迷的房价和出租率与不断高涨的人工成本形成强烈反差，酒店业不堪重负。

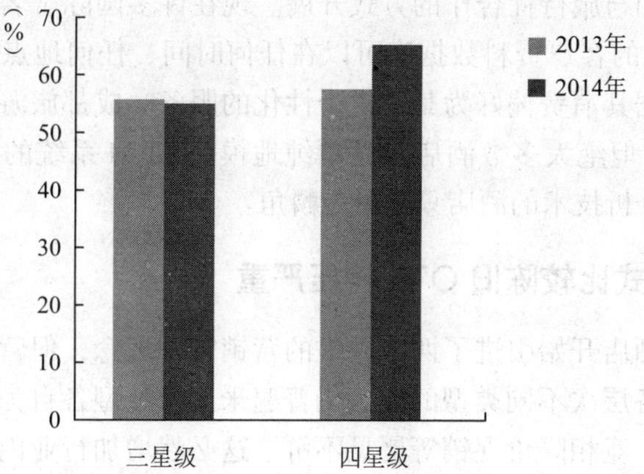

图 10-2　2013 年、2014 年三星级、四星级饭店平均出租率对比

由于水电气的价格逐年攀升，管理水平较高的酒店能耗比在 6%~8% 之间，其余酒店基本在 10%~15%，园林式酒店因地势开阔，管理范围较大，能耗成本更高。

因 CPI 每年攀升，导致餐饮原料、客用品价格不断上涨，酒店成本率居高不下。三星级、四星级饭店的综合成本率在 40%~50%，加之经营费用和管理费用同样呈增长趋势，酒店利润率被大大压缩。据中国旅游饭店协会的调研数据显示，酒店全行业连续两年处于亏损状态。

（二）营销理念急待创新

营销理念是酒店营销管理的灵魂。受访者中近 30% 的人认为，酒店营销的重点是客房销售。只要销售上去了，一切问题都会迎刃而解。因此，为了提高入住率，各家酒店纷纷开展各种促销活动，但往往收效甚微。这种为销售而销售的思想其实是早已被现代营销摒弃了的销售观念。还有近 20% 的受访者认为，旅游者对酒店的需求就是住宿，因此，只要把客房打造得干净、舒适、温馨，消费者就满意了。这种认识其实只反映了旅游市场一部分顾客的需求。事实上，在社会经济快速发展和人们的收入水平、消费水平较快增长的今天，许多旅游者的消费理念和需求已经发生了很大变化。许多人不再是为旅游而旅游，为住宿而住宿，而是把住宿看成是一次愉快的体验，甚至为了体验而来住宿。他们不在乎有没有经典的酒店大堂和丰富的豪华餐厅，他们更希望酒店管理者和营销人员有一颗关怀旅客的心。在新形势下，酒店营销必须重新审视顾客的需求，要从不同的视角去看目标客户群需要什么样的酒店。

（三）营销服务体系科技含量明显不足

在信息化时代和智慧旅游的大背景下，酒店营销服务体系无疑应有很高的科技含量。受访者中近 20% 的人认为，酒店服务就是微笑服务加免费服务项目。酒店的智能化建设应当谨慎投资，主要原因是酒店智能化建设的人才储备和技术储备还不充分。资料显示，成都目前只有少数高端单体酒店建立了自己的在线分销与服务体系，大多数单体酒店没有网站，或网站形同虚设，缺乏网络分销及服务功能。这类酒店拓展业务时，仍主要依靠酒店直销和与旅行社合作的方式开展。现在许多国际著名高端连锁酒店通过共享和调用 CRM 系统的客户资料数据库可以在任何时间、任何地点了解某一位顾客的历史消费情况，并根据其消费偏好为其提供个性化的服务。成都旅游住宿行业虽然已经普及 CRM 管理系统，但绝大多数酒店只是单纯地模仿 CRM 系统的操作规程，掌握核心的数据挖掘和信息分析技术的酒店只是凤毛麟角。

（四）营销模式比较陈旧 OTA 挤压严重

目前成都一些酒店开始引进了西方先进的营销管理理念，但营销模式比较陈旧，需要加强创新。目前各层次不同类型的酒店仍普遍采用松散型各自为政的营销模式，在旅游淡季大打价格战，竞相降价促销等屡见不鲜。这必然增加行业内耗和营销成本，也大幅度降低了营销效果。其主要原因在于成都酒店集团的重组缺乏市场纽带的连接，无法形成凝聚力。特别是以携程为代表的 OTA 定房系统对整个行业的压力加大。成都住宿业，包括是星级饭店和社会连锁酒店对其是又爱又恨。由于饭店自己的核心竞争力弱，单纯依赖 OTA 的势态严重，在本身效益不高的情况下，还不得不支付巨额的“定房”成本。

（五）同质化经营现象突出

受访者中近 30% 的人认为，成都本土旅游住宿企业在特色化、主题化建设方面存在较大问题。其主要原因在于传统思维影响创新转型，如追求豪华、忽视特色、文化与产品顾此失彼等。同质化经营现象对酒店营销的影响在于不能有效抓住细分市场的潜在客源，加剧了消费者对价格因素的选择比重，出现了经济型与二星级、三星级争夺市场，商务酒店与四星级、五星级争夺市场的局面。

（六）品牌营销明显乏力

受访者中近 40% 的人认为，成都旅游住宿业品牌营销明显乏力。其主要原因在于品牌建设滞后。在品牌竞争日趋激烈和国际品牌强势进入的大背景下，国内品牌市场开拓困难重重，成都市旅游住宿业品牌建设工作任重道远。尽管目前在中国本土饭店品牌 30 强中，岷山饭店集团排名第 21 位，锦江饭店管理有限公司排名 24 位，但其品牌建设尚无实质性突破。岷山饭店集团除“岷山”品牌外，仅有经济型饭店市场的“安逸 158”品牌；锦江饭店管理有限公司除母体饭店“锦江”外，还没有品牌设计；成都会展集团以投资建设为主，管理则与国际品牌合作，未形成自身的品牌体系；仅有明宇酒店集团形成了“尊雅、豪雅、尚雅、丽雅、宇豪”的系列品牌。至于国际知名的本土品牌，成都目前还是空白。

（七）“绿色”营销任重道远

国家旅游局颁布《绿色旅游饭店》（LB/T007—2006）行业标准之后，成都旅游住宿业创建绿色酒店已取得一定成效。但不同业态发展差异较大，绿色酒店建设参差不齐。从总体看，高星级饭店进展良好，普遍认识到绿色酒店建设必须以“安全、环保、健康”为核心，坚持绿色设计，实施绿色管理和绿色营销，倡导绿色消费。但仍存在绿色管理和绿色营销模式有待进一步完善、在“创绿”过程中片面理解“减量化原则”、降低服务标准，甚至以环保为名节约必要开支，取消星级饭店服务标准中规定提供的服务项目等问题。经济型连锁酒店在绿色酒店建设中也取得了良好成效，但仍存在对绿色管理认识不足、落实不力、片面强调降低成本而忽视产品质量，服务环节很难把握完全绿色等问题。大部分社会旅馆的绿色管理普遍缺乏规范，良莠不齐，环保意识欠缺，生态环保的推进十分艰难。乡村酒店的绿色管理经营理念和方法比较滞后，绝大多数还处在粗放经营状态。

第二节　成都市旅游住宿业营销规划的目的及任务

一、成都旅游住宿业营销规划的目的

（一）总结提升成都旅游住宿业营销经验

营销规划是成都旅游住宿业整体规划的重要内容。通过营销规划，摸清成都旅游住宿业营销现状、年度营收状况、主要经营项目及特色、智能化建设、品牌建设，文化建设以及生态环保状态等各种基本数据资料，总结提升成都旅游住宿业营销的经验，针对存在的问题提出解决问题的思路和对策，从而为制定科学的规划奠定基础。

（二）为制定成都旅游住宿业营销计划及实施方案提供科学依据

营销规划是成都旅游住宿业的战略规划，它确定了未来五年成都旅游住宿业营销的基本思路及其发展方向，是制定成都旅游住宿业营销计划及实施方案的重要依据。它对制定成都旅游住宿业营销计划及实施方案具有重要指导作用。

（三）促进成都旅游住宿业营销理念、营销模式和营销策略创新

在国际化、信息化、智能化的新形势下，创新是加快成都旅游住宿业发展的必然选择。通过营销规划的制定，促进成都旅游住宿业营销理念、营销模式和营销策略创新，对推进成都旅游住宿业经营特色建设、生态环保文明建设、标准化和智能化建设，提升集团化、品牌化、连锁化、便利化水平和消费者满意度具有重要促进作用。

（四）培养造就一大批素质优良的旅游住宿业营销人才和精英团队

成都建设国际化旅游城市、“世界生态·田园城市”“世界旅游目的地”和“亚洲内陆的旅游枢纽城市”，需要一大批素质优良的旅游住宿业营销人才和精英团队。通过营销规划的制定，提高营销人员的思想素质、专业技能、组织活动能力、开拓进取精神，对加快营销人才和精英团队建设，推进成都旅游住宿业发展具有重要促进

作用。

（五）全面提升成都旅游住宿业服务质量

服务是旅游住宿业的核心产品，服务质量的高低直接关系到成都旅游住宿业的形象。通过营销规划的制定，加强酒店企业文化建设，全面提升成都旅游住宿业服务质量，对成都旅游住宿业转型升级具有重要促进作用。

二、成都旅游住宿业规划的任务

第一，明确成都旅游住宿业的营销理念和特色发展方向，把新的营销理念融入营销管理的全过程中。用新的理念统筹和指导营销管理，紧紧把握国内外旅游市场动态和客户的潜在需求，优化对外销售策略，使成都旅游住宿业迈上健康稳步发展的新台阶。

第二，创新成都旅游住宿业营销模式和营销策略，构建互联网时代新的营销体系。通过营销模式和营销策略创新，全方位激发成都旅游住宿企业的活力和竞争力，促进旅游住宿业走集团化、国际化、品牌化发展之路。

第三，提高成都旅游住宿业营销管理水平和服务质量，打造成都旅游住宿业的优良品质和窗口形象。通过成都旅游住宿业服务质量和窗口形象的全面提升，为成都建设世界旅游目的地城市奠定坚实基础。

第四，加快成都旅游住宿业营销人才培养和精英团队建设。通过营销队伍建设，培养造就一大批素质优良的营销人才，为成都旅游住宿业的可持续发展提供可靠的人才保障。

第五，推进绿色生态营销，促进旅游住宿企业转型升级。通过绿色生态营销，引导成都旅游住宿业在规划、建设、经营等各个环节树立节约与环保理念，转变发展方式，推动住宿业节约资源、节能降耗、保护环境，广泛运用节能减排技术，带动行业走低碳化、环保型、可持续发展之路。

第三节　成都市旅游住宿业营销规划

一、成都旅游住宿业营销规划的总体思路

以科学发展观为指导，以成都市旅游发展“十二五”规划为依据，以全面提升成都市旅游住宿业整体营销水平为目标，以创新成都旅游住宿业营销模式为重点，坚持政府引导、行业参与、企业主打，构建新型平台，创新系统化营销新局面，打造以智慧营销、集团化营销、特色营销、品牌营销、整合营销、生态营销六大营销平台为支撑的大营销体系，从系统性和整合性上发挥营销规划的强劲功能，使成都旅游住宿业营销迈上新台阶。

二、成都旅游住宿业营销规划的重点

构建新型平台，创新系统化营销新局面，打造以智慧营销、集团化营销、特色营

销、品牌营销、整合营销、生态营销六大营销平台为支撑的大营销体系。

（一）建设智慧营销平台

智慧营销平台建设的目标是充分运用新技术、新方法、新手段，以最快捷的方式和最低的成本，实现成都旅游住宿业与旅游消费者住宿需求的有机结合，为消费者提供优质便捷的服务。为此，要创新营销思维，重点利用新媒体营销、全球网络营销、APP 营销等营销模式打造独具特色的成都住宿业智慧营销平台。

1. 新媒体营销

充分利用互联网、移动电视、网络杂志、博客、微信、手机短信、社交网站、桌面视窗、数字广播、数字电影、数字电视、触摸技术等一系列在高新科技承载下展现出来的便捷、双向、低成本的媒体形式进行营销，使成都旅游住宿业在消费者中赢得更多的关注，其信息传递更容易被广大消费者接受和认同（见图 10–3，图 10–4）。

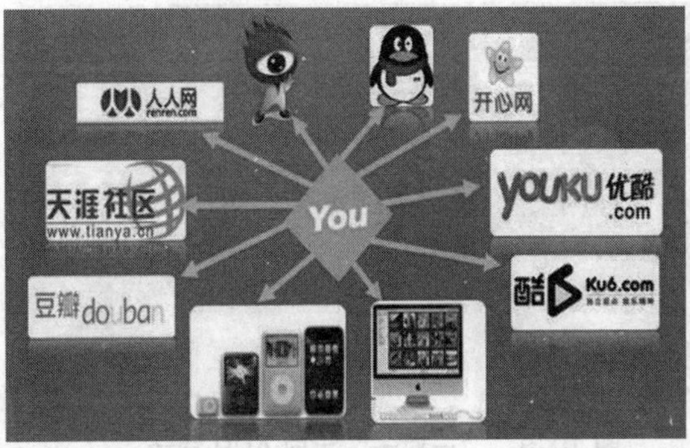

图 10–3　新媒体传播途径

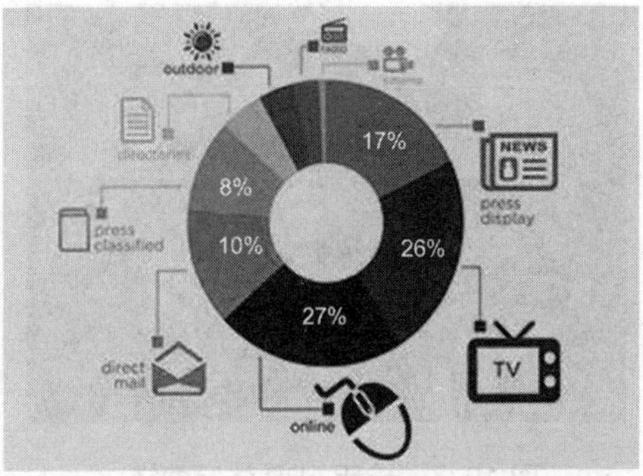

图 10–4　新媒体传播方式比例

2. 全球网络营销

通过相互连接的全球信息系统把成都住宿业的信息和各种营销活动，包括产品说明、广告、顾客意见、公共关系、顾客服务等整合在一起进行有效传递和双向互动沟通，在全世界范围内进行营销活动，真正达到营销组合所追求的综合效果，实现规模经济（见图 10–5，图 10–6）。

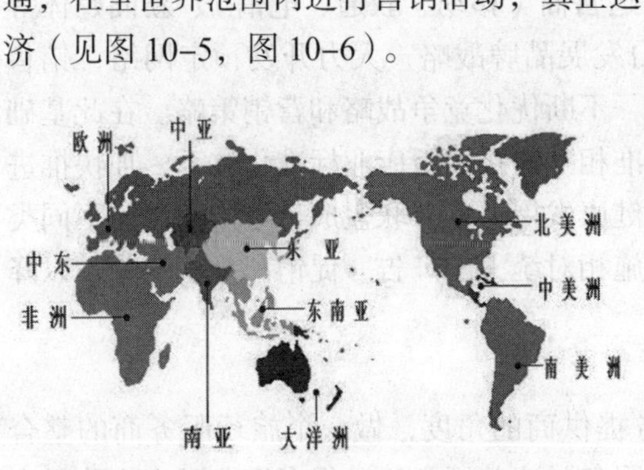

图 10–5　网络营销覆盖区域

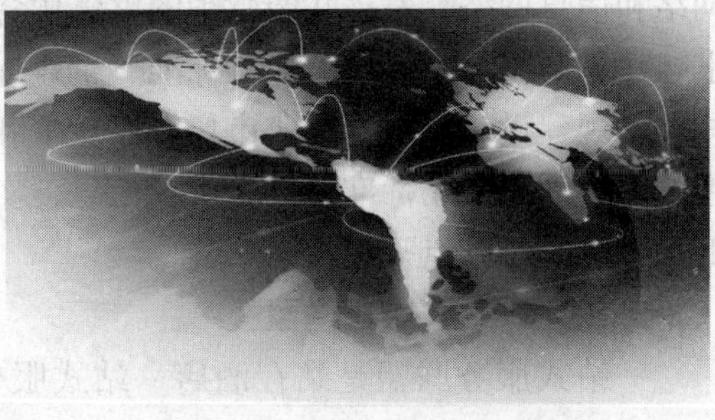

图 10–6　全球网络营销信息系统

3.APP 营销

把成都住宿业的广告促销、品牌价值、顾客服务等各种信息投放到智能手机、微博、网络社区、SNS（社会性网络服务）等平台上运行的应用程序上来开展营销活动，把消费者无聊且碎片化的时间，比如：等待用餐、挤乘公交地铁、入睡前的调整等变得丰富多彩。在这些时间里玩微博、看小说、玩游戏，及时搜索所需要的各类信息都可以通过随身携带的手机来完成。其信息还可以通过微博、SNS 等方式便捷地分享给他人。这种基于社会化关系链的信息分享与传播将使成都住宿业的广告效益实现裂变式的增长，使得与目标消费群体之间做到了紧密结合（见图 10-7，图 10-8）。

要采用校企结合，强强联合，产研结合等各种方式，加快成都旅游住宿业智慧营销平台建设的步伐。政府相关部门要出台支持和鼓励成都旅游住宿业智慧营销平台建设的相关政策措施。到 2020 年，成都旅游住宿业星级饭店要做到智慧营销全覆盖，经济型连锁酒店要覆盖 80%，其他类型酒店要覆盖 50%。

图 10-7　最新 APP 体验营销

图 10-8　“一对一”定向 APP 营销

（二）集团化营销平台建设

1. 组建旅游酒店联盟

采用政府引导、行业协会牵头、企业参与的方式，组建成都旅游酒店联盟及分联盟。通过旅游酒店联盟与银行、电商、通信运营商（移动、联通、电信）、新闻媒体等相关机构合作，开展有效的资本运营，大力发展品牌战略，大力开发预定网络，销售网络和信息网络，发挥联盟营销的整体优势，不断优化竞争战略和营销策略。在此基础上，建立健全行业标准、地方标准、企业标准相互衔接的饭店业标准化体系，加快推进相关法规建设，保障住宿业市场有序竞争和健康发展。各分联盟成员可协商制定不同类型的旅游酒店产品标准，共享市场信息，实施相对统一的广告、促销和价格策略，以降低运营成本，避免恶性竞争。

2. 组建一站式服务联盟

一站式服务联盟是站在酒店一站式服务提供商的角度，做一个旅行服务商的整合者，围绕成都旅游酒店做出一整套的全系列服务。这并不意味着很多行业酒店都跨界去做，但可以整合，甄别和筛选符合和满足成都旅游住宿业消费者利益的有关商家来围绕酒店做出一整套的全系列服务。一站式服务联盟应在旅游酒店联盟发展基础上进一步打造建设。逐步形成特色化的集团营销系统，向交通运输、餐饮美食、文化传播、休闲娱乐等领域横向拓展，推动旅游住宿业向现代住宿服务业转型升级。

（三）特色营销平台建设

1. 开发旅游住宿特色产品

充分利用西部综合交通枢纽建设的机遇与优势，依托成都丰厚、多样、特色鲜明的文化底蕴，大力开发高端商务会展旅游住宿服务产品、历史文化特色住宿服务产品、美食休闲旅游体验住宿服务产品、川西韵味的乡村旅游度假住宿服务产品、蜂巢旅游住宿服务产品、功能化的汽车酒店住宿服务产品、家庭化的度假公寓住宿服务产品、生态旅游自驾露营地住宿服务产品等，形成完整的旅游住宿特色产品体系。

一是开发高端商务会展旅游住宿服务产品。充分利用西部综合交通枢纽建设的机遇与优势，结合中国西部国际博览会、全国糖酒商品交易会、成都国际汽车展览会、成都国际家具工业展览会、成都国际广告四新及创意设计展览会、生活用纸国际科技展览及会议、成都国际家具生产设备及原辅材料展览会等具有影响力的节事活动，重点发展与大型展览、会议、商务考察等多种商务会展旅游相匹配的高端旅游住宿产品，努力提高旅游城市的国际化水平和会展旅游的市场化程度。

二是开发历史文化特色住宿服务产品。依托成都丰厚、多样、特色鲜明的文化底蕴，以古镇、特色街区、景区（点）为纽带，统筹文化、园林、体育、民政等部门共同推动主题文化酒店、民族特色酒店创建与发展。通过改造、新建等手段，充分挖掘历史、自然、民族、地域文化资源，打造差异化的酒店产品，实现产品、市场、客源的最大化，形成差异化、个性化、特色化发展格局。打造一批主题鲜明、文化底蕴深厚、个性化特征明显、体验性较强的主题文化酒店群落，推动旅游酒店业差异化发展。

三是开发美食休闲旅游体验住宿服务产品。大力发展以川菜、川酒、川茶三大巴蜀品牌美食资源为核心，依托中心城区大型餐饮、餐饮美食街区和区（市）县美食系统的特色美食文化主题酒店体系。集中打造以太古里、宽窄巷子、锦里、一品天下、春熙路、桐梓林欧洲风情街等为核心的都市休闲旅游主题饭店体系。重点在成都市区及近郊开发以时尚、休闲、文化为特色的都市休闲美食体验酒店集群；在成都近郊锦江区三圣花乡、郫县农科村以及系列天府古镇等区域发展乡村绿色美食体验酒店集群；在龙泉山和龙门山生态旅游带开发以都江堰道教养生美食、天台山生态美食为代表的生态美食体验酒店集群。

四是开发川西韵味的乡村旅游度假住宿服务产品。以龙门山温泉旅游地为主要依托，加强培育以温泉康复疗养为重点的温泉旅游住宿产品，提升温泉疗养旅游住宿的理念设计和设施配套水平。依托乡村旅游示范区建设，大力培育发展民俗文化型、农业观光型、乡村度假型、现代农园型四种主导类型的乡村旅游酒店产品。以天府古镇和名街“四级”保护与开发体系为指导，规划建设一批特色突出的度假型、美食型、田园型、文博型、温泉型古镇度假旅游住宿产品。以龙门山、龙泉山生态旅游综合功能区为载体，大力开发滑雪、漂流、登山、自驾车、攀岩、骑行、宿营等户外运动旅游住宿产品。以休闲度假旅游产品体系为依托，在都江堰市的青城山—都江堰、大邑县的西岭雪山—花水湾、新津的花舞人间—亚特兰蒂斯、蒲江的石象湖—花样年等区域创建一批国家级和省级旅游度假住宿配套设施。

五是开发蜂巢旅游住宿服务产品。在交通要道、车站附近规划开发蜂巢旅游住宿酒店，并制定蜂巢（胶囊）旅馆相关质量标准指南。蜂巢旅游住宿产品主要为满足广大青年"驴友"和"背包客"的需求。产品定位于保留"热水澡 + 一张好床"的住宿基本功能。房间、床位及房价可参考借鉴青年旅社、"汉庭客栈"和日本的"胶囊旅馆"等住宿酒店模式，体现方便、适用、实惠原则。

六是开发功能化的汽车酒店住宿服务产品。在龙门山、龙泉山两大生态旅游带经典自驾线路上规划开发功能化的汽车酒店集群，以满足驾车的商务旅行者、举家度假的家庭式客人、自驾休闲旅游族的需求。酒店内除了现代酒店必备的卫星电视、国内 / 国际直拨电话、宽带上网、标准卫生洁具等设施外，还应有复式的客房布置、静音的排风装置、就地控制的灯光等，营造出温馨的家庭气氛。此外，还应设有融中餐、茶座、酒吧、咖啡于一体的餐厅，以满足顾客方便、快捷、美味的饮食需求。酒店还应配置泊车方便的大型停车场。

七是开发家庭化的度假公寓住宿服务产品。在休闲度假景区规划开发家庭化的度假公寓酒店，并制定度假公寓星级标准指南及管理办法。让度假者能够享受到更加自由的空间，更加私密的生活，客人可以按自己的习惯和喜好洗衣做饭，不受外界干扰，而花费则比入住相同条件的酒店更实惠。在房型的设计上也应多样化，包括各式套房或开阔的复式房，以适合不同人群的出行（家庭、情侣、朋友）。

八是开发生态旅游自驾露营地住宿服务产品。依托龙门山、龙泉山生态旅游带，构建生态旅游自驾露营地体系。在国家公园、4A 级以上景区至少规划 1 个自驾露营地，形成成都市 80~100 个自驾露营地体系。制定自驾露营地分类标准、星级标准指南及管理办法。根据成都各区市县所处环境的不同，可建设山地型露营地、湖畔型露营地、森林型露营地、乡村型露营地等不同类型。

2. 实施精准营销

通过三级客源市场[①]细分和针对不同客源市场特征，宣传差异化的特色产品，实施精准营销，满足不同客源市场个性化服务的需求。针对国内核心客源市场，重点推出商务会展、历史文化、休闲旅游等住宿服务产品；针对国内基本客源市场，重点推出商务旅游、美食休闲、乡村旅游等住宿服务产品；针对国内潜力客源市场，重点推出蜂巢旅游、汽车酒店、家庭化的度假公寓等住宿服务产品；针对东南亚、俄罗斯及欧美市场，重点推出生态旅游、美食休闲、历史文化旅游等住宿服务产品。

（四）品牌营销平台建设

1. 品牌打造

借鉴国内外著名品牌酒店的发展模式及经验，结合成都酒店行业的实际，采用新

① 一级客源市场：核心旅游地周围的客源；二级客源市场：核心旅游地二线城市或地区的市场；三级客源市场：较远地区的客源，需要借助火车或飞机到达

建、并购重组、委托管理、特许经营、租赁等方式，实现酒店行业的集团化、国际化和品牌化。依托现有的锦江、岷山、盛嘉、明宇等本土优质酒店服务与管理品牌，给予重点扶持，加大品牌文化的提炼和应用，积极引导本土品牌向

连锁化、国际化、品牌化拓展。要积极引进国际知名的酒店管理公司帮助本土酒店提升品质，扩大影响，增强品牌的创造、维护及拓展能力，培育成都具有国际竞争力、知名度与雄厚实力的酒店品牌，发挥典型引领作用，带动成都酒店品牌建设。围绕将成都打造为世界旅游目的地城市的目标，着力打造成都蜚声海内外、独具特色内涵的旅游住宿品牌集群。

一是以“商务会展”为支撑，打造高端商务会展旅游品住宿品牌。利用西部综合交通枢纽建设的机遇与优势，结合各种具有影响力的节事活动，重点发展与大型展览、会议、商务考察等多种商务会展旅游相匹配的高端旅游住宿产品，努力提高旅游城市的国际化水平和会展旅游的市场化程度。以服务经济社会发展、促进国际和地区间交流为目标，支持商务旅游服务企业发展，大力发展适合国内外多样化住宿需求的商务考察、会展旅游等高端酒店服务体系，彰显成都“财富之城、成功之都”的城市形象。

二是以“世界文化遗产”为引领，打造特色文化旅游住宿品牌。充分发挥成都发展特色文化旅游住宿所具有的得天独厚的优势，着力打造以世界文化遗产为引领，以古蜀文化、三国文化、诗歌文化三大文化为重点，以民俗文化、宗教文化、美食文化为辅助的特色文化体验旅游住宿品牌。

三是以“熊猫之乡”为核心，打造生态旅游住宿品牌。以塑造“熊猫之乡”旅游住宿品牌为核心，提升成都国际旅游影响力和知名度，以大熊猫生态旅游住宿产业、大熊猫文化产业和数字大熊猫产业为内容和形式全方位推进熊猫之乡的旅游住宿品牌建设。发展壮大以大熊猫栖息地为核心的生态旅游住宿产业，和以大熊猫文化、大熊猫相伴而生的民族文化为背景的文化产业，依托大熊猫和大熊猫栖息地在国际国内的知名度，把“大熊猫”作为发展成都生态旅游住宿产业的核心品牌，对周边区域的旅游景区进行深度整合，形成旅游住宿体验品牌推广。

四是以“休闲美食”为纽带，打造体验旅游住宿品牌。以休闲旅游住宿环境营造为基础，以休闲旅游住宿形象塑造、休闲旅游住宿产品建设为两大核心，辅以产业要素体系建设、休闲旅游市场营销、支撑保障体系建设三项支撑，多方面、全方位地进行快速培育和建设世界著名的休闲旅游目的地。以中国四大名菜“川菜”为核心，“川酒”“川茶”为辅助，结合川戏、川剧、评书、音乐、美女等传统文化资源和现代文化元素，通过空间上的共性聚集、主题概念的包装引导、装饰环境的营造、文化底蕴的融入以及与景区、景点的巧妙嫁接，凸显成都美食独有的文化氛围与特色。

2. 品牌推广

加大品牌宣传推广力度，搭建企业品牌宣传推广平台。旅游、招商、外事、会展、交通等市级相关部门共同研究出台推动本土品牌酒店宣传推广和可持续发展的相关政策和举措，有重点地向本土酒店管理品牌予以倾斜，将其纳入政府的城市推广、媒体宣传、名品包装与政策性扶持框架内，搭建企业品牌宣传推广平台。着力整合政府与企业资源，在央视等权威媒体及交通要道、高大建筑物上集中发力强势宣传推广本土酒店管

理品牌。继续发挥重大旅游节会活动的国际影响力，搭建宣传营销平台，建立联合宣传机制，塑造独具魅力的成都住宿业品牌形象。

（五）整合营销平台建设

整合成都旅游住宿业与相关产业（包括文化产业、信息技术产业、生态产业、会展产业等）之间的营销资源，大力推进成都旅游住宿业整合营销平台建设，建立起面向国内外市场的国际化大营销体系。要下功夫打破语言和新媒体在沟通上的障碍，消除旅游住宿业营销宣传中长期存在的诟病。旅游管理部门应制订激励政策，加强接地气的多语种旅游网站建设与升级。政府相关部门不仅要建设好政务公开的信息网，还要建设好旅游住宿业营销的专门网络，要不断增加丰富、实用、及时和符合消费者旅游住宿的鲜活信息。

1. 旅游住宿业与文化产业营销整合

通过挖掘、梳理成都地方文化要素、社会经济要素、城市建设成就与景观风貌等特殊要素，融于旅游住宿产品、要素和服务，形成特殊旅游住宿吸引物，通过全要素旅游发展，增加旅游住宿综合吸引力、延伸旅游住宿产业的价值链。深挖文化内涵，充分利用历史文化遗产，加大对地域文化的包装整合，提升文化对旅游住宿的推动力，提升旅游住宿产品的文化含量。办好中国成都国际非物质文化遗产节，打造以世界文化遗产为引领，以古蜀文化、三国文化、诗歌文化三大文化为重点，以民俗文化、宗教文化、美食文化为辅助的文化和旅游住宿相互融合的产业体系，打造成都文化旅游住宿产业集群，力促旅游住宿产业提档升级。

2. 旅游住宿业与信息技术产业营销整合

利用移动互联网、物联网、云计算和手机终端等资源和技术，建设具备公共咨询、信息发布、应急救援等功能的成都“智慧天府”旅游数据平台，完善集电子政务、电子商务、立体服务、综合管理于一体的旅游住宿公共信息化服务网络体系。推动重点旅游综合体及交通干线的通信基础设施建设，加强热点区域的无线宽带网络覆盖，不断推进“智慧酒店”的深入发展。

3. 旅游住宿业与生态产业营销整合

以乡村度假、高尔夫运动、温泉养生、滑雪运动、汽车营地、国际品牌度假酒店、主题酒店、都市休闲、修学旅游、古镇观光、避暑旅游等产品的组合，推出成都休闲度假多日旅游产品。主要布局在龙门山—邛崃山生态旅游经济带和成青旅游发展轴，整合龙门山、邛崃山区以及都江堰灌区自然遗产、文化遗产资源，与生态、环保、农业、水利等产业有机结合，结合社会主义新农村建设，促进山区和农村地区农业、林业、牧业资源能够转化为高收益的旅游资本。

4. 旅游住宿业与会展产业营销整合

围绕打造“中国最佳商务会展旅游城市”的总体目标，按照政府主导、市场运作，走“旅游驱动型会展城市”的发展之路，把旅游注入会展之中，做大做强成都旅游会展业，形成“酒博会、茶博会、养（生）博会、花博会”四大博览会为特色的“旅游会展之都”。

（六）生态营销平台建设

以塑造“熊猫之乡”旅游住宿品牌为核心，提升成都国际旅游影响力和知名度，以大熊猫生态旅游住宿产业、大熊猫文化产业和数字大熊猫产业为内容和形式全方位推进熊猫之乡的旅游住宿品牌建设。发展壮大以大熊猫栖息地为核心的生态旅游住宿产业，和以大熊猫文化、大熊猫相伴而生的民族文化为背景的文化产业，依托大熊猫和大熊猫栖息地在国际国内的知名度，把“大熊猫”作为发展成都生态旅游住宿产业的核心品牌，对周边区域的旅游景区进行深度整合，形成旅游住宿体验品牌推广。以龙门山生态旅游带、龙泉山生态旅游带为依托，以特色生态旅游度假酒店、特色生态旅游保育体验酒店、生态乡村酒店、农家乐住宿为建设重点，发展生态旅游住宿集群。其中，龙门山生态旅游带，以都江堰为龙头，重点打造以熊猫文化为代表的特色生态旅游住宿集群；龙泉山生态旅游带，以龙泉湖、三岔湖为节点，重点打造“水湖”主题的特色生态旅游住宿集群。通过树立绿色形象，开发绿色产品，加强绿色沟通，实行绿色服务等营销策略，建立统一的绿色营销体系和制度，带动行业走低碳化、环保型、可持续发展之路。

第十一章 成都市旅游住宿业投资现状分析

第一节 成都市旅游住宿业投资的现状

一、高星级饭店投资数量增长迅速

截至 2010 年，成都市共有五星级饭店 12 家、四星级饭店 29 家。2015 年成都五星级饭店的数量发展到 18 家，四星级饭店更是达到了 36 家。成都五星级饭店投资数量的增幅超过全国五星级饭店数量年均 10% 的增长速度，达到 12.5%。2015 年末成都四星级饭店数量增加 17 家。

二、国际酒店高端品牌投资布局分析

10 大酒店集团中的 8 家，其旗下的若干品牌酒店已在成都开业。除如家酒店集团和上海锦江国际酒店（集团）股份有限公司，其余 6 家均为国外集团。未来 3 年内，希尔顿作为进入成都的第 9 家酒店集团，其 5 大品牌共 10 家酒店将陆续开业。至此，成都将囊括世界排名前十的九大酒店集团旗下的 19 个品牌酒店，其中四星级及以上的星级饭店占近 90% 的比例，包括华尔道夫、康莱德、丽思卡尔顿等国外酒店奢华品牌（见表 11–1）。

表 11–1 世界十大酒店集团在成都的布局情况调查

2013排名	2012排名	酒店名称	进入成都的酒店品牌
1	1	洲际酒店集团（IHG）	洲际酒店、皇冠假日酒店、假日酒店、智选假日酒店
2	3	希尔顿酒店集团(Hilton Hotels & Resorts)	华尔道夫酒店（顶级奢华品牌）、康莱德（奢华品牌）、希尔顿（5星）、希尔顿逸林（5星）、希尔顿花园酒店（4星）

续表

2013排名	2012排名	酒店名称	进入成都的酒店品牌
3	2	万豪国际酒店集团（Marriott International）	丽思卡尔顿酒店、万丽酒店
4	4	温德姆酒店集团（Wyndham Hotel Group）	温德姆酒店及度假酒店、华美达酒店、速8酒店、豪生酒店
5	5	精选国际酒店管理公司（Choice Hotels International）	Clarion
6	6	雅高酒店集团（Accor）	索菲特、铂尔曼、美居
7	7	喜达屋酒店及度假村国际酒店集团（Starwood Hotels & Resorts Worldwide）	瑞吉、喜来登、雅乐轩
8	8	贝斯特韦斯特国际酒店管理有限公司（Best Western International）	无
9	10	如家酒店集团（Home Inns & Hotels Management）	如家、莫泰
10	9	上海锦江国际酒店（集团）股份有限公司（Shanghai Jin Jiang International Hotel Group Co.）	锦江、锦江之星

三、国内知名品牌投资效益分析

成都第一个豪华五星级饭店万达瑞华酒店的投资额为30亿，从投入产出看，成都成达瑞华酒店的投资额是伦敦万达瑞华酒店7亿英镑投资额的4.29倍。假设两个酒店每年营业额为1亿，伦敦万达瑞华的投资报酬率是14.29%，成都的为3.33%；伦敦万达瑞华的静态投资回收期为7年，成都万达瑞华需要至少30年的营业额才能覆盖原始投资。同样规模和档次的酒店，成都项目上承受的财务风险远远高于伦敦项目。从区域布局上看，万达瑞华酒店紧邻同样定位为奢华酒店的香格里拉大酒店。同一投资区域的同质化产品过度集中（见图11-1）加大了酒店的经营风险，影响经营效率。

四、酒店投资借力成都“世界旅游目的地”战略

成都市旅游局根据“两步走”战略提出，第一步将成都建成西部旅游中心城市，实现城市旅游的产品、购物、服务等方面全面执行国际惯例和标准体系。第二步从国际区域旅游目的地向世界旅游目的地的转变，以亚洲旅游中心、文化旅游产品和跨区域合作平台为建设目标。酒店投资规划与旅游发展挂钩，投资布局旅游功能区是最直接的举措，利用其交通便捷、商业规模、旅游资源、经济发展等有利因素，有效降低酒店运营成本，吸引和稳固客源，提高经济收益。

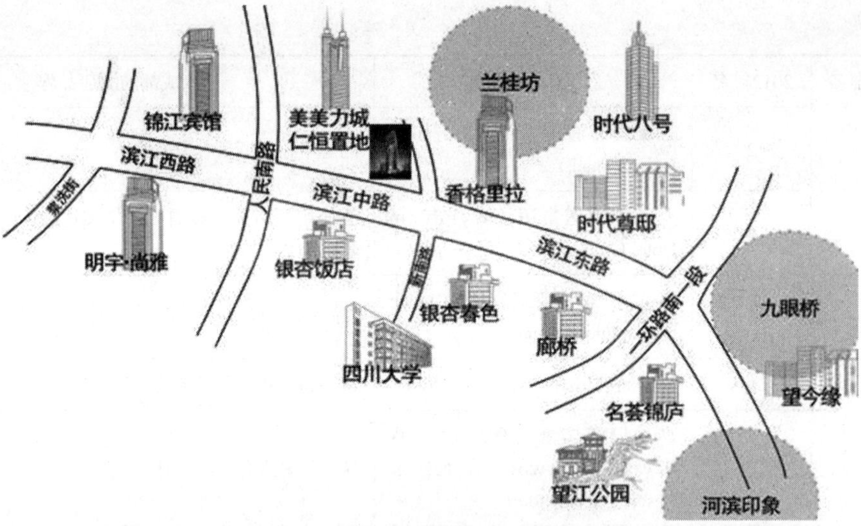

图 11-1　住宿投资实例环境分析

五、通过投资进行品牌多元化转型，产生协同效应

住宿业投资不能单纯关注实体的构建，更应注重虚拟资产的投资，包括互联网销售、O2O（Online to Offline）线上线下互动预定、营销，体验式服务的创新等，其中品牌线的梳理和再构应该是各类型住宿业提供方目前最重要的工作之一。

第一，独立产权、独立经营的酒店集团的财务风险远高于仅输出品牌、管理的酒店管理集团，但是鲜明和针对性强的产品体系会提高酒店经营效率，弥补流动性不足的问题。

第二，有层次的产品定位包括从定价、营销渠道、服务范围界定、目标群体锁定等各个方面都体现出差异化、特质化。

第三，细分酒店类型，包括豪华酒店、优质精品酒店、中高端酒店、经济型酒店、长租酒店、套房酒店等，以丰富的产品线迎合各类细分市场的需求，从而产生 1+1>2 的协同效应。世界十大酒店集团品牌体系如表 11-2 所示。

表 11-2　世界十大酒店集团品牌体系

酒店集团名称	旗下酒店品牌
洲际酒店集团（IHG）	洲际酒店、皇冠假日酒店（Crowne Plaza）、英格迪酒店、假日酒店（Holiday Inn）、智选假日酒店（Holiday Inn Express）
希尔顿酒店集团（Hilton Hotels & Resorts）	华尔道夫酒店（顶级奢华品牌）、康莱德（奢华品牌）、希尔顿（5星）、希尔顿逸林（5星）、希尔顿花园酒店（4星）
万豪国际酒店集团（Marriott International）	JW 万豪酒店、丽思卡尔顿酒店（豪华级酒店）、万丽酒店（精品酒店）、万怡酒店（中高价酒店）、Residence Inn（长租酒店）、Fairfield Inn（经济型酒店）、SpringHill Suites（中高价套房酒店）、TownePlace Suites（中等价位长租酒店）

续表

酒店集团名称	旗下酒店品牌
温德姆酒店集团（Wyndham Hotel Group）	温德姆酒店及度假酒店（Wyndham Hotels and Resorts）、华美达酒店（Ramada）、戴斯酒店（Days Inn）、速8酒店（Super 8）以及豪生酒店（Howard Johnson）
精选国际酒店管理公司（Choice Hotels International）	Clarion、Comfort Inn、Comfort Suites、Quality、Sleep Inn、Mainstay Suites、Suburban、Econolodge、Rodeway Inn、Ascend Collection
雅高酒店集团（Accor）	索菲特、铂尔曼、美憬阁、诺富特、美爵、美居
喜达屋酒店及度假村国际酒店集团（Starwood Hotels & Resorts Worldwide）	瑞吉、豪华精选、W酒店、威斯汀、艾美、喜来登、福朋喜来登、雅乐轩、Element
贝斯特韦斯特国际酒店管理有限公司（Best Western International）	贝斯特韦斯特国际酒店（全球最大的单一品牌酒店连锁集团）
如家酒店集团（Home Inns & Hotels Management）	如家、和颐、莫泰、云上四季
上海锦江国际酒店（集团）股份有限公司（Shanghai Jin Jiang International Hotel Group Co.）	J. Hotel、锦江（Jin Jiang）、锦江都城（Metropolo）、锦江之星（Jin Jiang Inn）

六、投资回报表现较差

全国酒店业2011年的RevPAR比2010年上涨2.8%；从2012年RevPAR开始下滑，较之2011年降低1.6%；2013年又比2012年下滑2.8个百分点。2013年全国酒店总收入增加8.2%，但是净收入明显下降，主要受制于三项支出：部门支出上涨9.8个百分点；被分配支出上涨10.1%；人工薪资涨幅为11.7%。

2014年成都酒店的客房出租率为64.7%，较2010年同比减少10.32%，但是全国酒店的客房出租率同比增长了1.8%。成都住宿业的实际平均房价为415.59元，比2013年度的444.17元下跌了6.4个百分点，而全国酒店同比只平均下降3.3个百分点；综合Occ和ADR指标的影响，成都2014年度的可供出售房间的平均收益RevPAR为268.72元，同比下跌了8.5%，下跌幅度远高于全国下降1.5%的平均水平（见表11–3）。可见成都酒店三项指标的表现都落后于全国酒店的平均水平。与其他城市比较，客房出租率除了武汉同比下降6.7个百分点落后于成都的2.2%的降幅，北京、上海、广州、西安的客房出租率都较2013年有所增长。实际平均房价除了上海和武汉出现正增长，其余城市同比出现负增长，西安的降低幅度最低为2.1个百分点，而成都的降幅最大为6.4%。

表 11-3 投资现状对比分析

单位：元	客房出租率Occ %		实际平均房价ADR		平均客房收益RevPAR		与2013年比较（%）		
	2014	2013	2014	2013	2014	2013	Occ	ADR	RevPAR
全国	65.8	64.6	565.98	585.09	372.47	378.13	1.8	-3.3	-1.5
成都	64.7	66.1	415.59	444.17	268.72	293.62	-2.2	-6.4	-8.5
北京	69.7	68.8	564.39	587.31	393.38	404.13	1.3	-3.9	-2.7
广州	71.6	65.3	644.93	674.37	462.08	440.34	9.7	-4.4	4.9
上海	71.9	66.3	606.84	600.97	436.54	398.39	8.5	1.0	9.6
武汉	62.7	67.2	373.94	371.05	234.63	249.45	-6.7	0.8	-5.9
西安	68.2	64.7	347.22	354.53	236.69	229.39	5.4	-2.1	3.2

2014 年度的 RevPAR 指标与 2013 年相比较，成都仍然降幅最大，为 8.5%。与成都截然不同，上海的 RevPAR 指标同比增长达到 9.6 个百分点（见图 11-2）。总体而言，成都在 5 个进行比较的城市中的综合经营表现较差。

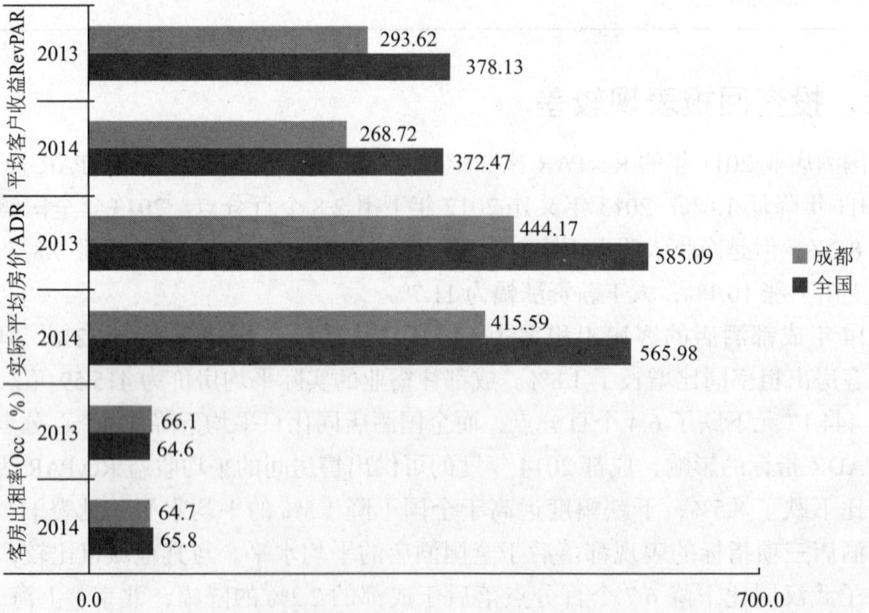

图 11-2 2013 年和 2014 年成都与全国酒店主要指标对比（1）

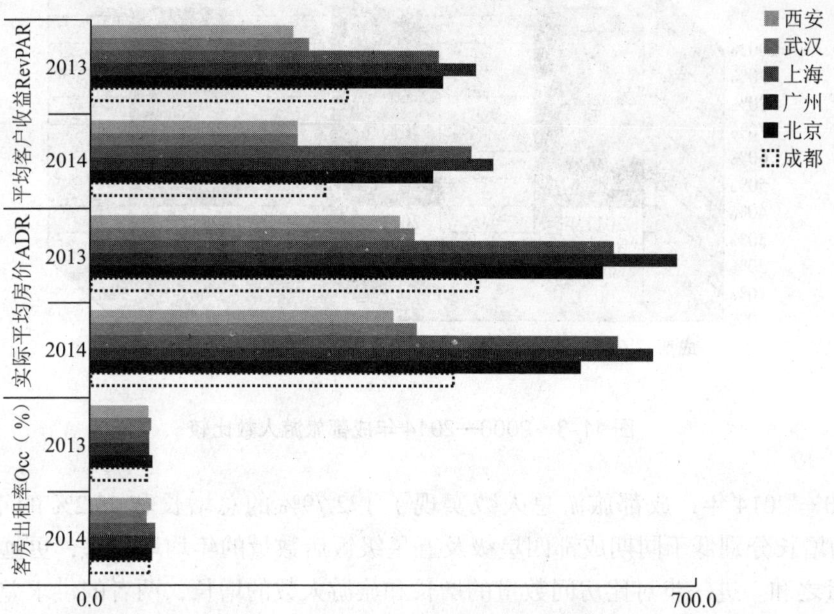

图 11-2　2013 年和 2014 年成都与其他城市酒店主要指标对比（2）

第二节　成都市旅游住宿业投资存在的问题

一、高星级饭店过热投资激化供需矛盾

成都的旅游人数近几年在逐年增长。2010 年成都入境游人数为 80.21 万人次，国内旅游人数为 6738.27 万人次。2014 年的入境游人数为 240.2 万人次，同比增长 14.6%，是 2010 年的近 3 倍，是 2008 年的 4.8 倍；2012 年国内旅游人数首次突破 1 亿人次，到 2014 年已经达到 2012 年的 1.5 倍，2010 年的 2.7 倍和 2008 年的 4.5 倍（见表 11-4）。2008—2014 年成都旅游人数的比较如图 11-3 所示。可见近 5 年成都入境旅游人数较之国内游人数的增长更快，但是差异不明显，成都立足“世界级旅游城市”建设，发展为“世界旅游目的地”的战略有待进一步深化。

表 11-4　2008—2014 年成都旅游人数统计

单位：万人次	2008年	2009年	2010年	2011年	2012年	2013年	2014年
成都入境游人数	50.03	64.61	80.21	121.34	158.13	176.43	240.2
成都国内旅游人数	4105.4	5505.97	6738.27	9552.69	12088.34	15338.99	18359.8
总人数	4155.43	5570.58	6818.48	9674.03	12246.47	15515.42	18600

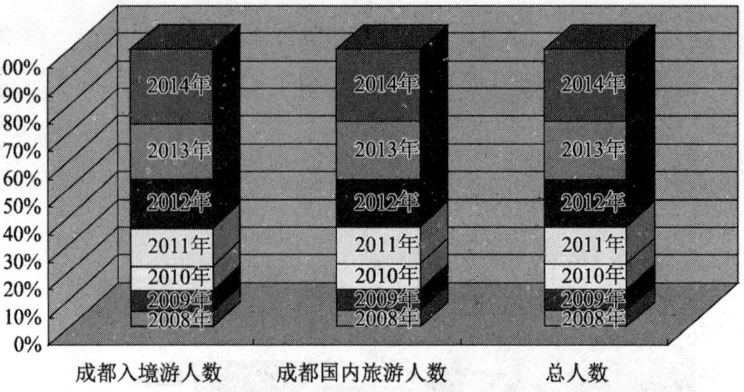

图 11-3　2008—2014 年成都旅游人数比较

2010—2014 年，成都旅游总人数实现了 172.79% 的总增长和 43.2% 的年均增长。43.2% 的增长分别低于同期成都四星级及五星级饭店数量的年均增长率，更远落后于两者的增量之和。进一步对比房间数量的增长和旅游人数的增长，两者的供求差异会更加突出。截至 2014 年 4 月统计，成都在建的五星级饭店有 99 个，规划未开工项目有 93 个，意味着高星级饭店的过热投资在未来会导致越来越严重的供需矛盾。

二、高星级饭店投资的矛盾博弈："降星潮"与"星级追逐战"

2014 年之前国内外酒店集团在成都"高星级、高投入"的投资现状与中央"反四风"和"八项规定"逐步击破酒店繁荣泡沫的大背景形成对照。据中国旅游饭店业统计，仅 2013 年就有 56 家五星级饭店要求"降星"。成都高星级饭店的投资表面遵循了高投入、高回报的客观规律，但实际上却违背了当前社会、经济、政治等宏观环境的实际，使其具有极高的系统风险，并且无法通过投资组合和多元化经营战略化解，这是酒店主动降星的动因。两者博弈的结果会决定高星级饭店未来投资的走向，值得投资单位注意。

三、单体酒店生存堪忧

成都大部分三星级饭店为单体酒店，由于硬件、软件上的不规范性和智能化水平差等原因，其成本高于经济型连锁酒店，可出租房间的平均房价（RevPAR）又低于经济型连锁酒店，使得单体中档酒店日渐式微。与国内外连锁酒店比较，2013 年单体自行管理酒店的平均收益较 2012 年的跌幅最高；单体酒店员工月薪水平和流失率最高。这种现状造成新酒店投资优选特许经营、合同管理、代资管理等方式；旧酒店也通过寻求并购、加盟等方式转型升级进入连锁阵营，对现有存量资产实现有效整合。连锁品牌无论从品牌影响力、管理理念、智能化水平还是市场占有率、单位成本控制、EBIT（息税前利润）水平方面都是单体酒店所不能匹敌的，未来单体酒店的市场份额还将被进一步蚕食。

表 11-5 单体酒店与连锁酒店主要指标对比

主要指标		单体酒店	国内连锁酒店	国际连锁酒店
平均出租率	2013年	56.34%	59.85%	62.51%
	2012年	64.07%	63.99%	66.45%
平均房价	2013年	313元	454元	647元
	2012年	402元	466元	688元
单房收益	2013年	183元	267元	410元
	2012年	261元	291元	467元
客房收入占总收入比	2013年	37.10%	44.81%	41.53%
	2012年	38.56%	41.30%	47.10%
人工成本率	2013年	30.15%	32.19%	29.11%
	2012年	26.08%	27.73%	25.53%
员工流失率	2013年	5.23%	3.99%	4.99%
	2012年	4.85%	4.01%	4.43%
员工平均月薪	2013年	2215.72元	2583.58元	2846元
	2012年	2325.73元	2298.75元	2714.25元

四、促使投资回报萎缩的动因复杂

成都 2014 年完成招商突破千亿，达到 1318 亿元，其中旅游投资 879 亿元，占招商总额的 66.69%，同比增长 17.8%。成都市旅游总收入达到 1662 亿元。尽管投资金额和旅游总收入一路上行，但是成都旅游住宿业 2014 年的客房出租率（Occ）、实际平均房价（ADR）和平均客房收益（RevPAR）都低于全国平均水平，并且比成都住宿业 2013 的数据分别下降 2.2%、6.4% 和 8.5%，投资收益率下跌暴露出住宿业的众多问题。

（一）过度依赖公款消费、团体消费

随着“八项规定”的推进，国有企业和机关商务出差和接待的住宿标准下调，原本的住宿标准约 600 元 / 夜，现在平均仅 200~300 元 / 夜。意味着每晚的客房经营性收入下降了一半左右。

（二）酒店商业模式单一，同质化严重

酒店同质化表现为产品同质化、服务同质化、区域布局同质化、营销渠道同质化等，同质化变相增大了竞争力度，弱化了酒店的盈利能力。酒店的收入主要分为客房收入、餐饮收入及其他收入，三者的平均占比为 4 ： 4 ： 2。随着公款消费的抑制，餐饮收入的占比逐年下降，而客房收入的占比相应增加；但是客房收入的水平又大不如前，

导致酒店的整体收入水平下降。

（三）高星级饭店过度投资，降低了酒店利润水平

成都住宿业市场已经完成从卖方市场到买方市场的过渡。成都高端奢华酒店的发展持续升温，违背了旅游人数的实际增长规律，打破了供需平衡，导致入住率下降。酒店为了争夺客源会降低房价，从而双重摊薄 RevPAR，最终影响酒店整体盈利效率，挤压投资回报水平。

第三节 成都市旅游住宿业投资规划

2015—2020 年成都旅游住宿业的投资重点应该顺应新常态下经济模式的发展而相应转变。新常态下的经济模式由规模速度型的粗放增长向质量效率型的集约增长发展，意味着酒店一味追求高星级、快速圈地的扩张方式将不再适用，酒店需要合理定位，找到更有效分配资源、更理性的盈利模式：

酒店投资的重点：基于市场化原则，"以需定供"，由市场需求决定投资行为，未来投资重点集中在旅游度假酒店、产权式酒店、酒店与景区融合的主题客栈、精品酒店、各类品牌连锁酒店。

酒店投资的特色：由高星级饭店向个性化消费群体倾向的精品主题店和功能性消费主体青睐的中端住宿业态转变；投资模式实现民间化、金融化、去地产化、轻资产化等多元化融合。

一、从政策上引导投资转型

政府从税收、工商、土地等层面给予优惠，鼓励多样化住宿业态的投资，分别从不同侧重面鼓励四类酒店的投资：

星级饭店：一方面改善投资环境、积极招商引资，鼓励四星级及以上的星级饭店合理、有序地持续发展；另一方面，完善四星级及以上酒店项目的审批流程，采取"提高标准、择优准入"的原则。改善高星级饭店的投资现状，平衡供需关系。

经济型酒店：加大品牌酒店引进的同时，鼓励现有低星级饭店通过加盟、连锁、联合等方式，完成资产重组，提升其服务品质，增强竞争力。

乡村酒店：引导社会民间资本投资乡村酒店，并鼓励不同投资规模和投资类型并存，例如投资额较大的乡村度假公寓和投资门槛相对较低的乡村露营基地等。

社会旅馆：针对社会旅馆鱼龙混杂，"脏、乱、差"的现状，政府通过补贴等方式，鼓励其进行硬件设施改造，提高卫生水平和安全等级；建立奖惩制度，树立软性服务改革榜样，通过示范效应提升社会旅馆的整体服务意识和服务质量。

二、迎合个性化消费群体的投资转型——精品主题酒店

利用主题酒店、精品酒店等特色酒店满足消费者个性化住宿体验，表现在满足个人

体验的差异性、情感的复杂性、品位的独特性和社会参与性。成都住宿业应一方面引进国外已有的精品酒店品牌，从而快速弥补成都精品主题酒店的市场空缺，既能提升成都住宿业品牌价值，又能吸引这些品牌成熟的入境旅游消费者，促进成都“世界旅游目的地”战略地实施。另一方面，鼓励现有酒店集团通过整理品牌线，建立精品主题酒店品牌，强化多元化经营模式，获取全新盈利点；特别鼓励现有单体酒店利用精品主题酒店平台，完成自身特色化转型，扭转经营颓势。

三、迎合功能型消费群体的投资转型——中端住宿业态

成都住宿业正在经受市场供大于求、商业模式同质化、盈利下降等问题的困扰。以40%的入境过夜旅游者和25%的国内过夜旅游者在旅游住宿产品上愿意选择“中端酒店”推算，“中端酒店”的市场规模每年将超过1亿人次，特别是中国市场的新兴中产阶级专业人士已经成为中端品牌酒店的主要推动力量。成都住宿业应该抓住机会，依靠集团化运作发展中端住宿市场，迎合市场功能性消费群体的需求。

此外，中端住宿产品的定位应有针对性。明确推动中端酒店发展不是单纯地在高端星级饭店的硬件设施和软性服务上做减法，也不是在经济型连锁酒店基础上做加法。应该细分中端住宿业市场、差异定位，满足不同的功能需求。

中端住宿产品的定位应该具有前瞻性。随着带薪年休假制度的落实，家庭旅游、休闲度假旅游、跨国旅游将会成为旅游度假市场的热点。成都住宿业应该抓住市场需求的变化，提早细分市场，增加服务功能，实现酒店产品从高端化向大众化转变。利用互联网，进行营销、下单、实时互动、资金收付、评价等全方位的服务和线上线下整合。

四、引导民间资本，鼓励新业态酒店的投资

通过政策引导将民间资本导入新兴的住宿业态投资。酒店新业态投资包括两方面：酒店类型新和投资方式新。

第一，酒店类型新。基于不同主题打造各类特色住宿业态，例如养生主题酒店、养老休闲酒店、度假休闲酒店、产权式短租公寓酒店及提供管家服务的公寓式酒店，以及房车露营式住宿等。

第二，投资方式新。鼓励民间资本采取多种资本运营方式建设新业态酒店，如民间资本拥有产权，专业管理公司经营；与房地产公司合作开发，共享产权、分配收益；民间资本通过第三方信托人间接投资，即将零散民间热钱集中起来，由信托公司统一投资管理，产生规模经济效应，稳定酒店筹资渠道，等等。

五、鼓励多元化投资模式

鼓励酒店品牌通过投资、合资、参股、控股或租赁等多种形式进行投资，积极调动民间资本积极性，强化住宿业投资金融化、去地产化、轻资产化特征。金融化是利用售后回购、融资租赁、信托管理等金融手段，升级酒店投资的盈利模式，促进酒店轻资产扩张模式的发展。去地产化强调专业的品牌管理者倾注于品牌体系及营销渠道的打造，

而投资人关注不动产周期性的收益。轻资产化鼓励酒店通过委托管理、特许经营、顾问咨询、虚拟联盟等轻资产方式进行规模扩张。鼓励外资和内资酒店集团联合开发品牌，到中国游客境外旅游较为集中的目的地投资、并购、管理或经营酒店，以减少酒店受国内“红海市场”严酷竞争的影响。重资本、轻资产、去地产化，以及金融化相结合的酒店投资管理模式有助于盈利的稳定性，减少了风险的波动性。

六、加大对“两带”特色生态住宿区的投资

结合成都旅游住宿业空间布局特点和未来发展走向，加大对“两带”即龙门山、龙泉山特色生态旅游功能区的住宿业投资的力度。龙门山、龙泉山生态旅游发展带既是自然生态保护带，也是山区旅游发展带，是成都“世界旅游目的地”战略的最好载体和展示。未来对“两带”的投资重点是建立相应的产业政策，深化投资的维度，强化其“生态观光、休闲度假、会议论坛、现代商贸”的复合功能，最大限度地限掘“两带”的投资协同效应；以及建立考核指标体系，保证资源更合理地分配，树立竞争亮点。

附录一　成都市旅游住宿业单位区域分布示意图

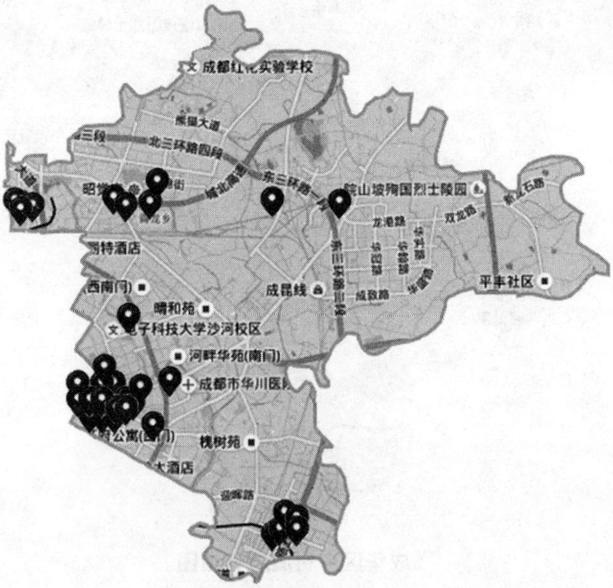

成华区商务连锁酒店分布图

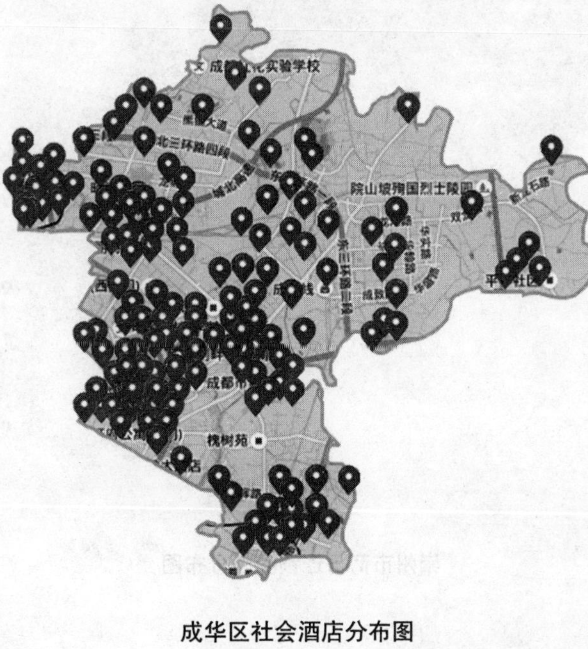

成华区社会酒店分布图

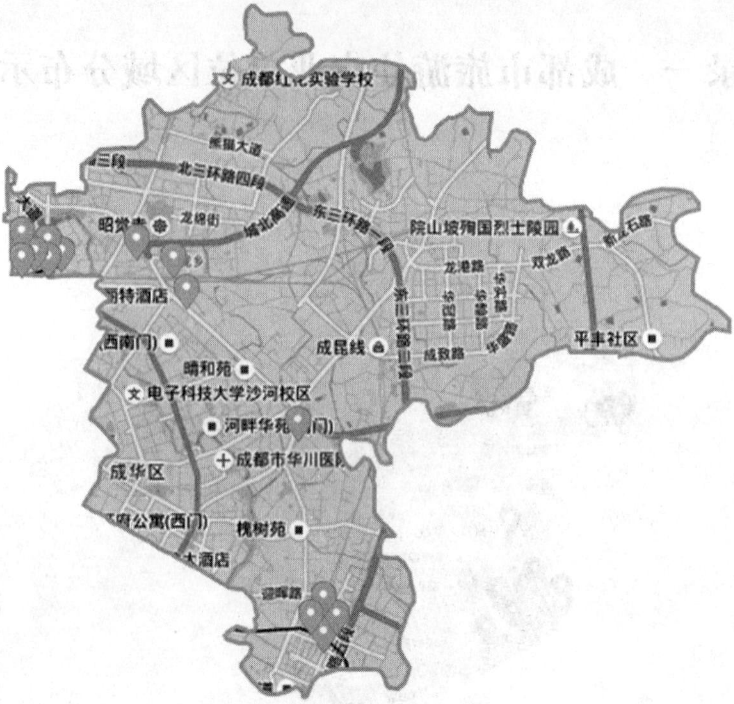

成华区乡村酒店分布图

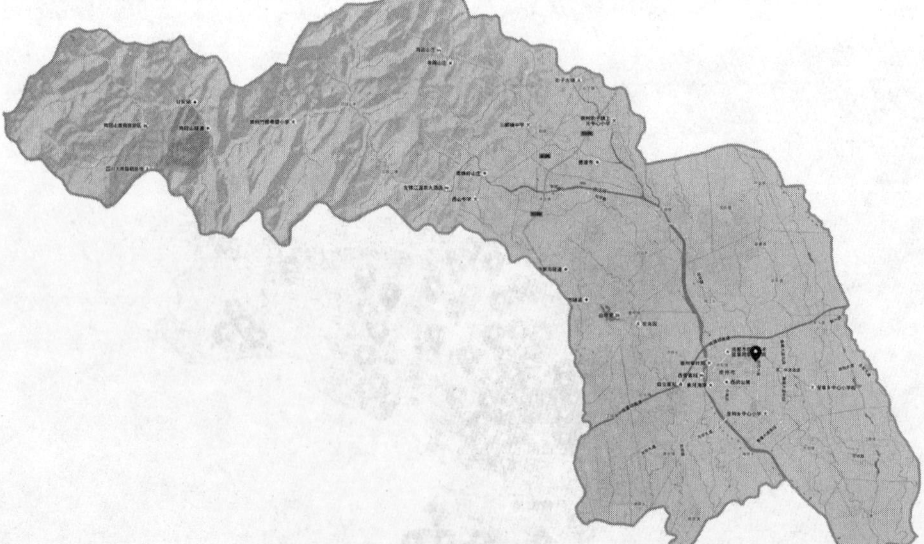

崇州市商务连锁酒店分布图

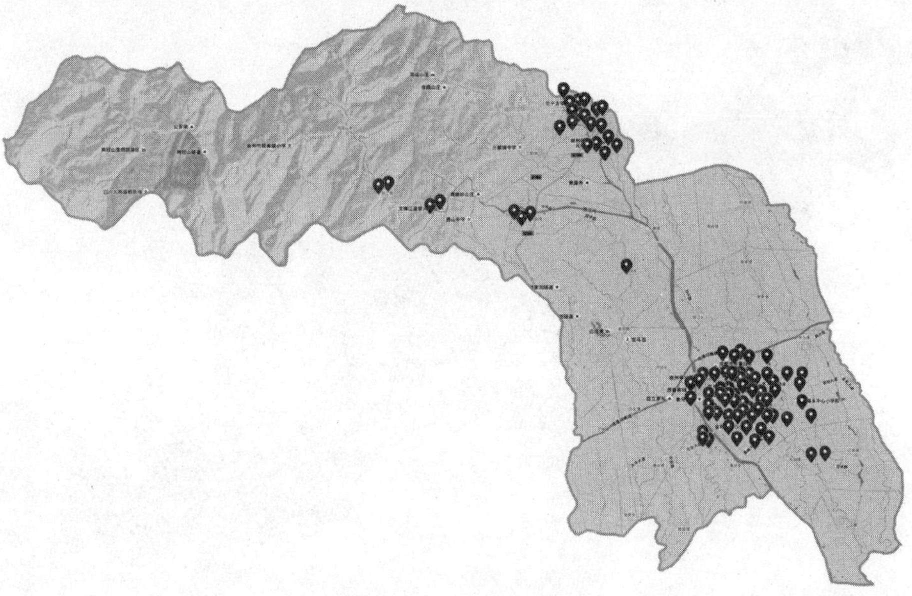

崇州市社会酒店分布图

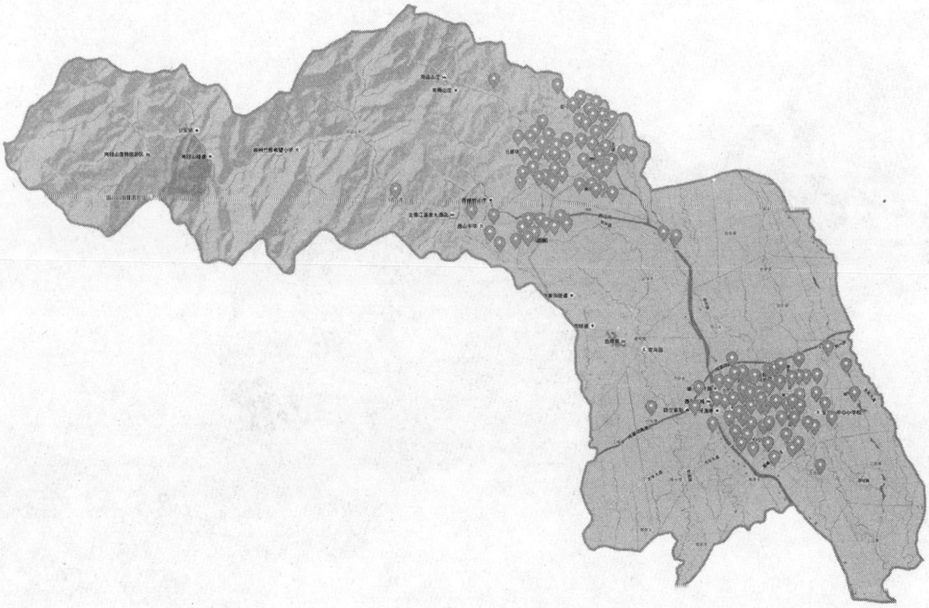

崇州市乡村酒店分布图

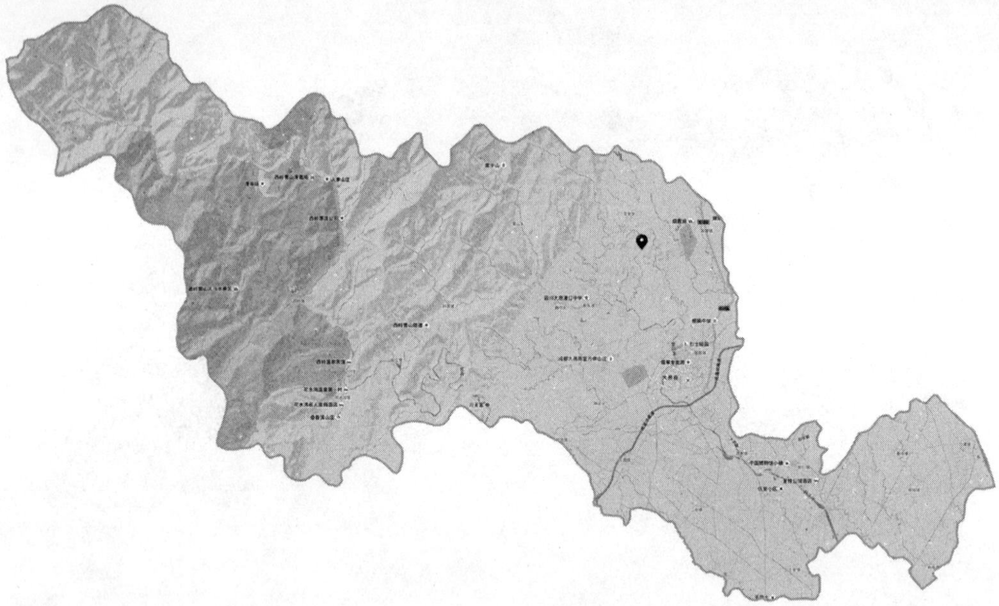

大邑县商务连锁酒店分布图

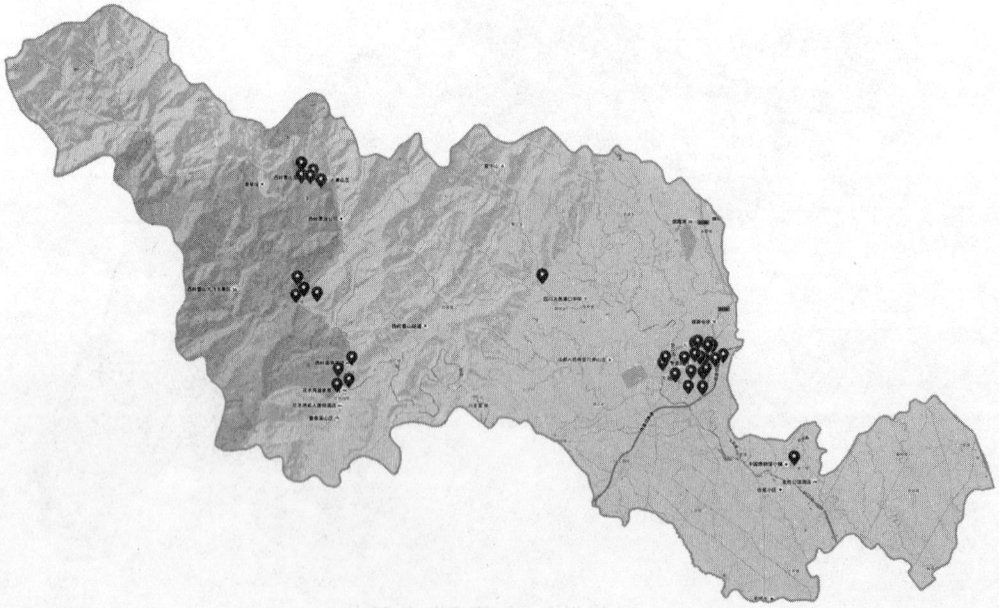

大邑县社会酒店分布图

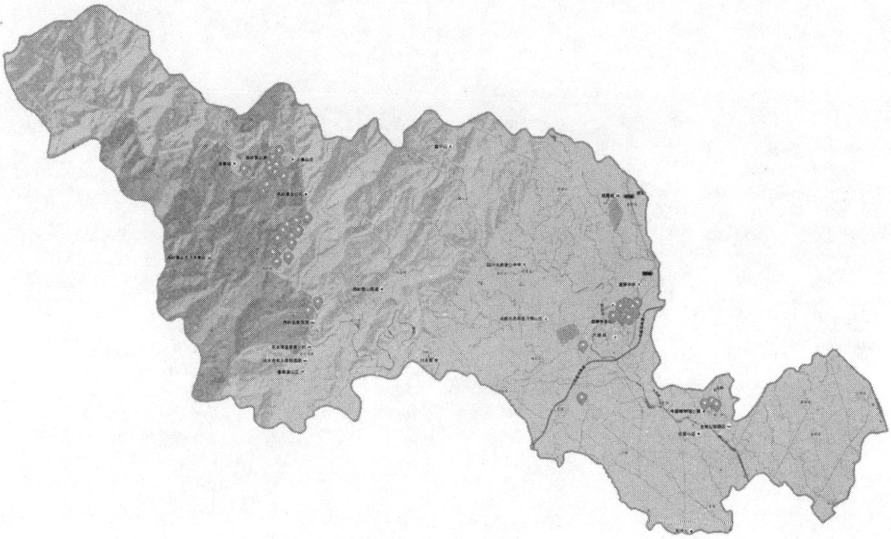

大邑县乡村酒店分布图

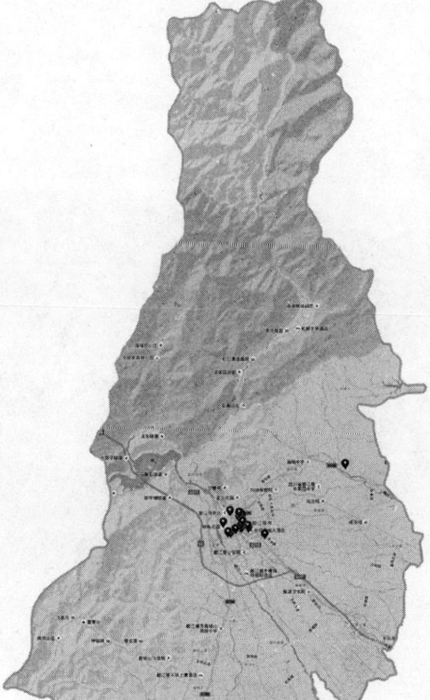

都江堰市商务连锁酒店分布图

都江堰市社会酒店分布图

都江堰市乡村酒店分布图

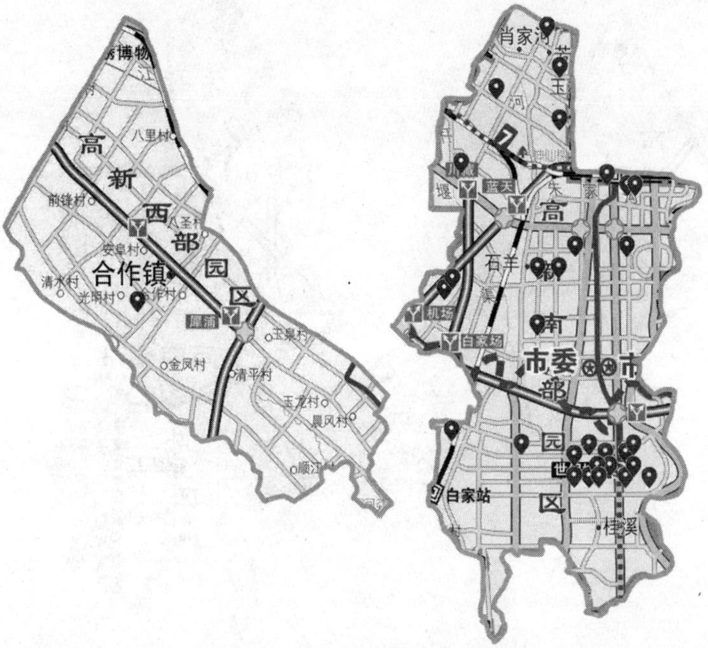

高新区商务连锁酒店分布图

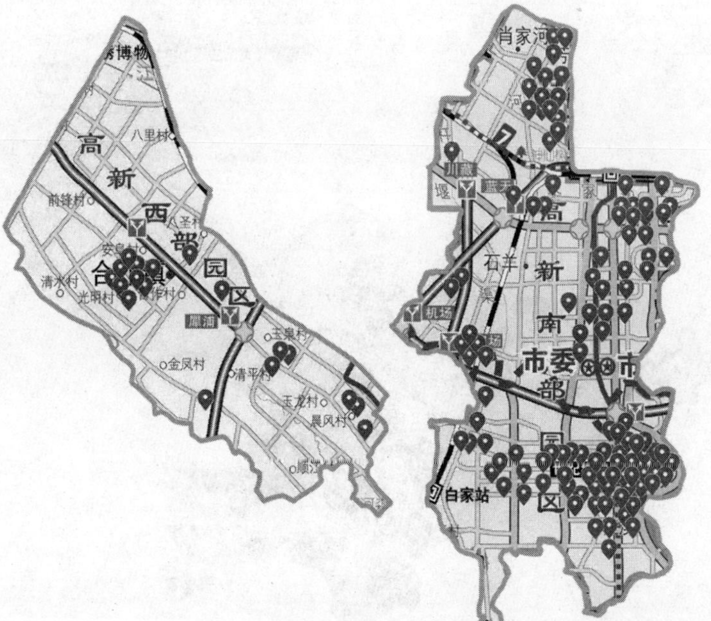

高新区社会酒店分布图

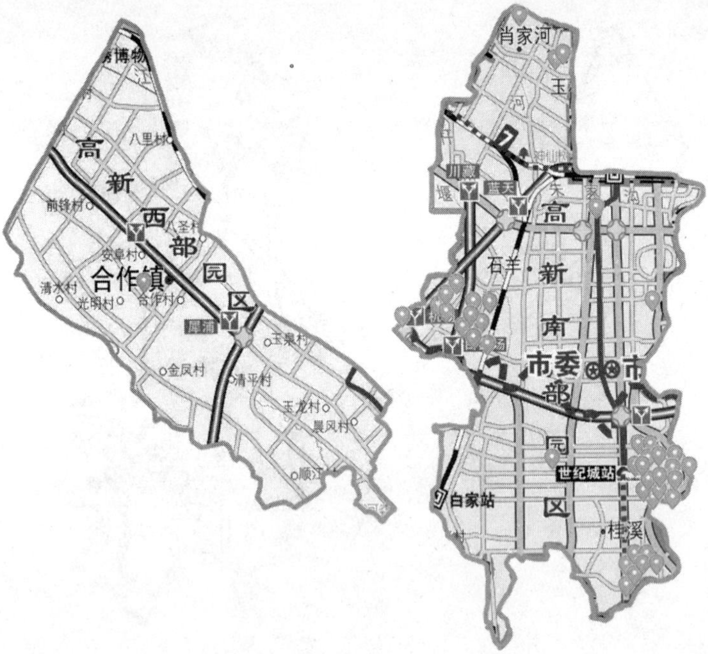

高新区乡村酒店分布图

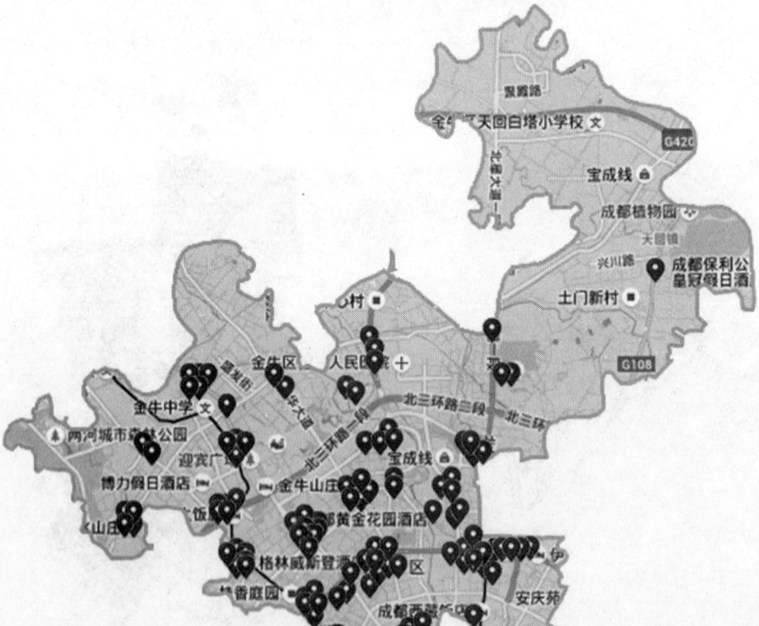

金牛区商务连锁酒店分布图

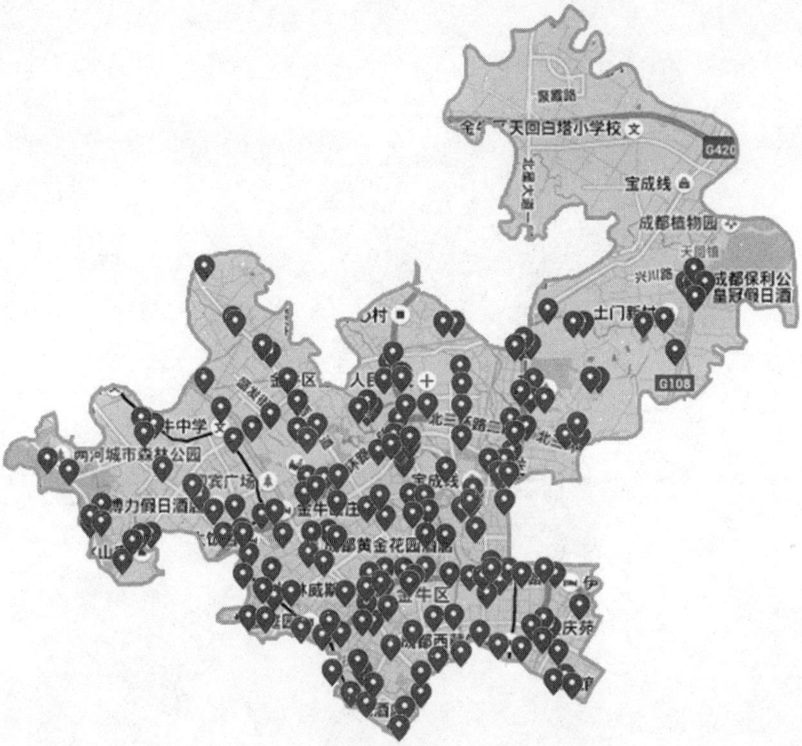

金牛区社会酒店分布图

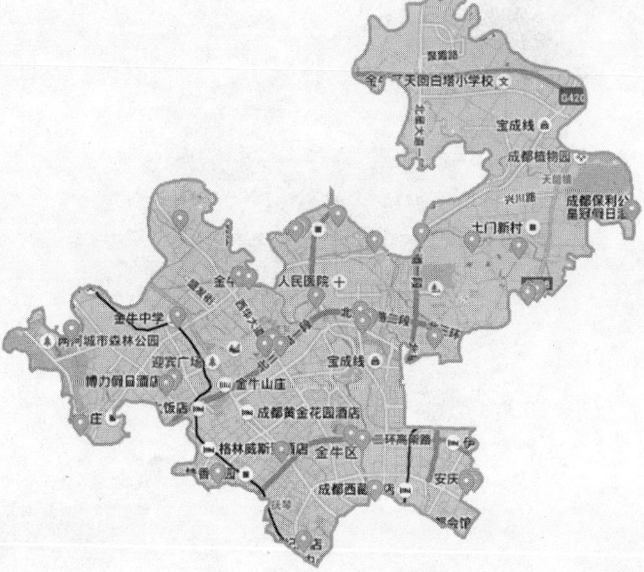

金牛区乡村酒店分布图

金堂县商务连锁酒店分布图

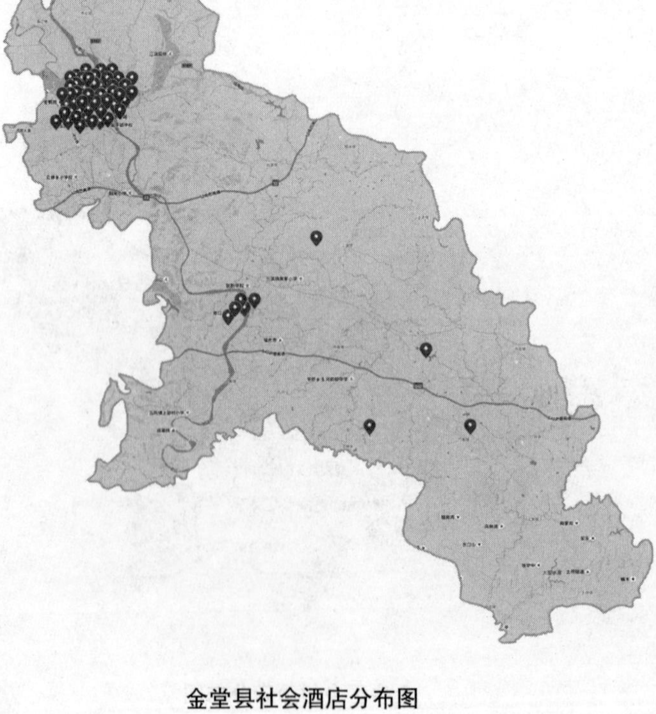

金堂县社会酒店分布图

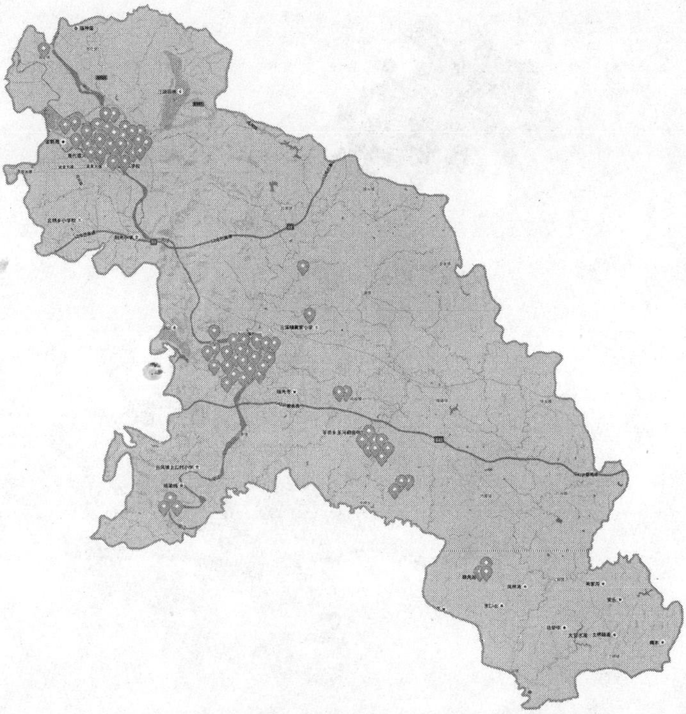

金堂县乡村酒店分布图

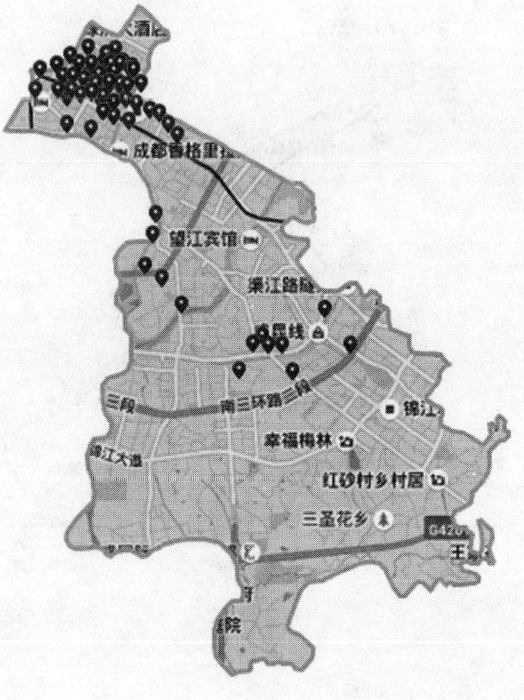

锦江区商务连锁酒店分布图

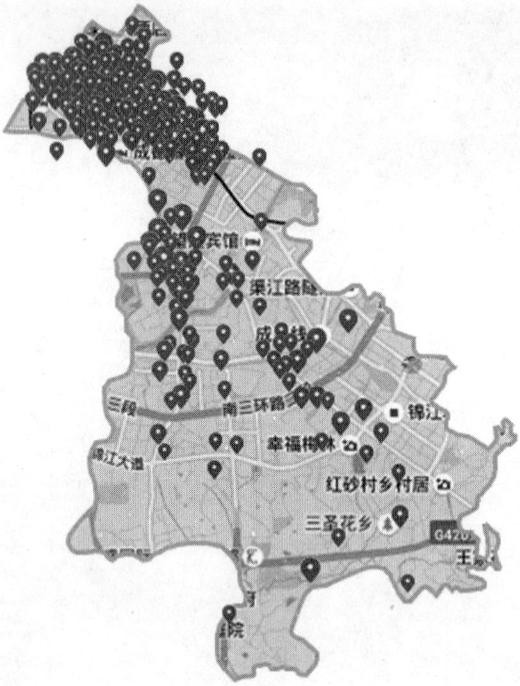

锦江区社会酒店分布图

锦江区乡村酒店分布图

龙泉驿区商务连锁酒店分布图

龙泉驿区社会酒店分布图

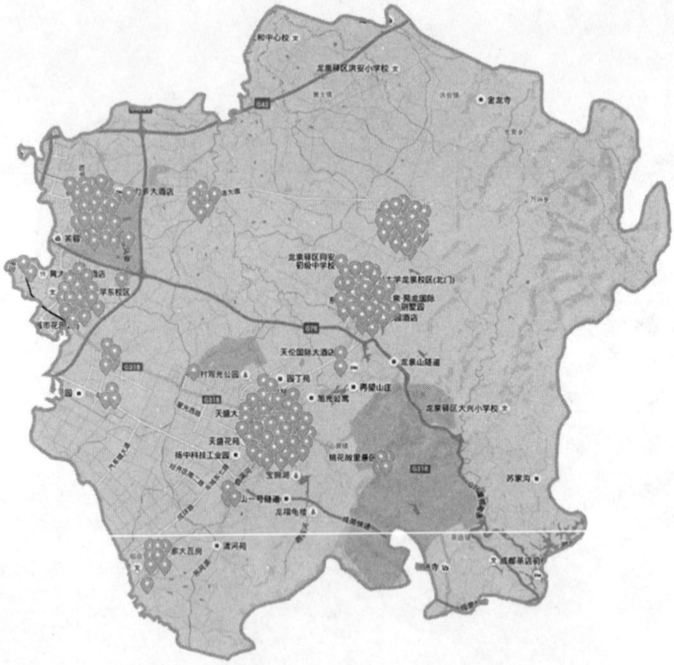

龙泉驿区乡村酒店分布图

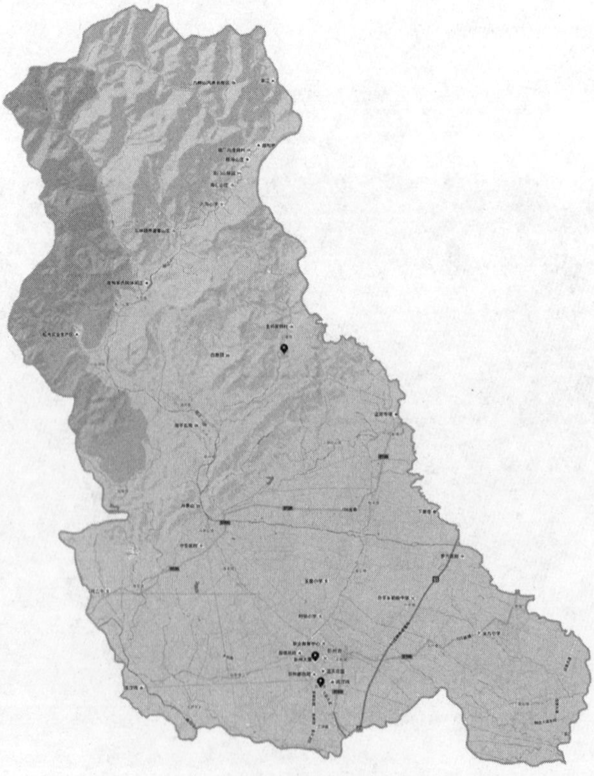

彭州市商务连锁酒店分布图

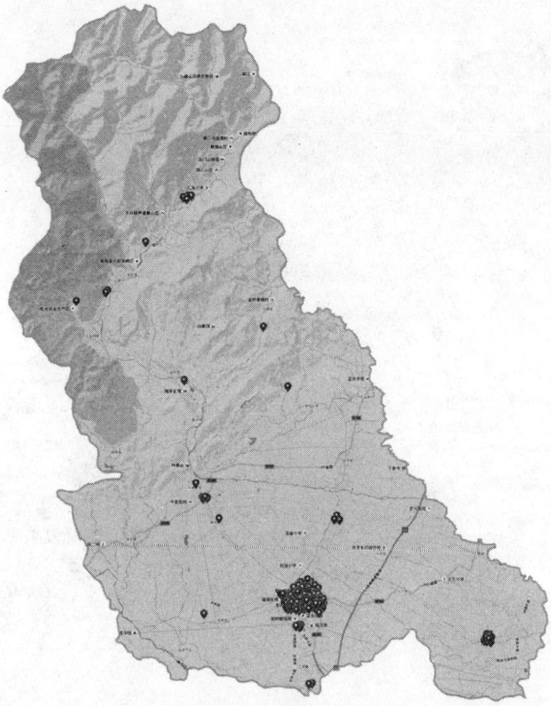

彭州市社会酒店分布图

彭州市乡村酒店分布图

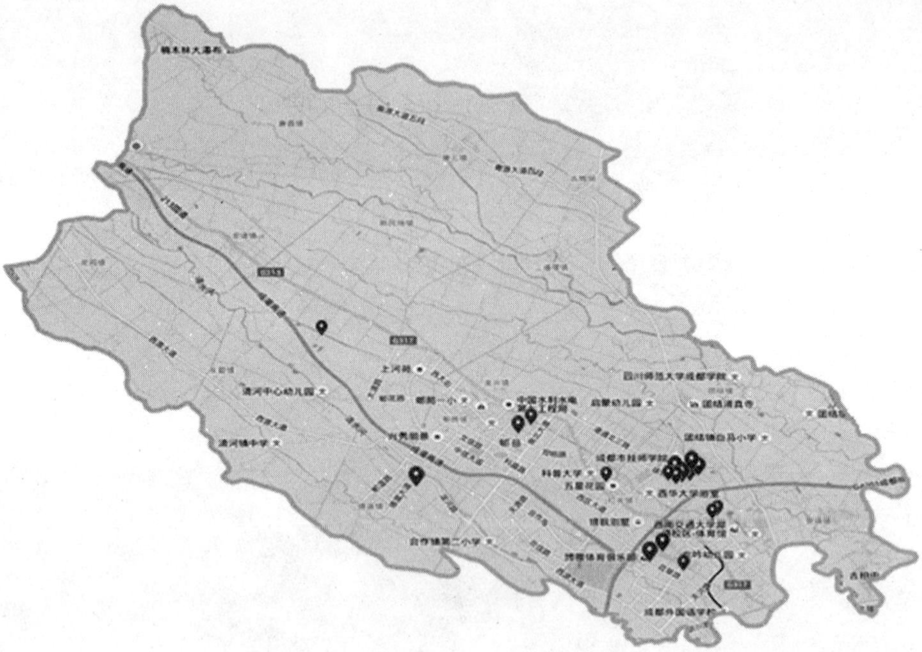

郫县商务连锁酒店分布图

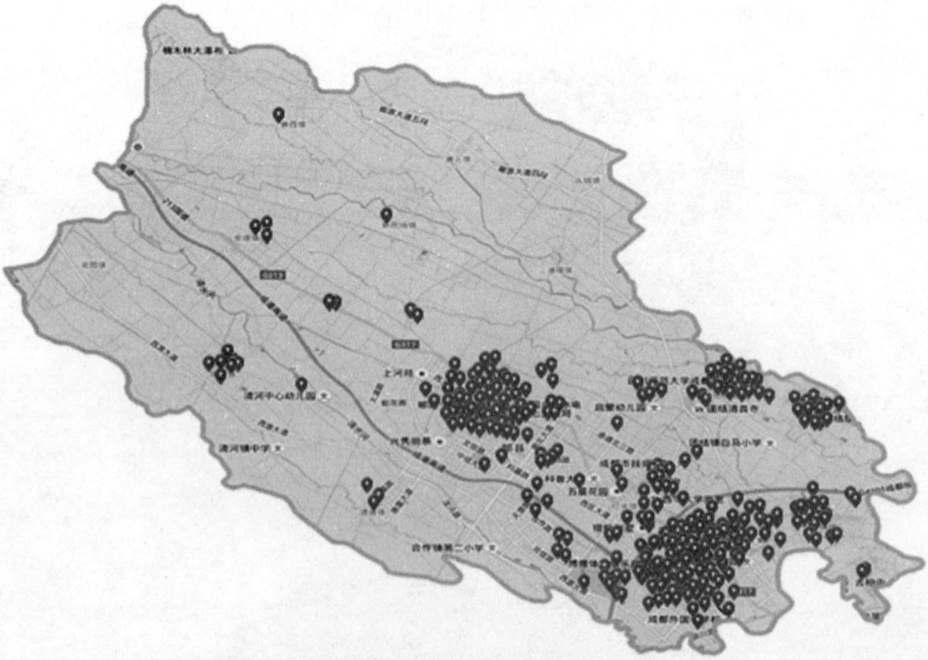

郫县社会酒店分布图

郫县乡村酒店分布图

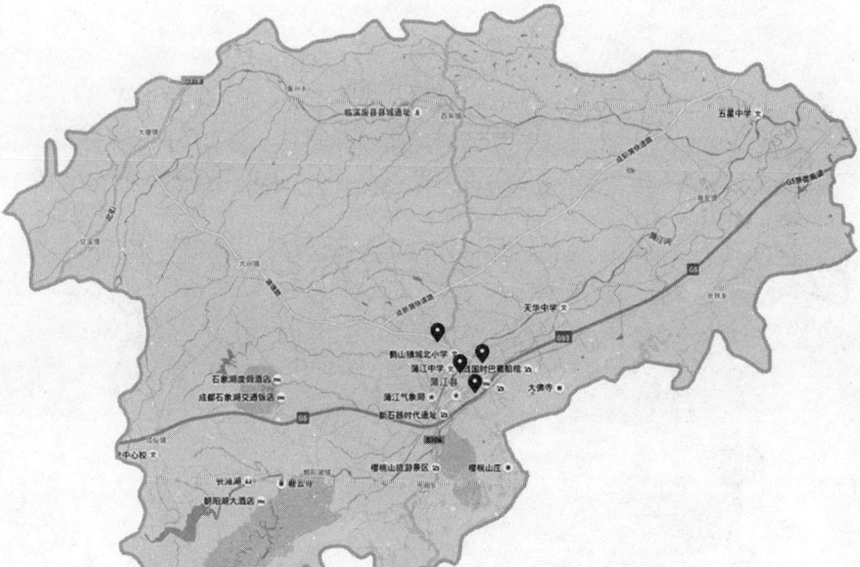

蒲江县商务连锁酒店分布图

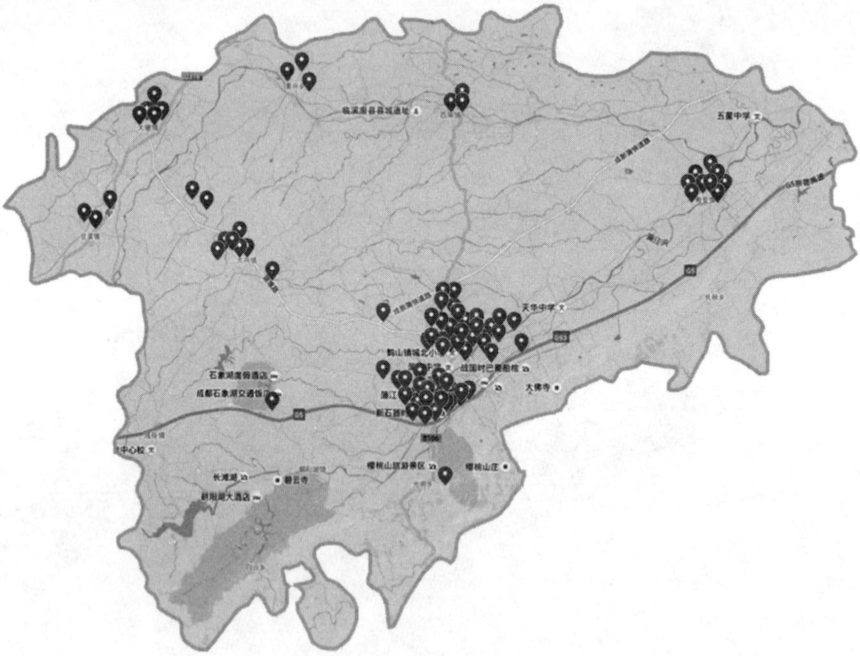

蒲江县社会酒店分布图

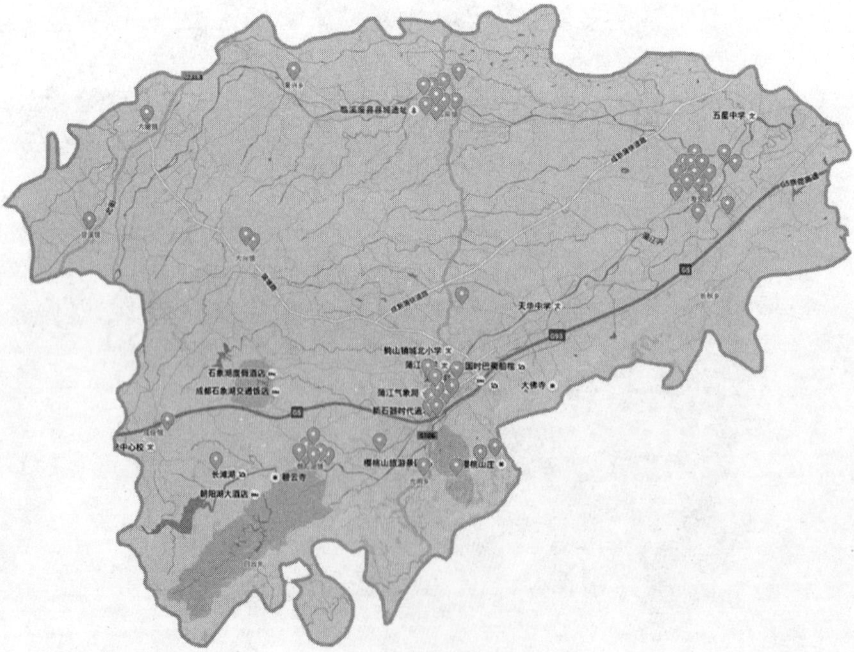

蒲江县乡村酒店分布图

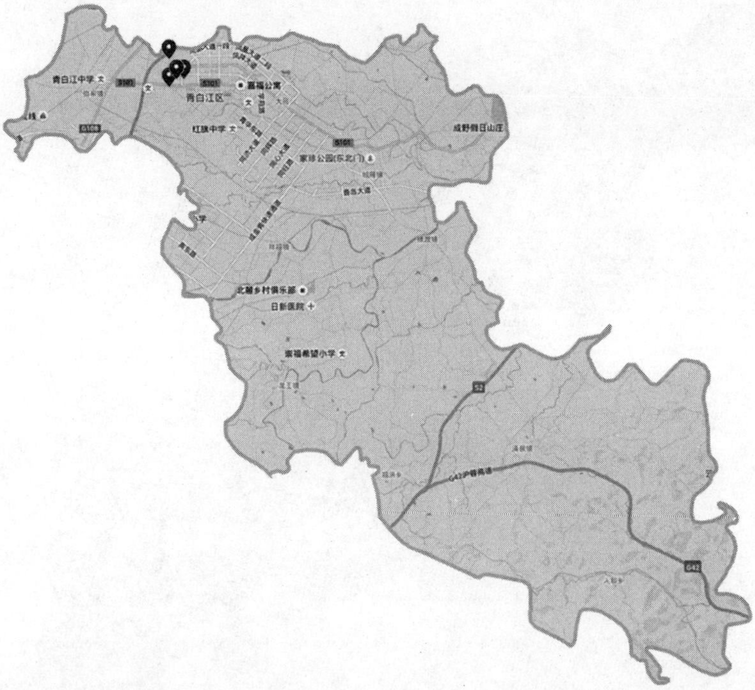

青白江区商务连锁酒店分布图

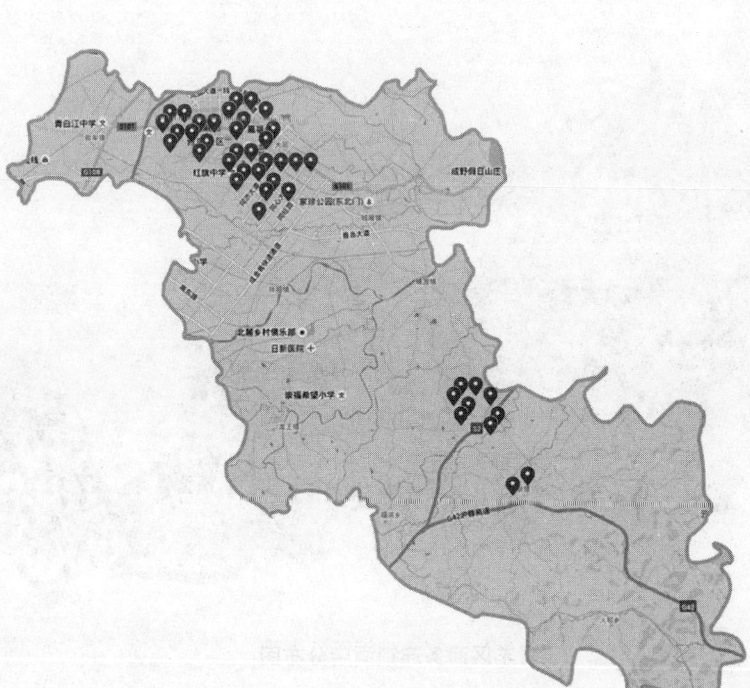

青白江区社会酒店分布图

青白江区乡村酒店分布图

青羊区商务连锁酒店分布图

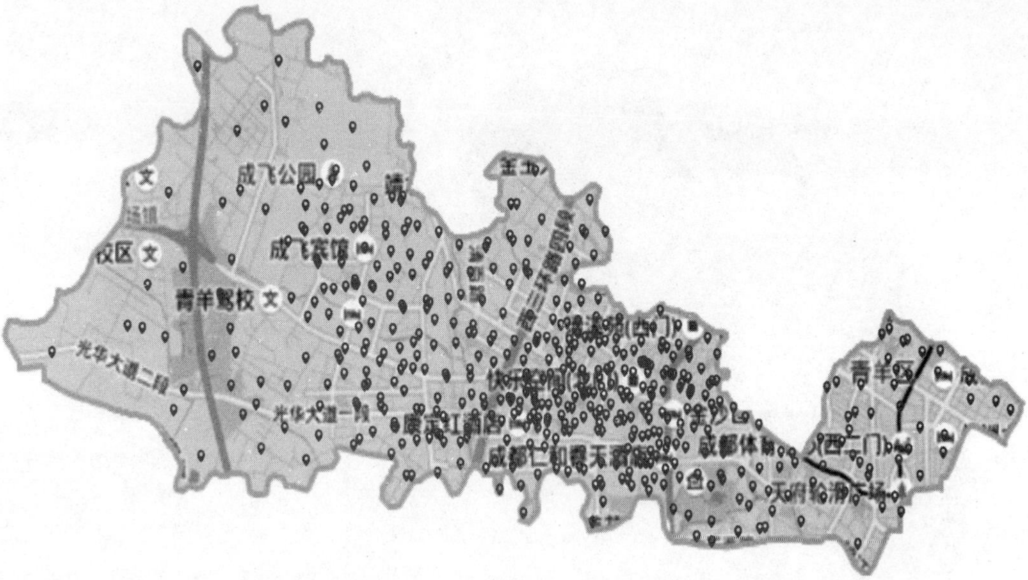

青羊区社会酒店分布图

青羊区乡村酒店分布图

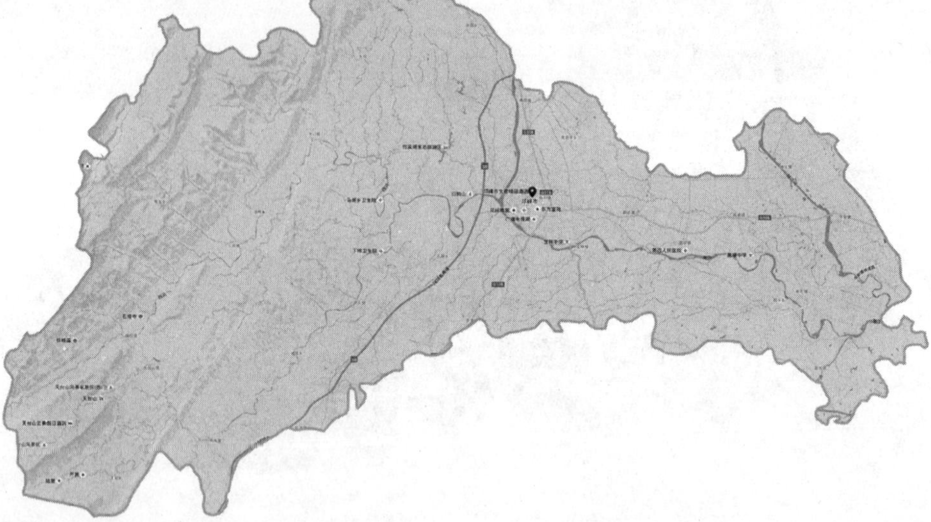

邛崃市商务连锁酒店分布图

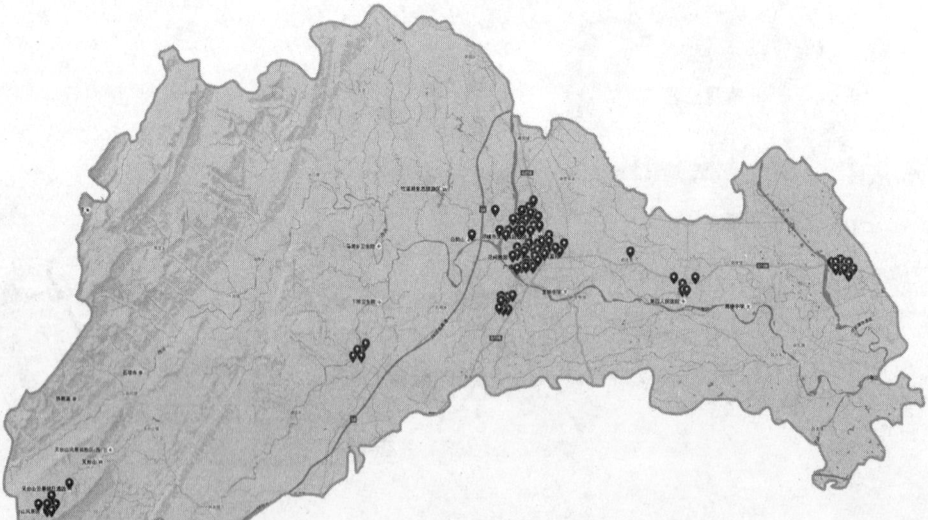

邛崃市社会酒店分布图

邛崃市乡村酒店分布图

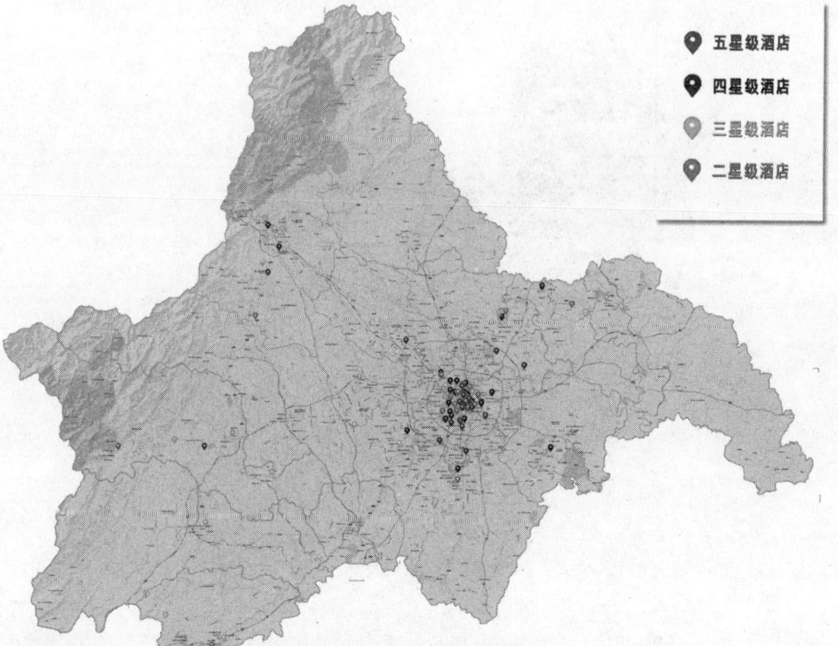

成都九区十县星级酒店分布图

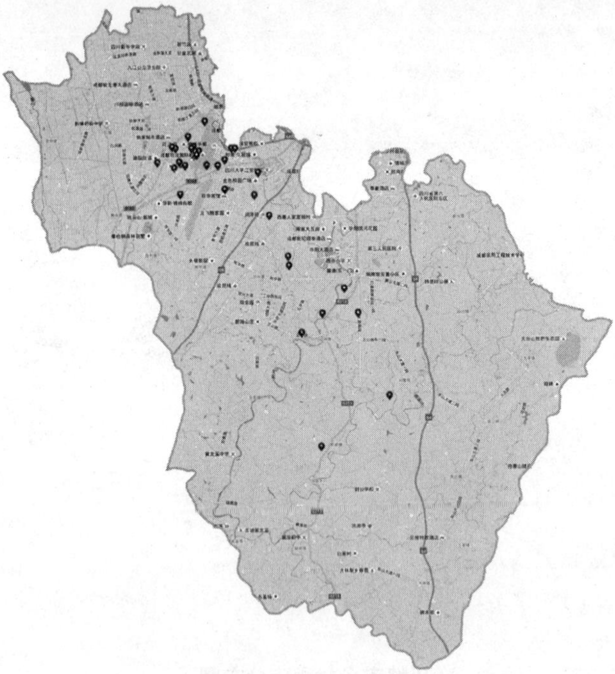

双流商务连锁酒店分布图

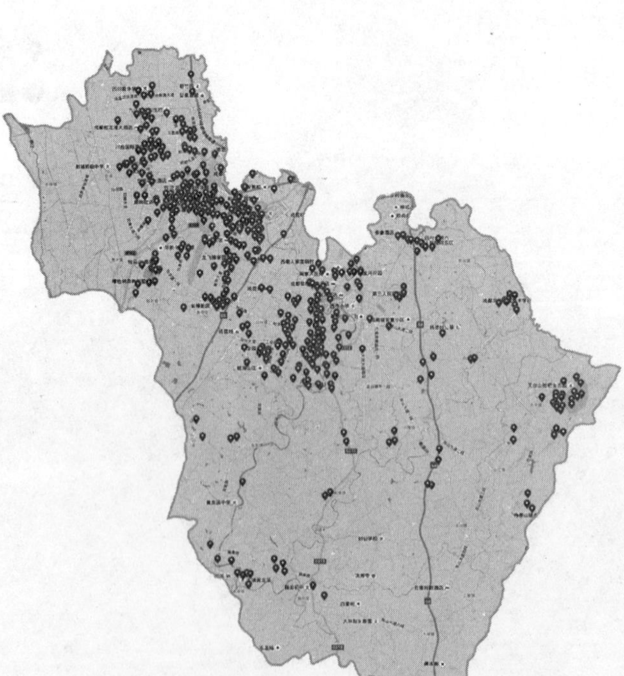

双流县社会酒店分布图

双流县乡村酒店分布图

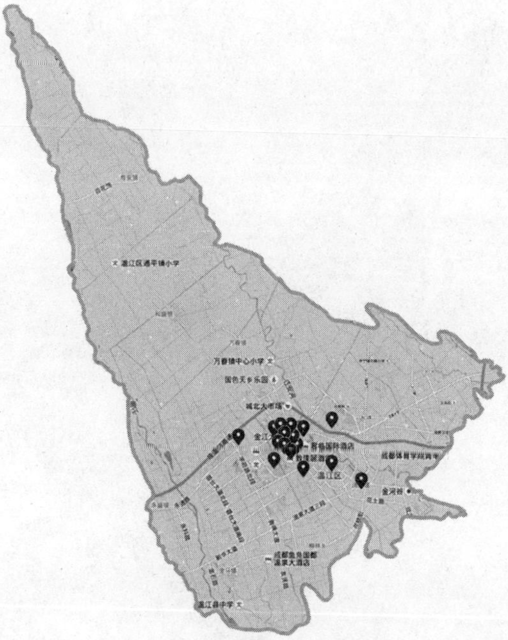

温江区商务连锁酒店分布图

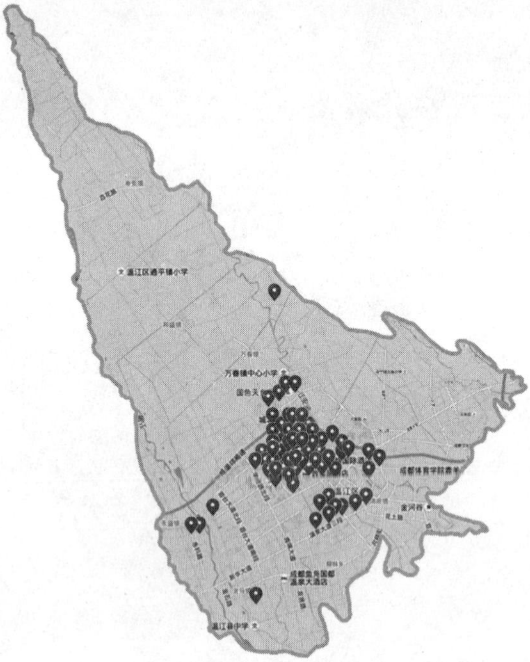

温江区社会酒店分布图

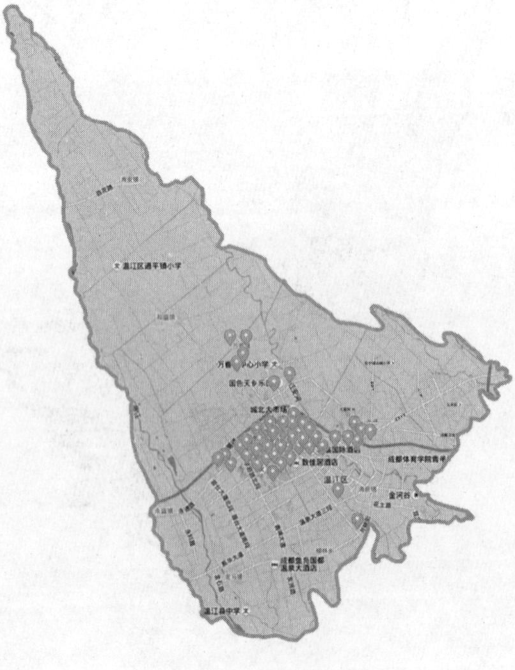

温江区乡村酒店分布图

武侯区商务连锁酒店分布图

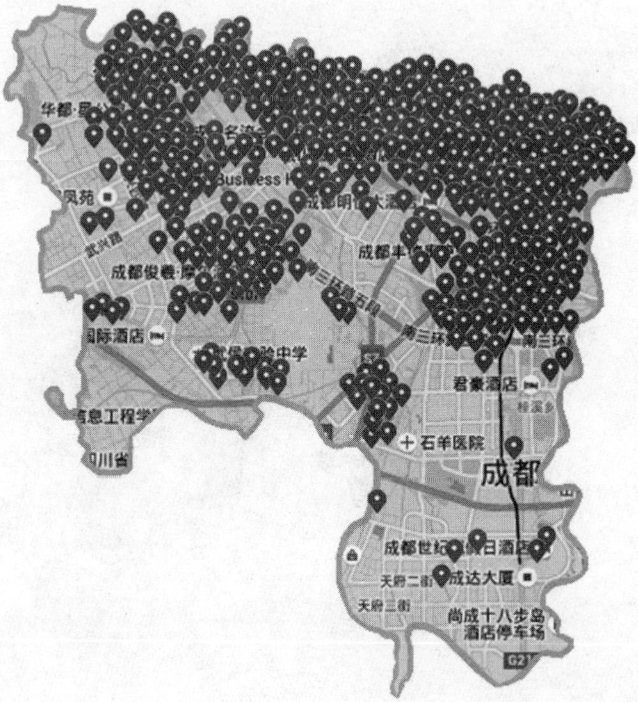

武侯区社会酒店分布图

武侯区乡村酒店分布图

新都区商务连锁酒店分布图

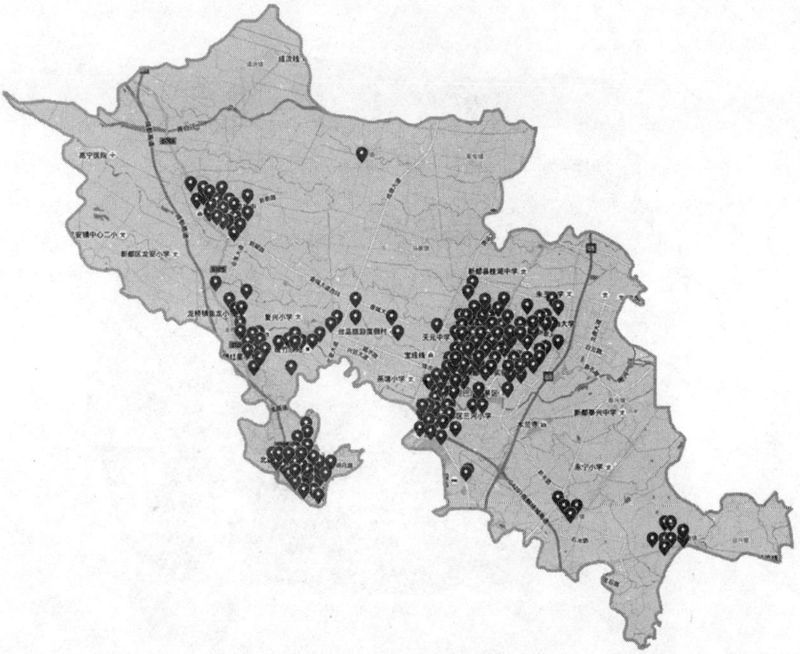

新都区社会酒店分布图

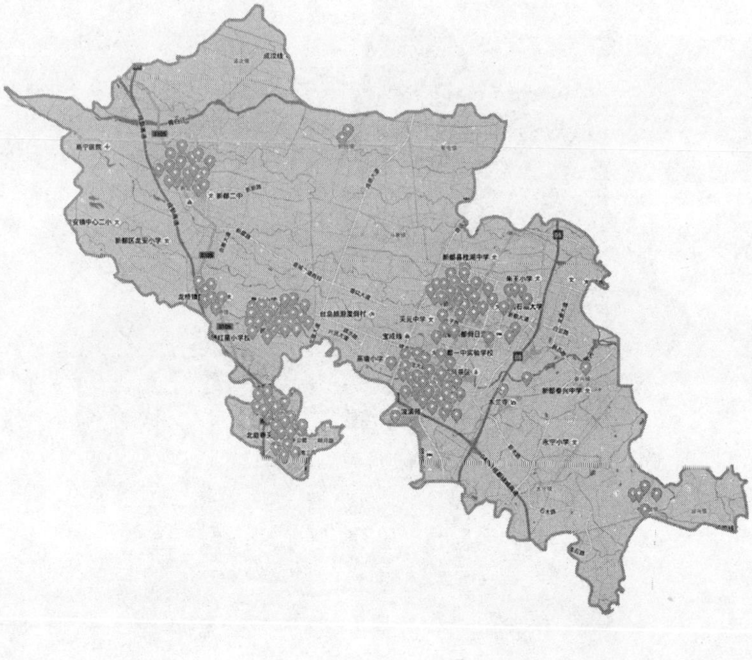

新都区乡村酒店分布图

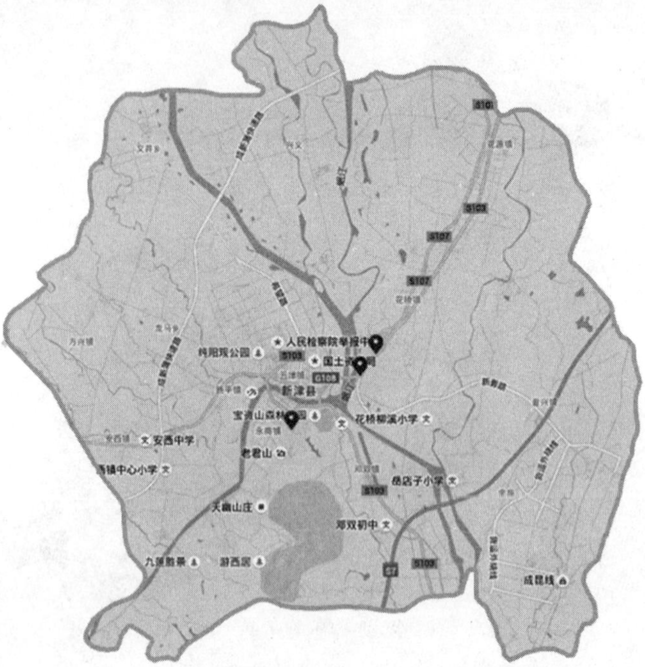

新津县商务连锁酒店分布图

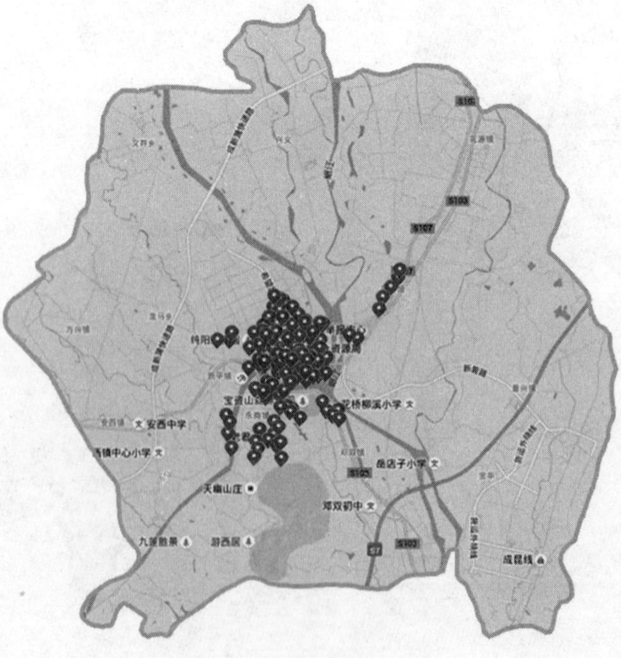

新津县社会酒店分布图

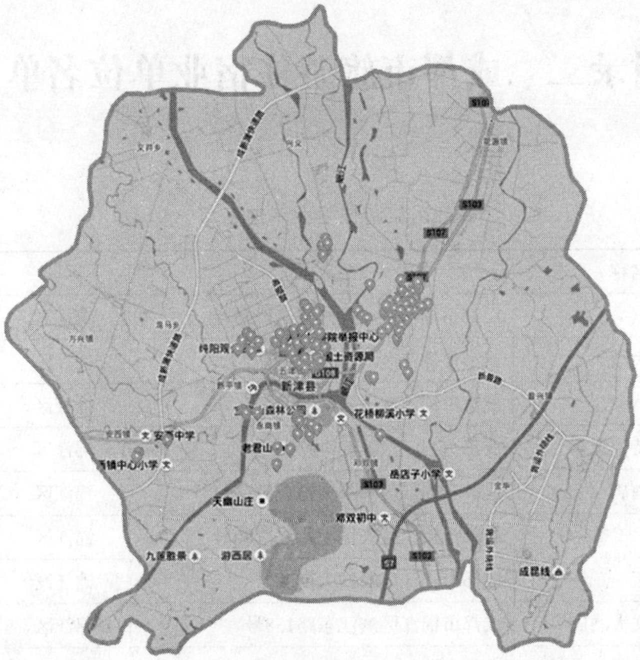

新津县乡村酒店分布图

附录二　成都市旅游住宿业单位名单

锦江区旅游住宿业单位名单

序号	酒店名称	酒店地址	区域	酒店类型
1	岷山饭店	成都市锦江区人民南路二段55号	锦江区	五星级酒店
2	成都香格里拉大酒店	成都市锦江区滨江东路9号	锦江区	五星级酒店
3	望江宾馆	成都市锦江区下沙河铺42号	锦江区	五星级酒店
4	成都泰合索菲特大饭店	成都市锦江区滨江中路15号	锦江区	五星级酒店
5	总府皇冠假日酒店	成都市锦江区蜀都大道总府路31号	锦江区	五星级酒店
6	锦江宾馆	成都市锦江区人民南路二段80号	锦江区	五星级酒店
7	银河王朝大酒店	成都市锦江区顺城大街88号	锦江区	四星级酒店
8	成都合江亭翰文大酒店	成都市锦江区滨江东路138号	锦江区	四星级酒店
9	新良大酒店	成都市锦江区上东大街53号	锦江区	四星级酒店
10	世代锦江国际酒店	成都市锦江区市下南大街59号	锦江区	四星级酒店
11	四川宾馆	成都市锦江区总府街31号	锦江区	四星级酒店
12	成都蜀都大厦宾馆	成都市锦江区暑袜北三街20号	锦江区	三星级酒店
13	四川花园宾馆	成都市锦江区走马街47号	锦江区	三星级酒店
14	民航大厦	成都市锦江区北新街31号	锦江区	三星级酒店
15	川影宾馆	成都市锦江区青年路21号	锦江区	二星级酒店
16	成都花园饭店	成都市锦江区东风路27号	锦江区	二星级酒店
17	成都速8酒店春熙德盛路店	成都市锦江区德盛路34号	锦江区	商务连锁型酒店
18	四川七天酒店管理有限公司火车东站店	成都市锦江区静明路77号	锦江区	商务连锁型酒店
19	全季酒店成都春熙路店	成都市锦江区总府路8号	锦江区	商务连锁型酒店
20	如家快捷酒店成都春熙路地铁站店	成都市锦江区总府路3号	锦江区	商务连锁型酒店
21	如家快捷酒店成都春熙路步行街店	成都市锦江区总府路18号春熙商汇广场20层08	锦江区	商务连锁型酒店
22	成都68酒店公寓	成都市锦江区梓潼桥西街2号正成财富ID一单元1408室	锦江区	商务连锁型酒店
23	安逸158连锁成都九眼桥店	成都市锦江区一环路东五段11号	锦江区	商务连锁型酒店
24	成都半岛酒店东恒店	成都市锦江区一环路东五段108号一栋二区	锦江区	商务连锁型酒店
25	凯宾酒店	成都市锦江区一环路东五段108号	锦江区	商务连锁型酒店

续表

序号	酒店名称	酒店地址	区域	酒店类型
26	成都凯宾酒店依腾店	成都市锦江区小科甲巷1号	锦江区	商务连锁型酒店
27	凯宾酒店香槟店	成都市锦江区下东大街段香槟广场一区13楼1311室	锦江区	商务连锁型酒店
28	怡家快捷酒店	成都市锦江区西大街118号	锦江区	商务连锁型酒店
29	莫泰连锁酒店成都春熙路太古里武城大街店	成都市锦江区武城大街166号	锦江区	商务连锁型酒店
30	都写庭阁欧赛尔酒店	成都市锦江区太升南路西沟头巷37号	锦江区	商务连锁型酒店
31	速8酒店成都太升路店	成都市锦江区太升北路16号三峡大厦	锦江区	商务连锁型酒店
32	成都凯宾酒店盐市口店	成都市锦江区顺城街127号	锦江区	商务连锁型酒店
33	成都凯宾丽景酒店	成都市锦江区水杉街755号	锦江区	商务连锁型酒店
34	七天酒店	成都市锦江区书院西街8号	锦江区	商务连锁型酒店
35	如家快捷酒店成都大慈寺路书院街店	成都市锦江区书院西街75号	锦江区	商务连锁型酒店
36	7天连锁酒店成都春熙路时代广场店	成都市锦江区书院西街6号	锦江区	商务连锁型酒店
37	7天连锁酒店成都天府广场地铁站店	成都市锦江区陕西街106号	锦江区	商务连锁型酒店
38	嘉立连锁酒店	成都市锦江区三圣街33-34号	锦江区	商务连锁型酒店
39	成都德士顿酒店琉璃场分店	成都市锦江区仁居路11号	锦江区	商务连锁型酒店
40	嘉立连锁酒店成都燕莎酒店	成都市锦江区庆云西街13号	锦江区	商务连锁型酒店
41	成都爱家酒店公寓	成都市锦江区庆云南街69红星国际4栋308室	锦江区	商务连锁型酒店
42	7天连锁酒店盐市口东大街店	成都市锦江区青石桥北街44号8楼	锦江区	商务连锁型酒店
43	布丁酒店	成都市锦江区牛市口路30号	锦江区	商务连锁型酒店
44	7天连锁酒店成都望江楼店	成都市锦江区龙舟路58号附11号	锦江区	商务连锁型酒店
45	成都德士顿酒店琉璃场分店	成都市锦江区琉璃场经天2路	锦江区	商务连锁型酒店
46	速8酒店海椒市店	成都市锦江区莲花新区北2巷2号	锦江区	商务连锁型酒店
47	7天连锁酒店成都盐市口店	成都市锦江区梨花街9号	锦江区	商务连锁型酒店
48	成都8090酒店公寓	成都市锦江区梨花街12号城市理想B座715号	锦江区	商务连锁型酒店
49	成都都市家园酒店公寓	成都市锦江区梨花街12号城市理想A座楼上16楼06号	锦江区	商务连锁型酒店
50	如家快捷酒店天府广场梨花街店	成都市锦江区梨花街12号	锦江区	商务连锁型酒店
51	成都七天酒店管理有限公司	成都市锦江区梨花街10号3楼	锦江区	商务连锁型酒店
52	如家快捷酒店成都九眼桥四川大学店	成都市锦江区九眼桥太平南街6号6栋	锦江区	商务连锁型酒店

续表

序号	酒店名称	酒店地址	区域	酒店类型
53	99旅馆音乐学院店	成都市锦江区九眼桥丝竹路151号益民菜市3楼	锦江区	商务连锁型酒店
54	7天连锁酒店成都火车东站店	成都市锦江区静明路77号	锦江区	商务连锁型酒店
55	成都凯优威尔酒店	成都市锦江区静安路6号雅郡电梯公寓A座	锦江区	商务连锁型酒店
56	成都凯优威尔酒店川师店	成都市锦江区静安路288号	锦江区	商务连锁型酒店
57	如家快捷酒店四川师范大学店	成都市锦江区静安路1号附40号	锦江区	商务连锁型酒店
58	成都好莱斯登酒店锦华万达店	成都市锦江区锦华路二段96号	锦江区	商务连锁型酒店
59	成都158连锁酒店春熙路步行街店	成都市锦江区华兴正街39号商业场新座8楼	锦江区	商务连锁型酒店
60	7天连锁酒店成都春熙路步行街店	成都市锦江区华兴正街39号商业场新座16-19楼	锦江区	商务连锁型酒店
61	嘉立酒店连锁华兴店	成都市锦江区华兴上街20号	锦江区	商务连锁型酒店
62	嘉立酒店华兴店	成都市锦江区华兴上街17号	锦江区	商务连锁型酒店
63	7天连锁酒店成都九眼桥牛王庙地铁站店	成都市锦江区宏济路88号	锦江区	商务连锁型酒店
64	如家酒店	成都市锦江区红照壁街25号	锦江区	商务连锁型酒店
65	如家快捷酒店红星路一号桥店	成都市锦江区红星路一段9号	锦江区	商务连锁型酒店
66	凯宾香槟酒店	成都市锦江区红星路香槟广场	锦江区	商务连锁型酒店
67	嘉立酒店庆云店	成都市锦江区红星路二段庆云南街76号	锦江区	商务连锁型酒店
68	成都芒果假日精品公寓	成都市锦江区红星路二段庆云南街69号红星国际4栋	锦江区	商务连锁型酒店
69	成都宜必思酒店	成都市锦江区红星路二段20号	锦江区	商务连锁型酒店
70	成都美如家酒店公寓	成都市锦江区红星路二段庆云西街红星国际4栋1009室	锦江区	商务连锁型酒店
71	7天连锁酒店成都春熙路王府井店	成都市锦江区福兴街52号	锦江区	商务连锁型酒店
72	成都锦江之星酒店	成都市锦江区福兴街30号	锦江区	商务连锁型酒店
73	7天连锁酒店成都赛格广场店	成都市锦江区冻青树街89号	锦江区	商务连锁型酒店
74	汉庭酒店	成都市锦江区东华正街28号	锦江区	商务连锁型酒店
75	成都锦江之星酒店	成都市锦江区东风路二段15号附10号	锦江区	商务连锁型酒店
76	7天成都盐市口店	成都市锦江区东大街上东大街段176号米瑞购物广场1层	锦江区	商务连锁型酒店
77	成都凯宾连锁酒店香槟店	成都市锦江区东大街97号香槟广场	锦江区	商务连锁型酒店

续表

序号	酒店名称	酒店地址	区域	酒店类型
78	如家快捷酒店求职公寓财富店	成都市锦江区大业路6号新光华街财富中心旁	锦江区	商务连锁型酒店
79	汉庭酒店盐市口店	成都市锦江区大业路39号大业大厦南厅19层	锦江区	商务连锁型酒店
80	汉庭酒店成都春熙店	成都市锦江区大慈寺路20号	锦江区	商务连锁型酒店
81	汉庭酒店成都春熙路步行街中心店	成都市锦江区春熙路西段19号	锦江区	商务连锁型酒店
82	成都春熙里酒店	成都市锦江区春熙路联升巷18号正心堂京都大厦	锦江区	商务连锁型酒店
83	凯宾酒店依滕店	成都市锦江区春熙路联升巷18号京都大厦	锦江区	商务连锁型酒店
84	7天连锁酒店成都春熙路步行街中心店	成都市锦江区春熙路城守街73号5楼	锦江区	商务连锁型酒店
85	成都凯宾酒店东恒店	成都锦江区一环路东五段108号	锦江区	商务连锁型酒店
86	庆云宾馆	成都市锦江区庆云南路76号	锦江区	社会旅馆
87	成都嘉立酒店	成都市锦江区三圣街34号	锦江区	社会旅馆
88	香颂丽景酒店	成都市锦江区天仙桥南路8号	锦江区	社会旅馆
89	锦江区鸿运商务酒店	成都市锦江区静安路3号1幢附1号	锦江区	社会旅馆
90	成都锦城天府丽都商务酒店	成都市锦江区海椒市街4号	锦江区	社会旅馆
91	世达酒店	成都市锦江区东大下街18号	锦江区	社会旅馆
92	成都逸都精品公寓酒店	成都市锦江区下东大街200号喜年广场B座1617室	锦江区	社会旅馆
93	礼顿酒店	成都市锦江区红星路一段39号	锦江区	社会旅馆
94	博悦酒店	成都市锦江区总府路18号春熙商汇广场6-8F	锦江区	社会旅馆
95	成都SWEET蜜月主题酒店	成都市锦江区梨花街12号城市理想B座9楼907	锦江区	社会旅馆
96	吉昌之星城市酒店	成都市锦江区太升南路兴隆街23号	锦江区	社会旅馆
97	成都瑞思特酒店	成都市锦江区梓潼桥正街45号附5号	锦江区	社会旅馆
98	成都郁金香花园酒店	成都市锦江区下东大街36号	锦江区	社会旅馆
99	美华酒店	成都市锦江区盐道街6号	锦江区	社会旅馆
100	赛家时代酒店	成都市锦江区东大街188号时代华章广场内	锦江区	社会旅馆
101	春熙商务酒店	成都市锦江区东大街上东大街段269号	锦江区	社会旅馆
102	成都喜乐佳酒店	成都市锦江区下东大街200号喜年广场B座17楼12号	锦江区	社会旅馆
103	成都锦官印象酒店	成都市锦江区春熙商业区下东大街段200号花样年·喜年广场B座2411室	锦江区	社会旅馆

续表

序号	酒店名称	酒店地址	区域	酒店类型
104	香舍尔酒店	成都市锦江区春熙路正科甲巷48号科甲大厦1F	锦江区	社会旅馆
105	成都名嘉酒店	成都市锦江区春熙路正科甲巷48号科甲大厦7楼	锦江区	社会旅馆
106	岷山安逸大酒店	成都市锦江区春熙路东段1号	锦江区	社会旅馆
107	豪悦商务酒店	成都市锦江区红星路四段265号	锦江区	社会旅馆
108	成都天使恋精品爱情酒店	成都市锦江区一环路东五段46号天紫界商业大厦20楼	锦江区	社会旅馆
109	成都万里时代酒店	成都市锦江区华兴街2号	锦江区	社会旅馆
110	王府井商务酒店	成都市锦江区成都市锦江区总府路15号	锦江区	社会旅馆
111	华顺酒店	成都市锦江区顺城大街27号华顺大厦F8–F11	锦江区	社会旅馆
112	克拉玛依酒店	成都市锦江区新华大道三槐树路66号	锦江区	社会旅馆
113	成都友家酒店	成都市锦江区梓潼桥西街2号正成财富ID一单元4楼	锦江区	社会旅馆
114	大成酒店	成都市锦江区人民南路二段34号	锦江区	社会旅馆
115	成都轩雅映悦酒店	成都市锦江区走马街68号	锦江区	社会旅馆
116	成都金茂假日酒店	成都市锦江区一环路东五段46号天紫界商业大厦	锦江区	社会旅馆
117	乐翔大酒店	成都市锦江区红星路四段279号	锦江区	社会旅馆
118	清华招待所	成都市锦江区上南大街45号	锦江区	社会旅馆
119	成都市锦江区三鑫招待所	成都市锦江区糍粑店街10号1幢附2号	锦江区	社会旅馆
120	莲桂招待所	成都市锦江区莲桂路48号	锦江区	社会旅馆
121	龙舟饭店	成都市锦江区龙舟路58号	锦江区	社会旅馆
122	幸福旅社	成都市锦江区幸福社区一组	锦江区	社会旅馆
123	星光商务宾馆布后街	成都市锦江区红星路二段布后街22号	锦江区	社会旅馆
124	成都红馨度假公寓	成都市锦江区红星路二段庆云西街69号红星国际6栋1303号	锦江区	社会旅馆
125	老蜀人	成都市锦江区东安南路41号	锦江区	社会旅馆
126	四川宾馆西楼	成都市锦江区暑袜北二街89号	锦江区	社会旅馆
127	成都玖加壹商务宾馆	成都市锦江区琉璃场杨翠路70号	锦江区	社会旅馆
128	四川军转大厦	成都市锦江区新华大道三槐树路2号	锦江区	社会旅馆
129	民航大厦宾馆	成都市锦江区北新街31号	锦江区	社会旅馆
130	锦江明珠国际公寓	成都市锦江区南府街6号	锦江区	社会旅馆
131	成都阳光城市客栈	成都市锦江区锦兴路34号阳光365大厦628室	锦江区	社会旅馆
132	成都格丽思公寓红星国际店	成都市锦江区红星路二段庆云西街23号红星国际4单元15楼04号	锦江区	社会旅馆

续表

序号	酒店名称	酒店地址	区域	酒店类型
133	成都自游人精品公寓	成都市锦江区红星路二段庆云南街69号红星国际4栋410室	锦江区	社会旅馆
134	红星饭店	成都市锦江区红星路二段126号	锦江区	社会旅馆
135	广电宾馆	成都市锦江区红星路二段庆云西街65号广福大厦	锦江区	社会旅馆
136	九环宾馆	成都市锦江区	锦江区	社会旅馆
137	金海岸公寓	成都市锦江区天仙桥街东门大桥桥头	锦江区	社会旅馆
138	万里客商务旅店电信路店	成都市锦江区电信路20号	锦江区	社会旅馆
139	红云宾馆	成都市锦江区红运汽车汽配商城内	锦江区	社会旅馆
140	蜀仙园	成都市锦江区成龙大道一段2408号	锦江区	社会旅馆
141	润玺酒楼	成都市锦江区静康路5号	锦江区	社会旅馆
142	欧来嘉宾馆	成都市锦江区东风路19号	锦江区	社会旅馆
143	成都巴蜀之梦青年旅馆	成都市锦江区一环东五段102号	锦江区	社会旅馆
144	东亚东宾馆	成都市锦江区水碾河南街32号	锦江区	社会旅馆
145	成都馨园度假公寓红星国际店	成都市锦江区红星路二段庆云西街69号红星国际4栋710号	锦江区	社会旅馆
146	喀萩莎大饭店	成都市锦江区解放路二段237号	锦江区	社会旅馆
147	和谐商务旅馆	成都市锦江区顺江路金津客栈对面	锦江区	社会旅馆
148	德晓宾馆	成都市锦江区暑袜南街58号	锦江区	社会旅馆
149	成都行者小筑精品公寓	成都市锦江区庆云西街69号红星国际6栋907室	锦江区	社会旅馆
150	成都爱乐商务旅店	成都市锦江区红星路4段2号5楼	锦江区	社会旅馆
151	成都市希望公寓	成都市锦江区南纱帽街31号301室304室	锦江区	社会旅馆
152	成都洪宾旅馆	成都市锦江区望平街33号	锦江区	社会旅馆
153	风雨长廊	成都市锦江区幸福梅林	锦江区	社会旅馆
154	北湖山庄	成都市锦江区红砂4组	锦江区	社会旅馆
155	鑫牛市生资旅馆	成都市锦江区海椒市街15号附1号	锦江区	社会旅馆
156	乐怡居旅馆	成都市锦江区竹林项27-46号	锦江区	社会旅馆
157	佳奇商务宾馆	成都市锦江区柳翠路40号	锦江区	社会旅馆
158	蜀仙园	成都市锦江区万福社区2组	锦江区	社会旅馆
159	浩集旅馆	成都市锦江区琉璃街34号	锦江区	社会旅馆
160	成都小不点红瓦寺公寓	成都市锦江区四川大学望江校区小北门派	锦江区	社会旅馆
161	起航大学生求职公寓	成都市锦江区金河路69号	锦江区	社会旅馆
162	花园酒楼走马街	成都市锦江区走马街47号	锦江区	社会旅馆

续表

序号	酒店名称	酒店地址	区域	酒店类型
163	锦江区百顺商务旅店	成都市锦江区锦华路一段289号二楼	锦江区	社会旅馆
164	锦江区沙河美景宾馆	成都市锦江区晨晖路166号2楼	锦江区	社会旅馆
165	锦江区桦林餐饮娱乐有限公司	成都市锦江区经天二街231号	锦江区	社会旅馆
166	兰庭居旅店	成都市锦江区合欢树街299号	锦江区	社会旅馆
167	民生招待所	成都市锦江区红星路1段9号	锦江区	社会旅馆
168	良晨旅店	成都市锦江区红星路2段80号7楼	锦江区	社会旅馆
169	红旗商厦宾馆	成都市锦江区总府路85号	锦江区	社会旅馆
170	四川省转业军官中转接待站	成都市锦江区三槐树路2号	锦江区	社会旅馆
171	鑫春宾馆	成都市锦江区春熙路北段25号	锦江区	社会旅馆
172	储备管理局宾馆	成都市锦江区交通路44号	锦江区	社会旅馆
173	福苑宾馆	成都市锦江区光大巷附1号	锦江区	社会旅馆
174	成都市茶蜜小海湾餐饮有限责任公司	成都市锦江区福兴街30号	锦江区	社会旅馆
175	凤翔雅居	成都市锦江区大业路6号6楼	锦江区	社会旅馆
176	农行省分行招待所	成都市锦江区暑袜街47号	锦江区	社会旅馆
177	遂宁宾馆	成都市锦江区王家坝街28号	锦江区	社会旅馆
178	四川金和商贸服务有限公司金蓉饭店	成都市锦江区暑袜北三街19号	锦江区	社会旅馆
179	成都正福草堂名都客栈有限公司	成都市锦江区大慈寺路41号	锦江区	社会旅馆
180	宏星旅馆	成都市锦江区王家坝19号	锦江区	社会旅馆
181	雅泸江接待处	成都市锦江区走马街39号	锦江区	社会旅馆
182	春熙宾馆	成都市锦江区春熙路西段12号	锦江区	社会旅馆
183	7天连锁酒店	成都市锦江区城守街73号	锦江区	社会旅馆
184	甘孜商业采供站招待所	成都市锦江区新街后巷子1号	锦江区	社会旅馆
185	紫金宾馆暑袜分部	成都市锦江区暑袜中街51号	锦江区	社会旅馆
186	七鑫招待所	成都市锦江区古卧龙桥街10号3楼	锦江区	社会旅馆
187	川粮宾馆	成都市锦江区锦兴路61号	锦江区	社会旅馆
188	紫金宾馆	成都市锦江区春熙路西段26号	锦江区	社会旅馆
189	省农村信用社培训中心	成都市锦江区惜字宫南街88号	锦江区	社会旅馆
190	洪安宾馆	成都市锦江区暑袜街北二街88号	锦江区	社会旅馆
191	裕龙旅馆	成都市锦江区大慈寺路32号	锦江区	社会旅馆
192	怡休旅馆	成都市锦江区红星路二段20号	锦江区	社会旅馆
193	锦江区月友宾馆	成都市锦江区新街后巷子10号9楼	锦江区	社会旅馆
194	龙都旅店	成都市锦江区冻青树街89号2楼	锦江区	社会旅馆

续表

序号	酒店名称	酒店地址	区域	酒店类型
195	锦江区兴福馨商务宾馆	成都市锦江区古卧龙桥街10号3楼	锦江区	社会旅馆
196	锦江区民生招待所	成都市锦江区红星路一段9号6楼	锦江区	社会旅馆
197	锦江区金鑫商务旅馆	成都市锦江区莲桂南路74号	锦江区	社会旅馆
198	锦江区迎万里客商务旅店	成都市锦江区上东大街59号蓝光大厦13楼	锦江区	社会旅馆
199	石棉县南桠河电力发展有限责任公司成都世达招待所	成都市锦江区下东大街18号	锦江区	社会旅馆
200	锦江区狮山青年旅店	成都市锦江区静安路5号	锦江区	社会旅馆
201	成都九环宾馆	成都市锦江区东升街1号附2号	锦江区	社会旅馆
202	成都云来宾馆	成都市红星路二段桂王桥东街37号	锦江区	社会旅馆
203	王府井商务公寓	成都市锦江区华兴正街9号王府井商务公寓c座	锦江区	社会旅馆
204	九环宾馆	成都市锦江区红星中路二段106号	锦江区	社会旅馆
205	石棉电力招待所	成都市锦江区下东大街18号	锦江区	社会旅馆
206	沙河美景宾馆	成都市锦江区晨辉路126号2楼	锦江区	社会旅馆
207	四川新大成宾馆有限责任公司	成都市锦江区人南路34号	锦江区	社会旅馆
208	成都市锦江区紫金宾馆	成都市锦江区春熙路西段6号	锦江区	社会旅馆
209	成都市锦江区巴蜀之梦旅馆	成都市锦江区一环路东五段102号	锦江区	社会旅馆
210	锦江区隆兴旅馆	成都市锦江区均隆街59号五楼	锦江区	社会旅馆
211	锦江区莲花旅馆	成都市锦江区莲桂南路100号二楼	锦江区	社会旅馆
212	成都致远商务服务有限公司	成都市锦江区如是庵街28号	锦江区	社会旅馆
213	顺鑫商务旅馆	成都市锦江区北顺城街38号附14号2楼	锦江区	社会旅馆
214	四川省丰源农贸科技开发中心商务部	成都市锦江区静渝路2号	锦江区	社会旅馆
215	福利旅馆	成都市锦江区锦华路188号	锦江区	社会旅馆
216	乾鑫招待所	成都市锦江区海椒市街13号3楼	锦江区	社会旅馆
217	三鑫招待所	成都市锦江区糍粑店街10号1幢附2号	锦江区	社会旅馆
218	丰源农贸商务部	成都市锦江区静渝路2号	锦江区	社会旅馆
219	金科物业招待所	成都市锦江区静康路5号	锦江区	社会旅馆
220	江源宾馆	成都市锦江区一环路东四段8号	锦江区	社会旅馆
221	艺苑宾馆	成都市锦江区水碾河路48号	锦江区	社会旅馆
222	巴蜀之梦旅馆	成都市锦江区一环路东五段102号	锦江区	社会旅馆
223	渝洲宾馆	成都市锦江区牛市口路18号	锦江区	社会旅馆
224	机械宾馆	成都市锦江区水碾河西南机械大厦	锦江区	社会旅馆
225	成都欧来嘉宾馆	成都市锦江区东风路19号	锦江区	社会旅馆

续表

序号	酒店名称	酒店地址	区域	酒店类型
226	锦江区顺天招待所	成都市锦江区东光小区商品市场18栋4楼	锦江区	社会旅馆
227	锦江区祥和宾馆	成都市锦江区锦华路一段275号9栋	锦江区	社会旅馆
228	天晓旅馆	成都市锦江区锦华路1段275号3幢10号	锦江区	社会旅馆
229	江天宾馆	成都市锦江区二环路东四段10-20号	锦江区	社会旅馆
230	成都兴久宾馆有限公司	成都市锦江区牛王庙巷9号	锦江区	社会旅馆
231	成都市锦江区紫金宾馆署袜街分部	成都市锦江区暑袜中街51号	锦江区	社会旅馆
232	锦江区豪庭旅店	成都市锦江区晨辉北路12号	锦江区	社会旅馆
233	成都万友佳旺投资管理有限公司	成都市锦江区经天西路17号	锦江区	社会旅馆
234	正熙公司	成都市锦江区红星路三段16号	锦江区	社会旅馆
235	丝绸宾馆	成都市锦江区海椒市街莲花中路21号	锦江区	社会旅馆
236	花果旅馆	成都市锦江区静安路7号	锦江区	社会旅馆
237	锦江区佳奇商务宾馆	成都市锦江区柳翠路40号	锦江区	社会旅馆
238	阁莱美宾馆	成都市锦江区青石桥中街8号	锦江区	社会旅馆
239	宏鑫旅馆	成都市锦江区红星路一段9号2楼	锦江区	社会旅馆
240	樱园	成都市锦江区万福社区8组	锦江区	社会旅馆
241	四川省成都悦豪酒店有限公司	成都市锦江区三槐树路1号	锦江区	社会旅馆
242	成都市海伦春天酒店有限责任公司	成都市锦江区华兴正街39号4-5楼	锦江区	社会旅馆
243	成都半岛酒店有限公司	成都市锦江区大慈寺路76号	锦江区	社会旅馆
244	成都嘉立酒店有限公司庆云店	成都市锦江区庆云南街69号	锦江区	社会旅馆
245	四川君悦丽景大酒店有限公司	成都市锦江区东糠市街1号	锦江区	社会旅馆
246	成都闲人酒店有限公司	成都市锦江区东较场街55号	锦江区	社会旅馆
247	成都蓉城老妈周氏酒店有限公司	成都市锦江区宏济新路2号	锦江区	社会旅馆
248	成都市索玛花酒店有限责任公司	成都市锦江区中南大街81号	锦江区	社会旅馆
249	成都市紫微酒店有限公司	成都市锦江区总府路8号	锦江区	社会旅馆
250	四川世纪汇禾商务酒店有限公司	成都市锦江区红星路三段8号	锦江区	社会旅馆
251	成都梨庭酒店有限责任公司	成都市锦江区梨花街22号	锦江区	社会旅馆
252	成都市容源居商务酒店有限责任公司	成都市锦江区皇经楼一街97号	锦江区	社会旅馆

续表

序号	酒店名称	酒店地址	区域	酒店类型
253	巴斯迪酒店有限公司	成都市锦江区红星路二段一号	锦江区	社会旅馆
254	成都金茂假日酒店有限公司	成都市锦江区一环路东五段46号天紫界大厦30-34层	锦江区	社会旅馆
255	四川怡家城市酒店有限公司	成都市锦江区红星路四段279号	锦江区	社会旅馆
256	成都文禧时代酒店有限公司	成都市锦江区总府街29号	锦江区	社会旅馆
257	成都雨家快捷酒店有限公司	成都市锦江区华兴东街63号	锦江区	社会旅馆
258	成都希美登酒店有限责任公司	成都市锦江区静渝路39号金领大厦2楼	锦江区	社会旅馆
259	成都星宇之星快捷酒店有限公司	成都市锦江区牛市口路46号	锦江区	社会旅馆
260	成都市锦江区金海椒酒店有限公司	成都市锦江区海椒市街6号	锦江区	社会旅馆
261	成都丽池海悦酒店有限公司	成都市锦江区红星路三段12号	锦江区	社会旅馆
262	成都好莱斯登酒店有限公司	成都市锦江区锦华路二段96号1栋3、4楼	锦江区	社会旅馆
263	成都市中青旅山水时尚酒店有限公司	成都市锦江区一环路东五段58号	锦江区	社会旅馆
264	四川总府酒店物业投资管理有限公司四川宾馆西楼分公司	成都市锦江区暑袜北街89号	锦江区	社会旅馆
265	成都巴斯迪酒店投资有限公司	成都市锦江区红星路二段1号	锦江区	社会旅馆
266	成都莱雅酒店式公寓	成都市锦江区梨花街12号城市理想大楼A座1005室	锦江区	社会旅馆
267	成都蓝色雅郡酒店式公寓	成都市锦江区梨花街12号城市理想大厦B座19楼19号	锦江区	社会旅馆
268	成都润.时光酒店式服务公寓	成都市锦江区梨花街18号城市理想A座12层1221室	锦江区	社会旅馆
269	成都橙心酒店式公寓	成都市锦江区红星路二段庆云西街23号红星国际4幢6楼601号	锦江区	社会旅馆
270	成都鑫万里客酒店琉璃店	成都市锦江区经天路4号	锦江区	社会旅馆
271	世纪汇禾商务酒店红星店	成都市锦江区红星路三段8号	锦江区	社会旅馆
272	天府丽都商务酒店海椒市店	成都市锦江区海椒市街4号	锦江区	社会旅馆
273	成都德士顿酒店管理有限公司琉璃场分公司	成都市锦江区仁居路11号	锦江区	社会旅馆
274	华住酒店管理有限公司成都大业路分公司//汉庭酒店	成都市锦江区大业路55号	锦江区	社会旅馆
275	成都燕莎酒店管理有限公司	成都市锦江区庆西13号	锦江区	社会旅馆

续表

序号	酒店名称	酒店地址	区域	酒店类型
276	成都博悦酒店管理有限公司春熙路分公司	成都市锦江区总府路18号6-8楼	锦江区	社会旅馆
277	成都吉安酒店管理有限公司	成都市锦江区梨花街12号城市理想大厦18楼	锦江区	社会旅馆
278	成都轩雅映悦酒店管理有限公司	成都市锦江区走马街68号	锦江区	社会旅馆
279	成都倾城之恋酒店管理有限公司	成都市锦江区红星路二段20号	锦江区	社会旅馆
280	成都礼顿酒店管理有限公司	成都市锦江区红星路一段39号	锦江区	社会旅馆
281	仁恒置地酒店管理公司	成都市锦江区指挥街111号	锦江区	社会旅馆
282	成都市星座风尚酒店管理有限公司锦华店	成都市锦江区锦华路一段163号	锦江区	社会旅馆
283	成都如宾酒店管理有限公司	成都市锦江区总府街3号	锦江区	社会旅馆
284	成都三圣名人酒店管理有限公司	成都市锦江区牡丹街595号1幢6层	锦江区	社会旅馆
285	成都市鑫鑫凯悦酒店管理有限公司	成都市锦江区双清北路3号	锦江区	社会旅馆
286	成都市德晓酒店管理有限公司	成都市锦江区暑袜南街58号3楼2号	锦江区	社会旅馆
287	成都市紫扉上舍酒店管理有限责任公司	成都市锦江区华星路47号	锦江区	社会旅馆
288	成都百亨酒店管理有限公司	成都市锦江区锦华路一段116号	锦江区	社会旅馆
289	成都市佳元酒店管理有限公司	成都市锦江区书院街75号	锦江区	社会旅馆
290	成都市新瑞祥酒店管理有限公司	成都市锦江区冻青树街89号	锦江区	社会旅馆
291	成都市丽斯顿酒店管理有限责任公司	成都市锦江区静渝路48号	锦江区	社会旅馆
292	四川凯宾香槟酒店管理有限公司	成都市锦江区东大街97号香槟广场凯宾酒店	锦江区	社会旅馆
293	成都伊亚酒店管理有限公司	成都市锦江区红星路一段9号	锦江区	社会旅馆
294	成都百花乡村酒店管理有限公司	成都市锦江区三圣乡驸江路735号	锦江区	社会旅馆
295	成都时尚之家酒店公寓	成都市锦江区红星路庆云西街159号红星国际4栋1504室	锦江区	社会旅馆
296	成都逗号酒店公寓	成都市锦江区下东大街200号喜年广场B幢1817室	锦江区	社会旅馆
297	成都太子来精品酒店公寓	成都市锦江区下东大街200号喜年广场B座2612室	锦江区	社会旅馆

续表

序号	酒店名称	酒店地址	区域	酒店类型
298	成都桃源精品酒店公寓	成都市锦江区成都市锦江区下东大街200号花样年喜年广场B座21楼11室	锦江区	社会旅馆
299	成都新青年酒店公寓	成都市锦江区梓潼桥西街2号正成财富ID一单元1306室	锦江区	社会旅馆
300	成都缤纷之旅酒店公寓	成都市锦江区	锦江区	社会旅馆
301	成都馨情酒店公寓喜年店	成都市锦江区下东大街216号喜年广场B栋23楼17号	锦江区	社会旅馆
302	成都古北假日酒店公寓	成都市锦江区下东大街200号喜年广场B栋2712室	锦江区	社会旅馆
303	成都千喜自助式酒店公寓	成都市锦江区下东大街216号喜年广场B座2813室	锦江区	社会旅馆
304	成都安居乐酒店公寓	成都市锦江区梨花街18号城市理想A座1820室	锦江区	社会旅馆
305	成都蓉城壹号酒店公寓红星路店	成都市锦江区庆云西街159号红星国际6栋1510室	锦江区	社会旅馆
306	成都丽豪酒店公寓	成都市锦江区梨花街12号城市理想A座1708室	锦江区	社会旅馆
307	成都之家酒店公寓成都春熙2店	成都市锦江区春熙路正科甲巷48号科甲大厦15楼1517室	锦江区	社会旅馆
308	成都心怡酒店公寓	成都市锦江区梓潼桥西街2号正成财富中心一单元1208室	锦江区	社会旅馆
309	成都地球村酒店公寓春熙店	成都市锦江区梓潼桥西街2号正成财富ID一单元1109室	锦江区	社会旅馆
310	成都家在旅途酒店公寓	成都市锦江区梓潼桥西街2号	锦江区	社会旅馆
311	成都柠檬宿酒店公寓	成都市锦江区成都市锦江区梨花街12号城市理想A座1520	锦江区	社会旅馆
312	成都爱情假日酒店公寓	成都市锦江区梨花街12号城市理想大厦A座10楼20号	锦江区	社会旅馆
313	地球村酒店公寓春熙路NO.2	成都市锦江区梨花街12号城市理想楼A座1121室	锦江区	社会旅馆
314	成都蓝月亮酒店公寓	成都市锦江区盐市口梨花街12号城市理想A座2615室	锦江区	社会旅馆
315	成都向日葵酒店公寓	成都市锦江区梨花街12号城市理想A座1116室	锦江区	社会旅馆
316	成都喜达家酒店公寓	成都市锦江区梨花街18号城市理想A座1920室	锦江区	社会旅馆
317	成都馨悦雅居酒店公寓	成都市锦江区梨花街城市理想A座705号	锦江区	社会旅馆
318	成都糖果酒店公寓	成都市锦江区梨花街12号城市理想A座1205室	锦江区	社会旅馆
319	成都漫果酒店公寓	成都市锦江区梨花街12号城市理想A座21楼22室	锦江区	社会旅馆

续表

序号	酒店名称	酒店地址	区域	酒店类型
320	成都天府雅庭精品酒店公寓	成都市锦江区梨花街12号城市理想A座21–22号	锦江区	社会旅馆
321	成都我的蜜月主题酒店公寓	成都市锦江区红星路二段庆云西街69号红星国际6号楼2103室	锦江区	社会旅馆
322	萧邦酒店公寓	成都市锦江区岳府街55号萧邦1714室	锦江区	社会旅馆
323	成都林卡酒店公寓	成都市锦江区盐市口梨花街城市理想A座20楼19号	锦江区	社会旅馆
324	成都天美精品酒店公寓	成都市锦江区梨花街12号城市理想A座1619室	锦江区	社会旅馆
325	成都致家精品酒店公寓	成都市锦江区梨花街18号城市理想A座916.预订部：18382314866	锦江区	社会旅馆
326	梨园美居酒店公寓	成都市锦江区梨花街12号城市理想B座13层1306室	锦江区	社会旅馆
327	成都金橙子酒店公寓	成都市锦江区梨花街12号城市理想B座1919室	锦江区	社会旅馆
328	成都相约驿站酒店公寓	成都市锦江区春熙路北段新街后巷子10号三益公商厦1012室	锦江区	社会旅馆
329	成都路客之家酒店公寓	成都市锦江区梨花街12号城市理想A座11楼1121室	锦江区	社会旅馆
330	明宇丽雅酒店分公司	成都市人民东路59号仁和春天大厦	锦江区	社会旅馆
331	成都花样年房地产开发有限公司花样年隆堡酒店分公司	成都市锦江区东大街下东大街段216号2栋负1、负2楼	锦江区	社会旅馆
332	半岛酒店东恒店	成都市锦江区一环路东五段108号东司国际花园1栋2区	锦江区	社会旅馆
333	成都月友连锁酒店春熙路店	成都市锦江区春熙路北段新街后巷子10号三益公商厦	锦江区	社会旅馆
334	圣吉瑞酒店成都光明店	成都市锦江区光明巷14号	锦江区	社会旅馆
335	万友风庭酒店成都新会展中心店	成都市锦江区高新区中和镇中柏大道南龙祥佳苑旁	锦江区	社会旅馆
336	写庭阁欧赛尔酒店餐厅	成都市锦江区太升南路西沟头巷37号	锦江区	社会旅馆
337	成都杰雅酒店餐饮管理有限公司春禧商务酒店	成都市锦江区上东大街269号	锦江区	社会旅馆
338	逸家酒店财富中心店	成都市锦江区青石桥南街59号财富中心A座	锦江区	社会旅馆
339	凤翔雅居酒店财富中心店	成都市锦江区盐市口大业路6号财富中心A座6楼	锦江区	社会旅馆
340	合美假日酒店	成都市锦江区梨花街12号城市理想B座四楼	锦江区	社会旅馆
341	成都演艺集团有限公司艺锦酒店	成都市锦江区水碾河路48号	锦江区	社会旅馆

续表

序号	酒店名称	酒店地址	区域	酒店类型
342	成都鑫逸家城市酒店郫县	成都市锦江区东大街3-5号	锦江区	社会旅馆
343	成都金紫薇酒店原成都紫薇酒店银座	成都市锦江区正科甲巷17号	锦江区	社会旅馆
344	成都花园城大酒店原华洋花园城大酒店	成都市锦江区盐市口大业路8号	锦江区	社会旅馆
345	君悦丽景大酒店丽景轩	成都市锦江区东糠市街1号	锦江区	社会旅馆
346	成都馨园度假酒店原成都A+酒店公寓	成都市锦江区梓潼桥西街2号正成财富ID一单元709室	锦江区	社会旅馆
347	成都半岛酒店总府店	成都市锦江区大慈寺路76号	锦江区	社会旅馆
348	成都凯优威尔酒店川师店	成都市锦江区静安路288号	锦江区	社会旅馆
349	成都雅住商务酒店锦华路店	成都市锦江区晨辉北路3号	锦江区	社会旅馆
350	成都星座风尚视觉概念酒店锦华店	成都市锦江区锦华路163号	锦江区	社会旅馆
351	成都心灵家园精品公寓酒店红星国际店	成都市锦江区红星路二段庆云西街23号	锦江区	社会旅馆
352	成都万里客商务酒店王府井分店	成都市锦江区华兴街63号5层	锦江区	社会旅馆
353	成都雅住商务酒店幸福梅林店	成都市锦江区牡丹街595号香樟大道与牡丹街交汇处	锦江区	社会旅馆
354	爱上成都酒店王府井店	成都市锦江区梓潼桥西街2号正成财富ID大厦一单元1508室	锦江区	社会旅馆
355	四川凤凰御庭酒店成都春熙店	成都市锦江区春熙路新街后巷了3号	锦江区	社会旅馆
356	山水时尚酒店九眼桥店	成都市锦江区一环路东五段58号	锦江区	社会旅馆
357	成都圣瑞大酒店原物资宾馆	成都市锦江区人民东路48号	锦江区	社会旅馆
358	蜀情酒店梓潼桥西街店	成都市锦江区梓潼桥西街2号正成财富ID一单元808	锦江区	社会旅馆
359	盈丰酒店	成都市锦江区锦华路一段8号1栋11单元	锦江区	社会旅馆
360	龙瑞酒店万里时代	成都市锦江区大田坎街15号	锦江区	社会旅馆
361	成都兴悦酒店	成都市锦江区琉璃一街76号6栋附7号	锦江区	社会旅馆
362	华通悦达商务酒店	成都市锦江区新南门17街18号	锦江区	社会旅馆
363	成都三圣名人酒店	成都市锦江区	锦江区	社会旅馆
364	紫气东来商务酒店	成都市锦江区锦东路555号	锦江区	社会旅馆
365	天顺园酒店	成都市锦江区东风路7号	锦江区	社会旅馆
366	星宇之星快捷酒店	成都市锦江区牛市口路46号	锦江区	社会旅馆
367	美宜佳酒店	成都市锦江区二环路东五段万达广场11B单元九楼936号	锦江区	社会旅馆
368	成都万友酒店	成都市锦江区经天西路17号	锦江区	社会旅馆

续表

序号	酒店名称	酒店地址	区域	酒店类型
369	梨庭酒店	成都市锦江区梨花街22号	锦江区	社会旅馆
370	正熙酒店	成都市锦江区红星路三段16号	锦江区	社会旅馆
371	正熙e家酒店	成都市锦江区春熙路城守街88号	锦江区	社会旅馆
372	凯帝酒店	成都市锦江区二环路东五段29号万达广场11A单元1330号	锦江区	社会旅馆
373	爱上成都酒店	成都市锦江区下东大街200号喜年广场B座贵阳银行旁趣园楼上1518室	锦江区	社会旅馆
374	成都艺锦酒店	成都市锦江区水碾河路48号附2号	锦江区	社会旅馆
375	成都四海逸家酒店	成都市锦江区经天西路17号	锦江区	社会旅馆
376	成都蜀情酒店	成都市锦江区梓潼桥西街2号正成财富ID一单元808室	锦江区	社会旅馆
377	兰郡驿站酒店	成都市锦江区莲桂南路36号	锦江区	社会旅馆
378	百亨酒店	成都市锦江区锦华路116号	锦江区	社会旅馆
379	成都吉安酒店	成都市锦江区梨花街12号城市理想B座一楼	锦江区	社会旅馆
380	成都舒悦酒店	成都市锦江区梨花街12号城市理想B座11楼19号	锦江区	社会旅馆
381	百思特酒店	成都市锦江区东玉龙街45号	锦江区	社会旅馆
382	鼎极酒店	成都市锦江区二环路东五段东北顺西街2号	锦江区	社会旅馆
383	成都天府烟雨楼公寓式酒店	成都市锦江区梨花街12号城市理想B座1914室	锦江区	社会旅馆
384	雅悦酒店	成都市锦江区锦华路一段8号11单元10楼1036-1051号	锦江区	社会旅馆
385	安顺公寓//御景酒店	成都市锦江区锦江滨江东路103-119号大安正街11-60号	锦江区	社会旅馆
386	巴蜀商务酒店	成都市锦江区锦华路三段181号	锦江区	社会旅馆
387	蜀庭酒店	成都市锦江区锦华路一段8号1幢11单元7楼726号	锦江区	社会旅馆
388	东润商务酒店	成都市锦江区静居寺南街106号	锦江区	社会旅馆
389	德晓酒店	成都市锦江区暑袜南街58号	锦江区	社会旅馆
390	鼎极酒店	成都市锦江区北顺西巷2号附1号	锦江区	社会旅馆
391	城市理想酒店	成都市锦江区天府广场旁梨花街18号	锦江区	社会旅馆
392	容庆酒店	成都市锦江区万达广场11单元14楼36号	锦江区	社会旅馆
393	东之梦商务酒店	成都市锦江区春熙路科甲巷9号	锦江区	社会旅馆
394	逸家商务酒店	成都市锦江区静居寺南街55号	锦江区	社会旅馆
395	倾城之恋酒店	成都市锦江区红星路二段20号	锦江区	社会旅馆

续表

序号	酒店名称	酒店地址	区域	酒店类型
396	锦江区星豪鸿华酒店	成都市锦江区人民东路61号锦城艺术宫院内南3楼	锦江区	社会旅馆
397	蜀情酒店	成都市锦江区春熙路王府井后面	锦江区	社会旅馆
398	世佳商务酒店	成都市锦江区天仙桥南路28号	锦江区	社会旅馆
399	壹陆捌快捷酒店	成都市锦江区华兴正街39号	锦江区	社会旅馆
400	写庭阁欧赛尔酒店	成都市锦江区西沟头巷37号	锦江区	社会旅馆
401	百丽思汀城市酒店	成都市锦江区总府路18号	锦江区	社会旅馆
402	嘉立酒店	成都市锦江区三圣街33号	锦江区	社会旅馆
403	逸家酒店	成都市锦江区大业路6号	锦江区	社会旅馆
404	美华馨怡酒店	成都市锦江区盐道街6号	锦江区	社会旅馆
405	春禧商务酒店	成都市锦江区上东大街段269号	锦江区	社会旅馆
406	蜀农酒店	成都市锦江区青年路67号	锦江区	社会旅馆
407	明都酒店	成都市锦江区大慈寺路41号	锦江区	社会旅馆
408	香舍尔酒店	成都市锦江区正科甲巷48号	锦江区	社会旅馆
409	鑫家缘商务酒店	成都市锦江区天仙桥北路6号2楼	锦江区	社会旅馆
410	紫微酒店	成都市锦江区总府路8号	锦江区	社会旅馆
411	九星九酒店	成都市锦江区宾江东路218号	锦江区	社会旅馆
412	京都大孚酒店	成都市锦江区联升巷18号8-10楼	锦江区	社会旅馆
413	成都花园城大酒店	成都市锦江区大业路8号	锦江区	社会旅馆
414	逸景印象酒店	成都市锦江区青年路69号	锦江区	社会旅馆
415	赛家时代酒店	成都市锦江区东大街2号	锦江区	社会旅馆
416	迷尼斯酒店	成都市锦江区暑袜南街70号	锦江区	社会旅馆
417	锦江区巴蜀商务酒店	成都市锦江区锦华路三段179号	锦江区	社会旅馆
418	成都罗兰酒店	成都市锦江区学道街87号	锦江区	社会旅馆
419	成龙商务酒店	成都市锦江区西丁字街3号	锦江区	社会旅馆
420	锦江区兴悦酒店	成都市锦江区琉璃一街76号附7号	锦江区	社会旅馆
421	成都圣瑞大酒店	成都市锦江区人民东路48号	锦江区	社会旅馆
422	时代金宇酒店	成都市锦江区岳府街79号2楼附1号	锦江区	社会旅馆
423	成都市美美快捷酒店	成都市锦江区大慈寺路66号	锦江区	社会旅馆
424	成都华顺酒店	成都市锦江区顺城大街27号	锦江区	社会旅馆
425	恒信酒店	成都市锦江区梓潼桥街	锦江区	社会旅馆
426	大城小调商务酒店	成都市锦江区三槐树街4号	锦江区	社会旅馆
427	致远酒店	成都市锦江区如是街28号	锦江区	社会旅馆
428	宇征网络商务酒店	成都市锦江区岳府街44号	锦江区	社会旅馆
429	成都市龙瑞酒店	成都市锦江区大田坎街15号	锦江区	社会旅馆

续表

序号	酒店名称	酒店地址	区域	酒店类型
430	成都市天顺园酒店	成都市锦江区东风路二段7号8-15楼	锦江区	社会旅馆
431	成都安卓酒店	成都市锦江区紫东正街54号	锦江区	社会旅馆
432	成都强普商贸有限公司写庭阁欧赛尔酒店	成都市锦江区西沟头巷37号	锦江区	社会旅馆
433	四川省成都香伯伦商务酒店	成都市锦江区三槐树路1号	锦江区	社会旅馆
434	四川岷山饭店有限公司安逸大酒店	成都市锦江区春熙路东段1号	锦江区	社会旅馆
435	锦江区雅住商务酒店	成都市锦江区华兴路正街39号	锦江区	社会旅馆
436	成都容庆酒店	成都市锦江区锦华路一段8号万达广场1幢11单元14楼	锦江区	社会旅馆
437	成都索玛花酒店	成都市锦江区中南大街18号6F	锦江区	社会旅馆
438	康梦商务酒店	成都市锦江区静安路368号雅都小区电梯公寓	锦江区	社会旅馆
439	海伦商务酒店	成都市锦江区静安路6号	锦江区	社会旅馆
440	瑞庭商务酒店	成都市锦江区晨辉路166号	锦江区	社会旅馆
441	客源居商务酒店	成都市锦江区皇经楼一街99号	锦江区	社会旅馆
442	云志园酒店	成都市锦江区祝国寺村6组	锦江区	社会旅馆
443	锦江区凤翔雅居酒店	成都市锦江区大业路6号	锦江区	社会旅馆
444	鑫源酒店	成都市锦江区红星路步行街	锦江区	社会旅馆
445	锦江区豪悦商务酒店	成都市锦江区红星路四段265—271号	锦江区	社会旅馆
446	鸿运商务酒店	成都市锦江区静安路3号1栋附1	锦江区	社会旅馆
447	鑫怡商务酒店	成都市锦江区劼人路286号	锦江区	社会旅馆
448	锦江区天府一九八商务酒店	成都市锦江区榕声路84号5楼	锦江区	社会旅馆
449	天府丽都酒店	成都市锦江区海淑市街4号	锦江区	社会旅馆
450	百佳商务酒店	成都市锦江区龙舟路68号1栋2楼	锦江区	社会旅馆
451	丽池海悦酒店	成都市锦江区大科甲巷8号利都广场B座	锦江区	社会旅馆
452	黎庭酒店	成都市锦江区梨花街22号	锦江区	社会旅馆
453	锦江区富图纳酒店	成都市锦江区盐道街5号	锦江区	社会旅馆
454	四川国大酒店	成都市锦江区东大街138号	锦江区	社会旅馆
455	成都圣瑞大酒店	成都市锦江区人民东路48号	锦江区	社会旅馆
456	凯帝商务酒店	成都市锦江区锦华路一段8号1栋11单元8楼873-851号	锦江区	社会旅馆
457	锦江区四海逸家酒店	成都市锦江区经天西路17号6楼	锦江区	社会旅馆
458	复新花园酒店	成都市锦江区静安路1号附40号	锦江区	社会旅馆
459	礼顿酒店	成都市锦江区红星路一段39号	锦江区	社会旅馆
460	凤凰御庭酒店	成都市锦江区新街后巷子3号	锦江区	社会旅馆

续表

序号	酒店名称	酒店地址	区域	酒店类型
461	兰郡驿站酒店	成都市锦江区莲桂南路36号	锦江区	社会旅馆
462	锦江区新豪庭酒店	成都市锦江区牡丹街595号	锦江区	社会旅馆
463	锦江区壹伍捌快捷酒店	成都市锦江区华兴正街39号8楼	锦江区	社会旅馆
464	缤舍酒店	成都市锦江区岳府街38号	锦江区	社会旅馆
465	有客酒店	成都市锦江区总府路18号	锦江区	社会旅馆
466	四川岷山饭店	成都市锦江区人民南路二段55号	锦江区	社会旅馆
467	岷山蕊园	成都市锦江区三圣花乡红砂村联合一组307号	锦江区	乡村酒店
468	刘家花园	成都市锦江区外东三环三圣乡成龙大道2801号	锦江区	乡村酒店
469	名雅山庄	成都市锦江区三圣乡花博会往前400米	锦江区	乡村酒店
470	百度缘农家乐	成都市锦江区红砂12组	锦江区	乡村酒店

青羊区旅游住宿业单位名单

序号	酒店名称	酒店地址	区域	酒店类型
1	城市名人酒店	成都市青羊区人民南路一段122-124号中铁名人大厦	青羊区	五星级酒店
2	天府丽都喜来登饭店	成都市青羊区人民中路一段15号	青羊区	五星级酒店
3	瑞城名人酒店	成都市青羊区人民中路二段68号	青羊区	四星级酒店
4	沃特酒店	成都市青羊区太升南路53—57号	青羊区	四星级酒店
5	四川星逸酒店	成都市青羊区德盛路33号	青羊区	四星级酒店
6	宇豪罗曼大酒店	成都市青羊区人民中路二段22号	青羊区	四星级酒店
7	新华国际酒店	成都市青羊区古中寺街8号	青羊区	四星级酒店
8	绿洲大酒店	成都市青羊区忠烈祠西街99号	青羊区	四星级酒店
9	成都天府阳光酒店	成都市青羊区太升北路2号	青羊区	四星级酒店
10	京川宾馆	成都市青羊区一环路西一段144号	青羊区	四星级酒店
11	四川邮电宾馆	成都市青羊区锦里中路18号	青羊区	三星级酒店
12	成都芙蓉饭店	成都市青羊区过街楼街99号	青羊区	三星级酒店
13	四川金地饭店	成都市青羊区德盛路89号	青羊区	三星级酒店
14	大庆石油大厦	成都市青羊区大庆路99号	青羊区	三星级酒店
15	八宝大酒店	成都市青羊区八宝街28号	青羊区	三星级酒店
16	蜀兰大酒店	成都市青羊区一环路西一段169号	青羊区	三星级酒店
17	成都天辰楼宾馆	成都市青羊区青华路39号	青羊区	三星级酒店
18	毓秀苑宾馆	成都市青羊区一环路西一段芳邻路10号	青羊区	三星级酒店
19	人口宾馆	成都市青羊区东城根下街24号	青羊区	三星级酒店
20	成飞宾馆	成都市青羊区青羊区黄田坝	青羊区	三星级酒店

续表

序号	酒店名称	酒店地址	区域	酒店类型
21	泸天化大厦酒店	成都市青羊区中同仁路220号	青羊区	三星级酒店
22	九龙宾馆	成都市青羊区八宝街90号	青羊区	三星级酒店
23	四川省云龙酒店	成都市青羊区锣锅巷122号	青羊区	三星级酒店
24	金河宾馆	成都市青羊区金河街18号	青羊区	三星级酒店
25	成都市浣花启明宾馆	成都市青羊区浣花北路1号	青羊区	二星级酒店
26	珠峰宾馆	成都市青羊区顺城大街288号	青羊区	二星级酒店
27	老蓉城饭店	成都市青羊区陕西街130号	青羊区	二星级酒店
28	莫泰连锁酒店成都宽窄巷子店	成都市青羊区长顺中街88号鹏飞君元大酒店	青羊区	商务连锁型酒店
29	成都博悦酒店春熙店	成都市总府路18号北新街40号	青羊区	商务连锁型酒店
30	成都芒果服务公寓玉林店	成都市玉林北街1号玉林品上	青羊区	商务连锁型酒店
31	成都写庭阁酒店	成都市新华大道通锦桥路65号	青羊区	商务连锁型酒店
32	成都狂奔de芒果成都青年旅舍	成都市文庙西街99号文庙公寓	青羊区	商务连锁型酒店
33	安逸158成都峨影店	成都市青羊区清江东路360号	青羊区	商务连锁型酒店
34	布丁酒店成都文殊坊店	成都市青羊区正通顺街107号	青羊区	商务连锁型酒店
35	成都如家快捷酒店管理有限公司骡马市店	成都市青羊区正府街照壁巷11号	青羊区	商务连锁型酒店
36	成都市七天酒店管理有限公司正府街店	成都市青羊区正府街155号	青羊区	商务连锁型酒店
37	99旅馆连锁成都宽窄巷子店	成都市青羊区长顺中街98号	青羊区	商务连锁型酒店
38	成都99快捷酒店	成都市青羊区长顺下街128号	青羊区	商务连锁型酒店
39	成都suki好懒青年旅舍	成都市青羊区长顺上街284号	青羊区	商务连锁型酒店
40	如家快捷成都宽窄巷子店	成都市青羊区长发街55号附9号	青羊区	商务连锁型酒店
41	如家快捷成都玉沙路店	成都市青羊区玉沙路45号	青羊区	商务连锁型酒店
42	成都德士顿酒店红星路店	成都市青羊区莹华寺街34号	青羊区	商务连锁型酒店
43	锦江之星成都文殊院地铁站店	成都市青羊区银丝街3号	青羊区	商务连锁型酒店
44	汉庭酒店武侯店	成都市青羊区一环路西一段3号	青羊区	商务连锁型酒店
45	布丁酒店连锁成都抚琴店	成都市青羊区一环路西三段110号	青羊区	商务连锁型酒店
46	成都金地饭店	成都市青羊区新华大道德盛路89号	青羊区	商务连锁型酒店
47	成都芒果自助酒店公寓	成都市青羊区小南街109号西府少城	青羊区	商务连锁型酒店
48	99旅馆连锁成都文殊院地铁站店	成都市青羊区西珠市街89号	青羊区	商务连锁型酒店
49	如家快捷酒店成都人民中路二段正府街店	成都市青羊区西玉龙街小福建营巷7号	青羊区	商务连锁型酒店
50	汉庭酒店成都体育中心店	成都市青羊区西玉龙街36号	青羊区	商务连锁型酒店

续表

序号	酒店名称	酒店地址	区域	酒店类型
51	成都速八酒店人民中路店	成都市青羊区西玉龙街207号交通银行大厦旁	青羊区	商务连锁型酒店
52	成都爱乐学生公寓骡马市店	成都市青羊区西玉龙街201号6楼	青羊区	商务连锁型酒店
53	成都城市之星大学生求职公寓宽窄巷子店	成都市青羊区西华门街3号4单元号	青羊区	商务连锁型酒店
54	7天酒店成都金沙遗址店	成都市青羊区西二环外侧双清北路3号	青羊区	商务连锁型酒店
55	如家快捷成都西大街新城市广场	成都市青羊区西大街86号	青羊区	商务连锁型酒店
56	汉庭酒店成都文殊院店	成都市青羊区武都路2号	青羊区	商务连锁型酒店
57	成都马瑞卡都市酒店	成都市青羊区文武路42号新时代广场B座	青羊区	商务连锁型酒店
58	成都嘉好弗斯达酒店文殊院店	成都市青羊区文武路152号	青羊区	商务连锁型酒店
59	成都爱家国际精品公寓天府广场店	成都市青羊区文翁路139号力迅领筑1314室	青羊区	商务连锁型酒店
60	99旅馆文殊院店	成都市青羊区文殊坊西珠市街89号	青羊区	商务连锁型酒店
61	成都豆丁酒店管理有限公司	成都市青羊区万和路99号1栋3楼	青羊区	商务连锁型酒店
62	如家快捷成都通锦桥店	成都市青羊区通锦桥路66号	青羊区	商务连锁型酒店
63	成都联森酒店宽窄巷子店	成都市青羊区通惠门路2号	青羊区	商务连锁型酒店
64	嘉立连锁酒店提督店	成都市青羊区提督街120号	青羊区	商务连锁型酒店
65	速8酒店成都春熙店	成都市青羊区太升南路180号春熙店	青羊区	商务连锁型酒店
66	成都嘉好·弗斯达酒店太丌路店	成都市青羊区太升北路9号	青羊区	商务连锁型酒店
67	成都安逸158成都太升北路店	成都市青羊区太升北路64号	青羊区	商务连锁型酒店
68	速8酒店成都太升路店	成都市青羊区太升北路16号	青羊区	商务连锁型酒店
69	99旅馆连锁成都西南财经大学金沙店	成都市青羊区双清中路99号	青羊区	商务连锁型酒店
70	汉庭酒店成都天府广场店	成都市青羊区蜀都大道少城路8号	青羊区	商务连锁型酒店
71	成都比特城邦青年旅舍宽窄巷子店	成都市青羊区实业街46号2楼右侧	青羊区	商务连锁型酒店
72	如家快捷酒店成都天府广场人民公园店	成都市青羊区少城路9号	青羊区	商务连锁型酒店
73	嘉立连锁酒店成都盐市口店原顺城街店	成都市青羊区上翔街35号	青羊区	商务连锁型酒店
74	成都58号青年旅社	成都市青羊区上汪家拐街20号	青羊区	商务连锁型酒店
75	汉庭酒店成都宽窄巷子店	成都市青羊区上同仁路69号	青羊区	商务连锁型酒店
76	7天酒店成都天府广场地铁站店	成都市青羊区陕西街106号	青羊区	商务连锁型酒店

续表

序号	酒店名称	酒店地址	区域	酒店类型
77	嘉立连锁酒店成都天府广场店	成都市青羊区人民中路一段7号	青羊区	商务连锁型酒店
78	如家快捷酒店成都文殊院地铁站店	成都市青羊区人民中路三段6号	青羊区	商务连锁型酒店
79	速8酒店成都文殊坊地铁站店	成都市青羊区人民中路三段4号	青羊区	商务连锁型酒店
80	7天酒店成都正府街文殊坊店	成都市青羊区人民中路二段正府街155号	青羊区	商务连锁型酒店
81	成都市七天酒店管理有限公司人民中路店	成都市青羊区人民中路二段70号5楼	青羊区	商务连锁型酒店
82	四川岷山集团商住楼	成都市青羊区人民南路二段55号	青羊区	商务连锁型酒店
83	汉庭酒店成都金沙店	成都市青羊区清江中路51号	青羊区	商务连锁型酒店
84	安逸158连锁酒店峨影店	成都市青羊区清江东路360号	青羊区	商务连锁型酒店
85	7天连锁酒店成都蜀都大道清江东路店	成都市青羊区清江东路15号	青羊区	商务连锁型酒店
86	嘉立酒店青羊店	成都市青羊区青阳东一路4号	青羊区	商务连锁型酒店
87	成都柏丽酒店优品店	成都市青羊区青羊大道优品街120号	青羊区	商务连锁型酒店
88	成都城市之家酒店式短租公寓	成都市青羊区青羊大道6-29号水木光华小区	青羊区	商务连锁型酒店
89	成都百花世家酒店	成都市青羊区琴台路3号附10号	青羊区	商务连锁型酒店
90	布丁酒店成都宽窄巷子北新城市广场店	成都市青羊区宁夏街1号丽阳天下大厦3楼	青羊区	商务连锁型酒店
91	七天连锁酒店宁夏街店	成都市青羊区宁夏街1号	青羊区	商务连锁型酒店
92	成都嘉立连锁酒店文殊院地铁站店	成都市青羊区洛阳路29号	青羊区	商务连锁型酒店
93	成都嘉立酒店有限公司洛阳路店	成都市青羊区洛阳路29号	青羊区	商务连锁型酒店
94	布丁酒店成都天府广场北锣锅巷店	成都市青羊区锣锅巷31号	青羊区	商务连锁型酒店
95	汉庭酒店成都宽窄巷子新店	成都市青羊区奎星楼街29号	青羊区	商务连锁型酒店
96	如家快捷成都沙湾会展中心店	成都市青羊区金沙路61号	青羊区	商务连锁型酒店
97	7天成都西门店	成都市青羊区金沙路15号	青羊区	商务连锁型酒店
98	成都桔子假日连锁精品公寓宽窄巷子店	成都市青羊区金河路59号尊城国际	青羊区	商务连锁型酒店
99	成都爱情假日美如家公寓	成都市青羊区金河路59号	青羊区	商务连锁型酒店
100	成都图腾印象连锁酒店金沙名庭店	成都市青羊区金凤路1号附1号	青羊区	商务连锁型酒店

续表

序号	酒店名称	酒店地址	区域	酒店类型
101	如家快捷成都青羊宫浣花北路店	成都市青羊区浣花北路2号	青羊区	商务连锁型酒店
102	99旅馆连锁成都槐树街店	成都市青羊区槐树街47号5楼	青羊区	商务连锁型酒店
103	成都68短租公寓天府广场店	成都市青羊区横陕西街3号	青羊区	商务连锁型酒店
104	成都芙蓉饭店	成都市青羊区过街楼街99号	青羊区	商务连锁型酒店
105	安逸158连锁成都顺城店	成都市青羊区鼓楼南街198号	青羊区	商务连锁型酒店
106	成都爱心求职连锁公寓鼓楼洞街店	成都市青羊区鼓楼洞街7号	青羊区	商务连锁型酒店
107	嘉立连锁酒店蜀汉路东地铁站店	成都市青羊区抚琴西路250号	青羊区	商务连锁型酒店
108	安逸158连锁成都人民公园店	成都市青羊区方池街18号	青羊区	商务连锁型酒店
109	汉庭酒店盐市口店	成都市青羊区东华正街28号	青羊区	商务连锁型酒店
110	安逸158连锁酒店成都宽窄巷子店	成都市青羊区东城根大街东马棚街2号	青羊区	商务连锁型酒店
111	成都岷山安逸大酒店	成都市青羊区春熙路东段1号	青羊区	商务连锁型酒店
112	成都市七天酒店管理有限公司草堂北路店	成都市青羊区草堂北路20号	青羊区	商务连锁型酒店
113	成都帝景酒店草堂分店	成都市青羊区草堂北路17号附2号	青羊区	商务连锁型酒店
114	成都88号公寓	成都市青羊区北大街88号2单元8楼7号	青羊区	商务连锁型酒店
115	速8酒店成都北门大桥店	成都市青羊区北大街65-115号	青羊区	商务连锁型酒店
116	百时快捷酒店	成都市青羊区百花西路17号	青羊区	商务连锁型酒店
117	锦江之星成都杜甫草堂店	成都市青羊区百花西路17号	青羊区	商务连锁型酒店
118	成都芒果服务公寓宽窄巷子店	成都市青羊区包家巷汇夏少城	青羊区	商务连锁型酒店
119	四川福德酒店	成都市青羊区新华大道玉沙路155号	青羊区	社会旅馆
120	成都御阁商务酒店中铁西城店	成都市青羊区光华东三路486号//四川省青羊区西安南路124号	青羊区	社会旅馆
121	成都瑞亚酒店有限公司	成都市青羊区百花西路17号	青羊区	社会旅馆
122	成都新濠国际酒店有限责任公司	成都市青羊区家园路19号	青羊区	社会旅馆
123	四川安逸连锁酒店有限公司顺城店	成都市青羊区鼓楼南街198号	青羊区	社会旅馆
124	四川安逸连锁酒店有限公司东马棚店	成都市青羊区东马棚街2号	青羊区	社会旅馆
125	成都城市坐标酒店有限公司	成都市青羊区芳邻路2号附26号	青羊区	社会旅馆
126	成都锦城蓉都酒店有限公司	成都市青羊区培风东街296号4-5楼	青羊区	社会旅馆

续表

序号	酒店名称	酒店地址	区域	酒店类型
127	成都市柒十柒号商务酒店有限公司	成都市青羊区二环路西二段77号	青羊区	社会旅馆
128	成都弗斯达酒店有限公司	成都市青羊区太升北路9号	青羊区	社会旅馆
129	成都海港城商务酒店有限公司	成都市青羊区东马棚街66号	青羊区	社会旅馆
130	成都百花世家酒店有限责任公司	成都市青羊区琴台路3号附10号	青羊区	社会旅馆
131	四川安逸连锁酒店有限公司人民公园店	成都市青羊区方池街18号附1号	青羊区	社会旅馆
132	山东银座佳驿酒店有限公司成都太升北路店	成都市青羊区太升北路24号	青羊区	社会旅馆
133	成都浣花黉台酒店有限公司	成都市青羊区浣花南路251号	青羊区	社会旅馆
134	成都韵栖商务酒店有限责任公司	成都市青羊区家园路8号1幢6楼	青羊区	社会旅馆
135	成都典尚精品酒店有限公司	成都市青羊区成飞大道487号	青羊区	社会旅馆
136	成都市吉昌之星城市酒店有限公司	成都市青羊区兴隆街23号	青羊区	社会旅馆
137	成都葛蕾丝酒店有限责任公司四季商旅酒店	成都市青羊区人民中路三段3号	青羊区	社会旅馆
138	成都三普商务酒店有限公司	成都市青羊区文庙后街80号	青羊区	社会旅馆
139	成都瑞尔酒店有限公司	成都市青羊区二环路西二段10号附1号	青羊区	社会旅馆
140	四川楚天君临酒店有限公司	成都市青羊区清江东路134号//大庆路2号	青羊区	社会旅馆
141	四川浣花锦城酒店有限公司	成都市青羊区百花西路30号	青羊区	社会旅馆
142	成都市满客酒店有限公司	成都市青羊区文翁路139号1栋2层附10号	青羊区	社会旅馆
143	成都市金珠玉沙酒店有限公司	成都市青羊区玉沙路132号	青羊区	社会旅馆
144	成都市宏轩商务酒店有限公司	成都市青羊区牧电路7号//成都市青羊区牧电路7号附4号	青羊区	社会旅馆
145	成都鑫锦商务酒店有限公司	成都市青羊区同心路175号4–7层	青羊区	社会旅馆
146	成都派瑞酒店有限公司	成都市青羊区一环路西一段168号	青羊区	社会旅馆
147	成都光大国际大酒店有限责任公司	成都市青羊区上升街10号	青羊区	社会旅馆
148	成都御河酒店有限责任公司	成都市青羊区西二巷5号//人民中路西御河沿街20号	青羊区	社会旅馆
149	四川福德酒店有限公司	成都市青羊区新华大道玉沙路155号	青羊区	社会旅馆
150	成都金满堂大酒店有限公司	成都市青羊区青华路59号	青羊区	社会旅馆
151	成都萃联商务酒店有限公司	成都市青羊区石人小区	青羊区	社会旅馆

续表

序号	酒店名称	酒店地址	区域	酒店类型
152	四川天府美丽华酒店有限公司	成都市青羊区武都路15号	青羊区	社会旅馆
153	成都敦煌飞天国际大酒店有限公司	成都市青羊区通锦桥路67号	青羊区	社会旅馆
154	成都葛蕾丝酒店有限责任公司	成都市青羊区人民中路三段3号	青羊区	社会旅馆
155	成都名蜀风情酒店有限责任公司	成都市青羊区灶君庙街37号	青羊区	社会旅馆
156	成都三鼎假日酒店有限责任公司	成都市青羊区西玉龙街210号	青羊区	社会旅馆
157	成都华惠速八酒店有限公司	成都市青羊区太升南路180号	青羊区	社会旅馆
158	成都市鹏飞君元大酒店有限公司	成都市青羊区长顺中街88号	青羊区	社会旅馆
159	成都青羊区时代蜀皇商务酒店	成都市青羊区家园路9号	青羊区	社会旅馆
160	青羊区鑫金沙旅店	成都市青羊区清溪西路4号	青羊区	社会旅馆
161	青羊区丰和旅社	成都市青羊区通锦桥路87号华诚商厦6楼	青羊区	社会旅馆
162	青羊区锦福旅馆	成都市青羊区金河路63号附20号	青羊区	社会旅馆
163	青羊区时光旅馆	成都市青羊区兴业街181号、183号、185号	青羊区	社会旅馆
164	成都凯航物业管理有限责任公司	成都市青羊区黄田坝清河一村9号	青羊区	社会旅馆
165	青羊区鑫汇金招待所	成都市青羊区清江中路6号4楼	青羊区	社会旅馆
166	青羊区文家洁馨旅社	成都市青羊区兴业街237、239号	青羊区	社会旅馆
167	青羊区金薏商务旅店	成都市青羊区贝森路289号	青羊区	社会旅馆
168	四川格兰国际商务会所有限公司	成都市青羊区人民中路三段1号	青羊区	社会旅馆
169	成都巴中宾馆	成都市青羊区玉沙路201号	青羊区	社会旅馆
170	成都方时良老味道餐饮管理有限公司	成都市青羊区金阳路67号	青羊区	社会旅馆
171	成都市青羊区东下旅行社	成都市青羊区东城根下街6幢	青羊区	社会旅馆
172	成都凯富达娱乐有限责任公司	成都市青羊区文家场兴业街289号	青羊区	社会旅馆
173	青羊区石人旅馆	成都市青羊区石人北路122号	青羊区	社会旅馆
174	青羊区文茂住宿部	成都市青羊区文家兴业街172-180号	青羊区	社会旅馆
175	成都市望园宾馆长发店	成都市青羊区长发街55号	青羊区	社会旅馆
176	成都馨昌明月宾馆有限公司	成都市青羊区万和路90号	青羊区	社会旅馆
177	成都福合禧宾馆	成都市青羊区牧电路1号	青羊区	社会旅馆

续表

序号	酒店名称	酒店地址	区域	酒店类型
178	中亚动物保健品总公司成都服务部招待所	成都市青羊区太升南路83号	青羊区	社会旅馆
179	四川省冶金第二招待所	成都市青羊区人民中路一段3号	青羊区	社会旅馆
180	青羊区祥林招待所	成都市青羊区石人西路1号2楼	青羊区	社会旅馆
181	青羊区鑫万里旅店	成都市青羊区双清南路5号	青羊区	社会旅馆
182	青羊区鑫金马招待所	成都市青羊区草堂北路16号综合楼6楼	青羊区	社会旅馆
183	青羊区鑫和商务旅店	成都市青羊区清江中路55号1号楼	青羊区	社会旅馆
184	成都迎宾苑中医附院店	成都市青羊区十二桥路37号新1号	青羊区	社会旅馆
185	成都顺富招待所	成都市青羊区一环路西二段18号5楼	青羊区	社会旅馆
186	成都四川省农干院招待所	成都市青羊区一环路西二段17	青羊区	社会旅馆
187	成都清溪宾馆	成都市青羊区清溪西路2号	青羊区	社会旅馆
188	成都快乐e家客栈金沙店	成都市青羊区蜀源路1号西单商场附近	青羊区	社会旅馆
189	成都锦程求职公寓财大店	成都市青羊区清江中路12号	青羊区	社会旅馆
190	成都君悦旅馆	成都市青羊区大庆路91号附2号	青羊区	社会旅馆
191	成都青羊锦锋招待所	成都市青羊区光华村街	青羊区	社会旅馆
192	高坎一品甲鱼庄	成都市青羊区黄田坝街道办事处土龙路高坎2组	青羊区	社会旅馆
193	成都新世纪精品公寓天府广场店	成都市青羊区顺城大街289号富力天汇史丹尼国际公寓15楼1503室	青羊区	社会旅馆
194	成都千喜精品公寓顺城店	成都市青羊区顺城街289号	青羊区	社会旅馆
195	成都乐途精品公寓天府广场店	成都市青羊区顺城大街289号	青羊区	社会旅馆
196	成都羊村公寓	成都市青羊区北大街88号天盛壹中心一单元610室	青羊区	社会旅馆
197	人民宾馆人民中路店	成都市青羊区人民中路三段55号附15	青羊区	社会旅馆
198	O和O客栈	成都市青羊区文殊坊文物保护区B6-6号院	青羊区	社会旅馆
199	星程金地饭店	成都市青羊区新华大道德盛路89号金地饭店	青羊区	社会旅馆
200	成都金星宾馆	成都市青羊区下西顺城街28号	青羊区	社会旅馆
201	成都川岚招待所	成都市青羊区鼓楼北二街81号	青羊区	社会旅馆
202	成都红旗宾馆	成都市青羊区总府路	青羊区	社会旅馆
203	成都顺城饭店-招待所	成都市青羊区正府街17号	青羊区	社会旅馆
204	成通招待所	成都市青羊区红星路一段132号	青羊区	社会旅馆
205	成都龙堂国际青年旅舍	成都市青羊区宽巷子26号	青羊区	社会旅馆
206	成都蜀苑宾馆	成都市青羊区人民中路三段4号	青羊区	社会旅馆
207	成都达州宾馆东区	成都市青羊区将军街1号	青羊区	社会旅馆

续表

序号	酒店名称	酒店地址	区域	酒店类型
208	达州宾馆西区	成都市青羊区东城根上街1号	青羊区	社会旅馆
209	成都芙蓉矿务局招待所	成都市青羊区横过街楼街74号	青羊区	社会旅馆
210	成都建材商务宾馆	成都市青羊区蜀都大道少城路17号	青羊区	社会旅馆
211	成都医药采购供应站招待所	成都市青羊区将军街68号	青羊区	社会旅馆
212	成都正福草堂客栈	成都市青羊区正府街107号	青羊区	社会旅馆
213	四川省煤炭工业管理局招待所	成都市青羊区文殊院街55号号	青羊区	社会旅馆
214	成都繁荣招待所	成都市青羊区锣锅巷31号	青羊区	社会旅馆
215	成都逸城公寓	成都市青羊区顺城大街289号富力天汇B座1911室	青羊区	社会旅馆
216	锦官城驿站成都新城市广场店	成都市青羊区西大街1号新城市广场D1单元8楼31号	青羊区	社会旅馆
217	成都优客之家	成都市青羊区人民中路二段70号	青羊区	社会旅馆
218	成都浪漫满屋度假公寓宽窄巷子店	成都市青羊区金河路59号	青羊区	社会旅馆
219	成都时代金宇明佳店	成都市青羊区槐树街84号	青羊区	社会旅馆
220	青羊区鑫铁宾招待所	成都市青羊区二环路西二段88号	青羊区	社会旅馆
221	青羊区鑫都宾馆	成都市青羊区人民中路三段29号	青羊区	社会旅馆
222	四川省扶贫开发培训招待所	成都市青羊区三道街49号	青羊区	社会旅馆
223	青羊区鑫欣龙客栈	成都市青羊区西玉龙街201号	青羊区	社会旅馆
224	青羊区逸静旅馆	成都市青羊区长顺上街100号3楼	青羊区	社会旅馆
225	青羊区槐蓉旅馆	成都市青羊区槐树街33号附6号	青羊区	社会旅馆
226	深圳市华侨城城市客栈有限公司成都分公司	成都市青羊区金河路75号	青羊区	社会旅馆
227	四川芙蓉矿务局招待所	成都市青羊区横过街楼街74号	青羊区	社会旅馆
228	青羊区泓宇商务旅店	成都市青羊区双清北路5号	青羊区	社会旅馆
229	青羊区龙生旅馆	成都市青羊区西玉龙街203号	青羊区	社会旅馆
230	成都尚源宾馆	成都市青羊区草市街74号	青羊区	社会旅馆
231	青羊区旺鑫旅馆	成都市青羊区草堂北路13号附1号2楼	青羊区	社会旅馆
232	成都市金秋旅业有限责任公司	成都市青羊区一环路西一段155号2号楼5号	青羊区	社会旅馆
233	成都禾创药业有限公司招待所	成都市青羊区东胜街39号	青羊区	社会旅馆
234	四川省扶贫开发培训招待所二分所	成都市青羊区西御街29号	青羊区	社会旅馆
235	青羊区奇钰宾馆	成都市青羊区同心路1号正黄金域国际1幢24–25楼	青羊区	社会旅馆

续表

序号	酒店名称	酒店地址	区域	酒店类型
236	温州市玖玖旅馆管理有限公司成都文殊院店	成都市青羊区西珠市街89-91号、93号	青羊区	社会旅馆
237	青羊区芙蓉印象旅店	成都市青羊区光华大道二段福庆路13号	青羊区	社会旅馆
238	青羊区遂洲招待所	成都市青羊区通锦桥路70号	青羊区	社会旅馆
239	青羊区联宾旅馆	成都市青羊区红星路一段昭忠祠街100号	青羊区	社会旅馆
240	成都金领宾馆	成都市青羊区新华大道玉沙路80号	青羊区	社会旅馆
241	青羊区捌零旅馆服务店	成都市青羊区光华村58号E栋1-7号	青羊区	社会旅馆
242	青羊区锦上观商务旅店	成都市青羊区二环路西三段6号	青羊区	社会旅馆
243	青羊区友来旅馆	成都市青羊区东城根上街55号	青羊区	社会旅馆
244	青羊区美阁商务旅店	成都市青羊区东门街79号	青羊区	社会旅馆
245	青羊区九星九商务旅店	成都市青羊区东顺路174号附15号	青羊区	社会旅馆
246	成都建材集团有限公司建材宾馆	成都市青羊区蜀都大道少城路11号	青羊区	社会旅馆
247	青羊区豪客商务旅店	成都市青羊区双清南路7号3楼	青羊区	社会旅馆
248	成都市懒骨头旅舍	成都市青羊区羊市街16号	青羊区	社会旅馆
249	成都舒雅企业管理有限公司	成都市青羊区北大街19号3幢13层1307、1308、1309、1310、1312号	青羊区	社会旅馆
250	成都市青羊区寿华服务部成都寿华旅店	成都市青羊区黄田坝联工村7社	青羊区	社会旅馆
251	青羊区御阁商务旅店	成都市青羊区三多里街3号4楼	青羊区	社会旅馆
252	青羊区正福草堂德馨客栈	成都市青羊区人民中路二段5号	青羊区	社会旅馆
253	青羊区客佳旅馆	成都市青羊区清江东路198号	青羊区	社会旅馆
254	青羊区万佳宾馆	成都市青羊区黄田坝纬一路156号	青羊区	社会旅馆
255	成都市青羊区金月旅馆	成都市青羊区锦里中路128号附3号	青羊区	社会旅馆
256	青羊区文家乡兴新旅社	成都市青羊区文家兴业街216号	青羊区	社会旅馆
257	成都成飞宾馆	成都市青羊区黄田坝经一路39号	青羊区	社会旅馆
258	成都考友驿站财大店	成都市青羊区清江东路354号	青羊区	社会旅馆
259	成都金沙苑宾馆	成都市青羊区清江中路57号	青羊区	社会旅馆
260	成都省委党校招待所	成都市青羊区光华村街43号	青羊区	社会旅馆
261	成都诗缘招待所	成都市青羊区青华路33号附17号	青羊区	社会旅馆
262	成都长钢四厂招待所	成都市青羊区一环路西一段155号	青羊区	社会旅馆
263	成都京川宾馆	成都市青羊区一环路西一段144号	青羊区	社会旅馆
264	成都会馆	成都市青羊区文殊坊五岳宫街28号	青羊区	社会旅馆
265	成都乐浮国际青年旅舍	成都市青羊区太升北路10号	青羊区	社会旅馆
266	成都人民饭店人民中路店	成都市青羊区人民中路三段55号	青羊区	社会旅馆

续表

序号	酒店名称	酒店地址	区域	酒店类型
267	成都缘来服务公寓	成都市青羊区北东街1号时代印象3栋3楼20号	青羊区	社会旅馆
268	成都煤安招待所	成都市青羊区文殊院街16号	青羊区	社会旅馆
269	成都圆和圆佛禅客栈	成都市青羊区文殊坊B6–6院	青羊区	社会旅馆
270	成都上岛精品度假公寓天府广场店	成都市青羊区顺城大街289号富力天汇富力史丹尼国际公寓c座22...	青羊区	社会旅馆
271	成都红顶宾馆	成都市青羊区红星路一段16号	青羊区	社会旅馆
272	成都金地饭店	成都市青羊区新华大道德盛路89号	青羊区	社会旅馆
273	正福草堂德馨客栈	成都市青羊区人民中路二段5号	青羊区	社会旅馆
274	成都龙生商务旅馆	成都市青羊区西玉龙街203号	青羊区	社会旅馆
275	成都昌达招待所	成都市青羊区人民中路二段39号	青羊区	社会旅馆
276	成都悦亭尊享度假公寓宽窄巷子店	成都市青羊区金河路59号宽窄巷子对面	青羊区	社会旅馆
277	西昌宾馆	成都市青羊区万和路90号天象大厦12–14层	青羊区	社会旅馆
278	西南煤炭物资招待所	成都市青羊区长顺下街128号7楼	青羊区	社会旅馆
279	建材商务宾馆	成都市青羊区蜀都大道少城路11、17号	青羊区	社会旅馆
280	成都人口宾馆	成都市青羊区东城根下街24号	青羊区	社会旅馆
281	浣花宾馆	成都市青羊区二环路西二段75号	青羊区	社会旅馆
282	成都攀星宾馆	成都市青羊区新华大道玉沙路92号	青羊区	社会旅馆
283	东渡国际时代凯悦	成都市青羊区人民中路二段70号时代凯悦大厦	青羊区	社会旅馆
284	成都遂洲招待所	成都市青羊区通锦桥路70号附5号	青羊区	社会旅馆
285	成都鑫琬招待所	成都市青羊区东城根上街45号	青羊区	社会旅馆
286	成都槐蓉旅馆	成都市青羊区槐树街33号附6号3楼	青羊区	社会旅馆
287	成都社保宾馆	成都市青羊区西大街258号	青羊区	社会旅馆
288	文君楼宾馆	成都市青羊区琴台路180号	青羊区	社会旅馆
289	成都年鸿招待所	成都市青羊区东城根南街60号	青羊区	社会旅馆
290	假日公寓	成都市青羊区横陕西街3号毕加索小屋	青羊区	社会旅馆
291	成都省统计局招待所	成都市青羊区西御街29号附2号	青羊区	社会旅馆
292	成都交通青年旅舍	成都市青羊区德盛路26号	青羊区	社会旅馆
293	成都18楼客栈	成都市青羊区大石西路235号	青羊区	社会旅馆
294	成都宽窄邻居家庭公寓旅店	成都市青羊区金河路宽窄巷子旁	青羊区	社会旅馆
295	邮电宾馆	成都市青羊区北大街99号	青羊区	社会旅馆

续表

序号	酒店名称	酒店地址	区域	酒店类型
296	成都倍升商务旅店	成都市青羊区贝森南路68号	青羊区	社会旅馆
297	成都青雨公寓	成都市青羊区正府街172号1楼	青羊区	社会旅馆
298	成都柏林精舍	成都市青羊区西玉龙街	青羊区	社会旅馆
299	成都建荣宾馆	成都市青羊区人民中路三段10号	青羊区	社会旅馆
300	成都联宾旅馆	成都市青羊区红星路一段	青羊区	社会旅馆
301	金月商务宾馆	成都市青羊区锦里中路128号	青羊区	社会旅馆
302	成都新华饭店	成都市青羊区新华大道玉沙路157号	青羊区	社会旅馆
303	成都毓秀苑毓秀宾馆	成都市青羊区一环路西一段芳邻路10号	青羊区	社会旅馆
304	成都美家精品公寓	成都市青羊区顺城大街289号富力史丹尼国际公寓B座1705室	青羊区	社会旅馆
305	锦苑宾馆	成都市青羊区人民中路三段22号	青羊区	社会旅馆
306	成都心灵家园精品公寓富力天汇店	成都市青羊区顺城街289号B座14楼3号	青羊区	社会旅馆
307	成都向日葵青年旅舍	成都市青羊区署前街31号	青羊区	社会旅馆
308	成都老兵国际公寓	成都市青羊区文翁路139号力迅领筑20层2014室	青羊区	社会旅馆
309	成都佳俯少城客栈	成都市青羊区宽窄巷子东广场宽巷子入口右侧3楼	青羊区	社会旅馆
310	成都蜗居青年旅舍	成都市青羊区西大街2号新城市广场d栋8楼1单元	青羊区	社会旅馆
311	成都锦城假日精品公寓	成都市青羊区文翁路139号力迅领筑1110室	青羊区	社会旅馆
312	成都骆驼草酒窝青年旅舍	成都市青羊区宽窄巷子内	青羊区	社会旅馆
313	成都苏坡乡桥边旅社	成都市青羊区中鹏巷13号	青羊区	社会旅馆
314	成都蓉城之家精品公寓富力天汇店	成都市青羊区顺城大街289号富力天汇富力史丹尼B座22楼9号	青羊区	社会旅馆
315	成都市佳馨精品公寓	成都市青羊区西城角巷18号	青羊区	社会旅馆
316	成都毕加索小屋公寓	成都市青羊区横陕西街3号701室近人民公园	青羊区	社会旅馆
317	成都鑫和商务旅店	成都市青羊区清江中路55号1号楼1楼	青羊区	社会旅馆
318	成都力迅领筑日租公寓	成都市青羊区文翁路139号	青羊区	社会旅馆
319	成都万里客旅店草堂店	成都市青羊区青华路28号	青羊区	社会旅馆
320	成都财大爱友短租公寓	成都市青羊区双顺路4号	青羊区	社会旅馆
321	成都熊猫之家家庭公寓金沙店	成都市青羊区清江西路90号	青羊区	社会旅馆
322	成都邂逅精品度假公寓宽窄巷子店	成都市青羊区金河路59号	青羊区	社会旅馆
323	成都三人行青年旅舍	成都市青羊区实业街88号	青羊区	社会旅馆

续表

序号	酒店名称	酒店地址	区域	酒店类型
324	成都R公寓	成都市青羊区人民中路三段1号壹号公馆815室	青羊区	社会旅馆
325	成都碎悦逸栈	成都市青羊区小南街109号西府少城	青羊区	社会旅馆
326	成都富力维纳斯度假公寓春熙店	成都市青羊区顺城大街289号富力史丹尼国际公寓B座13楼	青羊区	社会旅馆
327	成都地平线青年旅舍宽窄巷子店	成都市青羊区小南街109号西府少城一栋	青羊区	社会旅馆
328	成都福特搏青年公寓金沙蓝光店	成都市青羊区清涟路27号蓝光小区4-1-1603室	青羊区	社会旅馆
329	成都微微笑青年旅舍宽窄巷子店	成都市青羊区天府广场附近	青羊区	社会旅馆
330	成都归云床位公寓	成都市青羊区白丝街38号1单元9楼	青羊区	社会旅馆
331	成都水云间公寓	成都市青羊区羊市街鹦哥巷3号	青羊区	社会旅馆
332	成都学友青年公寓	成都市青羊区羊市街成都第三人民医院旁	青羊区	社会旅馆
333	成都行舍精品公寓	成都市青羊区顺城大街289号富力天汇B座2101室	青羊区	社会旅馆
334	成都旅巢小栈	成都市青羊区西华门街	青羊区	社会旅馆
335	成都天府广场精装公寓	成都市青羊区西御街75号	青羊区	社会旅馆
336	成都好似家公寓	成都市青羊区横四道街35号1栋1单元2楼2号	青羊区	社会旅馆
337	成都舒心家庭式公寓	成都市青羊区西大街金域国际公寓	青羊区	社会旅馆
338	成都幸福驿站度假公寓	成都市青羊区顺城大街289号富力史丹尼B座	青羊区	社会旅馆
339	成都梧桐树旅舍人民公园店	成都市青羊区小南街124号	青羊区	社会旅馆
340	成都蓝调青年旅舍	成都市青羊区支矶石街	青羊区	社会旅馆
341	成都时光沙漏精品主题公寓	成都市青羊区小南街109号西府少城3栋1单元	青羊区	社会旅馆
342	成都千喜精品主题公寓天府广场店	成都市青羊区顺城街289号富力天汇广场富力史丹尼国际公寓B座	青羊区	社会旅馆
343	成都鑫隆旅馆	成都市青羊区家园南街6号	青羊区	社会旅馆
344	成都途乐公寓宽窄巷子店	成都市青羊区金河路59号尊城国际大厦住宅区2213室	青羊区	社会旅馆
345	成都书然居公寓	成都市青羊区洛阳路27号	青羊区	社会旅馆
346	成都宽窄驿站	成都市青羊区人民公园小南街123号冠城花园2期	青羊区	社会旅馆
347	成都光华E家公寓	成都市青羊区光华村街家园路32号大地新光华购物广场A区2号楼	青羊区	社会旅馆
348	成都春上青年旅舍	成都市青羊区二环路西一段124号	青羊区	社会旅馆

续表

序号	酒店名称	酒店地址	区域	酒店类型
349	成都好梦度假公寓文殊院店	成都市青羊区北大街88号	青羊区	社会旅馆
350	成都壹号公寓	成都市青羊区人民中路三段1号	青羊区	社会旅馆
351	成都逸拾光青年旅舍	成都市青羊区二环路西二段10号	青羊区	社会旅馆
352	成都蜗居短租公寓金沙店	成都市青羊区清江西路90号	青羊区	社会旅馆
353	成都黄土旅舍总店	成都市青羊区黄天坝公交站附近黄土中心村69号	青羊区	社会旅馆
354	成都赛娜薇青年旅舍	成都市青羊区锦里西路107号锦江时代花园	青羊区	社会旅馆
355	成都蓝瑟青年公寓	成都市青羊区通惠门路69号	青羊区	社会旅馆
356	成都汇景特色主题公寓	成都市青羊区顺城大街富力天汇史丹尼公寓C座	青羊区	社会旅馆
357	成都逆时光精品公寓	成都市青羊区顺城大街289号富力史丹尼大厦B座1211	青羊区	社会旅馆
358	成都少城苑客栈	成都市青羊区横小南街2号	青羊区	社会旅馆
359	成都阳光商务公寓	成都市青羊区光华村大地新光华购物广场	青羊区	社会旅馆
360	成都荷西青年旅社	成都市青羊区横小南街	青羊区	社会旅馆
361	成都顺程青年公寓	成都市青羊区锣锅巷67号	青羊区	社会旅馆
362	成都行侠客短租公寓贝森店	成都市青羊区贝森路1号	青羊区	社会旅馆
363	成都熊猫主题公寓	成都市青羊区小南街109号	青羊区	社会旅馆
364	成都晓辉青年旅舍贝森路	成都市青羊区贝森路111号	青羊区	社会旅馆
365	成都公馆	成都市青羊区顺城大街289号	青羊区	社会旅馆
366	成都快乐空间自助公寓	成都市青羊区双清西路快乐空间3-301	青羊区	社会旅馆
367	成都西御公寓	成都市青羊区西御街75号1单元3号	青羊区	社会旅馆
368	成都宽窄印象度假公寓	成都市青羊区通惠门路3号	青羊区	社会旅馆
369	成都馨悦佳精品公寓	成都市青羊区富力天汇	青羊区	社会旅馆
370	成都世纪公寓米兰小筑店	成都市青羊区人民中路3段4号	青羊区	社会旅馆
371	成都天府客栈人民公园店	成都市青羊区将军街38号	青羊区	社会旅馆
372	成都蓝天公寓顺城店	成都市青羊区白丝街38号	青羊区	社会旅馆
373	成都sam33童趣多多度假屋	成都市青羊区东珠市街56号	青羊区	社会旅馆
374	成都金沙馨家公寓西南财大店	成都市青羊区青羊大道98号光华馨地	青羊区	社会旅馆
375	成都我家家庭客栈	成都市青羊区泡桐树街14号	青羊区	社会旅馆
376	旅行的意义之天涯客栈	成都市青羊区通惠门3号2栋2单元	青羊区	社会旅馆
377	成都聚友大学生求职公寓	成都市青羊区大安东路61号太升大厦703室	青羊区	社会旅馆
378	成都你也有家公寓	成都市青羊区通惠门路69号长富新城	青羊区	社会旅馆

续表

序号	酒店名称	酒店地址	区域	酒店类型
379	去呼呼成都力迅领筑国际公寓	成都市青羊区文翁路139号	青羊区	社会旅馆
380	成都公主日记民宿	成都市青羊区西大街、八宝街、新城市广场旁	青羊区	社会旅馆
381	成都闲时光度假公寓宽窄巷子店	成都市青羊区金河路59号美邦广场旁	青羊区	社会旅馆
382	成都刘氏求职公寓	成都市青羊区宁夏街169号	青羊区	社会旅馆
383	成都旅途之家公寓	成都市青羊区人民中路二段政府街172号证大正府9楼	青羊区	社会旅馆
384	成都宽窄巷子有熊氏公寓	成都市青羊区宽窄巷子社区西胜街14号	青羊区	社会旅馆
385	成都蜀风雅韵文化旅游发展有限公司	成都市青羊区琴台路23号文化公园内	青羊区	社会旅馆
386	N+1公寓	成都市青羊区锦里西路119号	青羊区	社会旅馆
387	成都乐活派家庭公寓天府店	成都市青羊区人民中路一段5号5栋2单元4楼10号	青羊区	社会旅馆
388	成都六天快捷公寓	成都市青羊区青龙街18号罗马国际	青羊区	社会旅馆
389	成都橙子短租公寓	成都市青羊区光华村街50号	青羊区	社会旅馆
390	成都初寓主题公寓	成都市青羊区金河路59号尊城国际	青羊区	社会旅馆
391	成都西南财经大学大地新光华广场日租公寓	成都市青羊区家园路光华村街大地新光华广场	青羊区	社会旅馆
392	成都亲如意家尊城度假公寓	成都市青羊区金河路59号人民公园地铁口	青羊区	社会旅馆
393	成都金沙短租旅店	成都市青羊区清溪南街17号附10号	青羊区	社会旅馆
394	成都途家斯维登服务公寓富力史丹尼店	成都市青羊区顺城街289号	青羊区	社会旅馆
395	成都宏哥的家住宿	成都市青羊区泡桐树街19号1单元2号	青羊区	社会旅馆
396	成都缘友来公寓	成都市青羊区人民中路二段时代凯悦	青羊区	社会旅馆
397	成都石木隅驿站青年旅社	成都市青羊区二环路西二段79号	青羊区	社会旅馆
398	成都水云间精品度假公寓	成都市青羊区顺城大街289号富力史丹尼国际公寓B座1703室	青羊区	社会旅馆
399	去呼呼成都行侠客短租公寓	成都市青羊区二环路西二段73号	青羊区	社会旅馆
400	成都市玲珑宾馆有限责任公司	成都市青羊区人民中路三段18号	青羊区	社会旅馆
401	成都怊创招待所	成都市青羊区黄田坝联工村4组	青羊区	社会旅馆
402	四川会东铅锌矿成都招待所	成都市青羊区石人南路30号	青羊区	社会旅馆
403	成都锦江之星旅馆有限公司	成都市青羊区文武路69号	青羊区	社会旅馆
404	成都市新人民饭店有限责任公司	成都市青羊区人民中路三段55号	青羊区	社会旅馆

续表

序号	酒店名称	酒店地址	区域	酒店类型
405	成都圆和圆客栈有限公司	成都市青羊区文殊坊B6-6院	青羊区	社会旅馆
406	四川三峡大厦	成都市青羊区太升北路16号	青羊区	社会旅馆
407	成都市梦之旅文君楼宾馆	成都市青羊区琴台路180号	青羊区	社会旅馆
408	成都雅尚投资管理有限公司	成都市青羊区人民中路三段4号	青羊区	社会旅馆
409	四川锦城美丽华酒店有限公司	成都市青羊区北较场西路10号	青羊区	社会旅馆
410	成都御阁商务酒店鑫蓉店	成都市青羊区东城根上街220号	青羊区	社会旅馆
411	成都丽都商务酒店新鸿店	成都市青羊区新鸿南路77号	青羊区	社会旅馆
412	成都蓉城假日酒店西月城店	成都市青羊区同心路1号金域国际2单元	青羊区	社会旅馆
413	成都马瑞卡酒店物业管理有限公司	成都市青羊区文武路42号新时代广场B座	青羊区	社会旅馆
414	成都端丰酒店投资管理有限公司	成都市青羊区大石西路86号1幢1楼108号	青羊区	社会旅馆
415	四川嘉立酒店投资管理股份有限公司上翔店	成都市青羊区上翔街31号	青羊区	社会旅馆
416	四川嘉立酒店投资管理股份有限公司人民中路店	成都市青羊区人民中路一段7号	青羊区	社会旅馆
417	四川瑞思博雅酒店投资管理有限公司八宝街店	成都市青羊区西二道街35号	青羊区	社会旅馆
418	成都一品三国酒店投资有限公司	成都市青羊区饮马河街34号	青羊区	社会旅馆
419	成都御阁商务酒店顺城店	成都市青羊区顺城大街三多里3号	青羊区	社会旅馆
420	成都都市驿站酒店式公寓	成都市青羊区顺城大街289号A座2317室	青羊区	社会旅馆
421	成都青青我家酒店式公寓	成都市青羊区清江东路122号清江雅居一幢	青羊区	社会旅馆
422	成都华润峰景酒店式公寓	成都市青羊区通锦桥与同心路交界处西城角巷11号华润峰景17楼	青羊区	社会旅馆
423	成都正黄酒店式公寓	成都市青羊区西月城街正黄金域国际1栋1单元711	青羊区	社会旅馆
424	成都蜀都之家酒店式公寓	成都市青羊区光华村街63号	青羊区	社会旅馆
425	星逸酒店南楼	成都市青羊区鼓楼北三街11号	青羊区	社会旅馆
426	凤凰御庭酒店连锁成都鼓楼店	成都市青羊区梓潼街37号	青羊区	社会旅馆
427	成都蜀亭酒店宽窄巷子店	成都市青羊区奎星楼街29号	青羊区	社会旅馆
428	成都少城蜀亭酒店宽窄巷子店	成都市青羊区奎星楼街29号1栋	青羊区	社会旅馆
429	成都梦之阁酒店宽窄巷子店	成都市青羊区将军街18号	青羊区	社会旅馆

续表

序号	酒店名称	酒店地址	区域	酒店类型
430	成都艺佳精品酒店宽窄巷子店	成都市青羊区金河路59号	青羊区	社会旅馆
431	成都家合假日酒店锦里分店	成都市青羊区锦里中路128号	青羊区	社会旅馆
432	成都御阁商务酒店金沙店	成都市青羊区苏坡东路7号附13号	青羊区	社会旅馆
433	成都紫都商务酒店金沙店	成都市青羊区青羊大道98号	青羊区	社会旅馆
434	图腾·印象酒店金沙名庭店	成都市青羊区金凤路1号附1号	青羊区	社会旅馆
435	成都福娃商务酒店浣花店	成都市青羊区大石西路86号	青羊区	社会旅馆
436	成都泊驿酒店行政公寓	成都市青羊区人民中路三段1号	青羊区	社会旅馆
437	成都绚彩酒店光华店	成都市青羊区光华村街40号大地新光华广场A2	青羊区	社会旅馆
438	成都长庭酒店管理有限公司	成都市青羊区上同仁路69号3–7层	青羊区	社会旅馆
439	成都市富翔商务酒店管理有限公司	成都市青羊区一环路西二段18号4–5楼	青羊区	社会旅馆
440	成都联森酒店管理有限公司	成都市青羊区通惠门路16号	青羊区	社会旅馆
441	成都市雅瀚酒店管理有限公司	成都市青羊区光华村街44号	青羊区	社会旅馆
442	成都凯思酒店管理有限公司	成都市青羊区浣花北路2号	青羊区	社会旅馆
443	成都康伏特酒店管理有限公司	成都市青羊区光华村街48号A–3栋8楼2号	青羊区	社会旅馆
444	成都少城蜀亭酒店管理有限公司清江分公司	成都市青羊区清江中路51号综合楼二、三层	青羊区	社会旅馆
445	成都瑞升酒店管理有限公司	成都市青羊区文翁路139号	青羊区	社会旅馆
446	成都绿狐酒店管理有限公司	成都市青羊区过街楼街17号1幢3单元6层601号、602号、605–615号	青羊区	社会旅馆
447	成都常春藤酒店管理有限公司	成都市青羊区武都路2号	青羊区	社会旅馆
448	成都博今酒店管理有限公司	成都市青羊区青华路20号院内2号楼	青羊区	社会旅馆
449	成都乐活时代酒店管理有限公司	成都市青羊区一环路西二段13号1层12号	青羊区	社会旅馆
450	四川凯伦阳光酒店管理有限责任公司	成都市青羊区人民中路三段六号	青羊区	社会旅馆
451	成都锦尚花酒店管理有限公司	成都市青羊区过街楼街26号	青羊区	社会旅馆
452	成都小憩驿站酒店管理有限公司青羊分公司	成都市青羊区光华村街5号	青羊区	社会旅馆
453	成都市西恒都酒店管理有限公司	成都市青羊区二环路西二段87号	青羊区	社会旅馆
454	四川省金隆酒店管理有限公司	成都市青羊区清江西路51号1栋1单元1层、6–11层	青羊区	社会旅馆

续表

序号	酒店名称	酒店地址	区域	酒店类型
455	成都舒怀商务酒店管理有限公司清江路店	成都市青羊区 清江东路8号	青羊区	社会旅馆
456	杭州住友酒店管理有限公司成都锣锅巷分公司	成都市青羊区锣锅巷31号	青羊区	社会旅馆
457	成都斯力普酒店管理有限公司	成都市青羊区鼓楼洞街45号	青羊区	社会旅馆
458	成都绚彩酒店管理有限公司	成都市青羊区光华村街40号大地新光华广场A2	青羊区	社会旅馆
459	成都天韵酒店管理有限责任公司	成都市青羊区金阳路14号1幢3层	青羊区	社会旅馆
460	成都舒雅商务酒店管理有限公司	成都市青羊区北大街39号3幢13层1312号	青羊区	社会旅馆
461	四川蒙娜丽酒店管理有限公司	成都市青羊区太升北路64号2层	青羊区	社会旅馆
462	成都市锦江区家合假日酒店管理有限公司锦里中路分店	成都市青羊区锦里中路128号2栋3层	青羊区	社会旅馆
463	成都市星座风尚酒店管理有限公司	成都市青羊区下同仁路71号	青羊区	社会旅馆
464	四川圣吉瑞酒店管理有限责任公司	成都市青羊区光明巷14号	青羊区	社会旅馆
465	成都玫瑰酒店管理有限公司	成都市青羊区北大街39号	青羊区	社会旅馆
466	成都君驿酒店管理有限公司	成都市青羊区江汉路1号附2号	青羊区	社会旅馆
467	成都七斗星马瑞卡酒店管理有限责任公司	成都市青羊区人民中路三段6号	青羊区	社会旅馆
468	成都雅客雅家酒店管理有限公司	成都市青羊区宁夏街164号	青羊区	社会旅馆
469	四川锦弘广泽酒店管理有限公司康庭文庙酒店	成都市青羊区文庙后街1号	青羊区	社会旅馆
470	成都佳元酒店管理有限公司	成都市青羊区万和路99号1栋4-5楼	青羊区	社会旅馆
471	成都在水一方商务酒店管理有限公司	成都市青羊区锦里东路18号	青羊区	社会旅馆
472	成都写庭阁酒店管理有限公司	成都市青羊区通锦桥路65号	青羊区	社会旅馆
473	成都市豪斯佳酒店管理有限公司	成都市青羊区文翁路5号1幢1单元320室	青羊区	社会旅馆
474	四川柏丽酒店管理有限公司成都分公司	成都市青羊区青羊大道99号6栋1-3单元3-5楼//优品街120号	青羊区	社会旅馆
475	成都金运星酒店管理有限公司	成都市青羊区贝森南路95号12幢1-4层	青羊区	社会旅馆
476	成都宜居酒店管理有限公司	成都市青羊区清江东路35号	青羊区	社会旅馆

续表

序号	酒店名称	酒店地址	区域	酒店类型
477	成都英澜酒店管理有限公司	成都市青羊区成飞大道487号	青羊区	社会旅馆
478	成都文旅资产运营管理有限责任公司酒店管理分公司	成都市青羊区宽巷子8号	青羊区	社会旅馆
479	成都红墙理想酒店管理有限公司//成都城市理想酒店	成都市青羊区过街楼街17号	青羊区	社会旅馆
480	成都海韵酒店管理有限公司	成都市青羊区金凤路13号5幢2层1号	青羊区	社会旅馆
481	四川凯宾德盛酒店管理有限公司	成都市青羊区德盛路26号凯宾大厦5楼2号	青羊区	社会旅馆
482	成都舒怀商务酒店管理有限公司	成都市青羊区清江东路8号//成都市青羊区琼楼路138号	青羊区	社会旅馆
483	青羊区龙文商务酒店管理有限公司	成都市青羊区东马道街5号	青羊区	社会旅馆
484	成都通倍顺商旅酒店管理有限公司	成都市青羊区通顺桥街69号	青羊区	社会旅馆
485	成都泰升酒店管理有限公司	成都市青羊区太升北路26号	青羊区	社会旅馆
486	成都圣达酒店管理有限公司	成都市青羊区苏坡东路12号	青羊区	社会旅馆
487	成都市帝景酒店管理有限公司草堂北路分公司	成都市青羊区草堂北路17号5栋2-6楼	青羊区	社会旅馆
488	四川太阳花酒店管理有限公司	成都市青羊区康庄街12号	青羊区	社会旅馆
489	四川天府丽都商务酒店管理有限公司草堂店	成都市青羊区草堂北支路217号	青羊区	社会旅馆
490	成都喜百年酒店管理有限公司	成都市青羊区八宝街130号	青羊区	社会旅馆
491	成都瑞高酒店管理有限公司	成都市青羊区家园路32号	青羊区	社会旅馆
492	四川濠璟酒店管理有限责任公司	成都市青羊区蜀源路2号附1号	青羊区	社会旅馆
493	成都七间房酒店管理有限公司	成都市青羊区金凤路7号	青羊区	社会旅馆
494	成都炎金酒店管理有限公司	成都市青羊区二环路西二段84号	青羊区	社会旅馆
495	四川金沙世纪酒店管理有限责任公司	成都市青羊区二环路西二段18号	青羊区	社会旅馆
496	艾克美酒店管理有限责任公司	成都市青羊区成飞大道199号	青羊区	社会旅馆
497	成都龙文商务酒店管理有限公司	成都市青羊区东马道街5号	青羊区	社会旅馆
498	成都市如家酒店管理有限公司任命公园店	成都市青羊区少城路9号	青羊区	社会旅馆
499	成都晶爵酒店管理有限公司	成都市青羊区上同仁路51号附1号	青羊区	社会旅馆

续表

序号	酒店名称	酒店地址	区域	酒店类型
500	常春藤酒店管理有限公司	成都市青羊区武都路2号	青羊区	社会旅馆
501	成都万宝源酒店管理有限公司	成都市青羊区东华门街8号	青羊区	社会旅馆
502	成都波特假日酒店管理有限公司	成都市青羊区锦里东路18号	青羊区	社会旅馆
503	成都斯麦尔酒店管理有限公司	成都市青羊区羊市街20号	青羊区	社会旅馆
504	成都市圣达酒店管理有限公司	成都市青羊区苏坡东路12号	青羊区	社会旅馆
505	成都康定红酒店管理投资有限公司	成都市青羊区瑞联路169号	青羊区	社会旅馆
506	成都名月酒店管理有限责任公司	成都市青羊区青华路35号	青羊区	社会旅馆
507	成都憩园酒店管理有限公司	成都市青羊区正通顺街86号	青羊区	社会旅馆
508	成都锦官城驿站酒店公寓	成都市青羊区西大街1号新城市广场D栋1单元8楼31号	青羊区	社会旅馆
509	成都芙蓉精品酒店公寓	成都市青羊区八宝街新城市广场A栋2单元22楼234号	青羊区	社会旅馆
510	成都途乐酒店公寓金凤店//成都途乐公寓金凤店	成都市青羊区金凤路1号//金江西路90号	青羊区	社会旅馆
511	成都怡心酒店公寓	成都市青羊区北大街88号	青羊区	社会旅馆
512	成都天天阳光酒店公寓	成都市青羊区北东街1号	青羊区	社会旅馆
513	成都鑫通惠酒店公寓	成都市青羊区西大街新城市广场D栋7楼14号	青羊区	社会旅馆
514	成都恋人岛酒店公寓宽窄巷子店	成都市青羊区金河路59号尊城国际宽窄巷子对面人民公园地铁站A出口	青羊区	社会旅馆
515	成都乐活地酒店公寓	成都市青羊区光华村街9号仁和世代春天	青羊区	社会旅馆
516	成都锦官城驿站酒店公寓文殊坊店	成都市青羊区北大街88号天盛壹中心2单元8楼10号	青羊区	社会旅馆
517	成都巴适酒店公寓	成都市青羊区北大街88号天盛壹中心1710室	青羊区	社会旅馆
518	成都蜀家精品酒店公寓宽窄巷子店	成都市青羊区金河路59号尊城国际	青羊区	社会旅馆
519	成都蓝莲花国际酒店公寓	成都市青羊区文翁路139号力迅领筑27楼2715室	青羊区	社会旅馆
520	成都一米阳光酒店公寓	成都市青羊区顺城大街289号富力史丹尼国际公寓20层	青羊区	社会旅馆
521	成都富力阳光精品酒店公寓富力天汇店	成都市青羊区顺城大街289号A栋	青羊区	社会旅馆

续表

序号	酒店名称	酒店地址	区域	酒店类型
522	成都诸葛锦城酒店公寓	成都市青羊区人民中路三段1号	青羊区	社会旅馆
523	成都铂锦精品酒店公寓	成都市青羊区正府街口证大正府26楼9号	青羊区	社会旅馆
524	成都卷舒堂家庭式酒店公寓西大街店	成都市青羊区同心路1号正黄·金域国际7层7–11号	青羊区	社会旅馆
525	成都芒果自助酒店公寓	成都市青羊区小南街109号西府少城	青羊区	社会旅馆
526	成都行走的家酒店公寓琴台店	成都市青羊区锦里西路90号	青羊区	社会旅馆
527	成都馨佳缘酒店公寓宽窄巷子新城市广场店	成都市青羊区西大街1号新城市广场A栋1单元7楼13号	青羊区	社会旅馆
528	成都锦里巷子精品酒店公寓	成都市青羊区文翁路139号力迅领筑2912室	青羊区	社会旅馆
529	成都居美精品酒店公寓	成都市青羊区文翁路139号	青羊区	社会旅馆
530	成都米果酒店公寓文殊院店	成都市青羊区北大街88号	青羊区	社会旅馆
531	成都雅居酒店公寓	成都市青羊区大地新光华广场	青羊区	社会旅馆
532	成都人和短租酒店公寓	成都市青羊区西大街1号新城市广场	青羊区	社会旅馆
533	成都怡百佳酒店公寓	成都市青羊区西大街1号新城市广场A栋1单元16楼138号	青羊区	社会旅馆
534	成都天逸酒店公寓	成都市青羊区八宝街新城市广场D栋	青羊区	社会旅馆
535	成都贰柒拾酒店公寓	成都市青羊区西大街1号新城市广场D栋	青羊区	社会旅馆
536	成都锦城小猪酒店公寓	成都市青羊区北大街88号天盛壹中心1栋1单元6楼8号	青羊区	社会旅馆
537	成都桔子假日连锁酒店公寓宽窄巷子店	成都市青羊区金河路59号尊城国际	青羊区	社会旅馆
538	成都米饭团酒店公寓宽窄巷子新城市广场店	成都市青羊区西大街一号新城市广场A栋1单元	青羊区	社会旅馆
539	成都新城市酒店公寓	成都市青羊区西大街新城市广场D栋2单元	青羊区	社会旅馆
540	成都我家酒店公寓租赁有限责任公司	成都市青羊区西大街88号	青羊区	社会旅馆
541	成都俊杰酒店高新三店	成都市青羊区公济桥路120号	青羊区	社会旅馆
542	成都华堂酒店服务有限公司	成都市青羊区梓潼街37号	青羊区	社会旅馆
543	峨眉山旅游股份有限公司成都峨眉山大酒店分公司	成都市青羊区二环路西二段66号	青羊区	社会旅馆
544	成都芙蓉印象酒店非遗文化店	成都市青羊区光华大道二段福庆路13号	青羊区	社会旅馆
545	成都鑫蓉酒店发展有限公司	成都市青羊区东城根上街220号3–6楼	青羊区	社会旅馆
546	四川蓝堡酒店发展有限公司	成都市青羊区青龙街27号“钱江铂金时代”2号楼19层1–20号	青羊区	社会旅馆

续表

序号	酒店名称	酒店地址	区域	酒店类型
547	海友酒店成都玉沙路店	成都市青羊区玉沙路123号	青羊区	社会旅馆
548	舒怀酒店成都金沙一品天下店	成都市青羊区金祥路6号	青羊区	社会旅馆
549	舒怀酒店成都杜甫草堂店	成都市青羊区琼楼路138号	青羊区	社会旅馆
550	成都天府丽都酒店草堂店	成都市青羊区二环路西二段4号	青羊区	社会旅馆
551	波特假日酒店彩虹店	成都市青羊区锦里东路18号	青羊区	社会旅馆
552	成都格兰汇酒店原格兰会精品酒店	成都市青羊区人民中路三段1号	青羊区	社会旅馆
553	成都弗斯达酒店文武店	成都市青羊区文武路152号	青羊区	社会旅馆
554	端丰商务酒店浣花店	成都市青羊区大石西路86号	青羊区	社会旅馆
555	浣花锦城酒店百花西路店	成都市青羊区百花西路30号	青羊区	社会旅馆
556	成都小憩驿站泰升酒店太升路店	成都市青羊区太升北路26号蔚兰锦府	青羊区	社会旅馆
557	成都小憩驿站酒店晶爵店	成都市青羊区上同仁路55号花样年华新街坊	青羊区	社会旅馆
558	蓝堡酒店铂金城店	成都市青羊区青龙街27号	青羊区	社会旅馆
559	成都斯麦尔酒店骡马市地铁站店	成都市青羊区羊市街20号	青羊区	社会旅馆
560	成都城市理想酒店八宝街店	成都市青羊区过街楼街17号万通红墙国际	青羊区	社会旅馆
561	成都斯力普连锁酒店春熙路店	成都市青羊区鼓楼洞街45号	青羊区	社会旅馆
562	成都炎金酒店金沙店	成都市青羊区二环路西二段84号	青羊区	社会旅馆
563	格林豪泰酒店四川有限公司	成都市青羊区东城根上街100号	青羊区	社会旅馆
564	青羊区基准酒店	成都市青羊区光华东三路486号中铁西城四栋三楼	青羊区	社会旅馆
565	青羊区清雅商务酒店	成都市青羊区光华村街52号	青羊区	社会旅馆
566	青羊区紫都商务酒店	成都市青羊区青羊大道128号附302号	青羊区	社会旅馆
567	青羊区望星雨酒店	成都市青羊区光华村街66号6栋	青羊区	社会旅馆
568	青羊区丽洋酒店	成都市青羊区北大街65号	青羊区	社会旅馆
569	青羊区鑫格兰威尔酒店	成都市青羊区西大街86号	青羊区	社会旅馆
570	成都濠璟酒店	成都市青羊区蜀源路2号附1号	青羊区	社会旅馆
571	成都万家灯火商务酒店	成都市青羊区青华路43号	青羊区	社会旅馆
572	成都蜀华大厦酒店	成都市青羊区二环路西二段光华村街43号	青羊区	社会旅馆
573	成都金满堂大酒店	成都市青羊区青华路59号	青羊区	社会旅馆
574	成都金沙世纪酒店	成都市青羊区二环路西二段18号	青羊区	社会旅馆

续表

序号	酒店名称	酒店地址	区域	酒店类型
575	成都金沙大酒店	成都市青羊区苏坡东路2号	青羊区	社会旅馆
576	成都艾克美酒店	成都市青羊区成飞大道199号	青羊区	社会旅馆
577	成都乐活时代酒店	成都市青羊区一环路西二段13号附12号	青羊区	社会旅馆
578	文殊坊祥平酒店	成都市青羊区金马街2号	青羊区	社会旅馆
579	成都文殊坊祥平酒店	成都市青羊区金马街2号	青羊区	社会旅馆
580	成都名蜀风情酒店	成都市青羊区灶君庙街37号	青羊区	社会旅馆
581	成都鼓楼智选假日酒店	成都市青羊区大墙西街72号	青羊区	社会旅馆
582	云龙酒店	成都市青羊区锣锅巷122号	青羊区	社会旅馆
583	成都美阁商务酒店	成都市青羊区东门街79号	青羊区	社会旅馆
584	泸天化酒店	成都市青羊区上同仁路1号泸天化大厦	青羊区	社会旅馆
585	成都御河酒店	成都市青羊区人民中路西御河沿街20号	青羊区	社会旅馆
586	凯伦阳光酒店	成都市青羊区人民中路三段6号	青羊区	社会旅馆
587	成都森楠艺术酒店	成都市青羊区太升南路61号	青羊区	社会旅馆
588	成都金珠玉沙酒店	成都市青羊区玉沙路132号	青羊区	社会旅馆
589	格林豪泰成都宽窄巷子人民公园商务酒店	成都市青羊区东城根上街34号	青羊区	社会旅馆
590	兴龙洋马瑞卡酒店	成都市青羊区青龙街25号	青羊区	社会旅馆
591	雅客雅家格调酒店	成都市青羊区宁夏街162号	青羊区	社会旅馆
592	成都星辰寓站公寓式酒店	成都市青羊区西大街1号新城市广场A栋2单元7楼7–15号	青羊区	社会旅馆
593	青羊区金成商务酒店	成都市青羊区宁夏街213号	青羊区	社会旅馆
594	青羊区新汇鑫商务酒店	成都市青羊区牧电路新19号	青羊区	社会旅馆
595	中国铁路物资成都公司八宝大酒店	成都市青羊区八宝街28号	青羊区	社会旅馆
596	青羊区梦之阁酒店	成都市青羊区北东街38号通亚大厦	青羊区	社会旅馆
597	成都市叁德酒店	成都市青羊区培风横街259号2栋1号3楼	青羊区	社会旅馆
598	成都市三佳商务酒店	成都市青羊区东城根南街19号	青羊区	社会旅馆
599	青羊区米途酒店	成都市青羊区同心路1号	青羊区	社会旅馆
600	成都柒间房格调酒店	成都市青羊区金凤路7号	青羊区	社会旅馆
601	蓉都商务酒店	成都市青羊区培风东街296号4楼	青羊区	社会旅馆
602	大同金满堂酒店	成都市青羊区青华路59号金满堂国际酒店内	青羊区	社会旅馆
603	成都光华商务酒店	成都市青羊区光华村街85号附310号	青羊区	社会旅馆
604	成都市美之星商务酒店	成都市青羊区将军街5号	青羊区	社会旅馆
605	青羊区星豪鸿酒店	成都市青羊区正府街172号4楼	青羊区	社会旅馆
606	青羊区时尚凯悦商务酒店	成都市青羊区清江东路314号	青羊区	社会旅馆

续表

序号	酒店名称	酒店地址	区域	酒店类型
607	青羊区鑫紫都酒店	成都市青羊区玉宇路882号2层	青羊区	社会旅馆
608	成都恒瑞商务有限公司//商务酒店	成都市青羊区西大街131号	青羊区	社会旅馆
609	青羊区缘点酒店	成都市青羊区东通顺街4号	青羊区	社会旅馆
610	青羊区鑫品酒店	成都市青羊区二环路西二段84号1栋2层	青羊区	社会旅馆
611	青羊区喜洋洋商务酒店	成都市青羊区西玉龙街207号附5号	青羊区	社会旅馆
612	青羊区颖圣商务酒店	成都市青羊区光华村家园路8号大地新光华广场A1-8楼17号	青羊区	社会旅馆
613	奥汀花园酒店	成都市青羊区清江东路3号	青羊区	社会旅馆
614	成都富翔酒店	成都市青羊区一环路西二段18号	青羊区	社会旅馆
615	天仁大酒店	成都市青羊区金牛区三洞桥路18号	青羊区	社会旅馆
616	成都七间房格调酒店	成都市青羊区金凤路7号	青羊区	社会旅馆
617	成都蓉都商务酒店	成都市青羊区培风东街296号	青羊区	社会旅馆
618	成都丽晶商务酒店	成都市青羊区苏坡中路113号	青羊区	社会旅馆
619	成都基准酒店	成都市青羊区光华东三路486号中铁西城四栋3楼	青羊区	社会旅馆
620	成都逸豪酒店	成都市青羊区金阳路390号	青羊区	社会旅馆
621	成都新通惠酒店	成都市青羊区青华路15号	青羊区	社会旅馆
622	成都金运假日酒店	成都市青羊区大庆路93号	青羊区	社会旅馆
623	成都西苑酒店	成都市青羊区浣花南路306号	青羊区	社会旅馆
624	成都豪客酒店	成都市青羊区双清南路7号	青羊区	社会旅馆
625	成都欧蓝酒店	成都市青羊区浣花北路8号附4号	青羊区	社会旅馆
626	成都思达太空舱酒店	成都市青羊区金河路63号附1号	青羊区	社会旅馆
627	成都文家新城酒店	成都市青羊区兴业街289	青羊区	社会旅馆
628	成都香槟酒店	成都市青羊区光华大道南三路88号	青羊区	社会旅馆
629	嘉好弗斯达酒店	成都市青羊区太升北路9号	青羊区	社会旅馆
630	成都君腾假日酒店	成都市青羊区太升北路小关庙街狮马路68号	青羊区	社会旅馆
631	成都梦之阁酒店	成都市青羊区北东街38号	青羊区	社会旅馆
632	天府阳光酒店	成都市青羊区太升北路2号安国酒店内	青羊区	社会旅馆
633	文禧时代酒店	成都市青羊区华兴上街1号总府路29号	青羊区	社会旅馆
634	佳季精品酒店	成都市青羊区文武路金丝街7号	青羊区	社会旅馆
635	望园连锁成都光大国际大酒店	成都市青羊区上升街10号	青羊区	社会旅馆
636	成都世家仙境足疗会所酒店	成都市青羊区金阳路388号	青羊区	社会旅馆
637	成都长生源酒店	成都市青羊区西胜街29号	青羊区	社会旅馆

续表

序号	酒店名称	酒店地址	区域	酒店类型
638	成都蓉城假日酒店	成都市青羊区人民中路二段正府街77号	青羊区	社会旅馆
639	成都市豪丽酒店	成都市青羊区德盛路34号	青羊区	社会旅馆
640	缤纷假日酒店	成都市青羊区白丝街2号	青羊区	社会旅馆
641	金珠玉沙酒店	成都市青羊区玉沙路132号	青羊区	社会旅馆
642	成都马瑞卡都市酒店	成都市青羊区文武路42号新时代广场B座	青羊区	社会旅馆
643	蜀风园大酒店	成都市青羊区长顺上街125号	青羊区	社会旅馆
644	成都锦尚花酒店	成都市青羊区东城根下街71号	青羊区	社会旅馆
645	成都鑫锦商务酒店	成都市青羊区同心路175号1楼大厅	青羊区	社会旅馆
646	成都敦煌国际酒店	成都市青羊区新华大道通锦桥路67号	青羊区	社会旅馆
647	成都泸天化酒店	成都市青羊区上同仁路1号	青羊区	社会旅馆
648	成都南禾酒店	成都市青羊区上池正街28号	青羊区	社会旅馆
649	成都时尚凯宜酒店	成都市青羊区清江东路314号	青羊区	社会旅馆
650	三普商务酒店	成都市青羊区文庙后街80号	青羊区	社会旅馆
651	成都锦倌酒店	成都市青羊区锦里西路96号附10号	青羊区	社会旅馆
652	星程百花世家酒店	成都市青羊区琴台路3号附10号百花世家酒店	青羊区	社会旅馆
653	成都西御商务酒店	成都市青羊区西御街8号	青羊区	社会旅馆
654	国栋国际大酒店	成都市青羊区陕西街195号	青羊区	社会旅馆
655	成都波特假日酒店	成都市青羊区锦里东路18号	青羊区	社会旅馆
656	金色柠檬酒店	成都市青羊区洗面桥横街31号	青羊区	社会旅馆
657	成都富力丽思卡尔顿酒店	成都市青羊区富力市青羊区顺城大街269号	青羊区	社会旅馆
658	成都怡德酒店	成都市青羊区解放路二段二水巷23号	青羊区	社会旅馆
659	成都宇豪罗曼大酒店	成都市青羊区人民中路二段22号	青羊区	社会旅馆
660	圣达酒店	成都市青羊区苏坡东路12号圣达酒店	青羊区	社会旅馆
661	成都博今酒店	成都市青羊区青华路20号	青羊区	社会旅馆
662	成都木兰大酒店	成都市青羊区光华人道光华西三路30号	青羊区	社会旅馆
663	成都天韵商务酒店	成都市青羊区金阳路14号	青羊区	社会旅馆
664	成都康定红酒店	成都市青羊区光华大道瑞联路169号	青羊区	社会旅馆
665	成都A+阿波罗商务酒店	成都市青羊区光华村街44号大地新光华广场A3幢	青羊区	社会旅馆
666	成都VIP假日酒店	成都市青羊区贝森路33号	青羊区	社会旅馆
667	成都锦上观商务酒店	成都市青羊区二环路西二段86号	青羊区	社会旅馆

续表

序号	酒店名称	酒店地址	区域	酒店类型
668	太阳花酒店	成都市青羊区太升南路康庄街12号	青羊区	社会旅馆
669	成都西恒都酒店	成都市青羊区二环路二段87号	青羊区	社会旅馆
670	成都瑞尔酒店	成都市青羊区二环路西二段10-1号	青羊区	社会旅馆
671	成都瑞思博雅酒店	成都市青羊区西二道街35号	青羊区	社会旅馆
672	九龙怡家酒店	成都市青羊区新华大道玉沙路92号	青羊区	社会旅馆
673	天府美丽华酒店	成都市青羊区万福桥武都路15号	青羊区	社会旅馆
674	派瑞·酒店	成都市青羊区一环路西一段168号	青羊区	社会旅馆
675	成都通顺商旅大酒店	成都市青羊区通顺桥街69号	青羊区	社会旅馆
676	成都宏轩商务酒店	成都市青羊区牧电路7号附4号	青羊区	社会旅馆
677	千禧大酒店	成都市青羊区一环路西一段119号	青羊区	社会旅馆
678	九和·嘉阳商务酒店	成都市青羊区清江东路168号	青羊区	社会旅馆
679	成都林恩国际酒店	成都市青羊区提督街1号	青羊区	社会旅馆
680	中圳商务酒店	成都市青羊区西安中路41号	青羊区	社会旅馆
681	成都米兰风尚酒店	成都市青羊区芳邻路2号	青羊区	社会旅馆
682	成都光大华堂酒店	成都市青羊区梓潼街37号	青羊区	社会旅馆
683	至尚花园酒店	成都市青羊区富力天汇西北门空中停车场入口	青羊区	社会旅馆
684	成都至尚花园酒店	成都市青羊区御河沿街12号	青羊区	社会旅馆
685	成都金芳源大酒店	成都市青羊区二环路西二段81号	青羊区	社会旅馆
686	成都锦城美丽华酒店	成都市青羊区北校场西路10号	青羊区	社会旅馆
687	成都楚天君临酒店	成都市青羊区大庆路2号	青羊区	社会旅馆
688	成都圣瑞大酒店	成都市青羊区人民东路48号四川物资大厦	青羊区	社会旅馆
689	草堂名月酒店	成都市青羊区青华路35号	青羊区	社会旅馆
690	成都如意168酒店	成都市青羊区一环路西二段13号	青羊区	社会旅馆
691	成都西姆锦韵酒店	成都市青羊区人民南路一段118号	青羊区	社会旅馆
692	成都萃联酒店	成都市青羊区石人南路2号	青羊区	社会旅馆
693	成都国光酒店	成都市青羊区十二桥路30号	青羊区	社会旅馆
694	成都园轩酒店	成都市青羊区同诚路416号	青羊区	社会旅馆
695	成都一品三国文化酒店	成都市青羊区西大街同心路39号	青羊区	社会旅馆
696	成都米途酒店	成都市青羊区同心路1号正黄金域国际2单元	青羊区	社会旅馆
697	成都旅游酒店	成都市青羊区玉沙路132号	青羊区	社会旅馆
698	成都叁德商务酒店	成都市青羊区培风横街259号武青路光华大道一段	青羊区	社会旅馆

续表

序号	酒店名称	酒店地址	区域	酒店类型
699	成都舒雅商务酒店	成都市青羊区北大街19号	青羊区	社会旅馆
700	成都憩园大酒店	成都市青羊区太升北路正通顺街86号	青羊区	社会旅馆
701	成都世纪公寓酒店	成都市青羊区人民中路二段70号	青羊区	社会旅馆
702	成都缤纷假日城市休闲酒店	成都市青羊区白丝街	青羊区	社会旅馆
703	成都帝盛君豪酒店	成都市青羊区西玉龙街168号	青羊区	社会旅馆
704	成都市瑞高酒店	成都市青羊区家园路32号	青羊区	社会旅馆
705	四川碧海云天酒店	成都市青羊区蜀辉路477号	青羊区	社会旅馆
706	青羊区檀溪休闲酒店	成都市青羊区清溪西路40号	青羊区	乡村酒店
707	成都金银山客栈	成都市青羊区磨西镇中国石化加油站北200米路口西50米路北	青羊区	乡村酒店
708	成都晚安休闲公寓文殊二店	成都市青羊区北大街88号天盛大都汇	青羊区	乡村酒店

金牛区旅游住宿业单位名单

序号	酒店名称	酒店地址	区域	酒店类型
1	成都西藏饭店	成都市金牛区人民北路10号	金牛区	五星级酒店
2	成都迎宾一号酒店	成都市金牛区迎宾大道中段金科东路38号	金牛区	四星级酒店
3	润邦国际酒店	成都市金牛区蜀汉路249号	金牛区	四星级酒店
4	四川铁道大酒店	成都市金牛区人民北路二段9号	金牛区	四星级酒店
5	喜马拉雅酒店	成都市金牛区二环路北一段8号	金牛区	四星级酒店
6	成都宇豪金港湾酒店	成都市金牛区二环路西三段119号	金牛区	四星级酒店
7	四川芙蓉丽庭酒店	成都市金牛区火车北站西二路17号	金牛区	四星级酒店
8	成都天仁大酒店	成都市金牛区三洞桥路18号	金牛区	四星级酒店
9	香溪宾馆	成都市金牛区解放北路一段田家巷5号	金牛区	三星级酒店
10	成都天湖宾馆	成都市金牛区五丁路17号	金牛区	三星级酒店
11	成都白芙蓉宾馆	成都市金牛区营门路107号	金牛区	三星级酒店
12	成都阳光酒店	成都市金牛区星辉东路10号	金牛区	三星级酒店
13	九寨沟饭店	成都市金牛区二环路西三段30号	金牛区	三星级酒店
14	喀秋莎大饭店	成都市金牛区解放路二段237号	金牛区	三星级酒店
15	明珠国际酒店	成都市金牛区解放路二段329号	金牛区	三星级酒店
16	成都大酒店	成都市金牛区人民北路二段29号	金牛区	三星级酒店
17	攀钢大酒店	成都市金牛区一环路北三段167号	金牛区	二星级酒店
18	金牛山庄	成都市金牛区茶店子金牛坝路9号	金牛区	二星级酒店
19	成都铁路酒店	成都市金牛区火车北站西二段西北桥东街4号	金牛区	二星级酒店

续表

序号	酒店名称	酒店地址	区域	酒店类型
20	鑫怡家连锁酒店黄金花园店	成都市金牛区茶店子路399号	金牛区	商务连锁型酒店
21	成都凯文马瑞卡酒店	成都市金牛区沙湾东二路1号	金牛区	商务连锁型酒店
22	7天连锁酒店成都西大街店	成都市金牛区三洞桥路19号国贸广场13楼	金牛区	商务连锁型酒店
23	凯宾酒店嘉园店	成都市金牛区一环路西三段31号	金牛区	商务连锁型酒店
24	天府丽都商务酒店成都交大店	成都市金牛区圃园北路1号锦西国际\\2号	金牛区	商务连锁型酒店
25	速8酒店成都营门口立交店	成都市金牛区营门口路272号	金牛区	商务连锁型酒店
26	99旅馆成都一品天下店	成都市金牛区一品天下大街236号附11号	金牛区	商务连锁型酒店
27	汉庭酒店永陵路店	成都市金牛区永陵路68号	金牛区	商务连锁型酒店
28	7天连锁酒店成都宽窄巷子温哥华广场店	成都市金牛区一环路西三段7号附21号四川电大旁西月大厦3层	金牛区	商务连锁型酒店
29	99旅馆营门口店	成都市金牛区营门口立交桥东251号民光商厦2楼	金牛区	商务连锁型酒店
30	7天连锁酒店成都火车北站万达广场店	成都市金牛区北站东1路6号	金牛区	商务连锁型酒店
31	汉庭酒店成都梁家巷店	成都市金牛区解放路一段2号	金牛区	商务连锁型酒店
32	如家快捷酒店梁家巷解放路店	成都市金牛区解放路一段73号	金牛区	商务连锁型酒店
33	如家快捷酒店成都梁家巷北门车站店	成都市金牛区一环路北四段191号	金牛区	商务连锁型酒店
34	7天连锁酒店火车北站荷花池店	成都市金牛区解放路一段202号附12号	金牛区	商务连锁型酒店
35	7天连锁酒店成都火车北站广场店	成都市金牛区火车北站东一路87号	金牛区	商务连锁型酒店
36	如家快捷酒店成都西门环球广场店	成都市金牛区一环路北一段61号	金牛区	商务连锁型酒店
37	7天连锁酒店成都通锦桥店	成都市金牛区马家花园路3号4楼	金牛区	商务连锁型酒店
38	布丁酒店成都抚琴店	成都市金牛区一环路西三段110号	金牛区	商务连锁型酒店
39	7天连锁酒店成都西门店	成都市金牛区金沙路15号	金牛区	商务连锁型酒店
40	7天连锁酒店成都火车北站店	成都市金牛区北站西二路30号	金牛区	商务连锁型酒店
41	汉庭酒店一品天下店	成都市金牛区蜀汉路289号	金牛区	商务连锁型酒店
42	好逸舒泊酒店成都迎宾店	成都市金牛区迎宾大道123号	金牛区	商务连锁型酒店
43	如家快捷酒店成都通锦桥店	成都市金牛区通锦桥路66号	金牛区	商务连锁型酒店
44	7天连锁酒店成都五块石店	成都市金牛区蓉北商贸大道28号	金牛区	商务连锁型酒店

续表

序号	酒店名称	酒店地址	区域	酒店类型
45	全季成都酒店	成都市金牛区蜀西路46号盛大国际广场	金牛区	商务连锁型酒店
46	成都凯宾酒店营门口店	成都市金牛区营门口路48号	金牛区	商务连锁型酒店
47	安逸158连锁成都抚琴店	成都市金牛区一环路西三段138号	金牛区	商务连锁型酒店
48	成都嘉好弗斯达快捷酒店梁家巷店	成都市金牛区一环路北四段102号	金牛区	商务连锁型酒店
49	写庭阁圣马罗酒店	成都市金牛区蜀汉路189号	金牛区	商务连锁型酒店
50	99旅馆抚琴西路二店	成都市金牛区抚琴西路250号	金牛区	商务连锁型酒店
51	7天连锁酒店成都蜀汉路东地铁站店	成都市金牛区抚琴西路228号	金牛区	商务连锁型酒店
52	成都锦江之星酒店	成都市金牛区文华路23号	金牛区	商务连锁型酒店
53	汉庭酒店蜀汉店	成都市金牛区蜀蓉路38号	金牛区	商务连锁型酒店
54	99旅馆蜀汉路店	成都市金牛区蜀汉路532号	金牛区	商务连锁型酒店
55	成都巴斯顿酒店欢乐谷店	成都市金牛区盛兴路256号D区17栋3楼	金牛区	商务连锁型酒店
56	成都嘉立连锁酒店青羊店	成都市金牛区青羊小区东一路11号	金牛区	商务连锁型酒店
57	成都凤凰御庭酒店蜀北店	成都市金牛区梁家巷平福路46号1单元	金牛区	商务连锁型酒店
58	成都锦江之星酒店	成都市金牛区金仙桥路5号	金牛区	商务连锁型酒店
59	布丁酒店成都新城市广场金仙桥店	成都市金牛区金仙桥路1号	金牛区	商务连锁型酒店
60	玖玖旅馆股份有限公司成都金府路店	成都市金牛区金府路248号	金牛区	商务连锁型酒店
61	成都市七天酒店管理有限公司槐树街店	成都市金牛区槐树街67号	金牛区	商务连锁型酒店
62	玖玖旅馆管理有限公司成都抚琴西路二店	成都市金牛区抚琴西路250号	金牛区	商务连锁型酒店
63	四川七天酒店管理有限公司	成都市金牛区抚琴西路227号	金牛区	商务连锁型酒店
64	成都锦江之星酒店	成都市金牛区二环路西三段26号	金牛区	商务连锁型酒店
65	成都嘉好·品家快捷酒店高笋塘店	成都市金牛区二环路北四段41号	金牛区	商务连锁型酒店
66	嘉立酒店北站店	成都市金牛区二环路北三段355号	金牛区	商务连锁型酒店
67	如家快捷酒店成都火车北站荷花池店	成都市金牛区二环路北三段130号	金牛区	商务连锁型酒店
68	如家快捷酒店成都火车北站广场店	成都市金牛区二环路北二段8号	金牛区	商务连锁型酒店
69	如家快捷酒店成都火车站店	成都市金牛区二环路北二段85号	金牛区	商务连锁型酒店
70	成都嘉好·弗斯达酒店人民北路店	成都市金牛区成华西街2号	金牛区	商务连锁型酒店
71	成都时代金宇酒店有限公司蜀汉路分公司	成都市金牛区蜀汉路218号	金牛区	商务连锁型酒店

续表

序号	酒店名称	酒店地址	区域	酒店类型
72	成都泰逸酒店有限公司	成都市金牛区蜀汉路209号	金牛区	商务连锁型酒店
73	小憩驿站酒店夏威夷店	成都市金牛区西二道街18号金色夏威夷写字楼8层	金牛区	商务连锁型酒店
74	天府丽都商务酒店九里堤店	成都市金牛区九里堤中路223号	金牛区	商务连锁型酒店
75	星豪鸿连锁酒店沙湾路交大店	成都市金牛区二环路北一段34号西南大厦3楼	金牛区	商务连锁型酒店
76	成都怡家商务酒店	成都市金牛区蜀汉路235号	金牛区	商务连锁型酒店
77	成都凯优威尔酒店交大店	成都市金牛区交大路174号西南交通大学西门处	金牛区	商务连锁型酒店
78	城市客栈成都欢乐谷店	成都市金牛区沙西线西华大道6号	金牛区	社会旅馆
79	凯格酒店西体路	成都市金牛区西体路1号	金牛区	社会旅馆
80	加州派商务酒店成都沙湾店	成都市金牛区二环路北一段14号	金牛区	社会旅馆
81	希恩国际酒店	成都市金牛区同和路1号	金牛区	社会旅馆
82	凯丽假日酒店	成都市金牛区蜀兴西街16号	金牛区	社会旅馆
83	金满地酒店	成都市金牛区金科北路48号	金牛区	社会旅馆
84	成都市和谐酒店管理有限公司沙河源分店	成都市金牛区甘泉路5号	金牛区	社会旅馆
85	晶山假日酒店	成都市金牛区迎宾大道金耀路160号	金牛区	社会旅馆
86	成都博力假日酒店	成都市金牛区迎宾大道兴盛东路2号	金牛区	社会旅馆
87	快乐驿站	成都市金牛区九里堤中路223号	金牛区	社会旅馆
88	华铁酒店	成都市金牛区驷马桥街道二环路北三段212号	金牛区	社会旅馆
89	四川省隆昌县济世药业有限公司成办招待所	成都市金牛区西二路33号	金牛区	社会旅馆
90	成都市群星宾馆有限责任公司	成都市金牛区群星路1号铁五局宿舍	金牛区	社会旅馆
91	成都优居酒店管理有限公司	成都市金牛区二环路北一段15号	金牛区	社会旅馆
92	成都市六天快捷酒店有限公司	成都市金牛区金府路248号	金牛区	社会旅馆
93	成都西尚酒店管理有限公司	成都市金牛区二环路西三段47号	金牛区	社会旅馆
94	成都锦西宾馆	成都市金牛区通锦路1号附8号	金牛区	社会旅馆
95	成都帝伦大酒店	成都市金牛区西安北路110号	金牛区	社会旅馆
96	成都坤豪酒店管理有限公司	成都市金牛区二环路西三段133号	金牛区	社会旅馆
97	成都华铁餐饮有限公司第二招待所	成都市金牛区一环路北四段201号	金牛区	社会旅馆
98	金牛区来发旅馆	成都市金牛区一环路北四段168号	金牛区	社会旅馆
99	京蓉宾馆	成都市金牛区二环路北三段108号	金牛区	社会旅馆

续表

序号	酒店名称	酒店地址	区域	酒店类型
100	成都傣家风情餐饮娱乐中心城隍庙旅馆	成都市金牛区城隍东巷53号	金牛区	社会旅馆
101	鑫宏源招待所	成都市金牛区银河北街2号4楼	金牛区	社会旅馆
102	金牛区福客来旅店	成都市金牛区一品天下大街A区	金牛区	社会旅馆
103	金牛区鑫佳缘旅店	成都市金牛区金房苑东路13号	金牛区	社会旅馆
104	成都锦瑞丰实业股份有限公司城北饭店	成都市金牛区火车北站东二路22号	金牛区	社会旅馆
105	成都格林普兰特投资有限公司	成都市金牛区黄忠大道A段一品天下A区5幢7楼1-8号	金牛区	社会旅馆
106	成都军区第三招待所四分所	成都市金牛区花牌坊街148号	金牛区	社会旅馆
107	成都翡翠宾馆有限公司	成都市金牛区花牌坊157号	金牛区	社会旅馆
108	成都万里客商务旅店有限公司	成都市金牛区红花北路23号	金牛区	社会旅馆
109	成都城北兴达招待所	成都市金牛区荷花池路56号	金牛区	社会旅馆
110	金牛区三有旅馆	成都市金牛区抚琴西路128号	金牛区	社会旅馆
111	金牛区航宇旅店	成都市金牛区抚琴西路115号3楼	金牛区	社会旅馆
112	成都市抚西接待站	成都市金牛区抚琴西路109号	金牛区	社会旅馆
113	新疆独山子石油化工总厂成都市玛依塔柯宾馆	成都市金牛区抚琴西北街6号	金牛区	社会旅馆
114	成都锦丰实业股份有限公司城北饭店	成都市金牛区东二路22号	金牛区	社会旅馆
115	金牛区红日商务旅馆	成都市金牛区茶店子正街29号	金牛区	社会旅馆
116	海装成都招待所	成都市金牛区茶店子五里墩支路194号	金牛区	社会旅馆
117	金牛区佳乐旅馆	成都市金牛区茶店子横街25号	金牛区	社会旅馆
118	成都天奥商务服务有限责任公司	成都市金牛区茶店子东街48号	金牛区	社会旅馆
119	金牛区聚源旅馆	成都市金牛区茶店子北街2号2楼	金牛区	社会旅馆
120	成都华成美家乐商务有限公司	成都市金牛区北站西二路46号	金牛区	社会旅馆
121	月亮岛宾馆	成都市金牛区二环路北二段197号	金牛区	社会旅馆
122	金牛区馨莱旅店	成都市金牛区长庆路1号18幢1单元2楼附24号	金牛区	社会旅馆
123	金牛区佳运来旅馆	成都市金牛区长庆路10号附38号	金牛区	社会旅馆
124	成都市金牛区润丰旅馆	成都市金牛区站西桥西街4号	金牛区	社会旅馆
125	成都西铁房建招待所	成都市金牛区站西桥西街30号附16号	金牛区	社会旅馆
126	成都市金牛区五块石旅馆	成都市金牛区站西桥西街26号	金牛区	社会旅馆
127	成都铁路服装厂商贸公司招待所	成都市金牛区站西桥西街10号	金牛区	社会旅馆

续表

序号	酒店名称	酒店地址	区域	酒店类型
128	尚客旅馆	成都市金牛区站西桥东巷9号	金牛区	社会旅馆
129	成都市金牛区沁园住宿	成都市金牛区站西桥东巷8号	金牛区	社会旅馆
130	中铁八局集团成都华飞商贸有限公司华飞旅馆	成都市金牛区站西桥东路16号	金牛区	社会旅馆
131	成都市603信箱招待所	成都市金牛区站西桥东街7号	金牛区	社会旅馆
132	铁道部资阳内燃机工厂成都办事处招待所	成都市金牛区站西桥东街6号	金牛区	社会旅馆
133	九一资产管理有限公司	成都市金牛区站西桥东街229号	金牛区	社会旅馆
134	金牛区晨风招待所	成都市金牛区站前路56号	金牛区	社会旅馆
135	四川西南铁路国际旅行总社称呼火车站分公司	成都市金牛区站前路110号	金牛区	社会旅馆
136	四川物探实鑫宾馆	成都市金牛区枣子巷15号	金牛区	社会旅馆
137	金牛区蓉福旅馆	成都市金牛区枣子巷15号	金牛区	社会旅馆
138	缘园	成都市金牛区育才路附近	金牛区	社会旅馆
139	成都铁路局文化体育活动中心	成都市金牛区玉局庵西路4号	金牛区	社会旅馆
140	成都展宏宾馆	成都市金牛区玉局庵东路1号3栋3层	金牛区	社会旅馆
141	成都巨洋三友宾馆有限公司	成都市金牛区永陵路64号	金牛区	社会旅馆
142	金牛区鑫运旅馆	成都市金牛区营门口路439号	金牛区	社会旅馆
143	金虹圣露餐饮有限公司	成都市金牛区营门口路305号	金牛区	社会旅馆
144	成都广元宾馆	成都市金牛区营门口金房苑西路2号	金牛区	社会旅馆
145	岷江饭店二环路北一段	成都市金牛区营门口二环路北一段209号	金牛区	社会旅馆
146	成都兴信商务服务有限公司	成都市金牛区营康西路493号	金牛区	社会旅馆
147	四威苑宾馆	成都市金牛区营康西路489号	金牛区	社会旅馆
148	金牛区富豪招待所	成都市金牛区营和街69号	金牛区	社会旅馆
149	金牛区彬星旅馆	成都市金牛区一环路西三段24号	金牛区	社会旅馆
150	成都市抚琴宾馆	成都市金牛区一环路西三段211号	金牛区	社会旅馆
151	成都市金牛区来福旅馆	成都市金牛区一环路西三段16号附4号	金牛区	社会旅馆
152	金牛区联合旅馆	成都市金牛区一环路西三段13号	金牛区	社会旅馆
153	成都市金牛区新驿旅馆	成都市金牛区一环路西三段110号	金牛区	社会旅馆
154	机械宾馆	成都市金牛区一环路东四段14号机械宾馆7层西南机械大厦1层	金牛区	社会旅馆
155	旅途记忆青年旅社	成都市金牛区一环路北四段211号	金牛区	社会旅馆
156	白云宾馆	成都市金牛区一环路北四段197号	金牛区	社会旅馆
157	涪江旅馆	成都市金牛区一环路北三段顺沙巷8号	金牛区	社会旅馆
158	成都市汽车运输集团公司第二招待所	成都市金牛区一环路北三段77号	金牛区	社会旅馆

续表

序号	酒店名称	酒店地址	区域	酒店类型
159	成都市青羊交通招待所	成都市金牛区杨柳巷8栋	金牛区	社会旅馆
160	成都名庭宾馆	成都市金牛区星辉东路13号2层	金牛区	社会旅馆
161	黔江宾馆	成都市金牛区肖家村三巷9号	金牛区	社会旅馆
162	金牛区红量宾馆	成都市金牛区西体北路8号附1号	金牛区	社会旅馆
163	蓉鑫旅社	成都市金牛区西华街道金泉路54号	金牛区	社会旅馆
164	金牛区御阁旅店	成都市金牛区西安南路124号	金牛区	社会旅馆
165	淳枫园	成都市金牛区土龙路	金牛区	社会旅馆
166	四川京蓉宾馆	成都市金牛区驷马桥街道二环路北三段136号	金牛区	社会旅馆
167	成都市星辰宾馆	成都市金牛区顺沙巷8号	金牛区	社会旅馆
168	成都宜居家庭客栈	成都市金牛区蜀跃东路247号	金牛区	社会旅馆
169	金牛区羊西旅店	成都市金牛区蜀明东路7号	金牛区	社会旅馆
170	光学旅馆	成都市金牛区蜀汉路289号	金牛区	社会旅馆
171	通惠门宾馆	成都市金牛区十二桥路7	金牛区	社会旅馆
172	成都市金牛区六佳旅馆	成都市金牛区商贸大道一段8号2楼	金牛区	社会旅馆
173	金牛区香林旅馆	成都市金牛区商贸大道一段24号	金牛区	社会旅馆
174	金牛区煜林旅馆	成都市金牛区商贸大道一段23号	金牛区	社会旅馆
175	金牛区汇金宾馆	成都市金牛区沙湾路61号	金牛区	社会旅馆
176	金牛区鑫鹏旅馆	成都市金牛区沙河源街道踏水4组	金牛区	社会旅馆
177	金牛区药都招待所	成都市金牛区沙河源古柏村4组	金牛区	社会旅馆
178	金牛区鑫江招待所	成都市金牛区沙河源古柏村4组	金牛区	社会旅馆
179	天奥宾馆	成都市金牛区三环以内茶店子东街48号	金牛区	社会旅馆
180	金玉大饭店	成都市金牛区三环路西五段188号	金牛区	社会旅馆
181	成都市金牛区农贸招待所	成都市金牛区赛云台东一路11号附1号	金牛区	社会旅馆
182	金牛区双财旅馆	成都市金牛区赛云台东二路99号	金牛区	社会旅馆
183	鑫冶宾馆·林业宾馆	成都市金牛区人民北路一段成华西街3–5号	金牛区	社会旅馆
184	成都中铁建西南物资有限公司铁宾饭店	成都市金牛区人民北路二段2号	金牛区	社会旅馆
185	金牛区鑫缘旅馆	成都市金牛区人北一段18号附13号	金牛区	社会旅馆
186	金牛区福客旅馆	成都市金牛区青羊小区东二路127号	金牛区	社会旅馆
187	金牛区鑫穗鑫旅店	成都市金牛区内曹家巷6号	金牛区	社会旅馆
188	成都市金牛区曹家旅馆	成都市金牛区内曹家巷1号	金牛区	社会旅馆
189	金牛区逸憬旅馆	成都市金牛区马鞍东路新5栋	金牛区	社会旅馆
190	金牛区都市阳光旅馆	成都市金牛区九里堤中路二环路北二段269号	金牛区	社会旅馆

续表

序号	酒店名称	酒店地址	区域	酒店类型
191	金牛区鑫发旅馆	成都市金牛区九里堤南路82号	金牛区	社会旅馆
192	阿坝州交通局成都联运站	成都市金牛区金鱼街58号	金牛区	社会旅馆
193	金牛区金仙旅馆	成都市金牛区金仙桥路1号3楼	金牛区	社会旅馆
194	金牛驰宇旅店	成都市金牛区金琴路103号	金牛区	社会旅馆
195	金牛区金和旅馆	成都市金牛区金房苑横街9号	金牛区	社会旅馆
196	成都市全新实业有限公司	成都市金牛区解放西路18号	金牛区	社会旅馆
197	成都鑫万里客商务旅店	成都市金牛区解放路一段192附6号	金牛区	社会旅馆
198	金牛区香榭里旅馆	成都市金牛区交大路188号	金牛区	社会旅馆
199	成都广域君友餐饮娱乐有限公司	成都市金牛区火车北站西一巷7号	金牛区	社会旅馆
200	成都铁路工程集团华飞实业有限责任公司华蓉旅馆	成都市金牛区火车北站西一路125号	金牛区	社会旅馆
201	铁路宾馆	成都市金牛区火车北站西二路西北桥东街4号	金牛区	社会旅馆
202	成都蓉北实业有限责任公司	成都市金牛区火车北站西二路40号	金牛区	社会旅馆
203	成都荷城商贸有限责任公司北荷旅馆	成都市金牛区火车北站东二路16号	金牛区	社会旅馆
204	金牛区明佳旅店	成都市金牛区槐树街84号	金牛区	社会旅馆
205	我爱我家旅馆	成都市金牛区花牌坊街8号	金牛区	社会旅馆
206	成营饭店	成都市金牛区花牌坊街148号	金牛区	社会旅馆
207	安蓉少城住宿部	成都市金牛区花牌坊37号	金牛区	社会旅馆
208	金牛区君仁旅社	成都市金牛区花牌坊131号	金牛区	社会旅馆
209	成都广元宾馆荷花池住宿部	成都市金牛区荷花池东二路	金牛区	社会旅馆
210	成都市鑫雨宾馆	成都市金牛区古柏村1号	金牛区	社会旅馆
211	朝阳旅店	成都市金牛区抚琴西路250号	金牛区	社会旅馆
212	长久旅店	成都市金牛区二环路北一段31号	金牛区	社会旅馆
213	九州宾馆	成都市金牛区二环路北三段361号	金牛区	社会旅馆
214	国营八一四厂成都办事处招待所	成都市金牛区二环路北三段355号	金牛区	社会旅馆
215	亨睿国际青年旅社	成都市金牛区二环路北三段114号	金牛区	社会旅馆
216	成商宾馆	成都市金牛区二环路北二段6号	金牛区	社会旅馆
217	金牛区太阳驿站旅馆	成都市金牛区二环路北二段269号	金牛区	社会旅馆
218	四川西南铁路国际旅行总社锦风宾馆	成都市金牛区二环路北二段12号	金牛区	社会旅馆
219	成都顺达餐饮有限公司	成都市金牛区二环路北二段10号	金牛区	社会旅馆
220	交大镜湖宾馆	成都市金牛区二环路北1段111号交通大学内	金牛区	社会旅馆

续表

序号	酒店名称	酒店地址	区域	酒店类型
221	四川省林业厅招待所	成都市金牛区成华西街5号	金牛区	社会旅馆
222	成都万里客商务旅店有限责任公司	成都市金牛区茶店子正街1号	金牛区	社会旅馆
223	成都市金牛区富余招待所	成都市金牛区茶店子北街17号	金牛区	社会旅馆
224	成都宇豪商务酒店有限公司	成都市金牛区一环路北三段51号	金牛区	社会旅馆
225	成都市金牛区长城宏业酒店有限公司	成都市金牛区站前路53号	金牛区	社会旅馆
226	四川华龙酒店有限责任公司	成都市金牛区营门口路18号	金牛区	社会旅馆
227	成都怡凯酒店有限公司泰至店	成都市金牛区西月城街118号	金牛区	社会旅馆
228	成都鑫然之家酒店有限公司	成都市金牛区泰宏路118号	金牛区	社会旅馆
229	成都泰瑞酒店有限公司	成都市金牛区蜀跃路2号	金牛区	社会旅馆
230	成都格林威斯汀酒店有限公司	成都市金牛区蜀汉路522号	金牛区	社会旅馆
231	成都市柳岸酒店有限公司	成都市金牛区蜀汉路289号	金牛区	社会旅馆
232	成都市喜客来商务酒店有限责任公司	成都市金牛区蜀汉路289号	金牛区	社会旅馆
233	成都市明珠国际酒店有限公司招待所	成都市金牛区人北二段256号	金牛区	社会旅馆
234	成都锦丽假日大酒店有限公司	成都市金牛区金房苑横街76号	金牛区	社会旅馆
235	成都君怡商务酒店有限公司	成都市金牛区光荣西路69号	金牛区	社会旅馆
236	成都世佳时尚商务酒店有限责任公司	成都市金牛区茶店子西街46号	金牛区	社会旅馆
237	佳荣酒店营门口店	成都市金牛区营门口路39号	金牛区	社会旅馆
238	炎金酒店五块石店	成都市金牛区蓉北商贸大道一段24	金牛区	社会旅馆
239	四川省华亭时代酒店经营有限公司	成都市金牛区金仙桥路5号	金牛区	社会旅馆
240	成都瑞欧商务酒店管理有限公司	成都市金牛区银河北街2号	金牛区	社会旅馆
241	成都西南交大镜湖酒店管理有限公司	成都市金牛区二环路北一段111号	金牛区	社会旅馆
242	成都优派酒店管理有限公司	成都市金牛区茶店子路377号	金牛区	社会旅馆
243	成都市索菲斯民族大酒店管理有限公司	成都市金牛区永陵路9号	金牛区	社会旅馆
244	成都市佳荣酒店管理有限公司	成都市金牛区营门口39号	金牛区	社会旅馆
245	成都市和谐酒店管理有限公司	成都市金牛区一环路北三段92号	金牛区	社会旅馆

续表

序号	酒店名称	酒店地址	区域	酒店类型
246	成都时尚金沙酒店管理有限公司	成都市金牛区同和路1号	金牛区	社会旅馆
247	成都市鑫昌奕酒店管理有限公司	成都市金牛区驷马桥街道解放西路1号	金牛区	社会旅馆
248	成都英明酒店管理有限公司	成都市金牛区蜀跃路69号	金牛区	社会旅馆
249	成都赛家英皇酒店管理有限公司黄剑伟	成都市金牛区蜀兴西街187号	金牛区	社会旅馆
250	成都尚品酒店管理有限公司	成都市金牛区蜀汉中路516.518号	金牛区	社会旅馆
251	成都金美辰酒店管理有限公司	成都市金牛区蜀汉路289号	金牛区	社会旅馆
252	成都交大镜湖酒店管理有限责任公司	成都市金牛区九里堤中路146号	金牛区	社会旅馆
253	四川加州壹号酒店管理有限公司	成都市金牛区金沙路15号	金牛区	社会旅馆
254	成都豪亿酒店管理有限公司	成都市金牛区抚琴西路228号	金牛区	社会旅馆
255	成都鑫鸿源精品酒店公寓	成都市金牛区人民北路2号金牛万达广场C区肖三南巷78号	金牛区	社会旅馆
256	豪亿大酒店抚琴店	成都市金牛区成都市金牛区抚琴西路228号	金牛区	社会旅馆
257	金美辰商务酒店一品天下店	成都市金牛区蜀汉路289号	金牛区	社会旅馆
258	成都四海缘酒店抚琴店	成都市金牛区抚琴西路108号	金牛区	社会旅馆
259	金国酒店梁家巷店	成都市金牛区二环路北四段68号	金牛区	社会旅馆
260	格兰威尔酒店阳光地带东	成都市金牛区成都市金牛区蜀光路3号	金牛区	社会旅馆
261	成都尚品酒店-羊西店	成都市金牛区蜀汉路492-494号	金牛区	社会旅馆
262	中源酒店	成都市金牛区一环路北四段164号	金牛区	社会旅馆
263	金典商务酒店	成都市金牛区二环路北二段209号	金牛区	社会旅馆
264	红达中元酒店	成都市金牛区北站西二路32号	金牛区	社会旅馆
265	帝豪商务酒店	成都市金牛区二环路北三段245号1栋	金牛区	社会旅馆
266	成都春天酒店	成都市金牛区二环路北三段21号	金牛区	社会旅馆
267	谢楠铁路房屋建筑公司步升商务酒店	成都市金牛区站前路2号	金牛区	社会旅馆
268	四川攀煤投资有限公司攀煤酒店	成都市金牛区永陵路39号	金牛区	社会旅馆
269	成都乔伊斯商务酒店	成都市金牛区永陵路27号附3号	金牛区	社会旅馆
270	成都捷客酒店	成都市金牛区营门口路39号	金牛区	社会旅馆
271	金丽酒店	成都市金牛区营门口金房苑横街76号	金牛区	社会旅馆
272	瑞程名人酒店	成都市金牛区迎宾大道245号	金牛区	社会旅馆
273	格林普兰特酒店	成都市金牛区一品天下大街A区131号5幢	金牛区	社会旅馆

续表

序号	酒店名称	酒店地址	区域	酒店类型
274	安祺高酒店	成都市金牛区一环路北四段213号	金牛区	社会旅馆
275	金牛区爱丽克思酒店	成都市金牛区一环路北四段112号	金牛区	社会旅馆
276	九和世嘉酒店	成都市金牛区一环路北三段76号	金牛区	社会旅馆
277	成都苏铁阳光酒店	成都市金牛区星辉西路18号	金牛区	社会旅馆
278	凰庭酒店	成都市金牛区西安北路79号	金牛区	社会旅馆
279	兰妹印象酒店	成都市金牛区西安北路5号	金牛区	社会旅馆
280	瑞景大酒店	成都市金牛区五块石蓉北商贸大道1段1号	金牛区	社会旅馆
281	金牛区北新酒店	成都市金牛区王贾路22号	金牛区	社会旅馆
282	成都市丽都维达商务酒店	成都市金牛区驷马桥街道解放路一段108号	金牛区	社会旅馆
283	成都锦宫酒店	成都市金牛区驷马桥街道二环路北三段180号	金牛区	社会旅馆
284	金牛区鑫西景酒店	成都市金牛区蜀兴东街6号	金牛区	社会旅馆
285	金牛区白金御阁酒店	成都市金牛区蜀西路69号	金牛区	社会旅馆
286	金牛区欣御阁酒店	成都市金牛区蜀西路28号	金牛区	社会旅馆
287	金牛区凯丽豪情酒店	成都市金牛区蜀蓉路5号二楼	金牛区	社会旅馆
288	成都丽豪花园商务酒店	成都市金牛区蜀汉路353号	金牛区	社会旅馆
289	上堰酒店	成都市金牛区蜀光路3号	金牛区	社会旅馆
290	金牛区格兰威尔酒店	成都市金牛区蜀光路3号	金牛区	社会旅馆
291	成都宜尚主题酒店	成都市金牛区石灰街71号	金牛区	社会旅馆
292	时代金宇精品酒店	成都市金牛区商贸大道一段9号	金牛区	社会旅馆
293	成都炎金酒店	成都市金牛区商贸大道一段24号	金牛区	社会旅馆
294	成都万鑫源酒店	成都市金牛区沙湾路77号	金牛区	社会旅馆
295	加州花园酒店	成都市金牛区沙湾路258号	金牛区	社会旅馆
296	客美居酒店	成都市金牛区三洞桥路19号	金牛区	社会旅馆
297	皇玛商务酒店	成都市金牛区蓉北商贸大道一段97号	金牛区	社会旅馆
298	川酒大酒店	成都市金牛区蓉北商贸大道二段1号	金牛区	社会旅馆
299	舜喜隆酒店	成都市金牛区人民北路一段8号	金牛区	社会旅馆
300	金麒麟酒店	成都市金牛区人民北路一段25号地矿大厦	金牛区	社会旅馆
301	成都龙成酒店	成都市金牛区人民北路北站西一巷7号	金牛区	社会旅馆
302	成都鑫鑫阳光酒店	成都市金牛区人民北路北二段30号	金牛区	社会旅馆
303	成都霍格华兹酒店	成都市金牛区平福路30号	金牛区	社会旅馆
304	家鑫商务酒店	成都市金牛区马家花园路5号附4号	金牛区	社会旅馆
305	成都川驿酒店	成都市金牛区金牛坝路4号数码港五金机电城内	金牛区	社会旅馆

续表

序号	酒店名称	酒店地址	区域	酒店类型
306	成都金湖精品酒店	成都市金牛区金府路593号	金牛区	社会旅馆
307	金府银座酒店	成都市金牛区金府路593号	金牛区	社会旅馆
308	红花酒店	成都市金牛区解放西路1号附5	金牛区	社会旅馆
309	成都解放路商务酒店	成都市金牛区解放路二段209号	金牛区	社会旅馆
310	福源商务酒店	成都市金牛区交大路174号	金牛区	社会旅馆
311	成都市第四建筑工程公司华成商务酒店	成都市金牛区火车北站西二路46号	金牛区	社会旅馆
312	精通酒店	成都市金牛区花牌坊街95号	金牛区	社会旅馆
313	金牛区瑞庆酒店	成都市金牛区花牌坊171号	金牛区	社会旅馆
314	金牛区金隆酒店	成都市金牛区光荣北路86号附2号	金牛区	社会旅馆
315	金牛区海鹏酒店	成都市金牛区古柏4组	金牛区	社会旅馆
316	成都市斯宾商旅酒店	成都市金牛区公交路2号人民商场3楼	金牛区	社会旅馆
317	金牛区雅鑫阁酒店	成都市金牛区抚琴西路250号	金牛区	社会旅馆
318	格林豪泰成都巴斯比商务酒店	成都市金牛区抚琴西路208号	金牛区	社会旅馆
319	西尚酒店	成都市金牛区二环路西三段47号	金牛区	社会旅馆
320	成都嘉立假日酒店	成都市金牛区二环路北一段2号	金牛区	社会旅馆
321	QQ商务酒店	成都市金牛区二环路北一段72号	金牛区	社会旅馆
322	锦宫酒店	成都市金牛区二环路北三段192号	金牛区	社会旅馆
323	伊丽特酒店	成都市金牛区二环路北三段151号	金牛区	社会旅馆
324	丽豪花园酒店	成都市金牛区成都市金牛区羊犀线蜀汉路353号	金牛区	社会旅馆
325	成都安泰安蓉大酒店	成都市金牛区茶店子正街132号	金牛区	社会旅馆
326	成都通达大酒店	成都市金牛区茶店子东街31–37号	金牛区	社会旅馆
327	成都瑞河酒店	成都市金牛区两河路中国小镇A区555号附57号	金牛区	社会旅馆
328	爱佳商务酒店	成都市金牛区土桥乡金泉路37号	金牛区	社会旅馆
329	成都帝伦大酒店	成都市金牛区西安北路110号	金牛区	社会旅馆
330	成都锦西宾馆	成都市金牛区通锦路1号附8号	金牛区	社会旅馆
331	金牛区绿佳旅馆	成都市金牛区洞子口乡陆家桥村1组	金牛区	乡村酒店
332	成都金玉大饭店有限责任公司	成都市金牛区金牛乡郎家工业开发区	金牛区	乡村酒店
333	荷花山庄荷塘路	成都市金牛区付家碾村8组	金牛区	乡村酒店
334	金牛区众悦旅馆	成都市金牛区二环路北一段237号	金牛区	乡村酒店
335	金牛区致远招待所	成都市金牛区解放路一段158号	金牛区	乡村酒店

续表

序号	酒店名称	酒店地址	区域	酒店类型
336	金牛区知音之家旅馆	成都市金牛区蜀汉路239号	金牛区	乡村酒店
337	金牛区浙商旅店	成都市金牛区乡农寺街59号	金牛区	乡村酒店
338	金牛区沙湾虹桥招待所	成都市金牛区一环路北一段268号	金牛区	乡村酒店
339	通锦商务旅馆	成都市金牛区金仙桥路22号	金牛区	乡村酒店
340	金牛区蓉栖旅馆	成都市金牛区抚琴西路131号2楼	金牛区	乡村酒店
341	好怡佳商务旅店	成都市金牛区群星路272号	金牛区	乡村酒店
342	锦都宾馆	成都市金牛区商贸大道一段20号	金牛区	乡村酒店
343	中国人民解放军驻成都铁路局军事代表办事处机关招待所	成都市金牛区北站西二巷2号	金牛区	乡村酒店
344	鑫马商务旅店	成都市金牛区花牌坊街70号	金牛区	乡村酒店
345	成都铁路宏运宾馆	成都市金牛区肖四巷13号	金牛区	乡村酒店
346	成都市金牛区瑞鑫旅馆	成都市金牛区驷马桥街道成彭路1栋2楼5号附20号	金牛区	乡村酒店
347	金牛区金玲珑旅馆	成都市金牛区交大路222号	金牛区	乡村酒店
348	成都力华时代酒店	成都市金牛区西安北路95号	金牛区	乡村酒店
349	金牛区金丽旅店	成都市金牛区银沙南街28号	金牛区	乡村酒店
350	四川省冶金招待所	成都市金牛区成华西街3号	金牛区	乡村酒店
351	君悦旅馆	成都市金牛区解放路二段329号	金牛区	乡村酒店
352	金牛区尚美捷旅店	成都市金牛区清河淳风A区4号楼2栋	金牛区	乡村酒店
353	成都明珠国际酒店	成都市金牛区解放路二段329号	金牛区	乡村酒店
354	成都市金牛区嘉诚酒店	成都市金牛区石灰街45号	金牛区	乡村酒店
355	成都市金牛区晶晶第三招待所	成都市金牛区人民北路二段264号	金牛区	乡村酒店
356	成都市金府昇华台大酒店有限责任公司	成都市金牛区金府路833号	金牛区	乡村酒店
357	四川锦城君逸酒店有限公司	成都市金牛区金府路666号	金牛区	乡村酒店
358	成都市金牛区鑫亮旅馆	成都市金牛区白马寺街16号	金牛区	乡村酒店
359	金牛区万里客旅馆	成都市金牛区一环路西三段7号附15号	金牛区	乡村酒店
360	金牛区合缘酒店	成都市金牛区茶店子东街109号	金牛区	乡村酒店
361	品家商务酒店	成都市金牛区交大路189号	金牛区	乡村酒店
362	成都傣家风情餐饮娱乐中心	成都市金牛区西华街道侯家小区	金牛区	乡村酒店
363	365天商务酒店	成都市金牛区交大路191号	金牛区	乡村酒店
364	金牛区两河岸旅店	成都市金牛区非物质文化遗产公园A区4组3号	金牛区	乡村酒店
365	金牛区宜家喜旅店	成都市金牛区金府路218号3楼	金牛区	乡村酒店
366	成都红达酒店管理有限公司	成都市金牛区人民北路二段269号	金牛区	乡村酒店

续表

序号	酒店名称	酒店地址	区域	酒店类型
367	冰川招待所	成都市金牛区文化路18号	金牛区	乡村酒店
368	成都金牛区炫彩酒店管理咨询服务部	成都市金牛区蜀汉路426号	金牛区	乡村酒店
369	四川省经贸招待所	成都市金牛区成华街5号	金牛区	乡村酒店
370	成都傣家风情餐饮娱乐中心西北旅馆	成都市金牛区白马寺街65号	金牛区	乡村酒店
371	成都锦秀大酒店	成都市金牛区青西路2号	金牛区	乡村酒店
372	福喜会餐饮有限公司	成都市金牛区	金牛区	乡村酒店
373	李家庄	成都市金牛区	金牛区	乡村酒店
374	何氏惠园	成都市金牛区	金牛区	乡村酒店
375	红房子美食休闲村	成都市金牛区	金牛区	乡村酒店
376	任家休闲餐饮店	成都市金牛区	金牛区	乡村酒店

武侯区旅游住宿业单位名单

序号	酒店名称	酒店地址	区域	酒店类型
1	成都明宇尚雅饭店	成都市武侯区临江西路1号	武侯区	五星级酒店
2	成都凯宾斯基饭店	成都市武侯区人民南路四段42号	武侯区	五星级酒店
3	成都波尔菲特酒店	成都市武侯区佳灵路75号	武侯区	四星级酒店
4	向阳大厦宾馆	成都市武侯区二环路南二段23号	武侯区	四星级酒店
5	成都峨眉山饭店	成都市武侯区洗面桥街10号	武侯区	三星级酒店
6	成都和润商务酒店	成都市武侯区二环路南四段46号	武侯区	三星级酒店
7	川音爱乐酒店	成都市武侯区一环路南一段47号	武侯区	三星级酒店
8	康定酒店	成都市武侯区武侯祠横街2号	武侯区	三星级酒店
9	成都华西天使宾馆	成都市武侯区电信南街10号	武侯区	三星级酒店
10	蜀峰花园酒店	成都市武侯区武侯祠大街232号	武侯区	三星级酒店
11	成都心族宾馆	成都市武侯区人民南路四段34号	武侯区	三星级酒店
12	成都市交通饭店	成都市武侯区新南门临江路6号	武侯区	二星级酒店
13	圣地阳光宾馆	成都市武侯区洗面桥横街10号	武侯区	二星级酒店
14	地税瑞丰苑宾馆	成都市武侯区新南路3号	武侯区	二星级酒店
15	四川社保宾馆	成都市武侯区西大街258号	武侯区	二星级酒店
16	滴水琴大酒店	成都市武侯区武侯大道18号	武侯区	二星级酒店
17	雷剑宾馆	成都市武侯区武侯祠大街87号	武侯区	二星级酒店
18	成都好逸佳酒店	成都市武侯区一环路南三段玉林北街1号	武侯区	商务连锁型酒店
19	成都好逸佳商务酒店	成都市武侯区玉林北街1号	武侯区	商务连锁型酒店
20	成都凯宾斯基饭店	成都武侯区人民南路4段42号	武侯区	商务连锁型酒店

续表

序号	酒店名称	酒店地址	区域	酒店类型
21	如家快捷酒店成都武侯祠店	成都市武侯区通祠路8号	武侯区	商务连锁型酒店
22	成都海伦酒店双楠店	成都市武侯区晋吉南路59号双楠格调1号楼	武侯区	商务连锁型酒店
23	7天连锁酒店成都大石西路店	成都市武侯区大石西路39号	武侯区	商务连锁型酒店
24	成都海龟公寓竹苑店	成都市武侯区棕竹街竹苑巷5号	武侯区	商务连锁型酒店
25	成都汉密尔顿酒店	成都市武侯区置信路57号附41号	武侯区	商务连锁型酒店
26	成都好逸SMART酒店女鞋之都店	成都市武侯区智达二路优博广场C座	武侯区	商务连锁型酒店
27	成都48号国际青年旅舍	成都市武侯区致民路48号	武侯区	商务连锁型酒店
28	成都如家求职公寓致民路店	成都市武侯区致民路36号锦江新园	武侯区	商务连锁型酒店
29	成都全新连锁公寓好梦楼店	成都市武侯区致民路19号	武侯区	商务连锁型酒店
30	莫泰连锁酒店成都宽窄巷子店	成都市武侯区长顺中街158号长发街口	武侯区	商务连锁型酒店
31	成都九点酒店火车南站店	成都市武侯区长寿南路2号	武侯区	商务连锁型酒店
32	7天酒店成都倪家桥地铁站店	成都市武侯区玉林中路16号	武侯区	商务连锁型酒店
33	7天连锁酒店成都玉林南街店	成都市武侯区玉林南街与玉洁西街交叉口	武侯区	商务连锁型酒店
34	成都市七天酒店管理有限公司玉林店	成都市武侯区玉林东路8号	武侯区	商务连锁型酒店
35	如家快捷酒店成都省体育馆地铁站店	成都市武侯区玉林东路3号	武侯区	商务连锁型酒店
36	成都帝景玉林东路店	成都市武侯区玉林东路1号	武侯区	商务连锁型酒店
37	成都悦思嘉公寓九茹村店	成都市武侯区玉林北路7号	武侯区	商务连锁型酒店
38	如家快捷成都玉林北路店	成都市武侯区玉林北路5号	武侯区	商务连锁型酒店
39	成都凤凰御庭酒店高升桥店	成都市武侯区一环路西一段4号	武侯区	商务连锁型酒店
40	汉庭酒店成都武侯店	成都市武侯区一环路西一段3号	武侯区	商务连锁型酒店
41	汉庭·全季酒店武侯店	成都市武侯区一环路西一段35号	武侯区	商务连锁型酒店
42	7天连锁酒店成都体育学院店	成都市武侯区一环路西一段34号	武侯区	商务连锁型酒店
43	成都图腾印象酒店武侯祠体院店	成都市武侯区一环路西一段130号	武侯区	商务连锁型酒店
44	锦江之星成都体育学院店	成都市武侯区一环路西一段115号	武侯区	商务连锁型酒店
45	莫泰连锁酒店成都九眼桥四川音乐学院店	成都市武侯区一环路南一段老马路14号	武侯区	商务连锁型酒店
46	凯宾连锁酒店红瓦寺店	成都市武侯区一环路南一段9号凯悦新城二区1楼31号	武侯区	商务连锁型酒店

续表

序号	酒店名称	酒店地址	区域	酒店类型
47	成都爱舍儿酒店管理有限公司凯悦新城店	成都市武侯区一环路南一段9号	武侯区	商务连锁型酒店
48	凯宾连锁酒店东恒店	成都市武侯区一环路南一段9号附31号	武侯区	商务连锁型酒店
49	成都如家求职公寓川大店	成都市武侯区一环路南一段3号	武侯区	商务连锁型酒店
50	7天酒店成都九眼桥川大北门店	成都市武侯区一环路南一段2号好望角广场2楼	武侯区	商务连锁型酒店
51	七天酒店红瓦寺店	成都市武侯区一环路南一段116号	武侯区	商务连锁型酒店
52	如家快捷成都武侯祠罗马假日广场店	成都市武侯区一环路南四段兴蓉西巷4号	武侯区	商务连锁型酒店
53	成都岷山拉萨大酒店	成都市武侯区一环路南四段肖家河北街88号	武侯区	商务连锁型酒店
54	成都军军家度假公寓店4	成都市武侯区一环路南四段罗马假日广场苏宁电器旁	武侯区	商务连锁型酒店
55	成都军军家度假公寓店5	成都市武侯区一环路南四段罗马假日广场3号	武侯区	商务连锁型酒店
56	成都军军家度假公寓店11	成都市武侯区一环路南四段高升桥东路16号	武侯区	商务连锁型酒店
57	成都军军家度假公寓店16	成都市武侯区一环路南四段20号附16号	武侯区	商务连锁型酒店
58	成都军军家度假公寓店7	成都市武侯区一环路南四段17号附8号	武侯区	商务连锁型酒店
59	成都军军家度假公寓店8	成都市武侯区一环路南四段17号附10号	武侯区	商务连锁型酒店
60	成都军军家度假公寓店1	成都市武侯区一环路南四段17号	武侯区	商务连锁型酒店
61	重庆七天酒店管理有限公司成都数码广场店	成都市武侯区一环路南三段25号	武侯区	商务连锁型酒店
62	成都如家求职公寓磨子桥店	成都市武侯区一环路南二段5号	武侯区	商务连锁型酒店
63	成都海龟公寓一环路店	成都市武侯区一环路南二段1号	武侯区	商务连锁型酒店
64	成都九方快捷旅店	成都市武侯区一环路南2段7号附16号	武侯区	商务连锁型酒店
65	锦江之星酒店成都体育学院店	成都市武侯区一环路	武侯区	商务连锁型酒店
66	成都爱唯堡短租公寓	成都市武侯区学府路南段588号	武侯区	商务连锁型酒店
67	成都实惠公寓	成都市武侯区新园大道新南一期	武侯区	商务连锁型酒店
68	成都悦思嘉公寓桐梓林店	成都市武侯区新希望路4号曼哈顿2栋A座1004室	武侯区	商务连锁型酒店
69	如家快捷成都新南门店	成都市武侯区新南门南台路8号	武侯区	商务连锁型酒店
70	7天酒店成都新南门旅游集散中心店	成都市武侯区新南路83号	武侯区	商务连锁型酒店
71	四川锦致邻家酒店股份有限公司武侯店	成都市武侯区新苗村8组	武侯区	商务连锁型酒店
72	怡家连锁酒店成都永丰店	成都市武侯区洗面桥街9号	武侯区	商务连锁型酒店

续表

序号	酒店名称	酒店地址	区域	酒店类型
73	丽加连锁酒店成都金茂广场店	成都市武侯区洗面桥街18号北楼1号	武侯区	商务连锁型酒店
74	四川尚锦和美成都武侯店	成都市武侯区洗面桥横街28号	武侯区	商务连锁型酒店
75	安逸连锁酒店武侯店	成都市武侯区洗面桥横街28号	武侯区	商务连锁型酒店
76	成都马瑞卡酒店留学生公寓店	成都市武侯区洗面桥横街21号留学生公寓	武侯区	商务连锁型酒店
77	速8酒店成都武侯红牌楼店原武侯新界店	成都市武侯区武阳大道二段太平园横二街55号	武侯区	商务连锁型酒店
78	安逸158连锁成都外双楠店	成都市武侯区武侯大道外双楠段281号	武侯区	商务连锁型酒店
79	如家快捷酒店成都武侯大道店	成都市武侯区武侯大道路283号	武侯区	商务连锁型酒店
80	7天连锁酒店成都武侯祠锦里店	成都市武侯区武侯祠大街271号	武侯区	商务连锁型酒店
81	怡家连锁酒店成都武侯祠店	成都市武侯区武侯祠大街244号	武侯区	商务连锁型酒店
82	布丁酒店成都武侯锦里店	成都市武侯区武侯祠大街180号附19号	武侯区	商务连锁型酒店
83	成都汉密尔顿酒店	成都市武侯区外双楠置信路57号附41号	武侯区	商务连锁型酒店
84	如家快捷成都武侯祠店	成都市武侯区通祠路8号	武侯区	商务连锁型酒店
85	成都金凌凯宾酒店	成都市武侯区天久北巷8号天府长城南尚国际1栋	武侯区	商务连锁型酒店
86	成都玖居港湾酒店阿姆斯分店	成都市武侯区天府二街138号蜀都中心3栋29-30层	武侯区	商务连锁型酒店
87	如家快捷成都九眼桥四川大学店	成都市武侯区太平南新街6号6栋	武侯区	商务连锁型酒店
88	99旅馆连锁成都音乐学院店	成都市武侯区丝竹路151号	武侯区	商务连锁型酒店
89	成都悦思嘉青年公寓倪家桥美领馆店	成都市武侯区盛隆街2号	武侯区	商务连锁型酒店
90	成都捷泰行政公寓部落阁店	成都市武侯区盛和三路197号中海部落阁二期12栋1单元	武侯区	商务连锁型酒店
91	成都如家快捷酒店华西小学店	成都市武侯区胜利村391号	武侯区	商务连锁型酒店
92	7天酒店成都火车南站店	成都市武侯区人民南路四段南	武侯区	商务连锁型酒店
93	凯宾斯基饭店	成都市武侯区人民南路四段42号	武侯区	商务连锁型酒店
94	成都来福士实业有限公司雅诗阁酒店	成都市武侯区人民南路四段3号	武侯区	商务连锁型酒店
95	成都悦思嘉青年公寓人南立交桥店	成都市武侯区人民南路四段34号锦里	武侯区	商务连锁型酒店
96	成都1802青年旅舍	成都市武侯区人民南路四段21号盘古花园	武侯区	商务连锁型酒店

续表

序号	酒店名称	酒店地址	区域	酒店类型
97	成都yes+国际青年公寓桐梓林店	成都市武侯区人民南路三段24号	武侯区	商务连锁型酒店
98	7天酒店成都红瓦寺四川音乐学院店	成都市武侯区群众路5号	武侯区	商务连锁型酒店
99	99旅馆连锁成都高升桥店	成都市武侯区七道堰街30号临街2楼	武侯区	商务连锁型酒店
100	速8酒店成都丽都路维港店	成都市武侯区丽都路538号	武侯区	商务连锁型酒店
101	成都海龟公寓南城店	成都市武侯区科院街33号附4号	武侯区	商务连锁型酒店
102	成都海龟公寓南门店	成都市武侯区科院街2号附1号	武侯区	商务连锁型酒店
103	成都海龟公寓跳伞塔店	成都市武侯区科院街10号附3号	武侯区	商务连锁型酒店
104	7天酒店成都科华中路川大南门店	成都市武侯区科华中路76号	武侯区	商务连锁型酒店
105	7天连锁酒店成都科华中路店	成都市武侯区科华中路5号新南大楼	武侯区	商务连锁型酒店
106	成都美克宜家连锁酒店川大科华店	成都市武侯区科华中路188号	武侯区	商务连锁型酒店
107	成都瑞熙城市酒店科华店	成都市武侯区科华中路139号	武侯区	商务连锁型酒店
108	成都yes+国际青年公寓省体育馆店	成都市武侯区科华路153号附1号	武侯区	商务连锁型酒店
109	成都悦思嘉青年公寓蓝色加勒比广场店	成都市武侯区科华路145号附8号	武侯区	商务连锁型酒店
110	成都海龟公寓磨子桥店	成都市武侯区科华北路5号	武侯区	商务连锁型酒店
111	成都海龟公寓武侯店	成都市武侯区科华北路46号附3号	武侯区	商务连锁型酒店
112	百时快捷成都磨子桥川大店	成都市武侯区科华北路36号	武侯区	商务连锁型酒店
113	成都锦江之星酒店	成都市武侯区科华北路36号	武侯区	商务连锁型酒店
114	成都海龟公寓棕竹店	成都市武侯区科华北路24号附8号	武侯区	商务连锁型酒店
115	如家快捷酒店成都科华北路店	成都市武侯区科华北路18号	武侯区	商务连锁型酒店
116	成都爱舍儿酒店管理有限公司加勒比店	成都市武侯区科华北路143号	武侯区	商务连锁型酒店
117	成都爱家短租公寓菊乐路1店	成都市武侯区菊乐路89号6栋5单元	武侯区	商务连锁型酒店
118	成都爱家短租菊乐店	成都市武侯区菊乐路159号	武侯区	商务连锁型酒店
119	7天酒店成都五大花园店	成都市武侯区晋平街77号红运花园一期46栋附1号	武侯区	商务连锁型酒店
120	锦熙时代酒店	成都市武侯区晋吉南路99号	武侯区	商务连锁型酒店
121	成都海伦酒店双楠店	成都市武侯区晋吉南路59号	武侯区	商务连锁型酒店
122	成都8783青年旅舍	成都市武侯区锦绣路棕竹街5号	武侯区	商务连锁型酒店
123	成都海龟公寓锦绣店	成都市武侯区锦绣路36号附9号	武侯区	商务连锁型酒店

续表

序号	酒店名称	酒店地址	区域	酒店类型
124	成都海龟公寓国际店	成都市武侯区锦绣路34号附7号	武侯区	商务连锁型酒店
125	成都边城小舍青年旅舍	成都市武侯区金雁路沙堰西二街20号中央花园二期沿河别墅18号	武侯区	商务连锁型酒店
126	7天连锁酒店成都女鞋之都店	成都市武侯区金花镇簇桥千龙路962号	武侯区	商务连锁型酒店
127	7天酒店成都武侯祠华西医院店	成都市武侯区浆洗街24号	武侯区	商务连锁型酒店
128	成都四季七天酒店管理有限公司	成都市武侯区浆洗街24号	武侯区	商务连锁型酒店
129	成都月友连锁酒店华西店	成都市武侯区浆洗街16号	武侯区	商务连锁型酒店
130	成都图腾印象酒店武侯店	成都市武侯区浆洗街12号	武侯区	商务连锁型酒店
131	成都凯宾酒店乐怡店	成都市武侯区佳灵路4号	武侯区	商务连锁型酒店
132	7天连锁酒店成都鹭岛国际外双楠地铁站店	成都市武侯区吉顺街吉顺农贸市场35号	武侯区	商务连锁型酒店
133	七天酒店管理有限公司五大花园店	成都市武侯区机投镇红运花园综合楼1楼、3–5楼	武侯区	商务连锁型酒店
134	成都帝景酒店果堰店	成都市武侯区机投镇果堰村10组	武侯区	商务连锁型酒店
135	7天连锁酒店成都机场路店	成都市武侯区机场路常乐二段133号	武侯区	商务连锁型酒店
136	七天四季酒店有限公司成都火车南站店	成都市武侯区火车南站西路6号	武侯区	商务连锁型酒店
137	7天连锁酒店成都小天竺店	成都市武侯区黉门街8号	武侯区	商务连锁型酒店
138	布丁酒店成都小天竺华西医大店	成都市武侯区黉门街34号	武侯区	商务连锁型酒店
139	布丁酒店成都九眼桥四川大学店	成都市武侯区红瓦寺街9号	武侯区	商务连锁型酒店
140	99旅馆连锁成都川大店	成都市武侯区红瓦寺共和村5号商务大楼3楼	武侯区	商务连锁型酒店
141	99旅馆二环路南四段	成都市武侯区红牌楼商业城A座3楼	武侯区	商务连锁型酒店
142	成都凯宾酒店长益店	成都市武侯区红牌楼九兴大道长益路11号	武侯区	商务连锁型酒店
143	凯宾酒店乐怡店	成都市武侯区红牌楼佳灵路4号	武侯区	商务连锁型酒店
144	99旅馆连锁成都红牌楼店	成都市武侯区红牌楼北街商业城A座3楼	武侯区	商务连锁型酒店
145	成都科华宜必思酒店	成都市武侯区航空路10号	武侯区	商务连锁型酒店
146	成都yes+国际青年公寓科华北路店	成都市武侯区郭家桥西街9号	武侯区	商务连锁型酒店
147	成都嘉乐滨河酒店	成都市武侯区广福桥路9号	武侯区	商务连锁型酒店
148	成都奈思酒店管理有限公司	成都市武侯区高升桥路22号7楼	武侯区	商务连锁型酒店
149	安悦连锁酒店	成都市武侯区高升桥路22号	武侯区	商务连锁型酒店

续表

序号	酒店名称	酒店地址	区域	酒店类型
150	成都爱家短租公寓高升桥店	成都市武侯区高升路北街高华横街33号	武侯区	商务连锁型酒店
151	成都图腾印象武侯川大店	成都市武侯区高攀路2号魏玛国际25楼	武侯区	商务连锁型酒店
152	成都悦思嘉公寓高攀路店停业	成都市武侯区高攀东路33号	武侯区	商务连锁型酒店
153	7天酒店成都双楠红牌楼店	成都市武侯区二环路西一段13号	武侯区	商务连锁型酒店
154	成都宜必思酒店	成都市武侯区二环路南四段1号	武侯区	商务连锁型酒店
155	汉庭酒店成都红牌楼店	成都市武侯区二环路南四段46号	武侯区	商务连锁型酒店
156	宜必思成都永丰酒店	成都市武侯区二环路南四段1号	武侯区	商务连锁型酒店
157	7天酒店成都倪家桥地铁站玉林南街店	成都市武侯区二环路南三段玉林南街12号附1号	武侯区	商务连锁型酒店
158	如家快捷成都玉林生活广场店	成都市武侯区二环路南三段9号	武侯区	商务连锁型酒店
159	成都向阳大厦	成都市武侯区二环路南二段23号	武侯区	商务连锁型酒店
160	如家快捷成都电信路华西医大店	成都市武侯区电信路玉华村8号	武侯区	商务连锁型酒店
161	成都8090短租公寓	成都市武侯区大石西路一街云天小区32号	武侯区	商务连锁型酒店
162	7天连锁酒店成都大石西路店	成都市武侯区大石西路39号	武侯区	商务连锁型酒店
163	7天酒店成都武侯簇桥店	成都市武侯区簇桥千龙路962号	武侯区	商务连锁型酒店
164	成都锦致邻家连锁酒店鞋都南路店	成都市武侯区成双大道鞋都南路8号汇金广场旁	武侯区	商务连锁型酒店
165	成都桔子罐头甜心旅舍	成都市武侯区超洋路1号超洋花园	武侯区	商务连锁型酒店
166	速8酒店成都富凯店	成都市武侯区科华北路60号沸城A座5楼	武侯区	商务连锁型酒店
167	成都川一宾馆有限公司	成都市武侯区国学巷商业前街3楼	武侯区	社会旅馆
168	成都市武侯区赛思特旅馆	成都市武侯区通祠路8号	武侯区	社会旅馆
169	武侯区宇泰旅馆	成都市武侯区武科东四路1号	武侯区	社会旅馆
170	骏丰旅馆	成都市武侯区金兴中路214号	武侯区	社会旅馆
171	武侯区锦都春天旅馆	成都市武侯区武青南路51号	武侯区	社会旅馆
172	雅馨苑旅馆	成都市武侯区武青南路51号1栋1号5楼	武侯区	社会旅馆
173	武侯区兴君怡旅馆	成都市武侯区武侯大道双南段315号	武侯区	社会旅馆
174	成都新跃铁南餐饮娱乐有限公司	成都市武侯区火车南站7号	武侯区	社会旅馆
175	成都市武侯区荣盛旅馆	成都市武侯区南站西路11号	武侯区	社会旅馆
176	成都市武侯区楠丰招待所	成都市武侯区火车南站新南路2号	武侯区	社会旅馆
177	成都市武侯区南苑招待所	成都市武侯区高攀西巷3号附22号3楼	武侯区	社会旅馆

续表

序号	酒店名称	酒店地址	区域	酒店类型
178	成都市武侯区港湾招待所	成都市武侯区高攀路38号1栋2楼	武侯区	社会旅馆
179	成都市武侯区卡卡西招待所	成都市武侯区火车南站西路6号中成市场E座3楼	武侯区	社会旅馆
180	成都市武侯区昌都宾馆	成都市武侯区一环路西一段8号	武侯区	社会旅馆
181	成都慧达贸易有限公司武侯新达旅馆	成都市武侯区武侯大道铁佛段260号	武侯区	社会旅馆
182	成都华西宾馆	成都市武侯区一环路南三段13号附1号	武侯区	社会旅馆
183	成都太成宾馆	成都市武侯区武侯祠大街83号	武侯区	社会旅馆
184	成都市武侯区科建旅馆	成都市武侯区科华中路武警一支队旁	武侯区	社会旅馆
185	成都军军家度假公寓店15	成都市武侯区一环路南四段20号附1号	武侯区	社会旅馆
186	成都川农宾馆	成都市武侯区龙江路12	武侯区	社会旅馆
187	成都26号别墅客栈	成都市武侯区金雁路116号	武侯区	社会旅馆
188	成都四川大学北苑宾馆	成都市武侯区一环路南一段24号红瓦寺街	武侯区	社会旅馆
189	成都南山招待所	成都市武侯区神仙树西路3号附22号	武侯区	社会旅馆
190	成都康乐宾馆	成都市武侯区永康路行知实验小学南侧半边街菜市	武侯区	社会旅馆
191	成都富栖源宾馆	成都市武侯区永康路10号	武侯区	社会旅馆
192	成都金源旅馆	成都市武侯区晋阳路208号	武侯区	社会旅馆
193	巴人部落	成都市武侯区湖滨路1号清水河公园内	武侯区	社会旅馆
194	成都市武侯区拾园旅馆	成都市武侯区沙堰西街23号	武侯区	社会旅馆
195	成都锦程求职公寓芳草街店	成都市武侯区新源巷9号	武侯区	社会旅馆
196	草堂宾馆	成都市武侯区草堂路58号浣花里	武侯区	社会旅馆
197	成都四季商旅玉林店	成都市武侯区玉林北路2-1号	武侯区	社会旅馆
198	成都重庆小天鹅宾馆	成都市武侯区二环路西一段43号	武侯区	社会旅馆
199	成都熊猫夫人青年旅舍	成都市武侯区临江中路6号	武侯区	社会旅馆
200	成都金陵路4号国际青年旅舍	成都市武侯区金陵路4号	武侯区	社会旅馆
201	成都红都宾馆	成都市武侯区簇桥双凤村5组	武侯区	社会旅馆
202	成都雅园商务旅店	成都市武侯区武侯大道双楠段219号	武侯区	社会旅馆
203	成都红顺旅馆	成都市武侯区武侯大道双楠段67号	武侯区	社会旅馆
204	时代金宇酒店玉林店	成都市武侯区玉林东街17号	武侯区	社会旅馆
205	成都禧瑞酒店玉林店	成都市武侯区一环路南三段玉林北街2号	武侯区	社会旅馆
206	福娃商务酒店玉林店	成都市武侯区玉林北街2号	武侯区	社会旅馆
207	成都凯美斯酒店有限公司	成都市武侯区二环路西一段9号	武侯区	社会旅馆
208	上海恭胜酒店有限公司成都红瓦寺店	成都市武侯区共和村5号	武侯区	社会旅馆

续表

序号	酒店名称	酒店地址	区域	酒店类型
209	四川金薏假日酒店有限公司	成都市武侯区武青北路76号	武侯区	社会旅馆
210	简悦之家酒店有限公司	成都市武侯区航空路6号	武侯区	社会旅馆
211	府河家园酒店有限公司	成都市武侯区通祠路39号	武侯区	社会旅馆
212	成都国怡酒店有限责任公司	成都市武侯区龙腾中路3号	武侯区	社会旅馆
213	四川艾丽卡酒店有限公司	成都市武侯区燃灯寺街2号	武侯区	社会旅馆
214	成都市铜锣湾南城酒店有限责任公司	成都市武侯区小天竺街铜锣湾生活广场3楼	武侯区	社会旅馆
215	成都世外桃源酒店有限公司	成都市武侯区科华北路69号	武侯区	社会旅馆
216	四川鑫怡家丽景酒店有限公司	成都市武侯区洗面桥街9号	武侯区	社会旅馆
217	成都市鑫怡家快捷酒店有限责任公司武侯分公司	成都市武侯区武侯祠大街244号	武侯区	社会旅馆
218	四川自由时酒店有限公司	成都市武侯区武侯祠大街113号	武侯区	社会旅馆
219	成都华协酒店有限责任公司	成都市武侯区人南三段大学路12号	武侯区	社会旅馆
220	成都华通悦达商务酒店有限公司	成都市武侯区新南门十七街18号	武侯区	社会旅馆
221	上海恭胜酒店有限公司成都九眼桥店	成都市武侯区丝竹路151号	武侯区	社会旅馆
222	成都城市音乐酒店有限公司	成都市武侯区一环路南一段49号	武侯区	社会旅馆
223	成都沸城商务酒店有限公司	成都市武侯区科华北路60号沸城商住社区B幢9楼5号	武侯区	社会旅馆
224	成都富凯酒店有限公司	成都市武侯区科华北路60号沸城A座5楼	武侯区	社会旅馆
225	成都嘉尔曼酒店有限公司	成都市武侯区锦绣路36号	武侯区	社会旅馆
226	成都美天酒店有限责任公司	成都市武侯区科华北路40号	武侯区	社会旅馆
227	成都市乐佳比酒店有限责任公司	成都市武侯区人民南路四段61号	武侯区	社会旅馆
228	新湖酒店有限公司	成都市武侯区新光路3号四楼	武侯区	社会旅馆
229	四川天邑国际酒店有限责任公司	成都市武侯区二环路西一段2号	武侯区	社会旅馆
230	成都缘福源商务酒店有限公司	成都市武侯区二环路西一段15号	武侯区	社会旅馆
231	成都锦悦酒店有限责任公司	成都市武侯区二环路西一段2号	武侯区	社会旅馆
232	四川省万里客商务酒店有限公司	成都市武侯区电信路20号附2号	武侯区	社会旅馆
233	成都市金海岸世纪大酒店有限公司武侯区	成都市武侯区簇桥福锦路二段	武侯区	社会旅馆
234	成都家乡美风情酒店有限公司	成都市武侯区簇桥簇锦北路102号	武侯区	社会旅馆

续表

序号	酒店名称	酒店地址	区域	酒店类型
235	成都市红帆商务酒店有限责任公司	成都市武侯区簇锦街道祥云路1169号	武侯区	社会旅馆
236	四川几点酒店有限责任公司武侯区	成都市武侯区长寿南路2号	武侯区	社会旅馆
237	音凰假日城市温泉酒店有限公司	成都市武侯区二环路西三段84号	武侯区	社会旅馆
238	成都市虹帆商务酒店有限责任公司	成都市武侯区祥云路1169号	武侯区	社会旅馆
239	成都九宫御族商务酒店有限公司	成都市武侯区武侯大道龙井段289号	武侯区	社会旅馆
240	成都瀚洋大酒店有限责任公司	成都市武侯区簇桥福锦路二段21号	武侯区	社会旅馆
241	柒加贰酒店有限责任公司	成都市武侯区簇锦横街207号1栋2楼1号209.211.213号1栋1楼	武侯区	社会旅馆
242	成都皓思酒店有限公司	成都市武侯区鞋都南路139号	武侯区	社会旅馆
243	四川省九天酒店有限责任公司	成都市武侯区高攀东路6号	武侯区	社会旅馆
244	成都市慈当酒店有限公司	成都市武侯区一环路南四段26号	武侯区	社会旅馆
245	成都博尔特商务酒店有限公司	成都市武侯区老马路15号	武侯区	社会旅馆
246	成都市翼果酒店有限公司	成都市武侯区新南支路14号	武侯区	社会旅馆
247	成都市景阳商务酒店有限公司	成都市武侯区航空路6号5栋2单元1楼	武侯区	社会旅馆
248	成都市世纪南城酒店有限责任公司	成都市武侯区新南路90号	武侯区	社会旅馆
249	成都锦邑酒店	成都市武侯区科华北路145号樱花假日419室	武侯区	社会旅馆
250	成都中科院分院专家公寓酒店	成都市武侯区一环路南二段16号科分院院内	武侯区	社会旅馆
251	成都丽澳滨江酒店	成都市武侯区致民东路39号	武侯区	社会旅馆
252	成都锦熹酒店	成都市武侯区创业路5号	武侯区	社会旅馆
253	成都古玩商务酒店	成都市武侯区高升桥东路6号盈丰楼锦里	武侯区	社会旅馆
254	成都佳园假日酒店	成都市武侯区一环路南一段2栋1楼118号	武侯区	社会旅馆
255	成都梓豪酒店	成都市武侯区长寿路6号	武侯区	社会旅馆
256	成都天域风情酒店	成都市武侯区佳灵路20号	武侯区	社会旅馆
257	成都天怡宾馆	成都市武侯区一环路西一段124号	武侯区	社会旅馆
258	成都乐怡商务宾馆	成都市武侯区武侯大道双楠段331号	武侯区	社会旅馆

续表

序号	酒店名称	酒店地址	区域	酒店类型
259	爱康兰色海岸	成都市武侯区置信路1号	武侯区	社会旅馆
260	成都金汇海宾馆	成都市武侯区龙安街12号	武侯区	社会旅馆
261	成都天华招待所	成都市武侯区一环南路三段小天南巷39号	武侯区	社会旅馆
262	成都比邻小筑	成都市武侯区金雁路皇家别墅	武侯区	社会旅馆
263	成都旅途家园主题客栈	成都市武侯区新南支路8号	武侯区	社会旅馆
264	利华旅馆-招待所	成都市武侯区骡马市街32号	武侯区	社会旅馆
265	成都民大家庭公寓	成都市武侯区一环路南四段34号	武侯区	社会旅馆
266	成都科星宾馆	成都市武侯区一环路西一段122号	武侯区	社会旅馆
267	华川饭店	成都市武侯区人民南路四段10号	武侯区	社会旅馆
268	布衣客栈神仙树店	成都市武侯区神仙树南路63号	武侯区	社会旅馆
269	四川尚锦和美成都武侯店	成都市武侯区洗面桥横街28号	武侯区	社会旅馆
270	成都锦里人家客栈	成都市武侯区倒桑树街一江城花	武侯区	社会旅馆
271	成都海蓉商务宾馆	成都市武侯区长荣路万科金色海蓉1期SOHO-2区	武侯区	社会旅馆
272	成都玛利亚精品公寓	成都市武侯区天府二街新会展中心蜀都中心5栋3505	武侯区	社会旅馆
273	成都静园客栈	成都市武侯区一环路南四段8号	武侯区	社会旅馆
274	成都阳光招待所	成都市武侯区一环路南三段九茹村路口	武侯区	社会旅馆
275	成都瑞宾旅馆	成都市武侯区簧门街34号附13号2层	武侯区	社会旅馆
276	成都梦之旅国际青年旅舍	成都市武侯区武侯祠大街242号	武侯区	社会旅馆
277	成都海天商务旅店	成都市武侯区一环路南三段24号	武侯区	社会旅馆
278	成都华夏国际旅馆	成都市武侯区玉林北路2号附1号四季商旅酒店大厅	武侯区	社会旅馆
279	成都客源商务旅店	成都市武侯区玉林南路15号	武侯区	社会旅馆
280	成都诚信公寓	成都市武侯区科华北路棕北小区好又多超市旁棕竹街5号	武侯区	社会旅馆
281	成都我们的客栈浆洗街店	成都市武侯区洗面桥巷11号	武侯区	社会旅馆
282	诚友苑宾馆	成都市武侯区洗面桥街16号	武侯区	社会旅馆
283	万里号大饭店	成都市武侯区浆洗街29号万里号邮轮饭店5楼	武侯区	社会旅馆
284	成都酒城宾馆	成都市武侯区火车南站西路6号	武侯区	社会旅馆
285	成都鸿鑫招待所	成都市武侯区国学巷	武侯区	社会旅馆
286	成都考友驿站浆洗街店	成都市武侯区浆洗街8号13层	武侯区	社会旅馆
287	成都军军家度假公寓店9	成都市武侯区一环路南四段高升桥东路15号附1号	武侯区	社会旅馆
288	成都龙城宾馆	成都市武侯区浆洗街利民巷2号	武侯区	社会旅馆

续表

序号	酒店名称	酒店地址	区域	酒店类型
289	成都蜀康招待所	成都市武侯区黉门后街黉门公馆4楼	武侯区	社会旅馆
290	成都四川核工业局招待所	成都市武侯区一环路南三段13	武侯区	社会旅馆
291	成都普天招待所	成都市武侯区元华一巷附近	武侯区	社会旅馆
292	成都瑞鑫旅馆	成都市武侯区武侯祠大街180–24号	武侯区	社会旅馆
293	四川省农业厅招待所武侯祠大街	成都市武侯区武侯祠大街4号	武侯区	社会旅馆
294	成都考友驿站新南店	成都市武侯区新南路83号2单元4楼	武侯区	社会旅馆
295	成都桦林招待所	成都市武侯区人民南路三段37号附11号中	武侯区	社会旅馆
296	成都宏舒旅馆	成都市武侯区晋阳巷1号5栋1号附1号	武侯区	社会旅馆
297	成都川大一所招待所	成都市武侯区一环路南一段24号红瓦寺街川大小北门	武侯区	社会旅馆
298	成都锦都春天宾馆	成都市武侯区武青南路51号1栋5楼	武侯区	社会旅馆
299	科华苑宾馆	成都市武侯区科华北路141号	武侯区	社会旅馆
300	成都科华苑宾馆	成都市武侯区科华北路141号	武侯区	社会旅馆
301	成都地税瑞丰苑宾馆	成都市武侯区新南路3号	武侯区	社会旅馆
302	成都喜林院青年旅舍	成都市武侯区新南路8号	武侯区	社会旅馆
303	成都佳利招待所	成都市武侯区新南路4号	武侯区	社会旅馆
304	成都交通青年旅社	成都市武侯区临江中路6号	武侯区	社会旅馆
305	成都成航招待所	成都市武侯区科华中路14号	武侯区	社会旅馆
306	川农大龙江宾馆	成都市武侯区龙江路12	武侯区	社会旅馆
307	成都考友驿站川大店	成都市武侯区一环路南一段59号2单元4楼	武侯区	社会旅馆
308	农业大学成都招待所	成都市武侯区龙江路1号	武侯区	社会旅馆
309	成都军区空军第一招待所	成都市武侯区新南路103号	武侯区	社会旅馆
310	成都锦江房管局第一招待所	成都市武侯区致民路29号	武侯区	社会旅馆
311	成都红瓦宾馆	成都市武侯区望江路29号	武侯区	社会旅馆
312	成都家馨宾馆	成都市武侯区潮音路60号潮福苑2号门	武侯区	社会旅馆
313	成都间隔年青年驿站	成都市武侯区科华北路151号棕南苑B栋4楼	武侯区	社会旅馆
314	成都考友驿站成都体院店	成都市武侯区一环路西一段	武侯区	社会旅馆
315	成都世纪城天堂洲际大饭店	成都市武侯区世纪城路88号	武侯区	社会旅馆
316	成都溪溪家客栈青年旅舍	成都市武侯区新光路62号3栋3单元3楼8号	武侯区	社会旅馆
317	成都诺金山旅馆	成都市武侯区武兴一路2号蜀府新宴3楼	武侯区	社会旅馆

续表

序号	酒店名称	酒店地址	区域	酒店类型
318	成都市锦江房屋管理局第一招待所	成都市武侯区致民路76号	武侯区	社会旅馆
319	新望食品招待所	成都市武侯区江天路8号	武侯区	社会旅馆
320	成都科学技术协会招待所	成都市武侯区人民南路四段11号附6号	武侯区	社会旅馆
321	四川省科协招待所	成都市武侯区人民南路四段11号附20号	武侯区	社会旅馆
322	成都私享家度假公寓	成都市武侯区外双楠鹭岛路32号	武侯区	社会旅馆
323	科华招待所	成都市武侯区科华北路24号	武侯区	社会旅馆
324	成都科华招待所	成都市武侯区科华北路24号	武侯区	社会旅馆
325	成都友谊宾馆	成都市武侯区领事馆路2号	武侯区	社会旅馆
326	成都快乐老家	成都市武侯区人民南路四段51号附1号	武侯区	社会旅馆
327	成都锦华招待所	成都市武侯区科华北路139号6楼	武侯区	社会旅馆
328	成都利讯宾馆	成都市武侯区神仙树北路3号	武侯区	社会旅馆
329	成都锦南旅馆	成都市武侯区桐梓林南路C-5号	武侯区	社会旅馆
330	紫会紫荆店	成都市武侯区紫荆东路51号	武侯区	社会旅馆
331	成都红天鹅宾馆	成都市武侯区永丰路	武侯区	社会旅馆
332	成都中成物管招待所	成都市武侯区桐梓林南路附近	武侯区	社会旅馆
333	成都蜀都旅馆	成都市武侯区高升桥东路罗马假日广场3楼	武侯区	社会旅馆
334	雪城宾馆	成都市武侯区一环路南四段13号	武侯区	社会旅馆
335	成都正有旅馆	成都市武侯区桐梓林南路C-5号	武侯区	社会旅馆
336	成都福乐旅店	成都市武侯区火车南站西路6号1栋A座3楼	武侯区	社会旅馆
337	成都金马宾馆	成都市武侯区一环路南高升桥东路罗马假日广场6楼	武侯区	社会旅馆
338	成都顺鑫旅馆	成都市武侯区高升桥东路6号	武侯区	社会旅馆
339	成都行者居别墅客栈——格桑店	成都市武侯区金雁路116号名流花园3巷3号	武侯区	社会旅馆
340	成都永丰汽配城招待所	成都市武侯区佳灵路附近	武侯区	社会旅馆
341	成都堰新旅馆	成都市武侯区高升桥七道堰街11号	武侯区	社会旅馆
342	武警宾馆	成都市武侯区二环路西一段永盛东街1号	武侯区	社会旅馆
343	成都嘉福旅馆	成都市武侯区菊乐路1号	武侯区	社会旅馆
344	成都晓筑公寓	成都市武侯区簇桥双拥街63号	武侯区	社会旅馆
345	成都红云宾馆	成都市武侯区佳灵路6号	武侯区	社会旅馆
346	成都天海宾馆	成都市武侯区一环路西一段4号	武侯区	社会旅馆

续表

序号	酒店名称	酒店地址	区域	酒店类型
347	成都祥平商务宾馆	成都市武侯区桐梓林南路中成市场B栋	武侯区	社会旅馆
348	成都浣港宾馆	成都市武侯区高升桥路红牌楼电器商业城B座3楼	武侯区	社会旅馆
349	成都万吉招待所	成都市武侯区武侯祠大街271号附3号	武侯区	社会旅馆
350	成都朋来宾馆	成都市武侯区红牌楼北街14号	武侯区	社会旅馆
351	成都建林宾馆	成都市武侯区武侯大道金兴中路241号	武侯区	社会旅馆
352	成都成昌招待所	成都市武侯区成双大道北段281路东侧	武侯区	社会旅馆
353	成都蒸汽旅舍	成都市武侯区武侯祠大街30号	武侯区	社会旅馆
354	成都蜗窝优格胶囊公寓	成都市武侯区洗面桥横街6号	武侯区	社会旅馆
355	成都friends-house 友情公寓一店	成都市武侯区临江西路1号明宇尚雅大饭店背后	武侯区	社会旅馆
356	成都鑫吉星九八旅馆	成都市武侯区黉门街2号2楼	武侯区	社会旅馆
357	成都卡诺.在路上青年旅舍	成都市武侯区肖家河永丰路24号国际花园12幢1单元10楼2号	武侯区	社会旅馆
358	成都石墨小屋	成都市武侯区永丰路20号黄金时代城1栋2单元10楼	武侯区	社会旅馆
359	成都市武侯区鑫都客栈	成都市武侯区金陵横路18号	武侯区	社会旅馆
360	成都悦来宾馆	成都市武侯区益新大道688号	武侯区	社会旅馆
361	成都佳居公寓	成都市武侯区棕北竹苑巷1号	武侯区	社会旅馆
362	成都途家斯维登度假公寓鹭岛国际店	成都市武侯区鹭岛路36号鹭岛国际社区	武侯区	社会旅馆
363	成都翼果小憩驿站店	成都市武侯区南台路8号	武侯区	社会旅馆
364	成都竹林公寓	成都市武侯区郭家桥北街3号	武侯区	社会旅馆
365	成都雷剑宾馆	成都市武侯区倒桑树街105号	武侯区	社会旅馆
366	成都离家驿站	成都市武侯区芳草西二街	武侯区	社会旅馆
367	成都全新公寓和谐公寓店	成都市武侯区老马路12号	武侯区	社会旅馆
368	成都丰德奥克伍德华庭公寓	成都市武侯区新希望路7号	武侯区	社会旅馆
369	成都雅诗阁来福士服务公寓	成都市武侯区人民南路四段3号	武侯区	社会旅馆
370	万友风庭成都红牌楼店	成都市武侯区佳灵路9号红星美凯龙背后	武侯区	社会旅馆
371	成都叁柒贰拾壹3721青年客栈	成都市武侯区高升桥北街1号	武侯区	社会旅馆
372	成都武侯诚信公寓	成都市武侯区益新大道石羊场公交站	武侯区	社会旅馆
373	成都黑白小调青年公寓	成都市武侯区人民南路四段21号	武侯区	社会旅馆
374	成都鸿祥公寓	成都市武侯区川大望江校区竹林村小区	武侯区	社会旅馆
375	成都磨子桥公寓	成都市武侯区一环路南二段8号1栋3单元	武侯区	社会旅馆

续表

序号	酒店名称	酒店地址	区域	酒店类型
376	成都川大磨子桥公寓	成都市武侯区一环路南二段8号	武侯区	社会旅馆
377	成都好客栖宾馆	成都市武侯区机投正街139号	武侯区	社会旅馆
378	成都亿群公寓	成都市武侯区科华北路7号	武侯区	社会旅馆
379	成都赵姐住宿	成都市武侯区新南一期A区	武侯区	社会旅馆
380	成都尚俭太空舱公寓九眼桥店	成都市武侯区临江东路36号	武侯区	社会旅馆
381	成都邓阿姨的家武侯祠店	成都市武侯区文翁路5号	武侯区	社会旅馆
382	成都黄姐公寓	成都市武侯区石羊场新园大道26号	武侯区	社会旅馆
383	成都佳信短信公寓	成都市武侯区锦绣路5号	武侯区	社会旅馆
384	成都象牙小塔青年旅馆	成都市武侯区群众路69号摩卡筑一栋	武侯区	社会旅馆
385	成都闲庭驿站	成都市武侯区紫藤路三号紫藤花园小区6栋602室	武侯区	社会旅馆
386	成都小江南客栈	成都市武侯区大石西路235号	武侯区	社会旅馆
387	成都武侯之家温馨家庭公寓	成都市武侯区一环路南四段高升桥北街	武侯区	社会旅馆
388	成都容姐住宿	成都市武侯区石羊客运站石桥东街	武侯区	社会旅馆
389	成都花荷上青年旅舍	成都市武侯区致民路36号11层05号	武侯区	社会旅馆
390	成都7Coffee客栈	成都市武侯区佳灵路7号	武侯区	社会旅馆
391	成都闲恬时光公寓	成都市武侯区永盛东街双楠名城B区16栋2单元401号	武侯区	社会旅馆
392	成都七上八下私房旅舍	成都市武侯区双楠大华街9号	武侯区	社会旅馆
393	成都小榻南山青年旅舍	成都市武侯区高升桥燃灯寺路	武侯区	社会旅馆
394	成都睡莲青年旅舍	成都市武侯区致民路36号锦江新园1002号	武侯区	社会旅馆
395	成都飞宏旅社	成都市武侯区鞋都南三路	武侯区	社会旅馆
396	成都根据地青年旅社	成都市武侯区顺和横街28号中华名园三期C区2-1-803	武侯区	社会旅馆
397	成都奇缘家庭公寓簇桥店	成都市武侯区福锦路17号	武侯区	社会旅馆
398	成都乐至旅馆新南店	成都市武侯区新南路101号5单元3楼	武侯区	社会旅馆
399	成都鸿运宾馆	成都市武侯区文昌路617号	武侯区	社会旅馆
400	成都四维短租公寓磨子桥店	成都市武侯区科华巷11号	武侯区	社会旅馆
401	成都蓉驿家庭公寓	成都市武侯区浆洗街15号	武侯区	社会旅馆
402	成都茹家短租公寓	成都市武侯区一环路南四段34号	武侯区	社会旅馆
403	成都临河柳宿	成都市武侯区金雁路中央花园2期沿河别墅H-11	武侯区	社会旅馆
404	成都启点青年旅舍	成都市武侯区磨子桥科华巷4号	武侯区	社会旅馆
405	成都桔子罐头甜心旅舍	成都市武侯区超洋路1号超洋花园	武侯区	社会旅馆
406	成都原宿家庭公寓	成都市武侯区科华北路68号	武侯区	社会旅馆

续表

序号	酒店名称	酒店地址	区域	酒店类型
407	友佳短租公寓	成都市武侯区科华北路143号	武侯区	社会旅馆
408	去呼呼成都原宿家庭公寓	成都市武侯区科华北路143号蓝色加勒比广场5楼543号	武侯区	社会旅馆
409	成都原宿短租公寓	成都市武侯区成都武侯区科华北路145号樱花假日	武侯区	社会旅馆
410	成都华西逸家公寓	成都市武侯区黉门街6号1楼19号	武侯区	社会旅馆
411	成都华西逸家短租房	成都市武侯区人民南路3段6号	武侯区	社会旅馆
412	成都市逸家客栈华西口腔店	成都市武侯区人民南路三段6号	武侯区	社会旅馆
413	成都逸家客栈日租公寓	成都市武侯区黉门街6号铜锣湾广场	武侯区	社会旅馆
414	成都驴窝青年旅舍	成都市武侯区一环路南四段34号	武侯区	社会旅馆
415	成都QQ之家旅店	成都市武侯区德全横街53号	武侯区	社会旅馆
416	成都嗓起来青年旅舍	成都市武侯区科华街川大花园北园15栋1单元	武侯区	社会旅馆
417	成都驴友之家	成都市武侯区簇桥龙锦一区一栋3单元8号	武侯区	社会旅馆
418	成都梅姐住宿	成都市武侯区新南一期	武侯区	社会旅馆
419	成都亦家公寓新南门店	成都市武侯区新南门车站旁A座9楼	武侯区	社会旅馆
420	成都骆驼草成都罗浮旅舍	成都市武侯区高升桥南路9号罗浮世家一期	武侯区	社会旅馆
421	成都先森家咖啡小窝	成都市武侯区一环路南一段1号鸿禧花园	武侯区	社会旅馆
422	成都站北青年公寓	成都市武侯区永盛东街40号	武侯区	社会旅馆
423	成都武侯日租房	成都市武侯区一环路南四段34号武侯花园	武侯区	社会旅馆
424	武侯花园	成都市武侯区一环路南四段34号附5号	武侯区	社会旅馆
425	成都武侯窝牛连锁青年旅舍	成都市武侯区玉洁东街1号	武侯区	社会旅馆
426	成都窝牛连锁青年旅舍	成都市武侯区小天北街18号	武侯区	社会旅馆
427	成都窝牛连锁青年旅舍锦城大道店	成都市武侯区锦城大道850号	武侯区	社会旅馆
428	成都人在旅途客栈	成都市武侯区科华中路67号	武侯区	社会旅馆
429	成都大学生求职公寓	成都市武侯区一环路南二段20号	武侯区	社会旅馆
430	成都市海龟公寓科华店	成都市武侯区科华北路11号附9号	武侯区	社会旅馆
431	海龟公寓川大店	成都市武侯区川大西门8号	武侯区	社会旅馆
432	成都心旅318青年旅舍	成都市武侯区晋阳路晋沙街10号附8号	武侯区	社会旅馆
433	成都武侯区朝阳公寓	成都市武侯区人民南路四段21号	武侯区	社会旅馆
434	成都实惠公寓	成都市武侯区新园大道新南一期	武侯区	社会旅馆
435	成都漂亮学生公寓	成都市武侯区郭家桥北街10号	武侯区	社会旅馆

续表

序号	酒店名称	酒店地址	区域	酒店类型
436	成都乡音旅馆	成都市武侯区簧门街4号	武侯区	社会旅馆
437	成都艾尔小屋短租公寓	成都市武侯区人民南路三段24号	武侯区	社会旅馆
438	成都随缘公寓	成都市武侯区郭家桥北街5号	武侯区	社会旅馆
439	成都陈五姐住宿	成都市武侯区新园大道296号院14栋6单元12号4楼12号	武侯区	社会旅馆
440	成都复城国际小时光精品公寓	成都市武侯区高新区益州大道中段722号	武侯区	社会旅馆
441	成都锦江公寓	成都市武侯区致民路36号锦江新园1703	武侯区	社会旅馆
442	成都月忑住宿	成都市武侯区燃灯寺北街86号	武侯区	社会旅馆
443	成都水晶名仕阁国际公寓	成都市武侯区鹭岛路36号附18号	武侯区	社会旅馆
444	成都胜利佳苑男子学生公寓	成都市武侯区新南路胜利新村5号院4F	武侯区	社会旅馆
445	成都紫云公寓	成都市武侯区新南门车站	武侯区	社会旅馆
446	成都华诚公寓	成都市武侯区一环路南三段	武侯区	社会旅馆
447	成都WE微空间民宿	成都市武侯区泰和二街333号中海翠屏湾部落阁	武侯区	社会旅馆
448	成都TATA公寓	成都市武侯区致民路36号锦江新园	武侯区	社会旅馆
449	成都乐巢青年旅舍	成都市武侯区武侯区致民路36号锦江新园	武侯区	社会旅馆
450	成都温馨驿站短租公寓	成都市武侯区郭家桥北街五号	武侯区	社会旅馆
451	武侯区好世佳旅馆	成都市武侯区潮音大道44号	武侯区	社会旅馆
452	成都新求职公寓九眼桥2店	成都市武侯区致民路20号	武侯区	社会旅馆
453	成都全新求职公寓九眼桥1店	成都市武侯区致民路16号	武侯区	社会旅馆
454	成都全新求职公寓磨子桥店	成都市武侯区磨子桥	武侯区	社会旅馆
455	全新求职公寓川音店	成都市武侯区龙江路28号西藏军区	武侯区	社会旅馆
456	全新求职公寓九眼桥3店	成都市武侯区老马路3号	武侯区	社会旅馆
457	顺鑫旅馆	成都市武侯区龙安街5号	武侯区	社会旅馆
458	成都雅居公寓红瓦寺店	成都市武侯区红瓦寺共和路8号	武侯区	社会旅馆
459	成都雅居公寓	成都市武侯区川大望江校区内	武侯区	社会旅馆
460	成都市武侯区红牌楼浣港招待所	成都市武侯区红牌楼商业城A座2楼11幢3楼	武侯区	社会旅馆
461	成都辑鹿家庭公寓高升桥店	成都市武侯区广福桥正街28号隐庐向上馆6栋207室	武侯区	社会旅馆
462	成都旅行者驿站旅馆	成都市武侯区金雁路116号8栋402室	武侯区	社会旅馆
463	成都西物天立物业有限公司招待所	成都市武侯区人民南路四段7号	武侯区	社会旅馆
464	成都田园印象公寓	成都市武侯区大源村大源街附近的天府二街	武侯区	社会旅馆

续表

序号	酒店名称	酒店地址	区域	酒店类型
465	武侯区诺金旅馆	成都市武侯区武兴一路2号	武侯区	社会旅馆
466	成都王小喵喵家庭旅馆	成都市武侯区高升桥北街9号	武侯区	社会旅馆
467	成都拾忆别墅客栈	成都市武侯区晋吉北路132号新城市别墅二期	武侯区	社会旅馆
468	成都我爱我家家庭旅馆	成都市武侯区人民南路四段成科西二路1号	武侯区	社会旅馆
469	成都小屋青年旅舍	成都市武侯区大石西路康河郦景1楼	武侯区	社会旅馆
470	成都小不点川大望江公寓	成都市武侯区郭家桥北街	武侯区	社会旅馆
471	成都小不点川大南门公寓	成都市武侯区郭家桥北街5号	武侯区	社会旅馆
472	成都喜悦家庭公寓	成都市武侯区武侯祠大街259号	武侯区	社会旅馆
473	成都华西短租房	成都市武侯区人民南路三段15号6单元5楼	武侯区	社会旅馆
474	成都永芬住宿	成都市武侯区新园大道296号	武侯区	社会旅馆
475	成都甜猫家庭公寓2店	成都市武侯区双楠龙腾东路3号喜丽佳园	武侯区	社会旅馆
476	成都启航青年公寓	成都市武侯区一环路南一段27号民主路18号2楼	武侯区	社会旅馆
477	成都安逸住宿	成都市武侯区高新区新园大道190号新南一期	武侯区	社会旅馆
478	成都棕北公寓	成都市武侯区棕竹街北5号楼	武侯区	社会旅馆
479	成都武侯区窝窝青年公寓	成都市武侯区致民路36号锦江新园707	武侯区	社会旅馆
480	成都好时节度假公寓	成都市武侯区一环路南四段17号高升瑞景	武侯区	社会旅馆
481	成都李哥住宿	成都市武侯区新园大道石羊场客运站旁	武侯区	社会旅馆
482	成都武侯区8090公寓	成都市武侯区蜀汉街2号	武侯区	社会旅馆
483	成都圈子别墅	成都市武侯区金雁路116号名流花园六巷7号	武侯区	社会旅馆
484	成都钟哥住宿	成都市武侯区新南小区B区	武侯区	社会旅馆
485	成都百合公寓川大店	成都市武侯区郭家桥北街5号棕东小区	武侯区	社会旅馆
486	成都市武侯区逸家旅馆	成都市武侯区簇桥文盛路22号	武侯区	社会旅馆
487	成都石羊住宿	成都市武侯区新园大道26号11栋2单元6号	武侯区	社会旅馆
488	成都金美居公寓	成都市武侯区华北路竹苑巷21号	武侯区	社会旅馆
489	成都到这儿住宿	成都市武侯区新园大道26号12栋	武侯区	社会旅馆
490	成都回家公寓	成都市武侯区万高都市欣城B座9楼	武侯区	社会旅馆
491	成都友联短租公寓	成都市武侯区高升桥菊乐路	武侯区	社会旅馆

续表

序号	酒店名称	酒店地址	区域	酒店类型
492	成都如意公寓川大店	成都市武侯区一环路南一段24号川大望江校区竹林村小区	武侯区	社会旅馆
493	成都全新公寓全新红瓦寺店	成都市武侯区致民路18号	武侯区	社会旅馆
494	全新连锁公寓诚信旅舍	成都市武侯区一环路南一段7号	武侯区	社会旅馆
495	成都全新连锁公寓起点驿站	成都市武侯区一环路南一段3号	武侯区	社会旅馆
496	成都近水楼台短租公寓	成都市武侯区红瓦寺街共和村8号	武侯区	社会旅馆
497	成都牡丹名苑住宿	成都市武侯区新南门车站旁15楼2号	武侯区	社会旅馆
498	成都向姐住宿	成都市武侯区新南一期	武侯区	社会旅馆
499	成都梦想家园自助公寓	成都市武侯区科华北路145号樱花假日302室	武侯区	社会旅馆
500	成都梦想家园	成都市武侯区科华北路145号樱花假日302室	武侯区	社会旅馆
501	成都行者旅舍	成都市武侯区人民南路	武侯区	社会旅馆
502	成都温馨万高公寓	成都市武侯区磨子桥万高都市欣城b座1112	武侯区	社会旅馆
503	成都市怡家公寓	成都市武侯区一环路南一段24号川大南门	武侯区	社会旅馆
504	成都三巷一号青年旅舍	成都市武侯区金雁路116号名流花园别墅3巷1号	武侯区	社会旅馆
505	成都鑫鑫公寓店	成都市武侯区科华北路54号	武侯区	社会旅馆
506	成都小时代青年公寓	成都市武侯区新南门汽车站新南支路万高都市欣城A座25楼	武侯区	社会旅馆
507	武侯区静洁旅馆	成都市武侯区金兴中路119号	武侯区	社会旅馆
508	成都莫西小筑客栈	成都市武侯区领馆路12号	武侯区	社会旅馆
509	西南民族学院旅馆	成都市武侯区太平园西路1号	武侯区	社会旅馆
510	成都乐乐公寓	成都市武侯区新南门汽车站附近	武侯区	社会旅馆
511	成都安庆旅馆	成都市武侯区新南路2号车站出口	武侯区	社会旅馆
512	红星旅馆	成都市武侯区机投桥半边街村2组	武侯区	社会旅馆
513	武侯区海友旅馆	成都市武侯区一环路西一段27号附18号	武侯区	社会旅馆
514	锦南旅馆	成都市武侯区中成市场C座5楼543号-555号	武侯区	社会旅馆
515	成都市武侯区鑫奇旅馆	成都市武侯区机投桥半边街村6组58号	武侯区	社会旅馆
516	金竹韵茶舍宾馆	成都市武侯区金竹茶韵天府1号4楼	武侯区	社会旅馆
517	吉祥源旅馆	成都市武侯区万安正街49号	武侯区	社会旅馆
518	武侯区福来旅社	成都市武侯区万安正街28号	武侯区	社会旅馆
519	星星旅馆	成都市武侯区机投桥万事西一街25号	武侯区	社会旅馆
520	瑞福祥旅社	成都市武侯区顺果路银杏1号	武侯区	社会旅馆

续表

序号	酒店名称	酒店地址	区域	酒店类型
521	成都市武侯区红星旅馆	成都市武侯区机投桥半边街村二组草金路32号	武侯区	社会旅馆
522	川南旅店	成都市武侯区机投桥机九路2号	武侯区	社会旅馆
523	成都市武侯区月光宝匣茶坊	成都市武侯区机投桥正街90号	武侯区	社会旅馆
524	鸿福旅社	成都市武侯区机投桥万安正街53号	武侯区	社会旅馆
525	天地顺旅社	成都市武侯区万康路82号	武侯区	社会旅馆
526	武侯区馨源旅馆	成都市武侯区潮音大道42号	武侯区	社会旅馆
527	鑫琦旅馆	成都市武侯区半边街村6组58号	武侯区	社会旅馆
528	武侯区好客栖旅馆	成都市武侯区机投正街139号	武侯区	社会旅馆
529	成都市武侯区富栖源旅馆	成都市武侯区晋阳市场9幢2号	武侯区	社会旅馆
530	成都市武侯区兴隆门商务旅店	成都市武侯区金雁路36号附10号	武侯区	社会旅馆
531	成都市武侯区金源旅馆	成都市武侯区晋阳街道中央花园金钻一期晋阳路金路一期	武侯区	社会旅馆
532	武侯区晶钻商务旅店	成都市武侯区金雁路34号附7号	武侯区	社会旅馆
533	成都胜利佳苑女子学生公寓	成都市武侯区新南路胜利新村4号院2F	武侯区	社会旅馆
534	成都市武侯区敬阳旅店	成都市武侯区晋阳市村11栋1号	武侯区	社会旅馆
535	天鑫旅馆	成都市武侯区武青东三路28号	武侯区	社会旅馆
536	武侯区宏舒旅馆	成都市武侯区晋阳市场5栋1号	武侯区	社会旅馆
537	成都市新洲招待所	成都市武侯区晋阳路41号	武侯区	社会旅馆
538	成都市武侯区汇源旅馆	成都市武侯区晋吉北路237号3楼	武侯区	社会旅馆
539	晶钻旅店	成都市武侯区晋阳路中央花园二期D–2–2	武侯区	社会旅馆
540	武侯区裕华旅馆	成都市武侯区晋阳市场5栋3号	武侯区	社会旅馆
541	武侯区友佳旅馆	成都市武侯区晋阳市场3栋1号	武侯区	社会旅馆
542	武侯区轻松客栈	成都市武侯区晋阳路128号	武侯区	社会旅馆
543	成都市武侯区宜佳旅馆	成都市武侯区晋阳晋吉北路269号东楼	武侯区	社会旅馆
544	武侯区三友商务旅店	成都市武侯区晋阳路28号2楼	武侯区	社会旅馆
545	雅园招待所	成都市武侯区武侯大道219号	武侯区	社会旅馆
546	海悦宾馆	成都市武侯区大石西路231号	武侯区	社会旅馆
547	红顺旅馆	成都市武侯区武侯大道67号	武侯区	社会旅馆
548	鑫永隆宾馆	成都市武侯区武侯大道双丰路1号	武侯区	社会旅馆
549	成都市武侯区乐怡商务宾馆	成都市武侯区武侯大道331号5楼	武侯区	社会旅馆
550	成都市新银河宾馆有限公司	成都市武侯区一环路西一段79号	武侯区	社会旅馆
551	武侯区永丰招待所	成都市武侯区武侯大道235–239号	武侯区	社会旅馆
552	武侯区豪客旅馆	成都市武侯区一环路西一段39号	武侯区	社会旅馆

续表

序号	酒店名称	酒店地址	区域	酒店类型
553	武侯区鑫驰宇旅馆	成都市武侯区武侯大道209号综合楼B座	武侯区	社会旅馆
554	金汇海旅店	成都市武侯区龙安街12号	武侯区	社会旅馆
555	成都市武侯区金汇海旅店	成都市武侯区龙安街12号	武侯区	社会旅馆
556	成都市武侯区城南旅社	成都市武侯区武侯大道双丰路10号	武侯区	社会旅馆
557	成都市武侯区如意旅馆	成都市武侯区一环路西一段65号	武侯区	社会旅馆
558	重庆小天鹅宾馆	成都市武侯区二环里西一段43号	武侯区	社会旅馆
559	荣盛旅馆	成都市武侯区火车南站西路11号	武侯区	社会旅馆
560	武侯区格雅旅馆	成都市武侯区金兴南路99号	武侯区	社会旅馆
561	成都核动力宾馆	成都市武侯区洗面桥街17号	武侯区	社会旅馆
562	武侯区锦尚休闲驿站	成都市武侯区玉林横街1号	武侯区	社会旅馆
563	武侯区星盛旅馆	成都市武侯区一环路南四段26号5楼2号	武侯区	社会旅馆
564	缘和宾馆	成都市武侯区浆洗街24号	武侯区	社会旅馆
565	武侯区天悦旅馆	成都市武侯区黉门后街2号	武侯区	社会旅馆
566	成都市武侯区鑫都客栈	成都市武侯区金陵路1号	武侯区	社会旅馆
567	成都华西锦城招待所	成都市武侯区电信路1号	武侯区	社会旅馆
568	武侯区鑫盈招待所	成都市武侯区电信路20号	武侯区	社会旅馆
569	武侯区云景宾馆	成都市武侯区金雁路26号附6号	武侯区	社会旅馆
570	武侯区南桥旅馆	成都市武侯区浆洗街30号	武侯区	社会旅馆
571	武侯区静圆旅馆	成都市武侯区一环路南四段8号	武侯区	社会旅馆
572	成都邮电通信设备厂招待所	成都市武侯区玉林一巷20号附3	武侯区	社会旅馆
573	邮电通讯招待所	成都市武侯区玉林一巷20号	武侯区	社会旅馆
574	四川省交通厅招待所	成都市武侯区武侯祠大街180号	武侯区	社会旅馆
575	云川宾馆	成都市武侯区公行道4号	武侯区	社会旅馆
576	成都市武侯区恒泰旅馆	成都市武侯区黉门街4号华西生活广场二期金钻时代2楼	武侯区	社会旅馆
577	成都玉林宾馆	成都市武侯区一环路南三段9号	武侯区	社会旅馆
578	武侯区直必达自助旅舍	成都市武侯区一环路南四段12号2层	武侯区	社会旅馆
579	武侯区金阳光商务客栈	成都市武侯区黉门公馆商业前街二栋6楼	武侯区	社会旅馆
580	成都市武侯区丽宾旅馆	成都市武侯区黉门街6号铜锣湾广场	武侯区	社会旅馆
581	成都市武侯区阳光招待所	成都市武侯区一环路南三段37号	武侯区	社会旅馆
582	茹祥旅馆	成都市武侯区九茹村33号附17号	武侯区	社会旅馆
583	梦之旅国际青年旅馆	成都市武侯区武侯祠大街244号	武侯区	社会旅馆
584	成都市武侯区新星招待所	成都市武侯区黉门街6号铜锣湾广场A座4-17号	武侯区	社会旅馆
585	天华股份成都招待所	成都市武侯区小天南巷39号	武侯区	社会旅馆

续表

序号	酒店名称	酒店地址	区域	酒店类型
586	成都市武侯区金阳光旅馆	成都市武侯区武侯祠大街5号凉水井农贸市场3楼	武侯区	社会旅馆
587	武侯区青和旅店	成都市武侯区倪家桥路12号附17号11栋1楼	武侯区	社会旅馆
588	成都市武侯区安康旅馆	成都市武侯区国学巷60号	武侯区	社会旅馆
589	成都新气象宾馆	成都市武侯区人南三段6号	武侯区	社会旅馆
590	成都市武侯区鑫桥旅馆	成都市武侯区一环路南四段8号	武侯区	社会旅馆
591	锦里人家客栈	成都市武侯区通祠路39号	武侯区	社会旅馆
592	鸿鑫招待所	成都市武侯区国学巷黉门公馆5楼1号、11号、12号	武侯区	社会旅馆
593	四川化研招待所	成都市武侯区武侯祠大街30号	武侯区	社会旅馆
594	西藏自治区人民政府驻成都办事处天驰宾馆	成都市武侯区武侯祠横街3号	武侯区	社会旅馆
595	四川天华股份有限公司成都招待所	成都市武侯区一环路南三段九茹村小天九巷48号	武侯区	社会旅馆
596	武侯区锴燕旅馆	成都市武侯区武侯祠大街123附3号	武侯区	社会旅馆
597	成都锦江区广电宾馆瑞信店	成都市武侯区武侯祠大街248号	武侯区	社会旅馆
598	成都九龙鼎青年客栈	成都市武侯区武侯祠大街246号	武侯区	社会旅馆
599	成都市武侯区瑞兴招待所	成都市武侯区一环路南二段11号5-6楼	武侯区	社会旅馆
600	成都市云川宾馆	成都市武侯区公行道4号	武侯区	社会旅馆
601	成都有一间旅馆	成都市武侯区一环路南三段41号	武侯区	社会旅馆
602	武侯区龙城宾馆	成都市武侯区浆洗街利民巷2号	武侯区	社会旅馆
603	黉门旅馆	成都市武侯区国学巷98号附4号	武侯区	社会旅馆
604	成都市武侯区蜀康招待所	成都市武侯区黉门公馆B区4楼	武侯区	社会旅馆
605	鑫都客栈	成都市武侯区金陵路1号	武侯区	社会旅馆
606	民生旅馆	成都市武侯区二环路南三段9号祺达商场2楼	武侯区	社会旅馆
607	成都市佳捷招待所	成都市武侯区一环路南三段13号	武侯区	社会旅馆
608	西农驿站	成都市武侯区洗面桥横街8号	武侯区	社会旅馆
609	四川教育学院招待所	成都市武侯区人南三段24号	武侯区	社会旅馆
610	成都市武侯区便民旅馆	成都市武侯区黉门后街11号	武侯区	社会旅馆
611	武侯区龙港客栈	成都市武侯区武侯祠大街123号附22号	武侯区	社会旅馆
612	成都文翰餐饮文化有限公司	成都市武侯区一环路南四段16号	武侯区	社会旅馆
613	成都市武侯区瑞鑫旅馆	成都市武侯区武侯祠大街180号附24号	武侯区	社会旅馆
614	武侯区心悦旅店	成都市武侯区浆洗街16号华西国际	武侯区	社会旅馆
615	武侯区建宁商务旅店	成都市武侯区洗面桥街21号2楼	武侯区	社会旅馆

续表

序号	酒店名称	酒店地址	区域	酒店类型
616	四川省农业厅招待所	成都市武侯区武侯祠大街4号	武侯区	社会旅馆
617	武侯区我家旅馆	成都市武侯区林荫街8号附2号	武侯区	社会旅馆
618	成都川大华西苑会议服务有限公司	成都市武侯区人南三段17号	武侯区	社会旅馆
619	成都市武侯区瑞和招待所	成都市武侯区一环路南一段7号	武侯区	社会旅馆
620	归桥旅馆	成都市武侯区机投桥草金东路	武侯区	社会旅馆
621	成都市武侯区新怡招待所	成都市武侯区新南路96号	武侯区	社会旅馆
622	桦林旅馆	成都市武侯区人民南路三段37号	武侯区	社会旅馆
623	成都北苑宾馆有限责任公司	成都市武侯区一环路南一段24号	武侯区	社会旅馆
624	成都科华苑宾馆有限责任公司	成都市武侯区科华北路141号	武侯区	社会旅馆
625	超超招待所	成都市武侯区科华街2号附7号2楼	武侯区	社会旅馆
626	佳利招待所	成都市武侯区新南路4号	武侯区	社会旅馆
627	成都市武侯区安庆旅馆	成都市武侯区新南路2号	武侯区	社会旅馆
628	成都市武侯区凯悦公寓	成都市武侯区一环路南一段	武侯区	社会旅馆
629	成都市武侯区顺兴招待所	成都市武侯区新南路2号	武侯区	社会旅馆
630	晓宾招待所	成都市武侯区新南路44号	武侯区	社会旅馆
631	四川农业大学成都招待所	成都市武侯区龙江路12号	武侯区	社会旅馆
632	成都市武侯区七彩阳光旅舍	成都市武侯区临江路52号	武侯区	社会旅馆
633	长钢招待所有限公司	成都市武侯区致民路48号	武侯区	社会旅馆
634	成都市武侯区联合旅馆	成都市武侯区一环路南二段7号2楼	武侯区	社会旅馆
635	四川东华机械集团有限公司东华宾馆	成都市武侯区一环路南二段15号	武侯区	社会旅馆
636	四川省红十字会干部培训中心	成都市武侯区人民南路四段55号附1号	武侯区	社会旅馆
637	四川康泰实业公司病员陪伴住宿部	成都市武侯区人民南路四段55号	武侯区	社会旅馆
638	成都红瓦宾馆有限责任公司	成都市武侯区望江路29号	武侯区	社会旅馆
639	温州市玖玖旅馆管理有限公司成都高升桥店	成都市武侯区七道堰街30号	武侯区	社会旅馆
640	武侯区月亮湾旅馆	成都市武侯区文昌路619号	武侯区	社会旅馆
641	成都友来宾馆	成都市武侯区科华北路14号	武侯区	社会旅馆
642	成都市武侯区时代阳光商务公寓	成都市武侯区科华北路143号325室	武侯区	社会旅馆
643	成都市武侯区飘逸经济公寓	成都市武侯区一环路南一段2号	武侯区	社会旅馆
644	省科技馆招待所	成都市武侯区人民南路四段11号	武侯区	社会旅馆

续表

序号	酒店名称	酒店地址	区域	酒店类型
645	成都市武侯区昶享客栈	成都市武侯区新希望路4号曼哈顿自然派2幢1单元B座6-24号	武侯区	社会旅馆
646	成都市武侯区雅舍公寓	成都市武侯区一环路南一段2号3栋	武侯区	社会旅馆
647	成都市武侯区阳光青年旅社	成都市武侯区科技步行街3幢	武侯区	社会旅馆
648	鑫瑞商务旅店	成都市武侯区科华北路24号	武侯区	社会旅馆
649	裕兴商务旅馆	成都市武侯区科华北路24号	武侯区	社会旅馆
650	中国科学院成都分院专家招待所	成都市武侯区人民南路四段9号	武侯区	社会旅馆
651	成都市武侯区丽都君威旅馆	成都市武侯区高攀路26号	武侯区	社会旅馆
652	成都市武侯区成科旅店	成都市武侯区成科路1号附27号	武侯区	社会旅馆
653	四川友谊宾馆	成都市武侯区领事馆路2号	武侯区	社会旅馆
654	万家客商务旅店	成都市武侯区锦绣路3号	武侯区	社会旅馆
655	成都市武侯区锦华招待所	成都市武侯区科华北路139号三强大厦6楼	武侯区	社会旅馆
656	成都市武侯区棕南旅馆	成都市武侯区高攀26号	武侯区	社会旅馆
657	成都市武侯区康蓉旅社	成都市武侯区科华巷1号	武侯区	社会旅馆
658	博客经济饭店	成都市武侯区锦绣路44号	武侯区	社会旅馆
659	港湾招待所	成都市武侯区火车南站街道高攀路38号附17号	武侯区	社会旅馆
660	成都市青羊区佳欣招待所高碑分所	成都市武侯区簇桥高碑村3组	武侯区	社会旅馆
661	顺兴旅馆	成都市武侯区高碑村2组	武侯区	社会旅馆
662	武侯区五桼旅馆	成都市武侯区沈家桥村	武侯区	社会旅馆
663	国营锦江机器厂招待所5701厂招待所	成都市武侯区簇桥华锦路100号	武侯区	社会旅馆
664	四川省航空运动学校接待站	成都市武侯区太平寺西路17号	武侯区	社会旅馆
665	四川省航校接待站	成都市武侯区太平山西路17号	武侯区	社会旅馆
666	成都御府丽晶旅店有限公司	成都市武侯区桐梓林东路22号	武侯区	社会旅馆
667	武侯区鑫隆招待所	成都市武侯区火车南站西路6号6幢3楼	武侯区	社会旅馆
668	武侯区中成旅馆	成都市武侯区火车南站中成市场A座5楼	武侯区	社会旅馆
669	成都市武侯区新成南招待所	成都市武侯区火车南站1号7幢	武侯区	社会旅馆
670	正有旅馆	成都市武侯区火车南站中成市场C座5楼	武侯区	社会旅馆
671	成都市武侯区金马旅馆	成都市武侯区罗马假日广场B4W601座	武侯区	社会旅馆
672	武侯区落脚点	成都市武侯区高升桥东路6号	武侯区	社会旅馆
673	成都市武侯区顺鑫旅馆	成都市武侯区高升桥东路6号罗马假日广场A3-306号	武侯区	社会旅馆
674	成都市武侯区蜀都旅馆	成都市武侯区高升桥东路2号、6号A1幢3楼01号	武侯区	社会旅馆

续表

序号	酒店名称	酒店地址	区域	酒店类型
675	武侯区鑫豪客旅馆	成都市武侯区武青东四路13号	武侯区	社会旅馆
676	浣港招待所	成都市武侯区红牌楼商业城AB座	武侯区	社会旅馆
677	勤俭旅馆	成都市武侯区一环路西一段11号3栋3单元1号	武侯区	社会旅馆
678	尚源宾馆	成都市武侯区武侯大道双楠段70号	武侯区	社会旅馆
679	惠香苑住宿部	成都市武侯区太平村3组	武侯区	社会旅馆
680	成都市武侯区堰新旅店	成都市武侯区七道堰街11号1幢	武侯区	社会旅馆
681	成都市武侯区高升旅馆	成都市武侯区永盛南街6号3幢1单元1楼1号	武侯区	社会旅馆
682	成都市武侯区嘉福旅馆	成都市武侯区一环路西一段菊乐路口163号嘉宇大厦7楼	武侯区	社会旅馆
683	武侯区海蓉商务宾馆	成都市武侯区高攀路20号	武侯区	社会旅馆
684	成都市武侯区三益旅馆	成都市武侯区一环路西一段24号	武侯区	社会旅馆
685	昌都宾馆	成都市武侯区一环路西一段8号	武侯区	社会旅馆
686	武侯区吉星九八旅馆	成都市武侯区一环路西一段13号	武侯区	社会旅馆
687	红牌楼车站招待所	成都市武侯区二环路南四段73号	武侯区	社会旅馆
688	武侯区兰草缘旅馆	成都市武侯区二环路西一段1号	武侯区	社会旅馆
689	成都市武侯区永丰供销合作社旅馆	成都市武侯区二环路西一段1号	武侯区	社会旅馆
690	武侯区吉星旅馆	成都市武侯区丽都路2号附2号	武侯区	社会旅馆
691	四川省交通厅管理学校招待所	成都市武侯区红牌楼佳灵路22号	武侯区	社会旅馆
692	武侯区建林宾馆	成都市武侯区金兴中路241号	武侯区	社会旅馆
693	成都新希望实业投资有限公司	成都市武侯区二环路西一段5号	武侯区	社会旅馆
694	武侯区静水住宿部	成都市武侯区盛世路9号	武侯区	社会旅馆
695	四川省红十字会干部培训中心武侯区	成都市武侯区人民南路四段55号附1号	武侯区	社会旅馆
696	温州市玖玖旅馆管理有限公司	成都市武侯区七道堰街30号	武侯区	社会旅馆
697	武侯区富栖源旅馆	成都市武侯区晋阳巷9栋2号	武侯区	社会旅馆
698	安的逸旅馆	成都市武侯区广福桥1号附10号	武侯区	社会旅馆
699	成都市华西鑫盈招待所	成都市武侯区电信路30号	武侯区	社会旅馆
700	锦江之家房屋信息服务部武侯区	成都市武侯区大石西路119号	武侯区	社会旅馆
701	四川虹太投资管理有限公司	成都市武侯区簇锦街道祥云路1169号	武侯区	社会旅馆
702	武侯区安的逸旅馆	成都市武侯区碧云路1号附17幢3楼A段	武侯区	社会旅馆

续表

序号	酒店名称	酒店地址	区域	酒店类型
703	成都市武侯区鸿鹄旅馆	成都市武侯区核桃村10组红运汽配商城4楼	武侯区	社会旅馆
704	成都市武侯区广福苑旅馆	成都市武侯区高升桥路26号7幢3楼	武侯区	社会旅馆
705	武侯区鑫海旅店	成都市武侯区武侯大道双楠段60号附58号	武侯区	社会旅馆
706	胖哥旅馆	成都市武侯区太平3组	武侯区	社会旅馆
707	朋来宾馆	成都市武侯区红牌楼北街12号	武侯区	社会旅馆
708	武侯区鸿运旅馆	成都市武侯区文昌路617号	武侯区	社会旅馆
709	武侯区圣帝旅店	成都市武侯区西部鞋都南1路139号	武侯区	社会旅馆
710	武侯区诺金山旅馆	成都市武侯区武兴一路2号	武侯区	社会旅馆
711	榕苑休闲庄	成都市武侯区武科东四路1号	武侯区	社会旅馆
712	四川水保宾馆	成都市武侯区双元街99号	武侯区	社会旅馆
713	成都市武侯区洁安旅店	成都市武侯区双楠小区置信南街28号	武侯区	社会旅馆
714	成都市武侯区红运旅馆	成都市武侯区红运汽配城内4楼12–15号	武侯区	社会旅馆
715	成都尚源宾馆管理有限公司成都分公司	成都市武侯区武侯大道双楠段70号	武侯区	社会旅馆
716	成都西物天立物业有限公司	成都市武侯区人民南路四段7号	武侯区	社会旅馆
717	锦江之星体院分公司	成都市武侯区一环路西一段115号	武侯区	社会旅馆
718	四川雷剑宾馆	成都市武侯区倒桑树接105号	武侯区	社会旅馆
719	成都市武侯区东胜旅店	成都市武侯区二环路西一段13号侨台大厦综合楼2楼	武侯区	社会旅馆
720	恒泰旅馆	成都市武侯区黉门街华西生活广场	武侯区	社会旅馆
721	圣合旅社	成都市武侯区万安北三街10号	武侯区	社会旅馆
722	国华旅馆	成都市武侯区高攀路22号	武侯区	社会旅馆
723	成都壹嘉壹商务酒店有限公司	成都市武侯区簇桥乡文昌路簇锦花园A区5幢	武侯区	社会旅馆
724	成都市金海岸世纪大酒店有限公司	成都市武侯区簇桥乡龙井村7组	武侯区	社会旅馆
725	成都双流机场凹凸酒店鞋都南路店	成都市武侯区鞋都南二路14号	武侯区	社会旅馆
726	四川加州派商务酒店武侯店	成都市武侯区一环路西一段30号	武侯区	社会旅馆
727	成都好梦缘酒店武侯店	成都市武侯区晋吉北路107号	武侯区	社会旅馆
728	鑫怡家快捷酒店武侯店	成都市武侯区武侯祠大街244号	武侯区	社会旅馆
729	成都简悦逸致酒店武侯祠店	成都市武侯区永顺路28号	武侯区	社会旅馆
730	成都得邦酒店武侯祠店	成都市武侯区一环路南四段14号三楼	武侯区	社会旅馆
731	成都君怡酒店武侯旗舰店	成都市武侯区双丰西路12号	武侯区	社会旅馆
732	成都御阁商务酒店武侯店	成都市武侯区武侯大道217号	武侯区	社会旅馆

续表

序号	酒店名称	酒店地址	区域	酒店类型
733	天外天酒店武鞋分司	成都市武侯区金星南路51号	武侯区	社会旅馆
734	四川客锐思酒店投资管理有限公司武侯分公司	成都市武侯区核桃堰路51号/159号	武侯区	社会旅馆
735	成都市富雅居酒店投资管理有限公司	成都市武侯区晋阳街道中央花园C幢2楼1号	武侯区	社会旅馆
736	成都呼噜噜酒店投资有限公司	成都市武侯区科华北路26号	武侯区	社会旅馆
737	四川快乐七天酒店投资管理有限公司	成都市武侯区武侯祠大街271号	武侯区	社会旅馆
738	四川锦熙时代酒店投资管理有限公司	成都市武侯区晋吉南路99号	武侯区	社会旅馆
739	成都楠泰连锁酒店双楠店	成都市武侯区二环路西一段92号	武侯区	社会旅馆
740	成都紫都商务酒店双楠店	成都市武侯区双楠街280号	武侯区	社会旅馆
741	成都凯悦酒店式公寓	成都市武侯区一环路南一段9号附20号	武侯区	社会旅馆
742	成都雅舍酒店式公寓	成都市武侯区一环路南一段2号好望角商业广场1楼	武侯区	社会旅馆
743	成都美家美酒店式公寓	成都市武侯区一环路南四段19号	武侯区	社会旅馆
744	成都巧克力酒店式公寓	成都市武侯区黉门街6号	武侯区	社会旅馆
745	成都市武侯区阳光连锁酒店式公寓	成都市武侯区科华北路143号蓝色加勒比303室	武侯区	社会旅馆
746	成都蓝城快捷酒店人南店	成都市武侯区人民南路三段16号	武侯区	社会旅馆
747	成都艾丽卡假日酒店燃灯寺东街店	成都市武侯区燃灯寺东街2号	武侯区	社会旅馆
748	成都马瑞卡酒店留学生公寓店	成都市武侯区洗面桥横街21号留学生公寓	武侯区	社会旅馆
749	成都蓝城酒店林荫店	成都市武侯区林荫街8号附2号	武侯区	社会旅馆
750	成都市紫会酒店林荫店	成都市武侯区林荫街19号附1号	武侯区	社会旅馆
751	成都家合假日酒店九眼桥分店	成都市武侯区群众路5号	武侯区	社会旅馆
752	成都橡树林商务连锁酒店九眼桥店	成都市武侯区龙江路20号	武侯区	社会旅馆
753	成都月友连锁酒店九眼桥店	成都市武侯区一环路南一段2号好望角广场	武侯区	社会旅馆
754	汇城酒店九眼桥店	成都市武侯区一环路南一段2号1-2-19号	武侯区	社会旅馆
755	成都瑞熙城市酒店经营管理有限公司	成都市武侯区科华中路139号	武侯区	社会旅馆
756	成都丰懋壹嘉壹酒店金花店	成都市武侯区金花镇江安河畔金花街1号	武侯区	社会旅馆
757	成都星豪鸿连锁酒店机投店	成都市武侯区潮音大道1号草金立交桥	武侯区	社会旅馆

续表

序号	酒店名称	酒店地址	区域	酒店类型
758	成都怡豪商务酒店机投店	成都市武侯区机投镇永康路25号	武侯区	社会旅馆
759	成都绚彩酒店华西店	成都市武侯区浆洗街16号华西国际附11号	武侯区	社会旅馆
760	成都好时光快捷酒店华西店	成都市武侯区浆洗街16号附20号	武侯区	社会旅馆
761	小憩驿站酒店花样年华店	成都市武侯区科华北路68号	武侯区	社会旅馆
762	成都宽堂酒店管理有限公司	成都市武侯区二环路南四段48号	武侯区	社会旅馆
763	成都图腾铂金酒店管理有限公司	成都市武侯区人民南路四段12号	武侯区	社会旅馆
764	四川寅生酒店管理有限公司	成都市武侯区武青南路1号/7号	武侯区	社会旅馆
765	成都聚齐虹太酒店管理有限公司	成都市武侯区祥云路1169号	武侯区	社会旅馆
766	成都友邦豪生酒店管理有限公司/成都友豪锦江酒店管理有限公司	成都市武侯区武科东2路2号	武侯区	社会旅馆
767	成都凹凸酒店管理有限公司	成都市武侯区鞋都南二路14号	武侯区	社会旅馆
768	成都莱美酒店管理有限公司	成都市武侯区武侯大道双南段58号/56号	武侯区	社会旅馆
769	成都丽家酒店管理有限公司武侯分公司	成都市武侯区洗面桥街18号	武侯区	社会旅馆
770	四川阳光费城酒店管理有限公司	成都市武侯区桐梓林中路6号	武侯区	社会旅馆
771	成都锦新酒店管理有限公司	成都市武侯区太平园横二街55号	武侯区	社会旅馆
772	成都龙湾假口酒店管理有限公司	成都市武侯区龙华北路7号	武侯区	社会旅馆
773	成都寓舍酒店管理有限公司	成都市武侯区长益路139号1栋3单元1028号	武侯区	社会旅馆
774	成都河旁酒店管理有限公司	成都市武侯区广福桥横街8号	武侯区	社会旅馆
775	成都怡豪酒店管理公司	成都市武侯区草金东路23豪	武侯区	社会旅馆
776	成都佛莱雅酒店管理有限公司	成都市武侯区火车南站东路8号	武侯区	社会旅馆
777	成都市千和酒店管理有限公司	成都市武侯区大石南路39号	武侯区	社会旅馆
778	成都倪氏酒店管理有限公顺风商务酒店	成都市武侯区二环路西一段106号	武侯区	社会旅馆
779	成都聚欣酒店管理有限公司	成都市武侯区武侯大道283号	武侯区	社会旅馆
780	成都蓝七星酒店管理有限公司	成都市武侯区小天竺街坛神巷金沙寺铜锣湾广场主栋8-9层	武侯区	社会旅馆
781	成都丽奥酒店管理有限公司	成都市武侯区致民东路39号	武侯区	社会旅馆
782	成都途家酒店管理有限公司	成都市武侯区黉门街34号5楼	武侯区	社会旅馆

续表

序号	酒店名称	酒店地址	区域	酒店类型
783	成都海之伦酒店管理公司	成都市武侯区洗面桥街18号	武侯区	社会旅馆
784	四川都市伍贰零酒店管理有限公司	成都市武侯区武侯祠大街11号	武侯区	社会旅馆
785	成都为民酒店管理有限公司	成都市武侯区一环路南四段10号	武侯区	社会旅馆
786	成都玺尔酒店管理有限公司	成都市武侯区洗面桥巷11号3楼	武侯区	社会旅馆
787	成都复新酒店管理公司安逸158	成都市武侯区玉林北路5号	武侯区	社会旅馆
788	成都市品艺酒店管理有限公司	成都市武侯区鞋都南一路5号	武侯区	社会旅馆
789	成都蓉新商务酒店管理有限公司	成都市武侯区黉门街6号	武侯区	社会旅馆
790	成都海逸酒店管理有限公司	成都市武侯区洗面桥街18号	武侯区	社会旅馆
791	成都华栖酒店管理公司	成都市武侯区浆洗街16号华西国际	武侯区	社会旅馆
792	武侯区盈丰酒店管理咨询服务部	成都市武侯区浆洗街16号华西国际	武侯区	社会旅馆
793	四川绿色数码酒店管理有限公司	成都市武侯区新南路83号	武侯区	社会旅馆
794	四川凯宾凯悦酒店管理有限公司	成都市武侯区一环路南一段九号	武侯区	社会旅馆
795	成都宜乐酒店管理有限公司	成都市武侯区新南路83号	武侯区	社会旅馆
796	成都君澳酒店管理有限公司	成都市武侯区簇桥街道七里村6组	武侯区	社会旅馆
797	成都阿波罗酒店管理有限公司	成都市武侯区科华北路60号	武侯区	社会旅馆
798	成都阿波罗酒店管理有限公司	成都市武侯区科华北路58号	武侯区	社会旅馆
799	成都万瑞置业有限公司武侯酒店管理分公司	成都市武侯区新希望路7号	武侯区	社会旅馆
800	成都格林普兰特酒店管理有限责任公司	成都市武侯区太平南新街6号6幢	武侯区	社会旅馆
801	成都小憩驿站酒店管理有限公司武侯分公司	成都市武侯区科华北路60号	武侯区	社会旅馆
802	成都博纳酒店管理有限公司	成都市武侯区一环路南一段2号	武侯区	社会旅馆
803	成都漫金利酒店管理有限公司	成都市武侯区一环路南一段2号	武侯区	社会旅馆
804	成都佳园假日酒店管理有限公司	成都市武侯区一环路南一段2号2幢1楼18号	武侯区	社会旅馆
805	成都豪润酒店管理有限公司	成都市武侯区科华中路10号	武侯区	社会旅馆
806	成都爱舍儿酒店管理有限公司	成都市武侯区科华北路143号527室	武侯区	社会旅馆

续表

序号	酒店名称	酒店地址	区域	酒店类型
807	成都宜喜家酒店管理有限公司	成都市武侯区科华北路60号	武侯区	社会旅馆
808	成都瀚霖酒店管理有限公司	成都市武侯区锦绣路24号	武侯区	社会旅馆
809	成都科益佳酒店管理有限公司	成都市武侯区中成市场C-5-366-368	武侯区	社会旅馆
810	成都圣菲酒店管理有限公司	成都市武侯区桐梓林中路6号附1号	武侯区	社会旅馆
811	成都赛家航旅商务酒店管理有限公司	成都市武侯区火车南站西路25号附1号	武侯区	社会旅馆
812	成都小憩驿站酒店管理有限公司花样年华店	成都市武侯区科华北路68号	武侯区	社会旅馆
813	四川梓豪酒店管理有限公司	成都市武侯区长寿路6号	武侯区	社会旅馆
814	成都天域风情酒店管理有限公司	成都市武侯区佳灵路20号	武侯区	社会旅馆
815	成都润洲酒店管理有限公司	成都市武侯区永盛南街3号	武侯区	社会旅馆
816	成都市楠泰商务酒店管理有限公司	成都市武侯区二环路西一段92号南极地1-25	武侯区	社会旅馆
817	四川凯宾长益酒店管理有限公司	成都市武侯区长益路11号	武侯区	社会旅馆
818	四川攀西印象酒店管理有限责任公司	成都市武侯区晋吉南路65号	武侯区	社会旅馆
819	成都禧瑞酒店管理有限公司玉林店	成都市武侯区玉林北街2号	武侯区	社会旅馆
820	成都六六酒店管理有限公司武侯区	成都市武侯区簇锦街道武侯大道铁佛段122号	武侯区	社会旅馆
821	成都梓豪酒店管理公司武侯区	成都市武侯区长寿路6号	武侯区	社会旅馆
822	成都市海美伦酒店管理公司	成都市武侯区二环路西一段92号南极地	武侯区	社会旅馆
823	重庆橡树林酒店管理有限公司成都分公司	成都市武侯区龙江路20号	武侯区	社会旅馆
824	成都子规酒店管理有限公司	成都市武侯区双元街99号	武侯区	社会旅馆
825	成都蓝庭酒店管理有限责任公司	成都市武侯区百锦路316号	武侯区	社会旅馆
826	成都丁凡酒店管理有限公司	成都市武侯区一环路西一段34号	武侯区	社会旅馆
827	成都心雅酒店管理有限公司	成都市武侯区佳灵路20号15楼	武侯区	社会旅馆
828	成都埃菲尔酒店管理有限公司	成都市武侯区佳灵路5号	武侯区	社会旅馆
829	成都简悦之家酒店管理有限公司	成都市武侯区航空路六号丰德国际广场	武侯区	社会旅馆
830	成都市同福酒店管理有限公司	成都市武侯区黉门街6号铜锣湾广场	武侯区	社会旅馆

续表

序号	酒店名称	酒店地址	区域	酒店类型
831				
832	成都禧瑞酒店管理有限公司	成都市武侯区致民路31号	武侯区	社会旅馆
833	上海七斗星商旅酒店管理有限公司成都新南门分公司	成都市武侯区南台路18号	武侯区	社会旅馆
834	和家酒店管理有限责任公司	成都市武侯区金花镇七里村7组	武侯区	社会旅馆
835	成都同福酒店公寓	成都市武侯区黉门街6街	武侯区	社会旅馆
836	成都学府酒店公寓	成都市武侯区科华北路54号附1号	武侯区	社会旅馆
837	成都馨恬酒店公寓	成都市武侯区武侯科华北路145号	武侯区	社会旅馆
838	成都精品堀棕北酒店公寓	成都市武侯区科华北路竹苑巷6号	武侯区	社会旅馆
839	成都六度空间酒店公寓武侯祠店	成都市武侯区武侯祠浆洗街24号	武侯区	社会旅馆
840	成都倩家酒店公寓东门店	成都市武侯区府城大道红星路沿线与武侯大道东沿线交汇处泰和佳园	武侯区	社会旅馆
841	成都旅逸酒店公寓新园大道店	成都市武侯区新园大道190号	武侯区	社会旅馆
842	成都行走的家酒店公寓锦里店	成都市武侯区一环路西一段88号	武侯区	社会旅馆
843	成都之雅酒店公寓新会展中心店	成都市武侯区高新区益州大道中段722号天府二街盛华南路复城国际广场T5栋510号	武侯区	社会旅馆
844	成都天美怡居酒店公寓	成都市武侯区桐梓林航空路9号华尔兹广场A座5-14楼	武侯区	社会旅馆
845	锦官译酒店公寓凯悦店	成都市武侯区一环路南一段17号	武侯区	社会旅馆
846	成都市蓝色多瑙河茶楼有限责任公司学府酒店公寓	成都市武侯区棕北小区棕苑12栋1单元1号	武侯区	社会旅馆
847	成都汇城酒店公寓有限公司	成都市武侯区一环路南一段2号	武侯区	社会旅馆
848	成都市蓝色多瑙河茶楼有限责任公司学府酒店公寓	成都市武侯区棕北棕苑12幢	武侯区	社会旅馆
849	我爱我家酒店公寓	成都市武侯区双楠楠极地公寓	武侯区	社会旅馆
850	成都格兰威尔酒店高升桥店	成都市武侯区一环路西一段6号	武侯区	社会旅馆
851	景阳商务酒店丰德店	成都市武侯区人南立交桥航空路6号丰德国际广场1层	武侯区	社会旅馆
852	成都雅家酒店发展有限公司	成都市武侯区科华北路16-18号	武侯区	社会旅馆
853	成都友佳酒店短租公寓科华路店	成都市武侯区科华北路143号	武侯区	社会旅馆
854	光大国际大酒店大石东路店	成都市武侯区一环路西一段123号	武侯区	社会旅馆
855	成都苹果酒店簇桥店	成都市武侯区簇桥双拥街88号	武侯区	社会旅馆
856	成都丰懋壹嘉壹酒店簇桥店	成都市武侯区成双大道北段693号	武侯区	社会旅馆

续表

序号	酒店名称	酒店地址	区域	酒店类型
857	成都星豪鸿连锁酒店川大店	成都市武侯区科华北路139号三强大厦5楼	武侯区	社会旅馆
858	海友酒店成都武侯祠店	成都市武侯区高升桥路22号	武侯区	社会旅馆
859	成都天鹰阁酒店第二招待所	成都市武侯区电信南街8号	武侯区	社会旅馆
860	天悦酒店黉门后街	成都市武侯区黉门后街2号附10号3楼	武侯区	社会旅馆
861	成都金阳光商务酒店华西医院店	成都市武侯区国学巷黉门公馆商业前街2栋6楼	武侯区	社会旅馆
862	蜀峰花园酒店成都店	成都市武侯区武侯祠横街新2号	武侯区	社会旅馆
863	锦里苹果酒店武侯祠店	成都市武侯区武侯祠大街123号	武侯区	社会旅馆
864	成都华协酒店原四川大学华西酒店	成都市武侯区人民南路三段大学路12号	武侯区	社会旅馆
865	成都飞天楼酒店原成空士兵招待所	成都市武侯区共和路2号	武侯区	社会旅馆
866	百年商务酒店科华店	成都市武侯区科华北路68号附11号	武侯区	社会旅馆
867	弗斯达酒店肖家河店	成都市武侯区高升桥东路5号	武侯区	社会旅馆
868	成都小憩驿站酒店南域店	成都市武侯区紫瑞大道218号神仙树融城后街	武侯区	社会旅馆
869	博尔特商务酒店一环路南一段店	成都市武侯区老马路15号	武侯区	社会旅馆
870	美客美家酒店成都摩尔优品店	成都市武侯区聚龙路68号摩尔国际A座	武侯区	社会旅馆
871	盛铂仕丹酒店新会展店	成都市武侯区天府二街669号	武侯区	社会旅馆
872	山水时尚酒店成都火车南站店	成都市武侯区科华南路10号	武侯区	社会旅馆
873	成都百年商务酒店6692	成都市武侯区科华北路68号	武侯区	社会旅馆
874	圣吉瑞酒店华盖店	成都市武侯区棕北小区棕苑14栋	武侯区	社会旅馆
875	成都首座万丽酒店	成都市武侯区人民南路四段48号	武侯区	社会旅馆
876	凯美斯酒店	成都市武侯区二环路西一段9号	武侯区	社会旅馆
877	成都丽家酒店	成都市武侯区洗面桥街8号	武侯区	社会旅馆
878	成都蜀汉酒店	成都市武侯区武侯祠大街258号	武侯区	社会旅馆
879	御府丽晶酒店	成都市武侯区桐梓林东路22号附9号	武侯区	社会旅馆
880	四川三鑫商务酒店	成都市武侯区武侯大道铁佛段123号	武侯区	社会旅馆
881	重庆橡树林酒店	成都市武侯区龙江路20号	武侯区	社会旅馆
882	成都凯瑞斯酒店	成都市武侯区铁佛段一号优博国际1单元	武侯区	社会旅馆
883	成都世外桃源酒店	成都市武侯区科华北路69号	武侯区	社会旅馆
884	成都机场感恩酒店	成都市武侯区凉井2路贵族鞋业大厦附68号	武侯区	社会旅馆

续表

序号	酒店名称	酒店地址	区域	酒店类型
885	成都馨韵快捷酒店	成都市武侯区一环路西一段13号锦里	武侯区	社会旅馆
886	成都雅乐大酒店	成都市武侯区一环路南三段66号	武侯区	社会旅馆
887	成都寓舍酒店	成都市武侯区红牌楼长益西路159号	武侯区	社会旅馆
888	成都金芙酒店	成都市武侯区科华北路46号附3号	武侯区	社会旅馆
889	成都攀西印象酒店	成都市武侯区晋吉南路65号	武侯区	社会旅馆
890	成都时代锦城酒店	成都市武侯区天仁路20号附1号	武侯区	社会旅馆
891	成都齐兴酒店	成都市武侯区黉门后街2号3楼	武侯区	社会旅馆
892	成都鑫海酒店	成都市武侯区晋阳路171号3楼	武侯区	社会旅馆
893	成都埃菲尔酒店	成都市武侯区红牌楼佳灵路5号2栋1楼	武侯区	社会旅馆
894	成都武侯区轻松酒店	成都市武侯区晋阳路128号	武侯区	社会旅馆
895	成都宏运酒店	成都市武侯区黉门街6号	武侯区	社会旅馆
896	成都百纳商务酒店	成都市武侯区内双楠少陵横街5号	武侯区	社会旅馆
897	瑞铧国际酒店	成都市武侯区武侯大道211号	武侯区	社会旅馆
898	成都天辅星温泉酒店	成都市武侯区双楠武侯大道211号	武侯区	社会旅馆
899	18号公寓式酒店	成都市武侯区内双楠少陵路18号	武侯区	社会旅馆
900	成都顺风肥牛商务酒店	成都市武侯区二环路西一段106号	武侯区	社会旅馆
901	成都西农驿站酒店	成都市武侯区洗面桥横街8号	武侯区	社会旅馆
902	成都锦江之家商务酒店	成都市武侯区大石西路119号	武侯区	社会旅馆
903	成都千禧缘酒店	成都市武侯区少陵东街27号	武侯区	社会旅馆
904	成都燕归来商务酒店	成都市武侯区二环路西一段逸都路6号	武侯区	社会旅馆
905	成都鑫世纪酒店	成都市武侯区少陵路4号	武侯区	社会旅馆
906	成都优客之家酒店	成都市武侯区人民中路二段70号时代凯悦大厦一单元大厅	武侯区	社会旅馆
907	成都南城酒店	成都市武侯区黉门街6号	武侯区	社会旅馆
908	成都橙果酒店	成都市武侯区长益路159号	武侯区	社会旅馆
909	成都金凌凯宾酒店	成都市武侯区天久北巷8号天府长城南尚国际1栋	武侯区	社会旅馆
910	锦尚酒店	成都市武侯区玉林横街1号	武侯区	社会旅馆
911	四川嘉陵江大酒店	成都市武侯区洗面桥街19号	武侯区	社会旅馆
912	成都万里客商务酒店	成都市武侯区电信路20号	武侯区	社会旅馆
913	成都通南巴商务酒店	成都市武侯区浆洗街16号1幢1层18号	武侯区	社会旅馆
914	成都梦达之星商务酒店	成都市武侯区黉门街4号	武侯区	社会旅馆
915	成都锦官度城市酒店	成都市武侯区洗面桥街18号北楼	武侯区	社会旅馆
916	成都万顺时尚酒店	成都市武侯区一环路南一段9号	武侯区	社会旅馆
917	成都南都商务酒店	成都市武侯区人民南路四段20号	武侯区	社会旅馆

续表

序号	酒店名称	酒店地址	区域	酒店类型
918	红楼酒店	成都市武侯区簧门后街9号	武侯区	社会旅馆
919	成都府河家园酒店	成都市武侯区武侯祠大街通祠路39号	武侯区	社会旅馆
920	成都丽宾酒店	成都市武侯区簧门街6号铜锣湾生活广场5楼	武侯区	社会旅馆
921	成都为民商务酒店	成都市武侯区一环路南四段10号	武侯区	社会旅馆
922	成都枫桥假日酒店	成都市武侯区浆洗街20号	武侯区	社会旅馆
923	成都蓝七星酒店	成都市武侯区簧门街6号铜锣湾广场A座9楼	武侯区	社会旅馆
924	海逸酒店	成都市武侯区洗面桥街18号金茂广场北楼大厅	武侯区	社会旅馆
925	成都金茂印象酒店	成都市武侯区洗面桥街18号南楼	武侯区	社会旅馆
926	成都万里号大酒店	成都市武侯区浆洗街29号	武侯区	社会旅馆
927	成都家乡美酒店	成都市武侯区族桥簇锦北路102号	武侯区	社会旅馆
928	成都品艺假日酒店	成都市武侯区成双大道鞋都南一路5号	武侯区	社会旅馆
929	成都瑞信阳光商务酒店	成都市武侯区武侯祠大街248号	武侯区	社会旅馆
930	成都玉林品尚酒店	成都市武侯区一环路南三段玉林北街1号	武侯区	社会旅馆
931	成都蓉新商务酒店	成都市武侯区簧门街6号铜锣湾广场B座三,四楼	武侯区	社会旅馆
932	成都富和酒店	成都市武侯区玉林中路16号富和城四楼	武侯区	社会旅馆
933	成都贝斯特酒店	成都市武侯区洗面桥东二街	武侯区	社会旅馆
934	成都海逸酒店	成都市武侯区洗面桥街18号	武侯区	社会旅馆
935	成都博客商务酒店	成都市武侯区国学巷建川簧门公馆商业中街	武侯区	社会旅馆
936	成都蜀峰花园酒店	成都市武侯区武侯祠横街236号	武侯区	社会旅馆
937	成都鑫满楼商务酒店	成都市武侯区通祠路39号	武侯区	社会旅馆
938	成都锦弘交通商务酒店	成都市武侯区武侯祠大街180号	武侯区	社会旅馆
939	成都心悦酒店	成都市武侯区浆洗街16号	武侯区	社会旅馆
940	成都华栖商务酒店	成都市武侯区浆洗街16号华西国际	武侯区	社会旅馆
941	雅仕莱酒店	成都市武侯区浆洗街18号	武侯区	社会旅馆
942	成都汉易酒店	成都市武侯区新希望路2号	武侯区	社会旅馆
943	成都锦官驿酒店	成都市武侯区武侯区一环路南一段9号凯悦新城	武侯区	社会旅馆
944	锦官驿酒店	成都市武侯区一环路南一段9号凯悦新城	武侯区	社会旅馆
945	成都金色柠檬酒店	成都市武侯区洗面桥横街31号	武侯区	社会旅馆
946	成都万胜商务酒店	成都市武侯区新南路75号附8号	武侯区	社会旅馆
947	成都铭扬酒店	成都市武侯区新南门十七街29号	武侯区	社会旅馆
948	城市音乐酒店	成都市武侯区一环路南一段49号	武侯区	社会旅馆

续表

序号	酒店名称	酒店地址	区域	酒店类型
949	英伦酒店	成都市武侯区武侯大道铁佛段1号优博国际	武侯区	社会旅馆
950	成都优博商务酒店	成都市武侯区武侯大道铁佛段1号优博国际2单元1楼大厅	武侯区	社会旅馆
951	成都金佛商务酒店	成都市武侯区武侯大道四川申蓉泓翰汽车公司南侧	武侯区	社会旅馆
952	成都六六酒店	成都市武侯区武侯大道铁佛段福锦路171号	武侯区	社会旅馆
953	成都西蜀森林酒店	成都市武侯区金花桥街永康大道18号	武侯区	社会旅馆
954	成都家外家商务酒店	成都市武侯区科华南路10号	武侯区	社会旅馆
955	成都星座主题酒店	成都市武侯区武侯大道双楠段18号锦里	武侯区	社会旅馆
956	成都丁香花商务酒店	成都市武侯区科华北路60号沸城A座4楼	武侯区	社会旅馆
957	成都顺风国际酒店	成都市武侯区二环路西一段106号	武侯区	社会旅馆
958	成都川豪酒店	成都市武侯区一环路南一段2号楼5栋4楼22号	武侯区	社会旅馆
959	成都心意商务酒店	成都市武侯区石羊场仁和南街40-202号	武侯区	社会旅馆
960	成都时尚商务酒店	成都市武侯区新雅中街52号	武侯区	社会旅馆
961	成都飞天楼酒店	成都市武侯区共和路2号	武侯区	社会旅馆
962	成都博纳商务酒店	成都市武侯区一环路南一段2号	武侯区	社会旅馆
963	成都茗汉铂尔曼国际酒店	成都市武侯区神仙树西路3号	武侯区	社会旅馆
964	凤兰庭酒店	成都市武侯区神仙树西路3号	武侯区	社会旅馆
965	成都简悦之家连锁酒店	成都市武侯区人民南路四段南航空路六号丰德国际广场E1座	武侯区	社会旅馆
966	成都漫金利酒店	成都市武侯区一环路南一段二号好望角文化广场	武侯区	社会旅馆
967	成都龙湾假日酒店	成都市武侯区外双楠龙华北路7号	武侯区	社会旅馆
968	成都万家客酒店	成都市武侯区锦绣路3号	武侯区	社会旅馆
969	成都国怡精品酒店	成都市武侯区龙腾中路3号附39号	武侯区	社会旅馆
970	成都豪润酒店	成都市武侯区科华南路10号	武侯区	社会旅馆
971	成都嘉尔曼酒店	成都市武侯区锦绣路36号	武侯区	社会旅馆
972	成都明悦大酒店	成都市武侯区永丰路55号	武侯区	社会旅馆
973	呼噜噜酒店	成都市武侯区科华北路26号	武侯区	社会旅馆
974	成都美天酒店	成都市武侯区科华北路40号	武侯区	社会旅馆
975	成都海悦缤纷酒店	成都市武侯区一环路南二段科华巷1号	武侯区	社会旅馆
976	海悦缤纷酒店	成都市武侯区科华巷1号2楼	武侯区	社会旅馆
977	成都锦中天酒店	成都市武侯区金兴南路63号	武侯区	社会旅馆
978	成都麦田天阅酒店	成都市武侯区火车南站西路15号	武侯区	社会旅馆

续表

序号	酒店名称	酒店地址	区域	酒店类型
979	成都怡享酒店	成都市武侯区锦绣路44号	武侯区	社会旅馆
980	成都瀚霖酒店	成都市锦江区锦绣路24号附5号	武侯区	社会旅馆
981	成都天邑国际酒店	成都市武侯区二环路西一段2号	武侯区	社会旅馆
982	成都润洲商务酒店	成都市武侯区二环路西一段外侧永盛南街3号	武侯区	社会旅馆
983	红牌楼大酒店	成都市武侯区波尔菲特酒店西侧	武侯区	社会旅馆
984	成都双楠时代商务酒店	成都市武侯区双楠路291号	武侯区	社会旅馆
985	成都迎宾苑商务酒店	成都市武侯区二环路西一段1号1幢	武侯区	社会旅馆
986	成都锦悦酒店	成都市武侯区二环路西一段2号	武侯区	社会旅馆
987	成都兰草缘酒店	成都市武侯区二环路西一段1号新鸿达大厦3楼	武侯区	社会旅馆
988	成都滴水琴酒店	成都市武侯区武侯大道双楠段18号	武侯区	社会旅馆
989	馨韵酒店	成都市武侯区	武侯区	社会旅馆
990	成都市博尔特酒店	成都市武侯区一环路南一段老马路15号	武侯区	社会旅馆
991	成都俊羲摩尔国际酒店	成都市武侯区聚龙路16号	武侯区	社会旅馆
992	成都天友国际酒店	成都市武侯区二环路西一段100号	武侯区	社会旅馆
993	成都武侯智选假日酒店	成都市武侯区二环路西一段5号	武侯区	社会旅馆
994	成都逢瑜商务酒店	成都市武侯区金兴中路33号	武侯区	社会旅馆
995	成都音凰假日温泉酒店	成都市武侯区二环路西一段84号	武侯区	社会旅馆
996	成都我爱我家酒店	成都市武侯区二环路西一段92号楠极地大厦	武侯区	社会旅馆
997	成都安的逸商务酒店	成都市武侯区碧云路1号附11号3楼	武侯区	社会旅馆
998	成都朴院禅文化精品酒店	成都市武侯区龙江路14号	武侯区	社会旅馆
999	成都子规楠庭酒店	成都市武侯区双元街99号	武侯区	社会旅馆
1000	成都三四五时尚酒店	成都市武侯区佳灵路20号九峰国际C区	武侯区	社会旅馆
1001	成都逸豪印象酒店	成都市武侯区丽都路518号	武侯区	社会旅馆
1002	成都瑞锦大酒店	成都市武侯区成双大道886号	武侯区	社会旅馆
1003	成都瀚洋大酒店	成都市武侯区福锦路二段21号	武侯区	社会旅馆
1004	成都同时达酒店	成都市武侯区文盛路10号	武侯区	社会旅馆
1005	成都栖凰酒店	成都市武侯区簇桥文昌路586号	武侯区	社会旅馆
1006	成都蓉家酒店	成都市武侯区簇桥成双大道中段20号	武侯区	社会旅馆
1007	成都蓝庭酒店	成都市武侯区簇桥百锦路316号	武侯区	社会旅馆
1008	亿臣国际酒店	成都市武侯区武侯大道龙井段289号	武侯区	社会旅馆
1009	成都悠雅商务酒店	成都市武侯区望锦横街200号	武侯区	社会旅馆
1010	成都天合酒店	成都市武侯区武侯大道209号	武侯区	社会旅馆
1011	成都柒加贰酒店	成都市武侯区簇锦横街209号	武侯区	社会旅馆

续表

序号	酒店名称	酒店地址	区域	酒店类型
1012	成都馨佳酒店	成都市武侯区人民南路三段17号	武侯区	社会旅馆
1013	成都市金海岸世纪大酒店	成都市武侯区簇桥金海岸世纪大酒店	武侯区	社会旅馆
1014	成都心雅爱情酒店	成都市武侯区佳灵路20号九峰生活购物广场C座15楼	武侯区	社会旅馆
1015	成都圣地商务酒店	成都市武侯区鞋都南路139号附3号	武侯区	社会旅馆
1016	成都华纳丽尊酒店	成都市武侯区二环路南三段3号	武侯区	社会旅馆
1017	成都纯鑫商务酒店	成都市武侯区一环路南四段22号华通大厦2楼	武侯区	社会旅馆
1018	成都蜀泸大酒店	成都市武侯区七道堰街12号	武侯区	社会旅馆
1019	成都水杉树酒店	成都市武侯区兴蓉北街2号	武侯区	社会旅馆
1020	成都慈当酒店	成都市武侯区一环路南四段26号	武侯区	社会旅馆
1021	成都青苹果酒店	成都市武侯区郭家桥正街18号	武侯区	社会旅馆
1022	成都蓝鸿大酒店	成都市武侯区高升桥路19号	武侯区	社会旅馆
1023	成都幻变艺术酒店	成都市武侯区长寿路12号	武侯区	社会旅馆
1024	成都高新亚朵酒店	成都市武侯区天府四街66号	武侯区	社会旅馆
1025	成都皇庭假日商务酒店	成都市武侯区晋吉北路66号	武侯区	社会旅馆
1026	成都嘉丽酒店	成都市武侯区一环路南二段1号	武侯区	社会旅馆
1027	成都海龙湾首座酒店	成都市武侯区簇桥街道武侯大道铁佛段289号卡美迪大厦	武侯区	社会旅馆
1028	成都福娃商务酒店	成都市武侯区致民路31号	武侯区	社会旅馆
1029	成都汉韵酒店	成都市武侯区益州大道北段天益南巷	武侯区	社会旅馆
1030	成都世纪南城酒店	成都市武侯区新南路90号	武侯区	社会旅馆
1031	成都英伦酒店	成都市武侯区武侯大道铁佛段1号优博国际	武侯区	社会旅馆
1032	成都凯宴美湖酒店	成都市武侯区火车南站西路19号	武侯区	社会旅馆
1033	成都丽加酒店	成都市武侯区洗面桥街18号北楼1号	武侯区	社会旅馆
1034	爱客酒店	成都市武侯区人民南路四段13号附1号	武侯区	社会旅馆
1035	成都瑞莱斯酒店	成都市武侯区倪家桥路2号附44号	武侯区	社会旅馆
1036	成都图腾铂雅酒店	成都市武侯区高攀路2号魏玛国际	武侯区	社会旅馆
1037	成都宽堂酒店	成都市武侯区二环路南四段48号	武侯区	社会旅馆
1038	成都布拉格风尚酒店	成都市武侯区二环路西一段1号	武侯区	社会旅馆
1039	成都锦里自由时酒店	成都市武侯区武侯祠大街113号锦里休闲2期1号院	武侯区	社会旅馆
1040	富栖源商务酒店	成都市武侯区武青南路51号1栋5楼	武侯区	社会旅馆
1041	成都铭雅酒店	成都市武侯区国学巷6号	武侯区	社会旅馆

续表

序号	酒店名称	酒店地址	区域	酒店类型
1042	成都宏庭酒店	成都市武侯区红牌楼九兴大道长益路159号	武侯区	社会旅馆
1043	成都香影酒店	成都市武侯区簇桥文盛路15号	武侯区	社会旅馆
1044	成都福临酒店	成都市武侯区红牌楼佳灵路22号	武侯区	社会旅馆
1045	成都虹帆商务酒店	成都市武侯区武侯大道祥云路1169号	武侯区	社会旅馆
1046	成都驰宇商务酒店	成都市武侯区武侯大道双南段209号综合楼B座锦里	武侯区	社会旅馆
1047	海若之春酒店	成都市武侯区二环路西一段106号	武侯区	社会旅馆
1048	成都客道酒店	成都市武侯区致民路76号	武侯区	社会旅馆
1049	成都佳兴缘大酒店	成都市武侯区武侯大道金兴南路26号	武侯区	社会旅馆
1050	成都川音爱乐酒店	成都市武侯区一环路南一段47号	武侯区	社会旅馆
1051	成都木鱼酒店	成都市武侯区武侯大道金江路111号	武侯区	社会旅馆
1052	成都蓉国府图腾铂金酒店	成都市武侯区人民南路四段12号	武侯区	社会旅馆
1053	寅生国际酒店	成都市武侯区双星大道武青南路7号	武侯区	社会旅馆
1054	成都优尼客酒店	成都市武侯区二环路西一段6号红星美凯龙A座	武侯区	社会旅馆
1055	成都武侯虹太198酒店	成都市武侯区武侯大道祥云路1169号	武侯区	社会旅馆
1056	成都友豪锦江酒店	成都市武侯区武科东二路2号	武侯区	社会旅馆
1057	成都何日君温泉酒店	成都市武侯区倪家桥路2号附8号锦里	武侯区	社会旅馆
1058	成都好客大酒店	成都市武侯区高升桥路11号	武侯区	社会旅馆
1059	成都千和酒店	成都市武侯区长华路56号万科金色海蓉一期	武侯区	社会旅馆
1060	成都千禧大酒店	成都市武侯区一环路西一段119号锦里	武侯区	社会旅馆
1061	成都鸣鹭酒店	成都市武侯区红牌楼佳灵路9号	武侯区	社会旅馆
1062	成都锦熙时代酒店	成都市武侯区晋吉南路99号	武侯区	社会旅馆
1063	成都美逸酒店	成都市武侯区董家湾南街132号	武侯区	社会旅馆
1064	成都莱美假日酒店	成都市武侯区武侯大道双楠段56号	武侯区	社会旅馆
1065	成都同声智能商务酒店	成都市武侯区晋吉北路108号	武侯区	社会旅馆
1066	武侯区铭扬酒店	成都市武侯区十七街29号	武侯区	社会旅馆
1067	和家酒店	成都市武侯区新川藏路68号西侧	武侯区	社会旅馆
1068	凤凰城酒店	成都市武侯区桐梓林中路5号	武侯区	社会旅馆
1069	成都新星公寓酒店	成都市武侯区黉门街6号铜锣湾生活广场4楼	武侯区	社会旅馆
1070	成都锦天商务酒店	成都市武侯区武青东三路41号	武侯区	社会旅馆
1071	成都社区酒店	成都市武侯区石羊客运站旁新南一期A区8幢一单元4号	武侯区	社会旅馆
1072	武侯区海伦假日酒店	成都市武侯区晋吉南路59号	武侯区	社会旅馆

续表

序号	酒店名称	酒店地址	区域	酒店类型
1073	成都市全金酒店	成都市武侯区果堰村10组132号	武侯区	社会旅馆
1074	海伦假日酒店	成都市武侯区晋吉南路67号	武侯区	社会旅馆
1075	帝锦大酒店	成都市武侯区草金路34号	武侯区	社会旅馆
1076	武侯区锦天商务酒店	成都市武侯区武青东三路41号	武侯区	社会旅馆
1077	兴隆门商务酒店	成都市武侯区金雁路36号附10号	武侯区	社会旅馆
1078	武侯区鑫雁商务酒店	成都市武侯区中央花园二期商业城	武侯区	社会旅馆
1079	成都紫金娟商务酒店	成都市武侯区少陵横街5号	武侯区	社会旅馆
1080	国怡精品酒店	成都市武侯区龙腾中路3号附3号	武侯区	社会旅馆
1081	成都瑞铧温泉酒店	成都市武侯区武侯大道双楠段211号	武侯区	社会旅馆
1082	成都佳境资产管理有限责任公司森桦苑商务酒店	成都市武侯区少陵路18号森桦苑小区5单元	武侯区	社会旅馆
1083	武侯区吉祥商务酒店	成都市武侯区大石西路219号	武侯区	社会旅馆
1084	天合大酒店	成都市武侯区武侯大道209号	武侯区	社会旅馆
1085	锦江之家酒店	成都市武侯区大石西路119号	武侯区	社会旅馆
1086	成都燕归来酒店	成都市武侯区逸都路6号	武侯区	社会旅馆
1087	武侯区蜀锦水墨酒店	成都市武侯区燃灯寺路36号	武侯区	社会旅馆
1088	武侯区橙果酒店	成都市武侯区长益路159号	武侯区	社会旅馆
1089	四川万里客商务酒店	成都市武侯区电信路20号	武侯区	社会旅馆
1090	武侯区通南巴商务酒店	成都市武侯区浆洗街16号华西国际4楼	武侯区	社会旅馆
1091	武侯区鑫满楼酒店	成都市武侯区通祠路39号	武侯区	社会旅馆
1092	梦达之星商务酒店	成都市武侯区黉门街4号	武侯区	社会旅馆
1093	武侯区万顺时尚酒店	成都市武侯区一环路南一段9号	武侯区	社会旅馆
1094	武侯区南都酒店	成都市武侯区人民南路四段20号	武侯区	社会旅馆
1095	武侯区品上商务酒店	成都市武侯区玉林北街1号	武侯区	社会旅馆
1096	何日君温泉酒店	成都市武侯区人民南路四段30号	武侯区	社会旅馆
1097	武侯区客源商务酒店	成都市武侯区玉林南路15号7楼	武侯区	社会旅馆
1098	蓝七星酒店	成都市武侯区黉门街6号8–9楼	武侯区	社会旅馆
1099	蜀汉酒店	成都市武侯区武侯祠大街258号	武侯区	社会旅馆
1100	武侯区星豪鸿酒店	成都市武侯区科华北路139号	武侯区	社会旅馆
1101	成都贝斯特商务酒店	成都市武侯区洗面桥街18号	武侯区	社会旅馆
1102	铜锣湾南城酒店	成都市武侯区小天竺铜锣湾广场	武侯区	社会旅馆
1103	金茂印象酒店	成都市武侯区洗面桥街18号	武侯区	社会旅馆
1104	四川自由时酒店	成都市武侯区武侯祠大街113号	武侯区	社会旅馆
1105	武侯区月友酒店	成都市武侯区浆洗街16号华西国际	武侯区	社会旅馆
1106	得邦酒店	成都市武侯区一环路南四段12号	武侯区	社会旅馆
1107	武侯区蓝城快捷酒店	成都市武侯区人民南路三段16号	武侯区	社会旅馆

续表

序号	酒店名称	酒店地址	区域	酒店类型
1108	武侯区天祺酒店	成都市武侯区一环路南一段53号	武侯区	社会旅馆
1109	四川玖鑫商务酒店	成都市武侯区新南路8号	武侯区	社会旅馆
1110	武侯区万胜商务酒店	成都市武侯区新南路80号	武侯区	社会旅馆
1111	四川祥发商有限责任公司祥发商务酒店	成都市武侯区十七街29号	武侯区	社会旅馆
1112	武侯区宏光酒店	成都市武侯区群众路5号	武侯区	社会旅馆
1113	武侯区九方快捷酒店	成都市武侯区一环路南二段7号	武侯区	社会旅馆
1114	武侯区英伦酒店	成都市武侯区武侯大道铁佛段1号	武侯区	社会旅馆
1115	武侯区优博酒店	成都市武侯区武侯大道铁佛段1号	武侯区	社会旅馆
1116	武侯区南瑚岛酒店	成都市武侯区科华北路31号	武侯区	社会旅馆
1117	川豪商务酒店	成都市武侯区一环路南一段2号	武侯区	社会旅馆
1118	显华商旅酒店	成都市武侯区郭家桥西街8号	武侯区	社会旅馆
1119	百年商务酒店	成都市武侯区科华北路68号花样年华·梦想家4楼	武侯区	社会旅馆
1120	成都市武侯区阳光嘉年酒店	成都市武侯区一环路南一段2号	武侯区	社会旅馆
1121	武侯区锦中天酒店	成都市武侯区金兴南路81号	武侯区	社会旅馆
1122	成都卓能实业有限公司汉易酒店	成都市武侯区新希望路2号附1号	武侯区	社会旅馆
1123	四川省建中核电实业有限责任公司建中商务酒店	成都市武侯区科华北路36号	武侯区	社会旅馆
1124	翰霖酒店	成都市武侯区锦绣路24号附5号	武侯区	社会旅馆
1125	怡享商务酒店	成都市武侯区锦绣路44号	武侯区	社会旅馆
1126	成都市武侯区站南商务酒店	成都市武侯区火车南站西路6号4幢	武侯区	社会旅馆
1127	成都梦悦御庭酒店	成都市武侯区火车南站西路25号	武侯区	社会旅馆
1128	成都小憩驿站酒店	成都市武侯区科华北路60号沸城	武侯区	社会旅馆
1129	武侯区天祥商务酒店	成都市武侯区高升桥东路2-6号A3幢3楼8-12号	武侯区	社会旅馆
1130	武侯区佳和商务酒店	成都市武侯区高升桥东路2-6号	武侯区	社会旅馆
1131	武侯区古玩商务酒店	成都市武侯区罗马假日盈丰楼7楼	武侯区	社会旅馆
1132	心雅爱情酒店	成都市武侯区龙华北路7号	武侯区	社会旅馆
1133	蓝鸿大酒店	成都市武侯区高升桥路19号	武侯区	社会旅馆
1134	武侯区紫都商务酒店	成都市武侯区双楠街280号	武侯区	社会旅馆
1135	迎宾苑商务酒店	成都市武侯区二环路西一段1号	武侯区	社会旅馆
1136	成都市武侯区足之乐滨河酒店	成都市武侯区红牌楼北街13号	武侯区	社会旅馆
1137	成都市武侯区时代商务酒店	成都市武侯区双楠路291号	武侯区	社会旅馆
1138	武侯区维港酒店	成都市武侯区丽都路538号	武侯区	社会旅馆

续表

序号	酒店名称	酒店地址	区域	酒店类型
1139	武侯区多伦多酒店	成都市武侯区佳灵路20号	武侯区	社会旅馆
1140	成都俊羲摩尔酒店	成都市武侯区聚龙路16号	武侯区	社会旅馆
1141	成都欧艺酒店	成都市武侯区武侯大道双楠段22号	武侯区	社会旅馆
1142	天友国际酒店	成都市武侯区二环路西一段100号	武侯区	社会旅馆
1143	成都幸能实业有限公司汉苑酒店	成都市武侯区新希望路2号附1号	武侯区	社会旅馆
1144	武侯区好梦缘酒店	成都市武侯区晋吉北路107号	武侯区	社会旅馆
1145	天祥商务酒店	成都市武侯区高升桥东路A3-308	武侯区	社会旅馆
1146	我爱我家酒店	成都市武侯区二环路西一段92号	武侯区	社会旅馆
1147	成都海美伦酒店	成都市武侯区二环路西一段92号	武侯区	社会旅馆
1148	成都市武侯区我爱我家酒店	成都市武侯区二环路西一段92号南极地	武侯区	社会旅馆
1149	欧艺酒店	成都市武侯区武侯大道双楠段22号	武侯区	社会旅馆
1150	武侯区瑞锦大酒店	成都市武侯区成双大道886号	武侯区	社会旅馆
1151	武侯区五佳酒店	成都市武侯区文盛路5号	武侯区	社会旅馆
1152	武侯区悠雅商务酒店	成都市武侯区望锦横街200号	武侯区	社会旅馆
1153	武侯区苹一果酒店	成都市武侯区双拥街88号	武侯区	社会旅馆
1154	武侯区蓉家商务酒店	成都市武侯区成双大道中段20号	武侯区	社会旅馆
1155	武侯区锦泰酒店	成都市武侯区簇锦横街207213号	武侯区	社会旅馆
1156	武侯区家乡美酒店	成都市武侯区簇锦北路102号	武侯区	社会旅馆
1157	金海岸世纪大酒店	成都市武侯区龙井村2组	武侯区	社会旅馆
1158	成都亿臣大酒店	成都市武侯区武侯大道龙井段289号	武侯区	社会旅馆
1159	武侯区纯鑫商务酒店	成都市武侯区一环路南四段22号	武侯区	社会旅馆
1160	成都金龙酒店	成都市武侯区武侯大道双丰路28号	武侯区	社会旅馆
1161	西御紫晶酒店	成都市武侯区二环路南三段9号	武侯区	社会旅馆
1162	如家快捷酒店	成都市武侯区二环路南三段9号	武侯区	社会旅馆
1163	武侯区幻变艺术酒店	成都市武侯区火车南站长寿路12号新华院内	武侯区	社会旅馆
1164	武侯区皇庭假日酒店	成都市武侯区晋吉北路66号	武侯区	社会旅馆
1165	蓉城映象国际酒店	成都市武侯区龙腾西路1号	武侯区	社会旅馆
1166	九点连锁酒店	成都市武侯区火车南站长寿南路2号	武侯区	社会旅馆
1167	武侯区感恩酒店	成都市武侯区金花镇凉水井村2组	武侯区	社会旅馆
1168	成都君澳酒店	成都市武侯区金花镇金兴南路268号	武侯区	社会旅馆
1169	成都悠然精品酒店	成都市武侯区金花镇草金路868号	武侯区	社会旅馆
1170	武侯区君子乐酒店	成都市武侯区金花镇永康村5组	武侯区	社会旅馆
1171	成都帝锦大酒店	成都市武侯区机投镇永康路16号	武侯区	社会旅馆

续表

序号	酒店名称	酒店地址	区域	酒店类型
1172	成都鑫豪客酒店	成都市武侯区机投镇武青东四路9号	武侯区	社会旅馆
1173	成都花苑酒店	成都市武侯区机投镇武青北路花龙门村2组34号	武侯区	社会旅馆
1174	元元大酒店	成都市武侯区机投镇草金南路26号	武侯区	社会旅馆
1175	华都旅馆	成都市武侯区簇桥场镇簇锦古镇2期1幢	武侯区	乡村酒店
1176	成都市利科招待所	成都市武侯区簇桥乡铁佛村4组	武侯区	乡村酒店
1177	成都市武侯区俊成旅馆	成都市武侯区簇桥凉水井村7组	武侯区	乡村酒店
1178	武侯区蒸汽旅舍	成都市武侯区武侯祠大街30号	武侯区	乡村酒店
1179	成都市武侯区铭源旅馆	成都市武侯区文昌路633号	武侯区	乡村酒店
1180	福锦旅馆	成都市武侯区福锦路二段68号	武侯区	乡村酒店
1181	成都市武侯区友谊旅馆	成都市武侯区成双大道389号	武侯区	乡村酒店
1182	来宾旅馆	成都市武侯区簇桥马家河村簇马路3段5号	武侯区	乡村酒店
1183	金鑫旅店	成都市武侯区铁佛村18号	武侯区	乡村酒店
1184	成都市武侯区磊瑞旅馆	成都市武侯区簇桥文昌村7组	武侯区	乡村酒店
1185	芙蓉苑旅馆	成都市武侯区铁佛村6组	武侯区	乡村酒店
1186	成都市武侯区新涛苑旅馆	成都市武侯区沈家桥村2组	武侯区	乡村酒店
1187	法星旅馆	成都市武侯区南桥村4组	武侯区	乡村酒店
1188	成都市武侯区君悦旅馆	成都市武侯区簇桥凉水井村7组	武侯区	乡村酒店
1189	逸家旅馆	成都市武侯区文盛路22号	武侯区	乡村酒店
1190	太平园旅馆	成都市武侯区高碑村7组	武侯区	乡村酒店
1191	成都市武侯区二姐旅馆	成都市武侯区簇桥沈家桥村2组	武侯区	乡村酒店
1192	武侯区鑫苗旅馆	成都市武侯区新苗新居新智1路8号	武侯区	乡村酒店
1193	武侯区金山河宾馆	成都市武侯区成双大道中段95号	武侯区	乡村酒店
1194	五桂旅馆	成都市武侯区成双大道458号	武侯区	乡村酒店
1195	成都市武侯区昌良旅馆	成都市武侯区沈家桥村9组	武侯区	乡村酒店
1196	华富旅馆	成都市武侯区沈家桥村6组	武侯区	乡村酒店
1197	成都金山河宾馆有限责任公司	成都市武侯区成双大道中段795号	武侯区	乡村酒店
1198	成都市武侯区新车站旅馆	成都市武侯区沈家桥村6组	武侯区	乡村酒店
1199	成都市武侯区武都旅馆	成都市武侯区簇桥凉水井村簇马路三段	武侯区	乡村酒店
1200	成都市帝锦餐饮娱乐有限公司	成都市武侯区机投桥镇草金路34号	武侯区	乡村酒店
1201	成都市武侯区舒馨旅店	成都市武侯区簇桥南桥村1组	武侯区	乡村酒店
1202	宏达旅社	成都市武侯区机投桥万盛路6号	武侯区	乡村酒店
1203	武侯区星豪鸿旅馆	成都市武侯区潮音路1号	武侯区	乡村酒店
1204	武侯区洁鑫宾馆	成都市武侯区机九路	武侯区	乡村酒店

续表

序号	酒店名称	酒店地址	区域	酒店类型
1205	成都市武侯区天鑫旅馆	成都市武侯区机投桥潮音村2组双星大道武青东3路28号	武侯区	乡村酒店
1206	成都同时达宾馆有限公司	成都市武侯区簇桥沈家桥村三组文盛路10号	武侯区	乡村酒店
1207	武侯区映月宾馆	成都市武侯区金花村6组	武侯区	乡村酒店
1208	静洁旅馆	成都市武侯区金兴中路119号	武侯区	乡村酒店
1209	武侯区家馨旅馆	成都市武侯区潮音路61号	武侯区	乡村酒店
1210	成都市武侯区家何旅社	成都市武侯区簇桥铁佛村7组	武侯区	乡村酒店
1211	成都市武侯区太安旅馆	成都市武侯区金履路138号	武侯区	乡村酒店
1212	成都市武侯区晚安旅社	成都市武侯区金兴南路68号	武侯区	乡村酒店
1213	天天旅馆	成都市武侯区金星中路260号	武侯区	乡村酒店
1214	天友旅馆	成都市武侯区金星南路59号	武侯区	乡村酒店
1215	成都市武侯区金佛旅馆	成都市武侯区簇桥铁佛村7组	武侯区	乡村酒店
1216	成都市武侯区金龙苑旅馆	成都市武侯区簇桥铁佛村8组	武侯区	乡村酒店
1217	武侯区雅怡宾馆	成都市武侯区簇锦街道铁佛村8组	武侯区	乡村酒店
1218	金履苑	成都市武侯区铁佛村8组68号	武侯区	乡村酒店
1219	东方住宿部	成都市武侯区铁佛村8组	武侯区	乡村酒店
1220	武侯区晨阳旅馆	成都市武侯区铁佛村7组	武侯区	乡村酒店
1221	成昌招待所	成都市武侯区沈家桥村9组	武侯区	乡村酒店
1222	星星旅馆	成都市武侯区南桥村1组	武侯区	乡村酒店
1223	昌都成都招待所	成都市武侯区沈家桥村9组	武侯区	乡村酒店
1224	武侯区俊成旅馆	成都市武侯区李家祠正街	武侯区	乡村酒店
1225	成都市武侯区银河旅馆	成都市武侯区簇桥凉水井村3组	武侯区	乡村酒店
1226	武侯区天宏旅馆	成都市武侯区凉水井9组	武侯区	乡村酒店
1227	成都市武侯区蓉兴旅馆	成都市武侯区簇桥顺江村5组	武侯区	乡村酒店
1228	成都市武侯区悦华旅馆	成都市武侯区沈家桥村9组	武侯区	乡村酒店
1229	富歆旅馆	成都市武侯区沈家桥村2组	武侯区	乡村酒店
1230	武侯区锦新旅馆	成都市武侯区金兴中路404号	武侯区	乡村酒店
1231	武侯区海蓉旅馆	成都市武侯区文昌村7组	武侯区	乡村酒店
1232	车站旅馆	成都市武侯区沈家桥村6组	武侯区	乡村酒店
1233	同时达宾馆	成都市武侯区沈家桥村3组	武侯区	乡村酒店
1234	成都市武侯区俊丰旅馆	成都市武侯区簇桥顺江村6组	武侯区	乡村酒店
1235	成都市武侯区安舒旅馆	成都市武侯区簇桥高碑村2组121号	武侯区	乡村酒店
1236	武侯区怡佳旅馆	成都市武侯区永康路12号	武侯区	乡村酒店

续表

序号	酒店名称	酒店地址	区域	酒店类型
1237	敬虞旅馆	成都市武侯区高碑村1组78号	武侯区	乡村酒店
1238	成都海龙王嬉水休闲港有限责任公司	成都市武侯区科华中路9号百联天府4楼	武侯区	乡村酒店
1239	新南桥旅馆	成都市武侯区高碑村1组	武侯区	乡村酒店
1240	小南旅馆	成都市武侯区高碑村9组	武侯区	乡村酒店
1241	成都市武侯区同春旅馆	成都市武侯区簇桥南桥村1组	武侯区	乡村酒店
1242	顺江旅馆	成都市武侯区簇桥顺江村6组171号	武侯区	乡村酒店
1243	成都市武侯区泰和苑旅馆	成都市武侯区簇桥龙井村5组	武侯区	乡村酒店
1244	成都市武侯区八一旅馆	成都市武侯区簇桥高碑村1组	武侯区	乡村酒店
1245	成都市武侯区车站旅馆	成都市武侯区簇桥沈家桥村6组	武侯区	乡村酒店
1246	成都市武侯区顺心旅馆	成都市武侯区沈家桥村9组	武侯区	乡村酒店
1247	铁河招待所	成都市武侯区望锦桥街18号	武侯区	乡村酒店
1248	成都市武侯区洪港招待所	成都市武侯区长益路红运汽配商城2栋4楼	武侯区	乡村酒店
1249	成都市武侯区吉祥居旅馆	成都市武侯区果堰村10组186号	武侯区	乡村酒店
1250	成都南三环停车场旅馆	成都市武侯区南桥村1组	武侯区	乡村酒店
1251	武侯区惠康旅馆	成都市武侯区武青东二路117号	武侯区	乡村酒店
1252	武侯区国轩旅馆	成都市武侯区南桥村1组	武侯区	乡村酒店
1253	成都楼外楼休闲山庄	成都市武侯区简阳三岔湖钓鱼基地旁300米	武侯区	乡村酒店
1254	鞋城宾馆	成都市武侯区七里村2组	武侯区	乡村酒店
1255	武侯区蓉兴旅馆	成都市武侯区永盛南街6号	武侯区	乡村酒店
1256	武侯区乡音旅馆	成都市武侯区黉门街4号华西生活广场1楼	武侯区	乡村酒店
1257	鑫园农家乐	成都市武侯区永康大道18号	武侯区	乡村酒店
1258	成都休闲屋青年旅舍	成都市武侯区新光路5号牡丹名邸	武侯区	乡村酒店
1259	成都市武侯区榕苑休闲庄	成都市武侯区武科东四路1号	武侯区	乡村酒店
1260	成都御宿休闲娱乐有限责任公司	成都市武侯区金花桥街道永康村4组	武侯区	乡村酒店
1261	成都雅格商务宾馆	成都市武侯区金花镇金星南路99号	武侯区	乡村酒店
1262	都市118成都市女鞋之都店	成都市武侯区金花镇金凤街129号	武侯区	乡村酒店
1263	成都映月苑宾馆	成都市武侯区金花镇金花村六组映月街A幢3楼	武侯区	乡村酒店
1264	成都市武侯区富苑旅馆	成都市武侯区金花镇双凤村4组	武侯区	乡村酒店

续表

序号	酒店名称	酒店地址	区域	酒店类型
1265	成都市武侯区新金桥旅馆	成都市武侯区金花镇江安河村2组	武侯区	乡村酒店
1266	武侯区鑫兴旅馆	成都市武侯区金花镇七里村七社4号	武侯区	乡村酒店
1267	鸿源旅馆	成都市武侯区金花镇七里村桂花路12号	武侯区	乡村酒店
1268	成都市武侯区骏丰旅馆	成都市武侯区金花镇双凤村	武侯区	乡村酒店
1269	成都市武侯区佳洁旅馆	成都市武侯区金花镇金履路195号	武侯区	乡村酒店
1270	成都市武侯区悦欣旅馆	成都市武侯区金花镇金凤街10号附7号	武侯区	乡村酒店
1271	茂源旅馆	成都市武侯区金花镇金兴南路163号	武侯区	乡村酒店
1272	兴发旅馆	成都市武侯区金花镇金花村1组	武侯区	乡村酒店
1273	成都市武侯区富栖源宾馆	成都市武侯区机投镇机投村1组	武侯区	乡村酒店
1274	成都好世佳宾馆	成都市武侯区机投镇潮音路44号	武侯区	乡村酒店
1275	武侯区康乐旅馆	成都市武侯区机投镇半边村3组	武侯区	乡村酒店
1276	成都市武侯区竹韵天茶舍	成都市武侯区机投镇果堰村竹韵天府9号楼	武侯区	乡村酒店
1277	成都市武侯区金竹韵旅馆	成都市武侯区机投镇果堰街12号1栋4号	武侯区	乡村酒店
1278	成都市武侯区鑫源旅馆	成都市武侯区机投镇果堰村10组	武侯区	乡村酒店
1279	富雅居旅馆	成都市武侯区机投镇万康路78号	武侯区	乡村酒店
1280	成都市武侯区荣金旅社	成都市武侯区机投镇万寿路52号	武侯区	乡村酒店
1281	成都市武侯区东阳宾馆	成都市武侯区机投镇机投正街82号	武侯区	乡村酒店
1282	成都市武侯区祥和旅社	成都市武侯区机投镇机投村2组	武侯区	乡村酒店
1283	成都市雅顿旅店	成都市武侯区机投镇半边街村4组	武侯区	乡村酒店
1284	成都市武侯区聚祥旅馆	成都市武侯区机投镇万盛路17号	武侯区	乡村酒店
1285	成都市武侯区好客栖旅馆	成都市武侯区机投镇草金立交桥外侧	武侯区	乡村酒店
1286	成都市武侯区双鑫旅馆	成都市武侯区机投镇武青南路2号	武侯区	乡村酒店
1287	成都市武侯区福新旅馆	成都市武侯区机投镇半边街	武侯区	乡村酒店
1288	武侯区欣欣旅馆	成都市武侯区机投镇正街112号	武侯区	乡村酒店
1289	成都市武侯区星亮旅馆	成都市武侯区机投镇万盛路80号	武侯区	乡村酒店
1290	成都市武侯区天地顺旅社	成都市武侯区机投镇万康路82号	武侯区	乡村酒店
1291	成都市武侯区铭苑旅社	成都市武侯区机投镇潮音村2组	武侯区	乡村酒店
1292	成都市武侯区吉祥源旅馆	成都市武侯区机投镇万安正街49号	武侯区	乡村酒店
1293	武侯区港湾旅馆	成都市武侯区机头镇潮音村六组9-11号	武侯区	乡村酒店
1294	成都市武侯区归桥旅馆	成都市武侯区机头镇草金东路25号	武侯区	乡村酒店
1295	成都江安府邸	成都市武侯区簇桥镇江安府邸生态公园	武侯区	乡村酒店

成华区旅游住宿业单位名单

序号	酒店名称	酒店地址	区域	酒店类型
1	瑞升·芭富丽酒店	成都市成华区玉双路7号	成华区	四星级酒店
2	高逸酒店	成都市成华区双林路31号	成华区	四星级酒店
3	金玉阳光大酒店	成都市成华区市双林路144号	成华区	四星级酒店
4	成都怡东国际酒店	成都市成华区二仙桥东三路1号	成华区	四星级酒店
5	电子科技大学宾馆	成都市成华区一环路东一段	成华区	三星级酒店
6	成都五粮液大酒店	成都市成华区新华大道双林路100号	成华区	三星级酒店
7	成都太极商务宾馆	成都市成华区建设路52号	成华区	二星级酒店
8	七天连锁酒店	成都市成华区东立国际5楼	成华区	商务连锁型酒店
9	7天连锁酒店玉双路店	成都市成华区东风路北一巷4号	成华区	商务连锁型酒店
10	好逸SMART酒店沙河店	成都市成华区建设路2号	成华区	商务连锁型酒店
11	成都爱丽思酒店	成都市大华路9号英郡三期	成华区	商务连锁型酒店
12	成都芒果公寓成都东站	成都市火车东站东广场邛崃山路68号东方新城二期	成华区	商务连锁型酒店
13	成都芒果服务公寓科华店	成都市高远二路45号万科金色海蓉	成华区	商务连锁型酒店
14	鑫源旅馆	成都市成华区站北街道八里桥路	成华区	商务连锁型酒店
15	7天连锁酒店成都玉双店	成都市成华区玉双路54号冰红茶楼旁川剧院巷内	成华区	商务连锁型酒店
16	瑞升.芭富丽大酒店	成都市成华区一环路东三段99号	成华区	商务连锁型酒店
17	汉庭星空上海酒店管理有限公司成华分公司	成都市成华区一环路东三段31号	成华区	商务连锁型酒店
18	如家快捷酒店成都新鸿路店	成都市成华区一环路东三段192号	成华区	商务连锁型酒店
19	成都莫泰双桥酒店有限公司	成都市成华区一环路东三段11号	成华区	商务连锁型酒店
20	如家快捷	成都市成华区一环路北四段前锋路1号	成华区	商务连锁型酒店
21	7天连锁酒店成都梁家巷北门汽车站店	成都市成华区一环路北四段108号五星电器3楼	成华区	商务连锁型酒店
22	7天连锁酒店成都昭觉寺汽车站店	成都市成华区羊子山路68-5号5幢2单元19-20层	成华区	商务连锁型酒店
23	7天酒店成都电视塔玉双路店	成都市成华区新鸿路233号	成华区	商务连锁型酒店
24	安逸158酒店	成都市成华区新鸿路230号	成华区	商务连锁型酒店
25	如家酒店管理有限公司新鸿店	成都市成华区新鸿路188号	成华区	商务连锁型酒店
26	成都凯宾酒店府青店	成都市成华区新风路207号	成华区	商务连锁型酒店
27	图腾·印象连锁酒店体院店	成都市成华区武侯区一环路西一段130号	成华区	商务连锁型酒店
28	尚舍快捷酒店	成都市成华区望平街72号	成华区	商务连锁型酒店
29	成都凯优威尔酒店上成店	成都市成华区双桥路北213号	成华区	商务连锁型酒店

续表

序号	酒店名称	酒店地址	区域	酒店类型
30	布丁酒店成都万象城店	成都市成华区双林路2号万年场十字路口苏宁电器停车场内	成华区	商务连锁型酒店
31	布丁连锁酒店	成都市成华区双林路2号	成华区	商务连锁型酒店
32	凯宾酒店龙潭店	成都市成华区十里店崔家路789号	成华区	商务连锁型酒店
33	久久宾馆	成都市成华区猛追湾街新333号	成华区	商务连锁型酒店
34	成都凯宾酒店龙潭店	成都市成华区龙潭寺成康路18号	成华区	商务连锁型酒店
35	怡家	成都市成华区联合小区长天路	成华区	商务连锁型酒店
36	如家快捷酒店成都双桥子经华北路店	成都市成华区经华北路62号	成华区	商务连锁型酒店
37	成都桔子假日连锁酒店式公寓SM店	成都市成华区建业路30号合能耀之城1-1-601	成华区	商务连锁型酒店
38	成都南方都市公寓	成都市成华区建兴路16号附2号	成华区	商务连锁型酒店
39	7天连锁酒店成都火车东站地铁站店	成都市成华区火车东站西广场综合楼	成华区	商务连锁型酒店
40	成都桔子酒店	成都市成华区火车东站东方新城2区邛崃山路68号	成华区	商务连锁型酒店
41	吉鑫旅社	成都市成华区槐树店路57号	成华区	商务连锁型酒店
42	梵西精品酒店	成都市成华区华盛路58号47栋	成华区	商务连锁型酒店
43	7天连锁酒店成都成渝立交店	成都市成华区和美东路59号	成华区	商务连锁型酒店
44	四川好莱斯登酒店	成都市成华区和美东路19号	成华区	商务连锁型酒店
45	成都马瑞卡管家成都双林店	成都市成华区二环路万年场万象城尚泰百货对面	成华区	商务连锁型酒店
46	芒果酒店	成都市成华区二环路东三段39号	成华区	商务连锁型酒店
47	7天连锁酒店东紫路店	成都市成华区东紫路499号	成华区	商务连锁型酒店
48	凯宾龙潭酒店管理有限公司	成都市成华区成康路18号4-5楼	成华区	商务连锁型酒店
49	安逸158连锁酒店新鸿店	成都市成华区成华大道一环路新鸿路口230号	成华区	商务连锁型酒店
50	安逸158成都新鸿店	成都市成华区成华大道新鸿路230号	成华区	商务连锁型酒店
51	速8酒店	成都市成华区八里桥路151号	成华区	商务连锁型酒店
52	7天连锁酒店成都火车北站二店	成都市成华区八里桥85号	成华区	商务连锁型酒店
53	城市仁德酒店	成都市成华区新鸿路34号	成华区	社会旅馆
54	红鲜旅馆	成都市成华区致祥路61号	成华区	社会旅馆
55	东风招待所	成都市成华区昭青路63号	成华区	社会旅馆
56	安益居旅社	成都市成华区昭觉横街18号	成华区	社会旅馆

续表

序号	酒店名称	酒店地址	区域	酒店类型
57	成都市威思伊酒店管理有限公司	成都市成华区站北路81号2栋	成华区	社会旅馆
58	宛西招待所	成都市成华区站北路2号	成华区	社会旅馆
59	站北宾馆	成都市成华区站北路157号	成华区	社会旅馆
60	金凤旅馆	成都市成华区站北东街43号3幢6单元	成华区	社会旅馆
61	都豪商务饭店	成都市成华区站北东街125号2楼	成华区	社会旅馆
62	成都晶川酒店服务有限公司	成都市成华区站北东街100号	成华区	社会旅馆
63	心仪酒店	成都市成华区云龙南路29号1层	成华区	社会旅馆
64	鑫四海旅社	成都市成华区云龙路	成华区	社会旅馆
65	四川中测后勤服务有限公司冰红茶楼	成都市成华区玉双路54号	成华区	社会旅馆
66	巴蜀印象酒店	成都市成华区玉双路54号	成华区	社会旅馆
67	成华区五桂饭店	成都市成华区迎晖路196号	成华区	社会旅馆
68	八方客商务旅馆	成都市成华区一环路东一段255号	成华区	社会旅馆
69	鑫悦旅馆	成都市成华区一环路东一段162号	成华区	社会旅馆
70	巴斯顿酒店	成都市成华区一环路东三段100号	成华区	社会旅馆
71	八方客商务旅店	成都市成华区一环路东二段15号	成华区	社会旅馆
72	速8酒店	成都市成华区一号桥建设北路一段	成华区	社会旅馆
73	成华区红钻商务酒店	成都市成华区羊子山路68号5幢1单元	成华区	社会旅馆
74	圣地酒店	成都市成华区羊子山路68号5幢1单元	成华区	社会旅馆
75	豪庭酒店	成都市成华区新鸿南路86号	成华区	社会旅馆
76	成华区便捷旅社	成都市成华区五桂桥迎晖南路24号	成华区	社会旅馆
77	旭能招待所	成都市成华区望平街70号	成华区	社会旅馆
78	成都小憩驿站酒店管理有限公司成华分公司	成都市成华区万科金色家园2幢	成华区	社会旅馆
79	成都达捷酒店管理有限公司远锦假日酒店	成都市成华区万科北街19号摩玛新城3栋	成华区	社会旅馆
80	成华区驷通旅馆	成都市成华区团结村5号	成华区	社会旅馆
81	尚锦和美连锁酒店	成都市成华区天祥街22号	成华区	社会旅馆
82	成都市成华区新信招待所成都市果品有限公司招待所	成都市成华区驷马桥路11号	成华区	社会旅馆
83	珠宝寺水电招待所	成都市成华区水碾河北三段16号35栋2单元	成华区	社会旅馆
84	良友旅馆	成都市成华区双水碾村4组	成华区	社会旅馆
85	成发公司宾馆	成都市成华区双桥路南一街	成华区	社会旅馆
86	成都马瑞卡酒店物业管理有限公司马瑞卡管家东门店	成都市成华区双林南支路10号	成华区	社会旅馆

续表

序号	酒店名称	酒店地址	区域	酒店类型
87	千里缘商务宾馆	成都市成华区双桂路19号	成华区	社会旅馆
88	顺心旅馆	成都市成华区青龙乡昭觉横街15号	成华区	社会旅馆
89	成都市大运餐饮娱乐有限公司停车场招待所	成都市成华区青龙乡站东7组	成华区	社会旅馆
90	天成旅馆	成都市成华区青龙乡新山村5组	成华区	社会旅馆
91	鑫驷马桥货运交易管理有限公司	成都市成华区青龙乡新山5组	成华区	社会旅馆
92	西北货运市场招待所	成都市成华区青龙乡将军2组	成华区	社会旅馆
93	素蓉旅馆	成都市成华区青龙场海滨7组	成华区	社会旅馆
94	成华区东升宾馆	成都市成华区猛追湾南街25号	成华区	社会旅馆
95	成都同驿旅馆	成都市成华区猛追湾街28号1层	成华区	社会旅馆
96	英明酒店	成都市成华区荆竹坝91号4楼	成华区	社会旅馆
97	成都福兴宾馆	成都市成华区经华北路8号	成华区	社会旅馆
98	经华招待所	成都市成华区经华北路12号	成华区	社会旅馆
99	成华时尚逸家旅店	成都市成华区建新路16号附3号1栋	成华区	社会旅馆
100	成都国光新新产业有限责任公司	成都市成华区建设巷11号	成华区	社会旅馆
101	国营三江机械厂成都招待所	成都市成华区建设南路27号	成华区	社会旅馆
102	四川呈祥东馆酒店管理有限公司	成都市成华区建设南路1号	成华区	社会旅馆
103	雅思逸酒店	成都市成华区建设南街10号	成华区	社会旅馆
104	成都宏明无线电器材总厂附属招待所	成都市成华区建设路东二段12号八二宿舍区四街坊	成华区	社会旅馆
105	香逸旅店	成都市成华区建设路北路三段72号	成华区	社会旅馆
106	新悦住宿部	成都市成华区建设路8号1幢三楼	成华区	社会旅馆
107	建华喜来宾馆	成都市成华区建设路49号	成华区	社会旅馆
108	成都锦电实业有限责任公司招待所	成都市成华区建设路14号	成华区	社会旅馆
109	四川爱维酒店银座店	成都市成华区建设北路三段88号	成华区	社会旅馆
110	纳豪招待所	成都市成华区建设北路三段50号	成华区	社会旅馆
111	东大洲招待所	成都市成华区建设北路三段3号	成华区	社会旅馆
112	成都集美酒店有限公司	成都市成华区建设北路三段2号1幢2单元	成华区	社会旅馆
113	华夏居招待所	成都市成华区建设北路三段1号2楼	成华区	社会旅馆
114	成都市锦江电器制造有限公司9号楼招待所	成都市成华区建设北路三段168号	成华区	社会旅馆
115	怡家酒店公寓	成都市成华区建设北路3段1号5楼	成华区	社会旅馆

续表

序号	酒店名称	酒店地址	区域	酒店类型
116	成都华油宾馆	成都市成华区建设北路1段2号	成华区	社会旅馆
117	金城酒店管理公司	成都市成华区建材路18号6栋1层10-11号	成华区	社会旅馆
118	金域酒店	成都市成华区建材路18号	成华区	社会旅馆
119	长融旅馆	成都市成华区槐树店路40号	成华区	社会旅馆
120	成华祥瑞酒店	成都市成华区华彩路1号附7号	成华区	社会旅馆
121	美佳客栈	成都市成华区花径路27号	成华区	社会旅馆
122	益友招待所	成都市成华区二仙桥西路5号	成华区	社会旅馆
123	成都市运兴招待所	成都市成华区二仙桥东路17号省汽车大楼停车场	成华区	社会旅馆
124	成华区鑫源旅馆	成都市成华区二仙桥东二段阳光地带	成华区	社会旅馆
125	成华区仙鸿招待所	成都市成华区二仙桥北路1号	成华区	社会旅馆
126	成都电机厂招待所	成都市成华区二环路东一段28号	成华区	社会旅馆
127	时代金宇商务酒店	成都市成华区二环路东三段1号	成华区	社会旅馆
128	成华区鑫棉旅馆	成都市成华区二环路东三段19号川棉厂生活区	成华区	社会旅馆
129	成都忆家商务酒店管理有限公司	成都市成华区二环路北四段2号1栋3层3号	成华区	社会旅馆
130	成华区北鑫住宿部	成都市成华区二环路北4段49号2楼	成华区	社会旅馆
131	嘉好品家快捷连锁酒店	成都市成华区二环路北4段41号1-6楼	成华区	社会旅馆
132	东升村招待所	成都市成华区东升村11组	成华区	社会旅馆
133	子龙阁商务酒店	成都市成华区东立国际5楼	成华区	社会旅馆
134	华晨映像商务酒店	成都市成华区东荆路988号华宇阳光尚座1栋	成华区	社会旅馆
135	省技监局招待所	成都市成华区东风路北2巷4号	成华区	社会旅馆
136	旭宏招待所	成都市成华区崔家店路146号	成华区	社会旅馆
137	佳荣维阁酒店	成都市成华区成华大道新鸿路398号	成华区	社会旅馆
138	上河青年旅社	成都市成华区成华大道3段2号	成华区	社会旅馆
139	美途酒店	成都市成华区长天路11号沙河湾	成华区	社会旅馆
140	小小旅店	成都市成华区	成华区	社会旅馆
141	青龙立交桥停车场住宿部	成都市成华区昭觉寺横路6号	成华区	社会旅馆
142	四川省大件运输公司招待所	成都市成华区昭觉横路1号	成华区	社会旅馆
143	成都尊煌假日酒店管理有限责任公司	成都市成华区昭觉横路99号	成华区	社会旅馆
144	华茂特酒店	成都市成华区站北路38号	成华区	社会旅馆
145	成都市站东实业总公司站北大酒店	成都市成华区站北路1号	成华区	社会旅馆

续表

序号	酒店名称	酒店地址	区域	酒店类型
146	锦秀招待所	成都市成华区站北路131号	成华区	社会旅馆
147	九一商务酒店	成都市成华区站北东街229号	成华区	社会旅馆
148	七里香大酒店	成都市成华区站北东街1号	成华区	社会旅馆
149	四川中测宾馆	成都市成华区玉双路8号	成华区	社会旅馆
150	成都资蓉商务酒店有限责任公司	成都市成华区玉双路21号	成华区	社会旅馆
151	双龙综合贸易商场	成都市成华区迎辉路243号	成华区	社会旅馆
152	成宇宾馆	成都市成华区迎晖路94号	成华区	社会旅馆
153	成都仁仁富大酒店有限责任公司	成都市成华区迎晖路81号	成华区	社会旅馆
154	成华区怡福商务旅馆	成都市成华区怡福路320号	成华区	社会旅馆
155	成都城市名流商务酒店有限公司	成都市成华区一环路东一段13号1幢	成华区	社会旅馆
156	成都迷你空间酒店公寓	成都市成华区一环路东三段双桥路口	成华区	社会旅馆
157	蓉城老妈酒店	成都市成华区一环路东三段99号	成华区	社会旅馆
158	四川红航物流有限责任公司408招待所	成都市成华区一环路东三段11号	成华区	社会旅馆
159	成都七里香大酒店	成都市成华区一环东路三段31号	成华区	社会旅馆
160	柳苑度假村	成都市成华区杨柳店南路9号	成华区	社会旅馆
161	西御园宾馆	成都市成华区羊子山路68号	成华区	社会旅馆
162	鲜红旅馆	成都市成华区新山5组	成华区	社会旅馆
163	鑫怡商务旅店	成都市成华区新华东路延线双林巷3号	成华区	社会旅馆
164	五粮液大酒店	成都市成华区新华大道双林路266号	成华区	社会旅馆
165	鑫宏阁酒店	成都市成华区新鸿南路86号48栋2层	成华区	社会旅馆
166	丽都商务酒店	成都市成华区新鸿南路77号61幢2–5楼	成华区	社会旅馆
167	丽都君悦旅馆	成都市成华区新鸿南路77号61幢	成华区	社会旅馆
168	君鑫招待所	成都市成华区新鸿南路187号	成华区	社会旅馆
169	石油学院招待所	成都市成华区新鸿路308号	成华区	社会旅馆
170	国防工办招待所	成都市成华区新鸿路213号	成华区	社会旅馆
171	航天招待所	成都市成华区新鸿路188号	成华区	社会旅馆
172	蓝天商务酒店	成都市成华区新鸿路111号	成华区	社会旅馆
173	润丰旅馆	成都市成华区五块石小食品市场H号	成华区	社会旅馆
174	八里庄农产品市场招待所	成都市成华区文德路52号	成华区	社会旅馆
175	成都中测宾馆	成都市成华区望平正街76号	成华区	社会旅馆
176	宝元通河畔酒店有限责任公司	成都市成华区望平正街44号	成华区	社会旅馆

续表

序号	酒店名称	酒店地址	区域	酒店类型
177	康成酒店	成都市成华区望平街滨河路8号	成华区	社会旅馆
178	电建招待所	成都市成华区望平街74号	成华区	社会旅馆
179	内电宾馆	成都市成华区望平街72号	成华区	社会旅馆
180	宝元通宾馆	成都市成华区望平滨河路8号	成华区	社会旅馆
181	友好客栈	成都市成华区万年路8号附20–21号	成华区	社会旅馆
182	君又来旅馆	成都市成华区万年路131号	成华区	社会旅馆
183	成华区迎宾园旅店	成都市成华区万年场横街13号	成华区	社会旅馆
184	阆中大酒店	成都市成华区外东迎晖路81号	成华区	社会旅馆
185	十里店招待所	成都市成华区外东十里店鹤家村落委会	成华区	社会旅馆
186	成都铁塔厂招待所	成都市成华区外东门跳蹬河铁塔厂内	成华区	社会旅馆
187	尚锦和美连锁酒店天祥店	成都市成华区天祥街22号	成华区	社会旅馆
188	天祥之星商务酒店	成都市成华区天祥街168号	成华区	社会旅馆
189	光林时代旅店	成都市成华区桃蹊路206号	成华区	社会旅馆
190	家缘商务旅店	成都市成华区泰兴路36号	成华区	社会旅馆
191	成都蜀府君豪商务酒店	成都市成华区驷马桥羊子山路68号5幢2单元8楼	成华区	社会旅馆
192	成都会君商务酒店	成都市成华区驷马桥羊子山路68号5幢2单元7楼1–46号	成华区	社会旅馆
193	子龙阁商务酒店	成都市成华区驷马桥圣地亚家居5楼	成华区	社会旅馆
194	成都东站货运住宿部	成都市成华区驷马桥路7号	成华区	社会旅馆
195	成都市成华区惠宾招待所	成都市成华区驷马桥路18号	成华区	社会旅馆
196	成华区桃源招待所	成都市成华区驷马路3号附1号	成华区	社会旅馆
197	宝珠寺水电招待所	成都市成华区水碾河路北三段16号35栋2单元	成华区	社会旅馆
198	五冶招待所	成都市成华区水碾河路23号	成华区	社会旅馆
199	四川龚嘴电力实业总公司招待所	成都市成华区水碾河北一街12号	成华区	社会旅馆
200	佳好旅馆	成都市成华区双水碾村4组131号	成华区	社会旅馆
201	成发宾馆有限公司康乐娱乐分公司	成都市成华区双桥子南一街	成华区	社会旅馆
202	成都尚舍快捷酒店	成都市成华区双桥路南三街	成华区	社会旅馆
203	成华区逸达旅馆	成都市成华区双桥路225号	成华区	社会旅馆
204	成都星影家庭旅馆望平街店	成都市成华区双桥路213号	成华区	社会旅馆
205	金淮旅馆	成都市成华区双林中横路99号龙泉大厦7楼	成华区	社会旅馆
206	成都金阳光商务酒店总店	成都市成华区双林中横路99号	成华区	社会旅馆

续表

序号	酒店名称	酒店地址	区域	酒店类型
207	成都金阳光商务酒店有限公司	成都市成华区双林中横路53号4楼	成华区	社会旅馆
208	成华区鑫怡商务旅馆	成都市成华区双林路双林巷3-5号	成华区	社会旅馆
209	金玉阳光酒店	成都市成华区双林路96号金玉阳光酒店内	成华区	社会旅馆
210	成都浩青年旅舍	成都市成华区双林路236号	成华区	社会旅馆
211	优客188	成都市成华区双林路226号附37-40号	成华区	社会旅馆
212	中天酒店双林路店	成都市成华区双林路116号与双林中横路交汇处附近	成华区	社会旅馆
213	成都玉麒麟中天酒店	成都市成华区双林路102号	成华区	社会旅馆
214	玉麒麟酒店	成都市成华区双林路102—116号	成华区	社会旅馆
215	成都优雅温馨公寓火车东站店	成都市成华区双林街道双桥路237号	成华区	社会旅馆
216	成华区童鑫招待所	成都市成华区双建路92号1幢2单元2楼	成华区	社会旅馆
217	维家斯酒店	成都市成华区双建路1号	成华区	社会旅馆
218	花园饭店	成都市成华区蜀都大道东风路27号	成华区	社会旅馆
219	府青路社区招待所	成都市成华区三友路243号	成华区	社会旅馆
220	成都广安宾馆	成都市成华区三友路139号	成华区	社会旅馆
221	城市仁德仁居酒店	成都市成华区三环路东一段	成华区	社会旅馆
222	成都鑫怡商务旅店	成都市成华区区龙华路68号东方新城	成华区	社会旅馆
223	成都优客188连锁酒店	成都市成华区邛崃山路东方新城4-1-801号	成华区	社会旅馆
224	成都童鑫招待所	成都市成华区邛崃山路68号火车东站对面东方新城二期	成华区	社会旅馆
225	成都富杰宾馆	成都市成华区邛崃山路68号东方新城二期	成华区	社会旅馆
226	成都上城酒店	成都市成华区邛崃山路68号东方新城二期	成华区	社会旅馆
227	成都市开心公寓	成都市成华区邛崃山路68号东方新城二期	成华区	社会旅馆
228	成都一佳公寓	成都市成华区邛崃山路68号9栋5单元802号	成华区	社会旅馆
229	80酒店公寓	成都市成华区邛崃山路68号东方新城二期12栋1单元18楼2号	成华区	社会旅馆
230	成都佳外家公寓	成都市成华区邛崃山路68号	成华区	社会旅馆
231	成都蓉城公寓东方新城\\联合酒店	成都市成华区邛崃山路68号	成华区	社会旅馆

续表

序号	酒店名称	酒店地址	区域	酒店类型
232	成都温馨旅馆成都忆家商务酒店	成都市成华区邛崃山路68号	成华区	社会旅馆
233	遐龄居商务宾馆	成都市成华区青龙街道熊猫大道1333号	成华区	社会旅馆
234	川黔旅馆	成都市成华区青龙街办新山村5组	成华区	社会旅馆
235	尊煌假日酒店	成都市成华区青龙场昭觉寺横路99号	成华区	社会旅馆
236	双鑫招待所	成都市成华区青龙场昭觉横路19号	成华区	社会旅馆
237	成华区心仪酒店	成都市成华区青龙场云龙南路29号	成华区	社会旅馆
238	福鑫招待所	成都市成华区猛追湾南街169号	成华区	社会旅馆
239	成华区仪特酒店	成都市成华区龙潭西路66号	成华区	社会旅馆
240	茗都酒店	成都市成华区龙潭寺上街101号	成华区	社会旅馆
241	成都川旅公寓	成都市成华区龙潭寺龙港钢材城9栋6楼	成华区	社会旅馆
242	成都温馨筱筑家庭旅店	成都市成华区龙潭寺工业园区宝耳路9号	成华区	社会旅馆
243	成都劼人公寓	成都市成华区龙潭寺成康路18号	成华区	社会旅馆
244	维斯顿酒店	成都市成华区龙潭工业园华泰路28号	成华区	社会旅馆
245	维斯顿宾馆	成都市成华区龙潭工业园宝耳路8号	成华区	社会旅馆
246	鑫仪特酒店	成都市成华区龙潭东路396号	成华区	社会旅馆
247	成都成发宾馆有限公司	成都市成华区经华北路99号	成华区	社会旅馆
248	中机工程勘测设计研究院	成都市成华区经华北路1号	成华区	社会旅馆
249	客运双桥宾馆	成都市成华区经华北路19号	成华区	社会旅馆
250	成都梵熙精品酒店	成都市成华区经华北路19号	成华区	社会旅馆
251	成都市双航赤天化招待所	成都市成华区经华北路14号	成华区	社会旅馆
252	成都凯瑞商务酒店	成都市成华区建兴路16号附3号	成华区	社会旅馆
253	成都果然酒店有限公司	成都市成华区建设南支路4号	成华区	社会旅馆
254	国营三江机械厂驻成都招待所	成都市成华区建设南新路27号	成华区	社会旅馆
255	成都双桥宾馆	成都市成华区建设南路160号东西区音乐公园旁	成华区	社会旅馆
256	成都市双航赤天化招待所	成都市成华区建设路伊藤洋华堂斜对面	成华区	社会旅馆
257	成都龙门客栈	成都市成华区建设路一号金域蓝湾	成华区	社会旅馆
258	成都怡家商务酒店	成都市成华区建设路三段1号	成华区	社会旅馆
259	成都时尚逸家酒店	成都市成华区建设路56号新东方小区4栋7单元602	成华区	社会旅馆
260	华联宾馆	成都市成华区建设路55号	成华区	社会旅馆
261	宏瑞商务旅馆	成都市成华区建设路43号	成华区	社会旅馆
262	成都红枫岭日租公寓	成都市成华区建设路2号	成华区	社会旅馆

续表

序号	酒店名称	酒店地址	区域	酒店类型
263	宾悦商务旅店责任有限公司	成都市成华区建设路26号第五大道E幢四楼	成华区	社会旅馆
264	堂吉诃德青年驿站	成都市成华区建设路14号	成华区	社会旅馆
265	成都华联东环酒店	成都市成华区建设北路一段76号	成华区	社会旅馆
266	君临酒店	成都市成华区建设北路三段二号龙湖三千集B座21楼	成华区	社会旅馆
267	金山宾馆	成都市成华区建设北路三段88号	成华区	社会旅馆
268	成都市集美酒店有限公司	成都市成华区建设北路三段6号龙湖三千集B座7层	成华区	社会旅馆
269	成都市成华区东大洲招待所	成都市成华区建设北路三段301号亨达实业楼附属1–2楼	成华区	社会旅馆
270	成都君临酒店管理有限公司	成都市成华区建设北路三段2号1幢2单元	成华区	社会旅馆
271	海滨酒店	成都市成华区建设北路三段2号	成华区	社会旅馆
272	成都锦电招待所	成都市成华区建设北路三段26号银玺国际12楼	成华区	社会旅馆
273	成都丁香花主题酒店	成都市成华区建设北路三段26号	成华区	社会旅馆
274	锦瑞商务酒店	成都市成华区建设北路三段12号	成华区	社会旅馆
275	电子科大宾馆	成都市成华区建设北路二段2号	成华区	社会旅馆
276	丁香花商务酒店	成都市成华区建设北路3段26号	成华区	社会旅馆
277	华夏招待所	成都市成华区建设北路3段1号2楼	成华区	社会旅馆
278	民主商务旅馆	成都市成华区建材路39号隆鑫九熙广场2栋17–15	成华区	社会旅馆
279	喜登商务酒店	成都市成华区建材路22号1–2	成华区	社会旅馆
280	四川康达建材工业集团公司成都招待所	成都市成华区建材路12号	成华区	社会旅馆
281	成都汉德名都酒店	成都市成华区火神庙街110号	成华区	社会旅馆
282	成都山水时尚酒店	成都市成华区火车东站邛崃山路68号	成华区	社会旅馆
283	成都东站乐家公寓	成都市成华区火车东站东广场旁漫岭云天1栋3单元	成华区	社会旅馆
284	成都和悦公寓	成都市成华区火车东站东广场对面100米东方新城二期	成华区	社会旅馆
285	成都宜家宾馆	成都市成华区火车东站东广场北出口邛崃路68号	成华区	社会旅馆
286	成都东方新城公寓	成都市成华区火车东站东方新城二期	成华区	社会旅馆
287	成都邻家寓所	成都市成华区火车东站东方新城二期	成华区	社会旅馆
288	成都欢乐之家	成都市成华区火车东站东方新城	成华区	社会旅馆

续表

序号	酒店名称	酒店地址	区域	酒店类型
289	长荣旅店	成都市成华区槐树店路40号锦苑1-38号	成华区	社会旅馆
290	明悦时尚酒店公寓	成都市成华区华龙路68号东方新城二期9-3-4号	成华区	社会旅馆
291	成都明星公寓	成都市成华区华龙路68号东方新城9幢4单元401号	成华区	社会旅馆
292	成都依然港湾酒店	成都市成华区华龙路68号东方新城10幢3单元801号	成华区	社会旅馆
293	成都顺天假日酒店	成都市成华区华林小区东华一路12号	成华区	社会旅馆
294	成都市诚信公寓二店\\火车东站东方公寓二店	成都市成华区华林小区A期华林一路12号\\成都市成华区和美西路8号	成华区	社会旅馆
295	晋旅招待所	成都市成华区花径路2号	成华区	社会旅馆
296	成都祥瑞宾馆	成都市成华区洪河大道中路	成华区	社会旅馆
297	维纳家斯酒店	成都市成华区和美西路5号首创国际农贸市场4楼	成华区	社会旅馆
298	成都通生果品市场招待所	成都市成华区府青路三段14号	成华区	社会旅馆
299	凌云阁大酒店	成都市成华区府青路三段29号	成华区	社会旅馆
300	成都市和谐酒店管理有限公司府青店	成都市成华区府青路三段14号附3号	成华区	社会旅馆
301	成都两城一家家庭公寓	成都市成华区府青路二段7号协信中心	成华区	社会旅馆
302	成都佳福酒店	成都市成华区府青路二段24号	成华区	社会旅馆
303	成都市凌云阁酒店	成都市成华区府青路3段29号	成华区	社会旅馆
304	农业厅物资站招待所	成都市成华区二仙桥西路28号	成华区	社会旅馆
305	理工宾馆	成都市成华区二仙桥东三路1号	成华区	社会旅馆
306	成都锦程公寓火车北站店	成都市成华区二仙桥东三路1号	成华区	社会旅馆
307	罗兰阳光酒店	成都市成华区二仙桥东路15号7栋3单元2楼	成华区	社会旅馆
308	成都理工大学招待所	成都市成华区二仙桥东3路1号	成华区	社会旅馆
309	成都金玉阳光酒店	成都市成华区二仙桥北二路36号	成华区	社会旅馆
310	万里客商务旅馆	成都市成华区二仙桥北二路10号	成华区	社会旅馆
311	成华区万里客商务旅馆	成都市成华区二仙桥北二路10号	成华区	社会旅馆
312	宏源商务旅馆	成都市成华区二环路东一段29号电焊机大厦3楼	成华区	社会旅馆
313	成都市新华商场旅馆	成都市成华区二环路东三段41号	成华区	社会旅馆
314	成都龙湖海滨酒店有限公司	成都市成华区二环路东二段一号一栋2单元	成华区	社会旅馆
315	成都电子宾馆	成都市成华区二环路东二段3号	成华区	社会旅馆

续表

序号	酒店名称	酒店地址	区域	酒店类型
316	美麓酒店有限公司	成都市成华区二环路东二段3号	成华区	社会旅馆
317	成都景瑞酒店投资管理有限公司	成都市成华区二环路东二段1号1幢2单元24层	成华区	社会旅馆
318	四川美麓会议酒店	成都市成华区二环路北四段蓝水湾小区1号楼	成华区	社会旅馆
319	汇融花园酒店	成都市成华区二环路北四段9号	成华区	社会旅馆
320	友来招待所	成都市成华区二环路北四段49号4楼	成华区	社会旅馆
321	成都上东酒店	成都市成华区东紫路666号5–6楼	成华区	社会旅馆
322	成华区安仁酒店	成都市成华区东紫路618号	成华区	社会旅馆
323	成都蓉城81号精品家庭公寓	成都市成华区东站东广场附近保和街道邛崃山路68号	成华区	社会旅馆
324	成都温馨家园全球热恋主题酒店	成都市成华区东站东方新城二期68号	成华区	社会旅馆
325	成都宏阳花园酒店有限公司	成都市成华区东立国际羊子山路68号4幢2单元20楼	成华区	社会旅馆
326	西御园宾馆	成都市成华区东立国际4–2–7、8、9楼	成华区	社会旅馆
327	嘉得利酒店	成都市成华区东客站出租车场A区	成华区	社会旅馆
328	鑫玉豪庭酒店	成都市成华区东荆路988号5楼	成华区	社会旅馆
329	成都华晨映象商务酒店	成都市成华区东荆路988号	成华区	社会旅馆
330	成华区城市之家旅馆	成都市成华区东风路北一巷	成华区	社会旅馆
331	成都优雅温馨公寓东方新城店	成都市成华区大件路50号	成华区	社会旅馆
332	华都时代酒店	成都市成华区崔家店路576号	成华区	社会旅馆
333	六合假日酒店	成都市成华区成康路六合广场36号	成华区	社会旅馆
334	时代金宇精品酒店	成都市成华区成华大道新鸿路410号	成华区	社会旅馆
335	成都市美途酒店	成都市成华区长天路11号	成华区	社会旅馆
336	成华建设俱乐部	成都市成华区长天路11号	成华区	社会旅馆
337	长融宾馆	成都市成华区长融街40号	成华区	社会旅馆
338	康达宾馆	成都市成华区保和街道优品尚东建材路12号	成华区	社会旅馆
339	成华区迎晖旅馆	成都市成华区保和街办东桂4组	成华区	社会旅馆
340	成都强荣客栈	成都市成华区保和街办长春社区8组居委会3楼	成华区	社会旅馆
341	成华区凯瑞商务酒店	成都市成华区宝耳路9号6栋	成华区	社会旅馆
342	斑竹村招待所	成都市成华区斑竹村村委会	成华区	社会旅馆
343	虹运招待所	成都市成华区八里庄路80号	成华区	社会旅馆

续表

序号	酒店名称	酒店地址	区域	酒店类型
344	成都龙海酒店有限公司	成都市成华区八里庄路1号	成华区	社会旅馆
345	怡福酒店	成都市成华区八里小区怡福路320号	成华区	社会旅馆
346	佐佐住宿部	成都市成华区八里桥路89号	成华区	社会旅馆
347	君悦宾馆站北东街7天\\七天酒店	成都市成华区八里桥路85号	成华区	社会旅馆
348	华来都宾馆	成都市成华区八里桥路231号239号	成华区	社会旅馆
349	成都锦宏大酒店	成都市成华区八里桥路204号	成华区	社会旅馆
350	成都市派克酒店	成都市成华区八里桥路168号	成华区	社会旅馆
351	成都东方红宾馆	成都市成华区八里桥路138号	成华区	社会旅馆
352	东方红宾馆	成都市成华区八里桥路138	成华区	社会旅馆
353	成都蓝海酒店	成都市成华区	成华区	社会旅馆
354	成华区龙河旅馆	成都市成华区保和乡杨柳13组	成华区	乡村酒店
355	聚缘旅馆	成都市成华区保和乡东桂4组	成华区	乡村酒店
356	龙海酒店	成都市成华区八里庄路1号1楼	成华区	乡村酒店
357	鑫弘旅馆	成都市成华区八里庄路119号	成华区	乡村酒店
358	源享招待所	成都市成华区八里庄1号	成华区	乡村酒店
359	荷花旅馆	成都市成华区八里桥路8号	成华区	乡村酒店
360	君悦宾馆	成都市成华区八里桥路87号	成华区	乡村酒店
361	华业招待所	成都市成华区八里桥路18号红花堰村1组	成华区	乡村酒店
362	成都尚源宾馆	成都市成华区八里桥路151号	成华区	乡村酒店
363	成都铁路攀西招待所	成都市成华区八里桥路151号	成华区	乡村酒店
364	中铁八局集团电气化工程有限公司华茂特酒店	成都市成华区八里桥路151号	成华区	乡村酒店
365	成华区丽都园商务旅店	成都市成华区八里路88号	成华区	乡村酒店
366	四川省华深实业有限责任公司城市仁德酒店	成都市成华区	成华区	乡村酒店
367	好友招待所	成都市成华区圣灯乡崔家村2组	成华区	乡村酒店
368	龙青招待所\\青龙招待所	成都市成华区青龙乡致祥路综合农贸市场3楼	成华区	乡村酒店
369	顺兴旅馆	成都市成华区青龙乡昭觉横路15号	成华区	乡村酒店
370	天都宾馆	成都市成华区青龙乡昭觉横路	成华区	乡村酒店
371	彪哥住宿部	成都市成华区青龙乡新山5组	成华区	乡村酒店
372	绵阳兴鑫旅馆	成都市成华区青龙乡新山5组	成华区	乡村酒店
373	成都昭觉运业有限责任公司	成都市成华区青龙乡西林村4组	成华区	乡村酒店

续表

序号	酒店名称	酒店地址	区域	酒店类型
374	三友旅馆	成都市成华区青龙乡白莲2组	成华区	乡村酒店
375	福才招待所	成都市成华区青龙乡白莲村8组	成华区	乡村酒店
376	鑫乐源宾馆	成都市成华区青龙场白莲社区7组108号附76号	成华区	乡村酒店
377	成都鹏鑫实业有限公司	成都市成华区龙潭乡石马村5组	成华区	乡村酒店
378	成华区东虹招待所	成都市成华区保和乡胜利村8组	成华区	乡村酒店
379	亮量旅馆	成都市成华区保和乡东桂村4组	成华区	乡村酒店

高新区旅游住宿业单位名单

序号	酒店名称	酒店地址	区域	酒店类型
1	新东方千禧大酒店	成都市高新区神仙树南路41号	高新区	五星级酒店
2	世纪天堂洲际大饭店	成都市高新区世纪城路88号	高新区	五星级酒店
3	岷山拉萨大酒店	成都市高新区肖家河北街88号	高新区	四星级酒店
4	成都长盛帝都国际酒店	成都市高新区永丰路45号	高新区	四星级酒店
5	成都菱彩酒店	成都市高新区二环路南三段29号	高新区	三星级酒店
6	成都威斯凯尔酒店管理有限公司	成都市高新区新区广和二街88号	高新区	商务连锁型酒店
7	高新区莱克快捷旅馆	成都市高新区高新去世纪城路	高新区	商务连锁型酒店
8	四川凯宾金陵酒店管理有限公司	成都市高新区天久北巷8号	高新区	商务连锁型酒店
9	成都紫荆布衣酒店有限公司	成都市高新区芳草街街道神仙树南路63号	高新区	商务连锁型酒店
10	好逸商务酒店	成都市高新区肖家河兴蓉西巷2号	高新区	商务连锁型酒店
11	成都好逸商务酒店	成都市高新区高升桥东路5号	高新区	商务连锁型酒店
12	汉庭星空上海酒店管理有限公司成都紫荆北路分公司	成都市高新区芳草街街道紫荆北路12号	高新区	商务连锁型酒店
13	如家酒店管理有限公司高升桥罗马广场店	成都市高新区肖家河兴蓉西巷4号	高新区	商务连锁型酒店
14	成都如家印象酒店公寓	成都市高新区大源村大源街24号	高新区	商务连锁型酒店
15	四川芒果酒店管理有限公司	成都市高新区西源大道1199号附1号	高新区	商务连锁型酒店
16	成都市泰豪酒店管理有限公司	成都市高新区中和街道双龙社区4组龙祥佳苑2号	高新区	商务连锁型酒店
17	嘉年CEO酒店	成都市高新区吉泰路666号	高新区	商务连锁型酒店
18	成都宜必思酒店有限公司	成都市高新区二环路南四段1号	高新区	商务连锁型酒店

续表

序号	酒店名称	酒店地址	区域	酒店类型
19	怡家连锁酒店成都华阳会展中心店	成都市高新区华阳正北上街159号	高新区	商务连锁型酒店
20	成都悦秀行政公寓	成都市高新区天府三街吉泰五路88号香年广场1栋1单元604号	高新区	商务连锁型酒店
21	成都速八酒店成都新会展一店	成都市高新区天府三街218号峰汇中心1号楼	高新区	商务连锁型酒店
22	成都悦思嘉公寓衣冠庙店	成都市高新区芳草街新能巷2号	高新区	商务连锁型酒店
23	成都德士顿酒店紫荆店	成都市高新区紫竹南一街	高新区	商务连锁型酒店
24	成都捷泰行政公寓高新店	成都市高新区盛和三路197号	高新区	商务连锁型酒店
25	成都嘉好弗斯达酒店肖家河店	成都市高新区高升桥东路5号	高新区	商务连锁型酒店
26	如家酒店成都高升桥罗马广场店	成都市高新区一环路南四段兴蓉西巷4号	高新区	商务连锁型酒店
27	成都芒果酒店西源大道店	成都市高新西区西源大道1199号	高新区	商务连锁型酒店
28	莫泰连锁酒店成都新会展天府三街店	成都市高新区天府三街1166号	高新区	商务连锁型酒店
29	成都布衣客栈天府软件园店	成都市高新区天府软件园D区1号楼	高新区	商务连锁型酒店
30	成都布衣客栈紫荆店	成都市高新区神仙树南路63号	高新区	商务连锁型酒店
31	成都MY HOME青年公寓仁和春天店	成都市高新区锦晖西二街仁和春天国际花园8栋1单元3002室	高新区	商务连锁型酒店
32	成都君港酒店公寓\\图腾博雅	成都市高新区益州大道722号复城国际T5-15楼	高新区	商务连锁型酒店
33	成都悦秀行政公寓新会展店	成都市高新区天府大道中段吉泰5路88号香年广场	高新区	商务连锁型酒店
34	汉庭酒店成都紫荆店	成都市高新区紫荆北路12号	高新区	商务连锁型酒店
35	7天酒店成都世纪城新会展中心店	成都市高新区天府二街669号复地雍湖湾32幢26-29楼	高新区	商务连锁型酒店
36	成都爱丽思酒店	成都市高新区锦城大道666号奥克斯广场国际公馆5栋	高新区	商务连锁型酒店
37	成都悦思嘉公寓宽窄巷子	成都市高新区金河路69号	高新区	商务连锁型酒店
38	全季酒店成都新会展中心店	成都市高新区世纪城路166号西蜀廊桥11栋	高新区	商务连锁型酒店
39	7天连锁酒店成都天府软件园家乐福店	成都市高新区中和街道劲松社区300号附6号	高新区	商务连锁型酒店
40	汉庭酒店华阳中心店	成都市高新区世纪城新会展、环球中心双流县华阳街道华新上街77号	高新区	商务连锁型酒店
41	全季酒店成都高新西区龙湖店	成都市高新西区龙湖时代天街8栋1楼	高新区	商务连锁型酒店
42	高新区嘉园宾馆	成都市高新区中和街道新民路13号	高新区	社会旅馆

续表

序号	酒店名称	酒店地址	区域	酒店类型
43	嘉鑫商务酒店	成都市高新区肖家河超洋路1号	高新区	社会旅馆
44	成都时代锦城酒店有限公司	成都市高新区天仁路20号附1号	高新区	社会旅馆
45	紫都宾馆	成都市高新区芳草街街道神仙树南路1号7楼	高新区	社会旅馆
46	汉庭大酒店	成都市高新区崇阳镇长城路658号	高新区	社会旅馆
47	高新区丰尔柏商务酒店	成都市高新区高新西区天彩路109号	高新区	社会旅馆
48	高新区槟月商务酒店	成都市高新区天映路14号附203号	高新区	社会旅馆
49	成都锦熙印象酒店管理公司	成都市高新区高新西区西源大道1101号	高新区	社会旅馆
50	四川隐庐酒店管理有限公司	成都市高新区	高新区	社会旅馆
51	华光商务宾馆	成都市高新区华路街69号	高新区	社会旅馆
52	高新区顺和宾馆	成都市高新区中和街道仁和路49号	高新区	社会旅馆
53	安泰酒店	成都市高新区中和大道二段99号	高新区	社会旅馆
54	馨乐庭服务公寓	成都市高新区天府三街88号	高新区	社会旅馆
55	舒怀酒店福年店	成都市高新区天府三街福年广场	高新区	社会旅馆
56	成都卿云贸易有限公司	成都市高新区芳草街街道玉林中路16号	高新区	社会旅馆
57	四川巨洋雅乐大酒店有限公司	成都市高新区芳草街街道一环路南三段66号	高新区	社会旅馆
58	金雁宾馆	成都市高新区肖家河中街5-1号	高新区	社会旅馆
59	成都高新区普天招待所	成都市高新区芳草街街道元华一巷34号	高新区	社会旅馆
60	成都美邸酒店管理有限公司	成都市高新区泰和二街8号12栋	高新区	社会旅馆
61	成都市紫会酒店	成都市高新区芳草街街道紫荆东路51号	高新区	社会旅馆
62	成都市南域酒店管理有限公司	成都市高新区芳草街街道紫瑞大道218号	高新区	社会旅馆
63	成都高新区圣帝雅商务酒店	成都市高新区芳草街街道神仙树西路5号	高新区	社会旅馆
64	四川诺亚方舟酒店管理有限公司	成都市高新区创业路30号	高新区	社会旅馆
65	成都古风汉韵酒店管理有限公司	成都市高新区益州大道北段天益南巷12号	高新区	社会旅馆
66	盛铂仕丹酒店	成都市高新区天府二街669号	高新区	社会旅馆
67	成都假日阳光商务酒店管理有限公司	成都市高新区芳草街街道祥和巷4号	高新区	社会旅馆
68	有园酒店	成都市高新区吉泰路88号香年广场	高新区	社会旅馆
69	嘉年CEO公寓	成都市高新区吉泰路88号	高新区	社会旅馆
70	成都希顿酒店管理有限公司	成都市高新区南华路1616号	高新区	社会旅馆
71	高新区中和同乐宾馆	成都市高新区中和公济路59号	高新区	社会旅馆
72	成都高新区明宇豪雅滨河酒店管理有限公司	成都市高新区科华南路339号	高新区	社会旅馆

续表

序号	酒店名称	酒店地址	区域	酒店类型
73	建林宾馆	成都市高新区成化街44号	高新区	社会旅馆
74	成都雅馨商务酒店	成都市高新区高新西区滨河春天天勤路1008号	高新区	社会旅馆
75	黄老五酒店	成都市高新区天府三街218号	高新区	社会旅馆
76	成都高新西区香槟酒店有限公司	成都市高新区高新西区天目录77号	高新区	社会旅馆
77	成都星瑞美丽华酒店有限公司	成都市高新区高新西区汇川街388号1栋	高新区	社会旅馆
78	四川新希望高新皇冠假日酒店	成都市高新区高新西区西芯大道1号	高新区	社会旅馆
79	成都远方之家公寓新会展店	成都市高新区天府大道中段177号	高新区	社会旅馆
80	成都子规西庭酒店	成都市高新区高新西区汇川街166号	高新区	社会旅馆
81	重庆万友康年大酒店成都一分店	成都市高新区中和仁和路1320号	高新区	社会旅馆
82	成都德士顿酒店管理有限公司紫荆分公司	成都市高新区芳草街街道紫竹南一街6号	高新区	社会旅馆
83	成都水杉树酒店管理公司	成都市高新区兴蓉北街2号	高新区	社会旅馆
84	成都高新区印象成都酒店公寓	成都市高新区天府三街升华路南香年广场T1栋CEO服务公寓2807号	高新区	社会旅馆
85	高新区中和阳光假日酒店	成都市高新区中和街道中柏大道街润生综合楼	高新区	社会旅馆
86	成都星期五酒店式公寓	成都市高新区益州大道北段锦晖西一街99号布鲁明顿广场3栋	高新区	社会旅馆
87	成都温馨家庭住宿	成都市高新区新园大道26号7栋	高新区	社会旅馆
88	成都树屋的朋友住宿	成都市高新区二环路南二段21号首航欣程	高新区	社会旅馆
89	高新区锦城兰屿商务酒店	成都市高新区创业路227号	高新区	社会旅馆
90	成都茗汉铂尔曼国际酒店	成都市高新区芳草街街道神仙树西路3号	高新区	社会旅馆
91	天鹅湖公寓	成都市高新区新会展中心天鹅湖公寓	高新区	社会旅馆
92	成都世纪城新国际会展中心有限公司世纪天堂洲际大饭店	成都市高新区世纪城路88号	高新区	社会旅馆
93	成都世纪城新国际会展中心有限公司假日酒店	成都市高新区世纪城路208号	高新区	社会旅馆
94	高新区中和家园宾馆	成都市高新区中和街道府河路130号	高新区	社会旅馆
95	高新区御都宾馆	成都市高新区中和街道油榨房街19号	高新区	社会旅馆
96	成都美怡酒店有限公司	成都市高新区天府大道南段1399号	高新区	社会旅馆

续表

序号	酒店名称	酒店地址	区域	酒店类型
97	成都世嘉精品酒店	成都市高新区高新西区天目路77号	高新区	社会旅馆
98	成都乐享家庭公寓	成都市高新区石羊场新园大道26号	高新区	社会旅馆
99	成都世纪精品公寓	成都市武侯区高新区天府大道中段177号天鹅湖公寓23栋	高新区	社会旅馆
100	成都姗姗青旅	成都市高新区府城大道799号	高新区	社会旅馆
101	亚朵酒店	成都市高新区天府四街66号	高新区	社会旅馆
102	高新区华光商务宾馆	成都市高新区中和街道华路街67–69号	高新区	社会旅馆
103	成都小茜家庭公寓新会展店	成都市高新区天府二街	高新区	社会旅馆
104	高新区中和新巴客商务酒店	成都市高新区中和街道新民路14号	高新区	社会旅馆
105	高新区红利来商务酒店	成都市高新区大源北中街18号	高新区	社会旅馆
106	成都南郡假日酒店有限公司	成都市高新区天府大道南段317号	高新区	社会旅馆
107	成都途途青年公寓世纪城无国界店	成都市高新区吉泰路266号无国界12栋二单元24楼	高新区	社会旅馆
108	成都石羊如意公寓	成都市高新区新南一期A区8栋1单元4号	高新区	社会旅馆
109	高新区中和明阳大酒店	成都市高新区中和街道新下街21号	高新区	社会旅馆
110	成都嘉利佳短租公寓	成都市高新区大源南二街145号院	高新区	社会旅馆
111	成都诚信旅馆石羊客车站店	成都市高新区新南一期B110栋2单元3楼9号	高新区	社会旅馆
112	成都美庭酒店有限公司	成都市高新区中和街道新下街339号	高新区	社会旅馆
113	高新区豪庭商务酒店	成都市高新区新乐南街2号	高新区	社会旅馆
114	鑫港酒店	成都市高新区肖家河沿街4号	高新区	社会旅馆
115	成都德士顿酒店管理有限公司	成都市高新区公安新区紫竹南一街6号	高新区	社会旅馆
116	四川应龙湾澜岸酒店管理有限公司	成都市高新区中和应龙社区四组318号	高新区	社会旅馆
117	成都蜗居短租公寓桐梓林店	成都市高新区金桂路238号	高新区	社会旅馆
118	成都红旗连锁顺江宾馆	成都市高新区顺江小区商业街1号楼	高新区	社会旅馆
119	成都华敏置业有限公司华敏君豪酒店	成都市高新区府城大道东段228号	高新区	社会旅馆
120	成都市高新区新园商务酒店	成都市高新区新园大道17号	高新区	社会旅馆
121	高新区新雅商务宾馆	成都市高新区中和街道公济桥路117号	高新区	社会旅馆
122	欣瑞宾馆	成都市高新区肖家河街115号	高新区	社会旅馆
123	高新区中和四季宾馆	成都市高新区中和街道府河路123号	高新区	社会旅馆
124	高新区臣夕商务宾馆	成都市高新区中和街道仁和路61号	高新区	社会旅馆
125	成都怡景酒店管理有限公司	成都市高新区尚华路22号	高新区	社会旅馆

续表

序号	酒店名称	酒店地址	区域	酒店类型
126	蜀语印象酒店	成都市高新区天府三街218号峰汇中心2楼	高新区	社会旅馆
127	十八步岛酒店	成都市高新区中和镇	高新区	社会旅馆
128	四川尚锦酒店有限公司永丰店	成都市高新区芳草街街道永丰路25号	高新区	社会旅馆
129	四川世纪文华酒店管理有限公司	成都市高新区天府一街856号	高新区	社会旅馆
130	高新区新南宾馆	成都市高新区中和街道公济桥路88号	高新区	社会旅馆
131	高新区君悦假日商务酒店	成都市高新区中和街道仁和路126号	高新区	社会旅馆
132	成都市西海商务酒店	成都市高新区芳草街街道芳草街1号附1号	高新区	社会旅馆
133	高新区新港商务酒店	成都市高新区中和街道公济桥路125–129号	高新区	社会旅馆
134	高新区中和广源宾馆	成都市高新区中和街道公济桥路253号	高新区	社会旅馆
135	高新区映辉宾馆	成都市高新区中和街道油榨房街1号	高新区	社会旅馆
136	成都利讯商务酒店	成都市高新区芳草街街道神仙树北路3号	高新区	社会旅馆
137	康普雷斯国际酒店	成都市高新区盛和一路	高新区	社会旅馆
138	成都锦熹酒店有限公司	成都市高新区创业路6号	高新区	社会旅馆
139	成都瑞银投资发展有限公司明悦大酒店	成都市高新区芳草街街道永丰路55号	高新区	社会旅馆
140	成都蓉城假日酒店管理有限公司	成都市高新区天久路	高新区	社会旅馆
141	成都东哥住宿公寓	成都市高新区新园大道26号1栋、12栋	高新区	社会旅馆
142	高新区天润德酒店	成都市高新区中和街道公济桥路37、39、41、43号	高新区	社会旅馆
143	高新区天府宴景酒店	成都市高新区中和街道公济桥路100–108号	高新区	社会旅馆
144	成都和协宾馆有限公司	成都市高新区新雅正街12号附2楼16–27号	高新区	社会旅馆
145	成都温馨旅馆石羊客车站店	成都市高新区新园大道26号12栋4单元24号	高新区	社会旅馆
146	高新区怡和宾馆	成都市高新区中和街道柳荫街132号	高新区	社会旅馆
147	四川圣泽田园酒店有限公司	成都市高新区高新西区迪康大道9号	高新区	社会旅馆
148	成都桂祥餐饮管理有限公司	成都市高新区高新西区西区大道1808号	高新区	社会旅馆
149	高新区中和紫金酒店	成都市高新区中和街道仁和路158、160、162号	高新区	社会旅馆
150	高新区顺缘商务酒店	成都市高新区高新西区顺清街18号	高新区	社会旅馆

续表

序号	酒店名称	酒店地址	区域	酒店类型
151	成都黄姐住宿	成都市高新区石羊场新南一期B区	高新区	社会旅馆
152	高新区中和府河商务宾馆	成都市高新区中和街道府河路93号	高新区	社会旅馆
153	成都馨乐庭城南服务公寓	成都市高新区天府三街88号	高新区	社会旅馆
154	成都富和商务酒店管理有限公司	成都市高新区芳草街街道玉林中路16号	高新区	社会旅馆
155	成都侯姐家庭旅馆	成都市高新区新园大道296号10栋	高新区	社会旅馆
156	高新区怡悦宾馆	成都市高新区中和街道府河路134–136号	高新区	社会旅馆
157	成都市索玛花酒店有限责任公司紫荆分店	成都市高新区芳草街街道紫竹北街85号大世界商业广场	高新区	社会旅馆
158	成都水凼凼温馨酒店	成都市高新区天府二街138号蜀都中心5栋2705室	高新区	社会旅馆
159	四川宜都酒店管理有限公司	成都市高新区芳草街街道神仙树南路9号	高新区	社会旅馆
160	成都高新九点酒店有限责任公司	成都市高新区天府大道南段一号齐盛艺境1号楼	高新区	社会旅馆
161	高新区壹加壹商务宾馆	成都市高新区中和街道公济桥路55号	高新区	社会旅馆
162	成都嘉祥瑞庭酒店投资管理有限公司	成都市高新区成仁路8号附8号	高新区	社会旅馆
163	高新区中和新世纪宾馆	成都市高新区中和街道中和大道57–61号	高新区	社会旅馆
164	成都舒适住宿	成都市高新区石桥东路石羊新南一期	高新区	社会旅馆
165	顺缘商务酒店电子科大清水河店	成都市高新区顺清街18号	高新区	社会旅馆
166	成都形品艺术酒店	成都市高新区益州大道北段388号城市春天27楼	高新区	社会旅馆
167	成都贝爱浪漫酒店	成都市高新区天仁路178号三楼	高新区	社会旅馆
168	天府壹家酒店公寓成都世纪城新会展中心店	成都市高新区新会展中心展馆侧天鹅湖公寓	高新区	社会旅馆
169	成都锦丽主题酒店	成都市高新区高攀路2号魏玛国际广场16层	高新区	社会旅馆
170	成都快乐e家客栈世纪城新会展中心店	成都市高新区天府大道中段177号	高新区	社会旅馆
171	成都天鹅湖酒店公寓成都新会展店	成都市高新区天府大道中段177号天鹅湖公寓25栋	高新区	社会旅馆
172	成都佛莱雅酒店	成都市高新区火车南站东路8号	高新区	社会旅馆
173	成都绅泰大酒店	成都市高新区天久南巷6号	高新区	社会旅馆
174	成都隐庐酒店	成都市高新区盛兴街57号	高新区	社会旅馆

续表

序号	酒店名称	酒店地址	区域	酒店类型
175	成都菲尼克斯酒店	成都市高新区天宇路2号	高新区	社会旅馆
176	航帆假日酒店	成都市高新区新园大道17号	高新区	社会旅馆
177	成都圣帝雅酒店	成都市高新区锦晖东街200号	高新区	社会旅馆
178	成都复城国际金森森精品公寓	成都市高新区天府二街复城国际T5栋1813室	高新区	社会旅馆
179	成都鑫家缘商务酒店	成都市高新区永丰路22号1栋3层1号锦里	高新区	社会旅馆
180	成都三峡公寓酒店	成都市高新区天泰路318号	高新区	社会旅馆
181	尚锦和美酒店成都永丰店\\万事凤凰国际酒店	成都市高新区永丰路25号\\综合大道2段99号长斯莫广场	高新区	社会旅馆
182	新巴客商务酒店	成都市高新区中和新民路24号	高新区	社会旅馆
183	成都新雅商务宾馆	成都市高新区中和街道公济桥路117号	高新区	社会旅馆
184	成都宾隆宾馆	成都市高新区中和油榨房街38号	高新区	社会旅馆
185	成都顺和商务旅馆	成都市高新区仁和路51号	高新区	社会旅馆
186	成都广源宾馆	成都市高新区中和公济桥路181号	高新区	社会旅馆
187	明阳大酒店	成都市高新区中和新下街191号	高新区	社会旅馆
188	瑞庭·竹岛酒店	成都市高新区老成仁路8号	高新区	社会旅馆
189	九点国际酒店	成都市高新区天府大道南段1号齐盛艺境	高新区	社会旅馆
190	成都南郡假日酒店	成都市高新区天府大道南段325号	高新区	社会旅馆
191	成都新怡家商务酒店	成都市高新区天府新区正东上街20号	高新区	社会旅馆
192	成都安泰世纪酒店	成都市高新区中和大道二段99号卡斯摩凤凰国际广场	高新区	社会旅馆
193	成都金港湾宾馆	成都市高新区中和街道仁和路55号	高新区	社会旅馆
194	成都仁和商务酒店	成都市高新区新南二期仁和街148号	高新区	社会旅馆
195	星程酒店成都新会展中心店	成都市高新区大源北中街8号	高新区	社会旅馆
196	成都盛铂仕丹酒店金融店	成都市高新区益州大道南侧33号中航国际广场C栋	高新区	社会旅馆
197	成都蓉城假日酒店环球中心店	成都市高新区锦城大道688号奥克斯广场	高新区	社会旅馆
198	成都忆家酒店	成都市高新区二环路南三段54号附3号	高新区	社会旅馆
199	成都新会展莱克快捷酒店	成都市高新区天府大道中段177号世纪城天鹅湖公寓25栋3楼	高新区	社会旅馆
200	成都M酒店	成都市高新区益州大道北段388号9号楼	高新区	社会旅馆
201	成都凯仁商务酒店	成都市高新区新园大道24号4楼	高新区	社会旅馆
202	成都瑾亭酒店	成都市高新区科华南路北桂溪西街60号	高新区	社会旅馆
203	成都久宜祥酒店	成都市高新区锦城大道766号	高新区	社会旅馆

续表

序号	酒店名称	酒店地址	区域	酒店类型
204	成都康普雷斯国际酒店	成都市高新区盛和一路88号	高新区	社会旅馆
205	成都锦怡酒店	成都市高新区天和西二街38号	高新区	社会旅馆
206	成都索玛花酒店紫荆店	成都市高新区紫竹北街85号大世界商业广场4楼	高新区	社会旅馆
207	成都思忆管家酒店	成都市高新区天府二街盛华南路复城国际T5	高新区	社会旅馆
208	成都紫都宾馆	成都市高新区神仙树南路1号	高新区	社会旅馆
209	成都阁调酒店	成都市高新区紫荆北路12号三博科技园	高新区	社会旅馆
210	成都站南商务酒店	成都市高新区火车南站中成市场4栋3楼	高新区	社会旅馆
211	成都24H精品公寓酒店	成都市高新区天府大道中段天府三街吉泰路88号	高新区	社会旅馆
212	成都熊猫王子文化酒店	成都市高新区盛和一路116号	高新区	社会旅馆
213	成都君悦时代精品公寓	成都市高新区益州大道中段722号复城国际T5栋	高新区	社会旅馆
214	成都弗尼顿酒店	成都市高新区益州大道北段388号	高新区	社会旅馆
215	成都途途青年公寓蜀都中心店	成都市高新区天府二街蜀都中心二期14楼	高新区	社会旅馆
216	成都宜都酒店	成都市高新区神仙树南路9号	高新区	社会旅馆
217	成都凯熙精英公寓新会展中心店	成都市高新区益州大道中段722号复城国际广场T5栋1704号	高新区	社会旅馆
218	成都山合酒店	成都市高新区火车南站西路25号	高新区	社会旅馆
219	成都小憩驿站成都南域店科华店	成都市高新区紫瑞大道218号	高新区	社会旅馆
220	四川万事兴凤凰国际酒店	成都市高新区中和大道二段99号	高新区	社会旅馆
221	南台月蓉城假日酒店	成都市高新区天久北巷8号	高新区	社会旅馆
222	舒怀酒店成都海洋店	成都市高新区天府大道中段天府三街91号海洋中心1座609室	高新区	社会旅馆
223	成都贝鲁铭酒店公寓	成都市高新区桐梓林益州大道北段388号城市春天大厦8号楼B座18F	高新区	社会旅馆
224	成都高新豪生大酒店	成都市高新区天泰路338号	高新区	社会旅馆
225	成都君悦酒店	成都市高新区天府大道中段天府三街吉泰299号	高新区	社会旅馆
226	成都诺亚方舟酒店	成都市高新区创业路28号	高新区	社会旅馆
227	成都紫会酒店	成都市高新区紫荆东路51号	高新区	社会旅馆
228	维也纳酒店成都会展中心店	成都市高新区天府大道南段1399号时代天城	高新区	社会旅馆
229	成都阳光假日酒店	成都市高新区中和镇仁和路208号	高新区	社会旅馆

续表

序号	酒店名称	酒店地址	区域	酒店类型
230	阳光假日酒店新成仁路	成都市高新区中和街道办事处中柏大道润生综合楼	高新区	社会旅馆
231	成都君开酒店雍湖湾店	成都市高新区益州大道天府二街盛华南路80号复地雍湖湾32幢	高新区	社会旅馆
232	成都锦城湖酒店	成都市高新区锦城大道1525号	高新区	社会旅馆
233	成都驴行天下青年旅舍	成都市高新区火车南站西路26号	高新区	社会旅馆
234	成都星瑞美丽华酒店	成都市高新区汇川街388号	高新区	社会旅馆
235	成都夏威夷主题酒店奥克斯店	成都市高新区锦城大道666号奥克斯广场五栋9楼	高新区	社会旅馆
236	成都七七七酒店	成都市高新区创业路5号	高新区	社会旅馆
237	菱彩酒店	成都市高新区二环路南三段29号	高新区	社会旅馆
238	成都嘉年CEO酒店	成都市高新区天府大道中段吉泰五路88号香年广场公寓楼	高新区	社会旅馆
239	成都希顿酒店	成都市高新区天府二街南华路1616号近世纪城会展中心	高新区	社会旅馆
240	成都环球中心天堂洲际大饭店	成都市高新区天府大道北段1700号	高新区	社会旅馆
241	成都TBL精品酒店	成都市高新区天府三街升华路6号花样年·香年广场CEO服务公寓5楼	高新区	社会旅馆
242	成都雅星酒店益州大道店	成都市高新区益州大道中段722号复城国际广场T5号楼	高新区	社会旅馆
243	成都艺朗酒店	成都市高新区天府一街856号	高新区	社会旅馆
244	艺朗酒店	成都市高新区天府一街856号	高新区	社会旅馆
245	成都桂祥大酒店	成都市高新区尚锦路52号	高新区	社会旅馆
246	舒怀酒店成都奥克斯店	成都市高新区益州大道奥克斯广场	高新区	社会旅馆
247	成都舒怀酒店奥克斯店	成都市高新区锦城大道666号与益州大道交接口奥克斯广场5号楼8楼	高新区	社会旅馆
248	成都威斯特酒店	成都市高新区锦城大道790号	高新区	社会旅馆
249	成都威斯凯尔酒店	成都市高新区广和二街62号	高新区	社会旅馆
250	成都艺家城市酒店	成都市高新区天仁北二街299号	高新区	社会旅馆
251	成都星座酒店公寓	成都市高新区剑南大道与天府三街交叉口保利星座3栋907号	高新区	社会旅馆
252	成都高新区凯仁旅店	成都市高新区新园大道24号	高新区	乡村酒店
253	成都高新区仁和旅馆	成都市高新区仁和街148号	高新区	乡村酒店
254	高新区薪薪旅馆	成都市高新区仁和街新南2期4栋1层2号	高新区	乡村酒店
255	驿站茶旅社	成都市高新区怀远镇文井东路	高新区	乡村酒店
256	高新区建峰旅馆	成都市高新区大源街65号	高新区	乡村酒店
257	卡卡西招待所	成都市高新区火车南站西路6号5号3层	高新区	乡村酒店

续表

序号	酒店名称	酒店地址	区域	酒店类型
258	高新区家和缘旅店	成都市高新区神仙树北路15号高新商贸中心	高新区	乡村酒店
259	高新区悦来客栈	成都市高新区中和街道巢础巷49号	高新区	乡村酒店
260	成都江哥住宿一店	成都市高新区围城南路224号	高新区	乡村酒店
261	成都君姐住宿	成都市高新区新园大道188号	高新区	乡村酒店
262	兴悦招待所	成都市高新区一环路南四段9号附16号	高新区	乡村酒店
263	成都秀姐住宿	成都市高新区新园大道新街社区	高新区	乡村酒店
264	成都苏姐住宿	成都市高新区新园大道176号	高新区	乡村酒店
265	高新区浩瀚旅馆	成都市高新区高新西区合作路89号	高新区	乡村酒店
266	高新区中和新府旅馆	成都市高新区中和街道新民路154号	高新区	乡村酒店
267	家和缘旅店	成都市高新区肖家河正街64号附2号	高新区	乡村酒店
268	成都福德招待所	成都市高新区玉龙三巷6号	高新区	乡村酒店
269	高新区新逸旅馆	成都市高新区中和街道天化街4号	高新区	乡村酒店
270	成都高新区鑫创鑫招待所	成都市高新区创业路13号	高新区	乡村酒店
271	高新区麒麟旅社	成都市高新区中和街道公济桥路239号	高新区	乡村酒店
272	高新区中和吉祥旅馆	成都市高新区中和街道公济桥路199号	高新区	乡村酒店
273	高新区宾隆旅馆	成都市高新区中和街道油榨房街39号	高新区	乡村酒店
274	成都小王住宿	成都市高新区新园大道新南一期	高新区	乡村酒店
275	高新区茗沁住宿部	成都市高新区肖家河正街100号	高新区	乡村酒店
276	高新区荣华旅馆	成都市高新区中和街道府河横街12号	高新区	乡村酒店
277	成都高新区双鑫招待所	成都市高新区神仙树北路15号高新国贸中心	高新区	乡村酒店
278	高新区军燕旅馆	成都市高新区中和街道仁和路2号	高新区	乡村酒店
279	高新区聚贤旅馆	成都市高新区中和街道新民路122号	高新区	乡村酒店
280	高新区志全旅馆	成都市高新区中和街道新上街64号	高新区	乡村酒店
281	高新区鸿财旅馆	成都市高新区中和街道公济桥路122号	高新区	乡村酒店
282	高新区萍芝旅店	成都市高新区中和街道仁和路26-28号	高新区	乡村酒店
283	高新区尔威旅馆	成都市高新区中和街道新上街124号	高新区	乡村酒店
284	高新区欣荣旅馆	成都市高新区中和街道公济桥路147号	高新区	乡村酒店
285	成都刘哥住宿	成都市高新区石桥东路新园一期B区11栋2单元3号	高新区	乡村酒店
286	高新区中和鑫钰旅馆	成都市高新区中和街道华路街116号	高新区	乡村酒店
287	成都小叶住宿	成都市高新区新南小区B区8栋1单元14号	高新区	乡村酒店
288	成都舒适公寓石羊客车站店	成都市高新区新园大道296号4栋1单元8号	高新区	乡村酒店

续表

序号	酒店名称	酒店地址	区域	酒店类型
289	成都市高新区时尚旅馆	成都市高新区新雅中街55号	高新区	乡村酒店
290	成都市石羊运业有限责任公司客房部	成都市高新区三元村6组	高新区	乡村酒店
291	成都高新区心意旅馆	成都市高新区石羊场仁和南街	高新区	乡村酒店
292	成都新南宾馆	成都市高新区中和镇公济桥路88号	高新区	乡村酒店
293	成都唐堂民宿	成都市高新区锦城大道666号奥克斯广场12栋7楼	高新区	乡村酒店
294	成都建林宾馆会展店	成都市高新区中和镇新下街154号	高新区	乡村酒店

龙泉驿区旅游住宿业单位名单

序号	酒店名称	酒店地址	区域	酒店类型
1	万豪宾馆	成都市龙泉驿区龙泉街办文明西街51号	龙泉驿区	乡村酒店
2	鑫龙旅店	成都市龙泉驿区龙泉街办金银花街祥瑞花园207号	龙泉驿区	乡村酒店
3	燎原餐厅	成都市龙泉驿区龙泉镇航天北路345	龙泉驿区	乡村酒店
4	欢庆旅馆	成都市龙泉驿区龙泉镇广场巷199号	龙泉驿区	乡村酒店
5	和音旅馆	成都市龙泉驿区龙泉镇驿都东路	龙泉驿区	乡村酒店
6	文明旅社	成都市龙泉驿区龙泉镇文明西街1幢	龙泉驿区	乡村酒店
7	龙城客栈	成都市龙泉驿区龙泉街办商业前街199号10栋4单元	龙泉驿区	乡村酒店
8	志向旅馆	成都市龙泉驿区龙泉镇商业街社区底楼	龙泉驿区	乡村酒店
9	学府客栈	成都市龙泉驿区大面街办洪河中路766号	龙泉驿区	乡村酒店
10	磊鑫旅馆	成都市龙泉驿区龙泉镇界牌工业个园区磊鑫楼	龙泉驿区	乡村酒店
11	金祥程客栈	成都市龙泉驿区龙泉街办文明西街48号	龙泉驿区	乡村酒店
12	宏惠宾馆	成都市龙泉驿区龙泉文明西街69号	龙泉驿区	乡村酒店
13	丽明旅馆	成都市龙泉驿区龙泉街办董郎路428号	龙泉驿区	乡村酒店
14	欢乐旅社	成都市龙泉驿区龙泉镇广场路124号	龙泉驿区	乡村酒店
15	华鸿旅社	成都市龙泉驿区龙泉镇欧鹏大道61号	龙泉驿区	乡村酒店
16	光辉旅馆	成都市龙泉驿区龙泉街道文景街75号	龙泉驿区	乡村酒店
17	丽水湾宾馆	成都市龙泉驿区龙泉镇驿都东路91号	龙泉驿区	乡村酒店
18	如意旅馆	成都市龙泉驿区龙泉镇红沙坡村6组	龙泉驿区	乡村酒店
19	千莹客栈	成都市龙泉驿区龙泉商业前街199号9栋4单元	龙泉驿区	乡村酒店
20	东风旅社	成都市龙泉驿区龙泉镇中街186号	龙泉驿区	乡村酒店
21	诗新客栈	成都市龙泉驿区龙泉街办董郎路426号	龙泉驿区	乡村酒店

续表

序号	酒店名称	酒店地址	区域	酒店类型
22	同富客栈	成都市龙泉驿区龙泉街办文明西街93号	龙泉驿区	乡村酒店
23	驿都招待所	成都市龙泉驿区龙泉镇驿都东路1152号	龙泉驿区	乡村酒店
24	合兴旅馆	成都市龙泉驿区龙泉镇公园路一段19号	龙泉驿区	乡村酒店
25	文兴旅馆	成都市龙泉驿区龙泉街道文景路69号	龙泉驿区	乡村酒店
26	星情客栈	成都市龙泉驿区龙泉街办广场巷	龙泉驿区	乡村酒店
27	老汽车站招待所	成都市龙泉驿区都东路11号	龙泉驿区	乡村酒店
28	津龙客栈	成都市龙泉驿区龙泉镇广场路130号	龙泉驿区	乡村酒店
29	龙游旅社	成都市龙泉驿区龙泉街办驿都东路57号	龙泉驿区	乡村酒店
30	交通局公路管理所招待所	成都市龙泉驿区龙泉镇龙平路69号	龙泉驿区	乡村酒店
31	中原客栈	成都市龙泉驿区龙泉街办新驿村100号	龙泉驿区	乡村酒店
32	成都新闻宾馆	成都市龙泉驿区平安乡红沙坡村1组	龙泉驿区	乡村酒店
33	同兴旅社	成都市龙泉驿区同安镇同德街	龙泉驿区	乡村酒店
34	小博士旅馆	成都市龙泉驿区同安镇忠诚路	龙泉驿区	乡村酒店
35	群燕旅馆	成都市龙泉驿区同安圣景路83号7栋	龙泉驿区	乡村酒店
36	新蓉鑫旅馆	成都市龙泉驿区同安镇希望路二段	龙泉驿区	乡村酒店
37	永恒旅馆	成都市龙泉驿区同安镇希望路二段	龙泉驿区	乡村酒店
38	全兴旅馆	成都市龙泉驿区同安着呢希望路二段	龙泉驿区	乡村酒店
39	福源旅馆	成都市龙泉驿区同安街办上坪1组福圣小区	龙泉驿区	乡村酒店
40	和意旅社	成都市龙泉驿区西河镇南街50号附3号	龙泉驿区	乡村酒店
41	桃都旅馆	成都市龙泉驿区龙泉街办驿都中路67号	龙泉驿区	乡村酒店
42	玲珑旅馆	成都市龙泉驿区大面镇洪河中路白鹤小区	龙泉驿区	乡村酒店
43	遂宁洪河谷旅馆龙泉分店	成都市龙泉驿区洪河镇洪河中路705号6楼	龙泉驿区	乡村酒店
44	水云间旅馆	成都市龙泉驿区大面街办惠王陵东路141号	龙泉驿区	乡村酒店
45	成都木语旅馆	成都市龙泉驿区大面街办惠王陵东路143号	龙泉驿区	乡村酒店
46	富都客栈	成都市龙泉驿区大面街办富侨小区2栋4–5号	龙泉驿区	乡村酒店
47	金港旅馆	成都市龙泉驿区大面街办惠王陵东路192–194号	龙泉驿区	乡村酒店
48	芙蓉旅社	成都市龙泉驿区大面街办惠王陵东路49号	龙泉驿区	乡村酒店
49	鸿源旅社	成都市龙泉驿区大面街办洪河中路814号	龙泉驿区	乡村酒店

续表

序号	酒店名称	酒店地址	区域	酒店类型
50	玉宾缘旅馆	成都市龙泉驿区大面街办洪河大道中路	龙泉驿区	乡村酒店
51	百合旅馆	成都市龙泉驿区大面镇洪河中路白鹤小区730号	龙泉驿区	乡村酒店
52	龙翔客栈	成都市龙泉驿区大面街办惠王陵东路2–24号	龙泉驿区	乡村酒店
53	红桥旅馆	成都市龙泉驿区大面镇三桥村12组	龙泉驿区	乡村酒店
54	桃源客栈	成都市龙泉驿区十陵镇兴业街120号	龙泉驿区	乡村酒店
55	十陵旅馆	成都市龙泉驿区十陵镇正街74号	龙泉驿区	乡村酒店
56	十陵昊森宾馆	成都市龙泉驿区十陵街道灵龙路373号	龙泉驿区	乡村酒店
57	豪怡宾馆	成都市龙泉驿区十陵兴业街222号	龙泉驿区	乡村酒店
58	蓉佳招待所	成都市龙泉驿区十陵街办来龙村11组	龙泉驿区	乡村酒店
59	和平旅馆	成都市龙泉驿区十陵街道和平路91号	龙泉驿区	乡村酒店
60	十陵晶川宾馆	成都市龙泉驿区十陵街办和平路162号	龙泉驿区	乡村酒店
61	蜀缘旅馆	成都市龙泉驿区十陵街办中街24号	龙泉驿区	乡村酒店
62	驿兴旅馆	成都市龙泉驿区十陵街办江华路93号	龙泉驿区	乡村酒店
63	美景旅馆	成都市龙泉驿区十陵街办江华路89号	龙泉驿区	乡村酒店
64	小云池茶楼	成都市龙泉驿区十陵街办兴业街55号1幢	龙泉驿区	乡村酒店
65	静鑫商务旅社	成都市龙泉驿区十陵江华路59号明珠时代	龙泉驿区	乡村酒店
66	吉鑫旅社	成都市龙泉驿区十陵街办江华路91号2栋	龙泉驿区	乡村酒店
67	康洁旅馆	成都市龙泉驿区十陵街办江华路新园村3区1号	龙泉驿区	乡村酒店
68	晴雨楼客栈	成都市龙泉驿区十陵街办兴业街1号	龙泉驿区	乡村酒店
69	明蜀客栈	成都市龙泉驿区十陵灵龙路88号	龙泉驿区	乡村酒店
70	加洲旅馆	成都市龙泉驿区十陵街办江华路91号	龙泉驿区	乡村酒店
71	嘉宾旅馆	成都市龙泉驿区十陵街办十陵社区江华路91号	龙泉驿区	乡村酒店
72	鑫访商务旅社	成都市龙泉驿区十陵江华路91号11栋1号	龙泉驿区	乡村酒店
73	十陵亮亮招待所	成都市龙泉驿区十陵街办青龙村1组	龙泉驿区	乡村酒店
74	英子旅馆	成都市龙泉驿区十陵街办江华路91号1栋7号	龙泉驿区	乡村酒店
75	佳和客栈	成都市龙泉驿区十陵街办灵龙路234号8栋2号	龙泉驿区	乡村酒店
76	青龙湖客栈	成都市龙泉驿区十陵镇灵龙路68号	龙泉驿区	乡村酒店
77	天诚旅馆	成都市龙泉驿区龙泉街办音乐广场巷	龙泉驿区	乡村酒店

续表

序号	酒店名称	酒店地址	区域	酒店类型
78	十陵招待所	成都市龙泉驿区十陵街办江华路153号	龙泉驿区	乡村酒店
79	东阳光旅馆	成都市龙泉驿区大面街办惠王陵东路5号	龙泉驿区	乡村酒店
80	金兴旅馆	成都市龙泉驿区龙泉街办驿都中路103号	龙泉驿区	乡村酒店
81	新龙都旅馆	成都市龙泉驿区龙泉街办鸥鹏大道94号	龙泉驿区	乡村酒店
82	驿星旅馆	成都市龙泉驿区西河镇东街52号	龙泉驿区	乡村酒店
83	蜀庆旅馆	成都市龙泉驿区龙泉街道商业街	龙泉驿区	乡村酒店
84	舒心旅馆	成都市龙泉驿区十陵街办成洛路2313号	龙泉驿区	乡村酒店
85	成都十陵货运停车场有限责任公司	成都市龙泉驿区十陵街办来龙村	龙泉驿区	乡村酒店
86	星域客栈	成都市龙泉驿区龙泉街办广场巷	龙泉驿区	乡村酒店
87	淑英旅馆	成都市龙泉驿区龙泉街道商业街	龙泉驿区	乡村酒店
88	永胜旅馆	成都市龙泉驿区龙泉镇汽车总站旁	龙泉驿区	乡村酒店
89	东辰旅馆	成都市龙泉驿区同安阳光城明星综合楼3单元	龙泉驿区	乡村酒店
90	风云旅馆	成都市龙泉驿区龙泉中街	龙泉驿区	乡村酒店
91	广源旅社	成都市龙泉驿区龙泉镇建设路	龙泉驿区	乡村酒店
92	弘祥旅馆	成都市龙泉驿区大面镇洪河中路白鹤小区	龙泉驿区	乡村酒店
93	成都龙泉驿小博士旅馆	成都市龙泉驿区洛带镇下街106号	龙泉驿区	乡村酒店
94	成都迎宾苑旅馆	成都市龙泉驿区广场巷	龙泉驿区	乡村酒店
95	东东旅馆	成都市龙泉驿区龙泉镇中街	龙泉驿区	乡村酒店
96	东盛旅馆	成都市龙泉驿区同安阳光城明星综合楼4单元	龙泉驿区	乡村酒店
97	成都华夏会所	成都市龙泉驿区十陵街道灵龙路22号	龙泉驿区	乡村酒店
98	成都蓝宇宾馆	成都市龙泉驿区大面镇惠王陵东路249号	龙泉驿区	乡村酒店
99	桃园旅馆	成都市龙泉驿区龙泉街办新驿村74号	龙泉驿区	乡村酒店
100	成都明蜀宾馆	成都市龙泉驿区航天北路	龙泉驿区	乡村酒店
101	天和旅馆	成都市龙泉驿区十陵街办江华路91号	龙泉驿区	乡村酒店
102	成都泥邦民宿	成都市龙泉驿区建材路228号	龙泉驿区	乡村酒店
103	如意雅舍旅馆	成都市龙泉驿区龙泉街办文明西街82号	龙泉驿区	乡村酒店
104	交通旅馆	成都市龙泉驿区龙泉镇雅生路8号	龙泉驿区	乡村酒店
105	洪源居休闲茶楼	成都市龙泉驿区大面街办洪河大道白鹤小区	龙泉驿区	乡村酒店
106	自由人旅馆	成都市龙泉驿区十陵街办来龙村7组	龙泉驿区	乡村酒店

续表

序号	酒店名称	酒店地址	区域	酒店类型
107	鑫鹏旅馆	成都市龙泉驿区十陵街办新园3区2号	龙泉驿区	乡村酒店
108	福光旅馆	成都市龙泉驿区同安街办	龙泉驿区	乡村酒店
109	厚德旅馆	成都市龙泉驿区大面街办惠王陵东路138号	龙泉驿区	乡村酒店
110	龙鑫客栈	成都市龙泉驿区龙泉镇广场路104号	龙泉驿区	乡村酒店
111	雅洁旅馆	成都市龙泉驿区西河镇东街188号	龙泉驿区	乡村酒店
112	群辉旅馆	成都市龙泉驿区同安圣景路83号	龙泉驿区	乡村酒店
113	来源客栈	成都市龙泉驿区洛带镇双兴中街58号	龙泉驿区	乡村酒店
114	成都喜来乐茶旅馆	成都市龙泉驿区灵龙路22	龙泉驿区	乡村酒店
115	大东饭店	成都市龙泉驿区龙泉镇洪升路25号	龙泉驿区	乡村酒店
116	大华旅馆	成都市龙泉驿区大面街办大华路16号	龙泉驿区	乡村酒店
117	康康旅馆	成都市龙泉驿区十陵街办下街	龙泉驿区	乡村酒店
118	雨燕旅馆	成都市龙泉驿区龙泉街办驿都大道	龙泉驿区	乡村酒店
119	菊芝阁茶楼	成都市龙泉驿区龙泉街道南京路106号	龙泉驿区	乡村酒店
120	金龙客栈	成都市龙泉驿区龙泉街办广场巷	龙泉驿区	乡村酒店
121	大禹饭店	成都市龙泉驿区龙泉街道宏声路	龙泉驿区	乡村酒店
122	春春旅店	成都市龙泉驿区龙泉街办音乐广场巷	龙泉驿区	乡村酒店
123	翟慧旅馆	成都市龙泉驿区龙泉镇公园路	龙泉驿区	乡村酒店
124	水濂洞茶旅社	成都市龙泉驿区龙泉镇东街117号	龙泉驿区	乡村酒店
125	万力多饭店	成都市龙泉驿区十陵街道成洛路2261号	龙泉驿区	乡村酒店
126	喜来乐旅馆	成都市龙泉驿区十陵街办江华路91号	龙泉驿区	乡村酒店
127	红鑫旅馆	成都市龙泉驿区龙泉镇商业街199号	龙泉驿区	乡村酒店
128	金沙旅馆	成都市龙泉驿区龙泉街道红沙坡村5组	龙泉驿区	乡村酒店
129	蓝宇客栈	成都市龙泉驿区大面街办洪河大道白鹤小区	龙泉驿区	乡村酒店
130	陵历旅社	成都市龙泉驿区十陵街办和平路137号	龙泉驿区	乡村酒店
131	喜乐旅馆	成都市龙泉驿区十陵街办和平路100号	龙泉驿区	乡村酒店
132	春秋旅馆	成都市龙泉驿区龙泉街道商业街自建小区9幢1单元	龙泉驿区	乡村酒店
133	香闲轩	成都市龙泉驿区大面街道悦来街	龙泉驿区	乡村酒店
134	兴达旅馆	成都市龙泉驿区十陵街办和平路153号	龙泉驿区	乡村酒店
135	舒茗旅馆	成都市龙泉驿区龙泉镇广场路136号	龙泉驿区	乡村酒店
136	鑫明旅馆	成都市龙泉驿区同安镇同德街87号	龙泉驿区	乡村酒店
137	燕燕旅馆	成都市龙泉驿区柏合镇梨花街120号	龙泉驿区	乡村酒店
138	家宾客栈	成都市龙泉驿区洛带镇槐树中街94号	龙泉驿区	乡村酒店
139	逸都苑客栈	成都市龙泉驿区洛带镇槐树北街	龙泉驿区	乡村酒店

续表

序号	酒店名称	酒店地址	区域	酒店类型
140	驿站旅店	成都市龙泉驿区龙泉街办驿都中路84号	龙泉驿区	乡村酒店
141	怡心园	成都市龙泉驿区	龙泉驿区	乡村酒店
142	汇锦楼客栈	成都市龙泉驿区十陵街办江华路91号	龙泉驿区	乡村酒店
143	昊森旅馆	成都市龙泉驿区十陵街道来龙路373号	龙泉驿区	乡村酒店
144	四川华川工业有限公司	成都市龙泉驿区十陵街道和平路307号	龙泉驿区	乡村酒店
145	桃花源	成都市龙泉驿区近郊美满村7组	龙泉驿区	乡村酒店
146	方寸间休闲茶庄	成都市龙泉驿区洪河惠王陵西路	龙泉驿区	乡村酒店
147	交通旅馆	成都市龙泉驿区同安镇同德街25号	龙泉驿区	乡村酒店
148	佳家旅馆	成都市龙泉驿区同安镇圣景路102号	龙泉驿区	乡村酒店
149	木语客栈	成都市龙泉驿区大面街办惠王陵东路142号	龙泉驿区	乡村酒店
150	龙腾旅馆	成都市龙泉驿区龙泉金银花街祥瑞花园	龙泉驿区	乡村酒店
151	祥洋客栈	成都市龙泉驿区龙泉街办商业前街199号	龙泉驿区	乡村酒店
152	龙骑客栈	成都市龙泉驿区十陵街道友谊路400号	龙泉驿区	乡村酒店
153	富康客栈	成都市龙泉驿区大面街办大华路8号	龙泉驿区	乡村酒店
154	新阳光旅馆	成都市龙泉驿区同安街同德街25号	龙泉驿区	乡村酒店
155	同福旅馆	成都市龙泉驿区同安镇大河村3组	龙泉驿区	乡村酒店
156	洪宾旅馆	成都市龙泉驿区大面街办惠王陵东路122号	龙泉驿区	乡村酒店
157	成都花驿客栈	成都市龙泉驿区十陵镇和平路89号	龙泉驿区	乡村酒店
158	择惠招待所	成都市龙泉驿区龙泉镇公园路一段86号	龙泉驿区	乡村酒店
159	富桥旅馆	成都市龙泉驿区大面街办惠王陵东路149号	龙泉驿区	乡村酒店
160	生缘旅馆	成都市龙泉驿区大面镇洪河大道中路	龙泉驿区	乡村酒店
161	黎明客栈	成都市龙泉驿区龙泉柏合镇车城东路黎明新村395号	龙泉驿区	乡村酒店
162	聚友旅馆	成都市龙泉驿区龙泉街道红沙坡村6组49号	龙泉驿区	乡村酒店
163	兴珑旅馆	成都市龙泉驿区十陵街办兴业街27号	龙泉驿区	乡村酒店
164	富华旅社	成都市龙泉驿区龙泉街办公新驿村72号	龙泉驿区	乡村酒店
165	天鹅苑旅店	成都市龙泉驿区龙泉镇红沙坡村6组	龙泉驿区	乡村酒店
166	新兴旅馆	成都市龙泉驿区黄土镇康庄街9号	龙泉驿区	乡村酒店
167	九州客栈	成都市龙泉驿区十陵镇灵龙路164号	龙泉驿区	乡村酒店
168	平安客家客栈	成都市龙泉驿区洛带镇八角井街339号	龙泉驿区	乡村酒店
169	迎宾苑旅馆	成都市龙泉驿区十陵镇灵龙路38号	龙泉驿区	乡村酒店
170	成都成南运业有限公司	成都市龙泉驿区十陵街办十陵客运站	龙泉驿区	乡村酒店

续表

序号	酒店名称	酒店地址	区域	酒店类型
171	春茶旅馆	成都市龙泉驿区洛带镇府兴街6号	龙泉驿区	乡村酒店
172	星月栖招待所	成都市龙泉驿区十陵街办月栖广场1号楼	龙泉驿区	乡村酒店
173	祥程客栈	成都市龙泉驿区十陵街办灵龙路90号	龙泉驿区	乡村酒店
174	茂源旅馆	成都市龙泉驿区同安镇同安路	龙泉驿区	乡村酒店
175	明怡旅馆	成都市龙泉驿区同安街办希望路287号	龙泉驿区	乡村酒店
176	永发旅馆	成都市龙泉驿区洛带镇振兴街474号	龙泉驿区	乡村酒店
177	阳光旅馆	成都市龙泉驿区洛带镇双兴北街18号	龙泉驿区	乡村酒店
178	宏祥旅馆	成都市龙泉驿区洛带镇老下街38号	龙泉驿区	乡村酒店
179	洛带供销社旅馆	成都市龙泉驿区洛带镇下街4号	龙泉驿区	乡村酒店
180	顶好旅馆	成都市龙泉驿区龙泉镇广场巷10幢	龙泉驿区	乡村酒店
181	希望旅馆	成都市龙泉驿区同安镇希望路2段	龙泉驿区	乡村酒店
182	空间客栈	成都市龙泉驿区龙泉驿都中路119号	龙泉驿区	乡村酒店
183	喜家旅社	成都市龙泉驿区十陵镇灵龙路234号	龙泉驿区	乡村酒店
184	四方旅馆	成都市龙泉驿区十陵街办江华路91号	龙泉驿区	乡村酒店
185	润华旅馆	成都市龙泉驿区十陵江华路十陵新园	龙泉驿区	乡村酒店
186	金雨露旅社	成都市龙泉驿区十陵江华路91号	龙泉驿区	乡村酒店
187	承蔚客栈	成都市龙泉驿区十陵街道江华路305号	龙泉驿区	乡村酒店
188	亮亮招待所	成都市龙泉驿区十陵街办黄龙村1组	龙泉驿区	乡村酒店
189	逢凌旅社	成都市龙泉驿区十陵街办江华路新园村3区	龙泉驿区	乡村酒店
190	同舟旅馆	成都市龙泉驿区同安镇希望路二段	龙泉驿区	乡村酒店
191	同祥客栈	成都市龙泉驿区同安镇希望路三段	龙泉驿区	乡村酒店
192	龙翔客栈	成都市龙泉驿区十陵街道友谊路124号	龙泉驿区	乡村酒店
193	联合旅馆	成都市龙泉驿区十陵街办和平路134号	龙泉驿区	乡村酒店
194	洪福客栈	成都市龙泉驿区龙泉镇永溪街	龙泉驿区	乡村酒店
195	馨缘旅馆	成都市龙泉驿区十陵街办江华路	龙泉驿区	乡村酒店
196	幸福旅馆	成都市龙泉驿区同安镇希望路2段287号	龙泉驿区	乡村酒店
197	成都洪河旅馆	成都市龙泉驿区大面街办龙城大道9号	龙泉驿区	乡村酒店
198	成都芙蓉旅社	成都市龙泉驿区大面镇龙城大道9号	龙泉驿区	乡村酒店
199	成都龙泉驿虹桥旅社	成都市龙泉驿区洛带古镇金龙湖景区	龙泉驿区	乡村酒店
200	成都美景旅馆	成都市龙泉驿区同安镇忠诚路29栋8单元	龙泉驿区	乡村酒店
201	成都龙泉驿和平客栈	成都市龙泉驿区洛带龙泉驿区同安镇幸福路33号	龙泉驿区	乡村酒店
202	晴雨楼客栈	成都市龙泉驿区同安镇希望路二段	龙泉驿区	乡村酒店

续表

序号	酒店名称	酒店地址	区域	酒店类型
203	成都龙泉驿和平旅馆	成都市龙泉驿区同安镇同安路45号	龙泉驿区	乡村酒店
204	川东旅馆	成都市龙泉驿区大面街办惠王陵东路205号	龙泉驿区	乡村酒店
205	平安客栈	成都市龙泉驿区八角井街339号	龙泉驿区	乡村酒店
206	嘉合旅馆	成都市龙泉驿区龙泉镇长柏路273号	龙泉驿区	乡村酒店
207	聚龙港湾旅馆	成都市龙泉驿区同安街办幸福路5号	龙泉驿区	乡村酒店
208	成都东阳客户	成都市惠王陵东路5号	龙泉驿区	乡村酒店
209	三桥旅馆	成都市龙泉驿区大面街办惠王陵东路	龙泉驿区	乡村酒店
210	月梧客栈	成都市龙泉驿区十陵街办灵龙路155号	龙泉驿区	乡村酒店
211	蓝宇旅馆	成都市龙泉驿区大面街道办洪河中路10号	龙泉驿区	乡村酒店
212	灵通旅社	成都市龙泉驿区十陵兴业街60号1幢	龙泉驿区	乡村酒店
213	龙泉山庄乡村酒店	成都市龙泉驿区龙泉街道聚合村	龙泉驿区	乡村酒店
214	恒运渔庄	成都市龙泉驿区西河镇龙井村	龙泉驿区	乡村酒店
215	名雅山庄	成都市龙泉驿区大面外环路龙成出口处	龙泉驿区	乡村酒店
216	飞龙桃园	成都市龙泉驿区山泉镇联合村	龙泉驿区	乡村酒店
217	龙泉旅乐钓鱼村	成都市龙泉驿区西河鹿角村6组	龙泉驿区	乡村酒店
218	万源人家	成都市龙泉驿区龙泉街道聚合村	龙泉驿区	乡村酒店
219	黄大师	成都市龙泉驿区大面东洪社区3组	龙泉驿区	乡村酒店
220	龙家花苑	成都市龙泉驿区山泉镇桃源村	龙泉驿区	乡村酒店
221	花音楼	成都市龙泉驿区山泉镇联合村	龙泉驿区	乡村酒店
222	半山坡	成都市龙泉驿区山泉镇联合村	龙泉驿区	乡村酒店
223	曾家大院	成都市龙泉驿区山泉镇联合村	龙泉驿区	乡村酒店
224	张家大院	成都市龙泉驿区山泉镇联合村	龙泉驿区	乡村酒店
225	故里桃园	成都市龙泉驿区山泉镇桃源村	龙泉驿区	乡村酒店
226	金山桃苑	成都市龙泉驿区山泉镇花果村2组	龙泉驿区	乡村酒店
227	四季春	成都市龙泉驿区山泉镇花果村9组	龙泉驿区	乡村酒店
228	半亩地	成都市龙泉驿区山泉镇联合村6组	龙泉驿区	乡村酒店
229	一品堂	成都市龙泉驿区山泉镇联合村9组	龙泉驿区	乡村酒店
230	金果山庄	成都市龙泉驿区山泉镇美满村6组	龙泉驿区	乡村酒店
231	天一生态园	成都市龙泉驿区柏合镇二河村	龙泉驿区	乡村酒店
232	清河苑	成都市龙泉驿区柏合镇工农村	龙泉驿区	乡村酒店
233	惠丰苑	成都市龙泉驿区柏合镇工农村	龙泉驿区	乡村酒店
234	红房子	成都市龙泉驿区柏合镇二河村	龙泉驿区	乡村酒店
235	快乐老家九大碗	成都市龙泉驿区柏合镇二河村3组	龙泉驿区	乡村酒店
236	宾归休闲庄	成都市龙泉驿区黎明2组	龙泉驿区	乡村酒店

续表

序号	酒店名称	酒店地址	区域	酒店类型
237	龙凤山庄	成都市龙泉驿区柏合镇工农村13组	龙泉驿区	乡村酒店
238	菌香逸	成都市龙泉驿区柏合镇长松村6组	龙泉驿区	乡村酒店
239	玖莲山庄	成都市龙泉驿区柏合镇工农村2组	龙泉驿区	乡村酒店
240	云清苑	成都市龙泉驿区柏合镇爱国村8组	龙泉驿区	乡村酒店
241	黎明生态园	成都市龙泉驿区黎明3组	龙泉驿区	乡村酒店
242	迎春苑农家乐	成都市龙泉驿区茶店镇龙泉湖村10组	龙泉驿区	乡村酒店
243	井水农家乐	成都市龙泉驿区茶店镇龙泉湖村10组	龙泉驿区	乡村酒店
244	摘星楼农家乐	成都市龙泉驿区茶店镇龙泉湖村9组	龙泉驿区	乡村酒店
245	兴贤农家乐	成都市龙泉驿区茶店镇照壁村1组	龙泉驿区	乡村酒店
246	五妹、香妹农家乐	成都市龙泉驿区茶店镇照壁村1组	龙泉驿区	乡村酒店
247	小芳农家乐	成都市龙泉驿区茶店镇照壁村1组	龙泉驿区	乡村酒店
248	桃花楼	成都市龙泉驿区山泉镇桃源村4组	龙泉驿区	乡村酒店
249	满香苑	成都市龙泉驿区山泉镇桃源村4组	龙泉驿区	乡村酒店
250	艾花园	成都市龙泉驿区山泉镇桃源村5组	龙泉驿区	乡村酒店
251	烟霞门	成都市龙泉驿区山泉镇桃源村6组	龙泉驿区	乡村酒店
252	龙叶山庄	成都市龙泉驿区山泉镇桃源村6组	龙泉驿区	乡村酒店
253	故里居	成都市龙泉驿区山泉镇桃源村5组	龙泉驿区	乡村酒店
254	桃园春	成都市龙泉驿区山泉镇桃源村5组	龙泉驿区	乡村酒店
255	桃花野韵	成都市龙泉驿区山泉镇桃源村4组	龙泉驿区	乡村酒店
256	天府桃园	成都市龙泉驿区山泉镇桃源村4组	龙泉驿区	乡村酒店
257	客家农庄	成都市龙泉驿区洛带镇双槐村14组	龙泉驿区	乡村酒店

彭州市旅游住宿业单位名单

序号	酒店名称	酒店地址	区域	酒店类型
1	彭州写庭阁北京堂花园酒店	成都市彭州天彭大道456号	彭州市	商务连锁型酒店
2	彭州市鑫怡家快捷酒店	成都市彭州市西大街118号	彭州市	商务连锁型酒店
3	成都白鹿镇芒果乡村酒店	成都市彭州白鹿镇白鹿场社区左岸路86号	彭州市	商务连锁型酒店
4	宏阳商务酒店	成都市彭州市致和镇双龙社区	彭州市	社会旅馆
5	园园休闲酒店	成都市彭州市致和镇护国村	彭州市	社会旅馆
6	从海休闲酒店	成都市彭州市致和镇护国村	彭州市	社会旅馆
7	银峰酒店	成都市彭州市致和镇朝阳南路	彭州市	社会旅馆
8	西郊经济区供销社招待所	成都市彭州市绣城北路14号	彭州市	社会旅馆
9	丹景印象乡村酒店	成都市彭州市新兴镇新兴镇断山村12组	彭州市	社会旅馆
10	利民旅馆	成都市彭州市新民东街九巷69号	彭州市	社会旅馆

续表

序号	酒店名称	酒店地址	区域	酒店类型
11	大鱼塘乡村酒店	成都市彭州市小鱼洞镇江桥村4组	彭州市	社会旅馆
12	小鱼洞镇蟠龙谷客栈	成都市彭州市小鱼洞镇复兴路33、37号	彭州市	社会旅馆
13	铂金旅馆	成都市彭州市外西街477号附6号	彭州市	社会旅馆
14	凤栖客栈	成都市彭州市通济镇梓柏村	彭州市	社会旅馆
15	宏盛旅馆	成都市彭州市天彭镇兴盛西巷43号	彭州市	社会旅馆
16	为人快捷宾馆	成都市彭州市天彭镇兴盛路60号	彭州市	社会旅馆
17	天湖花园宾馆	成都市彭州市天彭镇兴盛路195、197号	彭州市	社会旅馆
18	大唐商务宾馆	成都市彭州市天彭镇兴盛路146号	彭州市	社会旅馆
19	滨河旅馆	成都市彭州市天彭镇新余街230号	彭州市	社会旅馆
20	柳河宾馆	成都市彭州市天彭镇新余街22号	彭州市	社会旅馆
21	金盆宾馆	成都市彭州市天彭镇新民西街西一巷2号	彭州市	社会旅馆
22	友谊宾馆	成都市彭州市天彭镇新民西街西九巷39号	彭州市	社会旅馆
23	迎祥宾馆	成都市彭州市天彭镇新民西街西九巷30号	彭州市	社会旅馆
24	茂雅旅馆	成都市彭州市天彭镇新民西街西八巷	彭州市	社会旅馆
25	丽媛宾馆	成都市彭州市天彭镇新民西街六巷1、5号	彭州市	社会旅馆
26	佳源宾馆	成都市彭州市天彭镇新民西街东一巷11号	彭州市	社会旅馆
27	彭州悦扬旅社	成都市彭州市天彭镇新民西街96、98号	彭州市	社会旅馆
28	闳鑫旅馆	成都市彭州市天彭镇新民西街80号	彭州市	社会旅馆
29	红升旅馆	成都市彭州市天彭镇新民西街70、74号	彭州市	社会旅馆
30	银龙旅馆	成都市彭州市天彭镇新民西街57、61号	彭州市	社会旅馆
31	一梦旅馆	成都市彭州市天彭镇新民西街54、56号	彭州市	社会旅馆
32	添府旅馆	成都市彭州市天彭镇新民西街50、52号	彭州市	社会旅馆
33	金鑫旅馆	成都市彭州市天彭镇新民西街39、41号	彭州市	社会旅馆
34	蓉鑫宾馆	成都市彭州市天彭镇新民西街167号	彭州市	社会旅馆
35	银都假日酒店有限公司	成都市彭州市天彭镇新民西街126、151、159号	彭州市	社会旅馆
36	人和旅馆	成都市彭州市天彭镇新民西街12、18号	彭州市	社会旅馆
37	凯兴旅馆	成都市彭州市天彭镇新民西街108、112号	彭州市	社会旅馆
38	正深宾馆	成都市彭州市天彭镇新民西街	彭州市	社会旅馆
39	顺源宾馆	成都市彭州市天彭镇新民西街	彭州市	社会旅馆
40	聚源宾馆	成都市彭州市天彭镇新民路68号	彭州市	社会旅馆
41	华丰宾馆	成都市彭州市天彭镇新民路48、52号	彭州市	社会旅馆

续表

序号	酒店名称	酒店地址	区域	酒店类型
42	天彭温馨旅馆	成都市彭州市天彭镇新民街东四巷	彭州市	社会旅馆
43	兴民旅馆	成都市彭州市天彭镇新民街80号	彭州市	社会旅馆
44	天星宾馆	成都市彭州市天彭镇新民东一巷29号	彭州市	社会旅馆
45	颐都旅馆	成都市彭州市天彭镇新民东街东一巷4446号	彭州市	社会旅馆
46	东升旅馆	成都市彭州市天彭镇新民东街2巷7号	彭州市	社会旅馆
47	回归旅馆	成都市彭州市天彭镇新民东1巷25号	彭州市	社会旅馆
48	宏峰旅馆	成都市彭州市天彭镇西南市街9号	彭州市	社会旅馆
49	天彭宾馆	成都市彭州市天彭镇西南市街47号	彭州市	社会旅馆
50	成都仕友商务酒店有限公司	成都市彭州市天彭镇西南市街30号	彭州市	社会旅馆
51	西海商务宾馆	成都市彭州市天彭镇西海南街52号	彭州市	社会旅馆
52	金源商务宾馆	成都市彭州市天彭镇西大街477号	彭州市	社会旅馆
53	西桥旅馆	成都市彭州市天彭镇西大街316号附1号	彭州市	社会旅馆
54	兴达旅馆	成都市彭州市天彭镇西大街260号	彭州市	社会旅馆
55	西郊茶旅社	成都市彭州市天彭镇外西街171号	彭州市	社会旅馆
56	成都瑞思贝特商务酒店	成都市彭州市天彭镇天彭镇爱国小区	彭州市	社会旅馆
57	银杏商务宾馆	成都市彭州市天彭镇天府中路94号	彭州市	社会旅馆
58	天一宾馆	成都市彭州市天彭镇天府中路354号	彭州市	社会旅馆
59	友佳宾馆	成都市彭州市天彭镇天府中路	彭州市	社会旅馆
60	龙帆经贸旅馆	成都市彭州市天彭镇天府东路161号	彭州市	社会旅馆
61	星锦华宾馆	成都市彭州市天彭镇天府东路	彭州市	社会旅馆
62	天友宾馆	成都市彭州市天彭镇天府东路	彭州市	社会旅馆
63	昆达宾馆	成都市彭州市天彭镇天府宾馆	彭州市	社会旅馆
64	天馨宾馆	成都市彭州市天彭镇泰安路20号	彭州市	社会旅馆
65	昌武招待所	成都市彭州市天彭镇南大街54号	彭州市	社会旅馆
66	学府宾馆	成都市彭州市天彭镇南大街295号	彭州市	社会旅馆
67	经典宾馆	成都市彭州市天彭镇南大街104号附28号	彭州市	社会旅馆
68	起点酒店	成都市彭州市天彭镇牡丹北路66号	彭州市	社会旅馆
69	天香宾馆	成都市彭州市天彭镇龙塔小区西二巷	彭州市	社会旅馆
70	龙舟宾馆	成都市彭州市天彭镇龙塔路西一巷1号	彭州市	社会旅馆
71	家悦宾馆	成都市彭州市天彭镇康乐路235号	彭州市	社会旅馆
72	客稼商务酒店	成都市彭州市天彭镇康乐路101号	彭州市	社会旅馆
73	昇华台商务旅店	成都市彭州市天彭镇金彭东路1号	彭州市	社会旅馆
74	尚雅商务酒店有限责任公司	成都市彭州市天彭镇花园路162号	彭州市	社会旅馆
75	楠祥旅社	成都市彭州市天彭镇繁江中路357号	彭州市	社会旅馆

续表

序号	酒店名称	酒店地址	区域	酒店类型
76	少东阳光旅社	成都市彭州市天彭镇繁江中路	彭州市	社会旅馆
77	吉祥招待所	成都市彭州市天彭镇繁江南路40号	彭州市	社会旅馆
78	繁江旅馆	成都市彭州市天彭镇繁江南路332号	彭州市	社会旅馆
79	向阳旅馆	成都市彭州市天彭镇繁江南路278号附19号	彭州市	社会旅馆
80	吉亨招待所	成都市彭州市天彭镇繁江路中段	彭州市	社会旅馆
81	馨悦酒楼	成都市彭州市天彭镇繁江北路社区	彭州市	社会旅馆
82	洪都旅馆	成都市彭州市天彭镇繁江北路3组	彭州市	社会旅馆
83	泉钟综合贸易部	成都市彭州市天彭镇繁江北路	彭州市	社会旅馆
84	阳光星辉酒店有限责任公司	成都市彭州市天彭镇东南市街67号	彭州市	社会旅馆
85	晨曦旅馆	成都市彭州市天彭镇东湖四巷182号	彭州市	社会旅馆
86	东旗宾馆	成都市彭州市天彭镇东湖社区天湖小区	彭州市	社会旅馆
87	谊家宾馆	成都市彭州市天彭镇东湖南街300号	彭州市	社会旅馆
88	成都信一酒店	成都市彭州市天彭镇东湖北街6号	彭州市	社会旅馆
89	富华旅馆	成都市彭州市天彭镇翠湖路建设巷13、15号	彭州市	社会旅馆
90	成都牡丹云锦酒店	成都市彭州市天彭镇翠湖路118号	彭州市	社会旅馆
91	金豪城宾馆	成都市彭州市天彭镇朝阳南路718号	彭州市	社会旅馆
92	林野招待所	成都市彭州市天彭镇朝阳南路	彭州市	社会旅馆
93	邮电宾馆	成都市彭州市天彭镇北大街99号	彭州市	社会旅馆
94	物资回收公司招待所	成都市彭州市天彭镇北大街215号	彭州市	社会旅馆
95	上河宴酒楼	成都市彭州市天彭镇安楠村9组	彭州市	社会旅馆
96	新友佳商务酒店	成都市彭州市天府中路	彭州市	社会旅馆
97	彭州西江月餐饮投资管理有限公司	成都市彭州市天府西路268号	彭州市	社会旅馆
98	九陇丹景旅馆	成都市彭州市山景山镇丹景路	彭州市	社会旅馆
99	金瑞阳光大酒店	成都市彭州市彭州龙塔路101号	彭州市	社会旅馆
100	肖妈豪逸酒店	成都市彭州市濛阳镇兴农路107、121号	彭州市	社会旅馆
101	爱华旅馆	成都市彭州市濛阳镇踏水北街22号	彭州市	社会旅馆
102	威霸商务宾馆	成都市彭州市濛阳镇农物流小区	彭州市	社会旅馆
103	濛江宾馆	成都市彭州市濛阳镇南新街37号	彭州市	社会旅馆
104	东风商务宾馆	成都市彭州市濛阳镇东街41、43号	彭州市	社会旅馆
105	濛圣园商务宾馆	成都市彭州市濛阳镇柏桥社区旁	彭州市	社会旅馆
106	情义旅馆	成都市彭州市濛阳镇柏桥社区	彭州市	社会旅馆
107	濛阳镇佰侨谊家商务宾馆	成都市彭州市濛阳镇柏桥社区	彭州市	社会旅馆
108	佳洁茶旅社	成都市彭州市蒙阳镇东街	彭州市	社会旅馆

续表

序号	酒店名称	酒店地址	区域	酒店类型
109	金龙假日酒店	成都市彭州市隆丰镇隆丰镇金山村8组	彭州市	社会旅馆
110	沈氏饭庄	成都市彭州市龙门山镇团山村	彭州市	社会旅馆
111	碧海山庄有限公司	成都市彭州市龙门山镇九峰村15组	彭州市	社会旅馆
112	新龙门客栈	成都市彭州市龙门山镇九峰村15	彭州市	社会旅馆
113	逸仙居	成都市彭州市龙门山镇九峰村10组	彭州市	社会旅馆
114	怡景山庄	成都市彭州市龙门山镇九峰村	彭州市	社会旅馆
115	彭州市天宝温泉宾馆	成都市彭州市龙门山镇宝山村13组	彭州市	社会旅馆
116	仙泉山麓温泉酒店有限公司	成都市彭州市龙门山镇宝山村10组	彭州市	社会旅馆
117	爱情海田园酒店	成都市彭州市丽春镇花棚社区14组	彭州市	社会旅馆
118	鑫海商务酒店	成都市彭州市军乐镇乐兴西路	彭州市	社会旅馆
119	鑫海商务酒店有限公司	成都市彭州市军乐镇军屯路271号	彭州市	社会旅馆
120	华悦酒店	成都市彭州市军乐镇黑龙社区	彭州市	社会旅馆
121	玉熙苑度假村	成都市彭州市葛仙山镇熙玉村	彭州市	社会旅馆
122	顺发旅馆	成都市彭州市繁江路中段	彭州市	社会旅馆
123	华康颐养会所	成都市彭州市丹景山镇石牛村	彭州市	社会旅馆
124	远德旅馆	成都市彭州市丹景山镇南郡路251号	彭州市	社会旅馆
125	红梅饭店	成都市彭州市丹景山镇丹景村9组	彭州市	社会旅馆
126	牡丹坪欧阳饭店	成都市彭州市丹景山镇丹景村5组	彭州市	社会旅馆
127	静竹园饭店	成都市彭州市丹景山镇丹景村5组	彭州市	社会旅馆
128	济安商务酒店	成都市彭州市朝阳中路379、381、383号	彭州市	社会旅馆
129	彭州市白鹿镇阿讷西假日酒店	成都市彭州市白鹿镇樵人街15号	彭州市	社会旅馆
130	白鹿泓麓度假村	成都市彭州市白鹿镇金桥村	彭州市	社会旅馆
131	鸢尾花酒店	成都市彭州市白鹿镇白鹿镇樵人街	彭州市	社会旅馆
132	轩尼斯酒店	成都市彭州市白鹿镇白鹿镇樵人街	彭州市	社会旅馆
133	凯撒旅馆	成都市彭州市白鹿镇白鹿镇樵人街	彭州市	社会旅馆
134	阿讷西假日酒店	成都市彭州市白鹿镇白鹿镇樵人街	彭州市	社会旅馆
135	天昊铭人酒店	成都市彭州市白鹿镇白鹿镇滨河路	彭州市	社会旅馆
136	新桥苑	成都市彭州市中坝村1组	彭州市	乡村酒店
137	写庭阁花园酒店	成都市彭州市致和镇北京村	彭州市	乡村酒店
138	锦华休闲苑	成都市彭州市致和镇北京村	彭州市	乡村酒店
139	普罗旺斯山庄	成都市彭州市兴鹿街	彭州市	乡村酒店
140	寿阳泉乡村大酒店	成都市彭州市新兴镇新兴镇阳平村9组	彭州市	乡村酒店
141	杏园农家乐	成都市彭州市新兴镇新兴镇断山村13组	彭州市	乡村酒店
142	瞿上山庄	成都市彭州市新兴镇狮山村12组	彭州市	乡村酒店

续表

序号	酒店名称	酒店地址	区域	酒店类型
143	龙怀山庄	成都市彭州市新兴镇鹿坪街256号	彭州市	乡村酒店
144	鑫雅	成都市彭州市小渔洞大湾村3组	彭州市	乡村酒店
145	长寿泉农家乐	成都市彭州市小鱼洞镇中坝村6组	彭州市	乡村酒店
146	财神会农家乐	成都市彭州市小鱼洞镇中坝村5组	彭州市	乡村酒店
147	刘家小院	成都市彭州市小鱼洞镇中坝村2组	彭州市	乡村酒店
148	雅居苑	成都市彭州市小鱼洞镇中坝村1组	彭州市	乡村酒店
149	兄弟农家乐	成都市彭州市小鱼洞镇中坝村1组	彭州市	乡村酒店
150	森林之家	成都市彭州市小鱼洞镇中坝村1组	彭州市	乡村酒店
151	如意居	成都市彭州市小鱼洞镇中坝村1组	彭州市	乡村酒店
152	菩提缘	成都市彭州市小鱼洞镇中坝村1组	彭州市	乡村酒店
153	芙蓉居	成都市彭州市小鱼洞镇中坝村1组	彭州市	乡村酒店
154	二桥新苑	成都市彭州市小鱼洞镇中坝村1组	彭州市	乡村酒店
155	袁齐勇农家乐	成都市彭州市小鱼洞镇杨坪村4组27号	彭州市	乡村酒店
156	花龙门	成都市彭州市小鱼洞镇杨坪村4组	彭州市	乡村酒店
157	龙珠山庄	成都市彭州市小鱼洞镇杨坪村12组6号	彭州市	乡村酒店
158	龙源山庄	成都市彭州市小鱼洞镇杨坪村12组	彭州市	乡村酒店
159	尹氏农舍	成都市彭州市小鱼洞镇杨坪村11组15号	彭州市	乡村酒店
160	玉明乐水	成都市彭州市小鱼洞镇太子村5组	彭州市	乡村酒店
161	波涛园	成都市彭州市小鱼洞镇太子村4组	彭州市	乡村酒店
162	新鸿家园	成都市彭州市小鱼洞镇太子村12组	彭州市	乡村酒店
163	龙门鱼府	成都市彭州市小鱼洞镇太子村2组	彭州市	乡村酒店
164	祥龙溪	成都市彭州市小鱼洞镇太子村7组	彭州市	乡村酒店
165	新中家园	成都市彭州市小鱼洞镇太子村6组	彭州市	乡村酒店
166	黄家大院	成都市彭州市小鱼洞镇太子村1组	彭州市	乡村酒店
167	亮亮小园	成都市彭州市小鱼洞镇太子村10组	彭州市	乡村酒店
168	皂角树乡村农家乐	成都市彭州市小鱼洞镇江桥村6组	彭州市	乡村酒店
169	磨刀石冷水鱼庄	成都市彭州市小鱼洞镇江桥村	彭州市	乡村酒店
170	新月农家乐	成都市彭州市小鱼洞镇复兴场社区6组	彭州市	乡村酒店
171	静心花园	成都市彭州市小鱼洞镇复兴场社区5组	彭州市	乡村酒店
172	邓家大院	成都市彭州市小鱼洞镇复兴场社区5组	彭州市	乡村酒店
173	柯家庄	成都市彭州市小鱼洞镇复兴场社区1组	彭州市	乡村酒店
174	鱼米之乡	成都市彭州市小鱼洞镇复兴场1组	彭州市	乡村酒店
175	林溪小院	成都市彭州市小鱼洞镇大湾村9组	彭州市	乡村酒店
176	鑫雅山庄	成都市彭州市小鱼洞镇大湾村12组	彭州市	乡村酒店
177	龙家大院	成都市彭州市小鱼洞镇草坝村2组	彭州市	乡村酒店

续表

序号	酒店名称	酒店地址	区域	酒店类型
178	朱家沟休闲农家乐	成都市彭州市通济镇梓柏村	彭州市	乡村酒店
179	尹三姐农家乐	成都市彭州市通济镇天生桥	彭州市	乡村酒店
180	锦绣农家乐	成都市彭州市通济镇天生桥	彭州市	乡村酒店
181	锦绣民庄	成都市彭州市通济镇天生桥	彭州市	乡村酒店
182	仙居农家乐	成都市彭州市通济镇思文场社区	彭州市	乡村酒店
183	石羊坝农家乐	成都市彭州市通济镇思文场社区	彭州市	乡村酒店
184	幽谷花溪	成都市彭州市通济镇花溪村	彭州市	乡村酒店
185	樱花谷	成都市彭州市通济镇官田村	彭州市	乡村酒店
186	薰衣草农家乐	成都市彭州市通济镇官田村	彭州市	乡村酒店
187	欧陆园休闲庄	成都市彭州市天彭镇隆兴社区	彭州市	乡村酒店
188	又一村	成都市彭州市天彭镇翠湖路公园背后	彭州市	乡村酒店
189	龙凤阁	成都市彭州市天彭镇白马社区	彭州市	乡村酒店
190	香泽苑	成都市彭州市太子村3组	彭州市	乡村酒店
191	龙门驿站	成都市彭州市太子村2组	彭州市	乡村酒店
192	新红家园	成都市彭州市太子村12组	彭州市	乡村酒店
193	玉圣园	成都市彭州市升平镇龙福村23组	彭州市	乡村酒店
194	高升旅馆	成都市彭州市三界镇三界场	彭州市	乡村酒店
195	金地桃园	成都市彭州市濛阳镇杨湾社区	彭州市	乡村酒店
196	肖妈豪逸酒店	成都市彭州市濛阳镇柏桥社区农物流一期	彭州市	乡村酒店
197	千禧商务会所	成都市彭州市濛阳镇柏桥社区农物流二期	彭州市	乡村酒店
198	鑫桂苑休闲庄	成都市彭州市蒙阳镇西街	彭州市	乡村酒店
199	观音泉农家乐	成都市彭州市蒙阳镇凤霞村	彭州市	乡村酒店
200	中华蝴蝶生态城	成都市彭州市隆丰镇隆丰镇大宝村1组	彭州市	乡村酒店
201	自在休闲庄	成都市彭州市龙门山镇团山村	彭州市	乡村酒店
202	自然居	成都市彭州市龙门山镇团山村	彭州市	乡村酒店
203	竹林园	成都市彭州市龙门山镇团山村	彭州市	乡村酒店
204	猪坚强住区	成都市彭州市龙门山镇团山村	彭州市	乡村酒店
205	治权农家乐	成都市彭州市龙门山镇团山村	彭州市	乡村酒店
206	长寿苑	成都市彭州市龙门山镇团山村	彭州市	乡村酒店
207	张二姐农家乐	成都市彭州市龙门山镇团山村	彭州市	乡村酒店
208	月林园	成都市彭州市龙门山镇团山村	彭州市	乡村酒店
209	园中院	成都市彭州市龙门山镇团山村	彭州市	乡村酒店
210	友苑休闲庄	成都市彭州市龙门山镇团山村	彭州市	乡村酒店
211	永花休闲苑	成都市彭州市龙门山镇团山村	彭州市	乡村酒店

续表

序号	酒店名称	酒店地址	区域	酒店类型
212	永红休闲屋	成都市彭州市龙门山镇团山村	彭州市	乡村酒店
213	永贵休闲庄	成都市彭州市龙门山镇团山村	彭州市	乡村酒店
214	永安苑	成都市彭州市龙门山镇团山村	彭州市	乡村酒店
215	银杏园	成都市彭州市龙门山镇团山村	彭州市	乡村酒店
216	银桥山庄	成都市彭州市龙门山镇团山村	彭州市	乡村酒店
217	怡乐园	成都市彭州市龙门山镇团山村	彭州市	乡村酒店
218	雪松院	成都市彭州市龙门山镇团山村	彭州市	乡村酒店
219	旭梅家氏院	成都市彭州市龙门山镇团山村	彭州市	乡村酒店
220	兄妹农家乐	成都市彭州市龙门山镇团山村	彭州市	乡村酒店
221	兴望农家乐	成都市彭州市龙门山镇团山村	彭州市	乡村酒店
222	星月山庄	成都市彭州市龙门山镇团山村	彭州市	乡村酒店
223	星旺农庄	成都市彭州市龙门山镇团山村	彭州市	乡村酒店
224	谢老五农家乐	成都市彭州市龙门山镇团山村	彭州市	乡村酒店
225	孝全农家乐	成都市彭州市龙门山镇团山村	彭州市	乡村酒店
226	香樟园	成都市彭州市龙门山镇团山村	彭州市	乡村酒店
227	香樟树休闲庄	成都市彭州市龙门山镇团山村	彭州市	乡村酒店
228	闲人居	成都市彭州市龙门山镇团山村	彭州市	乡村酒店
229	文萍园	成都市彭州市龙门山镇团山村	彭州市	乡村酒店
230	文凯农家乐	成都市彭州市龙门山镇团山村	彭州市	乡村酒店
231	田园农家乐	成都市彭州市龙门山镇团山村	彭州市	乡村酒店
232	天家山庄	成都市彭州市龙门山镇团山村	彭州市	乡村酒店
233	水云间	成都市彭州市龙门山镇团山村	彭州市	乡村酒店
234	双楠佳苑	成都市彭州市龙门山镇团山村	彭州市	乡村酒店
235	双门农家乐	成都市彭州市龙门山镇团山村	彭州市	乡村酒店
236	世成家园	成都市彭州市龙门山镇团山村	彭州市	乡村酒店
237	生太园	成都市彭州市龙门山镇团山村	彭州市	乡村酒店
238	山水苑	成都市彭州市龙门山镇团山村	彭州市	乡村酒店
239	山水邻居农家乐	成都市彭州市龙门山镇团山村	彭州市	乡村酒店
240	山水居农家乐	成都市彭州市龙门山镇团山村	彭州市	乡村酒店
241	森林休闲庄	成都市彭州市龙门山镇团山村	彭州市	乡村酒店
242	荣诚园	成都市彭州市龙门山镇团山村	彭州市	乡村酒店
243	清桂园	成都市彭州市龙门山镇团山村	彭州市	乡村酒店
244	清芳园农家乐	成都市彭州市龙门山镇团山村	彭州市	乡村酒店
245	青林山庄	成都市彭州市龙门山镇团山村	彭州市	乡村酒店
246	桥头农家乐	成都市彭州市龙门山镇团山村	彭州市	乡村酒店

续表

序号	酒店名称	酒店地址	区域	酒店类型
247	奇玲院	成都市彭州市龙门山镇团山村	彭州市	乡村酒店
248	菩提院	成都市彭州市龙门山镇团山村	彭州市	乡村酒店
249	铭燕农家乐	成都市彭州市龙门山镇团山村	彭州市	乡村酒店
250	明月山庄	成都市彭州市龙门山镇团山村	彭州市	乡村酒店
251	明阳农家乐	成都市彭州市龙门山镇团山村	彭州市	乡村酒店
252	美珍农家乐	成都市彭州市龙门山镇团山村	彭州市	乡村酒店
253	率林园	成都市彭州市龙门山镇团山村	彭州市	乡村酒店
254	罗圈湾农家乐	成都市彭州市龙门山镇团山村	彭州市	乡村酒店
255	六棵树农家乐	成都市彭州市龙门山镇团山村	彭州市	乡村酒店
256	柳丽园	成都市彭州市龙门山镇团山村	彭州市	乡村酒店
257	廖庄	成都市彭州市龙门山镇团山村	彭州市	乡村酒店
258	廖家大院	成都市彭州市龙门山镇团山村	彭州市	乡村酒店
259	廖二杰农家乐	成都市彭州市龙门山镇团山村	彭州市	乡村酒店
260	廖兵园	成都市彭州市龙门山镇团山村	彭州市	乡村酒店
261	连华农家乐	成都市彭州市龙门山镇团山村	彭州市	乡村酒店
262	连璧居	成都市彭州市龙门山镇团山村	彭州市	乡村酒店
263	利歇农家	成都市彭州市龙门山镇团山村	彭州市	乡村酒店
264	李苑	成都市彭州市龙门山镇团山村	彭州市	乡村酒店
265	雷安大院	成都市彭州市龙门山镇团山村	彭州市	乡村酒店
266	奎园	成都市彭州市龙门山镇团山村	彭州市	乡村酒店
267	凯兴农家乐	成都市彭州市龙门山镇团山村	彭州市	乡村酒店
268	开源休闲庄	成都市彭州市龙门山镇团山村	彭州市	乡村酒店
269	君秀苑	成都市彭州市龙门山镇团山村	彭州市	乡村酒店
270	君乐农家乐	成都市彭州市龙门山镇团山村	彭州市	乡村酒店
271	军红农家乐	成都市彭州市龙门山镇团山村	彭州市	乡村酒店
272	聚友山庄	成都市彭州市龙门山镇团山村	彭州市	乡村酒店
273	聚银山庄	成都市彭州市龙门山镇团山村	彭州市	乡村酒店
274	静平苑	成都市彭州市龙门山镇团山村	彭州市	乡村酒店
275	静航农家乐	成都市彭州市龙门山镇团山村	彭州市	乡村酒店
276	锦禄苑	成都市彭州市龙门山镇团山村	彭州市	乡村酒店
277	金燕农家乐	成都市彭州市龙门山镇团山村	彭州市	乡村酒店
278	今日农庄	成都市彭州市龙门山镇团山村	彭州市	乡村酒店
279	黄三妹农家乐	成都市彭州市龙门山镇团山村	彭州市	乡村酒店
280	黄老二农家乐	成都市彭州市龙门山镇团山村	彭州市	乡村酒店
281	欢欢农家乐	成都市彭州市龙门山镇团山村	彭州市	乡村酒店

续表

序号	酒店名称	酒店地址	区域	酒店类型
282	鸿运休闲庄	成都市彭州市龙门山镇团山村	彭州市	乡村酒店
283	鸿麟山庄	成都市彭州市龙门山镇团山村	彭州市	乡村酒店
284	宏远山庄	成都市彭州市龙门山镇团山村	彭州市	乡村酒店
285	红太园农家乐	成都市彭州市龙门山镇团山村	彭州市	乡村酒店
286	航航小院	成都市彭州市龙门山镇团山村	彭州市	乡村酒店
287	韩安小院	成都市彭州市龙门山镇团山村	彭州市	乡村酒店
288	桂花苑农家乐	成都市彭州市龙门山镇团山村	彭州市	乡村酒店
289	贵友山庄	成都市彭州市龙门山镇团山村	彭州市	乡村酒店
290	甘林园	成都市彭州市龙门山镇团山村	彭州市	乡村酒店
291	富香园	成都市彭州市龙门山镇团山村	彭州市	乡村酒店
292	富桃园	成都市彭州市龙门山镇团山村	彭州市	乡村酒店
293	福园	成都市彭州市龙门山镇团山村	彭州市	乡村酒店
294	福新园	成都市彭州市龙门山镇团山村	彭州市	乡村酒店
295	芙蓉农家乐	成都市彭州市龙门山镇团山村	彭州市	乡村酒店
296	凤鸣苑农家乐	成都市彭州市龙门山镇团山村	彭州市	乡村酒店
297	凤鸣湖怡和山庄	成都市彭州市龙门山镇团山村	彭州市	乡村酒店
298	芳草地	成都市彭州市龙门山镇团山村	彭州市	乡村酒店
299	杜仲林农家乐	成都市彭州市龙门山镇团山村	彭州市	乡村酒店
300	杜林居	成都市彭州市龙门山镇团山村	彭州市	乡村酒店
301	豆花山庄	成都市彭州市龙门山镇团山村	彭州市	乡村酒店
302	登弟山庄	成都市彭州市龙门山镇团山村	彭州市	乡村酒店
303	德兴园	成都市彭州市龙门山镇团山村	彭州市	乡村酒店
304	川川农家乐	成都市彭州市龙门山镇团山村	彭州市	乡村酒店
305	陈兵农家乐	成都市彭州市龙门山镇团山村	彭州市	乡村酒店
306	宾来乐	成都市彭州市龙门山镇团山村	彭州市	乡村酒店
307	白翎山庄	成都市彭州市龙门山镇团山村	彭州市	乡村酒店
308	鑫宇农家乐	成都市彭州市龙门山镇沙金街	彭州市	乡村酒店
309	伟民农家乐	成都市彭州市龙门山镇沙金街	彭州市	乡村酒店
310	如意农家乐	成都市彭州市龙门山镇三沟村4社	彭州市	乡村酒店
311	园外园	成都市彭州市龙门山镇三沟村2社	彭州市	乡村酒店
312	双双农家乐	成都市彭州市龙门山镇三沟村2社	彭州市	乡村酒店
313	生态园	成都市彭州市龙门山镇三沟村2社	彭州市	乡村酒店
314	山里人	成都市彭州市龙门山镇三沟村2社	彭州市	乡村酒店
315	凯新苑	成都市彭州市龙门山镇三沟村2社	彭州市	乡村酒店
316	翠屏山庄	成都市彭州市龙门山镇三沟村2社	彭州市	乡村酒店

续表

序号	酒店名称	酒店地址	区域	酒店类型
317	碧水湾	成都市彭州市龙门山镇三沟村2社	彭州市	乡村酒店
318	言美颐苑农家乐	成都市彭州市龙门山镇三沟村14社	彭州市	乡村酒店
319	张明东	成都市彭州市龙门山镇九峰村9组	彭州市	乡村酒店
320	天地缘	成都市彭州市龙门山镇九峰村9组	彭州市	乡村酒店
321	儒子牛	成都市彭州市龙门山镇九峰村9组	彭州市	乡村酒店
322	如意家园	成都市彭州市龙门山镇九峰村9组	彭州市	乡村酒店
323	牟治田	成都市彭州市龙门山镇九峰村9组	彭州市	乡村酒店
324	锦华山庄	成都市彭州市龙门山镇九峰村9组	彭州市	乡村酒店
325	家利休闲庄	成都市彭州市龙门山镇九峰村9组	彭州市	乡村酒店
326	贺洪发	成都市彭州市龙门山镇九峰村9组	彭州市	乡村酒店
327	陈定建	成都市彭州市龙门山镇九峰村9组	彭州市	乡村酒店
328	白云山庄	成都市彭州市龙门山镇九峰村9组	彭州市	乡村酒店
329	锦洪山庄	成都市彭州市龙门山镇九峰村8组	彭州市	乡村酒店
330	杜仲农家乐	成都市彭州市龙门山镇九峰村8组	彭州市	乡村酒店
331	松松农家乐	成都市彭州市龙门山镇九峰村8	彭州市	乡村酒店
332	向阳农家乐	成都市彭州市龙门山镇九峰村7组	彭州市	乡村酒店
333	太阳湾	成都市彭州市龙门山镇九峰村7组	彭州市	乡村酒店
334	张家院子	成都市彭州市龙门山镇九峰村4组	彭州市	乡村酒店
335	四九合院	成都市彭州市龙门山镇九峰村4组	彭州市	乡村酒店
336	佳佳农家乐	成都市彭州市龙门山镇九峰村4组	彭州市	乡村酒店
337	桂花园	成都市彭州市龙门山镇九峰村4组	彭州市	乡村酒店
338	高三姐农家乐	成都市彭州市龙门山镇九峰村4组	彭州市	乡村酒店
339	尧尧农家乐	成都市彭州市龙门山镇九峰村2组	彭州市	乡村酒店
340	天然山庄	成都市彭州市龙门山镇九峰村2组	彭州市	乡村酒店
341	石缘山庄	成都市彭州市龙门山镇九峰村2组	彭州市	乡村酒店
342	青瓦台	成都市彭州市龙门山镇九峰村2组	彭州市	乡村酒店
343	军港农家乐	成都市彭州市龙门山镇九峰村2组	彭州市	乡村酒店
344	金锣湾山庄	成都市彭州市龙门山镇九峰村2组	彭州市	乡村酒店
345	河边休闲庄	成都市彭州市龙门山镇九峰村2组	彭州市	乡村酒店
346	风林苑	成都市彭州市龙门山镇九峰村2组	彭州市	乡村酒店
347	银虹山庄	成都市彭州市龙门山镇九峰村16组	彭州市	乡村酒店
348	银桂苑山庄	成都市彭州市龙门山镇九峰村16组	彭州市	乡村酒店
349	小海子山庄	成都市彭州市龙门山镇九峰村16组	彭州市	乡村酒店
350	祥云山庄	成都市彭州市龙门山镇九峰村16组	彭州市	乡村酒店
351	隆福山庄	成都市彭州市龙门山镇九峰村16组	彭州市	乡村酒店

续表

序号	酒店名称	酒店地址	区域	酒店类型
352	金坪山庄	成都市彭州市龙门山镇九峰村16组	彭州市	乡村酒店
353	欣林苑	成都市彭州市龙门山镇九峰村15组	彭州市	乡村酒店
354	逍遥农夫	成都市彭州市龙门山镇九峰村15组	彭州市	乡村酒店
355	香碟苑	成都市彭州市龙门山镇九峰村15组	彭州市	乡村酒店
356	狮子包休闲山庄	成都市彭州市龙门山镇九峰村15组	彭州市	乡村酒店
357	牟帮玉	成都市彭州市龙门山镇九峰村15组	彭州市	乡村酒店
358	满天星农家乐	成都市彭州市龙门山镇九峰村15组	彭州市	乡村酒店
359	楼外楼山庄	成都市彭州市龙门山镇九峰村15组	彭州市	乡村酒店
360	龙凤居客栈	成都市彭州市龙门山镇九峰村15组	彭州市	乡村酒店
361	利男山庄	成都市彭州市龙门山镇九峰村15组	彭州市	乡村酒店
362	静园山庄	成都市彭州市龙门山镇九峰村15组	彭州市	乡村酒店
363	金霞山庄	成都市彭州市龙门山镇九峰村15组	彭州市	乡村酒店
364	荟萃苑	成都市彭州市龙门山镇九峰村15组	彭州市	乡村酒店
365	翰林苑休闲山庄	成都市彭州市龙门山镇九峰村15组	彭州市	乡村酒店
366	贵宾苑	成都市彭州市龙门山镇九峰村15组	彭州市	乡村酒店
367	多景楼	成都市彭州市龙门山镇九峰村15组	彭州市	乡村酒店
368	茶园坪	成都市彭州市龙门山镇九峰村15组	彭州市	乡村酒店
369	彬彬苑	成都市彭州市龙门山镇九峰村15组	彭州市	乡村酒店
370	牡丹阁农家乐	成都市彭州市龙门山镇九峰村14组	彭州市	乡村酒店
371	杏苑	成都市彭州市龙门山镇九峰村12组	彭州市	乡村酒店
372	清凉阁	成都市彭州市龙门山镇九峰村12组	彭州市	乡村酒店
373	刘家农家乐	成都市彭州市龙门山镇九峰村12组	彭州市	乡村酒店
374	古树农家乐	成都市彭州市龙门山镇九峰村12组	彭州市	乡村酒店
375	波斯湾休闲庄	成都市彭州市龙门山镇九峰村12组	彭州市	乡村酒店
376	忠心居	成都市彭州市龙门山镇九峰村10组	彭州市	乡村酒店
377	月儿圆	成都市彭州市龙门山镇九峰村10组	彭州市	乡村酒店
378	万法农家乐	成都市彭州市龙门山镇九峰村10组	彭州市	乡村酒店
379	童家坡农家乐	成都市彭州市龙门山镇九峰村10组	彭州市	乡村酒店
380	瑞雪山庄	成都市彭州市龙门山镇九峰村10组	彭州市	乡村酒店
381	牟苑	成都市彭州市龙门山镇九峰村10组	彭州市	乡村酒店
382	牟雪平	成都市彭州市龙门山镇九峰村10组	彭州市	乡村酒店
383	牟娜	成都市彭州市龙门山镇九峰村10组	彭州市	乡村酒店
384	牟家老院子	成都市彭州市龙门山镇九峰村10组	彭州市	乡村酒店
385	洛河桥避暑山庄	成都市彭州市龙门山镇九峰村10组	彭州市	乡村酒店
386	留宿山庄	成都市彭州市龙门山镇九峰村10组	彭州市	乡村酒店

续表

序号	酒店名称	酒店地址	区域	酒店类型
387	麟龙山庄	成都市彭州市龙门山镇九峰村10组	彭州市	乡村酒店
388	林峰居	成都市彭州市龙门山镇九峰村10组	彭州市	乡村酒店
389	老院子	成都市彭州市龙门山镇九峰村10组	彭州市	乡村酒店
390	九峰花园	成都市彭州市龙门山镇九峰村10组	彭州市	乡村酒店
391	金鹏休闲庄	成都市彭州市龙门山镇九峰村10组	彭州市	乡村酒店
392	红房子	成都市彭州市龙门山镇九峰村10组	彭州市	乡村酒店
393	和谐花园	成都市彭州市龙门山镇九峰村10组	彭州市	乡村酒店
394	诚信花园	成都市彭州市龙门山镇九峰村10组	彭州市	乡村酒店
395	陈明建	成都市彭州市龙门山镇九峰村10组	彭州市	乡村酒店
396	平常人家	成都市彭州市龙门山镇国坪村6组	彭州市	乡村酒店
397	天听休闲庄	成都市彭州市龙门山镇国坪村3组	彭州市	乡村酒店
398	屿屿农家	成都市彭州市龙门山镇国坪村2组	彭州市	乡村酒店
399	周家庄	成都市彭州市龙门山镇宝兴街	彭州市	乡村酒店
400	龙门客栈	成都市彭州市龙门山镇宝兴街	彭州市	乡村酒店
401	龙夫山庄	成都市彭州市龙门山镇宝兴街	彭州市	乡村酒店
402	客来居	成都市彭州市龙门山镇宝兴街	彭州市	乡村酒店
403	紫城农家乐	成都市彭州市龙门山镇宝山村1组	彭州市	乡村酒店
404	周六妹农家乐	成都市彭州市龙门山镇宝山村5组	彭州市	乡村酒店
405	缘分人家	成都市彭州市龙门山镇宝山村5组	彭州市	乡村酒店
406	优氧美休闲庄	成都市彭州市龙门山镇宝山村5组	彭州市	乡村酒店
407	银岭别苑	成都市彭州市龙门山镇宝山村5组	彭州市	乡村酒店
408	一麦阳光农家乐	成都市彭州市龙门山镇宝山村5组	彭州市	乡村酒店
409	杨忠全农家乐	成都市彭州市龙门山镇宝山村5组	彭州市	乡村酒店
410	馨苑农家乐	成都市彭州市龙门山镇宝山村5组	彭州市	乡村酒店
411	三友居农家乐	成都市彭州市龙门山镇宝山村5组	彭州市	乡村酒店
412	清馨苑农家乐	成都市彭州市龙门山镇宝山村5组	彭州市	乡村酒店
413	巧乐苑	成都市彭州市龙门山镇宝山村5组	彭州市	乡村酒店
414	鹏佳苑	成都市彭州市龙门山镇宝山村5组	彭州市	乡村酒店
415	牟邦兰农家乐	成都市彭州市龙门山镇宝山村5组	彭州市	乡村酒店
416	明静家园	成都市彭州市龙门山镇宝山村5组	彭州市	乡村酒店
417	绿苑农家乐	成都市彭州市龙门山镇宝山村5组	彭州市	乡村酒店
418	龙门佳居农家乐	成都市彭州市龙门山镇宝山村5组	彭州市	乡村酒店
419	廖永建农家乐	成都市彭州市龙门山镇宝山村5组	彭州市	乡村酒店
420	李兴彬农家乐	成都市彭州市龙门山镇宝山村5组	彭州市	乡村酒店
421	凯玲农家乐	成都市彭州市龙门山镇宝山村5组	彭州市	乡村酒店

续表

序号	酒店名称	酒店地址	区域	酒店类型
422	好望角	成都市彭州市龙门山镇宝山村5组	彭州市	乡村酒店
423	果园农家乐	成都市彭州市龙门山镇宝山村5组	彭州市	乡村酒店
424	甘光全农家乐	成都市彭州市龙门山镇宝山村5组	彭州市	乡村酒店
425	冯丽农家乐	成都市彭州市龙门山镇宝山村5组	彭州市	乡村酒店
426	东鹏香樟园	成都市彭州市龙门山镇宝山村5组	彭州市	乡村酒店
427	程武彬农家乐	成都市彭州市龙门山镇宝山村5组	彭州市	乡村酒店
428	程安洪农家乐	成都市彭州市龙门山镇宝山村5组	彭州市	乡村酒店
429	陈加富农家乐	成都市彭州市龙门山镇宝山村5组	彭州市	乡村酒店
430	转角农家乐	成都市彭州市龙门山镇宝山村4组	彭州市	乡村酒店
431	乡村农家乐	成都市彭州市龙门山镇宝山村4组	彭州市	乡村酒店
432	王四娃农家乐	成都市彭州市龙门山镇宝山村4组	彭州市	乡村酒店
433	唐礼奎农家乐	成都市彭州市龙门山镇宝山村4组	彭州市	乡村酒店
434	唐家大院农家乐	成都市彭州市龙门山镇宝山村4组	彭州市	乡村酒店
435	三和苑农家乐	成都市彭州市龙门山镇宝山村4组	彭州市	乡村酒店
436	程正华农家乐	成都市彭州市龙门山镇宝山村4组	彭州市	乡村酒店
437	钟厚之家休闲庄	成都市彭州市龙门山镇宝山村10组	彭州市	乡村酒店
438	王廷建农家乐	成都市彭州市龙门山镇宝山村10组	彭州市	乡村酒店
439	王家苑农家乐	成都市彭州市龙门山镇宝山村10组	彭州市	乡村酒店
440	飘香苑农家乐	成都市彭州市龙门山镇宝山村10组	彭州市	乡村酒店
441	开心苑休闲庄	成都市彭州市龙门山镇宝山村10组	彭州市	乡村酒店
442	久久山庄	成都市彭州市龙门山镇宝山村10组	彭州市	乡村酒店
443	静悠阁农家乐	成都市彭州市龙门山镇宝山村10组	彭州市	乡村酒店
444	金玉苑农家乐	成都市彭州市龙门山镇宝山村10组	彭州市	乡村酒店
445	富余山庄	成都市彭州市龙门山镇宝山村10组	彭州市	乡村酒店
446	张述兴农家乐	成都市彭州市龙门山镇宝山村11组	彭州市	乡村酒店
447	月圆苑	成都市彭州市龙门山镇宝山村11组	彭州市	乡村酒店
448	袁东农家乐	成都市彭州市龙门山镇宝山村11组	彭州市	乡村酒店
449	杨旭清农家乐	成都市彭州市龙门山镇宝山村11组	彭州市	乡村酒店
450	万家大院农家乐	成都市彭州市龙门山镇宝山村11组	彭州市	乡村酒店
451	玉磊休闲山庄	成都市彭州市龙门山镇宝山村13组	彭州市	乡村酒店
452	鲜鲜农家乐	成都市彭州市龙门山镇宝山村13组	彭州市	乡村酒店
453	豪庭山庄	成都市彭州市龙门山镇宝山村13组	彭州市	乡村酒店
454	付姐农家乐	成都市彭州市龙门山镇宝山村13组	彭州市	乡村酒店
455	东鑫苑农家乐	成都市彭州市龙门山镇宝山村13组	彭州市	乡村酒店
456	赵明义农家乐	成都市彭州市龙门山镇宝山村12组	彭州市	乡村酒店

续表

序号	酒店名称	酒店地址	区域	酒店类型
457	山水间乡村酒店	成都市彭州市龙门山镇宝山村12组	彭州市	乡村酒店
458	凯鑫院农家乐	成都市彭州市龙门山镇宝山村12组	彭州市	乡村酒店
459	谢恩华农家乐	成都市彭州市龙门山镇宝山村3组	彭州市	乡村酒店
460	顺利农家乐	成都市彭州市龙门山镇宝山村3组	彭州市	乡村酒店
461	缘来逸家秀闲庄	成都市彭州市龙门山镇宝山村7组	彭州市	乡村酒店
462	杨克彬农家乐	成都市彭州市龙门山镇宝山村7组	彭州市	乡村酒店
463	阳阳农家乐	成都市彭州市龙门山镇宝山村7组	彭州市	乡村酒店
464	馨乐园农家乐	成都市彭州市龙门山镇宝山村7组	彭州市	乡村酒店
465	山乡木楼居农家	成都市彭州市龙门山镇宝山村7组	彭州市	乡村酒店
466	山述芳农家乐	成都市彭州市龙门山镇宝山村7组	彭州市	乡村酒店
467	山府佳园农家乐	成都市彭州市龙门山镇宝山村7组	彭州市	乡村酒店
468	瑞瑞农家乐	成都市彭州市龙门山镇宝山村7组	彭州市	乡村酒店
469	刘勇农家乐	成都市彭州市龙门山镇宝山村7组	彭州市	乡村酒店
470	李娇农家乐	成都市彭州市龙门山镇宝山村7组	彭州市	乡村酒店
471	静香苑休闲庄	成都市彭州市龙门山镇宝山村7组	彭州市	乡村酒店
472	甘家木楼居农家	成都市彭州市龙门山镇宝山村7组	彭州市	乡村酒店
473	都文章农家乐	成都市彭州市龙门山镇宝山村7组	彭州市	乡村酒店
474	陈文珍农家乐	成都市彭州市龙门山镇宝山村7组	彭州市	乡村酒店
475	庄建农家乐	成都市彭州市龙门山镇宝山村6组	彭州市	乡村酒店
476	新龙门人家	成都市彭州市龙门山镇宝山村6组	彭州市	乡村酒店
477	欣苑农家乐	成都市彭州市龙门山镇宝山村6组	彭州市	乡村酒店
478	祥瑞苑农家乐	成都市彭州市龙门山镇宝山村6组	彭州市	乡村酒店
479	王占华农家乐	成都市彭州市龙门山镇宝山村6组	彭州市	乡村酒店
480	王朝祥农家乐	成都市彭州市龙门山镇宝山村6组	彭州市	乡村酒店
481	双双家苑农家乐	成都市彭州市龙门山镇宝山村6组	彭州市	乡村酒店
482	马成意农家乐	成都市彭州市龙门山镇宝山村6组	彭州市	乡村酒店
483	罗远全农家乐	成都市彭州市龙门山镇宝山村6组	彭州市	乡村酒店
484	罗远平农家乐	成都市彭州市龙门山镇宝山村6组	彭州市	乡村酒店
485	罗春农家乐	成都市彭州市龙门山镇宝山村6组	彭州市	乡村酒店
486	凌霄苑农家乐	成都市彭州市龙门山镇宝山村6组	彭州市	乡村酒店
487	亮亮农家乐	成都市彭州市龙门山镇宝山村6组	彭州市	乡村酒店
488	黄文俊农家乐	成都市彭州市龙门山镇宝山村6组	彭州市	乡村酒店
489	海葳家园农家乐	成都市彭州市龙门山镇宝山村6组	彭州市	乡村酒店
490	秀秀农家乐	成都市彭州市龙门山镇宝山村9组	彭州市	乡村酒店
491	宋长富农家乐	成都市彭州市龙门山镇宝山村9组	彭州市	乡村酒店

续表

序号	酒店名称	酒店地址	区域	酒店类型
492	宋小良农家乐	成都市彭州市龙门山镇宝山村9组	彭州市	乡村酒店
493	宋天俊农家乐	成都市彭州市龙门山镇宝山村9组	彭州市	乡村酒店
494	宋家大院	成都市彭州市龙门山镇宝山村9组	彭州市	乡村酒店
495	荣驰苑休闲庄	成都市彭州市龙门山镇宝山村9组	彭州市	乡村酒店
496	任义院农家乐	成都市彭州市龙门山镇宝山村9组	彭州市	乡村酒店
497	任天泉农家乐	成都市彭州市龙门山镇宝山村9组	彭州市	乡村酒店
498	任天君农家乐	成都市彭州市龙门山镇宝山村9组	彭州市	乡村酒店
499	人人爱农家乐	成都市彭州市龙门山镇宝山村9组	彭州市	乡村酒店
500	平凡人家	成都市彭州市龙门山镇宝山村9组	彭州市	乡村酒店
501	绿色家园	成都市彭州市龙门山镇宝山村9组	彭州市	乡村酒店
502	李杰休闲庄	成都市彭州市龙门山镇宝山村9组	彭州市	乡村酒店
503	揽月农家乐	成都市彭州市龙门山镇宝山村9组	彭州市	乡村酒店
504	金鹏农家乐	成都市彭州市龙门山镇宝山村9组	彭州市	乡村酒店
505	鸿鑫苑农家乐	成都市彭州市龙门山镇宝山村9组	彭州市	乡村酒店
506	富兴山庄	成都市彭州市龙门山镇宝山村9组	彭州市	乡村酒店
507	东南苑农家乐	成都市彭州市龙门山镇宝山村9组	彭州市	乡村酒店
508	陈正旭农农家乐	成都市彭州市龙门山镇宝山村9组	彭州市	乡村酒店
509	中意苑农家乐	成都市彭州市龙门山镇宝山村8组	彭州市	乡村酒店
510	映华苑农家乐	成都市彭州市龙门山镇宝山村8组	彭州市	乡村酒店
511	杨家姐妹农家乐	成都市彭州市龙门山镇宝山村8组	彭州市	乡村酒店
512	阳光雨露休闲苑	成都市彭州市龙门山镇宝山村8组	彭州市	乡村酒店
513	颜家大院农家乐	成都市彭州市龙门山镇宝山村8组	彭州市	乡村酒店
514	馨香家苑农家乐	成都市彭州市龙门山镇宝山村8组	彭州市	乡村酒店
515	馨瑞农家乐	成都市彭州市龙门山镇宝山村8组	彭州市	乡村酒店
516	乡里人家	成都市彭州市龙门山镇宝山村8组	彭州市	乡村酒店
517	望月阁农家乐	成都市彭州市龙门山镇宝山村8组	彭州市	乡村酒店
518	王七七农家乐	成都市彭州市龙门山镇宝山村8组	彭州市	乡村酒店
519	田园农家乐	成都市彭州市龙门山镇宝山村8组	彭州市	乡村酒店
520	千叶树休闲苑	成都市彭州市龙门山镇宝山村8组	彭州市	乡村酒店
521	平祥苑农家乐	成都市彭州市龙门山镇宝山村8组	彭州市	乡村酒店
522	明敬园农家乐	成都市彭州市龙门山镇宝山村8组	彭州市	乡村酒店
523	刘二哥乡村酒店	成都市彭州市龙门山镇宝山村8组	彭州市	乡村酒店
524	林佳小院	成都市彭州市龙门山镇宝山村8组	彭州市	乡村酒店
525	老院子农家乐	成都市彭州市龙门山镇宝山村8组	彭州市	乡村酒店
526	靠背人家休闲庄	成都市彭州市龙门山镇宝山村8组	彭州市	乡村酒店

续表

序号	酒店名称	酒店地址	区域	酒店类型
527	凯磊农家乐	成都市彭州市龙门山镇宝山村8组	彭州市	乡村酒店
528	锦苑休闲庄	成都市彭州市龙门山镇宝山村8组	彭州市	乡村酒店
529	锦秀农庄农家乐	成都市彭州市龙门山镇宝山村8组	彭州市	乡村酒店
530	锦华苑农家乐	成都市彭州市龙门山镇宝山村8组	彭州市	乡村酒店
531	姐妹农家乐	成都市彭州市龙门山镇宝山村8组	彭州市	乡村酒店
532	会林休闲苑	成都市彭州市龙门山镇宝山村8组	彭州市	乡村酒店
533	后花园农家乐	成都市彭州市龙门山镇宝山村8组	彭州市	乡村酒店
534	和平雪燕山庄	成都市彭州市龙门山镇宝山村8组	彭州市	乡村酒店
535	刚刚休闲苑	成都市彭州市龙门山镇宝山村8组	彭州市	乡村酒店
536	福蓉农家乐	成都市彭州市龙门山镇宝山村8组	彭州市	乡村酒店
537	慈笑家苑农家乐	成都市彭州市龙门山镇宝山村8组	彭州市	乡村酒店
538	茶花园农家乐	成都市彭州市龙门山镇宝山村8组	彭州市	乡村酒店
539	张家院	成都市彭州市九峰村4组	彭州市	乡村酒店
540	桂花苑	成都市彭州市九峰村4组	彭州市	乡村酒店
541	月儿圆农家乐	成都市彭州市九峰村10组	彭州市	乡村酒店
542	牟苑山庄	成都市彭州市九峰村10组	彭州市	乡村酒店
543	悠然居	成都市彭州市九峰村15组	彭州市	乡村酒店
544	香蝶苑	成都市彭州市九峰村15组	彭州市	乡村酒店
545	望月楼农家乐	成都市彭州市九峰村15组	彭州市	乡村酒店
546	吊脚楼	成都市彭州市九峰村15组	彭州市	乡村酒店
547	彬彬农家乐	成都市彭州市九峰村15组	彭州市	乡村酒店
548	东林花园	成都市彭州市九峰村3组	彭州市	乡村酒店
549	双华家园	成都市彭州市九峰村9组	彭州市	乡村酒店
550	孺子牛休闲山庄	成都市彭州市九峰村9组	彭州市	乡村酒店
551	泉水洞	成都市彭州市九峰村9组	彭州市	乡村酒店
552	天然居山庄	成都市彭州市九峰村2组	彭州市	乡村酒店
553	军港山庄	成都市彭州市九峰村2组	彭州市	乡村酒店
554	金螺湾	成都市彭州市九峰村2组	彭州市	乡村酒店
555	景鸿山庄	成都市彭州市九峰村8组	彭州市	乡村酒店
556	杜仲林	成都市彭州市九峰村8组	彭州市	乡村酒店
557	仁义苑	成都市彭州市九峰村10组	彭州市	乡村酒店
558	皂角树	成都市彭州市江桥村	彭州市	乡村酒店
559	天兴陶艺园	成都市彭州市桂花镇利济村9组	彭州市	乡村酒店
560	高峰山庄	成都市彭州市桂花镇高峰村8组	彭州市	乡村酒店
561	桂花生态园	成都市彭州市桂花镇灯塔村	彭州市	乡村酒店

续表

序号	酒店名称	酒店地址	区域	酒店类型
562	桃花源	成都市彭州市葛仙山镇熙玉村6组	彭州市	乡村酒店
563	怡然农家乐	成都市彭州市葛仙山镇熙玉村5组	彭州市	乡村酒店
564	熙玉苑	成都市彭州市葛仙山镇熙玉村5组	彭州市	乡村酒店
565	熙海苑	成都市彭州市葛仙山镇熙玉村5组	彭州市	乡村酒店
566	世外桃园	成都市彭州市葛仙山镇熙玉村5组	彭州市	乡村酒店
567	山水忆家	成都市彭州市葛仙山镇熙玉村5组	彭州市	乡村酒店
568	缤纷四季百花园	成都市彭州市葛仙山镇熙玉村19组	彭州市	乡村酒店
569	竹海	成都市彭州市葛仙山镇熙玉村15组	彭州市	乡村酒店
570	同乐园	成都市彭州市葛仙山镇乐江村	彭州市	乡村酒店
571	袁庄园	成都市彭州市葛仙山镇花园村6组	彭州市	乡村酒店
572	阳家饭店	成都市彭州市葛仙山镇花园村6组	彭州市	乡村酒店
573	响水湾	成都市彭州市葛仙山镇花园村6组	彭州市	乡村酒店
574	万花园农家乐	成都市彭州市葛仙山镇花园村6组	彭州市	乡村酒店
575	四季香农家乐	成都市彭州市葛仙山镇花园村6组	彭州市	乡村酒店
576	十八子农家乐	成都市彭州市葛仙山镇花园村6组	彭州市	乡村酒店
577	李花园农家乐	成都市彭州市葛仙山镇花园村6组	彭州市	乡村酒店
578	富强休闲庄	成都市彭州市葛仙山镇花园村3组	彭州市	乡村酒店
579	紫藤仙居	成都市彭州市葛仙山镇花园村11组	彭州市	乡村酒店
580	郑家苑	成都市彭州市葛仙山镇花园村	彭州市	乡村酒店
581	王记农家乐	成都市彭州市葛仙山镇花园村	彭州市	乡村酒店
582	龙葛苑	成都市彭州市葛仙山镇花园村	彭州市	乡村酒店
583	华哥休闲庄	成都市彭州市葛仙山镇花园村	彭州市	乡村酒店
584	花园一号	成都市彭州市葛仙山镇花园村	彭州市	乡村酒店
585	芳芳休闲庄	成都市彭州市葛仙山镇花园村	彭州市	乡村酒店
586	春来休闲庄	成都市彭州市葛仙山镇花园村	彭州市	乡村酒店
587	雷二姐休闲庄	成都市彭州市葛仙山镇花园3组	彭州市	乡村酒店
588	何家湾	成都市彭州市葛仙山镇花园3组	彭州市	乡村酒店
589	尚林苑	成都市彭州市葛仙山镇大曲村	彭州市	乡村酒店
590	明月园休闲庄	成都市彭州市丹景山镇伍柏村8组	彭州市	乡村酒店
591	五柏村明月苑	成都市彭州市丹景山镇五柏村	彭州市	乡村酒店
592	盛世牡丹苑	成都市彭州市丹景山镇石牛村	彭州市	乡村酒店
593	石洞埝永乐苑饭店	成都市彭州市丹景山镇石洞埝社区	彭州市	乡村酒店
594	松龄农家乐	成都市彭州市丹景山镇丹景村6组	彭州市	乡村酒店
595	云裳山庄	成都市彭州市丹景山镇丹景村5组	彭州市	乡村酒店
596	尹氏饭店	成都市彭州市丹景山镇丹景村5组	彭州市	乡村酒店

续表

序号	酒店名称	酒店地址	区域	酒店类型
597	永华山庄	成都市彭州市丹景山镇丹景村4村	彭州市	乡村酒店
598	王成芳饭店	成都市彭州市丹景山镇丹景村4村	彭州市	乡村酒店
599	花山农家乐	成都市彭州市丹景山镇丹景村1组	彭州市	乡村酒店
600	金明饭店	成都市彭州市丹景山镇丹景村12组	彭州市	乡村酒店
601	盛世牡丹园	成都市彭州市丹景山镇	彭州市	乡村酒店
602	山水人家	成都市彭州市磁峰镇莲花湖社区15组	彭州市	乡村酒店
603	埃菲尔旅馆	成都市彭州市白鹿镇兴鹿街	彭州市	乡村酒店
604	康文山庄	成都市彭州市白鹿镇白鹿镇水观村	彭州市	乡村酒店
605	香榭丽酒店	成都市彭州市白鹿镇白鹿镇樵人街	彭州市	乡村酒店
606	香锐出租屋	成都市彭州市白鹿镇白鹿镇樵人街	彭州市	乡村酒店
607	芒果乡村酒店	成都市彭州市白鹿镇白鹿镇滨河路	彭州市	乡村酒店
608	白鹿泓麓山庄	成都市彭州市白鹿镇白鹿社区	彭州市	乡村酒店
609	兴鹿民宿	成都市彭州市白鹿兴鹿街	彭州市	乡村酒店
610	鹿峰住宿	成都市彭州市白鹿水观村	彭州市	乡村酒店
611	水易居	成都市彭州市白鹿樵人街	彭州市	乡村酒店
612	兴桂苑休闲庄	成都市彭州市蒙阳镇西街	彭州市	乡村酒店

郫县旅游住宿业单位名单

序号	酒店名称	酒店地址	区域	酒店类型
1	成都天之府温德姆至尊豪廷大酒店	成都市郫县望丛中路1088号	郫县	五星级酒店
2	犀浦大酒店	成都市郫县犀浦镇	郫县	三星级酒店
3	7天酒店成都郫县犀浦地铁站店	成都市郫县犀浦珠江东路111号与泰山大道交汇处	郫县	商务连锁型酒店
4	成都嘉乐快捷酒店郫县	成都市郫县犀浦泰山三巷60号	郫县	商务连锁型酒店
5	郫县嘉逸快捷酒店	成都市郫县团结镇学院街花篱村	郫县	商务连锁型酒店
6	成都1985宾馆	成都市郫县团结镇学院街65号四川科技学院对面	郫县	商务连锁型酒店
7	成都瑞熙酒店红光店	成都市郫县红光镇徐独路1958广场	郫县	商务连锁型酒店
8	成都桔子住房	成都市郫县红光镇名城左岸仪隆巷36号	郫县	商务连锁型酒店
9	城市便捷酒店西华店	成都市郫县红光镇广场路北一段205号	郫县	商务连锁型酒店
10	成都1958青年公寓	成都市郫县红光镇广场北二路53号	郫县	商务连锁型酒店
11	成都桔子小舍宾馆	成都市郫县红光镇府南巷附近	郫县	商务连锁型酒店
12	成都桔子酒店红光镇店	成都市郫县红光镇1958广场七天连锁14楼	郫县	商务连锁型酒店
13	汉庭酒店成都高新西区龙湖店	成都市郫县高新西区合作路89号龙湖时代天街5栋	郫县	商务连锁型酒店

续表

序号	酒店名称	酒店地址	区域	酒店类型
14	成都爱家精品酒店	成都市郫县安靖镇正义路口	郫县	商务连锁型酒店
15	99旅馆连锁成都安靖店	成都市郫县安靖镇雍度村民泰巷9号	郫县	商务连锁型酒店
16	7天连锁酒店成都郫县西华大学店	成都郫县红光镇广场路北二段51号	郫县	商务连锁型酒店
17	成都镜湖园宾馆	成都市郫县望丛中路63号	郫县	社会旅馆
18	郫县吉祥商务宾馆	成都市郫县安德镇安平西路	郫县	社会旅馆
19	郫县尚雅商务宾馆	成都市郫县安德镇彭温路75附2号3层	郫县	社会旅馆
20	郫县水闲阁宾馆	成都市郫县三道堰镇八步桥村水乡街	郫县	社会旅馆
21	成都蒂豪酒店	成都市郫县团结镇学院街百96号	郫县	社会旅馆
22	成都乐巢酒店	成都市郫县团结镇学院街理工竖一巷	郫县	社会旅馆
23	郫县艾唯酒店	成都市郫县团结镇学院街133号	郫县	社会旅馆
24	郫县六月天酒店	成都市郫县团结镇花篱村7组	郫县	社会旅馆
25	郫县犀浦顺源宾馆	成都市郫县犀清镇玉龙街七巷	郫县	社会旅馆
26	郫县乐意宾馆	成都市郫县犀浦镇犀池五街59号	郫县	社会旅馆
27	郫县犀浦宇豪宾馆	成都市郫县犀浦镇玉龙二巷16号	郫县	社会旅馆
28	成都郫县恒大宾馆	成都市郫县犀浦镇恒山大道南街339号	郫县	社会旅馆
29	郫县顺风宾馆	成都市郫县犀浦镇围城南街258号	郫县	社会旅馆
30	郫县梦时光主题公寓	成都市郫县老成灌路犀浦镇段万树森林一区4栋	郫县	社会旅馆
31	郫县上成宾馆	成都市郫县犀浦镇犀湖路39号	郫县	社会旅馆
32	成都情缘宾馆	成都市郫县犀浦镇玉龙街三巷26号	郫县	社会旅馆
33	成都郫县国豪宾馆	成都市郫县犀浦镇江西街191-195号	郫县	社会旅馆
34	成都郫县犀城宾馆	成都市郫县犀浦镇江西街186号	郫县	社会旅馆
35	郫县御锦商务宾馆	成都市郫县犀浦镇犀池六街112号	郫县	社会旅馆
36	郫县华盛宾馆	成都市郫县犀浦镇江西街3巷19号	郫县	社会旅馆
37	郫县福星商务宾馆	成都市郫县犀浦镇犀池五街6号	郫县	社会旅馆
38	成都郫县梦缘宾馆	成都市郫县犀浦镇玉龙三巷	郫县	社会旅馆
39	成都郫县乐意宾馆	成都市郫县犀浦镇犀池六街十八号	郫县	社会旅馆
40	成都郫县新蓝海酒店	成都市郫县团结镇学院街	郫县	社会旅馆
41	郫县蜀川商务宾馆	成都市郫县犀浦镇犀池一街52号	郫县	社会旅馆
42	郫县依家酒店	成都市郫县团结镇四川传媒大学正大门第一巷内20米	郫县	社会旅馆
43	成都郫县宿鸟商务宾馆	成都市郫县团结镇川师成都市学院大门对面	郫县	社会旅馆
44	成都郫县希瑞假日宾馆	成都市郫县团结镇传媒大学前方50米	郫县	社会旅馆
45	成都郫县清荣商务宾馆	成都市郫县团结镇四川传媒大学斜对面	郫县	社会旅馆

续表

序号	酒店名称	酒店地址	区域	酒店类型
46	郫县雅伦商务宾馆	成都市郫县团结镇沙府路影视学院	郫县	社会旅馆
47	成都格调温馨宾馆	成都市郫县团结镇花篱村7组	郫县	社会旅馆
48	郫县维港快捷酒店	成都市郫县团结镇花篱村竖一巷	郫县	社会旅馆
49	郫县青砖蚀光客栈	成都市郫县团结镇花篱村8组	郫县	社会旅馆
50	郫县沙西商务商店	成都市郫县团结镇蜀源大道二段1459号	郫县	社会旅馆
51	郫县洁馨小舍客栈	成都市郫县团结镇石堤村1组	郫县	社会旅馆
52	成都呼噜噜风情酒店	成都市郫县团结镇学院街65号四川科技学院对面百度酒吧左侧	郫县	社会旅馆
53	郫县六月天校园经济酒店	成都市郫县团结镇花篱村	郫县	社会旅馆
54	郫县心相印酒店	成都市郫县团结镇花篱村7组	郫县	社会旅馆
55	成都郫县舍舍酒店	成都市郫县团结镇仁和街	郫县	社会旅馆
56	成都郫县炫彩酒店	成都市郫县团结镇沙府路影视学院	郫县	社会旅馆
57	成都明轩校园经济酒店	成都市郫县团结镇花篱村7组	郫县	社会旅馆
58	郫县爱琴海酒店	成都市郫县团结镇老团结石材旁巷内15米	郫县	社会旅馆
59	成都郫县依家酒店	成都市郫县团结镇传媒大学正大门旁第一巷内20米	郫县	社会旅馆
60	郫县乡村路酒店	成都市郫县团结镇花篱村7组四川科技学院斜对面华音琴行巷内	郫县	社会旅馆
61	成都他她主题酒店	成都市郫县团结镇花篱夜市竖5巷	郫县	社会旅馆
62	郫县国华酒店	成都市郫县团结镇理工大学正大门	郫县	社会旅馆
63	郫县乐巢酒店	成都市郫县团结镇花篱村七组理工竖一巷41号	郫县	社会旅馆
64	郫县宿鸟归飞酒店	成都市郫县团结镇花篱村5组	郫县	社会旅馆
65	郫县雨菲酒店	成都市郫县团结镇花篱村7组	郫县	社会旅馆
66	郫县炫彩酒店	成都市郫县团结镇花篱村8组	郫县	社会旅馆
67	郫县雅伦商务酒店	成都市郫县团结镇花篱村8组	郫县	社会旅馆
68	郫县豪圆商务酒店	成都市郫县团结镇花篱村8组	郫县	社会旅馆
69	郫县爱尚这里酒店	成都市郫县团结镇花篱村	郫县	社会旅馆
70	成都花样年华商务酒店	成都市郫县团结镇人和街	郫县	社会旅馆
71	郫县新蓝海酒店	成都市郫县团结镇花篱村8组	郫县	社会旅馆
72	九十九度八商务酒店	成都市郫县团结镇石堤村1组	郫县	社会旅馆
73	郫县卡威格调酒店	成都市郫县团结镇花篱村7组	郫县	社会旅馆
74	郫县友缘宾馆	成都市郫县犀浦镇玉龙街二巷	郫县	社会旅馆
75	郫县天豪宾馆	成都市郫县犀浦镇犀池六街66号	郫县	社会旅馆
76	郫县情缘宾馆	成都市郫县犀浦镇玉龙三巷26号	郫县	社会旅馆

续表

序号	酒店名称	酒店地址	区域	酒店类型
77	郫县煜鑫宾馆	成都市郫县犀浦镇犀池村3社	郫县	社会旅馆
78	郫县恒大宾馆	成都市郫县犀浦镇恒山南街339号	郫县	社会旅馆
79	郫县桃源宾馆	成都市郫县犀浦镇玉龙二巷130号	郫县	社会旅馆
80	郫县御都宾馆	成都市郫县犀浦镇围城南路128号	郫县	社会旅馆
81	郫县福佳宾馆	成都市郫县犀浦镇犀池四街28号	郫县	社会旅馆
82	郫县华来宾馆	成都市郫县犀浦镇犀池一街31号	郫县	社会旅馆
83	崇宁大酒店	成都市郫县唐昌镇南外街	郫县	社会旅馆
84	成都团结镇佳龙酒店	成都市郫县团结镇学院路61号	郫县	社会旅馆
85	郫县豪圆商务宾馆	成都市郫县团结学院路45号	郫县	社会旅馆
86	成都郫县自强宾馆	成都市郫县犀浦夜市玉龙二巷116号	郫县	社会旅馆
87	成都恒缘宾馆	成都市郫县金色外滩	郫县	社会旅馆
88	成都兴旺招待所	成都市郫县菠萝街24号	郫县	社会旅馆
89	成都欣荣招待所	成都市郫县菠罗街109-111号	郫县	社会旅馆
90	郫县汇林宾馆	成都市郫县王府商业街B栋2楼33-41号	郫县	社会旅馆
91	郫县浦金宾馆	成都市郫县犀浦犀池二街1号	郫县	社会旅馆
92	成都郫县鑫达宾馆	成都市郫县犀浦犀池一街	郫县	社会旅馆
93	郫县御都宾馆	成都市郫县围城南街128号	郫县	社会旅馆
94	成都兴顺客栈	成都市郫县围城南街68-72号	郫县	社会旅馆
95	郫县华龙宾馆	成都市郫县犀池街81号	郫县	社会旅馆
96	成都轻松驿站商务宾馆	成都市郫县交大新校区群兴路19号	郫县	社会旅馆
97	成都郫县德成宾馆	成都市郫县犀安路新安交大南门对面众望街76号	郫县	社会旅馆
98	郫县梦桐泉乡村俱乐部	成都市郫县红光宋家林村	郫县	社会旅馆
99	成都驿都住房	成都市郫县隆府南巷78号附14号	郫县	社会旅馆
100	语过添情	成都市郫县金隆巷122号附5号	郫县	社会旅馆
101	郫县客来居公寓	成都市郫县金河路220号	郫县	社会旅馆
102	成都金达旅馆	成都市郫县犀浦泰山三巷122号	郫县	社会旅馆
103	成都七彩住房	成都市郫县隆府南巷78号附16号	郫县	社会旅馆
104	郫县润源春旅馆	成都市郫县合兴路89号	郫县	社会旅馆
105	郫县美佳旅馆	成都市郫县花篱村七组黄家桥39号	郫县	社会旅馆
106	郫县新嘉园招待所	成都市郫县南大街294号	郫县	社会旅馆
107	晨光旅社	成都市郫县望丛中路58号	郫县	社会旅馆
108	郫县缘圆招待所	成都市郫县兰城下街95号	郫县	社会旅馆
109	成都郫县九鑫商务宾馆	成都市郫县犀浦犀池二街42号岷江广场对面	郫县	社会旅馆
110	郫县团结僖尔宾馆	成都市郫县学院街竖四巷28号	郫县	社会旅馆

续表

序号	酒店名称	酒店地址	区域	酒店类型
111	成都今缘公寓	成都市郫县团结学院街理工一区竖二巷30号	郫县	社会旅馆
112	郫县流星宾馆	成都市郫县仁和街18号附8号	郫县	社会旅馆
113	仙客来宾馆	成都市郫县望丛中路328号	郫县	社会旅馆
114	郫县银海商务宾馆	成都市郫县北大街338号	郫县	社会旅馆
115	成都大滨招待所	成都市郫县菠罗街116号	郫县	社会旅馆
116	成都聚贤招待所	成都市郫县滨河路附近	郫县	社会旅馆
117	成都新鑫招待所	成都市郫县菠萝街145号郫县客运中心斜对面	郫县	社会旅馆
118	泰和园宾馆望从西路店	成都市郫县望丛西路266号	郫县	社会旅馆
119	成都郫县兴发招待所	成都市郫县菠萝街4组	郫县	社会旅馆
120	成都滨河招待所	成都市郫县菠萝村4组52号	郫县	社会旅馆
121	成都世代锦江西大街店	成都市郫县西大街418号	郫县	社会旅馆
122	成都郫县团结轻松旅馆	成都市郫县团结花篱夜市学院街理工一区竖三巷	郫县	社会旅馆
123	成都石牛招待所	成都市郫县菠罗街	郫县	社会旅馆
124	郫县中原旅馆	成都市郫县犀浦夜市街129号	郫县	社会旅馆
125	郫县天豪商务宾馆	成都市郫县犀池六街66号	郫县	社会旅馆
126	郫县南部商务宾馆	成都市郫县西南交大犀浦校区林湾村众望路146号	郫县	社会旅馆
127	郫县五福星旅馆	成都市郫县犀池东一巷15–19号	郫县	社会旅馆
128	成都茂林宾馆	成都市郫县犀池四街165号	郫县	社会旅馆
129	郫县成红宾馆	成都市郫县犀浦恒山南街221号	郫县	社会旅馆
130	成都鑫宇商务宾馆	成都市郫县西南交大南门众望街153号	郫县	社会旅馆
131	成都红大妈宾馆	成都市郫县浦兴街258号	郫县	社会旅馆
132	成都郫县心怡旅馆	成都市郫县江西街175号	郫县	社会旅馆
133	成都鸿旺宾馆	成都市郫县犀安路新交大南门对面鸿发街	郫县	社会旅馆
134	成都郫县慧强宾馆	成都市郫县犀池四街122号	郫县	社会旅馆
135	成都犀浦鑫晶宾馆	成都市郫县犀浦玉龙二巷2号	郫县	社会旅馆
136	郫县红兴旅社鹃城东街店	成都市郫县鹃城东街	郫县	社会旅馆
137	成都犀浦天友商务宾馆	成都市郫县犀浦犀池二街	郫县	社会旅馆
138	红瓦宾馆	成都市郫县望江路29号	郫县	社会旅馆
139	郫县雅馨宾馆	成都市郫县西南交大南大门对面直行150米	郫县	社会旅馆
140	成都郫县静鑫缘宾馆	成都市郫县新交大南门对面众望街149号	郫县	社会旅馆
141	成都温馨商务宾馆	成都市郫县林湾村群兴路86–88号	郫县	社会旅馆

续表

序号	酒店名称	酒店地址	区域	酒店类型
142	鸿缘客栈	成都市郫县众望街148号	郫县	社会旅馆
143	郫县金缘商务宾馆	成都市郫县交大新校区南大门对面	郫县	社会旅馆
144	成都果壳太空舱公寓	成都市郫县万树森林3期16栋1207	郫县	社会旅馆
145	成都众鑫左岸宾馆	成都市郫县传媒影视学院右侧面	郫县	社会旅馆
146	成都鸿顺利宾馆	成都市郫县玉泉街99号	郫县	社会旅馆
147	川西民俗玉华宾馆	成都市郫县彭温路81	郫县	社会旅馆
148	成都郫县典雅旅舍	成都市郫县犀浦围城南街106号	郫县	社会旅馆
149	成都鑫源宾馆	成都市郫县新交大南大门对面众望街117号	郫县	社会旅馆
150	成都鑫吉商务宾馆	成都市郫县犀浦围城南路100号	郫县	社会旅馆
151	郫县家佳旅店	成都市郫县隆府北巷41号附10号	郫县	社会旅馆
152	郫县阳光旅馆	成都市郫县方碑街79号	郫县	社会旅馆
153	成都红旗顺江宾馆	成都市郫县高新西区西源大道1199号附2号	郫县	社会旅馆
154	成都爱画精品公寓	成都市郫县高新西区百草路地铁口保利新天地销售中心12栋2单元	郫县	社会旅馆
155	郫县馨逸商务宾馆	成都市郫县犀浦镇国宁西路88号16栋10楼	郫县	社会旅馆
156	郫县浦金商务宾馆	成都市郫县犀浦镇犀池二街1号	郫县	社会旅馆
157	郫县鑫洗丽宾馆	成都市郫县郫筒镇老西街129号	郫县	社会旅馆
158	郫县鑫和商务宾馆	成都市郫县郫筒镇和平街75-81号	郫县	社会旅馆
159	郫县银海商务宾馆	成都市郫县郫筒镇北大街338号	郫县	社会旅馆
160	郫县美郰商务宾馆	成都市郫县郫筒镇鹃兴路169号	郫县	社会旅馆
161	成都海虹商务宾馆	成都市郫县犀浦安靖镇林湾村沱江路80号	郫县	社会旅馆
162	成都168商务宾馆	成都市郫县安靖镇方安路65号	郫县	社会旅馆
163	忠诚商务宾馆	成都市郫县安靖镇林湾村七组	郫县	社会旅馆
164	郫县豪瑞商务宾馆	成都市郫县安靖镇海霸王路	郫县	社会旅馆
165	郫县鑫盛客栈	成都市郫县安靖镇民裕巷	郫县	社会旅馆
166	郫县蜀兴旅店二分店	成都市郫县安靖镇雍渡村3组	郫县	社会旅馆
167	郫县轻松驿站	成都市郫县安靖镇林湾村群兴路21号	郫县	社会旅馆
168	郫县贰零壹零客栈	成都市郫县安靖镇方碑村2组173号附1-3号	郫县	社会旅馆
169	郫县凯盛宾馆	成都市郫县安靖镇喜安街138号	郫县	社会旅馆
170	郫县雅居舍商务宾馆	成都市郫县安靖镇林湾村群兴路30号	郫县	社会旅馆
171	郫县小城故事宾馆	成都市郫县安靖镇林湾村群兴路56号	郫县	社会旅馆

续表

序号	酒店名称	酒店地址	区域	酒店类型
172	郫县交运商务宾馆	成都市郫县安靖镇众望街171号	郫县	社会旅馆
173	郫县海虹商务宾馆	成都市郫县安靖镇沱江路80号	郫县	社会旅馆
174	郫县汇利兴西镇度假基地住宿	成都市郫县安德镇成都市西镇	郫县	社会旅馆
175	成都天悦酒店有限公司	成都市郫县郫筒镇东大街693号	郫县	社会旅馆
176	成都丽天酒店有限公司	成都市郫县红光镇正兴街253号	郫县	社会旅馆
177	郫县槟阁商务酒店有限公司	成都市郫县安德镇安平西路119号	郫县	社会旅馆
178	成都市静夜思酒店式公寓	成都市郫县龙湖时代天街合信路64号	郫县	社会旅馆
179	成都美好家园酒店式公寓	成都市郫县镇红光广场路北一段336号	郫县	社会旅馆
180	成都天府丽都酒店龙湖时代天街店	成都市郫县高新西区天润路777号	郫县	社会旅馆
181	成都鑫万里客酒店江西街店	成都市郫县犀浦镇江西街7巷5号	郫县	社会旅馆
182	成都世代锦江酒店红光店	成都市郫县望学巷6号金仪商贸中心	郫县	社会旅馆
183	成都桔子酒店红光镇店	成都市郫县红光镇1958广场七天连锁14楼	郫县	社会旅馆
184	四川方圆四季酒店管理有限公司	成都市郫县犀浦镇犀湖街39–41号	郫县	社会旅馆
185	成都御景酒店管理有限公司	成都市郫县郫筒镇景尚景四期11幢2单元	郫县	社会旅馆
186	成都静雅酒店管理有限公司	成都市郫县郫筒镇书院街和乐巷130号	郫县	社会旅馆
187	成都西御园酒店管理有限公司	成都市郫县郫筒镇洪石村	郫县	社会旅馆
188	郫县花神酒店管理有限责任公司	成都市郫县红光镇广场北路一段38号万基金蓝湾	郫县	社会旅馆
189	成都弘名商务酒店管理有限公司	成都市郫县古城镇中平村7组	郫县	社会旅馆
190	郫县田园城市酒店管理有限公司	成都市郫县德源镇滨清路15号	郫县	社会旅馆
191	成都茉瑞阁酒店公寓	成都市郫县红光镇红高路88号龙城国际22栋1单元5楼501	郫县	社会旅馆
192	成都芒果酒店高新西区店	成都市郫县高新西区西源大道1199号	郫县	社会旅馆
193	成都天悦酒店安民街	成都市郫县区成都市郫县东大街693号	郫县	社会旅馆
194	成都铁西大酒店	成都市郫县犀浦镇泰山新城	郫县	社会旅馆
195	成都鑫逸家城市酒店	成都市郫县东大街3–5号	郫县	社会旅馆
196	郫县亿鑫商务酒店	成都市郫县西大街25号	郫县	社会旅馆
197	郫县犀浦大酒店	成都市郫县犀浦大道北一段	郫县	社会旅馆
198	成都幸福港湾商务酒店	成都市郫县红光广场路北一段夜市口	郫县	社会旅馆

续表

序号	酒店名称	酒店地址	区域	酒店类型
199	成都鑫欣大酒店	成都市郫县成彭高速入口右拐300米龙腾大道208号	郫县	社会旅馆
200	成都市犀浦春天酒店	成都市郫县犀浦校园路316–318号	郫县	社会旅馆
201	郫县花神酒店	成都市郫县广场路北一段38号	郫县	社会旅馆
202	鑫逸家城市酒店	成都市郫县东大街3号	郫县	社会旅馆
203	成都天悦酒店	成都市郫县东大街693号	郫县	社会旅馆
204	成都安雅水床酒店	成都市郫县团结学院路	郫县	社会旅馆
205	语过添情商务酒店	成都市郫县高新西区天润路199号	郫县	社会旅馆
206	郫县尚客风快捷酒店	成都市郫县团结传媒学院老大门对面	郫县	社会旅馆
207	成都华祥酒店	成都市郫县书院街60号	郫县	社会旅馆
208	福瑞酒店	成都市郫县望丛西路82号	郫县	社会旅馆
209	成都普菲克花园酒店	成都市郫县望丛东路152号	郫县	社会旅馆
210	成都万盛郫筒商务酒店	成都市郫县西大街景德一巷20号	郫县	社会旅馆
211	蜀城商务酒店	成都市郫县一环路西北段226号西楼2楼	郫县	社会旅馆
212	成都郫县锦豪酒店	成都市郫县东大街356号	郫县	社会旅馆
213	郫县欣悦花园酒店	成都市郫县北大街255号	郫县	社会旅馆
214	郫县宾悦酒店	成都市郫县一环路东段金色外滩4楼	郫县	社会旅馆
215	成都欧尚商务酒店	成都市郫县客运中心出站口对面	郫县	社会旅馆
216	西丹商务酒店	成都市郫县犀浦犀池	郫县	社会旅馆
217	成都铁西大酒店	成都市郫县	郫县	社会旅馆
218	成都郫县田园城市酒店	成都市郫县现代工业南港滨清路16号	郫县	社会旅馆
219	郫县隆升商务酒店	成都市郫县书院街看守所对面	郫县	社会旅馆
220	山石酒店	成都市郫县一环路西北段226号	郫县	社会旅馆
221	成都缘圆缘商务酒店	成都市郫县林湾村群星路鸿发街138号	郫县	社会旅馆
222	郫县银海大酒店	成都市郫县西南交通大学犀浦校区南门	郫县	社会旅馆
223	成都永乐汇酒店	成都市郫县红光北一段仪隆巷139号	郫县	社会旅馆
224	成都桃园商务酒店	成都市郫县望丛西路216号	郫县	社会旅馆
225	成都淞之源商务酒店	成都市郫县书院街东顺巷29号	郫县	社会旅馆
226	成都宜家7+1酒店	成都市郫县和信路天娇路口龙湖时代天街4栋	郫县	社会旅馆
227	成都水电七局商务酒店	成都市郫县成灌东路349号	郫县	社会旅馆
228	成都怡景阁商务酒店	成都市郫县望学巷62号	郫县	社会旅馆
229	御景酒店	成都市郫县景尚景二期11栋2单元	郫县	社会旅馆
230	郫县洋蓝商务酒店	成都市郫县东大街65号	郫县	社会旅馆
231	成都玖月玖商务酒店	成都市郫县高新西区恒山南街366号	郫县	社会旅馆

续表

序号	酒店名称	酒店地址	区域	酒店类型
232	成都美嘉商务酒店	成都市郫县高新西区浦兴街216号	郫县	社会旅馆
233	成都圣泽大酒店	成都市郫县高新西区迪康大道9号	郫县	社会旅馆
234	成都琴海酒店	成都市郫县高新西区西芯大道12号	郫县	社会旅馆
235	成都世嘉精品酒店	成都市郫县高新西区百草路地铁口旁	郫县	社会旅馆
236	成都语过添情商务酒店	成都市郫县高新西区天润路199号	郫县	社会旅馆
237	成都高新皇冠假日酒店	成都市郫县高新西区西芯大道1号	郫县	社会旅馆
238	成都锦熙印象酒店	成都市郫县高新西区西源大道1101号	郫县	社会旅馆
239	成都香槟假日酒店	成都市郫县百草路地铁口旁	郫县	社会旅馆
240	成都华利商务酒店	成都市郫县友爱镇子云东路46号	郫县	社会旅馆
241	成都柯帝斯酒店	成都市郫县犀浦镇犀池一街110号	郫县	社会旅馆
242	恒山大酒店	成都市郫县犀浦镇恒山南街278号	郫县	社会旅馆
243	成都郫县新恒山酒店	成都市郫县犀浦镇恒山南街363号	郫县	社会旅馆
244	成都犀浦凯旋商务酒店	成都市郫县犀浦镇西区花园水云涧兴业南街48号	郫县	社会旅馆
245	郫县西港商务酒店	成都市郫县犀浦镇浦兴街300号	郫县	社会旅馆
246	成都康乐酒店	成都市郫县犀浦镇江西路142号，近犀浦镇便民服务中心	郫县	社会旅馆
247	郫县明鑫商务大酒店	成都市郫县犀浦镇玉龙六巷8号	郫县	社会旅馆
248	成都佳骑商务酒店	成都市郫县犀浦镇泰山北街120号	郫县	社会旅馆
249	郫县景成酒店	成都市郫县犀浦镇万树森林三期	郫县	社会旅馆
250	成都犀池商务酒店	成都市郫县犀浦镇犀池一街11号	郫县	社会旅馆
251	成都迎宾商务酒店	成都市郫县犀浦镇珠江东路113号	郫县	社会旅馆
252	成都凯旋商务酒店	成都市郫县犀浦镇兴业南街48号	郫县	社会旅馆
253	郫县世代金煜酒店	成都市郫县犀浦镇兴业街2号	郫县	社会旅馆
254	郫县兴浦地商务酒店	成都市郫县犀浦镇国宁路44号	郫县	社会旅馆
255	郫县恒山大酒店	成都市郫县犀浦镇恒山大道南街	郫县	社会旅馆
256	郫县玖月玖商务酒店	成都市郫县犀浦镇恒山南街366号	郫县	社会旅馆
257	郫县康乐酒店	成都市郫县犀浦镇江西街142号	郫县	社会旅馆
258	郫县明鑫商务大酒店	成都市郫县犀浦镇浦兴街6-10号	郫县	社会旅馆
259	浦园酒店	成都市郫县犀浦镇龙吟村	郫县	社会旅馆
260	郫县犀池设备酒店	成都市郫县犀浦镇犀池一街11号	郫县	社会旅馆
261	郫县腾飞商务酒店	成都市郫县犀浦镇犀池四街东四巷21号	郫县	社会旅馆
262	郫县西源商务酒店	成都市郫县郫筒镇郫苑路	郫县	社会旅馆
263	郫县德利商务酒店	成都市郫县郫筒镇成灌西路705号	郫县	社会旅馆
264	成都上城商务酒店	成都市郫县郫筒镇一里阳光街396号	郫县	社会旅馆

续表

序号	酒店名称	酒店地址	区域	酒店类型
265	成都洋蓝酒店	成都市郫县郫筒镇东大街65号	郫县	社会旅馆
266	成都普非克花园酒店	成都市郫县郫筒镇望丛东路152号	郫县	社会旅馆
267	上城酒店	成都市郫县区成都市郫县郫筒镇一里阳光街396号	郫县	社会旅馆
268	洋蓝酒店	成都市郫县郫筒镇东大街65号	郫县	社会旅馆
269	郫县世代锦江酒店	成都市郫县郫筒镇西大街481	郫县	社会旅馆
270	郫县万盛郫筒商务酒店	成都市郫县郫筒镇西街景德巷20号	郫县	社会旅馆
271	郫县天成商务酒店	成都市郫县郫筒镇西大街394-416号	郫县	社会旅馆
272	郫县欧尚商务酒店	成都市郫县郫筒镇文星村	郫县	社会旅馆
273	郫县宾悦酒店	成都市郫县郫筒镇一里阳光街5号附402号	郫县	社会旅馆
274	郫县中鼎商务酒店	成都市郫县郫筒镇鹃城村	郫县	社会旅馆
275	郫县亿鑫商务酒店	成都市郫县郫筒镇西大街25号	郫县	社会旅馆
276	郫县松之源商务酒店	成都市郫县郫筒镇东顺巷29号	郫县	社会旅馆
277	郫县淞之源商务酒店	成都市郫县郫筒镇书院街东顺巷29号	郫县	社会旅馆
278	郫县隆升酒店	成都市郫县郫筒镇书院街58号	郫县	社会旅馆
279	郫县万盛桃园酒店	成都市郫县郫筒镇望丛西路216号	郫县	社会旅馆
280	千鹭湖度假酒店	成都市郫县花园镇白鸽村4社、5社	郫县	社会旅馆
281	成都博悦酒店	成都市郫县红光镇广场路北一段261号	郫县	社会旅馆
282	成都瑞至酒店	成都市郫县红光镇广场北二路53号1958广场青年公寓	郫县	社会旅馆
283	成都希尔希精品主题酒店	成都市郫县红光镇广场路北二段53号附201号	郫县	社会旅馆
284	成都郫县龙城酒店	成都市郫县红光镇红光路88号龙城国际22幢1单元27楼	郫县	社会旅馆
285	成都郫县知音酒店	成都市郫县郫红光镇广场路北一段231号西华大学西大门对面	郫县	社会旅馆
286	郫县金海湾商务酒店	成都市郫县红光镇1958广场新城佳苑商业楼	郫县	社会旅馆
287	郫县红光合兴商务酒店	成都市郫县红光镇红光路366号附8号	郫县	社会旅馆
288	郫县明月大酒店	成都市郫县红光镇家园路98号	郫县	社会旅馆
289	成都会海港湾酒店	成都市郫县红光镇徐独路597-599号	郫县	社会旅馆
290	成都九鼎商务酒店	成都市郫县红光镇红佳路125号	郫县	社会旅馆
291	雨城客栈情侣水床酒店	成都市郫县红光镇金隆北街70号	郫县	社会旅馆
292	成都世代金煜商务酒店	成都市郫县红光镇金贸商贸广场望学巷6号	郫县	社会旅馆
293	澳都商务酒店	成都市郫县红光镇徐独路529号	郫县	社会旅馆

续表

序号	酒店名称	酒店地址	区域	酒店类型
294	郫县瑞至酒店	成都市郫县红光镇广场路北二段51号	郫县	社会旅馆
295	郫县幸福港湾商务酒店	成都市郫县红光镇广场北路一段	郫县	社会旅馆
296	明月酒店	成都市郫县红光镇家园路98号	郫县	社会旅馆
297	成都会海酒店	成都市郫县红光镇徐独路597号	郫县	社会旅馆
298	郫县聚尚源商务酒店	成都市郫县古城镇派出所对面	郫县	社会旅馆
299	成都润弘酒店	成都市郫县德源镇红晨东路308号	郫县	社会旅馆
300	郫县雅楠商务酒店	成都市郫县德源镇胜利南街22–28号	郫县	社会旅馆
301	郫县安馨商务酒店	成都市郫县德源镇禹王下街43号附1号	郫县	社会旅馆
302	成都万盛明珠酒店	成都市郫县安靖镇西南交大南对面	郫县	社会旅馆
303	郫县鸿福假日酒店	成都市郫县安靖镇西南交大南门左侧	郫县	社会旅馆
304	成都怡园假日酒店	成都市郫县安靖镇林湾村3组	郫县	社会旅馆
305	郫县鸿福假日酒店	成都市郫县安靖镇西南交大南门左侧	郫县	社会旅馆
306	郫县万盛雍渡大酒店	成都市郫县安靖镇雍渡村阳光路239号	郫县	社会旅馆
307	新洁商务酒店	成都市郫县安靖镇土地村	郫县	社会旅馆
308	成都怡园假日酒店	成都市郫县安靖镇林湾村3组	郫县	社会旅馆
309	郫县凯悦酒店	成都市郫县安靖镇方碑村10社	郫县	社会旅馆
310	郫县金银海酒店	成都市郫县安靖镇林湾村3组	郫县	社会旅馆
311	郫县六九八商务酒店	成都市郫县安靖镇雍渡村民泰巷9号	郫县	社会旅馆
312	郫县铁安商务酒店	成都市郫县安靖镇正义路900号	郫县	社会旅馆
313	郫县四海酒店	成都市郫县安靖镇雍渡村阳光路	郫县	社会旅馆
314	郫县鸿盛鑫世纪酒店	成都市郫县安靖镇雍渡村3组阳光路238号	郫县	社会旅馆
315	爱家商务酒店	成都市郫县安靖镇土地村3组	郫县	社会旅馆
316	郫县万盛明珠酒店	成都市郫县安靖镇林湾村群兴路	郫县	社会旅馆
317	郫县缘圆缘商务酒店	成都市郫县安靖镇林湾村鸿发街138号	郫县	社会旅馆
318	郫县忠诚商务酒店	成都市郫县安靖镇林湾村7组	郫县	社会旅馆
319	怡园假日酒店	成都市郫县安靖镇林湾村	郫县	社会旅馆
320	郫县润德时代酒店	成都市郫县安德镇安平东路16号	郫县	社会旅馆
321	郫县德润时代酒店	成都市郫县安德镇安平东路116号	郫县	社会旅馆
322	郫县斯卡思酒店	成都市郫县安德镇政府路1号	郫县	社会旅馆
323	郫县谢姐旅馆	成都市郫县唐元镇临石村南街52–54号	郫县	乡村酒店
324	郫县唐昌茶旅店	成都市郫县唐昌镇南街	郫县	乡村酒店
325	成都第五季妈妈农庄	成都市郫县唐昌镇战旗村	郫县	乡村酒店
326	川电招待所	成都市郫县唐昌镇南街南西巷	郫县	乡村酒店
327	成都川电宏业公司	成都市郫县唐昌镇南西巷19号	郫县	乡村酒店

续表

序号	酒店名称	酒店地址	区域	酒店类型
328	唐昌南街茶旅店	成都市郫县唐昌镇南街建设巷6号	郫县	乡村酒店
329	郫县宁昌旅馆	成都市郫县唐昌镇北街82号	郫县	乡村酒店
330	郫县绿上源餐饮有限公司	成都市郫县德源镇东林村2组	郫县	乡村酒店
331	郫县沙树林旅店	成都市郫县三道堰镇八步桥村6组	郫县	乡村酒店
332	郫县水乡西苑客栈	成都市郫县三道堰镇一堰路街9栋22-24号	郫县	乡村酒店
333	永利宾馆	成都市郫县安德镇安平西路188号	郫县	乡村酒店
334	郫县川西民俗玉华有限责任公司	成都市郫县安德镇平安路76号	郫县	乡村酒店
335	理想招待所	成都市郫县安德镇商贸城	郫县	乡村酒店
336	平安宾馆	成都市郫县安德镇安平西路	郫县	乡村酒店
337	杨家旅馆	成都市郫县安德镇平安路170号	郫县	乡村酒店
338	望乐旅馆	成都市郫县安德镇安平路153号	郫县	乡村酒店
339	郫县东东旅馆	成都市郫县三道堰镇水乡街	郫县	乡村酒店
340	楠木林	成都市郫县清河乡卫生院北面	郫县	乡村酒店
341	观景楼	成都市郫县友爱镇政府南侧	郫县	乡村酒店
342	成都徐家大院	成都市郫县友爱镇农科村1组80号	郫县	乡村酒店
343	郫县周家大林休闲庄	成都市郫县友爱镇农科村3组20号	郫县	乡村酒店
344	郫县院心园	成都市郫县友爱镇农科村1组77号	郫县	乡村酒店
345	青青瓦休闲庄	成都市郫县友爱镇农科村2组	郫县	乡村酒店
346	郫县乡村美	成都市郫县友爱镇农科村253号	郫县	乡村酒店
347	郫县芸芳旅社	成都市郫县友爱镇顺安村顺春路66号	郫县	乡村酒店
348	郫县更新招待所	成都市郫县犀浦镇国宁村	郫县	乡村酒店
349	郫县梦缘旅馆	成都市郫县犀浦镇玉龙三巷13号	郫县	乡村酒店
350	郫县慧强旅社	成都市郫县犀浦镇犀池村文化街42号	郫县	乡村酒店
351	慧强旅社	成都市郫县犀浦镇文化一条街	郫县	乡村酒店
352	郫县香槟海岸娱乐有限公司	成都市郫县犀浦镇珠江东路139号	郫县	乡村酒店
353	郫县建鑫招待所	成都市郫县犀浦镇犀池村东四巷2号1栋1单元	郫县	乡村酒店
354	成都郫县腾达旅馆	成都市郫县犀浦镇犀池六街29号	郫县	乡村酒店
355	成都郫县曾荣招待所	成都市郫县犀浦镇玉龙二巷76号	郫县	乡村酒店
356	郫县红大妈旅馆	成都市郫县犀浦镇浦兴街1号	郫县	乡村酒店
357	成都郫县仁和招待所	成都市郫县犀浦镇玉龙三巷1-3号	郫县	乡村酒店
358	郫县欣悦招待所	成都市郫县犀浦镇玉龙村四社围城南街232号	郫县	乡村酒店
359	郫县犀浦镇九鑫旅馆	成都市郫县犀浦镇犀池二街42号	郫县	乡村酒店

续表

序号	酒店名称	酒店地址	区域	酒店类型
360	郫县蓉犀客栈	成都市郫县犀浦镇犀池村二街3号	郫县	乡村酒店
361	郫县腾达旅馆	成都市郫县犀浦镇犀池村六街29号	郫县	乡村酒店
362	郫县中原旅馆	成都市郫县犀浦镇玉龙街口47号	郫县	乡村酒店
363	郫县鑫吉商务旅馆	成都市郫县犀浦镇围城南街100号	郫县	乡村酒店
364	郫县金三角宾馆	成都市郫县犀浦镇犀池六街112号	郫县	乡村酒店
365	郫县誉川招待所	成都市郫县犀浦镇犀池村3社	郫县	乡村酒店
366	郫县浦兴旅馆	成都市郫县犀浦镇玉泉村6社	郫县	乡村酒店
367	郫县国平旅馆	成都市郫县犀浦镇国宁二街130号	郫县	乡村酒店
368	郫县永康招待所	成都市郫县犀浦镇犀池村3社	郫县	乡村酒店
369	郫县鸿鑫招待所	成都市郫县犀浦镇犀池东四巷68-70号	郫县	乡村酒店
370	郫县鑫达旅馆	成都市郫县犀浦镇犀池一街158号	郫县	乡村酒店
371	郫县泗河桥招待所	成都市郫县犀浦镇国宁村二街8号	郫县	乡村酒店
372	郫县鑫鑫招待所	成都市郫县犀浦镇犀浦村4组13号	郫县	乡村酒店
373	郫县栖宿旅馆	成都市郫县犀浦镇龙吟村4组	郫县	乡村酒店
374	郫县益街招待所	成都市郫县犀浦镇犀池一街83号1栋1单元1号	郫县	乡村酒店
375	郫县友谊之家旅社	成都市郫县犀浦镇犀浦村4社	郫县	乡村酒店
376	郫县兴顺客栈	成都市郫县犀浦镇围城南街68号	郫县	乡村酒店
377	郫县启缘旅馆	成都市郫县犀浦镇浦兴街286号	郫县	乡村酒店
378	郫县露柔客栈	成都市郫县犀浦镇江西街十一巷12号	郫县	乡村酒店
379	郫县诚成旅馆	成都市郫县犀浦镇犀池四街1号	郫县	乡村酒店
380	郫县宏达旅馆	成都市郫县犀浦镇犀池村6组	郫县	乡村酒店
381	郫县福德招待所	成都市郫县犀浦镇玉龙三巷6号	郫县	乡村酒店
382	郫县奉森招待所	成都市郫县犀浦镇国宁村3组二街122号	郫县	乡村酒店
383	郫县昌隆旅馆	成都市郫县犀浦镇江西街241号	郫县	乡村酒店
384	郫县心怡旅馆	成都市郫县犀浦镇江西街175号	郫县	乡村酒店
385	郫县帝豪宾馆	成都市郫县犀浦镇犀池四街160号	郫县	乡村酒店
386	郫县驻缘宾馆	成都市郫县犀浦镇犀池六街163号	郫县	乡村酒店
387	喜来招待所	成都市郫县犀浦镇玉龙街10号	郫县	乡村酒店
388	郫县香洲招待所	成都市郫县犀浦镇犀池五街167号	郫县	乡村酒店
389	西谷招待所	成都市郫县犀浦镇上街综合楼	郫县	乡村酒店
390	金三角宾馆	成都市郫县犀浦镇迪康大道玉龙四街72号	郫县	乡村酒店
391	郫县西畴宾馆	成都市郫县团结镇黄家桥街73号转盘处	郫县	乡村酒店
392	郫县旺兴宾馆	成都市郫县团结镇团三路133号	郫县	乡村酒店

续表

序号	酒店名称	酒店地址	区域	酒店类型
393	成都世新宾馆	成都市郫县团结镇团三路	郫县	乡村酒店
394	成都郫县鑫缘宾馆	成都市郫县团结镇团三路132号	郫县	乡村酒店
395	郫县斯马特旅店	成都市郫县团结镇花篱村7组花篱夜市	郫县	乡村酒店
396	郫县晨曦宾馆	成都市郫县团结镇学院街传媒一区竖二巷032号	郫县	乡村酒店
397	成都星客栈	成都市郫县团结镇学院街136号6栋附11号	郫县	乡村酒店
398	郫县友嘉住宿	成都市郫县团结镇学院街40号	郫县	乡村酒店
399	郫县文凤旅社	成都市郫县团结镇花篱村5组50号	郫县	乡村酒店
400	郫县同星驿站旅馆	成都市郫县团结镇花篱村7组	郫县	乡村酒店
401	郫县渠蓉招待所	成都市郫县团结镇花篱村团三街5组49号	郫县	乡村酒店
402	郫县西畴居旅社	成都市郫县团结镇皇家桥街73号	郫县	乡村酒店
403	僖尔招待所	成都市郫县团结镇花篱村7组	郫县	乡村酒店
404	郫县香香招待所	成都市郫县团结镇花篱村7组	郫县	乡村酒店
405	郫县团结鑫金招待所	成都市郫县团结镇花篱村7组	郫县	乡村酒店
406	郫县小林招待所	成都市郫县团结镇花篱村10组	郫县	乡村酒店
407	郫县德华招待所	成都市郫县团结镇花篱村8组	郫县	乡村酒店
408	郫县世新招待所	成都市郫县团结镇团三街	郫县	乡村酒店
409	郫县团结祥龙招待所	成都市郫县团结镇花篱村	郫县	乡村酒店
410	郫县鑫德旅社	成都市郫县团结镇花篱村7组	郫县	乡村酒店
411	郫县优巢旅馆	成都市郫县团结镇花篱村7社	郫县	乡村酒店
412	成都金诚宾馆	成都市郫县团结镇黄家桥头	郫县	乡村酒店
413	成都郫县团结祥龙宾馆	成都市郫县团结镇团三路16号	郫县	乡村酒店
414	郫县文凤宾馆	成都市郫县团结镇团三路155号	郫县	乡村酒店
415	成都郫县鸿运宾馆	成都市郫县团结镇学院街理工一区竖一巷22号	郫县	乡村酒店
416	郫县怡家泰合宾馆	成都市郫县团结镇学院街	郫县	乡村酒店
417	郫县789主题驿站	成都市郫县团结镇四川传媒大学正大门旁理工巷内	郫县	乡村酒店
418	郫县鑫港宾馆	成都市郫县团结镇学院街102号	郫县	乡村酒店
419	郫县宏欣招待所	成都市郫县团结镇四川科技职业学院大门对面100米	郫县	乡村酒店
420	成都鑫源招待所	成都市郫县团结镇广播影视学院旁	郫县	乡村酒店
421	郫县天猫宾馆	成都市郫县团结镇学院街133号	郫县	乡村酒店
422	成都安逸旅馆	成都市郫县团结镇四川科技学院后大门	郫县	乡村酒店
423	郫县竟净旅社	成都市郫县团结镇花篱村靖源下街93号	郫县	乡村酒店

续表

序号	酒店名称	酒店地址	区域	酒店类型
424	成都梦烁客栈	成都市郫县团结镇学院街133号7栋	郫县	乡村酒店
425	成都小时代宾馆	成都市郫县团结镇花篱夜市	郫县	乡村酒店
426	成都聚星宾馆	成都市郫县团结镇花蒿村八组13号	郫县	乡村酒店
427	郫县环宇旅社	成都市郫县团结镇花篱村9组	郫县	乡村酒店
428	成都春天里旅馆	成都市郫县团结镇四川科技学院旁	郫县	乡村酒店
429	成都芙蓉宾馆	成都市郫县团结镇花篱村四川科技职业学院正门对面	郫县	乡村酒店
430	成都聚源宾馆	成都市郫县团结镇花篱村7组	郫县	乡村酒店
431	祥龙招待所	成都市郫县团结镇花篱村团三路16号	郫县	乡村酒店
432	文凤旅社	成都市郫县团结镇花篱村	郫县	乡村酒店
433	郫县佳佳招待所	成都市郫县团结镇花篱村10组	郫县	乡村酒店
434	郫县鑫缘招待所	成都市郫县团结镇花篱村2组	郫县	乡村酒店
435	郫县团结聚星宾馆	成都市郫县团结镇花篱村5组	郫县	乡村酒店
436	郫县旺兴旅馆	成都市郫县团结镇花篱村10组	郫县	乡村酒店
437	郫县祥龙招待所	成都市郫县团结镇花篱村5组50号	郫县	乡村酒店
438	绿苑旅馆	成都市郫县团结镇花篱村7组	郫县	乡村酒店
439	郫县月亮旅店	成都市郫县团结镇花篱村5组	郫县	乡村酒店
440	环花旅社	成都市郫县团结镇花篱村9组	郫县	乡村酒店
441	府河源头河流度假村	成都市郫县团结镇石里堰	郫县	乡村酒店
442	郫县金山招待所	成都市郫县团结镇花篱村7组	郫县	乡村酒店
443	郫县龙篱旅馆	成都市郫县团结镇花篱村	郫县	乡村酒店
444	郫县轻松旅馆	成都市郫县团结镇花篱村7组学院街理工一区竖三巷22号	郫县	乡村酒店
445	郫县龙族旅馆	成都市郫县团结镇花篱村7组	郫县	乡村酒店
446	郫县上河旅馆	成都市郫县团结镇上河街198号	郫县	乡村酒店
447	鑫德旅社	成都市郫县团结镇花篱村7组	郫县	乡村酒店
448	佳美招待所	成都市郫县团结镇花篱村	郫县	乡村酒店
449	郫县旺角招待所	成都市郫县团结镇学院街21号	郫县	乡村酒店
450	郫县普州客栈	成都市郫县团结镇花篱村5组	郫县	乡村酒店
451	郫县好来屋旅馆	成都市郫县团结镇花篱村理工一区	郫县	乡村酒店
452	郫县广居苑旅馆	成都市郫县团结镇花篱村七社36号	郫县	乡村酒店
453	郫县心岸招待所	成都市郫县团结镇花篱村7组	郫县	乡村酒店
454	郫县芙蓉招待所一分店	成都市郫县团结镇花篱村7组	郫县	乡村酒店
455	郫县明轩旅馆	成都市郫县团结镇花篱村7组	郫县	乡村酒店
456	芙蓉招待所	成都市郫县团结镇花篱村	郫县	乡村酒店
457	鑫源招待所	成都市郫县团结镇花篱村7组	郫县	乡村酒店

续表

序号	酒店名称	酒店地址	区域	酒店类型
458	梦境香格里拉旅社	成都市郫县团结镇花篱村7组	郫县	乡村酒店
459	郫县晨曦招待所	成都市郫县团结镇花篱村7组	郫县	乡村酒店
460	郫县温馨旅馆	成都市郫县团结镇花篱村8组	郫县	乡村酒店
461	成都青羊锦峰招待所	成都市郫县团结镇花篱村8组	郫县	乡村酒店
462	郫县星光旅社	成都市郫县团结镇花离村8组	郫县	乡村酒店
463	佳龙俱乐部	成都市郫县团结镇花篱村	郫县	乡村酒店
464	郫县归园田居宾馆	成都市郫县团结镇太和村14组6幢	郫县	乡村酒店
465	郫县浦兴宾馆	成都市郫县浦兴镇玉泉巷口	郫县	乡村酒店
466	犀源旅社	成都市郫县犀浦镇犀池四街	郫县	乡村酒店
467	新街招待所	成都市郫县犀浦镇新街口左侧	郫县	乡村酒店
468	欣悦招待所	成都市郫县犀浦镇围城路230号	郫县	乡村酒店
469	郫县鸿鑫宾馆	成都市郫县犀浦镇犀池东四巷68号	郫县	乡村酒店
470	友谊之家旅馆	成都市郫县犀浦镇犀浦村4组	郫县	乡村酒店
471	郫县云辉旅馆	成都市郫县犀浦镇玉龙二巷62号	郫县	乡村酒店
472	鑫鸿旅馆	成都市郫县犀浦镇犀池2街	郫县	乡村酒店
473	郫县炬鑫旅馆	成都市郫县犀浦镇国宁村二社综合办公楼133号	郫县	乡村酒店
474	郫县炬鑫宾馆	成都市郫县犀浦镇国宁村133号	郫县	乡村酒店
475	郫县五福星旅馆	成都市郫县犀浦镇犀池东一巷15-19号	郫县	乡村酒店
476	更新招待所	成都市郫县犀浦镇国宁村5组	郫县	乡村酒店
477	闽星商务宾馆	成都市郫县新西南交大林湾村众望街127号	郫县	乡村酒店
478	郫县国涛招待所	成都市郫县仁和街15号	郫县	乡村酒店
479	星宇物业管理招待所	成都市郫县成灌东路349号	郫县	乡村酒店
480	郫县向群旅馆	成都市郫县望丛路171号	郫县	乡村酒店
481	汇林宾馆	成都市郫县王府商业街B栋2楼	郫县	乡村酒店
482	田园旅馆	成都市郫县晨光村4组	郫县	乡村酒店
483	郫县天和旅店	成都市郫县和平街和东巷76号	郫县	乡村酒店
484	郫县幸福招待所	成都市郫县文兴村2组	郫县	乡村酒店
485	郫县犀丹招待所	成都市郫县犀浦犀湖街61号	郫县	乡村酒店
486	郫县蜀兴旅馆三分店	成都市郫县安靖雍渡社区阳光路337号	郫县	乡村酒店
487	郫县友源旅馆	成都市郫县犀浦镇玉龙街7号	郫县	乡村酒店
488	郫县天羽宾馆	成都市郫县犀浦镇玉龙六巷240号	郫县	乡村酒店
489	郫县茂林旅店	成都市郫县犀浦镇犀池四街165号	郫县	乡村酒店
490	成红旅馆	成都市郫县犀浦镇犀池村3组56号	郫县	乡村酒店
491	郫县宏盛旅馆	成都市郫县犀浦镇犀池一街	郫县	乡村酒店

续表

序号	酒店名称	酒店地址	区域	酒店类型
492	顺风旅店	成都市郫县犀浦镇围城南街252号	郫县	乡村酒店
493	郫县锦御宾馆	成都市郫县犀浦镇围城南街422号	郫县	乡村酒店
494	犀池招待所	成都市郫县犀浦镇围城南路372号	郫县	乡村酒店
495	郫县犀月旅馆	成都市郫县犀浦镇江西街186号	郫县	乡村酒店
496	郫县顺意招待所	成都市郫县犀浦镇犀池街87号	郫县	乡村酒店
497	郫县贰街宾馆	成都市郫县犀浦镇犀池二街39号	郫县	乡村酒店
498	郫县天府招待所	成都市郫县犀浦镇岚牌街	郫县	乡村酒店
499	西港招待所	成都市郫县犀浦镇犀池村二社302号	郫县	乡村酒店
500	郫县春春旅馆	成都市郫县犀浦镇玉龙二巷51号	郫县	乡村酒店
501	玉泉旅馆	成都市郫县犀浦镇玉泉村6组	郫县	乡村酒店
502	郫县白云宾馆	成都市郫县犀浦镇上街148号	郫县	乡村酒店
503	郫县汇金旅店	成都市郫县犀浦镇犀池一街19号	郫县	乡村酒店
504	郫县鑫晶招待所	成都市郫县犀浦镇玉龙二巷2号	郫县	乡村酒店
505	郫县恒山迎宾旅馆	成都市郫县犀浦镇玉泉巷151号	郫县	乡村酒店
506	槐树庄宾馆	成都市郫县犀浦镇国宁路上段110号	郫县	乡村酒店
507	郫县久留居旅馆	成都市郫县犀浦镇玉龙二巷32号	郫县	乡村酒店
508	郫县玉龙缘招待所	成都市郫县犀浦镇玉龙二巷90号	郫县	乡村酒店
509	郫县兴鑫旅馆	成都市郫县犀浦镇玉龙二巷61号	郫县	乡村酒店
510	福德招待所	成都市郫县犀浦镇玉龙三巷6号	郫县	乡村酒店
511	建鑫招待所	成都市郫县犀浦镇犀池村四巷1栋2号	郫县	乡村酒店
512	国宁招待所	成都市郫县犀浦镇茂达街1号	郫县	乡村酒店
513	郫县信鑫旅馆	成都市郫县犀浦镇犀池村5组	郫县	乡村酒店
514	郫县凯丰招待所	成都市郫县犀浦镇茂达街	郫县	乡村酒店
515	郫县乐憶宾馆	成都市郫县犀浦镇犀池五街59号	郫县	乡村酒店
516	郫县犀浦便民招待所	成都市郫县犀浦镇国宁路上段100号	郫县	乡村酒店
517	仁和招待所	成都市郫县犀浦镇夜市口	郫县	乡村酒店
518	郫县泰华旅馆	成都市郫县犀浦镇犀池街3组47号	郫县	乡村酒店
519	郫县恒鑫招待所	成都市郫县犀浦镇恒山南街21号	郫县	乡村酒店
520	鸿顺利旅馆	成都市郫县犀浦镇玉泉村6组	郫县	乡村酒店
521	郫县犀玉招待所	成都市郫县犀浦镇玉龙七巷163号	郫县	乡村酒店
522	新安旅馆	成都市郫县犀浦镇犀池二街31号	郫县	乡村酒店
523	腾达商务旅馆	成都市郫县犀浦镇犀池六街29号	郫县	乡村酒店
524	郫县华龙招待所	成都市郫县犀浦镇犀池六街81号	郫县	乡村酒店
525	郫县金达旅馆	成都市郫县犀浦镇犀浦村4组2号	郫县	乡村酒店
526	郫县万兴旅馆	成都市郫县犀浦镇犀池五街9-13号	郫县	乡村酒店

续表

序号	酒店名称	酒店地址	区域	酒店类型
527	蓉犀客栈	成都市郫县犀浦镇犀池2街	郫县	乡村酒店
528	林茂招待所	成都市郫县犀浦镇兴业街61号	郫县	乡村酒店
529	郫县维家旅馆	成都市郫县犀浦镇泰山二巷40号	郫县	乡村酒店
530	博莹客栈	成都市郫县犀浦镇横山北街126号	郫县	乡村酒店
531	郫县西圃园有限公司	成都市郫县犀浦镇万福村	郫县	乡村酒店
532	郫县美嘉宾馆	成都市郫县犀浦镇浦兴街217号	郫县	乡村酒店
533	珠江宾馆	成都市郫县犀浦镇珠江路	郫县	乡村酒店
534	郫县两河宾馆	成都市郫县犀浦镇两河村5社	郫县	乡村酒店
535	郫县福佳商务宾馆	成都市郫县犀浦镇犀池四街28号	郫县	乡村酒店
536	馨兰宾馆	成都市郫县犀浦镇犀池二街104号	郫县	乡村酒店
537	泗河桥招待所	成都市郫县犀浦镇国宁二街8号	郫县	乡村酒店
538	郫县万福宾馆	成都市郫县犀浦镇万福村1组	郫县	乡村酒店
539	郫县犀池招待所	成都市郫县犀浦镇犀池村3组	郫县	乡村酒店
540	郫县犀浦镇小康旅社	成都市郫县犀浦镇犀池二街31号	郫县	乡村酒店
541	郫县驰宇宾馆	成都市郫县犀浦镇兴业街80号	郫县	乡村酒店
542	郫县典雅旅馆	成都市郫县犀浦镇玉龙四社围城南街106号	郫县	乡村酒店
543	郫县国豪宾馆	成都市郫县犀浦镇江西街191号	郫县	乡村酒店
544	郫县犀浦镇馨怡宾馆	成都市郫县犀浦镇玉龙一街19号	郫县	乡村酒店
545	郫县迎宾招待所	成都市郫县犀浦镇珠江路8号	郫县	乡村酒店
546	郫县梦思招待所	成都市郫县郫筒镇菠萝村4组	郫县	乡村酒店
547	郫县利娜旅店	成都市郫县郫筒镇新南街图书馆右侧	郫县	乡村酒店
548	郫县沱江茶旅社	成都市郫县郫筒镇北街桥台大厦旁	郫县	乡村酒店
549	郫县顺蓉蒋排骨	成都市郫县郫筒镇太清路中心村	郫县	乡村酒店
550	郫县新南街庭院旅社	成都市郫县郫筒镇新南街140号	郫县	乡村酒店
551	郫县红都招待所	成都市郫县郫筒镇兰城下街	郫县	乡村酒店
552	郫县郡枫旅馆	成都市郫县郫筒镇和平街173-185号	郫县	乡村酒店
553	郫县红河招待所	成都市郫县郫筒镇菠萝村4组	郫县	乡村酒店
554	郫县红船旅馆	成都市郫县郫筒镇菠萝村4组	郫县	乡村酒店
555	沱江茶旅社	成都市郫县郫筒镇北大街223附4号	郫县	乡村酒店
556	郫县菠萝旅店	成都市郫县郫筒镇菠萝村4组	郫县	乡村酒店
557	成都壹丰种业	成都市郫县郫筒镇北街二段	郫县	乡村酒店
558	永盛招待所	成都市郫县郫筒镇菠萝村4组	郫县	乡村酒店
559	福安招待所	成都市郫县郫筒镇菠萝村4组	郫县	乡村酒店
560	郫县杨洋茶旅社	成都市郫县郫筒镇北外街	郫县	乡村酒店

续表

序号	酒店名称	酒店地址	区域	酒店类型
561	郫县舒馨堂旅店	成都市郫县郫筒镇和平街33号	郫县	乡村酒店
562	景翔招待所	成都市郫县郫筒镇菠萝村4组	郫县	乡村酒店
563	兴发招待所	成都市郫县郫筒镇菠萝村4组	郫县	乡村酒店
564	开元招待所	成都市郫县郫筒镇菠萝村4组	郫县	乡村酒店
565	鹃城旅馆	成都市郫县郫筒镇北大街165号附2号	郫县	乡村酒店
566	郫县滨河旅馆	成都市郫县郫筒镇菠萝村4组	郫县	乡村酒店
567	郫县太安招待所	成都市郫县郫筒镇波罗村4组	郫县	乡村酒店
568	郫县汇林宾馆	成都市郫县郫筒镇王府商业街33-41号B幢二层	郫县	乡村酒店
569	郫县仙利莱客栈	成都市郫县郫筒镇望丛中路326号	郫县	乡村酒店
570	郫县菠萝招待所	成都市郫县郫筒镇菠萝村4组	郫县	乡村酒店
571	郫县福龙旅社	成都市郫县郫筒镇望丛西路203-205号	郫县	乡村酒店
572	郫县菠萝鹏程旅馆	成都市郫县郫筒镇波罗村7组	郫县	乡村酒店
573	郫县世纪旅社	成都市郫县郫筒镇望丛西路180号	郫县	乡村酒店
574	郫县永福茶旅社	成都市郫县郫筒镇鹃城村2组	郫县	乡村酒店
575	郫县香梦招待所	成都市郫县郫筒镇波罗村4组	郫县	乡村酒店
576	郫县盛逸旅馆	成都市郫县郫筒镇红瓦街30号	郫县	乡村酒店
577	郫县东顺旅馆	成都市郫县郫筒镇和平村一社	郫县	乡村酒店
578	郫县新南茶旅社	成都市郫县郫筒镇新南街公厕巷内	郫县	乡村酒店
579	郫县新嘉园商务招待所	成都市郫县郫筒镇南大街294号3楼	郫县	乡村酒店
580	天山宾馆	成都市郫县郫筒镇望丛西路79号	郫县	乡村酒店
581	郫县锦城招待所	成都市郫县郫筒镇望丛中路533号	郫县	乡村酒店
582	郫县花园宾馆	成都市郫县郫筒镇望丛中路1号	郫县	乡村酒店
583	郫县恒缘宾馆	成都市郫县郫筒镇一里阳光街5号附307号	郫县	乡村酒店
584	郫县国栋招待所	成都市郫县郫筒镇波罗村4组	郫县	乡村酒店
585	高枕招待所	成都市郫县郫筒镇菠萝村4组	郫县	乡村酒店
586	郫县花庭旅馆	成都市郫县郫筒镇红瓦街56号	郫县	乡村酒店
587	红船招待所	成都市郫县郫筒镇菠萝村1组	郫县	乡村酒店
588	盛逸旅社	成都市郫县郫筒镇和平街1组33号	郫县	乡村酒店
589	世纪旅社	成都市郫县郫筒镇望丛西路180号	郫县	乡村酒店
590	福龙旅店	成都市郫县郫筒镇望丛西路203号	郫县	乡村酒店
591	郫县宏锋招待所	成都市郫县郫筒镇西大街包家巷125号附27号	郫县	乡村酒店
592	郫县佳源旅社	成都市郫县郫筒镇城关村4社	郫县	乡村酒店
593	郫县鹏程招待所	成都市郫县郫筒镇菠萝村7组	郫县	乡村酒店

续表

序号	酒店名称	酒店地址	区域	酒店类型
594	新盛招待所	成都市郫县郫筒镇菠萝村4组	郫县	乡村酒店
595	康茂招待所	成都市郫县郫筒镇菠萝村4组	郫县	乡村酒店
596	兴旺招待所	成都市郫县郫筒镇菠萝村4组	郫县	乡村酒店
597	大滨旅馆	成都市郫县郫筒镇菠萝村4组	郫县	乡村酒店
598	聚贤招待所	成都市郫县郫筒镇菠萝村4组	郫县	乡村酒店
599	郫县雅平招待所	成都市郫县郫筒镇西外街包家巷114号	郫县	乡村酒店
600	前沿招待所	成都市郫县郫筒镇菠萝村4组	郫县	乡村酒店
601	菠萝招待所	成都市郫县郫筒镇菠萝村4组	郫县	乡村酒店
602	郫县中东旅馆	成都市郫县郫筒镇和平街135号	郫县	乡村酒店
603	郫县开元招待所	成都市郫县郫筒镇菠萝村4组	郫县	乡村酒店
604	郫县滨河招待所	成都市郫县郫筒镇菠萝村4组	郫县	乡村酒店
605	郫县国泰招待所	成都市郫县郫筒镇波罗村4组	郫县	乡村酒店
606	郫县荷塘月色旅馆	成都市郫县郫筒镇鹃城村6组	郫县	乡村酒店
607	亮利招待所	成都市郫县郫筒镇北大街二段	郫县	乡村酒店
608	郫县逸家招待所	成都市郫县郫筒镇东大街119号附3号	郫县	乡村酒店
609	郫县阳光招待所	成都市郫县郫筒镇一里村3社	郫县	乡村酒店
610	石牛招待所	成都市郫县郫筒镇菠萝村4组	郫县	乡村酒店
611	郫县郫筒镇旅馆	成都市郫县郫筒镇西街景德巷20号	郫县	乡村酒店
612	郫县红兴旅馆一分店	成都市郫县郫筒镇鹃城村8组	郫县	乡村酒店
613	明正招待所	成都市郫县郫筒镇南大街	郫县	乡村酒店
614	郫县通达旅馆	成都市郫县郫筒镇北街289号	郫县	乡村酒店
615	成龙旅社	成都市郫县郫筒镇北大街223附21号	郫县	乡村酒店
616	郫县军休干休所接待站	成都市郫县郫筒镇星光大道江西巷60号	郫县	乡村酒店
617	四川鹿野苑博物馆	成都市郫县新民场镇云桥村6组	郫县	乡村酒店
618	成都润源春旅馆	成都市郫县红光镇合兴路91号	郫县	乡村酒店
619	成都郫县阳光住宿	成都市郫县红光镇广兴巷9号	郫县	乡村酒店
620	郫县悦翔住宿	成都市郫县红光镇广兴巷82号	郫县	乡村酒店
621	郫县1958住宿	成都市郫县红光镇名城左岸仪隆巷26号	郫县	乡村酒店
622	郫县情缘驿站	成都市郫县红光镇西华大学西门对面红兴巷9–11号	郫县	乡村酒店
623	郫县逸家住房	成都市郫县红光镇隆府南巷56号	郫县	乡村酒店
624	成都桔子住房	成都市郫县红光镇名城左岸仪隆巷36号	郫县	乡村酒店
625	郫县悦来住宿	成都市郫县红光镇合兴路99号	郫县	乡村酒店
626	郫县英捷纳快捷宾馆	成都市郫县红光镇徐独路608号	郫县	乡村酒店
627	郫县红朝阳招待所	成都市郫县红光镇铁门村车管所十字路口	郫县	乡村酒店

续表

序号	酒店名称	酒店地址	区域	酒店类型
628	郫县家园茶楼	成都市郫县红光镇红光佳苑家园街229号	郫县	乡村酒店
629	郫县鑫钥客栈	成都市郫县古城镇蜀汉南街157号	郫县	乡村酒店
630	郫县刘氏旅店	成都市郫县古城镇马街村1组	郫县	乡村酒店
631	郫县好运来宾馆	成都市郫县古城镇蜀汉北街8号	郫县	乡村酒店
632	郫县金鸟巢客栈	成都市郫县安靖镇金河路27号	郫县	乡村酒店
633	郫县大家乐茶楼	成都市郫县安靖镇方碑村二社	郫县	乡村酒店
634	成都郫县明亮旅社	成都市郫县安靖镇林湾村顺园街1号	郫县	乡村酒店
635	郫县金鑫旅社	成都市郫县安靖镇林湾村4组33号	郫县	乡村酒店
636	郫县雅豪宾馆	成都市郫县安靖镇高碑村8组	郫县	乡村酒店
637	郫县玖玖旅馆	成都市郫县安靖镇雍渡村民泰巷9号	郫县	乡村酒店
638	郫县一六八宾馆	成都市郫县安靖镇方碑村8组方安路65号	郫县	乡村酒店
639	德通旅馆	成都市郫县安靖镇林湾村	郫县	乡村酒店
640	郫县佳宜宾馆	成都市郫县安靖镇林湾村3组	郫县	乡村酒店
641	郫县金都商务宾馆	成都市郫县安靖镇林湾村众望街103号	郫县	乡村酒店
642	郫县宝晖宾馆	成都市郫县安靖镇雍渡村夜市	郫县	乡村酒店
643	成都靖地实业发展有限公司	成都市郫县安靖镇土地村9组	郫县	乡村酒店
644	郫县金港招待所	成都市郫县安靖镇雍渡社区综合市场	郫县	乡村酒店
645	郫县开源旅馆	成都市郫县安靖镇雍渡村综合市场	郫县	乡村酒店
646	成都靖地实业公司	成都市郫县安靖镇土地村9组	郫县	乡村酒店
647	郫县宏泰旅馆	成都市郫县安靖镇正义路64号	郫县	乡村酒店
648	昭阳旅馆	成都市郫县安靖镇林湾村	郫县	乡村酒店
649	郫县二零零八旅馆	成都市郫县安靖镇派出所对面	郫县	乡村酒店
650	文星旅馆	成都市郫县安靖镇解放街24号	郫县	乡村酒店
651	郫县安靖镇银银招待所	成都市郫县安靖镇双喜路20-24号	郫县	乡村酒店
652	东宇宾馆	成都市郫县安靖镇西安村4组双喜路38号	郫县	乡村酒店
653	安靖宾馆	成都市郫县安靖镇喜安村	郫县	乡村酒店
654	郫县自由人旅社	成都市郫县安靖镇林湾村3组群兴路27-31号	郫县	乡村酒店
655	郫县明亮旅社	成都市郫县安靖镇林湾村2组顺源街7号	郫县	乡村酒店
656	郫县方圆宾馆	成都市郫县安靖镇林湾村	郫县	乡村酒店
657	郫县民心旅馆	成都市郫县安靖镇林湾村群兴路140号	郫县	乡村酒店
658	郫县蜀兴旅馆住宿部	成都市郫县安靖镇土地村6组	郫县	乡村酒店
659	大家乐茶楼	成都市郫县安靖镇土地村	郫县	乡村酒店

续表

序号	酒店名称	酒店地址	区域	酒店类型
660	郫县皇诚旅馆	成都市郫县安靖镇方碑村八组41号	郫县	乡村酒店
661	郫县静鑫缘宾馆	成都市郫县安靖镇林湾村众望街149号	郫县	乡村酒店
662	郫县鑫宇宾馆	成都市郫县安靖镇林湾村众望街153号	郫县	乡村酒店
663	郫县天佑旅馆	成都市郫县安靖镇林湾村鸿发街131号	郫县	乡村酒店
664	郫县心源旅馆	成都市郫县安靖镇林湾村众望街117号	郫县	乡村酒店
665	郫县心悦旅社	成都市郫县安靖镇林湾村6组64号	郫县	乡村酒店
666	郫县喜安客栈	成都市郫县安靖镇喜安村丰收巷18号	郫县	乡村酒店
667	郫县泓福旅馆	成都市郫县安靖镇沙纷村400号	郫县	乡村酒店
668	郫县龙腾旅馆	成都市郫县安德镇安宁村六大队2队	郫县	乡村酒店
669	郫县理想招待所	成都市郫县安德镇望陆村	郫县	乡村酒店
670	郫县杨旅店	成都市郫县安德镇安宁村3组	郫县	乡村酒店
671	郫县利民蔬菜招待所	成都市郫县安德镇黄烟村3组	郫县	乡村酒店
672	龙门阵休闲庄	成都市郫县公路医院西侧	郫县	乡村酒店
673	成都郫县奇缘休闲宾馆	成都市郫县犀浦顺园街123号	郫县	乡村酒店
674	郫县静香园休闲庄	成都市郫县友爱镇农科村	郫县	乡村酒店
675	郫县水上园休闲庄	成都市郫县友爱镇升平村7组	郫县	乡村酒店
676	郫县槐树庄休闲度假村	成都市郫县犀浦镇国宁西路199号	郫县	乡村酒店
677	郫县周罗休闲招待所	成都市郫县犀浦镇犀池村三社23号	郫县	乡村酒店
678	郫县清碧苑度假村	成都市郫县德源镇柏林村	郫县	乡村酒店
679	徐家大院	成都市郫县友爱镇农科村	郫县	乡村酒店
680	西御园乡村酒店	成都市郫县郫筒镇洪石村	郫县	乡村酒店
681	梦桐泉乡村俱乐部	成都市郫县红光镇宋家林村	郫县	乡村酒店
682	绿上源	成都市郫县德源镇东林村	郫县	乡村酒店
683	竹里湾休闲庄	成都市郫县友爱镇春台村	郫县	乡村酒店
684	怡园托老服务中心	成都市郫县古城镇邻城村	郫县	乡村酒店
685	鹿野苑会所	成都市郫县新民场镇云桥村	郫县	乡村酒店
686	静香园	成都市郫县友爱镇农科村	郫县	乡村酒店
687	尚水休闲庄	成都市郫县三道堰镇八步桥村	郫县	乡村酒店
688	顺荣蒋排骨	成都市郫县郫筒镇中心村	郫县	乡村酒店
689	逸亭	成都市郫县友爱镇农科村	郫县	乡村酒店
690	院心园	成都市郫县友爱镇农科村	郫县	乡村酒店
691	八角亭休闲庄	成都市郫县友爱镇农科村	郫县	乡村酒店
692	园林园农家饭店	成都市郫县郫筒镇梨园村	郫县	乡村酒店
693	西港码头休闲庄	成都市郫县三道堰新集村	郫县	乡村酒店
694	河坝苑休闲庄	成都市郫县三道堰程家船村	郫县	乡村酒店

续表

序号	酒店名称	酒店地址	区域	酒店类型
695	华星园艺	成都市郫县安靖镇方桥村	郫县	乡村酒店
696	锦源酒店	成都市郫县团结镇石堤村	郫县	乡村酒店
697	柳园休闲庄	成都市郫县花园镇麻柳村	郫县	乡村酒店
698	府河桃源休闲庄	成都市郫县犀浦石亭村	郫县	乡村酒店
699	瑞和餐馆	成都市郫县花园镇筒春村	郫县	乡村酒店
700	望阳阁	成都市郫县三道堰镇八步村	郫县	乡村酒店
701	霜梅渔庄	成都市郫县安靖镇方桥村	郫县	乡村酒店
702	靖地俱乐部	成都市郫县安靖镇土地村	郫县	乡村酒店
703	临水轩	成都市郫县友爱镇农科村	郫县	乡村酒店
704	乡村美	成都市郫县友爱镇农科村	郫县	乡村酒店
705	和境山庄	成都市郫县三道堰镇青杠树村	郫县	乡村酒店
706	龙门阵	成都市郫县红光镇铁门村	郫县	乡村酒店
707	青青瓦	成都市郫县友爱镇农科村	郫县	乡村酒店
708	彩龙园	成都市郫县友爱镇农科村	郫县	乡村酒店
709	邹氏盆景园	成都市郫县友爱镇农科村	郫县	乡村酒店
710	怡园	成都市郫县友爱镇农科村	郫县	乡村酒店
711	益园	成都市郫县友爱镇农科村	郫县	乡村酒店
712	大家乐	成都市郫县友爱镇农科村	郫县	乡村酒店

蒲江县旅游住宿业单位名单

序号	酒店名称	酒店地址	区域	酒店类型
1	鹤都家园酒店	成都市蒲江县蒲江县顺城路	蒲江县	三星级酒店
2	朝阳湖大酒店	成都市蒲江县朝阳湖张大坪	蒲江县	三星级酒店
3	蜀秀宾馆	成都市蒲江县大佛坪	蒲江县	二星级酒店
4	嘉年CEO度假酒店蒲江大溪谷店	成都市蒲江县顺城路88号	蒲江县	商务连锁型酒店
5	九易快捷酒店	成都市蒲江县清江大道90号	蒲江县	商务连锁型酒店
6	九易快捷酒店	成都市蒲江县鹤山镇	蒲江县	商务连锁型酒店
7	蒲江县君尚君酒店	成都市蒲江县驭虹路166号	蒲江县	社会旅馆
8	成都市盐井逸佳旅馆	成都市蒲江县盐井沟5条街11号	蒲江县	社会旅馆
9	欣怡大酒店	成都市蒲江县西来镇	蒲江县	社会旅馆
10	西来宾馆	成都市蒲江县西来镇	蒲江县	社会旅馆
11	西来风宾馆	成都市蒲江县西来风街29号	蒲江县	社会旅馆
12	蒲江县新东门客栈	成都市蒲江县桫椤路下段38号	蒲江县	社会旅馆

续表

序号	酒店名称	酒店地址	区域	酒店类型
13	晶鑫商务酒店	成都市蒲江县寿安镇围镇路街51号	蒲江县	社会旅馆
14	和美麒嘉港酒店	成都市蒲江县寿安镇利民路56号	蒲江县	社会旅馆
15	成都翰台商务酒店	成都市蒲江县全兴路11号	蒲江县	社会旅馆
16	大塘运来客栈	成都市蒲江县浦塘路	蒲江县	社会旅馆
17	成都运来酒店	成都市蒲江县浦塘路	蒲江县	社会旅馆
18	大塘聚友客栈	成都市蒲江县蒲塘路	蒲江县	社会旅馆
19	成都蒲江花园宾馆	成都市蒲江县九仙路东段39号	蒲江县	社会旅馆
20	成都大塘武安驾校宾馆	成都市蒲江县环球加油城旁	蒲江县	社会旅馆
21	君尚君酒店	成都市蒲江县鹤山镇驭虹路161号	蒲江县	社会旅馆
22	紫云轩酒店	成都市蒲江县鹤山镇广定路213号	蒲江县	社会旅馆
23	缘来大酒店	成都市蒲江县鹤山镇	蒲江县	社会旅馆
24	友和大酒店	成都市蒲江县鹤山镇	蒲江县	社会旅馆
25	吴家件大酒店	成都市蒲江县鹤山镇	蒲江县	社会旅馆
26	泰迪大酒店	成都市蒲江县鹤山镇	蒲江县	社会旅馆
27	匙发商务酒店	成都市蒲江县鹤山镇	蒲江县	社会旅馆
28	南熙酒店	成都市蒲江县鹤山镇	蒲江县	社会旅馆
29	鹭顶记大酒店	成都市蒲江县鹤山镇	蒲江县	社会旅馆
30	来福商务大酒店	成都市蒲江县鹤山镇	蒲江县	社会旅馆
31	君上君酒店	成都市蒲江县鹤山镇	蒲江县	社会旅馆
32	华斯汀酒店	成都市蒲江县鹤山镇	蒲江县	社会旅馆
33	湖山大酒店	成都市蒲江县鹤山镇	蒲江县	社会旅馆
34	昊天大酒店	成都市蒲江县鹤山镇	蒲江县	社会旅馆
35	达辉酒店	成都市蒲江县鹤山镇	蒲江县	社会旅馆
36	蒲江青松驿站	成都市蒲江县广定路228号	蒲江县	社会旅馆
37	新苑酒店	成都市蒲江县甘溪镇	蒲江县	社会旅馆
38	时光大酒店	成都市蒲江县甘溪镇	蒲江县	社会旅馆
39	甘溪大酒店	成都市蒲江县甘溪镇	蒲江县	社会旅馆
40	明轩酒店	成都市蒲江县复兴镇	蒲江县	社会旅馆
41	丰庆大酒店	成都市蒲江县复兴镇	蒲江县	社会旅馆
42	方家大酒店	成都市蒲江县复兴镇	蒲江县	社会旅馆
43	临江逸家商务宾馆	成都市蒲江县飞虎路109号	蒲江县	社会旅馆
44	大兴花园酒店	成都市蒲江县大兴镇九仙路39号	蒲江县	社会旅馆
45	阳光快捷酒店	成都市蒲江县大兴镇	蒲江县	社会旅馆
46	瑞鑫商务酒店	成都市蒲江县大兴镇	蒲江县	社会旅馆
47	华翔大酒店	成都市蒲江县大兴镇	蒲江县	社会旅馆

续表

序号	酒店名称	酒店地址	区域	酒店类型
48	华天酒店	成都市蒲江县大塘	蒲江县	社会旅馆
49	志远大酒店	成都市蒲江县大唐镇	蒲江县	社会旅馆
50	保利石象湖象泉山庄度假酒店	成都市蒲江县成雅高速公路86公里出口处	蒲江县	社会旅馆
51	成都蒲江星月小筑	成都市蒲江县成祥街8号附2号	蒲江县	社会旅馆
52	青山大酒店	成都市蒲江县朝阳镇	蒲江县	社会旅馆
53	朝阳大酒店	成都市蒲江县朝阳镇	蒲江县	社会旅馆
54	雅洛轩商务酒店	成都市蒲江县朝阳湖镇	蒲江县	社会旅馆
55	新雅居	成都市蒲江县朝阳大道92号	蒲江县	社会旅馆
56	成都杜家饭店	成都市蒲江县朝阳大道86号	蒲江县	社会旅馆
57	成都蒲江朝阳商务酒店	成都市蒲江县朝阳大道115号	蒲江县	社会旅馆
58	成都城中小筑度假屋	成都市蒲江县草市街39号	蒲江县	社会旅馆
59	蒲江县鑫涛商务宾馆	成都蒲江县广定路13号	蒲江县	社会旅馆
60	月亮湾宾馆	成都蒲江县飞龙路135号	蒲江县	社会旅馆
61	9号公馆	成都市蒲江县利民路北段54号	蒲江县	社会旅馆
62	成都蒲江川吉居旅社	成都市蒲江县客运中心背后	蒲江县	社会旅馆
63	青松驿站	成都市蒲江县鹤山镇广定路228号	蒲江县	社会旅馆
64	蒲江樱桃园农家乐	成都市蒲江县光明乡金花村樱桃山景区	蒲江县	社会旅馆
65	蒲江沁香居客栈	成都市蒲江县朝阳湖镇	蒲江县	社会旅馆
66	谭家旅店	成都市蒲江县西来镇	蒲江县	社会旅馆
67	光华旅店	成都市蒲江县西来镇	蒲江县	社会旅馆
68	古河旅店	成都市蒲江县西来镇	蒲江县	社会旅馆
69	西来古镇太和客栈	成都市蒲江县西来古镇文风街	蒲江县	社会旅馆
70	西来古镇馨韵客栈	成都市蒲江县西来古镇白马新村	蒲江县	社会旅馆
71	鸿发宾馆	成都市蒲江县寿安镇蒲新路西段58号	蒲江县	社会旅馆
72	星星缘商务宾馆	成都市蒲江县寿安镇蒲新路64号	蒲江县	社会旅馆
73	蒲江9号公馆	成都市蒲江县寿安镇利民路北54号	蒲江县	社会旅馆
74	爱家旅店	成都市蒲江县鹤山镇	蒲江县	社会旅馆
75	启明旅店	成都市蒲江县甘溪镇	蒲江县	社会旅馆
76	泽和旅店	成都市蒲江县大兴镇	蒲江县	社会旅馆
77	国华旅店	成都市蒲江县大兴镇	蒲江县	社会旅馆
78	德福客栈	成都市蒲江县大唐镇	蒲江县	社会旅馆
79	闲云旅店	成都市蒲江县朝阳镇	蒲江县	社会旅馆
80	封瑞旅馆	成都市蒲江县朝阳镇	蒲江县	社会旅馆
81	成都蜀秀宾馆	成都市蒲江县朝阳湖镇大佛坪	蒲江县	社会旅馆

续表

序号	酒店名称	酒店地址	区域	酒店类型
82	雷培军旅店	成都市蒲江县朝阳湖镇	蒲江县	社会旅馆
83	陈自灵旅店	成都市蒲江县朝阳湖镇	蒲江县	社会旅馆
84	润园	成都市蒲江县光明乡韩桥村	蒲江县	社会旅馆
85	川西友助山寨	成都市蒲江县成佳镇友助村8组	蒲江县	社会旅馆
86	寿安农家大院	成都市蒲江县寿安镇白岩寺村	蒲江县	社会旅馆
87	水碾坊	成都市蒲江县鹤山镇五龙村	蒲江县	社会旅馆
88	顺河源	成都市蒲江县朝阳湖镇仙阁村13组	蒲江县	社会旅馆
89	缘和圆	成都市蒲江县朝阳湖镇仙阁村13组	蒲江县	社会旅馆
90	陈家大院	成都市蒲江县朝阳湖风景区	蒲江县	社会旅馆
91	三公桩农家乐	成都市蒲江县鹤山镇题泉村	蒲江县	社会旅馆
92	仕博缘	成都市蒲江县光明乡官帽村	蒲江县	社会旅馆
93	顺苑山庄	成都市蒲江县西来镇	蒲江县	社会旅馆
94	锦野春山庄	成都市蒲江县白云乡尖峰村3组	蒲江县	社会旅馆
95	周家客栈	成都市蒲江县西来镇	蒲江县	乡村酒店
96	西来古镇钦桢古露山庄	成都市蒲江县西来古镇杨菜园子	蒲江县	乡村酒店
97	茶马世家	成都市蒲江县成佳镇上	蒲江县	乡村酒店
98	象泉山庄	成都市蒲江县朝阳湖镇	蒲江县	乡村酒店
99	飘香阁茶楼	成都市蒲江县朝阳湖镇	蒲江县	乡村酒店
100	樱桃老家	成都市蒲江县光明乡官帽村5组	蒲江县	乡村酒店
101	最深处樱桃山	成都市蒲江县光明乡金花村11组	蒲江县	乡村酒店
102	王木匠农家乐	成都市蒲江县光明乡金花村7组	蒲江县	乡村酒店
103	山顶人家	成都市蒲江县光明乡金花村12组	蒲江县	乡村酒店
104	樱映人家	成都市蒲江县光明乡韩桥村5组	蒲江县	乡村酒店
105	嘉和山庄	成都市蒲江县光明乡韩桥村2组	蒲江县	乡村酒店
106	醉花园	成都市蒲江县光明乡金花村7组	蒲江县	乡村酒店
107	欢乐居	成都市蒲江县光明乡金花村7组	蒲江县	乡村酒店
108	馨香楼	成都市蒲江县光明乡金花村5组	蒲江县	乡村酒店
109	林原	成都市蒲江县光明乡官帽村5组	蒲江县	乡村酒店
110	山野菜	成都市蒲江县光明乡金花村5组	蒲江县	乡村酒店
111	吊脚楼	成都市蒲江县光明乡金花村5组	蒲江县	乡村酒店
112	金河谷	成都市蒲江县光明乡金花村	蒲江县	乡村酒店
113	乡老表	成都市蒲江县光明乡金花村	蒲江县	乡村酒店
114	望明山庄	成都市蒲江县光明乡金花村	蒲江县	乡村酒店
115	韩府鸿院	成都市蒲江县鹤山镇龙潭村	蒲江县	乡村酒店
116	原野山庄	成都市蒲江县鹤山镇蒲砚村	蒲江县	乡村酒店

续表

序号	酒店名称	酒店地址	区域	酒店类型
117	红岩山庄	成都市蒲江县鹤山镇红岩村	蒲江县	乡村酒店
118	金海瑞苑	成都市蒲江县鹤山镇蒲砚村	蒲江县	乡村酒店
119	蒲兴缘	成都市蒲江县鹤山镇青龙村	蒲江县	乡村酒店
120	佳茗山庄	成都市蒲江县成佳镇万民村	蒲江县	乡村酒店
121	顺江园	成都市蒲江县朝阳湖镇白鹤村	蒲江县	乡村酒店
122	王码头	成都市蒲江县朝阳湖镇白鹤村	蒲江县	乡村酒店
123	静丽庄	成都市蒲江县朝阳湖镇白鹤村8组	蒲江县	乡村酒店
124	大溪港	成都市蒲江县朝阳湖镇	蒲江县	乡村酒店
125	黄桷树	成都市蒲江县鹤山镇五龙村	蒲江县	乡村酒店
126	河边大院	成都市蒲江县鹤山镇	蒲江县	乡村酒店
127	孙家大院	成都市蒲江县鹤山镇朝阳社区5组	蒲江县	乡村酒店
128	五龙农家乐	成都市蒲江县鹤山镇五龙村	蒲江县	乡村酒店
129	楠木园	成都市蒲江县鹤山镇	蒲江县	乡村酒店
130	明桂山庄	成都市蒲江县寿安镇龙泉村	蒲江县	乡村酒店
131	老瓦房	成都市蒲江县鹤山镇五龙村2社	蒲江县	乡村酒店
132	鹤林第一家	成都市蒲江县白云乡窑埂村7组	蒲江县	乡村酒店
133	仙鹤林山庄	成都市蒲江县白云乡窑埂村7组	蒲江县	乡村酒店
134	深山土鸡馆	成都市蒲江县鹤山镇五龙村8社	蒲江县	乡村酒店
135	荟园鱼庄	成都市蒲江县成佳六合鱼美食区	蒲江县	乡村酒店
136	绿碧山庄	成都市蒲江县鹤山镇蒲砚村	蒲江县	乡村酒店
137	乡村味农家乐	成都市蒲江县鹤山镇樱桃村	蒲江县	乡村酒店
138	靓水人家	成都市蒲江县鹤山镇	蒲江县	乡村酒店
139	梓鹤院	成都市蒲江县朝阳湖镇白鹤村5组	蒲江县	乡村酒店
140	聚闲庄	成都市蒲江县蒲江县鹤山镇体泉村	蒲江县	乡村酒店
141	春天里农家乐	成都市蒲江县光明乡金花村7组	蒲江县	乡村酒店
142	樱桃园	成都市蒲江县光明乡金花村5组	蒲江县	乡村酒店
143	红樱园	成都市蒲江县光明乡官帽村6组	蒲江县	乡村酒店
144	鹿鸣山庄	成都市蒲江县光明乡金花村5组	蒲江县	乡村酒店
145	九连山生态农业苑	成都市蒲江县大兴镇平桥村	蒲江县	乡村酒店
146	静音山庄	成都市蒲江县鹤山镇六合村	蒲江县	乡村酒店
147	龙凤山庄	成都市蒲江县成佳镇胜利村8社	蒲江县	乡村酒店
148	仙阁山庄	成都市蒲江县朝阳湖镇仙阁村	蒲江县	乡村酒店
149	胡老表农家乐	成都市蒲江县西来镇两河村8社	蒲江县	乡村酒店
150	清溪山庄	成都市蒲江县鹤山镇	蒲江县	乡村酒店
151	陈氏六合鱼	成都市蒲江县成佳镇	蒲江县	乡村酒店

青白江区旅游住宿业单位名单

序号	酒店名称	酒店地址	区域	酒店类型
1	成都凤凰湖天泉大酒店	成都市青白江石家碾中路88号	青白江区	四星级酒店
2	如家快捷成都青白江怡湖东路店	成都市青白江怡湖东路415号	青白江区	商务连锁型酒店
3	成都如家酒店管理有限公司怡湖东路店	成都市青白江区怡湖东路415号	青白江区	商务连锁型酒店
4	成都九点连锁酒店青白江店	成都市青白江区华金大道二段406号	青白江区	商务连锁型酒店
5	如家快捷成都青白江和谐广场安居路店	成都市青白江区安居路50号	青白江区	商务连锁型酒店
6	成都凯宾连锁酒店青白江店	成都青白江区清江中路288号	青白江区	商务连锁型酒店
7	青白江区岷江旅馆	成都市青白江区政府中路201号18栋3—6号	青白江区	社会旅馆
8	成都青白江力和花园酒店	成都市青白江区新河路8号	青白江区	社会旅馆
9	花语南城酒店	成都市青白江区向阳路一支道118号南浦郡3层	青白江区	社会旅馆
10	成都市青白江区祥青商务宾馆	成都市青白江区祥福镇中街133号	青白江区	社会旅馆
11	成都华金酒店	成都市青白江区团结西路548号	青白江区	社会旅馆
12	成都馨悦逸家酒店	成都市青白江区同心大道613号	青白江区	社会旅馆
13	凤凰湖天泉酒店	成都市青白江区石家碾中路88号	青白江区	社会旅馆
14	成都稻香乡村酒店城厢店	成都市青白江区清泉大道二段城厢镇前锋村青白江区6路	青白江区	社会旅馆
15	青白江久悦商务宾馆	成都市青白江区青江中路	青白江区	社会旅馆
16	四川川化集团股份有限公司川化宾馆	成都市青白江区青江东路粮食巷35号	青白江区	社会旅馆
17	成都青白江川化宾馆	成都市青白江区粮食巷35号	青白江区	社会旅馆
18	青白江宏鼎商务酒店	成都市青白江区菁华路47号	青白江区	社会旅馆
19	青白江区聚鑫假日酒店	成都市青白江区菁华路126-128号	青白江区	社会旅馆
20	青白江温家寨子酒店	成都市青白江区华金大道一段691号	青白江区	社会旅馆
21	青白江区富林商务宾馆	成都市青白江区华金大道一段400号	青白江区	社会旅馆
22	成都巨人树酒店	成都市青白江区华金大道二段562号	青白江区	社会旅馆
23	青白江区鸿源商务宾馆	成都市青白江区红阳路71号2幢附7—10号	青白江区	社会旅馆
24	成都泰然商务酒店	成都市青白江区大弯学苑路293号	青白江区	社会旅馆
25	成都环世达商务有限公司青白江旅馆	成都市青白江区大弯果市巷26号	青白江区	社会旅馆
26	成都怡洲商务酒店	成都市青白江区大弯北路88号	青白江区	社会旅馆
27	青白江青云酒店	成都市青白江区城厢镇玉虹路口	青白江区	社会旅馆

续表

序号	酒店名称	酒店地址	区域	酒店类型
28	成都汇家商务酒店	成都市青白江区城厢镇建设路28号	青白江区	社会旅馆
29	成都芳邻商务酒店	成都市青白江地区华金大道二段262号	青白江区	社会旅馆
30	青白江区夏包子旅馆	成都市青白江区政府中路91号8栋21号	青白江区	社会旅馆
31	青白江区祥和宾馆	成都市青白江区祥福镇同心中路56号	青白江区	社会旅馆
32	青白江毗河宾馆	成都市青白江区祥福镇康家渡社区3组	青白江区	社会旅馆
33	龙井园休闲庄	成都市青白江区姚渡龙门桃花沟	青白江区	社会旅馆
34	杏花第一庄	成都市青白江区福洪乡杏花村	青白江区	社会旅馆
35	杏福田园山庄	成都市青白江区福洪乡杏花村	青白江区	社会旅馆
36	杏花山庄	成都市青白江区福洪乡杏花村	青白江区	社会旅馆
37	星宇生态园	成都市青白江区姚渡镇龙门桃花沟	青白江区	社会旅馆
38	滨湖人家农家乐	成都市青白江区人和乡三元村18组	青白江区	社会旅馆
39	古城土鳝鱼馆	成都市青白江区城厢镇玉龙村	青白江区	社会旅馆
40	翠竹园休闲庄	成都市青白江区人和乡平桥村13组	青白江区	社会旅馆
41	彭福湾	成都市青白江区人和乡平桥村9组	青白江区	社会旅馆
42	芙蓉山庄	成都市青白江区人和乡平桥村9组	青白江区	社会旅馆
43	西江月生态农庄	成都市青白江区祥福镇华家村	青白江区	社会旅馆
44	天和四季酒店	成都市青白江区福洪乡杏花村	青白江区	社会旅馆
45	温家寨子	成都市青白江区华金大道一段691号	青白江区	社会旅馆
46	秀水稻香休闲庄	成都市青白江区城厢镇成太路	青白江区	社会旅馆
47	青白江鑫宏宾馆	成都市青白江区清泉镇太平村14组	青白江区	乡村酒店
48	青白江区清泉镇平安旅馆	成都市青白江区清泉镇平安路137号	青白江区	乡村酒店
49	青白江区金土地休闲庄	成都市青白江区龙王镇红树村8组	青白江区	乡村酒店
50	青白江区寺外如意旅馆	成都市青白江区华金大道一段842、844、846号	青白江区	乡村酒店
51	四川省川化润嘉置业有限责任公司第一招待所	成都市青白江区大弯镇果市巷54号	青白江区	乡村酒店
52	青白江大弯旅社	成都市青白江区大弯镇大弯北路88号	青白江区	乡村酒店
53	青白江区前进旅馆	成都市青白江区大弯北路143号	青白江区	乡村酒店
54	青白江馨香客栈	成都市青白江区城厢镇下北街39号	青白江区	乡村酒店
55	青白江凌霄楼酒楼一分店	成都市青白江区城厢镇下北街148—160号	青白江区	乡村酒店
56	青白江区城厢镇北门旅社	成都市青白江区城厢镇汽车站内	青白江区	乡村酒店
57	成都馨香客栈	成都市青白江地区城厢镇下北街39号	青白江区	乡村酒店
58	临风楼	成都市青白江区大弯镇革新村	青白江区	乡村酒店
59	东方欲晓	成都市青白江区城厢镇十五里村	青白江区	乡村酒店
60	王家庄	成都市青白江区城厢镇白贯村	青白江区	乡村酒店

续表

序号	酒店名称	酒店地址	区域	酒店类型
61	同聚苑	成都市青白江区大同镇同福村	青白江区	乡村酒店
62	龙腾苑	成都市青白江区姚渡镇龙门村	青白江区	乡村酒店
63	红玫瑰休闲庄	成都市青白江区城厢镇十八湾村4组	青白江区	乡村酒店
64	和塘花源	成都市青白江区清泉镇花园社区广场对面	青白江区	乡村酒店
65	清平乐休闲庄	成都市青白江区清泉镇太平村11组	青白江区	乡村酒店
66	福临杏都	成都市青白江区福洪乡杏花村	青白江区	乡村酒店
67	丰元酒楼	成都市青白江区福洪乡杏花村	青白江区	乡村酒店
68	顺河居	成都市青白江区龙王场镇	青白江区	乡村酒店
69	龙井休闲庄	成都市青白江区姚渡镇凉水龙门	青白江区	乡村酒店
70	芮家风味蛇管	成都市青白江城厢镇十五里村	青白江区	乡村酒店
71	青瓦台农家乐	成都市青白江区红阳街道玉带社区1组	青白江区	乡村酒店
72	文翠餐馆	成都市青白江区姚渡镇芦稿村6组	青白江区	乡村酒店
73	维维果园农家乐	成都市青白江区福洪乡民主村1组300号	青白江区	乡村酒店
74	成富梁氏山庄	成都市青白江区姚渡镇永和村	青白江区	乡村酒店
75	黄桷树生态园	成都市青白江区姚渡镇芦稿村	青白江区	乡村酒店
76	聚龙休闲乡村酒店	成都市青白江区龙王镇红树村	青白江区	乡村酒店
77	桂枫苑园艺场	成都市青白江区城厢镇前锋村5组	青白江区	乡村酒店
78	金土地休闲庄	成都市青白江区龙王镇红树村8组	青白江区	乡村酒店

邛崃市旅游住宿业单位名单

序号	酒店名称	酒店地址	区域	酒店类型
1	天台山大酒店	成都市邛崃市天台山风景区中段	邛崃市	三星级酒店
2	红楼大酒店	成都市邛崃市文星街335号	邛崃市	三星级酒店
3	成都市宜家快捷酒店	成都市邛崃市文星巷42号	邛崃市	商务连锁型酒店
4	邛崃琴海假日商务酒店	成都邛崃市东星大道4号	邛崃市	社会旅馆
5	成都景颐商务酒店	成都邛崃市临邛镇君平大道397号附10号	邛崃市	社会旅馆
6	邛崃文君精品酒店	成都邛崃市永丰路360号	邛崃市	社会旅馆
7	颐和精品商务酒店	成都邛崃市长安大道607号	邛崃市	社会旅馆
8	成都市天台山云景假日酒店有限公司	成都市邛崃市	邛崃市	社会旅馆
9	成都喜来旅业投资有限责任公司	成都市邛崃市东街59-61号	邛崃市	社会旅馆
10	都市宾馆	成都市邛崃市东锦街69-71号地税局旁	邛崃市	社会旅馆
11	成都市琴海假日商务酒店	成都市邛崃市东星大道2-4号	邛崃市	社会旅馆

续表

序号	酒店名称	酒店地址	区域	酒店类型
12	临邛镇东申宾馆	成都市邛崃市蜚虹9组100号	邛崃市	社会旅馆
13	临邛瑞兴宾馆	成都市邛崃市蜚虹9组32号	邛崃市	社会旅馆
14	四川省兰庭酒店有限公司	成都市邛崃市蜚虹路335号	邛崃市	社会旅馆
15	金都商务宾馆	成都市邛崃市蜚虹社区9组101～103号	邛崃市	社会旅馆
16	固驿顺利旅馆	成都市邛崃市固驿顺利村9组	邛崃市	社会旅馆
17	固驿镇东河宾馆	成都市邛崃市固驿镇东河路296号	邛崃市	社会旅馆
18	固驿镇华美商务酒店	成都市邛崃市固驿镇下河街	邛崃市	社会旅馆
19	固驿镇春台宾馆	成都市邛崃市固驿镇芷林小区北街82号	邛崃市	社会旅馆
20	又一村	成都市邛崃市近郊邛崃市邛蒲路	邛崃市	社会旅馆
21	临邛雅洁客栈	成都市邛崃市临邛汇源街17号	邛崃市	社会旅馆
22	国安宾馆	成都市邛崃市临邛南环路39号	邛崃市	社会旅馆
23	临邛镇琴台客栈文君街店	成都市邛崃市临邛文君街4号	邛崃市	社会旅馆
24	金强琴台森林大酒店	成都市邛崃市临邛镇白鹤街1号	邛崃市	社会旅馆
25	喜来假日酒店	成都市邛崃市临邛镇东街59–61号	邛崃市	社会旅馆
26	临邛邛州商务酒店	成都市邛崃市临邛镇东星大道417–419	邛崃市	社会旅馆
27	成都龙腾大酒店	成都市邛崃市临邛镇东星大道	邛崃市	社会旅馆
28	临邛镇站前宾馆	成都市邛崃市临邛镇东星大道473号附7号	邛崃市	社会旅馆
29	四川省康乐福利有限公司富宏大酒店	成都市邛崃市临邛镇东星大道476号	邛崃市	社会旅馆
30	爱尚丽丝酒店	成都市邛崃市临邛镇东星大道476号	邛崃市	社会旅馆
31	桂园大酒店有限公司	成都市邛崃市临邛镇东星大道兴欣街1号	邛崃市	社会旅馆
32	成都市楠泰商务酒店管理有限公司邛崃分公司	成都市邛崃市临邛镇方圆街2号	邛崃市	社会旅馆
33	成都兰庭大酒店	成都市邛崃市临邛镇蜚虹路335号	邛崃市	社会旅馆
34	凯祥大酒店美华大	成都市邛崃市临邛镇金宝街111号	邛崃市	社会旅馆
35	三阳实业有限公司禧缘酒店	成都市邛崃市临邛镇金宝街133号	邛崃市	社会旅馆
36	金溢酒店	成都市邛崃市临邛镇金宝街138号	邛崃市	社会旅馆
37	临邛古城宾馆	成都市邛崃市临邛镇金宝街139号	邛崃市	社会旅馆
38	临邛金源酒店	成都市邛崃市临邛镇金宝街140号	邛崃市	社会旅馆
39	三和商务宾馆	成都市邛崃市临邛镇金宝街46–50号	邛崃市	社会旅馆
40	临邛镇寓宾楼宾馆	成都市邛崃市临邛镇马蹄村2组	邛崃市	社会旅馆
41	临邛镇桃源宾馆	成都市邛崃市临邛镇马蹄社区2组	邛崃市	社会旅馆
42	临邛镇桃源楼宾馆	成都市邛崃市临邛镇马蹄社区2组	邛崃市	社会旅馆

续表

序号	酒店名称	酒店地址	区域	酒店类型
43	南岳商务酒店	成都市邛崃市临邛镇南岳街71号	邛崃市	社会旅馆
44	九里春家园酒店	成都市邛崃市临邛镇文南路269号	邛崃市	社会旅馆
45	八十子宾馆	成都市邛崃市临邛镇兴民街12号	邛崃市	社会旅馆
46	司马楼商务酒店	成都市邛崃市临邛镇兴欣街118号	邛崃市	社会旅馆
47	龙腾大酒店有限公司	成都市邛崃市临邛镇长安大道471号	邛崃市	社会旅馆
48	临邛麒园楼酒店	成都市邛崃市临邛镇长安大道526号	邛崃市	社会旅馆
49	颐和大酒店	成都市邛崃市临邛镇长安大道607号	邛崃市	社会旅馆
50	临邛镇金雅阁旅馆	成都市邛崃市临长安大道178号	邛崃市	社会旅馆
51	邛崃古镇旅游文化有限公司	成都市邛崃市平乐金河村4组	邛崃市	社会旅馆
52	平乐禹王阁客栈	成都市邛崃市平乐迎宾路251号	邛崃市	社会旅馆
53	平乐雅园居客栈	成都市邛崃市平乐禹王社区11组	邛崃市	社会旅馆
54	平乐上河雅居客栈	成都市邛崃市平乐禹王社区4组	邛崃市	社会旅馆
55	成都濯缨水阁酒店有限公司	成都市邛崃市平乐镇平沙落雁雁堂街8号	邛崃市	社会旅馆
56	前进镇恒瑞宾馆	成都市邛崃市前进镇顺河街26-31号	邛崃市	社会旅馆
57	前进镇友谊宾馆	成都市邛崃市前进镇新兴街104-106号	邛崃市	社会旅馆
58	凯祥大酒店	成都市邛崃市邛崃临邛镇金宝街115号	邛崃市	社会旅馆
59	天台山玉龙培训中心	成都市邛崃市天台山风景区	邛崃市	社会旅馆
60	天台山小磨房宾馆	成都市邛崃市天台山景区	邛崃市	社会旅馆
61	天台山丽景宾馆	成都市邛崃市天台山景区	邛崃市	社会旅馆
62	天台山金龙河宾馆	成都市邛崃市天台山景区	邛崃市	社会旅馆
63	天台山乐安山庄	成都市邛崃市天台山马坪村10组	邛崃市	社会旅馆
64	成都天顺鑫农业投资开发有限公司有美堂精品酒店	成都市邛崃市天台山镇马坪村10组	邛崃市	社会旅馆
65	临邛镇洹大客栈	成都市邛崃市文虹路143-145号	邛崃市	社会旅馆
66	临邛镇艺轩客栈	成都市邛崃市文水路173-175号	邛崃市	社会旅馆
67	临邛镇文星旅馆	成都市邛崃市文星街122号	邛崃市	社会旅馆
68	临邛镇崇德招待所	成都市邛崃市文星街176号	邛崃市	社会旅馆
69	临邛如意客栈	成都市邛崃市文星街252号	邛崃市	社会旅馆
70	卧龙镇吉兴旅社	成都市邛崃市卧龙金龙街36-38号	邛崃市	社会旅馆
71	卧龙镇金龙旅馆	成都市邛崃市卧龙龙潭街146号	邛崃市	社会旅馆
72	卧龙镇祥和客栈	成都市邛崃市卧龙镇金龙小区1号	邛崃市	社会旅馆
73	卧龙镇好运来客栈	成都市邛崃市卧龙镇酒肆商贸区	邛崃市	社会旅馆
74	卧龙镇雅兴旅馆	成都市邛崃市卧龙镇龙潭街	邛崃市	社会旅馆
75	卧龙龙池客栈	成都市邛崃市卧龙镇兴龙街	邛崃市	社会旅馆

续表

序号	酒店名称	酒店地址	区域	酒店类型
76	卧龙鑫龙宾馆	成都市邛崃市卧龙镇兴龙街153号	邛崃市	社会旅馆
77	卧龙镇如意旅馆	成都市邛崃市卧龙镇宇龙街46号	邛崃市	社会旅馆
78	天竺园	成都市邛崃市西环路	邛崃市	社会旅馆
79	广场宾馆新民街西段	成都市邛崃市新民街153	邛崃市	社会旅馆
80	迎宾楼	成都市邛崃市兴欣街118	邛崃市	社会旅馆
81	人和苑客栈	成都市邛崃市兴欣街40号	邛崃市	社会旅馆
82	欣雨楼客栈	成都市邛崃市兴欣街91-93号	邛崃市	社会旅馆
83	散花书院	成都市邛崃市雁鸣街4号	邛崃市	社会旅馆
84	羊安镇回头旅店	成都市邛崃市羊安镇古安路8-10号	邛崃市	社会旅馆
85	羊安镇崃香旅馆	成都市邛崃市羊安镇黄塔街176号	邛崃市	社会旅馆
86	成都市留云宾馆	成都市邛崃市羊安镇新城区	邛崃市	社会旅馆
87	羊安镇新城旅店	成都市邛崃市羊安镇新城区黄塔子182-184号	邛崃市	社会旅馆
88	羊安上龙宾馆	成都市邛崃市羊安镇新城区上龙街165-171号	邛崃市	社会旅馆
89	羊安镇银都旅馆	成都市邛崃市羊安镇新庄路98-100号	邛崃市	社会旅馆
90	羊安亚琼旅馆	成都市邛崃市羊安镇羊安街176号	邛崃市	社会旅馆
91	羊安镇金王朝旅馆	成都市邛崃市羊安镇永康大道122-124号	邛崃市	社会旅馆
92	羊安镇富升宾馆永康大道店	成都市邛崃市羊安镇永康大道128号	邛崃市	社会旅馆
93	羊安镇金山宾馆	成都市邛崃市羊安镇玉泉街198-200号	邛崃市	社会旅馆
94	临邛鸿祥宾馆	成都市邛崃市银丰路14号	邛崃市	社会旅馆
95	碧海云天	成都市邛崃市银丰路94号	邛崃市	社会旅馆
96	文君精品酒店	成都市邛崃市永丰路360号	邛崃市	社会旅馆
97	成都北京八方大酒店	成都市邛崃市长安大道512号汽车站斜对面	邛崃市	社会旅馆
98	金鼎宾馆	四川省邛崃市临邛镇蜚虹社区9组90号	邛崃市	社会旅馆
99	成都洹大客栈	成都邛崃市文虹路143-145号	邛崃市	乡村酒店
100	邛崃依政客栈	成都邛崃市文虹路81-82号	邛崃市	乡村酒店
101	天台山富明客栈	成都市邛崃市	邛崃市	乡村酒店
102	临邛心诚旅馆	成都市邛崃市	邛崃市	乡村酒店
103	临邛镇雅洁楼旅馆	成都市邛崃市东虹路135号	邛崃市	乡村酒店
104	临邛镇喜悦来客栈	成都市邛崃市东虹路155号附58号	邛崃市	乡村酒店
105	琴台客栈	成都市邛崃市东虹路157号	邛崃市	乡村酒店
106	临邛镇康佳住宿部	成都市邛崃市东虹路165号	邛崃市	乡村酒店
107	临邛镇星月客栈	成都市邛崃市东虹路167号	邛崃市	乡村酒店

续表

序号	酒店名称	酒店地址	区域	酒店类型
108	临邛镇顺通客栈	成都市邛崃市东虹路171号	邛崃市	乡村酒店
109	临邛镇天山客栈	成都市邛崃市东虹路173-175号	邛崃市	乡村酒店
110	临邛兴鸿客栈	成都市邛崃市东虹路191号附2号	邛崃市	乡村酒店
111	临邛镇杰祥客栈	成都市邛崃市东虹路191号附46号	邛崃市	乡村酒店
112	临邛鑫安客栈	成都市邛崃市东虹路63号	邛崃市	乡村酒店
113	临邛逸然旅馆	成都市邛崃市蚩虹11组	邛崃市	乡村酒店
114	临邛依政客栈	成都市邛崃市蚩虹9组81号附1号	邛崃市	乡村酒店
115	高埂镇民兴旅馆	成都市邛崃市高埂镇高桥村10组	邛崃市	乡村酒店
116	高埂岸香阁农家乐	成都市邛崃市高埂镇金桥街8号	邛崃市	乡村酒店
117	高何镇启明星农家乐	成都市邛崃市高何镇高兴村 6组	邛崃市	乡村酒店
118	高何镇关西苑	成都市邛崃市高何镇高兴村1组	邛崃市	乡村酒店
119	高何镇星星河农庄	成都市邛崃市高何镇高兴村3组	邛崃市	乡村酒店
120	高何镇顺天楼山庄	成都市邛崃市高何镇高兴村5组	邛崃市	乡村酒店
121	高何镇楠木溪休闲山庄	成都市邛崃市高何镇高兴村5组	邛崃市	乡村酒店
122	高何镇楠木山寨	成都市邛崃市高何镇高兴村5组	邛崃市	乡村酒店
123	高何镇八柳潭农家乐	成都市邛崃市高何镇高兴村5组	邛崃市	乡村酒店
124	高何镇棕树坪山庄	成都市邛崃市高何镇高兴村6组	邛崃市	乡村酒店
125	高何镇竹林深处农家乐	成都市邛崃市高何镇高兴村6组	邛崃市	乡村酒店
126	高何镇玉祥山寨	成都市邛崃市高何镇高兴村6组	邛崃市	乡村酒店
127	高何镇双溪山苑	成都市邛崃市高何镇高兴村6组	邛崃市	乡村酒店
128	高何镇石竹林风情园	成都市邛崃市高何镇高兴村6组	邛崃市	乡村酒店
129	高何镇楠木山庄	成都市邛崃市高何镇高兴村6组	邛崃市	乡村酒店
130	高何镇柳入云农家乐	成都市邛崃市高何镇高兴村6组	邛崃市	乡村酒店
131	高何镇柳如烟农家乐	成都市邛崃市高何镇高兴村6组	邛崃市	乡村酒店
132	高何镇兰香阁	成都市邛崃市高何镇高兴村6组	邛崃市	乡村酒店
133	高何镇皇锡庄	成都市邛崃市高何镇高兴村6组	邛崃市	乡村酒店
134	高何镇桂蕊飘香农家乐	成都市邛崃市高何镇高兴村6组	邛崃市	乡村酒店
135	高何镇宾霞阁	成都市邛崃市高何镇高兴村6组	邛崃市	乡村酒店
136	高何镇花海乐苑	成都市邛崃市高何镇何场村11组	邛崃市	乡村酒店
137	高何镇清水鱼馆	成都市邛崃市高何镇何场村2组	邛崃市	乡村酒店
138	高何镇冷水鱼基地	成都市邛崃市高何镇靖口村2组	邛崃市	乡村酒店
139	高何镇天后居农家乐	成都市邛崃市高何镇靖口村5组	邛崃市	乡村酒店
140	高何镇两溪口山庄	成都市邛崃市高何镇靖口村5组	邛崃市	乡村酒店
141	高何镇田园人家	成都市邛崃市高何镇毛河村6组	邛崃市	乡村酒店
142	高何镇升霞面食店	成都市邛崃市高何镇沙坝街中段	邛崃市	乡村酒店

续表

序号	酒店名称	酒店地址	区域	酒店类型
143	高何镇李记饭店	成都市邛崃市高何镇沙坝正街92号	邛崃市	乡村酒店
144	高何镇米君饭店	成都市邛崃市高何镇上天街47号	邛崃市	乡村酒店
145	高何镇美惠饭店	成都市邛崃市高何镇正街122号	邛崃市	乡村酒店
146	高何镇华伦饭店	成都市邛崃市高何镇正街58号	邛崃市	乡村酒店
147	固驿镇大同旅馆	成都市邛崃市固驿镇春台社区4组	邛崃市	乡村酒店
148	固驿镇车站旅店	成都市邛崃市固驿镇卷洞桥街297号	邛崃市	乡村酒店
149	固驿镇豪京宾馆	成都市邛崃市固驿镇刘巷子139号	邛崃市	乡村酒店
150	固驿镇大同旅店	成都市邛崃市固驿镇刘巷子192号	邛崃市	乡村酒店
151	固驿镇顺利旅店	成都市邛崃市固驿镇刘巷子196号	邛崃市	乡村酒店
152	固驿旅店	成都市邛崃市固驿镇刘巷子300号	邛崃市	乡村酒店
153	固驿镇星星旅馆	成都市邛崃市固驿镇汽车站	邛崃市	乡村酒店
154	固驿春台旅馆	成都市邛崃市固驿镇仁寿村新区	邛崃市	乡村酒店
155	固驿镇东河宾馆	成都市邛崃市固驿镇治权路344号	邛崃市	乡村酒店
156	临邛世平旅馆	成都市邛崃市环东巷219-221号	邛崃市	乡村酒店
157	第一村农家乐	成都市邛崃市黄坝村黄坝东路	邛崃市	乡村酒店
158	回龙万兴旅馆	成都市邛崃市回龙镇大桥街58号	邛崃市	乡村酒店
159	回龙新街旅馆	成都市邛崃市回龙镇大塘村新街69号	邛崃市	乡村酒店
160	回龙镇新龙旅馆	成都市邛崃市回龙镇龙跃路29号	邛崃市	乡村酒店
161	兴龙旅馆	成都市邛崃市回龙镇龙跃路29号	邛崃市	乡村酒店
162	夹关镇小兵客栈	成都市邛崃市夹关镇南岸街11-13号	邛崃市	乡村酒店
163	夹关天天客栈	成都市邛崃市夹关镇筒车街	邛崃市	乡村酒店
164	临邛镇春红客栈	成都市邛崃市金桂街132号	邛崃市	乡村酒店
165	临邛镇心诚旅馆	成都市邛崃市临邛马蹄社区2组	邛崃市	乡村酒店
166	临邛镇望宾楼客栈	成都市邛崃市临邛镇东虹路133号	邛崃市	乡村酒店
167	临邛新阳光客栈	成都市邛崃市临邛镇东虹路138号	邛崃市	乡村酒店
168	临邛镇洪宇客栈	成都市邛崃市临邛镇东虹路155号附54号	邛崃市	乡村酒店
169	琴台客栈东虹店	成都市邛崃市临邛镇东虹路157号	邛崃市	乡村酒店
170	临邛镇东虹住宿部	成都市邛崃市临邛镇东虹路157号	邛崃市	乡村酒店
171	临邛镇君君客栈	成都市邛崃市临邛镇东虹路157号附57号	邛崃市	乡村酒店
172	临邛瑞丰客栈	成都市邛崃市临邛镇东虹路178号	邛崃市	乡村酒店
173	临邛洲通客栈	成都市邛崃市临邛镇东虹路188号	邛崃市	乡村酒店
174	临邛镇鸿森客栈	成都市邛崃市临邛镇东虹路191号附47号	邛崃市	乡村酒店
175	临邛镇瑞祥客栈	成都市邛崃市临邛镇东虹路191号附6号	邛崃市	乡村酒店

续表

序号	酒店名称	酒店地址	区域	酒店类型
176	临邛朝阳客栈	成都市邛崃市临邛镇东虹路195-197号	邛崃市	乡村酒店
177	临邛镇宏吉宾馆	成都市邛崃市临邛镇东虹小区211号	邛崃市	乡村酒店
178	临邛柳鸣旅馆	成都市邛崃市临邛镇东街408号	邛崃市	乡村酒店
179	临邛镇都市宾馆	成都市邛崃市临邛镇东锦街69号	邛崃市	乡村酒店
180	临邛镇均乐客栈	成都市邛崃市临邛镇东星大道366号	邛崃市	乡村酒店
181	临邛镇鹏程酒楼	成都市邛崃市临邛镇东星大道404号	邛崃市	乡村酒店
182	熙园客栈	成都市邛崃市临邛镇东星大道423-427号	邛崃市	乡村酒店
183	临邛镇秀安旅社	成都市邛崃市临邛镇东星大道509号附3号	邛崃市	乡村酒店
184	临邛镇寓宾楼宾馆	成都市邛崃市临邛镇东星大道523号	邛崃市	乡村酒店
185	临邛镇泰虹楼客栈	成都市邛崃市临邛镇东星大道银丰路51-53号	邛崃市	乡村酒店
186	金都宾馆	成都市邛崃市临邛镇蜚虹路101-103号	邛崃市	乡村酒店
187	集义茶坊	成都市邛崃市临邛镇蜚虹社区1组	邛崃市	乡村酒店
188	临邛金鼎宾馆	成都市邛崃市临邛镇蜚虹社区9组90号	邛崃市	乡村酒店
189	临邛镇环东住宿部	成都市邛崃市临邛镇环东巷52-53号	邛崃市	乡村酒店
190	临邛镇佳和旅馆	成都市邛崃市临邛镇黄坝社区6组	邛崃市	乡村酒店
191	文汇客栈	成都市邛崃市临邛镇汇源街15-17号	邛崃市	乡村酒店
192	临邛镇汇源楼住宿	成都市邛崃市临邛镇汇源街240号	邛崃市	乡村酒店
193	临邛康乃馨客栈	成都市邛崃市临邛镇汇源巷17号	邛崃市	乡村酒店
194	临邛临恒瑞楼旅馆	成都市邛崃市临邛镇金宝街101号	邛崃市	乡村酒店
195	临邛金宝客栈	成都市邛崃市临邛镇金宝街95号	邛崃市	乡村酒店
196	德谊客栈	成都市邛崃市临邛镇金桂街110号附28号	邛崃市	乡村酒店
197	新海岸客栈	成都市邛崃市临邛镇金桂街126号	邛崃市	乡村酒店
198	如归客栈	成都市邛崃市临邛镇金桂街50号附1-2号	邛崃市	乡村酒店
199	成都邛崃嘉利家客栈	成都市邛崃市临邛镇金桂街75附15号	邛崃市	乡村酒店
200	嘉利家客栈	成都市邛崃市临邛镇金桂街75号附15号	邛崃市	乡村酒店
201	临邛镇桂花苑度假村	成都市邛崃市临邛镇马蹄村2组	邛崃市	乡村酒店
202	临邛镇秀安旅舍	成都市邛崃市临邛镇马蹄社区2组	邛崃市	乡村酒店
203	永兴楼客栈	成都市邛崃市临邛镇马蹄社区2组	邛崃市	乡村酒店
204	临邛利民旅馆	成都市邛崃市临邛镇南岳街72号附8号	邛崃市	乡村酒店
205	临邛镇祥和旅馆	成都市邛崃市临邛镇七星街32号	邛崃市	乡村酒店
206	临邛镇建建住宿部	成都市邛崃市临邛镇瑞云街128号	邛崃市	乡村酒店

续表

序号	酒店名称	酒店地址	区域	酒店类型
207	临邛镇通达旅馆	成都市邛崃市临邛镇瑞云街79号	邛崃市	乡村酒店
208	临邛镇抚琴客栈	成都市邛崃市临邛镇文君街48号	邛崃市	乡村酒店
209	宾馆有限公司	成都市邛崃市临邛镇文庙街51号	邛崃市	乡村酒店
210	临邛镇华崃旅馆	成都市邛崃市临邛镇文南路229号	邛崃市	乡村酒店
211	临邛东风旅馆	成都市邛崃市临邛镇文南路47号	邛崃市	乡村酒店
212	临邛迎八方客栈	成都市邛崃市临邛镇文星街120号	邛崃市	乡村酒店
213	国安旅馆	成都市邛崃市临邛镇西环路23号	邛崃市	乡村酒店
214	临邛镇鑫艺客栈	成都市邛崃市临邛镇欣兴街112号	邛崃市	乡村酒店
215	临邛镇伊殿园旅馆	成都市邛崃市临邛镇欣兴街129号	邛崃市	乡村酒店
216	临邛昆仑旅馆	成都市邛崃市临邛镇新贤街69号	邛崃市	乡村酒店
217	微风旅馆	成都市邛崃市临邛镇兴民街16-18号	邛崃市	乡村酒店
218	临邛镇天景客栈	成都市邛崃市临邛镇兴盛街26号	邛崃市	乡村酒店
219	好时光宾馆	成都市邛崃市临邛镇兴盛街33号	邛崃市	乡村酒店
220	临邛镇德月楼客栈	成都市邛崃市临邛镇兴旺街18号	邛崃市	乡村酒店
221	临邛茂利源旅馆	成都市邛崃市临邛镇兴欣街100号	邛崃市	乡村酒店
222	临邛镇欣雅居旅馆	成都市邛崃市临邛镇兴欣街106号	邛崃市	乡村酒店
223	临邛镇水云间客栈	成都市邛崃市临邛镇兴欣街125号	邛崃市	乡村酒店
224	临邛镇美家居旅馆	成都市邛崃市临邛镇兴欣街130号	邛崃市	乡村酒店
225	临邛琴韵楼客栈	成都市邛崃市临邛镇兴欣街131-133号	邛崃市	乡村酒店
226	雅家达旅社	成都市邛崃市临邛镇兴欣街147号	邛崃市	乡村酒店
227	临邛镇聚欣居旅馆	成都市邛崃市临邛镇兴欣街148号	邛崃市	乡村酒店
228	临邛镇古蜀馨居旅社	成都市邛崃市临邛镇兴欣街22-26号	邛崃市	乡村酒店
229	临邛古蜀馨居旅社	成都市邛崃市临邛镇兴欣街22-26号	邛崃市	乡村酒店
230	邛崃临邛镇兴怡家居客栈	成都市邛崃市临邛镇兴欣街35号	邛崃市	乡村酒店
231	临邛镇沁心阁	成都市邛崃市临邛镇兴欣街35号	邛崃市	乡村酒店
232	临邛镇凤洋旅馆	成都市邛崃市临邛镇兴欣街38号	邛崃市	乡村酒店
233	临邛镇宏德欣旅社	成都市邛崃市临邛镇兴欣街39号	邛崃市	乡村酒店
234	临邛镇天堂鸟住宿部	成都市邛崃市临邛镇兴欣街50号	邛崃市	乡村酒店
235	临邛镇倨银堂旅馆	成都市邛崃市临邛镇兴欣街58号	邛崃市	乡村酒店
236	临邛桂波苑客栈	成都市邛崃市临邛镇兴欣街59-61号	邛崃市	乡村酒店
237	临邛碧波苑客栈	成都市邛崃市临邛镇兴欣街59-61号	邛崃市	乡村酒店
238	临邛临梦里人旅馆	成都市邛崃市临邛镇兴欣街68号	邛崃市	乡村酒店
239	临邛镇家苑客栈	成都市邛崃市临邛镇兴欣街80-82号	邛崃市	乡村酒店
240	临邛家苑客栈	成都市邛崃市临邛镇兴欣街80-82号	邛崃市	乡村酒店
241	欣欣天府居客栈	成都市邛崃市临邛镇兴欣街88号	邛崃市	乡村酒店

续表

序号	酒店名称	酒店地址	区域	酒店类型
242	临邛镇温馨客栈	成都市邛崃市临邛镇银丰路113–117号	邛崃市	乡村酒店
243	临邛镇假日印象旅馆	成都市邛崃市临邛镇银丰路13–15号	邛崃市	乡村酒店
244	邛崃临邛宏丰客栈	成都市邛崃市临邛镇银丰路26号	邛崃市	乡村酒店
245	临邛镇聚仙楼客栈	成都市邛崃市临邛镇银丰路35–37号	邛崃市	乡村酒店
246	临邛镇逸居客栈	成都市邛崃市临邛镇银丰路38号	邛崃市	乡村酒店
247	临邛溢香轩客栈	成都市邛崃市临邛镇银丰路59号	邛崃市	乡村酒店
248	临邛山水客栈	成都市邛崃市临邛镇银丰路61号	邛崃市	乡村酒店
249	临邛蜀人居茶楼	成都市邛崃市临邛镇银丰路63–65号	邛崃市	乡村酒店
250	临邛蜀人居客栈	成都市邛崃市临邛镇银丰路63–65号	邛崃市	乡村酒店
251	临邛镇西府楼客栈	成都市邛崃市临邛镇银丰路71–73号	邛崃市	乡村酒店
252	临邛镇碧海云天茶楼	成都市邛崃市临邛镇银丰路75–77号	邛崃市	乡村酒店
253	临邛邛州客栈	成都市邛崃市临邛镇银丰路7–9号	邛崃市	乡村酒店
254	临邛聚驿客栈	成都市邛崃市临邛镇银丰路79–81号	邛崃市	乡村酒店
255	天赐居客栈	成都市邛崃市临邛镇银丰路91号	邛崃市	乡村酒店
256	临邛镇银丰阁客栈	成都市邛崃市临邛镇银丰路97号	邛崃市	乡村酒店
257	临邛镇宾满园客栈	成都市邛崃市临邛镇银丰路商住楼101–103号	邛崃市	乡村酒店
258	临邛镇仙居旅社	成都市邛崃市临邛镇长安大道689号	邛崃市	乡村酒店
259	临邛镇喜来乐旅店	成都市邛崃市临邛镇长安大道697号	邛崃市	乡村酒店
260	亿鑫居旅馆	成都市邛崃市临邛镇长安大道705号	邛崃市	乡村酒店
261	临邛镇建安饭店	成都市邛崃市临邛镇长安大道713号	邛崃市	乡村酒店
262	临邛镇港湾旅社	成都市邛崃市临邛镇长安街701号	邛崃市	乡村酒店
263	夹关镇滨河园休闲庄	成都市邛崃市南大街32号	邛崃市	乡村酒店
264	大桥街旅馆	成都市邛崃市平乐大桥街49号	邛崃市	乡村酒店
265	丰乐塔客栈	成都市邛崃市平乐福惠街114号	邛崃市	乡村酒店
266	顺江客栈	成都市邛崃市平乐福惠街52号	邛崃市	乡村酒店
267	祥瑞茶园客栈	成都市邛崃市平乐福惠街82号	邛崃市	乡村酒店
268	顺和园精品客栈	成都市邛崃市平乐古镇乐善桥下游100米处	邛崃市	乡村酒店
269	百草园农家乐	成都市邛崃市平乐镇安乐村1组	邛崃市	乡村酒店
270	碧桂苑客栈	成都市邛崃市平乐镇茶马大道	邛崃市	乡村酒店
271	平乐惠佳客栈	成都市邛崃市平乐镇茶马大道中段	邛崃市	乡村酒店
272	平乐古亭客栈	成都市邛崃市平乐镇大桥街119号	邛崃市	乡村酒店
273	月上居客栈	成都市邛崃市平乐镇大桥街145号	邛崃市	乡村酒店
274	一米阳光旅店	成都市邛崃市平乐镇大桥街151号	邛崃市	乡村酒店
275	平乐小亭客栈	成都市邛崃市平乐镇大桥街156号	邛崃市	乡村酒店

续表

序号	酒店名称	酒店地址	区域	酒店类型
276	水景客栈	成都市邛崃市平乐镇大桥街186号	邛崃市	乡村酒店
277	平乐佳园客栈	成都市邛崃市平乐镇大桥街187号	邛崃市	乡村酒店
278	平乐餐厅德明客栈	成都市邛崃市平乐镇大桥街189号	邛崃市	乡村酒店
279	随缘客栈	成都市邛崃市平乐镇大桥街23-25号	邛崃市	乡村酒店
280	观景客栈	成都市邛崃市平乐镇大桥街235号	邛崃市	乡村酒店
281	云洪古桥客栈	成都市邛崃市平乐镇大桥街43号	邛崃市	乡村酒店
282	大榕树客栈	成都市邛崃市平乐镇大桥街62号	邛崃市	乡村酒店
283	乐善桥客栈	成都市邛崃市平乐镇大桥街74号	邛崃市	乡村酒店
284	平乐古蓉客栈	成都市邛崃市平乐镇福惠街106、108、110、112号	邛崃市	乡村酒店
285	古榕客栈	成都市邛崃市平乐镇福惠街106号	邛崃市	乡村酒店
286	丽江客栈	成都市邛崃市平乐镇福惠街112号	邛崃市	乡村酒店
287	惠友客栈	成都市邛崃市平乐镇福惠街113号	邛崃市	乡村酒店
288	水巷子客栈	成都市邛崃市平乐镇福惠街118号	邛崃市	乡村酒店
289	平乐上河苑客栈	成都市邛崃市平乐镇福惠街128-130号	邛崃市	乡村酒店
290	古景客栈	成都市邛崃市平乐镇福惠街45号	邛崃市	乡村酒店
291	银莉客栈	成都市邛崃市平乐镇福惠街69号	邛崃市	乡村酒店
292	长顺客栈	成都市邛崃市平乐镇福惠街72号	邛崃市	乡村酒店
293	与良客栈	成都市邛崃市平乐镇福惠街73号	邛崃市	乡村酒店
294	平乐邓家雅院	成都市邛崃市平乐镇福惠街87号	邛崃市	乡村酒店
295	悦来客栈	成都市邛崃市平乐镇福惠街90号	邛崃市	乡村酒店
296	福惠民居	成都市邛崃市平乐镇福惠街96号	邛崃市	乡村酒店
297	雪双苑客栈	成都市邛崃市平乐镇河村3组	邛崃市	乡村酒店
298	馨园客栈	成都市邛崃市平乐镇惠街98号	邛崃市	乡村酒店
299	锦鑫苑客栈	成都市邛崃市平乐镇江西街114号	邛崃市	乡村酒店
300	滨河客栈	成都市邛崃市平乐镇江西街116号	邛崃市	乡村酒店
301	平乐江西客栈	成都市邛崃市平乐镇江西街118号	邛崃市	乡村酒店
302	黄家客栈	成都市邛崃市平乐镇江西街120号	邛崃市	乡村酒店
303	吉祥客栈	成都市邛崃市平乐镇江西街253号	邛崃市	乡村酒店
304	平乐古街客栈	成都市邛崃市平乐镇江西街68-72	邛崃市	乡村酒店
305	黄家院客栈	成都市邛崃市平乐镇江西街下段子120号	邛崃市	乡村酒店
306	御荷苑客栈	成都市邛崃市平乐镇金河村	邛崃市	乡村酒店
307	一江三水旅馆	成都市邛崃市平乐镇金河村11组	邛崃市	乡村酒店
308	江畔农家乐	成都市邛崃市平乐镇金河村11组	邛崃市	乡村酒店

续表

序号	酒店名称	酒店地址	区域	酒店类型
309	平乐仁和客栈	成都市邛崃市平乐镇金河村1组	邛崃市	乡村酒店
310	平乐美好家园客栈	成都市邛崃市平乐镇金河村1组	邛崃市	乡村酒店
311	富河缘农家	成都市邛崃市平乐镇金河村1组	邛崃市	乡村酒店
312	滨河园客栈	成都市邛崃市平乐镇金河村1组	邛崃市	乡村酒店
313	水竹居客栈	成都市邛崃市平乐镇金河村2组	邛崃市	乡村酒店
314	平乐小角楼客栈	成都市邛崃市平乐镇金河村2组	邛崃市	乡村酒店
315	平乐三江客栈	成都市邛崃市平乐镇金河村2组	邛崃市	乡村酒店
316	翰林小院	成都市邛崃市平乐镇金河村2组	邛崃市	乡村酒店
317	郭家院客栈	成都市邛崃市平乐镇金河村2组	邛崃市	乡村酒店
318	快乐小栈客栈	成都市邛崃市平乐镇金河村2组1号	邛崃市	乡村酒店
319	银家客栈	成都市邛崃市平乐镇金河村4组	邛崃市	乡村酒店
320	一线天客栈	成都市邛崃市平乐镇金河村4组	邛崃市	乡村酒店
321	天桂苑客栈	成都市邛崃市平乐镇金河村4组	邛崃市	乡村酒店
322	仁友客栈	成都市邛崃市平乐镇金河村4组	邛崃市	乡村酒店
323	强华客栈	成都市邛崃市平乐镇金河村4组	邛崃市	乡村酒店
324	平乐小园林客栈	成都市邛崃市平乐镇金河村4组	邛崃市	乡村酒店
325	骆家院客栈	成都市邛崃市平乐镇金河村4组	邛崃市	乡村酒店
326	汇江农家乐	成都市邛崃市平乐镇金河村4组	邛崃市	乡村酒店
327	河边小院	成都市邛崃市平乐镇金河村4组	邛崃市	乡村酒店
328	古村落客栈	成都市邛崃市平乐镇金河村4组	邛崃市	乡村酒店
329	刘家客栈	成都市邛崃市平乐镇金河村4组44号	邛崃市	乡村酒店
330	临江楼客栈	成都市邛崃市平乐镇金河村4组48号	邛崃市	乡村酒店
331	堰江楼客栈	成都市邛崃市平乐镇金河村5组	邛崃市	乡村酒店
332	向阳红客栈	成都市邛崃市平乐镇金河村5组	邛崃市	乡村酒店
333	索桥客栈	成都市邛崃市平乐镇金河村5组	邛崃市	乡村酒店
334	榕缘客栈	成都市邛崃市平乐镇金河村5组	邛崃市	乡村酒店
335	千年树客栈	成都市邛崃市平乐镇金河村5组	邛崃市	乡村酒店
336	平乐堰江楼客栈	成都市邛崃市平乐镇金河村5组	邛崃市	乡村酒店
337	平乐小家园旅馆	成都市邛崃市平乐镇金河村5组	邛崃市	乡村酒店
338	绿园客栈	成都市邛崃市平乐镇金河村5组	邛崃市	乡村酒店
339	莲江客栈	成都市邛崃市平乐镇金河村5组	邛崃市	乡村酒店
340	近水居客栈	成都市邛崃市平乐镇金河村5组	邛崃市	乡村酒店
341	金河客栈	成都市邛崃市平乐镇金河村5组	邛崃市	乡村酒店
342	洁雅苑客栈	成都市邛崃市平乐镇金河村5组	邛崃市	乡村酒店
343	江边小院客栈	成都市邛崃市平乐镇金河村5组	邛崃市	乡村酒店

续表

序号	酒店名称	酒店地址	区域	酒店类型
344	海棠园客栈	成都市邛崃市平乐镇金河村5组	邛崃市	乡村酒店
345	古坊客栈	成都市邛崃市平乐镇金河村5组	邛崃市	乡村酒店
346	待月客栈	成都市邛崃市平乐镇金河村5组	邛崃市	乡村酒店
347	竹艺居客栈	成都市邛崃市平乐镇金河村6组	邛崃市	乡村酒店
348	月江客栈	成都市邛崃市平乐镇金河村6组	邛崃市	乡村酒店
349	金堰居客栈	成都市邛崃市平乐镇金河村6组	邛崃市	乡村酒店
350	春江客栈	成都市邛崃市平乐镇金河村6组	邛崃市	乡村酒店
351	平乐雅乐居客栈	成都市邛崃市平乐镇金河村7组	邛崃市	乡村酒店
352	观水楼客栈	成都市邛崃市平乐镇金河村7组	邛崃市	乡村酒店
353	尚乐客栈	成都市邛崃市平乐镇金河村8组	邛崃市	乡村酒店
354	平乐玉龙居客栈	成都市邛崃市平乐镇金河村3组	邛崃市	乡村酒店
355	平乐四季居客栈	成都市邛崃市平乐镇金河村3组	邛崃市	乡村酒店
356	平乐良缘客栈	成都市邛崃市平乐镇金河村3组	邛崃市	乡村酒店
357	人和缘客栈	成都市邛崃市平乐镇金河社区1组	邛崃市	乡村酒店
358	刘家院客栈	成都市邛崃市平乐镇金河社区3组	邛崃市	乡村酒店
359	怡然客栈	成都市邛崃市平乐镇金河社区4组	邛崃市	乡村酒店
360	平飞农佳客栈	成都市邛崃市平乐镇金河社区4组	邛崃市	乡村酒店
361	平乐平乐秦汉客栈	成都市邛崃市平乐镇金河树6组	邛崃市	乡村酒店
362	嶺秀山庄	成都市邛崃市平乐镇金华山	邛崃市	乡村酒店
363	河滨客栈	成都市邛崃市平乐镇康市街26 28号	邛崃市	乡村酒店
364	平乐水街客栈	成都市邛崃市平乐镇乐善街127-125号	邛崃市	乡村酒店
365	翠林圆客栈	成都市邛崃市平乐镇平乐金河村5组	邛崃市	乡村酒店
366	金桂小筑客栈	成都市邛崃市平乐镇平乐社区	邛崃市	乡村酒店
367	在云端客栈	成都市邛崃市平乐镇平沙落雁区雁堂街2号	邛崃市	乡村酒店
368	平乐上院客栈	成都市邛崃市平乐镇平沙落雁区雁堂街6号	邛崃市	乡村酒店
369	平乐桓羽客栈	成都市邛崃市平乐镇平沙落雁雁鸣街23号	邛崃市	乡村酒店
370	平乐八号客栈	成都市邛崃市平乐镇平沙落雁雁鸣街25号	邛崃市	乡村酒店
371	平乐筱石闻香客栈	成都市邛崃市平乐镇平沙落雁雁堂街15号	邛崃市	乡村酒店
372	梦回客栈	成都市邛崃市平乐镇骑龙街87号	邛崃市	乡村酒店
373	平乐塔子坝客栈	成都市邛崃市平乐镇骑龙街上段	邛崃市	乡村酒店
374	福源客栈	成都市邛崃市平乐镇骑龙街上段	邛崃市	乡村酒店

续表

序号	酒店名称	酒店地址	区域	酒店类型
375	其源客栈	成都市邛崃市平乐镇骑龙街上段144号	邛崃市	乡村酒店
376	剑仙楼客栈	成都市邛崃市平乐镇骑龙街上段36号	邛崃市	乡村酒店
377	小巷人家客栈	成都市邛崃市平乐镇骑龙街上段98号	邛崃市	乡村酒店
378	骑龙旅馆	成都市邛崃市平乐镇骑龙街下段108号	邛崃市	乡村酒店
379	馨悦客栈	成都市邛崃市平乐镇骑龙街下段22号	邛崃市	乡村酒店
380	显太客栈	成都市邛崃市平乐镇骑龙街下段32号	邛崃市	乡村酒店
381	永宏客栈	成都市邛崃市平乐镇骑龙街下段66-70号	邛崃市	乡村酒店
382	龙门桂园客栈	成都市邛崃市平乐镇骑龙街下段70号附4号	邛崃市	乡村酒店
383	龙门桂园	成都市邛崃市平乐镇骑龙街下段70-74号	邛崃市	乡村酒店
384	平乐芳月阁客栈	成都市邛崃市平乐镇骑龙街下段70号	邛崃市	乡村酒店
385	平乐近雁居客栈	成都市邛崃市平乐镇骑龙街下段76号	邛崃市	乡村酒店
386	木楼客栈	成都市邛崃市平乐镇清河街20号	邛崃市	乡村酒店
387	平乐老桥人家客栈//小桥人家客栈	成都市邛崃市平乐镇清河街27-33号	邛崃市	乡村酒店
388	平乐剑仙楼客栈	成都市邛崃市平乐镇清河街37号	邛崃市	乡村酒店
389	清河客栈	成都市邛崃市平乐镇清河街44号	邛崃市	乡村酒店
390	平乐云庐客栈	成都市邛崃市平乐镇清河街80号	邛崃市	乡村酒店
391	花间雅阁客栈	成都市邛崃市平乐镇社区8组	邛崃市	乡村酒店
392	水榕客栈	成都市邛崃市平乐镇顺河33号	邛崃市	乡村酒店
393	顺河客栈	成都市邛崃市平乐镇顺河街21号	邛崃市	乡村酒店
394	古码头客栈	成都市邛崃市平乐镇顺河街5号	邛崃市	乡村酒店
395	茂玲居客栈	成都市邛崃市平乐镇台子街27号	邛崃市	乡村酒店
396	成都文旅平乐古镇开发建设有限责任公司	成都市邛崃市平乐镇台子街30-36号	邛崃市	乡村酒店
397	乐心小筑客栈	成都市邛崃市平乐镇台子街42号	邛崃市	乡村酒店
398	宾乐客栈	成都市邛崃市平乐镇台子街49号	邛崃市	乡村酒店
399	芦沟万家苑山庄	成都市邛崃市平乐镇同乐村10组	邛崃市	乡村酒店
400	苍茛居农家乐	成都市邛崃市平乐镇同乐村10组	邛崃市	乡村酒店
401	平乐华英家园农家乐	成都市邛崃市平乐镇同乐村143号	邛崃市	乡村酒店
402	沁馨竹园	成都市邛崃市平乐镇同乐村14组	邛崃市	乡村酒店
403	平乐静居客栈	成都市邛崃市平乐镇新兴街53-57号	邛崃市	乡村酒店
404	洪乐客栈	成都市邛崃市平乐镇兴乐街	邛崃市	乡村酒店
405	福乐家客栈	成都市邛崃市平乐镇兴乐街51号-53号	邛崃市	乡村酒店

续表

序号	酒店名称	酒店地址	区域	酒店类型
406	鸿运客栈	成都市邛崃市平乐镇兴乐街56-62号	邛崃市	乡村酒店
407	新乐客栈	成都市邛崃市平乐镇兴乐街57-59号	邛崃市	乡村酒店
408	雅馨客栈	成都市邛崃市平乐镇兴乐街61-63号	邛崃市	乡村酒店
409	平乐安乐堰客栈	成都市邛崃市平乐镇兴乐街67号	邛崃市	乡村酒店
410	兴丽客栈	成都市邛崃市平乐镇兴乐街71号	邛崃市	乡村酒店
411	郑家苑	成都市邛崃市平乐镇阎巷街14号	邛崃市	乡村酒店
412	芳庭苑客栈	成都市邛崃市平乐镇阎巷街58号	邛崃市	乡村酒店
413	孔明灯客栈	成都市邛崃市平乐镇阎巷街91号	邛崃市	乡村酒店
414	黄桷树客栈	成都市邛崃市平乐镇阎巷街24号	邛崃市	乡村酒店
415	古庐客栈	成都市邛崃市平乐镇阎巷街99号	邛崃市	乡村酒店
416	平乐散花书院	成都市邛崃市平乐镇雁鸣街4号	邛崃市	乡村酒店
417	平乐惠宾楼旅馆	成都市邛崃市平乐镇驿道街22号	邛崃市	乡村酒店
418	岳阳楼客栈	成都市邛崃市平乐镇迎宾大道52号	邛崃市	乡村酒店
419	馨怡苑客栈	成都市邛崃市平乐镇迎宾路130号	邛崃市	乡村酒店
420	琼天客栈	成都市邛崃市平乐镇迎宾路149号	邛崃市	乡村酒店
421	叁陆伍客栈	成都市邛崃市平乐镇迎宾路220-222号	邛崃市	乡村酒店
422	来乐镇茶马客栈	成都市邛崃市平乐镇迎宾路237-239号	邛崃市	乡村酒店
423	平乐祥和园客栈	成都市邛崃市平乐镇迎宾路283号	邛崃市	乡村酒店
424	和顺客栈	成都市邛崃市平乐镇迎宾路36-38号	邛崃市	乡村酒店
425	平乐好友来客栈	成都市邛崃市平乐镇迎宾路418号	邛崃市	乡村酒店
426	一家客栈	成都市邛崃市平乐镇迎宾路72-74号	邛崃市	乡村酒店
427	迎宾客栈	成都市邛崃市平乐镇迎宾路中段	邛崃市	乡村酒店
428	春阳客栈	成都市邛崃市平乐镇禹王街	邛崃市	乡村酒店
429	平乐长康客栈	成都市邛崃市平乐镇禹王街74-78号	邛崃市	乡村酒店
430	兴隆客栈	成都市邛崃市平乐镇禹王街96号	邛崃市	乡村酒店
431	陶然居客栈	成都市邛崃市平乐镇禹王社区6组	邛崃市	乡村酒店
432	古埠客栈	成都市邛崃市平乐镇长庆街36-38号	邛崃市	乡村酒店
433	富贵客栈	成都市邛崃市平乐镇长庆街39号	邛崃市	乡村酒店
434	竹海春山庄	成都市邛崃市平乐镇钟灵村1组	邛崃市	乡村酒店
435	芳月阁客栈	成都市邛崃市骑龙街下段70号	邛崃市	乡村酒店
436	前进镇富裕旅馆	成都市邛崃市前进镇商贸街101号	邛崃市	乡村酒店
437	冉义中心旅社	成都市邛崃市冉义镇兴义街17号	邛崃市	乡村酒店
438	冉义镇镜花园度假村	成都市邛崃市冉义镇英汉村4组	邛崃市	乡村酒店
439	镜花园老年康复颐养苑	成都市邛崃市冉义镇英汉村4组11号	邛崃市	乡村酒店
440	桑园镇归来旅馆	成都市邛崃市桑园镇交通街95号	邛崃市	乡村酒店

续表

序号	酒店名称	酒店地址	区域	酒店类型
441	彭州市茂雅旅馆	成都市邛崃市天彭镇新民西街西八巷	邛崃市	乡村酒店
442	天台山植氏山庄	成都市邛崃市天台山景区	邛崃市	乡村酒店
443	天台山正天台饭店	成都市邛崃市天台山景区	邛崃市	乡村酒店
444	天台山云海苑农家乐	成都市邛崃市天台山景区	邛崃市	乡村酒店
445	天台山弋凤山庄	成都市邛崃市天台山景区	邛崃市	乡村酒店
446	天台山小九寨山庄	成都市邛崃市天台山景区	邛崃市	乡村酒店
447	天台山王驰饭店	成都市邛崃市天台山景区	邛崃市	乡村酒店
448	天台山蕊园山庄	成都市邛崃市天台山景区	邛崃市	乡村酒店
449	天台山磨房山庄	成都市邛崃市天台山景区	邛崃市	乡村酒店
450	天台山茂林山庄	成都市邛崃市天台山景区	邛崃市	乡村酒店
451	天台山龙王山庄	成都市邛崃市天台山景区	邛崃市	乡村酒店
452	天台山梨园	成都市邛崃市天台山景区	邛崃市	乡村酒店
453	天台山光华苑	成都市邛崃市天台山景区	邛崃市	乡村酒店
454	天台山高家庄	成都市邛崃市天台山景区	邛崃市	乡村酒店
455	四川建设机械集团股份有限公司邛崃摩云山庄	成都市邛崃市天台山景区	邛崃市	乡村酒店
456	天台山银石苑	成都市邛崃市天台山镇马平村	邛崃市	乡村酒店
457	天台镇金龙窝山寨	成都市邛崃市天台山镇马平村10组	邛崃市	乡村酒店
458	天台山八乡园山庄	成都市邛崃市天台山镇马平村10组	邛崃市	乡村酒店
459	天台山镇绿林山庄	成都市邛崃市天台山镇马坪9组	邛崃市	乡村酒店
460	天台山花石海宾馆	成都市邛崃市天台山镇马坪村	邛崃市	乡村酒店
461	天台镇醉石林宾馆	成都市邛崃市天台山镇马坪村10组	邛崃市	乡村酒店
462	天台山镇平清饭店	成都市邛崃市天台山镇马坪村10组	邛崃市	乡村酒店
463	天台山馨星苑山庄	成都市邛崃市天台山镇马坪村10组	邛崃市	乡村酒店
464	天台山荣竹园休闲庄	成都市邛崃市天台山镇马坪村10组	邛崃市	乡村酒店
465	天台山龙窝山庄	成都市邛崃市天台山镇马坪村10组	邛崃市	乡村酒店
466	天台山林海山庄	成都市邛崃市天台山镇马坪村10组	邛崃市	乡村酒店
467	天台山金龙洞饭店	成都市邛崃市天台山镇马坪村10组	邛崃市	乡村酒店
468	天台镇正天台山庄	成都市邛崃市天台山镇马坪村1组	邛崃市	乡村酒店
469	天台山天窝山居	成都市邛崃市天台山镇马坪村9组	邛崃市	乡村酒店
470	天台山金宝山农家乐	成都市邛崃市天台山镇天台街	邛崃市	乡村酒店
471	天台山沫江源饭店	成都市邛崃市天台山镇天台街	邛崃市	乡村酒店
472	天台山金龙湖山庄	成都市邛崃市天台镇马平村10组	邛崃市	乡村酒店
473	天台镇小磨房宾馆	成都市邛崃市天台镇马坪村	邛崃市	乡村酒店
474	天台镇云海苑农家乐	成都市邛崃市天台镇马坪村5组	邛崃市	乡村酒店

续表

序号	酒店名称	酒店地址	区域	酒店类型
475	天台山令牌山庄	成都市邛崃市天台镇紫荆村6组	邛崃市	乡村酒店
476	卧龙镇正霞旅馆	成都市邛崃市卧龙镇金龙街157号	邛崃市	乡村酒店
477	羊安富升宾馆	成都市邛崃市羊安镇古安街12-20号	邛崃市	乡村酒店
478	羊安镇回头旅店	成都市邛崃市羊安镇古安路8-10号	邛崃市	乡村酒店
479	羊安镇四季客栈	成都市邛崃市羊安镇黄塔街190-192号	邛崃市	乡村酒店
480	羊安来安宾馆	成都市邛崃市羊安镇吉安街53-55号	邛崃市	乡村酒店
481	羊安镇曹氏旅馆	成都市邛崃市羊安镇泉水南街12号	邛崃市	乡村酒店
482	羊安镇静华园旅馆	成都市邛崃市羊安镇泉水西街1号	邛崃市	乡村酒店
483	羊安兴龙旅馆	成都市邛崃市羊安镇新城区23号地薛巷134号	邛崃市	乡村酒店
484	羊安镇福安旅馆	成都市邛崃市羊安镇新城区曹安路117-119号	邛崃市	乡村酒店
485	羊安镇周烧烤旅店	成都市邛崃市羊安镇新城区古安路82-84号	邛崃市	乡村酒店
486	羊安四季红宾馆	成都市邛崃市羊安镇新城区上龙大道14号	邛崃市	乡村酒店
487	羊安文弟旅馆	成都市邛崃市羊安镇新城区上龙街159号	邛崃市	乡村酒店
488	海天永信餐饮娱乐有限公司	成都市邛崃市羊安镇新城区新民街208号	邛崃市	乡村酒店
489	羊安镇宏凯宾馆	成都市邛崃市羊安镇新城区新庄路26 32号	邛崃市	乡村酒店
490	羊安镇楷哥住宿部	成都市邛崃市羊安镇新城区永康大道128号	邛崃市	乡村酒店
491	羊安广场宾馆	成都市邛崃市羊安镇新民街153号	邛崃市	乡村酒店
492	羊安新兴客栈	成都市邛崃市羊安镇新民街87号	邛崃市	乡村酒店
493	羊安金王朝旅馆	成都市邛崃市羊安镇永康大道122-124号	邛崃市	乡村酒店
494	临邛镇欣兴旅馆	成都市邛临市邛镇欣兴街71号	邛崃市	乡村酒店
495	邛崃市临邛镇君君客栈	成都市邛崃市东虹路157号	邛崃市	乡村酒店
496	大梁酒庄	成都市邛崃市临邛镇文笔山村13组	邛崃市	乡村酒店
497	文君养生精品酒店	成都市邛崃市天台山中胜寺旅游新村	邛崃市	乡村酒店
498	岭秀山庄	成都市邛崃市平乐镇金华山	邛崃市	乡村酒店
499	平乐餐厅	成都市邛崃市平乐镇水景街	邛崃市	乡村酒店
500	平乐大榕树客栈	成都市邛崃市平乐镇大桥街62号	邛崃市	乡村酒店
501	平落堂酒道馆	成都市邛崃市平乐镇金河社区	邛崃市	乡村酒店

双流县旅游住宿业单位名单

序号	酒店名称	酒店地址	区域	酒店类型
1	家园国际酒店	成都市双流县成都机场路181号	双流县	五星级酒店
2	双流县皓天国泰大饭店	成都市双流县东升商都路718号	双流县	四星级酒店
3	成都戛纳假日酒店	成都市双流县华阳滨河路二段368号	双流县	四星级酒店
4	太阳城园林宾馆	成都市双流县华阳镇新下街68号	双流县	三星级酒店
5	成都十八步岛酒店	成都市双流县中和镇	双流县	三星级酒店
6	棠湖宾馆	成都市双流县东升镇棠湖南路1段1号	双流县	三星级酒店
7	华阳大酒店	成都市双流县华阳镇正大街1号	双流县	二星级酒店
8	双流9+9宾馆	成都市双流县西航港大道中二段	双流县	商务连锁型酒店
9	双流凯宾公寓	成都市双流县常乐小区北三街90号	双流县	商务连锁型酒店
10	99旅馆温哥华花园东	成都市双流县西航港街道机场路常乐二段12号温哥华花园	双流县	商务连锁型酒店
11	速8酒店双流店	成都机场T2跑道旁荷塘南街81号	双流县	商务连锁型酒店
12	7天连锁酒店成都双流店	成都市双流县城中心塔桥路五段20号	双流县	商务连锁型酒店
13	成都柏丽酒店	成都市双流县九江蛟龙工业港岷江路25号	双流县	商务连锁型酒店
14	莫泰连锁酒店成都双流机场空港国际城店	成都市双流县西航港大件路白家路280号蓝光空港国际城7栋2单元	双流县	商务连锁型酒店
15	汉庭酒店华阳中心店	成都市双流县世纪城新会展、环球中心县华阳街道华新上街77号	双流县	商务连锁型酒店
16	如家快捷酒店成都双流机场临港路店	成都市双流县成双大道龙桥路6号宗申塞纳维131幢	双流县	商务连锁型酒店
17	成都双流豪庭商务酒店	成都市双流县永安路四段81号	双流县	商务连锁型酒店
18	如家快捷酒店成都机场路店	成都市双流区机场路土桥段217号	双流县	商务连锁型酒店
19	如家快捷成都机场路店	成都市双流县机场路土桥段217号	双流县	商务连锁型酒店
20	7天酒店成都双流国际机场航空港店	成都市双流县珠江路空港国际城	双流县	商务连锁型酒店
21	成都九点国际酒店	成都市双流县天府大道南段1号齐盛艺境	双流县	商务连锁型酒店
22	成都宜佳快捷酒店	成都市双流县西航港街道顺风路38号	双流县	商务连锁型酒店
23	7天酒店成都华阳中心店	成都市双流县华阳镇正西街43号缤纷广场3号楼	双流县	商务连锁型酒店
24	鑫怡家酒店金门店	成都市双流县华阳正北上街159号	双流县	商务连锁型酒店
25	成都古镇虹凯客栈	成都市双流县黄龙溪镇真龙街128号	双流县	商务连锁型酒店
26	成都如家锦至主题酒店	成都市双流县文星镇光明苑3栋2号	双流县	商务连锁型酒店
27	成都海伦酒店新会展店	成都市双流县天府大道南段158号景茂城果2号楼	双流县	商务连锁型酒店
28	鑫怡家连锁酒店城市店	成都市双流县城北中街2号	双流县	商务连锁型酒店

续表

序号	酒店名称	酒店地址	区域	酒店类型
29	怡家连锁酒店成都双流广场店	成都市双流县双流广场藏卫路南二段285号	双流县	商务连锁型酒店
30	成都速八酒店成都机场东升店	成都市双流县荷塘南街81号	双流县	商务连锁型酒店
31	机场9+9经济型连锁酒店	成都市双流县机场附近	双流县	商务连锁型酒店
32	成都鑫逸快捷酒店双流店	成都市双流县三强南路一段116号	双流县	商务连锁型酒店
33	成都凯宾假日公寓	成都市双流县文星镇长城路挂光明苑3幢	双流县	商务连锁型酒店
34	双流县华阳新怡家商务酒店	成都市双流县天府新区华阳街道正东上街20号	双流县	商务连锁型酒店
35	汉庭星空上海酒店管理有限公司	成都市双流县天府新区华阳街道华新上街77号	双流县	商务连锁型酒店
36	双流县阳光快捷商务酒店	成都市双流县黄甲街道王家场社区	双流县	商务连锁型酒店
37	成都市鑫怡家快捷酒店有限责任公司怡家城市酒店	成都市双流县东升街道城北中街2号	双流县	商务连锁型酒店
38	双流利君酒店	成都市双流县润园南街89号	双流县	社会旅馆
39	双流科祥酒店公寓	成都双流川齿路北一街25号	双流县	社会旅馆
40	悦来宾馆	成都双流西航港大件路白家段28号	双流县	社会旅馆
41	双流县燕归来酒店	成都市双流县'文星长城路西街133号	双流县	社会旅馆
42	双流县佳佳酒店	成都双流县华阳正北中街110号	双流县	社会旅馆
43	双流鑫玺商务酒店2店	成都市双流县双华路黄甲镇双华社区	双流县	社会旅馆
44	双流鑫玺商务酒店3店	成都市双流县区成都机场黄甲镇双华广场	双流县	社会旅馆
45	成都双流舒驿酒店	双流县东升街道棠湖北路3号	双流县	社会旅馆
46	成都双流聚富酒店	成都白家镇城白路市场	双流县	社会旅馆
47	成都双流瑞晶酒店双流机场店	成都市双流县机场路常乐段二段133号	双流县	社会旅馆
48	成都大洪运商务酒店双流机场店	成都市双流县大件路白家段280号2栋二单元6-7号	双流县	社会旅馆
49	成都双流尚品快捷酒店	成都市双流县广都大道弘民美食城内	双流县	社会旅馆
50	成都双流名门商务酒店	成都市双流县东升街道广都大道6号	双流县	社会旅馆
51	双流县芙蓉印象酒店	成都双流县西南航空港开发区长城路一段187号B栋	双流县	社会旅馆
52	双流县时尚快捷酒店	成都双流县正北中街102号	双流县	社会旅馆
53	成都华阳南鑫宾馆	成都市双流县天府新区华阳大道一段88号	双流县	社会旅馆
54	世家商务宾馆	成都市双流县西航港街道办学府西路北五街19号	双流县	社会旅馆

续表

序号	酒店名称	酒店地址	区域	酒店类型
55	成都双流世家商务宾馆	成都市双流县西航港学府西路北五街19号	双流县	社会旅馆
56	成都机场亚泰商务酒店	成都市双流县机场高速路收费站旁学府西路常乐小区南四街73号	双流县	社会旅馆
57	成都顺意旅馆	成都市双流县常乐学府西路北二街30号	双流县	社会旅馆
58	美和酒店	成都市双流县华阳镇华新中街136号	双流县	社会旅馆
59	成都黄龙溪璞院酒店	成都市双流县黄龙溪古镇上河衢田园水村2期广场	双流县	社会旅馆
60	成都双流格调商务酒店	成都市双流县东升街道办事处三强东路112号	双流县	社会旅馆
61	成都机场空港聚集宾馆机场1分店	成都市双流县西航港学府西路北五街88号	双流县	社会旅馆
62	成都机场空港聚集宾馆	成都市双流县国际机场南二路与东一路交汇处	双流县	社会旅馆
63	成都机场西港假日酒店	成都市双流县西航港学府路南二街119号	双流县	社会旅馆
64	成都双流丽都宾馆	成都市双流县西航港常乐小区北四街88号	双流县	社会旅馆
65	成都华阳世发商务酒店	成都市双流县华阳正大街73号	双流县	社会旅馆
66	成都禧悦国际精品公寓	成都市双流县国际机场T1航站楼正前方800米	双流县	社会旅馆
67	成都双流县鑫源酒店	成都市双流县成双大道326号	双流县	社会旅馆
68	成都双流机场星晨酒店	成都市双流县东升镇接待寺龙桥小区18栋	双流县	社会旅馆
69	成都德正酒店	成都市双流县华阳伏龙路二段237号	双流县	社会旅馆
70	成都龙辉假日酒店	成都市双流县华阳益州大道欧香广场1号楼	双流县	社会旅馆
71	成都机场诚运酒店	成都市双流县机场东一路	双流县	社会旅馆
72	成都零零壹商务酒店	成都市双流县正兴镇广东街157号	双流县	社会旅馆
73	成都机场宗航商务宾馆	成都市双流县西航港街道学府西路北六街68号	双流县	社会旅馆
74	成都四季公寓	成都市双流县常乐小区北二街158号	双流县	社会旅馆
75	成都双流吾家商务酒店	成都市双流县广都大道49号	双流县	社会旅馆
76	成都华阳滨治酒店	成都市双流县华阳正西街88号	双流县	社会旅馆
77	成都蛟龙港亿臣大酒店	成都市双流县蛟龙工业港双流园区高新大道468号	双流县	社会旅馆
78	成都石化国际酒店	成都市双流县天府大道南段2028号	双流县	社会旅馆
79	成都晚安快捷酒店	成都市双流县棠湖北路1段29号	双流县	社会旅馆

续表

序号	酒店名称	酒店地址	区域	酒店类型
80	双流欣瑞大酒店	成都黄龙溪镇嘉禾村8组206号	双流县	社会旅馆
81	金广快捷成都双流国际机场店	成都市双流县西航港街道临港路一段25号	双流县	社会旅馆
82	成都双流鸿川宾馆	成都市双流县长顺路三段40号	双流县	社会旅馆
83	成都国窖酒场合精品酒店	成都市双流县华阳镇牧华路五段2518号	双流县	社会旅馆
84	成都歌巴莱法式主题酒店	成都市双流县东升镇龙桥路52号宗申赛纳维126栋	双流县	社会旅馆
85	成都炬森赛纳维大酒店	成都市双流县东升镇龙桥路六号124栋	双流县	社会旅馆
86	成都金港假日酒店	成都市双流县机场路常乐二段133号	双流县	社会旅馆
87	成都双流广都国际酒店	成都市双流县东升街道藏卫路南二段799号	双流县	社会旅馆
88	成都机场8点度假公寓	成都市双流县西航港街办光明小区45幢2号	双流县	社会旅馆
89	成都双流县一佳商务酒店	成都市双流县永安路四段95号	双流县	社会旅馆
90	成都泰华商务宾馆	成都市双流县华阳富民路三段	双流县	社会旅馆
91	成都翔宇商务酒店	成都市双流县航空港物流大道1080号	双流县	社会旅馆
92	成都百港国际酒店	成都市双流县西航港大道一段209号	双流县	社会旅馆
93	成都骏怡城际酒店机场店	成都市双流县文星镇光明小区10栋	双流县	社会旅馆
94	成都常乐宾馆A座	成都市双流县常乐小区北一街148号	双流县	社会旅馆
95	成都亿臣国际酒店	成都市双流县武侯大道铁佛段段289号	双流县	社会旅馆
96	临江阁酒店	成都市双流县机场高速收费站旁	双流县	社会旅馆
97	成都空港商务酒店	成都市双流县机场候机楼右前侧500米	双流县	社会旅馆
98	双流机场宾馆	成都市双流县机场国际机场高速路收费站旁	双流县	社会旅馆
99	田园城市酒店成双大道南段	成都市双流县成双大道南二段	双流县	社会旅馆
100	成都宏博酒店	成都市双流县公兴镇花样年华小区对面	双流县	社会旅馆
101	成都机场丽宇宾馆	成都市双流县西航港学府西路北五街16号	双流县	社会旅馆
102	成都华鑫商务酒店	成都市双流县正北中街40-64号	双流县	社会旅馆
103	成都兴华商务酒店	成都市双流县华阳镇正北中街110号	双流县	社会旅馆
104	成都四河宾馆	成都市双流县正北中街22号	双流县	社会旅馆
105	成都鸿玉商务宾馆	成都市双流县天府新区华阳安公路三段480号	双流县	社会旅馆
106	成都一米阳光商务酒店	成都市双流县长江东一街10号	双流县	社会旅馆
107	成都华粮商务酒店	成都市双流县华阳镇正西街148号	双流县	社会旅馆
108	成都特伦顿酒店	成都市双流县华阳镇富民路二段78号	双流县	社会旅馆
109	成都西府商务酒店	成都市双流县华阳镇安公路一段12号	双流县	社会旅馆

续表

序号	酒店名称	酒店地址	区域	酒店类型
110	双狮宾馆	成都市双流县天府新区华阳大道二段122号	双流县	社会旅馆
111	成都公兴假日酒店	成都市双流县公兴镇湾河西街58号	双流县	社会旅馆
112	成都羊城商务酒店	成都市双流县黄甲镇黄瓦街93号	双流县	社会旅馆
113	成都星鑫商务宾馆	成都市双流县长冶路四段62号	双流县	社会旅馆
114	成都云崖牧歌酒店	成都市双流县三星镇赤水路333号	双流县	社会旅馆
115	成都雅霆商务酒店	成都市双流县华阳街道办华阳大道四段137-139号	双流县	社会旅馆
116	成都鑫宇假日酒店	成都市双流县文星镇大学路光明小区31栋	双流县	社会旅馆
117	双流南泽酒店	成都市双流县湾河西街中段	双流县	社会旅馆
118	成都府河假日酒店	成都市双流县华阳镇安公路三段296号	双流县	社会旅馆
119	黄龙溪天盛精品酒店	成都市双流县黄龙溪古镇观景路85号	双流县	社会旅馆
120	黄龙溪龙溪大酒店	成都市双流县古镇黄龙溪川龙街43号	双流县	社会旅馆
121	成都鑫泓商务酒店	成都市双流县文星镇四川大学江安校区金色校园广场2楼	双流县	社会旅馆
122	海伦酒店	成都市双流县天府大道南段158号	双流县	社会旅馆
123	成都双流机场缘聚商务公寓	成都市双流县航空港长城路一段	双流县	社会旅馆
124	成都星座商务酒店B座	成都市双流县常乐小区北三街128-134号	双流县	社会旅馆
125	成都隆港时尚酒店	成都市双流县航空路52号	双流县	社会旅馆
126	景熙苑商务酒店	成都市双流县华阳二江路二段247号	双流县	社会旅馆
127	成都品艺民生假日酒店	成都市双流县黄河中路二段69号	双流县	社会旅馆
128	成都银泰酒店	成都市双流县华阳大道一段333号	双流县	社会旅馆
129	成都现代商务酒店	成都市双流县华阳大道一段269号	双流县	社会旅馆
130	成都黄甲常乐酒店	成都市双流县黄甲镇黄瓦街216号	双流县	社会旅馆
131	成都双流阳光快捷商务酒店	成都市双流县黄甲镇黄瓦街160号3栋9号	双流县	社会旅馆
132	双流新皇城酒店	成都市双流县黄甲镇黄甲大道299号	双流县	社会旅馆
133	成都馨驿家城市酒店	成都市双流县三强北路三段188号	双流县	社会旅馆
134	成都碧春苑生态酒店	成都市双流县新客运中心前长虹路内500米处	双流县	社会旅馆
135	成都双流机场头等舱大酒店	成都市双流县西航港寺圣社区西航港大道一段209号	双流县	社会旅馆
136	双流煌城旅馆	成都市双流县一杆旗北街46号	双流县	社会旅馆
137	成都双流名康·时尚酒店	成都市双流县藏卫路南二段126号	双流县	社会旅馆

续表

序号	酒店名称	酒店地址	区域	酒店类型
138	成都天龙商务酒店	成都市双流县华阳镇广都大道利民二街	双流县	社会旅馆
139	成都华阳鸿鼎酒店	成都市双流县华阳警校路489号	双流县	社会旅馆
140	双流县家怡商务酒店	成都市双流县藏卫路中段33号	双流县	社会旅馆
141	成都双流家日酒店	成都市双流县藏卫路北三段30号	双流县	社会旅馆
142	成都天成商务酒店	成都市双流县丛桂路口	双流县	社会旅馆
143	成都机场贵宾楼宾馆	成都市双流县常乐小区南一街95号	双流县	社会旅馆
144	协和航空港酒店	成都市双流县西航港学府路南一街31号	双流县	社会旅馆
145	成都嗨喽酒店	成都市双流县西北街97号	双流县	社会旅馆
146	成都双流县新世纪酒店	成都市双流县东升街办长顺街三段58号	双流县	社会旅馆
147	成都锦致邻家酒店空港店	成都市双流县西南航空港长江路二段16号	双流县	社会旅馆
148	成都棠湖宾馆棠湖西路店	成都市双流县棠湖西路一段187号	双流县	社会旅馆
149	万豪商务酒店	成都市双流县长顺路四段21号	双流县	社会旅馆
150	双流英煌宾馆	成都市双流县长顺路四段52号	双流县	社会旅馆
151	成都盛阳商务酒店	成都市双流县正北中街93号	双流县	社会旅馆
152	成都双流友谊宾馆	成都市双流县棠湖西路一段135号	双流县	社会旅馆
153	松源商务酒店	成都市双流县永安路四段	双流县	社会旅馆
154	成都双流金源酒店	成都市双流县荷塘中街17号	双流县	社会旅馆
155	成都西航港机场航空宾馆	成都市双流县西航港常乐小区四街6号	双流县	社会旅馆
156	威尔什大酒店	成都市双流县东升街道航空路西段2号	双流县	社会旅馆
157	成都威尔仕酒店	成都市双流县蛟龙工业港白衣上街16号	双流县	社会旅馆
158	双流县芙蓉印象酒店机场精品店双流县芙蓉印象酒店机场精品店	成都市双流县西南航空港开发区长城路一段187号B栋	双流县	社会旅馆
159	成都双流芙蓉印象酒店	成都市双流县西航港开发区文星长城路一段187号B栋	双流县	社会旅馆
160	成都双流捷堂酒店	成都市双流县西航港街道长城路二段393号	双流县	社会旅馆
161	成都怡豪酒店机场店	成都市双流县东升镇三强北路三段79号	双流县	社会旅馆
162	协和商务酒店	成都市双流县机场西航港文星镇蜀龙路145号	双流县	社会旅馆
163	成都协和商务酒店	成都市双流县机场西航港蜀龙路145号	双流县	社会旅馆
164	成都双流机场新航港宾馆	成都市双流县航空港学府西路北5街72号	双流县	社会旅馆
165	空港假日酒店	成都市双流县东升镇商都路86号	双流县	社会旅馆
166	海纳尔酒店	成都市双流县西航港街道机场路常乐一段5号	双流县	社会旅馆

续表

序号	酒店名称	酒店地址	区域	酒店类型
167	成都海纳尔酒店	成都市双流县机场路常乐一段5号	双流县	社会旅馆
168	成都江安宾馆	成都市双流县西航港花红小区中街34号	双流县	社会旅馆
169	成都家缘宾馆	成都市双流县西航港花红小区中街52号	双流县	社会旅馆
170	成都爽宜精品公寓	成都市双流县光明苑41栋	双流县	社会旅馆
171	成都金色假日酒店	成都市双流县文星镇蜀龙路49号	双流县	社会旅馆
172	成都和兴顺酒店	成都市双流县文星镇生活广场	双流县	社会旅馆
173	成都双流平驰航空酒店	成都市双流县航空港机场路常乐一段32号	双流县	社会旅馆
174	成都中航商旅酒店	成都市双流县航空港成白路中段	双流县	社会旅馆
175	双流蓝海酒店	成都市双流县公兴镇黄龙大道二段709号	双流县	社会旅馆
176	成都金海棠商务酒店	成都市双流县长顺路四段120号	双流县	社会旅馆
177	港都商务酒店	成都市双流县西航学府西路南三街38号	双流县	社会旅馆
178	成都港都商务酒店	成都市双流县西航港学府西路南三街38号	双流县	社会旅馆
179	成都心仪酒店双流机场店	成都市双流县机场路近都路段11号	双流县	社会旅馆
180	空港花园商务酒店	成都市双流县西航港学府西路南一街8号	双流县	社会旅馆
181	成都双流宜都商务酒店	成都市双流县西航港学府西路南三街9号	双流县	社会旅馆
182	成都名都酒店公寓	成都市双流县西航港大道一段寺圣小区北二街32号	双流县	社会旅馆
183	成都雪域酒店	成都市双流县藏卫路北一段301号	双流县	社会旅馆
184	成都馨立方酒店	成都市双流县公兴镇黄龙大道二段333号	双流县	社会旅馆
185	成都市蜀鑫宾馆	成都市双流县国栋背后广杜社区农贸市场旁	双流县	社会旅馆
186	成都航空商务公寓	成都市双流县航空港临港路一段33号瑞升明院入口6楼600室	双流县	社会旅馆
187	宇航商务酒店	成都市双流县西航港常乐社区学府西路南三街20号	双流县	社会旅馆
188	成都宇航商务酒店	成都市双流县西航港学府西路南三街20号	双流县	社会旅馆
189	成都双流新学府宾馆	成都市双流县西航港常乐小区北一街158号	双流县	社会旅馆
190	成都机场大通商务酒店	成都市双流县机场路南三街19号	双流县	社会旅馆
191	成都好的家酒店	成都市双流县航空港学府西路南一街	双流县	社会旅馆
192	成都华航商务宾馆	成都市双流县航空港学府西路北八街7号	双流县	社会旅馆

续表

序号	酒店名称	酒店地址	区域	酒店类型
193	成都双流机场名康酒店	成都市双流县西航港黄河北路38号	双流县	社会旅馆
194	成都金芙蓉大酒店会展中心店	成都市双流县华阳镇华阳大道313号	双流县	社会旅馆
195	双流县炬森宾馆	成都市双流县黄水街道黄水河社区	双流县	社会旅馆
196	双流县宇航商务酒店	成都市双流县西航港街道办常乐社区南三街20号	双流县	社会旅馆
197	华阳金海浪商务宾馆	成都市双流县天府新区华阳街道菜蔬街二段59号	双流县	社会旅馆
198	双流县华阳锦城花园宾馆	成都市双流县天府新区华阳街道安公路三段29号	双流县	社会旅馆
199	双流县华阳海伦酒店	成都市双流县天府新区华阳街道华阳大道一段2号附2号	双流县	社会旅馆
200	双流县泉城宾馆	成都市双流县九江泉水凼社区	双流县	社会旅馆
201	双流子语宾馆	成都市双流县成都华阳菜蔬二街91号	双流县	社会旅馆
202	成都城市丽景酒店管理有限公司	成都市双流县华阳街道正北下街	双流县	社会旅馆
203	四川石化国际酒店有限公司	成都市双流县天府新区华阳街道天府大道南段2028号	双流县	社会旅馆
204	双流佳琳公寓	成都市双流县川齿路北一街51号	双流县	社会旅馆
205	成都滨治酒店管理有限公司	成都市双流县华阳街道正西街88号	双流县	社会旅馆
206	双流县天一商务宾馆	成都市双流县黄甲街道升平街187号	双流县	社会旅馆
207	东方红招待所	成都市双流县东卩街道长冶路二段97号	双流县	社会旅馆
208	双流县华阳锦盛商务酒店	成都市双流县天府新区华阳街道中兴下街58号	双流县	社会旅馆
209	成都康辉酒店管理有限公司	成都市双流县天府新区华阳街道正西街43号	双流县	社会旅馆
210	双流县华阳君悦酒店	成都市双流县天府新区华阳街道利民二街66号	双流县	社会旅馆
211	迎春商务酒店	成都市双流县东升镇迎春桥7组	双流县	社会旅馆
212	双流港湾宾馆	成都市双流县东升街道龙桥社区三强北路一段7号	双流县	社会旅馆
213	成都栢顿大酒店	成都市双流县华阳街道天府大道四段	双流县	社会旅馆
214	双流县华阳鹏飞商务宾馆	成都市双流县天府新区华阳街道中兴下街84号	双流县	社会旅馆
215	成都金华池生态农业有限公司	成都市双流县天府新区籍田镇红碑村1组	双流县	社会旅馆
216	金星商务酒店	成都市双流县新兴镇	双流县	社会旅馆
217	成都双流温馨公寓	成都市双流县西航港机场路社区7组	双流县	社会旅馆

续表

序号	酒店名称	酒店地址	区域	酒店类型
218	双流县鑫洪宾馆	成都市双流县西航港街道花红社区白家中街44号	双流县	社会旅馆
219	成都双流兴华实业有限公司	成都市双流县天府新区华阳街道正北中街110号	双流县	社会旅馆
220	双流县太平香薰商务酒店	成都市双流县天府新区太平镇腾飞大道80号	双流县	社会旅馆
221	东山明珠会展旅游有限公司	成都市双流县天府新区永兴镇干塘村8组300号	双流县	社会旅馆
222	双流县天力宾馆	成都市双流县黄水街道红桥社区	双流县	社会旅馆
223	双流县龙腾宾馆	成都市双流县东升街道荷塘街119号	双流县	社会旅馆
224	成都市成辉现代商务酒店	成都市双流县天府新区华阳街道华阳大道一段209号	双流县	社会旅馆
225	聚福酒楼	成都市双流县华阳街道菜蔬社区安公路一段288号	双流县	社会旅馆
226	天府新区华阳聚福酒楼	成都市双流县天府新区华阳街道安公路292号	双流县	社会旅馆
227	双流县新兴金满堂商务酒店	成都市双流县新兴镇油坊村一组300号	双流县	社会旅馆
228	双流县籍田鑫阳酒店	成都市双流县天府新区籍田镇滨河路9号	双流县	社会旅馆
229	双流县白玉兰旅业有限公司	成都市双流县天府新区华阳街道隆鑫街2号	双流县	社会旅馆
230	祺祥商务酒店	成都市双流县东升街道花月东街63号	双流县	社会旅馆
231	双流县华阳聚龙宾馆	成都市双流县天府新区利民二街72号	双流县	社会旅馆
232	成都柏顿大酒店	成都市双流县天府新区华阳街道华阳大道四段200号	双流县	社会旅馆
233	双流东升家逸商务酒店	成都市双流县东升街道藏卫路中段33号	双流县	社会旅馆
234	双流县金星宾馆	成都市双流县西航港街道近都社区	双流县	社会旅馆
235	双流县万豪商务酒店	成都市双流县东升镇长顺路21号	双流县	社会旅馆
236	双流县龙锦元商务酒店	成都市双流县东升镇接待寺4组	双流县	社会旅馆
237	双流县华阳雅霆商务酒店	成都市双流县天府新区华阳街道华阳大道四段137、139号	双流县	社会旅馆
238	驿泊源居民服务有限公司	成都市双流县公兴镇双塘村	双流县	社会旅馆
239	双流县宏达宾馆	成都市双流县西航港街道花红社区白家中街50号	双流县	社会旅馆
240	双流县新兴舒心宾馆	成都市双流县天府新区新兴镇新富街48号	双流县	社会旅馆
241	双流县华阳泰华商务酒店	成都市双流县天府新区华阳街道富民三段16号	双流县	社会旅馆

续表

序号	酒店名称	酒店地址	区域	酒店类型
242	双流县太平佳兴商务酒店	成都市双流县天府新区太平镇正街100号	双流县	社会旅馆
243	双流县华阳尚家商务宾馆	成都市双流县天府新区华阳街道伏龙路一段38号	双流县	社会旅馆
244	荣盛达餐饮管理有限公司	成都市双流县公兴镇场镇	双流县	社会旅馆
245	双流县新兴旺角宾馆	成都市双流县天府新区新兴镇庙山村新昌街547号	双流县	社会旅馆
246	成都双流落脚点公寓	成都市双流县航空港学府西路北二街37号	双流县	社会旅馆
247	双流县华阳西府商务酒店	成都市双流县天府新区华阳街道安公路二段12号	双流县	社会旅馆
248	双流县华阳现代之星宾馆	成都市双流县天府新区华阳街道华阳大道二段8号	双流县	社会旅馆
249	双流县新兴金鑫商务酒店	成都市双流县天府新区新兴镇莲花街68号	双流县	社会旅馆
250	双流县白家宇豪宾馆	成都市双流县西航港街道花红社区中街46号	双流县	社会旅馆
251	双流县新兴明和宾馆	成都市双流县天府新区新兴镇庙山村5组	双流县	社会旅馆
252	双流县蛟龙祥和宾馆	成都市双流县九江蛟龙工业港	双流县	社会旅馆
253	双流天龙客栈	成都市双流县川齿路北一街43号	双流县	社会旅馆
254	双流县华阳东峰商务酒店	成都市双流县天府新区华阳街道利民二街74–78号	双流县	社会旅馆
255	中国水电基础局有限公司水电宾馆	成都市双流县天府新区华阳街道通济桥下街108号	双流县	社会旅馆
256	双流县华阳盛世宾馆	成都市双流县天府新区华阳街道广都大道119号	双流县	社会旅馆
257	双流大通世纪酒店	成都市双流县东升街道荷塘街78号	双流县	社会旅馆
258	双流县艾尚商务酒店	成都市双流县东升街道荷塘南街61号	双流县	社会旅馆
259	双流英煌商务宾馆	成都市双流县东升镇长顺路四段52号	双流县	社会旅馆
260	田园城市	成都市双流县东升镇迎春桥	双流县	社会旅馆
261	同心宾馆	成都市双流县东升镇龙桥社区	双流县	社会旅馆
262	四川文同神州大酒店有限公司	成都市双流县东升镇航都大街117号	双流县	社会旅馆
263	鑫源商务酒店	成都市双流县东升镇成双大道326号	双流县	社会旅馆
264	鸿川宾馆	成都市双流县东升街道长顺路三段28号	双流县	社会旅馆
265	空港假日	成都市双流县东升街道迎春桥商都路	双流县	社会旅馆
266	权鑫商务酒店	成都市双流县东升街道迎春桥7组	双流县	社会旅馆

续表

序号	酒店名称	酒店地址	区域	酒店类型
267	煌城旅馆	成都市双流县东升街道一杆旗路北街66号	双流县	社会旅馆
268	双流县炬星宾馆	成都市双流县东升街道西北街109号	双流县	社会旅馆
269	四川川投国际网球中心开发有限责任公司川投国际酒店	成都市双流县东升街道普贤村	双流县	社会旅馆
270	长虹公寓	成都市双流县东升街道龙桥小区	双流县	社会旅馆
271	福来公寓	成都市双流县东升街道龙桥小区	双流县	社会旅馆
272	金源商务酒店	成都市双流县东升街道荷塘中街17号	双流县	社会旅馆
273	双流县红林宾馆	成都市双流县东升街道荷塘南街51号	双流县	社会旅馆
274	双流弘都宾馆	成都市双流县东升街道荷塘街101号	双流县	社会旅馆
275	成都市威尔仕酒店管理有限公司	成都市双流县东升街道航空路西段2号	双流县	社会旅馆
276	老永福酒店	成都市双流县东升街道	双流县	社会旅馆
277	双流县太平嘉和商务酒店	成都市双流县天府新区太平镇长龙街48号	双流县	社会旅馆
278	双流县华阳鸿运来宾馆	成都市双流县天府新区华阳街道菜蔬五街65号	双流县	社会旅馆
279	双流县鑫辉商务宾馆	成都市双流县九江蛟龙工业港	双流县	社会旅馆
280	双流县鹭山商务酒店	成都市双流县天府新区万安镇佳苑路75号	双流县	社会旅馆
281	七星宾馆	成都市双流县华阳街道菜蔬社区菜蔬三街43号	双流县	社会旅馆
282	双流县华阳鸿玉商务宾馆	成都市双流县天府新区华阳街道安公路三段480-486号	双流县	社会旅馆
283	双流县华阳景熙苑商务酒店	成都市双流县天府新区华阳街道二江路二段247号	双流县	社会旅馆
284	四川省机场集团有限公司成都空港大酒店	成都市双流县东升街道国际机场内	双流县	社会旅馆
285	成都超车道汽车服务有限公司	成都市双流县天府新区华阳街道双华路口	双流县	社会旅馆
286	成都双流家馨公寓	成都市双流县常乐小区北一街185号	双流县	社会旅馆
287	金鑫商务酒店	成都市双流县新兴镇庙山村1组300号	双流县	社会旅馆
288	双流县华阳渝都商务宾馆	成都市双流县天府新区华阳街道中兴下街85号	双流县	社会旅馆
289	金桥商务宾馆	成都市双流县金桥镇金河路3号	双流县	社会旅馆
290	成都君鸿度假酒店	成都市双流县文星镇光明小区2栋	双流县	社会旅馆
291	双流县华阳世发商务酒店	成都市双流县天府新区华阳街道正大街73号	双流县	社会旅馆

续表

序号	酒店名称	酒店地址	区域	酒店类型
292	成都市高望都投资管理有限公司	成都市双流县天府新区华阳街道益州大道南段288号	双流县	社会旅馆
293	双流县叁品商务酒店	成都市双流县东升镇广都大道弘民美食城内	双流县	社会旅馆
294	成都双流君悦宾馆	成都市双流县常乐小区南二街189号	双流县	社会旅馆
295	成都银泰酒店投资有限公司	成都市双流县天府新区华阳街道华阳大道一段333号	双流县	社会旅馆
296	成都时代金宇酒店管理有限公司华阳大酒店管理分公司	成都市双流县天府新区华阳街道正大街1号	双流县	社会旅馆
297	双流县宜家宾馆	成都市双流县东升镇荷塘北街79	双流县	社会旅馆
298	成都双流广场宾馆有限责任公司	成都市双流县东升街道白河路一段2号	双流县	社会旅馆
299	成都御阁商务酒店蛟龙港店	成都市双流县蛟龙港学府公寓	双流县	社会旅馆
300	成都双流太阳城实业有限公司太阳城园林宾馆	成都市双流县天府新区华阳街道华新下街213号	双流县	社会旅馆
301	双流县华阳天旺宾馆	成都市双流县天府新区华阳街道菜蔬二横街99号	双流县	社会旅馆
302	成都格调酒店式公寓	成都市双流县西航港大道中二段599号罗曼星城	双流县	社会旅馆
303	格林假日酒店	成都市双流县华阳街道	双流县	社会旅馆
304	成都梦公寓	成都市双流县西南航空港光明苑16栋	双流县	社会旅馆
305	双流鸿程公寓	成都市双流县川齿路北一街23号	双流县	社会旅馆
306	成都龙门公寓	成都市双流县西航港学府西路北一街191号	双流县	社会旅馆
307	成都思家公寓	成都市双流县常乐小区北二街69号	双流县	社会旅馆
308	成都棠湖宾馆酒店管理有限公司	成都市双流县东升镇棠湖南路一段1号	双流县	社会旅馆
309	双流县华阳君豪商务酒店	成都市双流县天府新区华阳街道华阳大道四段149号	双流县	社会旅馆
310	双流县一佳商务酒店	成都市双流县东升镇永安路四段93-95号	双流县	社会旅馆
311	成都机场空港聚缘商务酒店	成都市双流县机场航站楼旁边	双流县	社会旅馆
312	双流金芙蓉大酒店	成都市双流县天府新区华阳街道华阳大道四段313号	双流县	社会旅馆
313	双流县白沙林港酒店	成都市双流县天府新区白沙镇麓山大道三段4-16号	双流县	社会旅馆
314	成都双流爱尚假日公寓	成都市双流县机场西南民大双流校区寺圣社区	双流县	社会旅馆
315	双流县金福商务酒店	成都市双流县东升街道白鹤小区永安路四段81号五栋2单元5号	双流县	社会旅馆

续表

序号	酒店名称	酒店地址	区域	酒店类型
316	成都壁玉公寓	成都市双流县西航港学府西路北三街80号	双流县	社会旅馆
317	双流美客商务宾馆	成都市双流县白鹤小区鹤祥西街181号	双流县	社会旅馆
318	成都机场瑞升明院公寓式酒店	成都市双流县国际机场临港路1段33号	双流县	社会旅馆
319	双流县家缘宾馆	成都市双流县西航港街道花红社区白家中街52号	双流县	社会旅馆
320	双流县仟和宾馆	成都市双流县九江鸿雁路159号	双流县	社会旅馆
321	双流县金门宾馆	成都市双流县天府新区华阳街道正北上街159号	双流县	社会旅馆
322	双流县大通世纪酒店有限公司	成都市双流县东升镇清泰路二段64号	双流县	社会旅馆
323	家日酒店	成都市双流县东升街道藏卫路北三段30号	双流县	社会旅馆
324	双流县星科农牧发展有限公司	成都市双流县三星镇赤水路333号	双流县	社会旅馆
325	双流县亚泰商务酒店	成都市双流县西航港街道办常乐小区南四街77号	双流县	社会旅馆
326	双流县双福商务宾馆	成都市双流县九江景秀泉城市场	双流县	社会旅馆
327	双流县华阳鑫力港湾商务酒店	成都市双流县天府新区华阳街道丽景路199号	双流县	社会旅馆
328	双流家舟客栈	成都市双流县川齿路北一街31号	双流县	社会旅馆
329	双流县正兴零零一商务酒店	成都市双流县正兴镇苏码头社区广东街157号	双流县	社会旅馆
330	双流县龙辉假日酒店	成都市双流县天府新区华阳街道益州大道欧香广场1号楼	双流县	社会旅馆
331	舒心宾馆	成都市双流县新兴镇庙山村3组	双流县	社会旅馆
332	双流县浪淘沙酒店	成都市双流县华阳街道华阳大道二段252号	双流县	社会旅馆
333	双鑫商务宾馆	成都市双流县东升街道三强东路一段85号	双流县	社会旅馆
334	四川柏丽酒店管理有限公司	成都市双流县九江蛟龙工业港	双流县	社会旅馆
335	双流县御阁商务酒店	成都市双流县九江蛟龙工业港	双流县	社会旅馆
336	成都尚稷海港酒店	成都市双流县蛟龙工业区海港广场北门	双流县	社会旅馆
337	四川正熙投资实业有限公司正熙雅居酒店分公司	成都市双流县天府新区万安镇麓山大道二段19号	双流县	社会旅馆
338	成都美悦酒店管理有限公司	成都市双流县天府新区华阳街道正西街90号	双流县	社会旅馆
339	双流县川港宾馆	成都市双流县双桂社区	双流县	社会旅馆

续表

序号	酒店名称	酒店地址	区域	酒店类型
340	双流县华鑫商务酒店	成都市双流县天府新区华阳街道正北中街40、64号	双流县	社会旅馆
341	成都市南廷酒店	成都市双流县公兴镇场镇	双流县	社会旅馆
342	双流县籍田鼓浪屿酒店	成都市双流县天府新区籍田镇籍田东街东段203号	双流县	社会旅馆
343	双流县常乐酒店	成都市双流县黄甲街办黄瓦街216号	双流县	社会旅馆
344	尚嘉商务酒店	成都市双流县黄甲街道王家场社区158-168号	双流县	社会旅馆
345	成都舒驿酒店经营管理有限公司	成都市双流县东升镇棠湖北路3号	双流县	社会旅馆
346	双流县瑞益宾馆	成都市双流县西航港街道花红社区中街57号	双流县	社会旅馆
347	成都怡豪酒店	成都市双流县东升街道三强北路三段	双流县	社会旅馆
348	双流县棠湖友谊酒店	成都市双流县东升街道办棠湖西路一段135号	双流县	社会旅馆
349	双流县新世纪花园宾馆	成都市双流县西航港街道办事处光明社区	双流县	社会旅馆
350	双流县航空港协和商务酒店	成都市双流县西街办湖夹滩社区	双流县	社会旅馆
351	双流县大通商务酒店	成都市双流县西航港常乐社区学府西路南三街11号	双流县	社会旅馆
352	成都南风商务酒店	成都市双流县华阳镇滨河路三段1号	双流县	社会旅馆
353	双流威斯顿商务宾馆	成都市双流县公兴镇黄龙大道2段572号	双流县	社会旅馆
354	成都双流诚意宾馆	成都市双流县常乐小区北二街147号	双流县	社会旅馆
355	双流县籍田佳城宾馆	成都市双流县天府新区籍田镇蔡堰村4组16号	双流县	社会旅馆
356	成都龙腾宾馆	成都市双流县东升街道荷塘南街119号	双流县	乡村酒店
357	成都家园宾馆中和店	成都市双流县中和镇府河路130号	双流县	乡村酒店
358	成都玺轩旅店	成都市双流县天府新区华阳街道富民二街28号	双流县	乡村酒店
359	成都宏升旅馆	成都市双流县天府新区华阳菜蔬一街68号	双流县	乡村酒店
360	玫瑰园	成都市双流县保水村8组200号	双流县	乡村酒店
361	成都好又来公寓	成都市双流县常乐小区北二街18号	双流县	乡村酒店
362	成都双流怡和宾馆	成都市双流县中和镇柳荫街134号	双流县	乡村酒店
363	黄龙溪湖庭阁	成都市双流县黄龙溪下河街平桥	双流县	乡村酒店
364	成都缘鸿源商务宾馆	成都市双流县文星镇光明小区5栋	双流县	乡村酒店
365	成都幸福商务宾馆	成都市双流县文星镇光明苑30幢	双流县	乡村酒店
366	成都兴贤商务宾馆	成都市双流县文星镇光明小区3栋	双流县	乡村酒店

续表

序号	酒店名称	酒店地址	区域	酒店类型
367	成都双流棠湖宾馆	成都市双流县棠湖南路1段1号	双流县	乡村酒店
368	成都双流君悦来公寓	成都市双流县白家镇花红社区中街42号	双流县	乡村酒店
369	双流龙翔旅馆	成都市双流县白家镇花红社区中街84号	双流县	乡村酒店
370	双流驿站商务宾馆	成都市双流县白家镇黄河南路花红社区中街17号	双流县	乡村酒店
371	双流同福宾馆	成都市双流县白家镇黄河南路花红社区中街30号	双流县	乡村酒店
372	双流丽都公寓	成都市双流县文星镇川大路光明苑30栋	双流县	乡村酒店
373	成都迎宾公寓	成都市双流县常乐小区北一街110号	双流县	乡村酒店
374	成都锦洲公寓	成都市双流县常乐小区北三街146号	双流县	乡村酒店
375	成都瑞琦公寓	成都市双流县常乐小区	双流县	乡村酒店
376	双流锦利公寓	成都市双流县常乐小区北三街3号	双流县	乡村酒店
377	成都在水一方旅馆	成都市双流县机场路常乐小区北3街170号	双流县	乡村酒店
378	华航商务宾馆	成都市双流县北八街9号	双流县	乡村酒店
379	向阳旅馆	成都市双流县华阳街道菜蔬社区菜蔬五街47号	双流县	乡村酒店
380	双流县东方红宾馆	成都市双流县东升街道荷塘南街21-23号	双流县	乡村酒店
381	双流县华阳镇顺意旅馆	成都市双流县天府新区华阳街道菜蔬一街97号	双流县	乡村酒店
382	双流县杏花旅馆	成都市双流县天府新区华阳街道安公路292号	双流县	乡村酒店
383	鑫源旅馆	成都市双流县华阳街道菜蔬社区菜蔬一街39号	双流县	乡村酒店
384	双流县迎宾旅馆	成都市双流县东升街道三强东路一段50号	双流县	乡村酒店
385	逸阳旅馆	成都市双流县华阳街道菜蔬社区菜蔬二街67号	双流县	乡村酒店
386	川洪旅馆	成都市双流县公兴镇场镇	双流县	乡村酒店
387	帽盒山垂钓中心	成都市双流县公兴镇兰家沟	双流县	乡村酒店
388	双流县白沙镇平安旅馆	成都市双流县白沙镇政文街22号	双流县	乡村酒店
389	双流县华阳萍果旅馆	成都市双流县天府新区华阳街道菜蔬三街42号	双流县	乡村酒店
390	双流县新兴金满堂酒店	成都市双流县天府新区新兴镇油坊村一组300号	双流县	乡村酒店
391	成都双流金海浪宾馆	成都市双流县华阳镇菜蔬五横街二段59号	双流县	乡村酒店

续表

序号	酒店名称	酒店地址	区域	酒店类型
392	黄龙溪馨怡旅馆	成都市双流县黄龙溪下河街96号	双流县	乡村酒店
393	双流县华阳镇南阳客栈	成都市双流县天府新区华阳街道正东下街95号	双流县	乡村酒店
394	双流县长顺惠君楼客栈	成都市双流县东升街道	双流县	乡村酒店
395	双流县华阳镇祥和旅馆	成都市双流县天府新区华阳街道府河路一段8号	双流县	乡村酒店
396	云海旅馆	成都市双流县华阳街道菜蔬社区音乐广场23号	双流县	乡村酒店
397	飞宏住宿	成都市双流县东升街道龙桥小区	双流县	乡村酒店
398	双流县佳苑旅馆	成都市双流县万安镇佳苑路	双流县	乡村酒店
399	双流县华阳旅馆	成都市双流县天府新区华阳街道华阳新车站	双流县	乡村酒店
400	双流县华阳双华旅馆	成都市双流县天府新区华阳街道华阳大道一段	双流县	乡村酒店
401	双流县籍田宏鑫旅馆	成都市双流县天府新区籍田镇东街东巷19、21号	双流县	乡村酒店
402	红太阳旅馆	成都市双流县华阳街道菜蔬社区菜蔬一街118号	双流县	乡村酒店
403	双流县华阳镇兴久旅馆	成都市双流县天府新区华阳街道府河路45号	双流县	乡村酒店
404	泰来旅馆	成都市双流县东升镇荷塘中街6号	双流县	乡村酒店
405	双流县华阳镇府河旅馆	成都市双流县天府新区华阳街道正西街207-209号	双流县	乡村酒店
406	双流县钟哥旅社	成都市双流县九江街道马家寺社区	双流县	乡村酒店
407	双流县华阳镇富民旅馆	成都市双流县天府新区华阳街道富民路二段7号	双流县	乡村酒店
408	双流县华阳家园旅店	成都市双流县天府新区华阳街道富民路三段85号	双流县	乡村酒店
409	汇宾旅馆	成都市双流县天府新区华阳街道正东下街13号	双流县	乡村酒店
410	双流县籍田福鑫旅馆	成都市双流县天府新区籍田镇新华路一段334号	双流县	乡村酒店
411	双流良好公寓	成都市双流县常乐小区北四街98号	双流县	乡村酒店
412	双流县华阳花园旅馆	成都市双流县天府新区华阳街道华阳大道一段127号	双流县	乡村酒店
413	杏花旅馆	成都市双流县华阳街道菜蔬社区菜蔬五街3号	双流县	乡村酒店
414	和顺旅店	成都市双流县东升街道西安路三段57号	双流县	乡村酒店
415	成都宜居公寓	成都市双流县文星镇长城路光明苑13幢	双流县	乡村酒店

续表

序号	酒店名称	酒店地址	区域	酒店类型
416	双流华中旅馆	成都市双流县天府新区华阳街道龙灯山路11号	双流县	乡村酒店
417	双流县华阳一米阳光旅馆	成都市双流县天府新区华阳街道长江东一街10号	双流县	乡村酒店
418	双流县云海旅馆	成都市双流县天府新区华阳街道音乐广场23号	双流县	乡村酒店
419	双流县华阳明清旅馆	成都市双流县天府新区华阳街道菜蔬二街89号	双流县	乡村酒店
420	顺和苑餐饮休闲庄	成都市双流县天府新区籍田镇鱼鹤村1组	双流县	乡村酒店
421	双流县华阳镇根会旅馆	成都市双流县天府新区华阳街道富顺街85号	双流县	乡村酒店
422	祥瑞旅馆	成都市双流县东升镇东升136号附2号	双流县	乡村酒店
423	双流顺欣旅馆	成都市双流县白云西街24号	双流县	乡村酒店
424	华阳红发旅馆	成都市双流县天府新区华阳街道石灰市街22号	双流县	乡村酒店
425	双流和顺旅馆	成都市双流县西安路二段57号	双流县	乡村酒店
426	金色假日旅馆	成都市双流县文星镇大西路金色校园广场	双流县	乡村酒店
427	双流县家馨旅馆	成都市双流县东升街道白鹤小区白云西街36号	双流县	乡村酒店
428	双流县鸿强旅馆	成都市双流县九江街道马家寺社区	双流县	乡村酒店
429	双流县悦来客栈	成都市双流县东升镇荷塘南街180号	双流县	乡村酒店
430	松源旅馆	成都市双流县东升镇白鹤小区	双流县	乡村酒店
431	双流县新兴鑫源旅馆	成都市双流县新兴镇文明巷18号	双流县	乡村酒店
432	君悦宾馆	成都市双流县学院路157号	双流县	乡村酒店
433	广福客栈	成都市双流县华阳街道广福社区	双流县	乡村酒店
434	双流运来客栈	成都市双流县镇龙街94号	双流县	乡村酒店
435	顺意旅馆	成都市双流县华阳街道菜蔬社区菜蔬街一段97号	双流县	乡村酒店
436	双流县华阳兴顺旅馆	成都市双流县天府新区华阳街道丽都街186号	双流县	乡村酒店
437	双流县华阳镇双狮旅馆	成都市双流县天府新区华阳街道华阳大道二段88号	双流县	乡村酒店
438	双流县新兴镇舒心宾馆	成都市双流县新兴镇庙山村新富街48号	双流县	乡村酒店
439	双流县全成旅馆	成都市双流县东升街道泰升西街29号16幢19号	双流县	乡村酒店
440	成都双流星座公寓A	成都市双流县西航港常乐小区北三街	双流县	乡村酒店

续表

序号	酒店名称	酒店地址	区域	酒店类型
441	宏升旅馆	成都市双流县华阳街道菜蔬社区菜蔬一街68号	双流县	乡村酒店
442	双流县祥宏休闲山庄	成都市双流县万安镇高饭店村3组201号	双流县	乡村酒店
443	华阳锦城宾馆	成都市双流县天府新区华阳街道利民三街64号	双流县	乡村酒店
444	双流县正兴镇供销合作社	成都市双流县正兴镇苏码头社区广东街	双流县	乡村酒店
445	双流县新兴旺角旅馆	成都市双流县天府新区新兴镇庙山村新昌街551号	双流县	乡村酒店
446	成都静安宾馆	成都市双流县永安镇翰林街13号	双流县	乡村酒店
447	成都金年华公寓	成都市双流县西航港常乐小区北四街87号	双流县	乡村酒店
448	鹤祥旅馆	成都市双流县东升街道广都社区	双流县	乡村酒店
449	洪霞旅馆	成都市双流县东升街道长兴社区	双流县	乡村酒店
450	双流县天一家旅馆	成都市双流县天府新区华阳街道菜蔬二街5号	双流县	乡村酒店
451	飞龙旅社	成都市双流县西航港街道广场路社区7组	双流县	乡村酒店
452	双流县石牛旅馆	成都市双流县九江街道石牛社区九龙小区	双流县	乡村酒店
453	双流县九江观庄旅馆	成都市双流县九江街道石牛社区九龙小区	双流县	乡村酒店
454	华烁旅店	成都市双流县东升街道西安路二段63号	双流县	乡村酒店
455	双流县新兴庙山宾馆	成都市双流县天府新区新兴镇庙山村2组	双流县	乡村酒店
456	明园旅馆	成都市双流县天府新区华阳街道正北中街5号	双流县	乡村酒店
457	双流县籍田佳宇商务宾馆	成都市双流县天府新区籍田镇回江1组9、10号	双流县	乡村酒店
458	双流县东升镇快乐旅馆	成都市双流县三强东路一段52号	双流县	乡村酒店
459	双流县华阳镇向阳旅馆	成都市双流县天府新区华阳街道菜蔬五街49号	双流县	乡村酒店
460	双流县顺欣旅店	成都市双流县东升镇白云西街25号	双流县	乡村酒店
461	西南巷旅馆	成都市双流县东升镇棠湖南路二段240号	双流县	乡村酒店
462	文静旅馆	成都市双流县东升镇电视塔路一段137号	双流县	乡村酒店
463	双流县易名旅馆	成都市双流县东升镇白鹤小区	双流县	乡村酒店
464	双流县东升金太阳旅店	成都市双流县东升街道长冶路三段17号	双流县	乡村酒店
465	双流县畅春园会议中心	成都市双流县东升街道长顺路一段	双流县	乡村酒店

续表

序号	酒店名称	酒店地址	区域	酒店类型
466	双流县金海棠住宿部	成都市双流县东升街道长顺路四段120号	双流县	乡村酒店
467	白鹤旅店	成都市双流县东升街道白云西街25号白鹤小区	双流县	乡村酒店
468	化工院招待所	成都市双流县西航港街道近都社区机场路	双流县	乡村酒店
469	双流县华阳四河旅馆	成都市双流县天府新区华阳街道正北中街22号	双流县	乡村酒店
470	双流县华阳祥宏旅馆	成都市双流县天府新区华阳街道利民一街78号	双流县	乡村酒店
471	光明旅馆	成都市双流县彭镇交通路143号	双流县	乡村酒店
472	华北旅馆	成都市双流县华阳街道正北中街85号	双流县	乡村酒店
473	双流县新阳光旅馆	成都市双流县天府新区华阳街道安公路一段342号	双流县	乡村酒店
474	双流县富荣旅馆	成都市双流县天府新区煎茶镇育才东路66–68号	双流县	乡村酒店
475	双流县华阳明程旅馆	成都市双流县天府新区华阳街道利民一街48号	双流县	乡村酒店
476	成都锦绣城旅游开发有限公司	成都市双流县兴隆镇瓦窑村200号	双流县	乡村酒店
477	双流县华阳茂恒旅馆	成都市双流县天府新区华阳街道长江东二横街40号	双流县	乡村酒店
478	双流县籍田红阳旅馆	成都市双流县天府新区籍田镇蔡堰村4组85号	双流县	乡村酒店
479	双流县华阳玺轩旅店	成都市双流县天府新区华阳街道富阳二街30号	双流县	乡村酒店
480	双流东方红招待所	成都市双流县东升镇白鹤社区4组19栋	双流县	乡村酒店
481	双流县华阳顺发旅馆	成都市双流县天府新区华阳街道正东上街164号	双流县	乡村酒店
482	双流紫徽公寓	成都市双流县西航港寺圣小区北一街57号	双流县	乡村酒店
483	三姐住宿	成都市双流县东升街道龙桥小区4号	双流县	乡村酒店
484	双流县缘源商务宾馆	成都市双流县东升镇荷塘中街125号	双流县	乡村酒店
485	成都国宇公寓	成都市双流县文星镇光明小区26栋	双流县	乡村酒店
486	游龙旅馆	成都市双流县东升镇西安路一段135号附3号	双流县	乡村酒店
487	双流县籍田同声旅店	成都市双流县天府新区籍田镇籍田南街23号	双流县	乡村酒店
488	成都宇豪旅馆	成都市双流县西航港花红小区中街46号	双流县	乡村酒店

续表

序号	酒店名称	酒店地址	区域	酒店类型
489	双流县宏发旅馆	成都市双流县东升街道长冶路55号	双流县	乡村酒店
490	双流县新兴吉祥旅馆	成都市双流县天府新区新兴镇庙山村3组	双流县	乡村酒店
491	欣欣旅馆	成都市双流县彭镇交通路二段	双流县	乡村酒店
492	文馨客店	成都市双流县东升镇石佛路一段	双流县	乡村酒店
493	双流县羊泉旅馆	成都市双流县西航港街道新街10号	双流县	乡村酒店
494	双流县华阳长顺旅馆	成都市双流县天府新区华阳街道长江东一街6号	双流县	乡村酒店
495	阳光旅馆	成都市双流县东升镇花月街123号	双流县	乡村酒店
496	双流顺天客栈	成都市双流县东升街道白鹤小区	双流县	乡村酒店
497	成都老朋友公寓	成都市双流县西航港常乐小区北二街80号	双流县	乡村酒店
498	鑫盛旅馆	成都市双流县天府新区华阳街道华阳街道正大街45-53号	双流县	乡村酒店
499	双流县永兴茶旅社	成都市双流县天府新区永兴镇土庙街66号	双流县	乡村酒店
500	成都双流奥迪公寓	成都市双流县西航港常乐小区北三街137号	双流县	乡村酒店
501	双流县三基地商务旅店	成都市双流县西航港街道近都社区商贸广场	双流县	乡村酒店
502	国祥旅馆	成都市双流县西航港街道近都社区5组	双流县	乡村酒店
503	双流县白沙名杰旅馆	成都市双流县天府新区白沙镇麓山大道三段290号	双流县	乡村酒店
504	成都辉煌公寓	成都市双流县文星镇光明苑26栋	双流县	乡村酒店
505	双流县绿荫旅馆	成都市双流县天府新区籍田镇东街东段66-68号	双流县	乡村酒店
506	和家居旅馆	成都市双流县九江泉水凼社区	双流县	乡村酒店
507	双流县永安静安宾馆	成都市双流县永安镇翰林路13号	双流县	乡村酒店
508	双流县恒丰旅馆	成都市双流县东升街道永安路四段81号1单元	双流县	乡村酒店
509	成都双流花果山旅馆	成都市双流县三星镇龙星村2组	双流县	乡村酒店
510	龙王湖休闲山庄	成都市双流县	双流县	乡村酒店
511	双流县华阳家华旅馆	成都市双流县天府新区华阳街道河池村1组136号	双流县	乡村酒店
512	双流县华阳南鑫宾馆	成都市双流县天府新区华阳街道华阳大道一段88号	双流县	乡村酒店

续表

序号	酒店名称	酒店地址	区域	酒店类型
513	四川玫瑰园旅游开发有限公司	成都市双流县天府新区兴隆镇华大路2号	双流县	乡村酒店
514	双流县平安旅店	成都市双流县天府新区白沙镇政文街22号	双流县	乡村酒店
515	蓝家店餐饮店	成都市双流县天府新区兴隆镇正街63号	双流县	乡村酒店
516	双流华阳广福客栈	成都市双流县双流县天府新区华阳街道天沿路466号	双流县	乡村酒店
517	静安旅社	成都市双流县翰林街13号	双流县	乡村酒店
518	双流县世纪商务旅店	成都市双流县九江蛟龙工业港	双流县	乡村酒店
519	双流县明珠宾馆	成都市双流县九江蛟龙工业港	双流县	乡村酒店
520	龙港宾馆	成都市双流县九江蛟龙工业港	双流县	乡村酒店
521	蓝色港湾旅馆	成都市双流县九江蛟龙工业港	双流县	乡村酒店
522	双流茂林旅馆	成都市双流县九江街道石牛社区149号	双流县	乡村酒店
523	双流桂林旅馆	成都市双流县九江鸿雁路135号	双流县	乡村酒店
524	双流县黄甲镇富华商务宾馆	成都市双流县黄甲镇黄甲广场旁	双流县	乡村酒店
525	牧山宾馆	成都市双流县黄甲街道升平街87号	双流县	乡村酒店
526	双流县黄甲镇红河商务旅馆	成都市双流县黄甲街道升平街202号	双流县	乡村酒店
527	东升镇西南巷旅馆	成都市双流县东升镇棠湖南路二段240号	双流县	乡村酒店
528	双流县红林旅馆	成都市双流县东升镇城塔小区16号	双流县	乡村酒店
529	双流县欧城宾馆	成都市双流县东升镇三强东路51号	双流县	乡村酒店
530	双流县福达宾馆	成都市双流县西北街97号	双流县	乡村酒店
531	双流县友谊宾馆	成都市双流县棠湖西路一段129号	双流县	乡村酒店
532	双流县阳光旅馆	成都市双流县花月东街123号	双流县	乡村酒店
533	长城旅馆	成都市双流县文星镇新街	双流县	乡村酒店
534	江安旅馆	成都市双流县白家镇花红社区	双流县	乡村酒店
535	花红旅社	成都市双流县西航港镇花红4组	双流县	乡村酒店
536	和贵旅馆	成都市双流县东升街道藏卫路南一段260号附105号	双流县	乡村酒店
537	双流县红门旅馆	成都市双流县西航港街道近都社区18-19号	双流县	乡村酒店
538	名康宾馆	成都市双流县西航港街道近都社区3组	双流县	乡村酒店
539	鹿溪竹苑	成都市双流县黄龙溪镇大河村7组	双流县	乡村酒店
540	万顺农庄	成都市双流县永安镇白果村	双流县	乡村酒店

续表

序号	酒店名称	酒店地址	区域	酒店类型
541	四友葡萄农庄	成都市双流县永安镇大塘村1组	双流县	乡村酒店
542	老鹰沟休闲庄	成都市双流县永安镇白果村8组	双流县	乡村酒店
543	乡村土九碗一品香土酒碗	成都市双流县永安镇大塘社区5组	双流县	乡村酒店
544	祥龙湾生态农庄	成都市双流县公兴镇双黄路	双流县	乡村酒店
545	天鸿休闲山庄	成都市双流县公兴双塘8社	双流县	乡村酒店
546	晨香农居食府	成都市双流县彭镇羊坪村5组	双流县	乡村酒店
547	朴真苑	成都市双流县双流双九路与新双楠大道交界处	双流县	乡村酒店
548	菁华园	成都市双流县蛟龙工业港	双流县	乡村酒店
549	双流县香楠苑	成都市双流县黄水镇板桥社区	双流县	乡村酒店
550	杏花村	成都市双流县广都大道	双流县	乡村酒店
551	西蜀人家	成都市双流县华阳街道迎宾大道中段	双流县	乡村酒店
552	新皇城	成都市双流县黄胜路旁文庙村4社	双流县	乡村酒店
553	双流县润泽果卉博览园	成都市双流县西航港九龙湖社区	双流县	乡村酒店
554	驿泊源度假中心	成都市双流县公兴镇双木1社	双流县	乡村酒店
555	双流县鹿溪会所	成都市双流县黄龙溪镇古佛村	双流县	乡村酒店
556	成都市松鹤林餐饮有限公司	成都市双流县彭镇罗汉村	双流县	乡村酒店
557	双流县城市之乡成都新平衡农林园艺有限公司	成都市双流县双流永安镇白果村5组	双流县	乡村酒店
558	黄龙溪印象三国食府	成都市双流县黄龙溪镇金华东街189号	双流县	乡村酒店
559	樊家大院	成都市双流县黄龙溪镇黄龙社区2组	双流县	乡村酒店
560	飞农农庄	成都市双流县三星镇龙星村2组	双流县	乡村酒店
561	云崖山房	成都市双流县三星镇河山村12组	双流县	乡村酒店
562	流金岁月餐饮休闲庄	成都市双流县三星镇南新村4组	双流县	乡村酒店
563	乡下人家休闲庄	成都市双流县兴隆镇天明村4组	双流县	乡村酒店
564	碧水山庄	成都市双流县兴隆镇瓦窑村5组	双流县	乡村酒店
565	乾元永聚庄	成都市双流县大林镇大林村2社	双流县	乡村酒店
566	梨树园/梨博园	成都市双流县大林镇石庙村3社	双流县	乡村酒店
567	东山一庄	成都市双流县大林镇石庙村3社	双流县	乡村酒店
568	蜀一品农家乐	成都市双流县永兴镇干塘村8组	双流县	乡村酒店
569	青青园	成都市双流县合江镇南天寺村5组	双流县	乡村酒店
570	云崖牧歌	成都市双流县三星镇滨河路	双流县	乡村酒店
571	锦绣城	成都市双流县兴隆镇瓦窑村4组	双流县	乡村酒店
572	映月湖	成都市双流县永兴镇干塘村8组	双流县	乡村酒店
573	金花池现代农庄	成都市双流县籍田镇红碑村1、2组	双流县	乡村酒店

温江区旅游住宿业单位名单

序号	酒店名称	酒店地址	区域	酒店类型
1	金强华亨酒店	成都市温江区温江区南熏大道四段356号	温江区	三星级酒店
2	宜必思中心酒店	成都市温江区文府苑路15号	温江区	商务连锁型酒店
3	宜必思国色天乡酒店	成都市温江区万春镇天乡路二段89号	温江区	商务连锁型酒店
4	怡家名人酒店	成都市温江区柳城南熏大道三段155号	温江区	商务连锁型酒店
5	怡家连锁酒店南浦路店	成都市温江区南浦路西段171号	温江区	商务连锁型酒店
6	怡家快捷酒店店	成都市温江区两河路东段2号	温江区	商务连锁型酒店
7	天府丽都商务酒店店汽车站店	成都市温江区南熏大道一段176号	温江区	商务连锁型酒店
8	名人首座酒店怡家连锁大学城店	成都市温江区南薰大道3段155号	温江区	商务连锁型酒店
9	九加一快捷酒店	成都市温江区南熏大道二段928号	温江区	商务连锁型酒店
10	嘉兰城市酒店	成都市温江区文化路一号繁华时代广场9号楼	温江区	商务连锁型酒店
11	都市客酒店赞元街店	成都市温江区赞元街180号	温江区	商务连锁型酒店
12	城市便捷酒店	成都市温江区杨柳东路南段18号	温江区	商务连锁型酒店
13	铂雅名人酒店怡家连锁酒店文府苑店	成都市温江区南浦路西段199号	温江区	商务连锁型酒店
14	7天连锁酒店伊藤百货店	成都市温江区政和街13号	温江区	商务连锁型酒店
15	足球运动项目管理中心	成都市温江区金府路505号	温江区	社会旅馆
16	中南海滨酒店	成都市温江区光华大道三段1868号	温江区	社会旅馆
17	致佳居花园酒店	成都市温江区柳城街办173号	温江区	社会旅馆
18	云来客栈	成都市温江区和平路251号/49号	温江区	社会旅馆
19	月月红客栈	成都市温江区杨柳河柳平三巷2号	温江区	社会旅馆
20	圆梦圆酒店管理有限公司	成都市温江区南熏大道四段601号	温江区	社会旅馆
21	裕洋大酒店	成都市温江区永胜兴达路980号	温江区	社会旅馆
22	御阁商务酒店	成都市温江区德通桥9号	温江区	社会旅馆
23	雨轩公寓	成都市温江区游家渡小区9号附16号	温江区	社会旅馆
24	鱼凫国都温泉大酒店	成都市温江区温泉大道四段	温江区	社会旅馆
25	有间客房	成都市温江区天香路二段888号3-16号	温江区	社会旅馆
26	有间客房	成都市温江区大湾区柳南三路22号	温江区	社会旅馆
27	永丰客房	成都市温江区和平路26号	温江区	社会旅馆
28	印象酒店	成都市温江区文化路334号附1号	温江区	社会旅馆
29	驿都酒店	成都市温江区柳城	温江区	社会旅馆
30	壹陆壹捌商务酒店	成都市温江区长安路291-299号	温江区	社会旅馆
31	壹陆一捌商务酒店	成都市温江区柳城长安路25号	温江区	社会旅馆

续表

序号	酒店名称	酒店地址	区域	酒店类型
32	壹贰叁商务酒店	成都市温江区两河路西段300号	温江区	社会旅馆
33	幸运城	成都市温江区踏水桥南路与绿篱路路口向西100米	温江区	社会旅馆
34	杏缘宾馆	成都市温江区柳台大道1166号	温江区	社会旅馆
35	兴军酒店	成都市温江区长安桥滨江路9号	温江区	社会旅馆
36	星愿住宿	成都市温江区德通桥南路66号	温江区	社会旅馆
37	星侨酒店	成都市温江区万春路178号	温江区	社会旅馆
38	星辉酒店	成都市温江区临江路9号	温江区	社会旅馆
39	鑫源商务酒店	成都市温江区柳台大道东段251号307号	温江区	社会旅馆
40	鑫怡家丽景	成都市温江区南浦路西段171号	温江区	社会旅馆
41	馨逸家酒店	成都市温江区两河路西段266号	温江区	社会旅馆
42	香水河畔大酒店	成都市温江区两河路双柳三巷28号	温江区	社会旅馆
43	闲庭公寓	成都市温江区柳浪湾北二巷29号	温江区	社会旅馆
44	西宫度假酒店	成都市温江区万春镇春江南路1139号	温江区	社会旅馆
45	无名快捷酒店	成都市温江区惠民路458号	温江区	社会旅馆
46	温馨旅馆	成都市温江区柳浪4路13号	温江区	社会旅馆
47	温莎堡商务酒店	成都市温江区内北街87号	温江区	社会旅馆
48	温格斯酒店	成都市温江区天府街道游家渡社区19栋附1栋	温江区	社会旅馆
49	温都宾馆	成都市温江区城南七路15号	温江区	社会旅馆
50	万隆友谊大酒店	成都市温江区万春路156号	温江区	社会旅馆
51	万豪客房	成都市温江区和平路191号	温江区	社会旅馆
52	天豪商务酒店	成都市温江区柳城大道111号	温江区	社会旅馆
53	四川金嘉兰酒店有限责任公司	成都市温江区文化路繁华时代广场9号楼	温江区	社会旅馆
54	蜀府怡都酒店	成都市温江区长安路244号	温江区	社会旅馆
55	世纪拉菲酒店	成都市温江区南江路230号	温江区	社会旅馆
56	时代宾馆	成都市温江区柳城南林路235号	温江区	社会旅馆
57	蓉江印象酒店	成都市温江区柳城大道东段99号	温江区	社会旅馆
58	蓉城商务宾馆	成都市温江区和平路99号	温江区	社会旅馆
59	仁豪名人酒店	成都市温江区光华大道三段1868号	温江区	社会旅馆
60	人和宾馆	成都市温江区南熏大道三段292号	温江区	社会旅馆
61	凯旋宾馆	成都市温江区凤溪大道135号	温江区	社会旅馆
62	博雅世家酒店	成都市温江区南熏大道2段988号	温江区	社会旅馆
63	青瓦台商务酒店	成都市温江区北街31号	温江区	社会旅馆
64	千和客房	成都市温江区国色天香三号门天香路	温江区	社会旅馆

续表

序号	酒店名称	酒店地址	区域	酒店类型
65	七禧商务酒店	成都市温江区城区鱼凫路365号	温江区	社会旅馆
66	普罗旺斯主题公寓	成都市温江区游家渡9号附11号	温江区	社会旅馆
67	普罗斯泰酒店	成都市温江区柳城大道柳河南路98号	温江区	社会旅馆
68	名苑商务酒店	成都市温江区柳河南路415号	温江区	社会旅馆
69	米兰达酒店	成都市温江区柳城大道西段163号	温江区	社会旅馆
70	美周商务酒店	成都市温江区双柳三巷58号	温江区	社会旅馆
71	龙飞商务客栈	成都市温江区南林路243号	温江区	社会旅馆
72	凉水井商务客房	成都市温江区两河路西段232号	温江区	社会旅馆
73	蓝鸟宾馆	成都市温江区和平路102号	温江区	社会旅馆
74	莱美假日酒店店	成都市温江区凤溪大道中段93号	温江区	社会旅馆
75	凯旋酒店	成都市温江区柳城凤溪大道中段117号	温江区	社会旅馆
76	凯旋公寓	成都市温江区柳南三路42号	温江区	社会旅馆
77	凯信博辰酒店	成都市温江区来凤路268号	温江区	社会旅馆
78	凯丽印象酒店	成都市温江区南熏大道三段175号	温江区	社会旅馆
79	凯丽商务酒店	成都市温江区柳台大道251号金强大学城4楼	温江区	社会旅馆
80	君悦商务宾馆	成都市温江区和平路65-71号	温江区	社会旅馆
81	君临国际酒店	成都市温江区文化路138号成都市温江区公园旁	温江区	社会旅馆
82	久家酒店管理有限公司	成都市温江区凤溪大道南段258号	温江区	社会旅馆
83	九逸酒店	成都市温江区光华大道三段	温江区	社会旅馆
84	精英之家旅馆	成都市温江区柳南四路4号	温江区	社会旅馆
85	京川商务宾馆	成都市温江区天府新街和平路148号	温江区	社会旅馆
86	锦城宾馆	成都市温江区和平路131号温江二中旁	温江区	社会旅馆
87	金泰宾馆	成都市温江区凤溪大道中段123号	温江区	社会旅馆
88	金强体育宾馆	成都市温江区科林路西段218号	温江区	社会旅馆
89	金苹果住宿	成都市温江区惠民正街181号1栋2单元	温江区	社会旅馆
90	金海云天酒店	成都市温江区柳城人和路758号	温江区	社会旅馆
91	金都酒店/驿都酒店	成都市温江区柳河南路49号	温江区	社会旅馆
92	甲乙丙丁公社	成都市温江区德全北街53号	温江区	社会旅馆
93	慧圆宾馆	成都市温江区柳城凤溪大道中段176号	温江区	社会旅馆
94	华君旅馆	成都市温江区南林路322号	温江区	社会旅馆
95	花语南城酒店	成都市温江区南浦路西段南浦郡3楼	温江区	社会旅馆
96	鸿腾酒店	成都市温江区同兴东路900号	温江区	社会旅馆
97	红运商务宾馆	成都市温江区南林路236号	温江区	社会旅馆

续表

序号	酒店名称	酒店地址	区域	酒店类型
98	红泥宾馆	成都市温江区德通桥南路142号	温江区	社会旅馆
99	恒鑫商务客房	成都市温江区柳浪湾北一街212号	温江区	社会旅馆
100	恒枫商务宾馆	成都市温江区柳浪湾北二街7号	温江区	社会旅馆
101	和平商务宾馆	成都市温江区南林路249号	温江区	社会旅馆
102	皓天宾馆	成都市温江区柳南七路55号	温江区	社会旅馆
103	好时光宾馆	成都市温江区合江巷27–29号	温江区	社会旅馆
104	好客宜居商务酒店	成都市温江区柳城德通桥路539号	温江区	社会旅馆
105	豪客酒店大学城店	成都市温江区南熏大道二段116号	温江区	社会旅馆
106	瀚陵宾馆	成都市温江区天府德全横街16号	温江区	社会旅馆
107	国泰公寓	成都市温江区庆丰街99号	温江区	社会旅馆
108	贵阁商务酒店2店	成都市温江区柳台大道东段215号	温江区	社会旅馆
109	富丽大酒店	成都市温江区黄金路4号	温江区	社会旅馆
110	富贵宾馆	成都市温江区凤溪大道258号	温江区	社会旅馆
111	凤溪国泰公寓	成都市温江区西大街65号	温江区	社会旅馆
112	凤来栖商务酒店	成都市温江区凤溪大道北段666号	温江区	社会旅馆
113	费尔顿凯莱大酒店	成都市温江区中国成都市温江区文化路111号	温江区	社会旅馆
114	都市客光大酒店	成都市温江区光华大道奥林匹克花园336号	温江区	社会旅馆
115	都市客大酒店	成都市温江区赞元街38号	温江区	社会旅馆
116	德通宾馆	成都市温江区德通桥547号	温江区	社会旅馆
117	川都宾馆	成都市温江区和平路82号	温江区	社会旅馆
118	博雅世家商务酒店	成都市温江区南熏大道二段980号	温江区	社会旅馆
119	滨海酒店	成都市温江区光华大道3段1818号珠江国际花园	温江区	社会旅馆
120	北斗宾馆	成都市温江区赞元街48号2楼	温江区	社会旅馆
121	宝贝的家宾馆	成都市温江区天府德全路9号	温江区	社会旅馆
122	巴山红酒店有限公司	成都市温江区新南路306号	温江区	社会旅馆
123	CBD彼岸酒店式公寓	成都市温江区光华大道德昆新天地	温江区	社会旅馆
124	123商务酒店	成都市温江区两河路西段	温江区	社会旅馆
125	紫荆花住宿	成都市温江区游家渡小区3号楼2栋5单元	温江区	乡村酒店
126	长安客栈	成都市温江区长安路37号	温江区	乡村酒店
127	月月红客栈	成都市温江区德通桥社区2组	温江区	乡村酒店
128	迎宾公寓招待所	成都市温江区柳城景阳巷37号	温江区	乡村酒店
129	迎宾公寓	成都市温江区航天路5号	温江区	乡村酒店

续表

序号	酒店名称	酒店地址	区域	酒店类型
130	益家旅店	成都市温江区涌泉街办建信奥林匹克花园8栋	温江区	乡村酒店
131	阳光旅社	成都市温江区天府街中段226号	温江区	乡村酒店
132	兴旺旅馆	成都市温江区云凤路48号	温江区	乡村酒店
133	星逸旅馆	成都市温江区凤溪大道北段66号	温江区	乡村酒店
134	星光旅馆	成都市温江区和平路148号	温江区	乡村酒店
135	馨梦旅馆	成都市温江区流浪湾路90号	温江区	乡村酒店
136	新城旅馆	成都市温江区和平路45号	温江区	乡村酒店
137	五哥休闲庄	成都市温江区临江村3组	温江区	乡村酒店
138	文鸡肉	成都市温江区临江村3组	温江区	乡村酒店
139	温馨旅馆	成都市温江区德通桥路108号	温江区	乡村酒店
140	途舒馆旅馆	成都市温江区德通桥南路118号	温江区	乡村酒店
141	同乐苑	成都市温江区柳城街办鱼凫路469号	温江区	乡村酒店
142	天乡客栈	成都市温江区国色天乡乐园中国馆	温江区	乡村酒店
143	天乡宾馆	成都市温江区万春镇天乡后街13号	温江区	乡村酒店
144	天府旅馆	成都市温江区天府东路43号	温江区	乡村酒店
145	桃园旅馆	成都市温江区大湾区北二街171号/175号	温江区	乡村酒店
146	踏水旅馆	成都市温江区踏水场镇绿园路76号	温江区	乡村酒店
147	孙田旅馆	成都市温江区公平和平街231号	温江区	乡村酒店
148	四洲客栈	成都市温江区温江来凤路136号	温江区	乡村酒店
149	四周旅社	成都市温江区柳城镇来凤路136号	温江区	乡村酒店
150	舒洁旅馆	成都市温江区南林路377号	温江区	乡村酒店
151	森缘旅馆	成都市温江区杨柳东路中段121号	温江区	乡村酒店
152	三姐住宿	成都市温江区天府学府社区德全路137号	温江区	乡村酒店
153	仁义旅馆	成都市温江区云溪路5号2楼	温江区	乡村酒店
154	人和招待所	成都市温江区云凤路51号	温江区	乡村酒店
155	情缘旅馆	成都市温江区天府学府社区德全路135号	温江区	乡村酒店
156	青苹果招待所	成都市温江区柳城镇内北街23号	温江区	乡村酒店
157	青春旅馆	成都市温江区生态大道寿安段701号	温江区	乡村酒店
158	桥头旅店	成都市温江区公平正宗村6组	温江区	乡村酒店
159	攀钢金马招待所	成都市温江区太平街13号82713535	温江区	乡村酒店
160	农家鱼庄	成都市温江区公平街道建安社区8组	温江区	乡村酒店
161	梦乡旅店	成都市温江区和平路118号	温江区	乡村酒店
162	绿园	成都市温江区万春镇清油村1组	温江区	乡村酒店

续表

序号	酒店名称	酒店地址	区域	酒店类型
163	龙腾旅馆	成都市温江区柳南六路9号	温江区	乡村酒店
164	龙凤旅馆	成都市温江区公平街办龙凤社区3组	温江区	乡村酒店
165	李家湾旅馆	成都市温江区天府学府社区13组/芳邻6号	温江区	乡村酒店
166	郎桥旅馆	成都市温江区和盛镇柳岸村8组6号	温江区	乡村酒店
167	蓝月亮旅馆	成都市温江区柳南七路6号	温江区	乡村酒店
168	兰苑饭店	成都市温江区南熏大道杨柳河畔	温江区	乡村酒店
169	开元旅馆	成都市温江区和平街351号	温江区	乡村酒店
170	九天旅馆	成都市温江区大湾区柳南七路55号	温江区	乡村酒店
171	静安旅馆	成都市温江区南林路18号	温江区	乡村酒店
172	晶都旅馆	成都市温江区柳南三路11号	温江区	乡村酒店
173	锦苑	成都市温江区天府街办柏树街	温江区	乡村酒店
174	锦绣家园	成都市温江区柳南三路38-40号	温江区	乡村酒店
175	金雨宾馆	成都市温江区万春镇天乡后街	温江区	乡村酒店
176	金鑫雅居	成都市温江区南林路284号	温江区	乡村酒店
177	金鑫旅馆	成都市温江区和平社区柳南七路10号	温江区	乡村酒店
178	金山旅馆	成都市温江区柳南六路38号	温江区	乡村酒店
179	金浪源旅馆	成都市温江区柳城柳浪湾一街43号	温江区	乡村酒店
180	洁祥旅馆	成都市温江区来凤路138号附3号	温江区	乡村酒店
181	建安旅馆	成都市温江区来凤路27号	温江区	乡村酒店
182	甲乙丙丁hostel	成都市温江区沙子沟德全路114号附12号	温江区	乡村酒店
183	加州旅社	成都市温江区柳南三路43号	温江区	乡村酒店
184	华都假日旅馆	成都市温江区德通桥路507号	温江区	乡村酒店
185	洪英招待所	成都市温江区柳城镇社学巷1号	温江区	乡村酒店
186	红运旅馆	成都市温江区南林路44号	温江区	乡村酒店
187	和平旅馆	成都市温江区南林路35号	温江区	乡村酒店
188	豪客来宾馆	成都市温江区凤溪大道中段31号	温江区	乡村酒店
189	豪阁旅馆	成都市温江区南熏大道三段320号	温江区	乡村酒店
190	桂洁招待所	成都市温江区东大街社学巷3号	温江区	乡村酒店
191	桂馥园	成都市温江区公平正宗9组	温江区	乡村酒店
192	故缘旅馆	成都市温江区两河路西段双柳二巷27号	温江区	乡村酒店
193	东燕旅馆	成都市温江区柳南六路15号	温江区	乡村酒店
194	东升宾馆	成都市温江区流浪湾北一街154号	温江区	乡村酒店
195	东方休闲庄	成都市温江区万春镇黄石村5组	温江区	乡村酒店

续表

序号	酒店名称	酒店地址	区域	酒店类型
196	东方幸运城度假中心	成都市温江区万春镇	温江区	乡村酒店
197	川西旅馆	成都市温江区公平镇和平街32号	温江区	乡村酒店
198	晨明旅馆	成都市温江区迎晖路11号	温江区	乡村酒店
199	朝阳旅馆	成都市温江区南林路368号	温江区	乡村酒店
200	滨河旅馆	成都市温江区万春镇踏水桥北路31号/134号	温江区	乡村酒店
201	百度旅馆	成都市温江区南浦路西段118号	温江区	乡村酒店
202	白雪旅社	成都市温江区大湾区柳南四路45号	温江区	乡村酒店
203	爱林旅馆	成都市温江区柳浪湾兆二街137号	温江区	乡村酒店
204	西宫	成都市温江区春江西路1139号	温江区	乡村酒店
205	柳河人家	成都市温江区天府街办龙堰3组	温江区	乡村酒店
206	达鑫新农庄	成都市温江区和盛镇广水村6组	温江区	乡村酒店
207	长青湾休闲庄	成都市温江区寿安镇长青村6组	温江区	乡村酒店
208	蒙氏食府	成都市温江区公平街办长安路社区	温江区	乡村酒店
209	舒家湾鱼庄	成都市温江区寿安镇清水村5组	温江区	乡村酒店

新都区旅游住宿业单位名单

序号	酒店名称	酒店地址	区域	酒店类型
1	成都保利公园皇冠假日酒店	成都市新都区蜀龙大道1980号保利公园198	新都区	五星级酒店
2	桂湖国际大酒店	成都市新都区桂湖西路20号	新都区	四星级酒店
3	新都流花宾馆	成都市新都区宝光大道中段169号	新都区	三星级酒店
4	川视宝光宾馆	成都市新都区区宝光大道中段126号	新都区	二星级酒店
5	成都瑞熙快捷酒店	成都市新都区大丰街道花都大道708号4栋一单元4-6楼	新都区	商务连锁型酒店
6	成都如家公寓	成都市新都区三河镇惠民巷78号	新都区	商务连锁型酒店
7	成都九天酒店	成都市新都区宝光大道邮电大厦对面	新都区	商务连锁型酒店
8	成都海伦酒店新都店	成都市新都区新都区镇兴乐北路88号	新都区	商务连锁型酒店
9	成都爱尚酒店新都店	成都市新都区兴乐北路88号缤纷时代广场	新都区	商务连锁型酒店
10	7天阳光成都新繁家具园店	成都市新都区新繁镇繁川家具大道1143号	新都区	商务连锁型酒店
11	7天连锁酒店成都大丰蓉北路店	成都市新都区大丰镇蓉北路一段148号	新都区	商务连锁型酒店
12	7天酒店成都新都学院路店	成都市新都区学院路与绕城路南一段交叉口	新都区	商务连锁型酒店

续表

序号	酒店名称	酒店地址	区域	酒店类型
13	7天酒店成都新都宝光寺店	成都市新都区新中路68号	新都区	商务连锁型酒店
14	珍缘酒店	成都市新都区龙桥成彭路	新都区	社会旅馆
15	逸朋酒店	成都市新都区军屯镇深水步行街215-221号	新都区	社会旅馆
16	壹号大院	成都市新都区明天路与蓉都大道交叉口东面	新都区	社会旅馆
17	一家人宾馆	成都市新都区三河场三河大道53号	新都区	社会旅馆
18	鑫欣商务旅馆	成都市新都区龙桥龙腾大道	新都区	社会旅馆
19	鑫好客商务酒店原电力招待所	成都市新都区新繁镇正西街154号	新都区	社会旅馆
20	鑫豪宾馆	成都市新都区大丰方营路300号3楼	新都区	社会旅馆
21	新都长信宾馆	成都市新都区新新路33号	新都区	社会旅馆
22	新都新缘商务宾馆	成都市新都区新繁镇繁崇路	新都区	社会旅馆
23	新都区星期天宾馆	成都市新都区静安路93号附12号	新都区	社会旅馆
24	新都区鑫源宾馆	成都市新都区新都镇静安路16号20栋	新都区	社会旅馆
25	新都区鑫缘酒店	成都市新都区天缘路二段198号	新都区	社会旅馆
26	新都区新世纪商务酒店	成都市新都区新繁镇繁清路199号	新都区	社会旅馆
27	新都区新民镇庆阳宾馆	成都市新都区新民镇新民社区新民北新家园5253幢	新都区	社会旅馆
28	新都区新君豪商务酒店	成都市新都区石板滩镇正兴街88号	新都区	社会旅馆
29	新都区新港宾馆	成都市新都区新城区静安路19号	新都区	社会旅馆
30	新都区新繁镇欣诚商务宾馆	成都市新都区新繁镇金地路117号	新都区	社会旅馆
31	新都区新繁镇威斯登酒店	成都市新都区新繁镇正北街72号	新都区	社会旅馆
32	新都区新繁镇霓丰酒店	成都市新都区新繁镇正北街42号	新都区	社会旅馆
33	新都区新繁镇美佳迪宾馆	成都市新都区新繁镇滨江路148号	新都区	社会旅馆
34	新都区新繁镇巨鸿商务宾馆	成都市新都区新繁镇金地路259号	新都区	社会旅馆
35	新都区新繁镇繁江印象酒店	成都市新都区新繁镇繁江大道	新都区	社会旅馆
36	新都区新城酒店	成都市新都区金光路96号	新都区	社会旅馆
37	新都区湘缘酒店	成都市新都区石板滩镇金三角九妹街8号	新都区	社会旅馆
38	新都区香城酒店	成都市新都区外南街1号楼	新都区	社会旅馆
39	新都区我爱我家宾馆	成都市新都区正同北街西三巷26号	新都区	社会旅馆
40	新都区天艺酒店	成都市新都区川音小区	新都区	社会旅馆
41	新都区天都宾馆	成都市新都区三河街道办惠民一路126号	新都区	社会旅馆
42	新都区四佳酒店	成都市新都区龙桥镇瑞云社区南渠街180	新都区	社会旅馆

续表

序号	酒店名称	酒店地址	区域	酒店类型
43	新都区石板滩镇泰安宾馆	成都市新都区石板滩东风街56号	新都区	社会旅馆
44	新都区石板滩镇豪盈宾馆	成都市新都区石板滩镇东风社区	新都区	社会旅馆
45	新都区石板滩宏富宾馆	成都市新都区东环西街	新都区	社会旅馆
46	新都区三河一家人旅馆	成都市新都区三河大道53号	新都区	社会旅馆
47	新都区三河新和宾馆	成都市新都区三河街道办江陵路272-280号	新都区	社会旅馆
48	新都区三河顺和客栈	成都市新都区三河大道166-168号	新都区	社会旅馆
49	新都区三河双乐宾馆	成都市新都区三河镇互江路128号	新都区	社会旅馆
50	新都区三河数码宾馆	成都市新都区三河场二江路24号	新都区	社会旅馆
51	新都区三河成庆旅馆	成都市新都区三河大道228号	新都区	社会旅馆
52	新都区日月明宾馆	成都市新都区正因小区大学路66号	新都区	社会旅馆
53	新都区普州商务酒店	成都市新都区新都大丰镇王桥村2社305号	新都区	社会旅馆
54	新都区木兰镇世家商务酒店原温心旅社	成都市新都区木兰镇同心横街20号	新都区	社会旅馆
55	新都区梦园酒店	成都市新都区大丰华美街80号	新都区	社会旅馆
56	新都区魅力海生月酒店	成都市新都区金鹏路1号	新都区	社会旅馆
57	新都区龙桥镇源园酒店	成都市新都区龙桥镇瑞云小区阳光林森东路8号	新都区	社会旅馆
58	新都区龙桥镇怡馨酒店	成都市新都区龙桥镇瑞云社区洪山堂西路11栋2号	新都区	社会旅馆
59	新都区龙桥镇星际酒店	成都市新都区龙桥镇龙腾大道	新都区	社会旅馆
60	新都区龙桥镇橡树林商务酒店	成都市新都区龙桥镇瑞云社区4幢	新都区	社会旅馆
61	新都区龙桥镇慰贤居酒店	成都市新都区龙桥镇龙腾大道普文社区	新都区	社会旅馆
62	新都区龙桥镇金竹酒店	成都市新都区龙桥镇服装城	新都区	社会旅馆
63	新都区龙华宾馆	成都市新都区天缘路154号	新都区	社会旅馆
64	新都区莉莎酒店	成都市新都区宝光大道中段505、507号	新都区	社会旅馆
65	新都区蓝色海岸宾馆	成都市新都区蜀龙大道中段880号	新都区	社会旅馆
66	新都区兰格商务酒店	成都市新都区马超西路28号	新都区	社会旅馆
67	新都区快六酒店	成都市新都区新城区香樟路香樟林9号	新都区	社会旅馆
68	新都区凯丰快捷酒店	成都市新都区大丰三元大道7号	新都区	社会旅馆
69	新都区君豪酒店	成都市新都区和平街88号	新都区	社会旅馆
70	新都区静安晶座宾馆	成都市新都区静安路99号	新都区	社会旅馆
71	新都区好客居酒店	成都市新都区正固北街西八巷	新都区	社会旅馆
72	新都区豪坤宾馆	成都市新都区工业大道东段24号	新都区	社会旅馆
73	新都区豪客酒店	成都市新都区三河二台子社区商业区商铺A院落	新都区	社会旅馆

续表

序号	酒店名称	酒店地址	区域	酒店类型
74	新都区豪都酒店	成都市新都区宝光大道中段	新都区	社会旅馆
75	新都区海伦酒店	成都市新都区兴乐北路88号	新都区	社会旅馆
76	新都区工文招待所	成都市新都区桂湖东路81号	新都区	社会旅馆
77	新都区港都宾馆	成都市新都区电子路399号	新都区	社会旅馆
78	新都区大丰雅都酒店	成都市新都区大丰南丰大道173号	新都区	社会旅馆
79	新都区大丰鑫锦丰商务酒店	成都市新都区大丰高堆菜市3楼	新都区	社会旅馆
80	新都区大丰好客商务酒店	成都市新都区大丰三元大道21号	新都区	社会旅馆
81	新都区大川酒店	成都市新都区公园路48号	新都区	社会旅馆
82	新都区成发商务宾馆	成都市新都区三河街道办事处惠民二路23号	新都区	社会旅馆
83	新都区斑竹园镇亿家酒店	成都市新都区斑竹园镇五一街287号	新都区	社会旅馆
84	新都区斑竹园镇天海酒店	成都市新都区柏水场柏水路379号	新都区	社会旅馆
85	新都区斑竹园镇斑城酒店	成都市新都区斑竹园镇五一街	新都区	社会旅馆
86	新都区斑竹园北新园商务宾馆	成都市新都区斑竹圆镇忠义社	新都区	社会旅馆
87	新都区斑竹园百盛酒店	成都市新都区斑竹园镇柏水路277号	新都区	社会旅馆
88	新都兰格商务酒店	成都市新都区马超西路290号	新都区	社会旅馆
89	新都凯悦宾馆	成都市新都区桂湖西路32号	新都区	社会旅馆
90	新都九天酒店	成都市新都区宝光大道与电子路口	新都区	社会旅馆
91	新都华晔商务酒店	成都市新都区大丰镇石板街工商银行旁3楼	新都区	社会旅馆
92	新都恒泰商务会所	成都市新都区新繁镇繁清路357号	新都区	社会旅馆
93	新都东城宾馆	成都市新都区金光路219号	新都区	社会旅馆
94	新都大丰万里客商务旅店	成都市新都区大丰花都大道758号	新都区	社会旅馆
95	新都大丰麦盛客酒店	成都市新都区大丰镇蓉北路210号	新都区	社会旅馆
96	新都大丰金丰苑商务旅社	成都市新都区大丰南丰大道皇花加油站旁	新都区	社会旅馆
97	新都川露宾馆	成都市新都区宝光大道	新都区	社会旅馆
98	新都安全旅馆	成都市新都区新泰西路12号3楼	新都区	社会旅馆
99	西江客栈	成都市新都区石板滩正兴街	新都区	社会旅馆
100	西北村佳和酒店	成都市新都区近郊新都区新军路283号	新都区	社会旅馆
101	西北宾馆	成都市新都区宝光大道中段449号	新都区	社会旅馆
102	体育宾馆	成都市新都区宝光大道中段	新都区	社会旅馆
103	盛源旅馆	成都市新都区川音生活小区	新都区	社会旅馆
104	盛驰快捷酒店	成都市新都区西南石油大学后门同福路112号	新都区	社会旅馆

续表

序号	酒店名称	酒店地址	区域	酒店类型
105	荣德山庄	成都市新都区荣德路北段	新都区	社会旅馆
106	全球通大酒店	成都市新都区宝光大道南段131号	新都区	社会旅馆
107	毗河旅馆	成都市新都区龙桥步行街	新都区	社会旅馆
108	名豪酒店大丰店	成都市新都区大丰镇甫家村42号	新都区	社会旅馆
109	美野宾馆	成都市新都区电子路363号	新都区	社会旅馆
110	美伦花园酒店	成都市新都区镇毗河东路1号	新都区	社会旅馆
111	龙顺客栈	成都市新都区龙桥古窑正街	新都区	社会旅馆
112	龙桥旅馆	成都市新都区龙桥南街66号	新都区	社会旅馆
113	龙湖宾馆	成都市新都区宝光大道南段	新都区	社会旅馆
114	流花宾馆	成都市新都区宝光大道中段109号	新都区	社会旅馆
115	力豪大酒店南丰店	成都市新都区大丰镇南丰大道291号附9号	新都区	社会旅馆
116	九洲商务宾馆	成都市新都区新繁镇金地路128路	新都区	社会旅馆
117	锦林宾馆	成都市新都区新新街510号宝光寺旁	新都区	社会旅馆
118	金星宾馆	成都市新都区宝光大道中段	新都区	社会旅馆
119	金鑫宾馆	成都市新都区文卫街120号	新都区	社会旅馆
120	金龙宾馆	成都市新都区新都宝光大道中段	新都区	社会旅馆
121	红会培训中心	成都市新都区北新路口段61号	新都区	社会旅馆
122	恒泰商务酒店	成都市新都区繁清路387号	新都区	社会旅馆
123	好客商务酒店皇花店	成都市新都区大丰南丰大道11号	新都区	社会旅馆
124	豪庭商务宾馆	成都新都区新繁镇金地路206-210号	新都区	社会旅馆
125	豪迈假日酒店	成都市新都区学院西路399号	新都区	社会旅馆
126	汉城假日酒店	成都市新都区宝光大道南段699号	新都区	社会旅馆
127	工文招待所	成都市新都区桂湖东路110号	新都区	社会旅馆
128	福临旅馆	成都市新都区川音小区	新都区	社会旅馆
129	方园宾馆	成都市新都区三河惠民路	新都区	社会旅馆
130	繁江宾馆	成都市新都区新繁镇东环路123号	新都区	社会旅馆
131	东环宾馆	成都市新都区宝光大道中段127号	新都区	社会旅馆
132	崇义旅馆	成都市新都区大丰蓉北路二段6号	新都区	社会旅馆
133	成铁成人中专招待所	成都市新都区新桥村2社	新都区	社会旅馆
134	成都中天宾馆	成都市新都区学院路西段389号	新都区	社会旅馆
135	成都中国燃气涡轮研究院招待所	成都市新都区新军路中段	新都区	社会旅馆
136	成都正东大酒店有限公司	成都市新都区新都镇桂林村2组泥巴沱风景区	新都区	社会旅馆
137	成都长信宾馆	成都市新都区新新街33号	新都区	社会旅馆

续表

序号	酒店名称	酒店地址	区域	酒店类型
138	成都悦星商务宾馆	成都市新都区宝光大道南段158号	新都区	社会旅馆
139	成都渝基浩天大酒店	成都市新都区物流大道88号	新都区	社会旅馆
140	成都银座酒店	成都市新都区金都街129号	新都区	社会旅馆
141	成都怡馨酒店	成都市新都区北门成彭高速龙桥家具园出口50米	新都区	社会旅馆
142	成都伊甸园酒店新都店	成都市新都区物流大道573号	新都区	社会旅馆
143	成都伊甸园酒店新都大件路店	成都市新都区蓉都大道南一段560号	新都区	社会旅馆
144	成都雅筑酒店管理责任有限公司	成都市新都区新都镇同心路98号	新都区	社会旅馆
145	成都雅筑酒店	成都市新都区同心路98号正因小区	新都区	社会旅馆
146	成都鑫泰商务酒店	成都市新都区新园路3巷2-12号	新都区	社会旅馆
147	成都鑫豪商务宾馆	成都市新都区大丰街道花都大道438号	新都区	社会旅馆
148	成都新港宾馆新都店	成都市新都区静安路7号	新都区	社会旅馆
149	成都新都鑫源宾馆	成都市新都区静安路16号天府香城	新都区	社会旅馆
150	成都新都香城大酒店	成都市新都区外南街1号南门桥	新都区	社会旅馆
151	成都新都天旭假日大酒店	成都市新都区物流大道199号附1号	新都区	社会旅馆
152	成都新都思齐酒店	成都市新都区兴乐北路88号	新都区	社会旅馆
153	成都新都上善酒店	成都市新都区外南街269号	新都区	社会旅馆
154	成都新都区梦露丝酒店	成都市新都区新繁镇正北街20号3楼	新都区	社会旅馆
155	成都新都区莉莎酒店	成都市新都区宝光大道中段505-507号	新都区	社会旅馆
156	成都新都区缤纷酒店	成都市新都区兴乐北路88号2幢112号	新都区	社会旅馆
157	成都新都霓丰酒店	成都市新都区新繁镇正北街繁湖盛肆2-4-2至2-4-5号	新都区	社会旅馆
158	成都新都金星宾馆	成都市新都区马超东路	新都区	社会旅馆
159	成都新都假日酒店	成都市新都区马超东路280号	新都区	社会旅馆
160	成都新成招待所	成都市新都区如意大道附近	新都区	社会旅馆
161	成都西北宾馆	成都市新都区宝光大道中段449号	新都区	社会旅馆
162	成都吾乡禅意酒店	成都市新都区大丰街道崇义桥街475-478号	新都区	社会旅馆
163	成都铜锣湾商务酒店	成都市新都区大丰街道蓉北路二段10号	新都区	社会旅馆
164	成都天信酒店	成都市新都区新繁镇繁江大道98号	新都区	社会旅馆
165	成都天都酒店	成都市新都区新都入缘路中段	新都区	社会旅馆
166	成都泰盟商务酒店	成都市新都区兴乐北路188号6栋9楼	新都区	社会旅馆
167	成都市新都区紫阁酒店有限责任公司	成都市新都区香城大道268号	新都区	社会旅馆

续表

序号	酒店名称	酒店地址	区域	酒店类型
168	成都市新都区玉鑫宾馆	成都市新都区正因社区南街西2巷附5栋	新都区	社会旅馆
169	成都市新都北都龙达酒店	成都市新都区斑竹园忠义北路36号	新都区	社会旅馆
170	成都市威喜登酒店有限公司	成都市新都区新繁镇正北街74号	新都区	社会旅馆
171	成都市天旭酒店管理有限公司	成都市新都区新都区物流大道199号	新都区	社会旅馆
172	成都市天来花园酒店	成都市新都区斑竹园竹柳路159号	新都区	社会旅馆
173	成都市普德瑞酒店管理有限公司	成都市新都区斑竹园丽都路43号	新都区	社会旅馆
174	成都市流花酒店	成都市新都区宝光大街109号	新都区	社会旅馆
175	成都市力豪酒店有限公司	成都市新都区龙桥镇龙腾大道1号	新都区	社会旅馆
176	成都市金都酒店	成都市新都区大丰街道办南丰大道74号	新都区	社会旅馆
177	成都世家商务酒店同兴街店	成都市新都区木兰镇同兴街20号	新都区	社会旅馆
178	成都石油缘宾馆	成都市新都区新都大道8号	新都区	社会旅馆
179	成都石板滩君豪酒店	成都市新都区正兴街90号	新都区	社会旅馆
180	成都尚瑞酒店	成都市新都区三河镇长龙社区毗河苑	新都区	社会旅馆
181	成都三河内江吉祥公寓	成都市新都区三河场互江路	新都区	社会旅馆
182	成都润和酒店管理有限公司	成都市新都区大丰镇先驱大道2号	新都区	社会旅馆
183	成都瑞熙酒店有限公司	成都市新都区大丰花都大道708号	新都区	社会旅馆
184	成都瑞乐晶座电梯商务宾馆	成都市新都区四川音乐学院新都区校区川音小区三巷160号	新都区	社会旅馆
185	成都蓉台酒店	成都市新都区传化物流大道富森汽配城	新都区	社会旅馆
186	成都日月明宾馆	成都市新都区大学路66-88号	新都区	社会旅馆
187	成都强鑫宾馆	成都市新都区静安路16号天府香城21栋3楼	新都区	社会旅馆
188	成都柒柒玖捌酒店	成都市新都区电子路299号	新都区	社会旅馆
189	成都普州商务酒店	成都市新都区大丰镇王桥社区3组305号	新都区	社会旅馆
190	成都盘石酒店	成都市新都区静安路39号	新都区	社会旅馆
191	成都梦园酒店	成都市新都区大丰镇华美街80号	新都区	社会旅馆
192	成都泸合宾馆	成都市新都区静安路123号附5-6号	新都区	社会旅馆
193	成都林森源酒店管理有限公司	成都市新都区新都镇新中路68号	新都区	社会旅馆
194	成都力豪大酒店	成都市新都区龙桥镇渭水三社龙腾大道转盘旁	新都区	社会旅馆
195	成都蓝色海岸宾馆	成都市新都区蜀龙路880号	新都区	社会旅馆
196	成都莱恩假日酒店	成都市新都区北街2号	新都区	社会旅馆
197	成都凯丰快捷酒店	成都市新都区大丰街道三元大道7号	新都区	社会旅馆

续表

序号	酒店名称	酒店地址	区域	酒店类型
198	成都聚聪酒店	成都市新都区三河场江陵路346号	新都区	社会旅馆
199	成都静苑宾馆	成都市新都区圣谕亭巷桂湖东路43号建行大厦旁4F	新都区	社会旅馆
200	成都金锐宾馆	成都市新都区江陵路310号	新都区	社会旅馆
201	成都金港商务宾馆	成都市新都区三河场互江路327号	新都区	社会旅馆
202	成都江陵公寓	成都市新都区三河江陵路65号	新都区	社会旅馆
203	成都佳怡酒店	成都市新都区南丰大道二巷2号	新都区	社会旅馆
204	成都皇庭假日酒店	成都市新都区镇宝光大道北段168号	新都区	社会旅馆
205	成都华川宾馆	成都市新都区大学路102-104号	新都区	社会旅馆
206	成都鸿腾宾馆	成都市新都区鸦雀口四组斑大路	新都区	社会旅馆
207	成都红云招待所	成都市新都区川音1巷150号	新都区	社会旅馆
208	成都和谐商务酒店大丰店	成都市新都区大丰镇三元大道26号	新都区	社会旅馆
209	成都皓捷宾馆	成都市新都区三河二台子商业街E院2号楼	新都区	社会旅馆
210	成都浩天酒店	成都市新都区三河天府江南C区16号楼	新都区	社会旅馆
211	成都好客商务酒店皇花店	成都市新都区大丰镇南丰大道13号	新都区	社会旅馆
212	成都好客商务酒店	成都市新都区大丰三元大道31号	新都区	社会旅馆
213	成都好客风尚酒店新都店	成都市新都区正因北街	新都区	社会旅馆
214	成都豪庭商务酒店	成都市新都区新繁镇金地路206-210号	新都区	社会旅馆
215	成都豪都酒店	成都市新都区陕西巷108号3楼	新都区	社会旅馆
216	成都瀚海假日酒店	成都市新都区龙桥镇龙腾大道116-118号	新都区	社会旅馆
217	成都汉城假日酒店	成都市新都区宝光大道南段699号	新都区	社会旅馆
218	成都海龙山庄	成都市新都区斑竹园附近	新都区	社会旅馆
219	成都桂林住宿	成都市新都区万和北路187号	新都区	社会旅馆
220	成都港都宾馆	成都市新都区电子路399号3楼	新都区	社会旅馆
221	成都干部休养所招待所青海干休所	成都市新都区桂湖东路82号	新都区	社会旅馆
222	成都富鸿商务酒店	成都市新都区新繁镇繁湖盛肆2号院	新都区	社会旅馆
223	成都福缘公寓	成都市新都区惠民横一巷	新都区	社会旅馆
224	成都丰铁酒店新都	成都市新都区大丰镇蓉北大道一段149号	新都区	社会旅馆
225	成都方程式学生公寓	成都市新都区四川音乐学院川音小区128号	新都区	社会旅馆
226	成都传化公路港物流有限公司	成都市新都区物流大道88号	新都区	社会旅馆

续表

序号	酒店名称	酒店地址	区域	酒店类型
227	成都川视宝光宾馆	成都市新都区宝光大道126号	新都区	社会旅馆
228	成都成发商务宾馆	成都市新都区三河街道惠民二路21号	新都区	社会旅馆
229	成都宾格酒店	成都市新都区蓉都大道北段84号	新都区	社会旅馆
230	成都宝新酒店	成都市新都区宝光大道南段48号	新都区	社会旅馆
231	成都艾尚佳大酒店	成都市新都区物流大道299号	新都区	社会旅馆
232	昌润旅馆	成都市新都区大丰路之北路46号	新都区	社会旅馆
233	保利公园皇冠假日酒店	成都市新都区三河街道三河大道28号	新都区	社会旅馆
234	斑竹源酒店	成都市新都区斑竹园镇毗河路199号	新都区	社会旅馆
235	斑竹园饭店旅馆	成都市新都区正街	新都区	社会旅馆
236	祖英宾馆	成都市新都区泰兴镇观东村6组58号	新都区	乡村酒店
237	紫瑞旅社	成都市新都区紫瑞街207号	新都区	乡村酒店
238	正兴旅馆	成都市新都区正兴街178号	新都区	乡村酒店
239	招待所	成都市新都区如意大道200号	新都区	乡村酒店
240	长乐旅馆	成都市新都区宝光大道中段	新都区	乡村酒店
241	张记旅馆	成都市新都区大丰蓉北路二段	新都区	乡村酒店
242	云峡旅馆	成都市新都区三河大道214号	新都区	乡村酒店
243	永星招待所	成都市新都区电子路102号	新都区	乡村酒店
244	怡美住宿部	成都市新都区新都大丰华美村6组	新都区	乡村酒店
245	壹号大院餐饮娱乐有限公司	成都市新都区三河	新都区	乡村酒店
246	宴府玉景饭店	成都市新都区新都天缘路	新都区	乡村酒店
247	兴发招待所	成都市新都区川音小区	新都区	乡村酒店
248	星辰旅馆	成都市新都区龙桥南街212号	新都区	乡村酒店
249	信息旅馆	成都市新都区新民镇新河街	新都区	乡村酒店
250	鑫荣旅社	成都市新都区南丰大道263号附5号	新都区	乡村酒店
251	鑫海宾馆	成都市新都区三河镇	新都区	乡村酒店
252	新翔旅社	成都市新都区都区东环路新新商业街	新都区	乡村酒店
253	新合旅馆	成都市新都区三河场大件路	新都区	乡村酒店
254	新桂招待所	成都市新都区桂湖东路156号	新都区	乡村酒店
255	新光招待所	成都市新都区宝光广场1号楼13栋4楼	新都区	乡村酒店
256	新繁港湾旅社	成都市新都区新繁镇繁广路65号	新都区	乡村酒店
257	新都竹韵商务宾馆	成都市新都区斑竹园镇竹韵路16号	新都区	乡村酒店
258	新都云华客栈	成都市新都区新繁镇锦水路35号	新都区	乡村酒店
259	新都玉龙宾馆	成都市新都区新都石板滩镇正兴街256号	新都区	乡村酒店
260	新都阳光旅馆	成都市新都区新都斑竹园镇忠义7社	新都区	乡村酒店

续表

序号	酒店名称	酒店地址	区域	酒店类型
261	新都雅居旅社	成都市新都区大丰华美村5大队	新都区	乡村酒店
262	新都鑫盛旅馆	成都市新都区新都川音小区	新都区	乡村酒店
263	新都鑫达招待所	成都市新都区新都龙虎路口	新都区	乡村酒店
264	新都新石招待所	成都市新都区新都正因小区1幢	新都区	乡村酒店
265	新都向阳旅馆	成都市新都区斑竹园镇竹园大道	新都区	乡村酒店
266	新都团结招待所	成都市新都区团结村南二路口	新都区	乡村酒店
267	新都石海宾馆	成都市新都区正因小区	新都区	乡村酒店
268	新都三河心缘旅馆	成都市新都区三河大道180号	新都区	乡村酒店
269	新都蓉都招待所	成都市新都区蓉都大道29号	新都区	乡村酒店
270	新都仁和旅社	成都市新都区新繁镇繁广路122号	新都区	乡村酒店
271	新都区玉龙宾馆	成都市新都区石板滩镇正兴街256号	新都区	乡村酒店
272	新都区友佳客栈	成都市新都区物流大道1号中国物流	新都区	乡村酒店
273	新都区鑫泰宾馆	成都市新都区新都镇新园路3巷	新都区	乡村酒店
274	新都区新新宾馆	成都市新都区新都镇同心路21号	新都区	乡村酒店
275	新都区新民镇新丰旅社	成都市新都区新民镇禾登街346号	新都区	乡村酒店
276	新都区新繁镇云华客栈	成都市新都区新繁镇锦水路33-35号	新都区	乡村酒店
277	新都区新繁镇宜家商务宾馆	成都市新都区新繁镇滨江路138号	新都区	乡村酒店
278	新都区新繁镇鑫起点宾馆	成都市新都区新繁镇金土社区北一环路627号	新都区	乡村酒店
279	新都区新繁镇喜香逢客栈	成都市新都区新繁镇锦江路92号	新都区	乡村酒店
280	新都区新繁镇蓝波旅馆	成都市新都区新繁镇繁川家具大道760号	新都区	乡村酒店
281	新都区新繁镇凯瑞旅馆	成都市新都区新繁镇清凉村2社	新都区	乡村酒店
282	新都区新繁镇九洲商务旅馆	成都市新都区新繁镇金地街128号	新都区	乡村酒店
283	新都区新繁镇江河商务会所	成都市新都区新繁镇外新街围城路43号	新都区	乡村酒店
284	新都区新繁镇豪庭宾馆	成都市新都区新繁镇金地路210号	新都区	乡村酒店
285	新都区新繁镇海湾快捷宾馆	成都市新都区新繁镇水利街35号	新都区	乡村酒店
286	新都区新都镇金光旅馆	成都市新都区新都镇金光路6号	新都区	乡村酒店
287	新都区顺天旅店	成都市新都区新泰路107号	新都区	乡村酒店
288	新都区三妹旅馆	成都市新都区三河镇三河大道130号	新都区	乡村酒店
289	新都区三河金锐宾馆	成都市新都区三河镇江陵路310号	新都区	乡村酒店
290	新都区三河佳荣旅馆	成都市新都区三河镇三河大道33号	新都区	乡村酒店
291	新都区清流镇平安旅店	成都市新都区清流镇利济北街217号	新都区	乡村酒店
292	新都区清流镇济宏旅馆	成都市新都区清流镇利济场济兴南街159号	新都区	乡村酒店

续表

序号	酒店名称	酒店地址	区域	酒店类型
293	新都区木兰镇我的客栈	成都市新都区木兰镇客家新村和平街40号	新都区	乡村酒店
294	新都区木兰镇世君宾馆	成都市新都区木兰镇木兰街14号	新都区	乡村酒店
295	新都区龙桥镇鹏发旅馆	成都市新都区龙桥镇龙腾大道中段	新都区	乡村酒店
296	新都区龙桥镇龙祥客栈	成都市新都区龙桥镇古窑正街	新都区	乡村酒店
297	新都区龙桥镇何吉客栈	成都市新都区龙桥镇普文社区	新都区	乡村酒店
298	新都区鸿鑫源宾馆	成都市新都区物流中心顺运路9号	新都区	乡村酒店
299	新都区好运旅馆	成都市新都区新都镇南亭街59号	新都区	乡村酒店
300	新都区大丰铜锣湾旅馆	成都市新都区大丰高堆村7组	新都区	乡村酒店
301	新都区大丰锦都宾馆	成都市新都区大丰镇南丰大道173号	新都区	乡村酒店
302	新都区斑竹镇红玉旅馆	成都市新都区斑竹园镇陶家一巷8号	新都区	乡村酒店
303	新都区斑竹园镇鸦雀酒楼	成都市新都区斑竹园镇鸦雀口4组	新都区	乡村酒店
304	新都区斑竹园镇星悦客栈	成都市新都区斑竹园镇忠义社区1社	新都区	乡村酒店
305	新都区斑竹园镇鑫辉旅馆	成都市新都区斑竹园镇观音街28号	新都区	乡村酒店
306	新都区斑竹园镇欣鑫客栈	成都市新都区斑竹园镇忠义北路119号	新都区	乡村酒店
307	新都区斑竹园镇文锦旅馆	成都市新都区斑竹园镇文锦街199号	新都区	乡村酒店
308	新都区斑竹园镇蓉缘宾馆	成都市新都区斑竹园镇樟树街21号	新都区	乡村酒店
309	新都区斑竹园镇兰妹旅馆	成都市新都区斑竹园镇文锦街	新都区	乡村酒店
310	新都区斑竹园镇鸿泰旅馆原欣泰旅馆	成都市新都区斑竹园镇忠义7社	新都区	乡村酒店
311	新都区斑竹园镇鸿福旅馆	成都市新都区斑竹园镇忠义街舒家碾2号	新都区	乡村酒店
312	新都区斑竹园镇富丽旅馆	成都市新都区斑竹园镇忠义街	新都区	乡村酒店
313	新都区斑竹园镇北新园宾馆	成都市新都区斑竹园镇丽都街15号	新都区	乡村酒店
314	新都区斑竹园镇宝元宾馆	成都市新都区斑竹园镇竹柳路64号	新都区	乡村酒店
315	新都区9天酒店	成都市新都区正元小区同福路112号	新都区	乡村酒店
316	新都强鑫宾馆	成都市新都区新都石油大学对面	新都区	乡村酒店
317	新都强荣客栈	成都市新都区新都团结村2社	新都区	乡村酒店
318	新都静雅旅馆	成都市新都区石板滩金三角万源大道36号	新都区	乡村酒店
319	新都金荷宾馆	成都市新都区马超西路299号	新都区	乡村酒店
320	新都华夏客栈	成都市新都区桂湖东路35号	新都区	乡村酒店
321	新都华丰客栈	成都市新都区大丰高堆小区A5幢	新都区	乡村酒店
322	新都宏都旅馆	成都市新都区南丰大道	新都区	乡村酒店
323	新都海洋宾馆	成都市新都区斑竹园镇竹园大道296号	新都区	乡村酒店
324	新都富荣旅馆	成都市新都区三河场	新都区	乡村酒店

续表

序号	酒店名称	酒店地址	区域	酒店类型
325	新都德盛旅馆	成都市新都区新都川音小区	新都区	乡村酒店
326	新成招待所	成都市新都区如意大道191号	新都区	乡村酒店
327	向前旅社	成都市新都区新都大丰镇	新都区	乡村酒店
328	喜相逢旅馆	成都市新都区大丰丰安路1号	新都区	乡村酒店
329	伍贰零招待所	成都市新都区新都镇川音小区	新都区	乡村酒店
330	温馨旅店	成都市新都区三河大道161号	新都区	乡村酒店
331	同福客栈	成都市新都区新加坡后街	新都区	乡村酒店
332	铁通培训公司招待所	成都市新都区城守村7社	新都区	乡村酒店
333	天逸招待所	成都市新都区南丰铁路村	新都区	乡村酒店
334	天香招待所	成都市新都区新中路96号附2号	新都区	乡村酒店
335	天顾旅馆	成都市新都区三河惠民二巷167号	新都区	乡村酒店
336	四方旅社	成都市新都区如意大道16号	新都区	乡村酒店
337	顺洁宾馆	成都市新都区斑竹园镇忠义6社	新都区	乡村酒店
338	顺江茶旅社	成都市新都区顺科街53号	新都区	乡村酒店
339	顺和客栈	成都市新都区三河大道198	新都区	乡村酒店
340	顺发旅馆	成都市新都区三河大道192号	新都区	乡村酒店
341	石油人招待所	成都市新都区新都大道天府青城20幢	新都区	乡村酒店
342	盛兴招待所	成都市新都区斑竹园雅雀口社区	新都区	乡村酒店
343	盛鑫旅馆	成都市新都区南丰大道42号	新都区	乡村酒店
344	润友旅社	成都市新都区新繁镇繁广路174号	新都区	乡村酒店
345	瑞龙商务宾馆	成都市新都区新繁镇繁崇路46号	新都区	乡村酒店
346	瑞华旅馆	成都市新都区石板滩金三角万云大道21号	新都区	乡村酒店
347	蓉海招待所	成都市新都区桂海东路211号	新都区	乡村酒店
348	泉山旅社	成都市新都区泰兴镇泰南街109号	新都区	乡村酒店
349	鹏铂旅店	成都市新都区三河互江路	新都区	乡村酒店
350	彭林旅馆	成都市新都区三河东街43号附1号	新都区	乡村酒店
351	朋升旅馆	成都市新都区大件路	新都区	乡村酒店
352	年虹招待所	成都市新都区电子路264–266号	新都区	乡村酒店
353	民丰旅馆	成都市新都区南丰大道610附3号	新都区	乡村酒店
354	隆辉旅馆	成都市新都区三河大道204号	新都区	乡村酒店
355	龙腾招待所	成都市新都区龙桥渭水3社	新都区	乡村酒店
356	莉莉招待所	成都市新都区新东路24号	新都区	乡村酒店
357	凯际招待所	成都市新都区正因小区27幢	新都区	乡村酒店

续表

序号	酒店名称	酒店地址	区域	酒店类型
358	君逸旅馆	成都市新都区渭水社区2社	新都区	乡村酒店
359	聚鑫招待所	成都市新都区新都镇肖林村2社	新都区	乡村酒店
360	金萍园农家乐	成都市新都区同兴街84号	新都区	乡村酒店
361	金芭蕉旅店	成都市新都区大丰三元大道188号	新都区	乡村酒店
362	黄桷树宾馆	成都市新都区新都镇下南街26号	新都区	乡村酒店
363	华美旅馆	成都市新都区新都大丰华美街蓉北路3段	新都区	乡村酒店
364	鸿运旅馆	成都市新都区三河惠民巷176号	新都区	乡村酒店
365	鸿斌旅社	成都市新都区新繁镇锦水路37号	新都区	乡村酒店
366	宏风客栈	成都市新都区石板滩东风东街5号	新都区	乡村酒店
367	红云招待所	成都市新都区新都镇肖林小区	新都区	乡村酒店
368	红源客栈	成都市新都区泰兴镇观东村6组41号	新都区	乡村酒店
369	红星招待所	成都市新都区南街南阳市场	新都区	乡村酒店
370	红旗旅馆	成都市新都区新繁镇繁江中路53号	新都区	乡村酒店
371	红联招待所	成都市新都区新都石板滩正街245号	新都区	乡村酒店
372	和平客栈	成都市新都区石板滩镇东风街	新都区	乡村酒店
373	海龙山庄	成都市新都区斑竹园镇北面斑竹园镇雷家桥	新都区	乡村酒店
374	感恩旅馆	成都市新都区新新路	新都区	乡村酒店
375	福蓉宾馆	成都市新都区大丰南丰大道	新都区	乡村酒店
376	福蕙苑	成都市新都区农和村2社	新都区	乡村酒店
377	凤全旅馆	成都市新都区三河惠民巷115号	新都区	乡村酒店
378	丰雅苑	成都市新都区大丰文华街18号	新都区	乡村酒店
379	繁鑫旅馆	成都市新都区三河大道111号	新都区	乡村酒店
380	大丰馨宇旅店	成都市新都区大丰三元大道	新都区	乡村酒店
381	成悦客栈	成都市新都区大丰三元大道35号附1号	新都区	乡村酒店
382	成丰旅馆	成都市新都区大丰镇高堆小区A8幢	新都区	乡村酒店
383	成都阳光旅馆	成都市新都区斑竹园镇忠义社区7社	新都区	乡村酒店
384	成都鑫雨公寓	成都市新都区三河镇惠民巷70号	新都区	乡村酒店
385	成都鑫光旅馆	成都市新都区斑竹园竹韵大道交大云堤路口	新都区	乡村酒店
386	成都馨宇宾馆	成都市新都区大丰镇三元大道153号	新都区	乡村酒店
387	成都新光招待所	成都市新都区宝光大道中段210号	新都区	乡村酒店
388	成都新都区三河双乐宾馆	成都市新都区三河镇三河街道办互江路128号	新都区	乡村酒店

续表

序号	酒店名称	酒店地址	区域	酒店类型
389	成都新都金鑫宾馆	成都市新都区木兰镇文卫街110–112号	新都区	乡村酒店
390	成都西南建筑科技创作培训中心	成都市新都区斑竹园镇毗河路	新都区	乡村酒店
391	成都天香招待所	成都市新都区新中路96号	新都区	乡村酒店
392	成都天歌临租旅店	成都市新都区川音小区二巷18号	新都区	乡村酒店
393	成都市新都江林宾馆	成都市新都区斑竹园镇竹韵大道163号	新都区	乡村酒店
394	成都市皓捷宾馆	成都市新都区三河镇二台子商业街E院落1号楼	新都区	乡村酒店
395	成都市斑竹园镇华林宾馆	成都市新都区斑竹园镇新义街1–15	新都区	乡村酒店
396	成都平安宾馆	成都市新都区三河镇二江路16号	新都区	乡村酒店
397	成都龙湖宾馆	成都市新都区新繁镇新犀路口	新都区	乡村酒店
398	成都锦华宾馆	成都市新都区龙桥镇龙腾大道中段	新都区	乡村酒店
399	成都海洋宾馆	成都市新都区斑竹园镇竹园大道296号	新都区	乡村酒店
400	成都凤全旅馆	成都市新都区三河镇惠民路惠民巷175号	新都区	乡村酒店
401	成都代三姐茶旅馆	成都市新都区斑竹园镇忠兴巷25号	新都区	乡村酒店
402	成都大丰客栈	成都市新都区大丰镇南丰大道16号	新都区	乡村酒店
403	超音招待所	成都市新都区川音小区	新都区	乡村酒店
404	昌盛旅馆	成都市新都区兰丰大道43号	新都区	乡村酒店
405	新都区海龙餐饮娱乐有限责任公司	成都市新都区竹友乡雷家村	新都区	乡村酒店
406	都区新繁镇北湖活水园休闲庄	成都市新都区新繁镇高墙村3社	新都区	乡村酒店
407	新都区新都镇华利园	成都市新都区新都镇新军路岷凤园艺场	新都区	乡村酒店
408	新都区新都镇金博庄休闲庄	成都市新都区新都镇西北村8社	新都区	乡村酒店
409	新都区军屯镇酒香园饭店	成都市新都区军屯镇白碾村1组	新都区	乡村酒店
410	新都区石板滩廖广东客家休闲庄	成都市新都区板滩镇东风街	新都区	乡村酒店
411	四合居	成都市新都区桂红路	新都区	乡村酒店
412	佳和	成都市新都区新都镇西北村9组	新都区	乡村酒店
413	澜塔苑	成都市新都区斑竹园镇花香果居花香路	新都区	乡村酒店
414	果居苑	成都市新都区香城大道西段北侧斑竹园镇花香果居	新都区	乡村酒店
415	雅丰	成都市新都区斑竹园镇花香果居花香路	新都区	乡村酒店
416	绿缘	成都市新都区斑竹园镇花香果居花香路	新都区	乡村酒店

新津县旅游住宿业单位名单

序号	酒店名称	酒店地址	区域	酒店类型
1	如家旅馆	成都市新津县永兴镇望江小区11号	新津县	商务连锁型酒店
2	成都思必好酒店公司	成都市新津县花源镇正源路158号	新津县	商务连锁型酒店
3	成都宜客居快捷酒店	成都市新津县花源镇正西前街75号	新津县	商务连锁型酒店
4	新津五津丽津酒店	成都市新津县太中东路100号	新津县	社会旅馆
5	成都君临旅馆新津	成都市新津县纯阳小区B区	新津县	社会旅馆
6	威喜登酒店	成都新津县望滨路26号	新津县	社会旅馆
7	自家人宾馆	成都市新津县忠义路98号	新津县	社会旅馆
8	成都新津康达客栈	成都市新津县迎宾大道97号太平洋电影院对面	新津县	社会旅馆
9	凯蒂宾馆	成都市新津县迎宾大道368号	新津县	社会旅馆
10	欧郡商务酒店	成都市新津县兴园2路129号	新津县	社会旅馆
11	颐和山庄	成都市新津县新普路123号	新津县	社会旅馆
12	小王客栈	成都市新津县新浦路382号	新津县	社会旅馆
13	缘有居宾馆	成都市新津县新蒲路11号	新津县	社会旅馆
14	成都新津木林森宾馆	成都市新津县新津县五津北路203号	新津县	社会旅馆
15	成都小林客栈新津	成都市新津县新津县林园路10号	新津县	社会旅馆
16	成都山水欧韵国际酒店	成都市新津县新津岷江大道三段	新津县	社会旅馆
17	成都新津县拉斐尔商务酒店	成都市新津县武阳中路51号	新津县	社会旅馆
18	新津新谊旅社	成都市新津县武阳中路13号	新津县	社会旅馆
19	新津县蜀津楼酒店	成都市新津县武阳南路70号	新津县	社会旅馆
20	成都康桥半岛酒店	成都市新津县武阳东路66号	新津县	社会旅馆
21	秋之韵酒店	成都市新津县五阳东路333号	新津县	社会旅馆
22	玉林商务酒店	成都市新津县五津镇希望路69号	新津县	社会旅馆
23	拉斐尔商务酒店	成都市新津县五津镇武阳中路51号	新津县	社会旅馆
24	仙苑大酒店	成都市新津县五津镇武阳西路339号	新津县	社会旅馆
25	蜀津楼大酒店	成都市新津县五津镇武阳东路1号	新津县	社会旅馆
26	成都新津县阳光酒店	成都市新津县五津镇五津东路5号	新津县	社会旅馆
27	津惠大酒店	成都市新津县五津镇五津东路40号	新津县	社会旅馆
28	新贸快捷酒店	成都市新津县五津镇五津东路3号	新津县	社会旅馆
29	六八商务酒店	成都市新津县五津镇五津东路106-108号	新津县	社会旅馆
30	新津县阳光酒店	成都市新津县五津镇五津东路005号	新津县	社会旅馆
31	紫荆商务酒店	成都市新津县五津镇五津北路166号	新津县	社会旅馆
32	丽津酒店	成都市新津县五津镇太中东路100号	新津县	社会旅馆
33	津诚商务酒店	成都市新津县五津镇太安街63号	新津县	社会旅馆

续表

序号	酒店名称	酒店地址	区域	酒店类型
34	君悦商务酒店	成都市新津县五津镇双柏路B区3栋118号	新津县	社会旅馆
35	鑫鑫商务酒店	成都市新津县五津镇双柏路121号	新津县	社会旅馆
36	津川商务酒店	成都市新津县五津镇瑞新街135号附24号	新津县	社会旅馆
37	润都酒店	成都市新津县五津镇瑞通中段城北家具城旁	新津县	社会旅馆
38	成都川西新津宾馆	成都市新津县五津镇瑞通路2号	新津县	社会旅馆
39	翠沁园商务酒店	成都市新津县五津镇瑞通路16号附1号	新津县	社会旅馆
40	瑞津商务酒店	成都市新津县五津镇瑞通路159号	新津县	社会旅馆
41	大众商务酒店	成都市新津县五津镇瑞通路125号	新津县	社会旅馆
42	威妮斯商务酒店	成都市新津县五津镇模范街48号	新津县	社会旅馆
43	成都新津容贵酒店	成都市新津县五津镇模范街48号	新津县	社会旅馆
44	成都宏华林酒店有限公司01	成都市新津县五津镇黄鹤大道2–10号	新津县	社会旅馆
45	星期天商务酒店	成都市新津县五津镇纯阳小区	新津县	社会旅馆
46	大不同商务宾馆	成都市新津县五津西路城西巷40号	新津县	社会旅馆
47	鸿腾酒店	成都市新津县五津西路204号	新津县	社会旅馆
48	经协宾馆	成都市新津县五津东路317号	新津县	社会旅馆
49	小潘旅社	成都市新津县五津东路231号	新津县	社会旅馆
50	成都新津县六八商务酒店	成都市新津县五津东路106号	新津县	社会旅馆
51	新文旅馆	成都市新津县五津纯阳小区B区9栋10号	新津县	社会旅馆
52	开心客栈	成都市新津县五津北路红石三街18号	新津县	社会旅馆
53	龙门客栈	成都市新津县五津北路288号	新津县	社会旅馆
54	嘉宾酒店	成都市新津县五津北路234号	新津县	社会旅馆
55	成都光阳旅馆	成都市新津县五津北路229号	新津县	社会旅馆
56	木林森宾馆	成都市新津县五津北路	新津县	社会旅馆
57	成都南湾假日酒店	成都市新津县五河路478号	新津县	社会旅馆
58	新津老码头客栈	成都市新津县五河路101号	新津县	社会旅馆
59	祥和居	成都市新津县望江路36号	新津县	社会旅馆
60	成都祥和商务酒店	成都市新津县太中东街169	新津县	社会旅馆
61	新津县津惠大酒店	成都市新津县四川省五津镇五津东路40号	新津县	社会旅馆
62	新津县名居风情苑	成都市新津县商隆村梨花溪	新津县	社会旅馆
63	成都新津丽津酒店	成都市新津县瑞新街太宗东路	新津县	社会旅馆
64	成都津龙旅馆	成都市新津县瑞新街137号附4–5号	新津县	社会旅馆

续表

序号	酒店名称	酒店地址	区域	酒店类型
65	鑫茂宾馆	成都市新津县瑞通路23号	新津县	社会旅馆
66	居如家酒店	成都市新津县儒林路311号	新津县	社会旅馆
67	袁山乡村酒店	成都市新津县普兴镇袁山村4组	新津县	社会旅馆
68	正阳客栈	成都市新津县普兴火车站养正街17号	新津县	社会旅馆
69	阳光酒店	成都市新津县普兴大道586号	新津县	社会旅馆
70	城市名人酒店	成都市新津县岷江大道三段899号	新津县	社会旅馆
71	华仔旅馆	成都市新津县岷江大道三段215号	新津县	社会旅馆
72	尚润度假酒店	成都市新津县岷江大道三段1199号	新津县	社会旅馆
73	金路商务酒店	成都市新津县岷江大道二段323号	新津县	社会旅馆
74	胖大姐宾馆	成都市新津县岷江大道150号	新津县	社会旅馆
75	成都尚润度假酒店	成都市新津县岷江大道1199号	新津县	社会旅馆
76	雾都酒店	成都市新津县临园路1号	新津县	社会旅馆
77	乐客宾馆	成都市新津县林园路32号	新津县	社会旅馆
78	雅然居	成都市新津县梨花溪内	新津县	社会旅馆
79	四季花园	成都市新津县梨花溪内	新津县	社会旅馆
80	新津县馨欣农庄	成都市新津县梨花溪景区	新津县	社会旅馆
81	嘉年CEO度假酒店	成都市新津县君山路1号	新津县	社会旅馆
82	成都捷瑞酒店	成都市新津县金华镇银杏路176号	新津县	社会旅馆
83	荣贵宾馆	成都市新津县惠安路82号	新津县	社会旅馆
84	成都宏华林酒店	成都市新津县黄鹤楼大道8号	新津县	社会旅馆
85	新津捌零贰叁商务酒店	成都市新津县花源镇正源路160号附12号	新津县	社会旅馆
86	佳源商务酒店	成都市新津县花源镇花源社区府西路48号	新津县	社会旅馆
87	城市名人酒店	成都市新津县邓双镇何店村	新津县	社会旅馆
88	君临旅馆	成都市新津县纯阳小区双柏路86号附13号	新津县	社会旅馆
89	鸿鑫旅馆	成都市新津县纯阳小区附1幢3号	新津县	社会旅馆
90	墨客宾馆	成都市新津县朝阳镇	新津县	社会旅馆
91	新津川辉宾馆	成都市新津县五津镇纯阳小区双柏路21号	新津县	乡村酒店
92	希望农业科技博览园	成都市新津县永商镇新蒲路梨花溪1号	新津县	乡村酒店
93	望江旅馆	成都市新津县永商镇望江小区	新津县	乡村酒店
94	乐阳旅馆	成都市新津县永商镇商隆村6组	新津县	乡村酒店
95	名居风情苑	成都市新津县永商镇商隆村4组	新津县	乡村酒店
96	新津县梨香园客栈	成都市新津县永商镇马鞍村	新津县	乡村酒店

续表

序号	酒店名称	酒店地址	区域	酒店类型
97	梨花金顶	成都市新津县永商镇梨花村10组	新津县	乡村酒店
98	清泉花海	成都市新津县永商镇梨花村9组	新津县	乡村酒店
99	九莲渔乐村	成都市新津县永商镇九莲村	新津县	乡村酒店
100	康达客栈	成都市新津县迎宾大道97号	新津县	乡村酒店
101	新津县鸿泰客栈	成都市新津县兴义镇万兴路248号	新津县	乡村酒店
102	玉秀旅馆	成都市新津县新平镇迎仙村	新津县	乡村酒店
103	川新度假村	成都市新津县新平镇团结村5组	新津县	乡村酒店
104	天美意家庭旅馆	成都市新津县武阳中路347号	新津县	乡村酒店
105	静净旅馆	成都市新津县武阳西路234号	新津县	乡村酒店
106	琪琪客栈	成都市新津县武阳东路92号	新津县	乡村酒店
107	山水港湾	成都市新津县五阳东路	新津县	乡村酒店
108	吉祥旅社	成都市新津县五津镇武阳中路2号	新津县	乡村酒店
109	科华旅社	成都市新津县五津镇武阳中路284号	新津县	乡村酒店
110	新谊旅馆	成都市新津县五津镇武阳中路164号	新津县	乡村酒店
111	西川旅馆	成都市新津县五津镇武阳西路103号	新津县	乡村酒店
112	泰安旅馆	成都市新津县五津镇武阳东路新72号	新津县	乡村酒店
113	静居旅馆	成都市新津县五津镇武阳东路93号	新津县	乡村酒店
114	城东旅馆	成都市新津县五津镇武阳东路92号	新津县	乡村酒店
115	对又来旅馆	成都市新津县五津镇武阳东路25号	新津县	乡村酒店
116	幸福旅馆	成都市新津县五津镇武阳东路119号	新津县	乡村酒店
117	东江旅馆	成都市新津县五津镇武阳东路115号	新津县	乡村酒店
118	友谊旅馆	成都市新津县五津镇武阳东路	新津县	乡村酒店
119	新津四海旅馆	成都市新津县五津镇五津西路344号	新津县	乡村酒店
120	天福饭店	成都市新津县五津镇五津西路199号	新津县	乡村酒店
121	佳益宾馆	成都市新津县五津镇五津太中东街46号	新津县	乡村酒店
122	新津县山川旅馆	成都市新津县五津镇五津北路98号	新津县	乡村酒店
123	光阳旅馆	成都市新津县五津镇五津北路229号	新津县	乡村酒店
124	兴兴旅馆	成都市新津县五津镇五津北路223号	新津县	乡村酒店
125	新津城北旅馆	成都市新津县五津镇五津北路221号	新津县	乡村酒店
126	仙客来旅馆	成都市新津县五津镇五津北路218号	新津县	乡村酒店
127	新旺旅馆	成都市新津县五津镇五津北路217号	新津县	乡村酒店
128	泰华阁饭店	成都市新津县五津镇五津北路209号	新津县	乡村酒店
129	新津木林森宾馆	成都市新津县五津镇五津北路208号	新津县	乡村酒店
130	锦绣宾馆	成都市新津县五津镇五津北路154号	新津县	乡村酒店
131	新津县茗士居宾馆	成都市新津县五津镇五津北路116号	新津县	乡村酒店

续表

序号	酒店名称	酒店地址	区域	酒店类型
132	津平旅社	成都市新津县五津镇文化巷7号	新津县	乡村酒店
133	大康旅馆	成都市新津县五津镇太康西路72号	新津县	乡村酒店
134	馨月居旅馆	成都市新津县五津镇太康东路19号	新津县	乡村酒店
135	津安旅馆	成都市新津县五津镇太康东路	新津县	乡村酒店
136	新津君临旅馆	成都市新津县五津镇双柏路86号附13号	新津县	乡村酒店
137	川辉客栈纯阳分栈	成都市新津县五津镇双柏路21号	新津县	乡村酒店
138	天一旅社	成都市新津县五津镇双柏路197号	新津县	乡村酒店
139	和谐旅馆	成都市新津县五津镇双柏路	新津县	乡村酒店
140	泰康旅馆	成都市新津县五津镇瑞新街6号	新津县	乡村酒店
141	香居商务会所	成都市新津县五津镇儒林路208号	新津县	乡村酒店
142	小林客栈	成都市新津县五津镇林园路10号	新津县	乡村酒店
143	东风旅馆	成都市新津县五津镇惠安路21号	新津县	乡村酒店
144	新津东风旅馆	成都市新津县五津镇惠安路19号	新津县	乡村酒店
145	奇武旅馆	成都市新津县五津镇红石村5组	新津县	乡村酒店
146	运来旅店	成都市新津县五津镇红石村4组70号	新津县	乡村酒店
147	向阳旅馆	成都市新津县五津镇古家村2组	新津县	乡村酒店
148	金津客栈	成都市新津县五津镇纯阳小区B区9栋5号	新津县	乡村酒店
149	楼上楼茶座	成都市新津县五津镇纯阳小区B区8栋3号	新津县	乡村酒店
150	五津镇雅居乐旅店	成都市新津县五津镇纯阳小区B区2幢18号	新津县	乡村酒店
151	世纪水都	成都市新津县五津镇纯阳小区A区4栋	新津县	乡村酒店
152	新一家客栈	成都市新津县五津镇城西巷56号	新津县	乡村酒店
153	玉康客栈	成都市新津县五津镇城北家具城	新津县	乡村酒店
154	东海旅馆	成都市新津县五津镇城北村6组	新津县	乡村酒店
155	燕归来旅馆	成都市新津县五津镇北新巷6号	新津县	乡村酒店
156	新津锦泰旅馆	成都市新津县五津镇北新巷54号	新津县	乡村酒店
157	新津健健旅馆	成都市新津县五津镇北新巷51号	新津县	乡村酒店
158	新津祥子旅馆	成都市新津县五津镇北新巷1号	新津县	乡村酒店
159	祥子旅馆	成都市新津县五津镇北新巷	新津县	乡村酒店
160	星星旅馆	成都市新津县五津西路11号	新津县	乡村酒店
161	家家好	成都市新津县五津南路888号	新津县	乡村酒店
162	富川旅馆	成都市新津县五津纯阳小区B区9栋9号	新津县	乡村酒店
163	橘子园	成都市新津县五津北路112号	新津县	乡村酒店
164	三寸光阴	成都市新津县文井乡大明村5组	新津县	乡村酒店

续表

序号	酒店名称	酒店地址	区域	酒店类型
165	南河景园	成都市新津县望江路20号	新津县	乡村酒店
166	津龙旅馆	成都市新津县瑞新街137号附4–5号	新津县	乡村酒店
167	桃雨缘	成都市新津县其他蔡湾村七组四大7队	新津县	乡村酒店
168	袁山印象乡村酒店	成都市新津县普兴镇袁山村	新津县	乡村酒店
169	普兴养正苑农家乐	成都市新津县普兴镇养正村养义街38号	新津县	乡村酒店
170	普兴镇温馨客栈	成都市新津县普兴镇养信街5号	新津县	乡村酒店
171	圆梦旅馆	成都市新津县普兴镇天宫村	新津县	乡村酒店
172	普兴镇佳佳住宿	成都市新津县普兴镇普兴场49号	新津县	乡村酒店
173	鸿运旅馆	成都市新津县普兴镇成都市新津县火车站	新津县	乡村酒店
174	成都牧山丽景别墅公寓	成都市新津县牧马山花源镇丽景路3号	新津县	乡村酒店
175	新津县润园休闲山庄	成都市新津县梨花溪	新津县	乡村酒店
176	成都新津姜家大院农庄	成都市新津县梨花沟	新津县	乡村酒店
177	新津田园山庄	成都市新津县梨花村11组	新津县	乡村酒店
178	家福旅馆	成都市新津县金华镇硝矿东街27号	新津县	乡村酒店
179	成都市宝峰银杏开发有限公司	成都市新津县金华镇宝峰村2组	新津县	乡村酒店
180	群丽旅社	成都市新津县惠安路102号	新津县	乡村酒店
181	勋烨旅社	成都市新津县花源镇正源路104号	新津县	乡村酒店
182	花源镇家园旅店	成都市新津县花源镇学源路7号	新津县	乡村酒店
183	白灵渡招待所	成都市新津县花源镇学源路7号	新津县	乡村酒店
184	阳光招待所	成都市新津县花源镇学源路32号	新津县	乡村酒店
185	花源宜家旅社	成都市新津县花源镇学源路	新津县	乡村酒店
186	一天旅社	成都市新津县花源镇泰来路11号	新津县	乡村酒店
187	锦上花旅馆	成都市新津县花源镇柳河村10组	新津县	乡村酒店
188	桃花源旅馆	成都市新津县花源镇柳河村	新津县	乡村酒店
189	新津好运来商务宾馆	成都市新津县花源镇锦源路203号	新津县	乡村酒店
190	花源镇心怡旅馆	成都市新津县花源镇花源社区12组	新津县	乡村酒店
191	乐源招待所	成都市新津县花源镇花源大道	新津县	乡村酒店
192	花源e家旅馆	成都市新津县花源镇花源车站13组	新津县	乡村酒店
193	新源旅馆	成都市新津县花源镇府西路108号	新津县	乡村酒店
194	花源鸿运旅馆	成都市新津县花源镇白云路66号	新津县	乡村酒店
195	花源今缘旅馆	成都市新津县花源镇白云路62号附2号	新津县	乡村酒店
196	乐来旅馆	成都市新津县花源镇白云路58号	新津县	乡村酒店
197	花源园梦	成都市新津县花源镇白云路289号	新津县	乡村酒店

续表

序号	酒店名称	酒店地址	区域	酒店类型
198	平安旅馆	成都市新津县花源镇白云路14号	新津县	乡村酒店
199	文华客栈	成都市新津县花源镇白云大道86号	新津县	乡村酒店
200	芊芊旅社	成都市新津县花源镇白云大道23号	新津县	乡村酒店
201	百灵鸟招待所	成都市新津县花源镇白云大道	新津县	乡村酒店
202	白云招待所	成都市新津县花源镇白云大道	新津县	乡村酒店
203	兴达旅馆	成都市新津县花桥镇长绍街63号	新津县	乡村酒店
204	那座山	成都市新津县花桥镇长绍街	新津县	乡村酒店
205	新津县花桥兴达旅馆	成都市新津县花桥镇金桥社区63号	新津县	乡村酒店
206	大生态山庄	成都市新津县邓双镇文山村	新津县	乡村酒店
207	老房子旅馆	成都市新津县邓双镇岷江大道二段	新津县	乡村酒店
208	芝芝花园	成都市新津县邓双镇金龙村	新津县	乡村酒店
209	新津金竹山庄	成都市新津县邓双镇金龙村	新津县	乡村酒店
210	老房子	成都市新津县邓双镇金龙村	新津县	乡村酒店
211	津满苑	成都市新津县邓双镇金龙村	新津县	乡村酒店
212	城南旅馆	成都市新津县邓双镇邓公社区	新津县	乡村酒店
213	城南旭东旅馆	成都市新津县邓双镇邓公场余波桥街51号	新津县	乡村酒店
214	雅居乐旅馆	成都市新津县纯阳小区B区2栋18号	新津县	乡村酒店
215	徐老五旅馆	成都市新津县安西镇安西村3组	新津县	乡村酒店
216	鑫悦旅店	成都市新津县安西镇安西村3组	新津县	乡村酒店
217	怡心苑生态度假村	成都市新津县	新津县	乡村酒店
218	张大公馆柚花园	成都市新津县五津镇临江村15组	新津县	乡村酒店
219	义和园私房菜馆	成都市新津县兴义镇田渡村7号	新津县	乡村酒店
220	活活饭店	成都市新津县兴义镇广滩村龙王渡桥头	新津县	乡村酒店
221	金竹山庄	成都市新津县新津邓双镇金龙村	新津县	乡村酒店
222	纳雅山庄	成都市新津县永商镇九莲村	新津县	乡村酒店
223	花碑人家	成都市新津县新津方兴镇花碑社区	新津县	乡村酒店

崇州市旅游住宿业单位名单

序号	酒店名称	酒店地址	区域	酒店类型
1	崇州大酒店	成都市崇州市蜀州北路1号	崇州市	三星级酒店
2	创耀保健度假村	成都市崇州市街子镇	崇州市	二星级酒店
3	汉庭酒店崇州店	成都崇州市世纪大道与长城路交汇处	崇州市	商务连锁型酒店
4	崇州市琴华苑	成都市崇州市永康西路601号	崇州市	社会旅馆
5	惠宾旅社	成都市崇州市旱觉街52号	崇州市	社会旅馆

续表

序号	酒店名称	酒店地址	区域	酒店类型
6	友缘茶旅社	成都市崇州市早觉街30号	崇州市	社会旅馆
7	蓬源旅社	成都市崇州市早觉街23号	崇州市	社会旅馆
8	五福旅社	成都市崇州市早觉街126号	崇州市	社会旅馆
9	天星旅社	成都市崇州市早觉东街120号	崇州市	社会旅馆
10	城南旅社	成都市崇州市永康西路249号	崇州市	社会旅馆
11	中胜大酒店	成都市崇州市永康东路116号	崇州市	社会旅馆
12	杨祠街旅馆	成都市崇州市杨祠街27号	崇州市	社会旅馆
13	新欣旅社	成都市崇州市杨祠街	崇州市	社会旅馆
14	寻梦园	成都市崇州市羊马鹤兴路499号	崇州市	社会旅馆
15	羊马鑫鑫旅社	成都市崇州市羊马鹤兴路322号	崇州市	社会旅馆
16	羊马田记旅馆	成都市崇州市羊马鹤兴路264号	崇州市	社会旅馆
17	麒祥茶旅社	成都市崇州市兴体街159号	崇州市	社会旅馆
18	光华旅社	成都市崇州市兴体街155号	崇州市	社会旅馆
19	西江旅店	成都市崇州市西江朱祠街	崇州市	社会旅馆
20	拉菲假日酒店	成都市崇州市西江路113号	崇州市	社会旅馆
21	成都盛景拉菲酒店有限公司	成都市崇州市西江路113号	崇州市	社会旅馆
22	成都新天地温泉酒店	成都市崇州市文井江镇	崇州市	社会旅馆
23	汇滨旅馆	成都市崇州市文井江街82号	崇州市	社会旅馆
24	成都崇州市富氧温泉酒店	成都市崇州市文锦江温泉旅游开发区	崇州市	社会旅馆
25	崇州途家斯维登度假酒店街子古镇	成都市崇州市途家斯维登度假酒店街子古镇	崇州市	社会旅馆
26	同心旅馆	成都市崇州市同心里26号	崇州市	社会旅馆
27	怡深客栈	成都市崇州市唐兴中路61号	崇州市	社会旅馆
28	西禾客栈	成都市崇州市唐兴街25号	崇州市	社会旅馆
29	崇州市崇阳慕斯新乐酒店	成都市崇州市唐安路188号	崇州市	社会旅馆
30	街子古镇老院子客栈	成都市崇州市四川成都崇州街子场真武街82号	崇州市	社会旅馆
31	路泰商务旅社	成都市崇州市蜀州北路68号	崇州市	社会旅馆
32	桤泉茶旅社	成都市崇州市桤泉中和南街22号	崇州市	社会旅馆
33	清馨旅社	成都市崇州市普润街75号	崇州市	社会旅馆
34	忠义商务酒店	成都市崇州市普润街48号	崇州市	社会旅馆
35	惠家旅馆	成都市崇州市普润街25号	崇州市	社会旅馆
36	桂花园	成都市崇州市井水街78	崇州市	社会旅馆
37	四海旅馆	成都市崇州市金鸡广场	崇州市	社会旅馆
38	山村味酒店	成都市崇州市街子镇唐公社区	崇州市	社会旅馆

续表

序号	酒店名称	酒店地址	区域	酒店类型
39	四川创耀旅游保健度假村有限公司	成都市崇州市街子镇石梁村1组	崇州市	社会旅馆
40	成都惠丰酒店有限公司	成都市崇州市街子镇惠丰路1号	崇州市	社会旅馆
41	凤栖山酒店	成都市崇州市街子古镇江城街214-216号	崇州市	社会旅馆
42	普瑞旅馆	成都市崇州市机电一条街	崇州市	社会旅馆
43	崇州市怀远镇静轩阁酒店	成都市崇州市怀远镇农商路13号	崇州市	社会旅馆
44	文井旅馆	成都市崇州市怀远文井街	崇州市	社会旅馆
45	怀远旅馆	成都市崇州市怀远泉水村2组	崇州市	社会旅馆
46	东亭园林酒店	成都市崇州市光华大道	崇州市	社会旅馆
47	四川崇文居森林酒店有限公司	成都市崇州市公议乡林秀村	崇州市	社会旅馆
48	九嘉华方	成都市崇州市大划兴欣街	崇州市	社会旅馆
49	长顺旅馆	成都市崇州市崇州文井街西二巷49号	崇州市	社会旅馆
50	四季旅社	成都市崇州市崇州文化东街双发巷6号	崇州市	社会旅馆
51	滨河两个	成都市崇州市崇州龙门街	崇州市	社会旅馆
52	吉星旅馆	成都市崇州市崇州金带街45号	崇州市	社会旅馆
53	琳丰旅社	成都市崇州市崇州凤栖路65号	崇州市	社会旅馆
54	通惠旅馆	成都市崇州市崇州崇庆北路536号	崇州市	社会旅馆
55	珠峰旅馆	成都市崇州市崇州崇庆北路	崇州市	社会旅馆
56	西香酒店	成都市崇州市崇阳镇唐兴西路25号	崇州市	社会旅馆
57	怡家酒店	成都市崇州市崇阳镇唐兴西路23号	崇州市	社会旅馆
58	三和酒店	成都市崇州市崇阳镇三和社区	崇州市	社会旅馆
59	成都龙帝豪商务酒店	成都市崇州市崇阳镇彭庙上街	崇州市	社会旅馆
60	黄金甲假日酒店	成都市崇州市崇阳镇龙门南街229号	崇州市	社会旅馆
61	崇州龙腾商务酒店	成都市崇州市崇阳镇九龙路78号	崇州市	社会旅馆
62	汉庭大酒店	成都市崇州市崇阳镇长城路658号	崇州市	社会旅馆
63	飞龙大酒店	成都市崇州市崇阳镇滨江路南一段33号	崇州市	社会旅馆
64	崇州市爱琴海假日酒店	成都市崇州市崇阳镇滨江路南二段西游广场	崇州市	社会旅馆
65	成都富源酒店	成都市崇州市崇阳镇滨江路北一段136号	崇州市	社会旅馆
66	勃朗特酒店	成都市崇州市崇阳镇北郊社区5组	崇州市	社会旅馆
67	淑芬酒店	成都市崇州市崇阳镇爱民街175号	崇州市	社会旅馆
68	普润旅社	成都市崇州市崇阳普润街33号	崇州市	社会旅馆
69	宏泰旅社	成都市崇州市崇庆北路575号	崇州市	社会旅馆

续表

序号	酒店名称	酒店地址	区域	酒店类型
70	馨雅旅社	成都市崇州市崇庆北路366号	崇州市	社会旅馆
71	大方茶旅社	成都市崇州市崇庆北路	崇州市	社会旅馆
72	鑫怡家酒店崇州店	成都市崇州市成都市崇州市金带街422号	崇州市	社会旅馆
73	长风大厦宾馆	成都市崇州市辰居路102号	崇州市	社会旅馆
74	富源商务酒店	成都市崇州市滨江路北一段136号	崇州市	社会旅馆
75	文锦江温泉大酒店	成都市崇州区文锦江镇文锦江温泉旅游开发区	崇州市	社会旅馆
76	成都河边住宿	成都市崇州街子古镇下银杏广场	崇州市	社会旅馆
77	街子古镇阳光苑休闲旅社	成都市崇州街子古镇清明街上段天祥2期停车场内	崇州市	社会旅馆
78	崇州勃朗特酒店	成都市崇州/街子古镇附近地区双桥街9号	崇州市	社会旅馆
79	成都唐公别院酒店	成都市崇州/街子古镇附近地区崇州市街子古镇下银杏广场	崇州市	社会旅馆
80	香雪楠酒店	崇州市街子古镇江城街103号	崇州市	社会旅馆
81	四通休闲会所	成都街子镇知贤街80号	崇州市	社会旅馆
82	成都崇州街子古镇高家庄四合院客栈	成都崇州市街子古镇朝阳路285号	崇州市	社会旅馆
83	香阁园	成都崇州市街子古镇朝阳路263号	崇州市	社会旅馆
84	成都兰亭别院客栈	成都崇州街子古镇天祥旅游小区	崇州市	社会旅馆
85	横渠会所	成都崇州街子古镇天顺北街30-40号	崇州市	社会旅馆
86	崇州街子古镇兰苑宾馆	成都崇州街子古镇江城街123号	崇州市	社会旅馆
87	崇州味江味花园酒店	成都市崇州市街子镇金鱼东街158号	崇州市	乡村酒店
88	成都街子古镇兰馨苑农家院	成都市崇州市街子古镇青韵街149号	崇州市	乡村酒店
89	大桥旅馆	成都市崇州市元通镇新大桥	崇州市	乡村酒店
90	四川蜀州实业有限公司	成都市崇州市羊马镇鹤兴路499号	崇州市	乡村酒店
91	文锦江温泉	成都市崇州市文井江镇	崇州市	乡村酒店
92	鸡公嘴农家乐	成都市崇州市三郎镇益善村	崇州市	乡村酒店
93	998高地农家乐	成都市崇州市三郎镇益善村	崇州市	乡村酒店
94	农家土鸡	成都市崇州市三郎镇益善村	崇州市	乡村酒店
95	天赐农家乐	成都市崇州市三郎镇益善村	崇州市	乡村酒店
96	椿溪苑农家乐	成都市崇州市三郎镇三台村8组	崇州市	乡村酒店
97	悠品人家	成都市崇州市三郎镇欢喜村8组	崇州市	乡村酒店
98	小溪楼	成都市崇州市三郎镇欢喜村8组	崇州市	乡村酒店
99	长清园	成都市崇州市三郎镇欢喜村3组	崇州市	乡村酒店

续表

序号	酒店名称	酒店地址	区域	酒店类型
100	望福楼	成都市崇州市三郎镇欢喜村3组	崇州市	乡村酒店
101	福全苑	成都市崇州市三郎镇欢喜村3组	崇州市	乡村酒店
102	清溪苑	成都市崇州市三郎镇欢喜村2组	崇州市	乡村酒店
103	逸乡居	成都市崇州市三郎镇欢喜村11组	崇州市	乡村酒店
104	红岩休闲庄	成都市崇州市三郎镇欢喜村10组	崇州市	乡村酒店
105	院中园	成都市崇州市三郎镇欢喜村10组	崇州市	乡村酒店
106	春雨农家乐	成都市崇州市三郎镇红纸村9组	崇州市	乡村酒店
107	祥华农家乐	成都市崇州市三郎镇红纸村7组	崇州市	乡村酒店
108	汇缘庄	成都市崇州市三郎镇红纸村7组	崇州市	乡村酒店
109	友谊农家乐	成都市崇州市三郎镇红纸村1组	崇州市	乡村酒店
110	崇州市街子四通茶楼	成都市崇州市街子镇知贤街80号	崇州市	乡村酒店
111	青城园酒店	成都市崇州市街子镇天顺村24组	崇州市	乡村酒店
112	黄二姐客栈	成都市崇州市街子镇天顺村20组	崇州市	乡村酒店
113	崇州市街子瑞龙庭院农家乐	成都市崇州市街子镇唐公社区13组31号	崇州市	乡村酒店
114	崇州市街子缘源客栈	成都市崇州市街子镇聚贤街20号	崇州市	乡村酒店
115	崇州市街子镇锦秀苑农家乐	成都市崇州市街子镇金鱼东街50号	崇州市	乡村酒店
116	崇州市街子舒畅苑客栈	成都市崇州市街子镇江城街14号	崇州市	乡村酒店
117	崇州市街子卞家花园	成都市崇州市街子镇古寺村7组	崇州市	乡村酒店
118	紫藤苑	成都市崇州市街子镇古寺村7组	崇州市	乡村酒店
119	赵氏农家院	成都市崇州市街子镇古寺村7组	崇州市	乡村酒店
120	庄房农家乐	成都市崇州市街子镇古寺村7组	崇州市	乡村酒店
121	唐家银杏苑	成都市崇州市街子镇古寺村7组	崇州市	乡村酒店
122	咏梅苑	成都市崇州市街子镇古寺村3组	崇州市	乡村酒店
123	三五苑	成都市崇州市街子镇古寺村3组	崇州市	乡村酒店
124	樊氏休闲庄	成都市崇州市街子镇古寺村3组	崇州市	乡村酒店
125	楠木苑	成都市崇州市街子镇古寺村3组	崇州市	乡村酒店
126	梁氏农家院	成都市崇州市街子镇古寺村10组	崇州市	乡村酒店
127	竹林苑	成都市崇州市街子镇古寺村10组	崇州市	乡村酒店
128	柿子园	成都市崇州市街子镇古寺村10组	崇州市	乡村酒店
129	泡桐树农家院	成都市崇州市街子镇古寺村10组	崇州市	乡村酒店
130	怀远镇分州旅馆	成都市崇州市怀远镇新东横街42号	崇州市	乡村酒店
131	永贵茶旅社	成都市崇州市怀远镇西北路7号	崇州市	乡村酒店
132	驿站茶旅社	成都市崇州市怀远镇文井东路	崇州市	乡村酒店
133	泰华茶旅社	成都市崇州市怀远镇文井东路	崇州市	乡村酒店
134	怀远大桥旅馆	成都市崇州市怀远镇文井北路	崇州市	乡村酒店

续表

序号	酒店名称	酒店地址	区域	酒店类型
135	银杏茶旅社	成都市崇州市怀远镇泉水村2组	崇州市	乡村酒店
136	怀远三和圆商务休闲会所	成都市崇州市怀远镇定江社区8组	崇州市	乡村酒店
137	唐叶儿粑旅馆	成都市崇州市怀远镇定江社区7组	崇州市	乡村酒店
138	崇州市怀远盛世华庭休闲庄	成都市崇州市怀远镇定江路139号	崇州市	乡村酒店
139	崇州市怀远驿站茶楼	成都市崇州市怀远镇崇府路	崇州市	乡村酒店
140	大划虹桥旅店	成都市崇州市大划镇通达路12号	崇州市	乡村酒店
141	兴波旅馆	成都市崇州市崇州元通镇	崇州市	乡村酒店
142	交通旅馆	成都市崇州市崇州怀远镇文井街95号	崇州市	乡村酒店
143	新天地休闲会所	成都市崇州市崇州怀远镇泉水村2组	崇州市	乡村酒店
144	峰爽旅馆	成都市崇州市崇州崇阳镇西江朱氏街66号	崇州市	乡村酒店
145	如意旅馆	成都市崇州市崇州崇阳镇西江朱氏街	崇州市	乡村酒店
146	鸿玉旅社	成都市崇州市崇州崇阳镇崇庆北路633号	崇州市	乡村酒店
147	循道旅社	成都市崇州市崇阳镇重庆中路	崇州市	乡村酒店
148	顺兴旅社	成都市崇州市崇阳镇早觉街48号	崇州市	乡村酒店
149	乡音旅社	成都市崇州市崇阳镇早觉街128	崇州市	乡村酒店
150	琴鹤苑休闲中心	成都市崇州市崇阳镇永康西路698号	崇州市	乡村酒店
151	大众旅馆	成都市崇州市崇阳镇永安西路433号	崇州市	乡村酒店
152	庭茆旅馆	成都市崇州市崇阳镇永安东路30号	崇州市	乡村酒店
153	崇北旅馆	成都市崇州市崇阳镇永安216号	崇州市	乡村酒店
154	蓝天旅社	成都市崇州市崇阳镇杨柳街85号	崇州市	乡村酒店
155	景天宾馆	成都市崇州市崇阳镇兴西路23号	崇州市	乡村酒店
156	向荣旅社	成都市崇州市崇阳镇向荣街207号	崇州市	乡村酒店
157	河滨旅馆	成都市崇州市崇阳镇文井街351号	崇州市	乡村酒店
158	唐安旅馆	成都市崇州市崇阳镇天庆南街63号	崇州市	乡村酒店
159	千禧旅馆	成都市崇州市崇阳镇天庆南街39号	崇州市	乡村酒店
160	崇吉旅馆	成都市崇州市崇阳镇天庆南街37号	崇州市	乡村酒店
161	吕氏旅馆	成都市崇州市崇阳镇天庆街	崇州市	乡村酒店
162	西郊旅社	成都市崇州市崇阳镇唐安西路549号附12号	崇州市	乡村酒店
163	楠泰商务酒店	成都市崇州市崇阳镇唐安西路390号	崇州市	乡村酒店
164	崇阳东旭旅馆	成都市崇州市崇阳镇升平街176号	崇州市	乡村酒店
165	宫保府	成都市崇州市崇阳镇上南街68号	崇州市	乡村酒店
166	崇阳三和旅馆	成都市崇州市崇阳镇三和东街	崇州市	乡村酒店

续表

序号	酒店名称	酒店地址	区域	酒店类型
167	崇阳富丽商务旅馆	成都市崇州市崇阳镇乐瑞街15号	崇州市	乡村酒店
168	崇州市琴鹤苑休闲中心	成都市崇州市崇阳镇康西路698号	崇州市	乡村酒店
169	海靓茶旅社	成都市崇州市崇阳镇九龙路13号	崇州市	乡村酒店
170	洁廉旅馆	成都市崇州市崇阳镇金带街裕民巷1号	崇州市	乡村酒店
171	顺通旅馆	成都市崇州市崇阳镇金带街高家巷	崇州市	乡村酒店
172	高家巷旅馆	成都市崇州市崇阳镇金带街92号附8号	崇州市	乡村酒店
173	吉祥旅馆	成都市崇州市崇阳镇金带街75号	崇州市	乡村酒店
174	阳光旅社	成都市崇州市崇阳镇凤栖路8号	崇州市	乡村酒店
175	兰馨茶旅社	成都市崇州市崇阳镇凤栖路7号	崇州市	乡村酒店
176	蜀熙旅社	成都市崇州市崇阳镇凤栖路36号	崇州市	乡村酒店
177	顺和茶旅社	成都市崇州市崇阳镇凤栖路	崇州市	乡村酒店
178	鑫发茶旅社	成都市崇州市崇阳镇崇庆路538号	崇州市	乡村酒店
179	佳洁旅社	成都市崇州市崇阳镇崇庆北路605号	崇州市	乡村酒店
180	双鹏茶旅社	成都市崇州市崇阳镇崇庆北路601号	崇州市	乡村酒店
181	仁和旅社	成都市崇州市崇阳镇崇庆北路599号	崇州市	乡村酒店
182	黄鹤茶旅社	成都市崇州市崇阳镇崇庆北路587号	崇州市	乡村酒店
183	谊通旅社	成都市崇州市崇阳镇崇庆北路563号	崇州市	乡村酒店
184	海天茶旅社	成都市崇州市崇阳镇崇庆北路556号	崇州市	乡村酒店
185	迎宾旅社	成都市崇州市崇阳镇崇庆北路555号	崇州市	乡村酒店
186	永森旅社	成都市崇州市崇阳镇崇庆北路548号	崇州市	乡村酒店
187	家好旅社	成都市崇州市崇阳镇崇庆北路544号	崇州市	乡村酒店
188	崇庆旅馆	成都市崇州市崇阳镇崇庆北路473号	崇州市	乡村酒店
189	东方茶旅社	成都市崇州市崇阳镇崇庆北路407号	崇州市	乡村酒店
190	泰昌旅社	成都市崇州市崇阳镇崇庆北路388号	崇州市	乡村酒店
191	宝马茶旅社	成都市崇州市崇阳镇崇庆北路351号	崇州市	乡村酒店
192	安吉拉旅社	成都市崇州市崇阳镇崇庆北路	崇州市	乡村酒店
193	奥林旅社	成都市崇州市崇阳镇崇庆北路	崇州市	乡村酒店
194	四通旅馆	成都市崇州市崇阳镇北坛里	崇州市	乡村酒店
195	玉堂北郊茶旅社	成都市崇州市崇阳镇北郊村3组	崇州市	乡村酒店
196	佳兴旅馆	成都市崇州市崇阳镇爱民街155号	崇州市	乡村酒店
197	开元旅社	成都市崇州市白头镇甘泉村3组	崇州市	乡村酒店
198	成都街子古镇古月人家客栈	成都崇州市街子镇天顺街30号	崇州市	乡村酒店
199	崇州碧玉小家客栈	成都崇州市街子古镇井水街15号	崇州市	乡村酒店
200	怡然居农家乐	成都崇州市街子古镇江城街272号	崇州市	乡村酒店
201	崇州街子古镇胖哥农家乐	成都崇州街子古镇青韵街14号	崇州市	乡村酒店

续表

序号	酒店名称	酒店地址	区域	酒店类型
202	天顺苑	成都市崇州市街子镇天顺村	崇州市	乡村酒店
203	山村味	成都市崇州市街子镇唐公社区	崇州市	乡村酒店
204	凌云庄	成都市崇州市鸡冠山乡赵家村5组	崇州市	乡村酒店
205	映碧园	成都市崇州市鸡冠山乡	崇州市	乡村酒店
206	白云阁	成都市崇州市鸡冠山乡苟家村	崇州市	乡村酒店
207	古悠山庄	成都市崇州市鸡冠山乡	崇州市	乡村酒店
208	响水湾	成都市崇州市鸡冠山乡	崇州市	乡村酒店
209	临江楼休闲庄	成都市崇州市鸡冠山乡岩峰村	崇州市	乡村酒店
210	杉木林	成都市崇州市三郎镇红纸村9组	崇州市	乡村酒店
211	九龙欣村	成都市崇州市三郎镇红纸村5组	崇州市	乡村酒店
212	鑫园	成都市崇州市三郎镇欢喜村	崇州市	乡村酒店
213	滨江欣苑	成都市崇州市崇阳镇西桥社区9组	崇州市	乡村酒店
214	皇府金鑫山庄	成都市崇州市鸡冠山乡白云沟	崇州市	乡村酒店
215	聚友休闲庄	成都市崇州市鸡冠山乡苟家村2组	崇州市	乡村酒店
216	桤泉万春老卤肉店	成都市崇州市桤泉镇	崇州市	乡村酒店
217	亚辉休闲庄	成都市崇州市道明镇	崇州市	乡村酒店
218	东亭园林酒店	成都市崇州市羊马镇东平村5组	崇州市	乡村酒店
219	味江人家	成都市崇州市街子镇唐公社区5组	崇州市	乡村酒店
220	布朗农家山庄	成都市崇州市鸡冠山乡大木村1组	崇州市	乡村酒店
221	丽景苑	成都市崇州市鸡冠山乡3组	崇州市	乡村酒店
222	馨东苑	成都市崇州市鸡冠山乡薤子村2组	崇州市	乡村酒店
223	人和缘休闲庄	成都市崇州市鸡冠山乡薤子村1组	崇州市	乡村酒店
224	碧溪苑休闲居	成都市崇州市鸡冠山乡薤子村2组	崇州市	乡村酒店
225	瑞祥园	成都市崇州市怀远镇清风岭社区	崇州市	乡村酒店
226	龙泊山庄	成都市崇州市三郎镇茶园村	崇州市	乡村酒店

大邑县旅游住宿业单位名单

序号	酒店名称	酒店地址	区域	酒店类型
1	花水湾名人度假酒店	成都市大邑县花水湾小镇	大邑县	五星级酒店
2	江口醇.惠山宾馆	成都市大邑县晋原镇东壕沟北段	大邑县	三星级酒店
3	樱花宾馆	成都市大邑县花水湾镇	大邑县	三星级酒店
4	金桂公馆酒店	成都市大邑县安仁镇金桂路26号	大邑县	三星级酒店
5	花水湾温泉第一村	成都市大邑县花水湾镇	大邑县	二星级酒店
6	谊美斯酒店	成都市大邑县鸳鸯中街1号	大邑县	社会旅馆

续表

序号	酒店名称	酒店地址	区域	酒店类型
7	成都后山月宇宾馆	成都市大邑县西岭镇云华村5组	大邑县	社会旅馆
8	成都西岭雪山枫叶宾馆	成都市大邑县西岭镇云华村2组	大邑县	社会旅馆
9	斯堪的纳度假酒店	成都市大邑县西岭镇西岭雪山半山腰	大邑县	社会旅馆
10	成都西岭雪山雪花酒店	成都市大邑县西岭雪山滑雪场景区	大邑县	社会旅馆
11	成都西岭雪山阳光假日酒店	成都市大邑县西岭雪山滑雪场景区	大邑县	社会旅馆
12	西岭雪山垚垚酒店	成都市大邑县西岭雪山后山西岭镇	大邑县	社会旅馆
13	成都西岭雪山映雪酒店	成都市大邑县西岭雪山风景区	大邑县	社会旅馆
14	木棉田酒店	成都市大邑县西岭大道132号	大邑县	社会旅馆
15	大邑紫薇庭院宾馆	成都市大邑县通达东路二段118	大邑县	社会旅馆
16	成都花水湾中旅樱花宾馆有限责任公司	成都市大邑县天宫庙镇花水湾温泉区	大邑县	社会旅馆
17	成都鑫河国际宾馆	成都市大邑县桃源新区蜀望路118号	大邑县	社会旅馆
18	成都大邑丽友商务宾馆	成都市大邑县潘家街三段66号	大邑县	社会旅馆
19	成都大邑海螺宾馆	成都市大邑县晋原镇兴业大道北段66号	大邑县	社会旅馆
20	朝阳大酒店	成都市大邑县晋原镇西岭大道328号	大邑县	社会旅馆
21	大邑艺城假日商务酒店	成都市大邑县晋原镇潘家街二段1号	大邑县	社会旅馆
22	大邑生友假日酒店	成都市大邑县晋原镇甲子路南巷19号	大邑县	社会旅馆
23	成都安逸闲庭酒店大邑店	成都市大邑县晋原镇甲子东道145号	大邑县	社会旅馆
24	塞纳假日酒店	成都市大邑县晋原镇大中街180号	大邑县	社会旅馆
25	怡泰轩海鲜大酒店	成都市大邑县近郊甲子路61-69号	大邑县	社会旅馆
26	阳光花园酒店	成都市大邑县甲子路派出所对面	大邑县	社会旅馆
27	邑都宾馆	成都市大邑县槐子树街31号	大邑县	社会旅馆
28	西岭雪山山地宾馆	成都市大邑县滑雪场地	大邑县	社会旅馆
29	成都花水湾中安温泉酒店	成都市大邑县花水湾天宫庙2号	大邑县	社会旅馆
30	道源圣城温泉国际大酒店	成都市大邑县鹤鸣乡大双路	大邑县	社会旅馆
31	成都大邑锦江菲亚特酒店	成都市大邑县芙蓉小区二巷3号	大邑县	社会旅馆
32	邑酒酒店	成都市大邑县大邑大道458号	大邑县	社会旅馆
33	大邑塞尚·庄园酒店	成都市大邑县滨江东路南三段188号	大邑县	社会旅馆
34	成都金华楼宾馆	成都市大邑县安仁镇吉祥街217-225号	大邑县	社会旅馆
35	成都大邑兰庭大酒店	成都大邑县邑新大道873号	大邑县	社会旅馆
36	锦江温泉大酒店	成都大邑县西岭雪山花水湾温泉南街138号	大邑县	社会旅馆
37	新视窗假日酒店大邑店	成都大邑县温泉路221号	大邑县	社会旅馆
38	大邑新场古镇逸轩阁客栈	成都市大邑县新场古镇晋新路	大邑县	乡村酒店
39	成都西岭雪山金秋西岭旅店	成都市大邑县西岭镇众山街73-75号	大邑县	乡村酒店

续表

序号	酒店名称	酒店地址	区域	酒店类型
40	大邑诚宇旅社	成都市大邑县西岭镇众山街71号	大邑县	乡村酒店
41	金宇农庄	成都市大邑县西岭镇云华村1组西岭雪山后山山脚	大邑县	乡村酒店
42	鸿雁山庄	成都市大邑县西岭镇云华村1组25号	大邑县	乡村酒店
43	尚优农家乐	成都市大邑县西岭镇云华村1组11号	大邑县	乡村酒店
44	成都后山老表宾馆	成都市大邑县西岭镇云华村1组	大邑县	乡村酒店
45	西岭雪山金明山庄	成都市大邑县西岭雪山云化小区近西岭雪山后山滑雪场停车场	大邑县	乡村酒店
46	成都西岭水寨度假村	成都市大邑县西岭雪山云华村	大邑县	乡村酒店
47	成都深度雅居客栈	成都市大邑县西岭雪山停车场	大邑县	乡村酒店
48	西岭雪山后山志祥农家乐	成都市大邑县西岭雪山景区旁边	大邑县	乡村酒店
49	成都龙池度假山庄	成都市大邑县西岭雪山滑雪场山下停车场旁	大邑县	乡村酒店
50	西岭雪山雪玲木栈	成都市大邑县西岭雪山滑雪场山门对面	大邑县	乡村酒店
51	成都雪山雪域农庄	成都市大邑县西岭雪山滑雪场山门	大邑县	乡村酒店
52	西岭雪山后山西岭绿苑农家乐	成都市大邑县西岭雪山后山西岭绿苑宾馆	大邑县	乡村酒店
53	西岭雪山红叶人家休闲庄	成都市大邑县西岭雪山后山滑雪场索道下	大邑县	乡村酒店
54	成都西岭雪山老猎人酒栈	成都市大邑县西岭雪山后山滑雪场索道口	大邑县	乡村酒店
55	家洲旅馆	成都市大邑县晋原镇鸳鸯池街	大邑县	乡村酒店
56	晋东旅馆	成都市大邑县晋原镇小东街	大邑县	乡村酒店
57	兰园旅社	成都市大邑县晋原镇西岭大道219号	大邑县	乡村酒店
58	逸居旅馆	成都市大邑县晋原镇西岭大道187–189号	大邑县	乡村酒店
59	宏欣旅社	成都市大邑县晋原镇西岭大道185号	大邑县	乡村酒店
60	邑东旅社	成都市大邑县晋原镇西岭大道181号	大邑县	乡村酒店
61	丽苑旅社	成都市大邑县晋原镇西岭大道177号	大邑县	乡村酒店
62	心平旅社	成都市大邑县晋原镇西岭大道173号	大邑县	乡村酒店
63	邑都旅社	成都市大邑县晋原镇通达路	大邑县	乡村酒店
64	康婷旅社	成都市大邑县晋原镇通达东路15号	大邑县	乡村酒店
65	刘正候宾馆	成都市大邑县晋原镇甲子路工业开发区	大邑县	乡村酒店
66	迎宾旅社	成都市大邑县晋原镇槐子树街87号	大邑县	乡村酒店
67	红光旅社	成都市大邑县晋原镇红光社区	大邑县	乡村酒店
68	环宇宾馆	成都市大邑县晋原镇大东街330号	大邑县	乡村酒店
69	艾美达酒店	成都市大邑县花水湾温泉小镇巴登巴登广场旁	大邑县	乡村酒店

续表

序号	酒店名称	酒店地址	区域	酒店类型
70	乡约农庄	成都市大邑县打索小区7号	大邑县	乡村酒店
71	风雅农家乐	成都市大邑县打索小区29号	大邑县	乡村酒店
72	成都普罗旺斯国际薰衣草庄园	成都市大邑县安仁镇齐埝村1–4组	大邑县	乡村酒店
73	刘家庭院旅社	成都大邑县安仁镇天福街184–188号	大邑县	乡村酒店
74	金明山庄	成都市大邑县西岭镇	大邑县	乡村酒店
75	韩雅苑	成都市大邑县韩场镇	大邑县	乡村酒店
76	金沙湾	成都市大邑县晋原镇	大邑县	乡村酒店
77	恒义苑	成都市大邑县晋原镇	大邑县	乡村酒店
78	旭霖	成都市大邑县新场镇	大邑县	乡村酒店

都江堰市旅游住宿业单位名单

序号	酒店名称	酒店地址	区域	酒店类型
1	青城豪生国际酒店	成都市都江堰青城山镇青城大道88号	都江堰市	五星级酒店
2	中堰·瑞铧国际酒店	成都市都江堰灌温路110号	都江堰市	四星级酒店
3	国堰宾馆	成都市都江堰市观景路729号	都江堰市	四星级酒店
4	世纪云锦酒店	成都市都江堰市幸福大道中段221号	都江堰市	三星级酒店
5	实久宾馆	成都市都江堰都江堰大道18号	都江堰市	三星级酒店
6	成铁青城山培训中心	成都市都江堰	都江堰市	三星级酒店
7	成都新花溪渔港大酒店	成都市都江堰市玉堂镇青城桥头临江花园	都江堰市	三星级酒店
8	成都金沙鸟巢酒店	成都市都江堰市凤翔路中段	都江堰市	三星级酒店
9	怡家连锁酒店都江堰金桥店	成都市都江堰市	都江堰市	商务连锁型酒店
10	怡家连锁酒店都江堰新马路口店原香木银杏店	成都市都江堰市近郊都江堰市新马路113号银杏广场二期	都江堰市	商务连锁型酒店
11	如家商务客栈	成都市都江堰市都江堰大道钰城大厦B栋	都江堰市	商务连锁型酒店
12	如家快捷酒店华西小学店	成都市都江堰市胜利村391号	都江堰市	商务连锁型酒店
13	如家快捷酒店都江堰宣化门天乙街店	成都市都江堰市天乙街A–6–5号	都江堰市	商务连锁型酒店
14	如家快捷酒店都江堰奎光路青城大桥店	成都市都江堰市奎光路464号	都江堰市	商务连锁型酒店
15	七天连锁酒店	成都市都江堰市观凤路66号	都江堰市	商务连锁型酒店
16	汉庭酒店都江堰银杏广场店	成都市都江堰市幸福镇新马路93号	都江堰市	商务连锁型酒店
17	都江堰市汉庭酒店	成都市都江堰市幸福镇新马路93号	都江堰市	商务连锁型酒店
18	都江堰马瑞卡珍发大酒店	成都市都江堰市青城桥北头安轻路1号	都江堰市	商务连锁型酒店

续表

序号	酒店名称	酒店地址	区域	酒店类型
19	都江堰桔子青年旅舍	成都市都江堰市康复路下街62号	都江堰市	商务连锁型酒店
20	成都凯宾商务酒店	成都市都江堰市青城路332号	都江堰市	商务连锁型酒店
21	安逸连锁酒店	成都市都江堰市幸福镇青城路8号	都江堰市	商务连锁型酒店
22	安逸连锁酒店	成都市都江堰市新马路1号	都江堰市	商务连锁型酒店
23	安逸158连锁酒店安逸闲庭都江堰店	成都市都江堰市青城路8号	都江堰市	商务连锁型酒店
24	7天连锁酒店成都都江堰店	成都市都江堰市观凤路66号	都江堰市	商务连锁型酒店
25	盛世华夏国际酒店	成都市都江堰市玉带桥街华夏广场	都江堰市	社会旅馆
26	灵岩山庄	成都市都江堰灵岩村月亮湾	都江堰市	社会旅馆
27	二王庙宾馆	成都市都江堰观景路二王庙后门侧	都江堰市	社会旅馆
28	翠月湖宾馆	成都市都江堰观景路二王庙后门侧	都江堰市	社会旅馆
29	成都珍发达酒店	成都市都江堰市青城桥北头	都江堰市	社会旅馆
30	侏罗纪温泉公园	成都市都江堰市外北街655号	都江堰市	社会旅馆
31	中堰国际酒店	成都市都江堰市灌温路110号	都江堰市	社会旅馆
32	中国十九冶集团有限公司都江堰实久宾馆	成都市都江堰市都江堰大道	都江堰市	社会旅馆
33	珍发大酒店	成都市都江堰市都江堰安轻路1号	都江堰市	社会旅馆
34	运通客栈	成都市都江堰市建设路81号	都江堰市	社会旅馆
35	悦翔酒店	成都市都江堰市迎宾路62号	都江堰市	社会旅馆
36	悦城商务客栈	成都市都江堰市人和盛世5楼	都江堰市	社会旅馆
37	远豪商务酒店	成都市都江堰市江安路38号	都江堰市	社会旅馆
38	圆梦缘商务客栈	成都市都江堰市都江堰大道岷山商城	都江堰市	社会旅馆
39	圆梦园商务客栈	成都市都江堰市兰花村12号	都江堰市	社会旅馆
40	友佳商务客栈	成都市都江堰市西川东三街	都江堰市	社会旅馆
41	友佳商务客栈	成都市都江堰市江安路东三街10-14号	都江堰市	社会旅馆
42	印象古都酒店	成都市都江堰市塔子村四组岷山水都商厦	都江堰市	社会旅馆
43	银杏宾馆	成都市都江堰市建设路282号	都江堰市	社会旅馆
44	阳光商务客栈	成都市都江堰市走马河路13号	都江堰市	社会旅馆
45	阳光商务客栈	成都市都江堰市新马路银杏广场A栋4楼	都江堰市	社会旅馆
46	堰都商务客栈	成都市都江堰市青城路12号	都江堰市	社会旅馆
47	堰都商务酒店	成都市都江堰市岷江路131号	都江堰市	社会旅馆
48	雅逸林商务客栈	成都市都江堰市蒲阳路44号	都江堰市	社会旅馆
49	雅逸林商务客栈	成都市都江堰市华夏广场13栋	都江堰市	社会旅馆
50	雅庭酒店	成都市都江堰市西川	都江堰市	社会旅馆

续表

序号	酒店名称	酒店地址	区域	酒店类型
51	雅庭酒店	成都市都江堰市江安路148号	都江堰市	社会旅馆
52	休息树酒店	成都市都江堰市幸福镇复兴街155号	都江堰市	社会旅馆
53	鑫源商务酒店	成都市都江堰市幸福镇翔凤路59-69号	都江堰市	社会旅馆
54	鑫港湾酒店	成都市都江堰市太平街524号	都江堰市	社会旅馆
55	鑫峰尚宾馆	成都市都江堰市通锦路142号	都江堰市	社会旅馆
56	新月商务客栈	成都市都江堰市玉带桥街139号	都江堰市	社会旅馆
57	新花溪鱼港大酒店	成都市都江堰市玉堂镇青城桥头	都江堰市	社会旅馆
58	新豪商务客栈	成都市都江堰市观景路光明街口	都江堰市	社会旅馆
59	小憩驿站酒店都江堰店	成都市都江堰市幸福大道莲花村	都江堰市	社会旅馆
60	小憩驿站酒店	成都市都江堰市幸福生活广场2号楼	都江堰市	社会旅馆
61	祥和商务酒店	成都市都江堰市建设路	都江堰市	社会旅馆
62	祥和商务宾馆	成都市都江堰市建设路天和盛世5栋5楼	都江堰市	社会旅馆
63	香木银杏酒店	成都市都江堰市新马路115号	都江堰市	社会旅馆
64	香港喜悦酒店	成都市都江堰市建设路天和盛世商业中心3栋	都江堰市	社会旅馆
65	梧桐花园商务酒店	成都市都江堰市奎光路303号	都江堰市	社会旅馆
66	梧桐花园酒店	成都市都江堰市奎光路301号	都江堰市	社会旅馆
67	卫星宾馆	成都市都江堰市江安桥地卫站	都江堰市	社会旅馆
68	维象商务客栈	成都市都江堰市新发南路120号	都江堰市	社会旅馆
69	维泺酒店	成都市都江堰市观景路花洲原城小筑	都江堰市	社会旅馆
70	万嘉商务宾馆	成都市都江堰市蒲阳大道	都江堰市	社会旅馆
71	万嘉商务宾馆	成都市都江堰市观景路23号	都江堰市	社会旅馆
72	万嘉宾馆	成都市都江堰市幸福镇凤凰里小区	都江堰市	社会旅馆
73	万都商务客栈	成都市都江堰市蒲阳大道万都大厦	都江堰市	社会旅馆
74	天下商务客栈	成都市都江堰市玉堂镇三台村1组	都江堰市	社会旅馆
75	天然居商务客栈	成都市都江堰市走马河中段翔凤路222号	都江堰市	社会旅馆
76	天和喜悦酒店	成都市都江堰市天和盛世	都江堰市	社会旅馆
77	天谷酒店	成都市都江堰市青城山镇青城村2组	都江堰市	社会旅馆
78	天地仁商务酒店	成都市都江堰市幸福大道下段	都江堰市	社会旅馆
79	天辰上善酒店	成都市都江堰市青城山镇大山路156号	都江堰市	社会旅馆
80	太平盛世商务客栈	成都市都江堰市青城山镇桃花新居	都江堰市	社会旅馆
81	水源简捷酒店	成都市都江堰市都江堰大道中段256号	都江堰市	社会旅馆
82	水涟漪商务客栈	成都市都江堰市华夏广场河边	都江堰市	社会旅馆
83	水都商务客栈	成都市都江堰市幸福路	都江堰市	社会旅馆

续表

序号	酒店名称	酒店地址	区域	酒店类型
84	蜀缘商务宾馆	成都市都江堰市蒲阳路口	都江堰市	社会旅馆
85	世纪云锦酒店投资管理有限公司	成都市都江堰市都江堰大道221号	都江堰市	社会旅馆
86	世纪青城大酒店	成都市都江堰市迎宾大道108号	都江堰市	社会旅馆
87	圣家商务客栈	成都市都江堰市幸福镇石油街78号	都江堰市	社会旅馆
88	尚稷酒店	成都市都江堰市奎光路185号	都江堰市	社会旅馆
89	尚都酒店\\爱德森酒店	成都市都江堰市都江堰大道58号	都江堰市	社会旅馆
90	上官上书房酒店	成都市都江堰市学府路398号	都江堰市	社会旅馆
91	瑞优假日酒店	成都市都江堰市青城路339号	都江堰市	社会旅馆
92	瑞丽园酒店	成都市都江堰市青城山青城山镇景区大观园春雨路1号	都江堰市	社会旅馆
93	瑞丽园大酒店	成都市都江堰市青城山镇香楠路1号	都江堰市	社会旅馆
94	瑞程名人酒店	成都市都江堰市迎宾大道245号	都江堰市	社会旅馆
95	清河客栈	成都市都江堰市奎光西街下段	都江堰市	社会旅馆
96	齐家酒店	成都市都江堰市岷江路111号	都江堰市	社会旅馆
97	蒲洪商务客栈	成都市都江堰市蒲阳综合市场	都江堰市	社会旅馆
98	宁堰宾馆	成都市都江堰市太平街258号	都江堰市	社会旅馆
99	木子酒店	成都市都江堰市太平街380号	都江堰市	社会旅馆
100	木子酒店	成都市都江堰市奎光路	都江堰市	社会旅馆
101	明和酒店	成都市都江堰市杨柳河街142	都江堰市	社会旅馆
102	岷江源商务客栈	成都市都江堰市玉堂镇三台村	都江堰市	社会旅馆
103	梦之旅商务客栈	成都市都江堰市观景路678号	都江堰市	社会旅馆
104	梦之旅商务酒店	成都市都江堰市观景路下段	都江堰市	社会旅馆
105	柳河宾馆	成都市都江堰市建设路235号	都江堰市	社会旅馆
106	林缘酒店	成都市都江堰市解放小区紫薇巷1号	都江堰市	社会旅馆
107	利凯利商务客栈	成都市都江堰市新发南路151号	都江堰市	社会旅馆
108	浪琴商务酒店	成都市都江堰市蒲阳大道铁桥旁	都江堰市	社会旅馆
109	浪琴商务酒店	成都市都江堰市建设路45号	都江堰市	社会旅馆
110	阆苑花季主题酒店	成都市都江堰市中兴镇花木城	都江堰市	社会旅馆
111	拉菲酒店	成都市都江堰市幸福大道2号岷江国际楼	都江堰市	社会旅馆
112	康源商务酒店	成都市都江堰市学府路紫薇巷1号	都江堰市	社会旅馆
113	凯瑞商务酒店	成都市都江堰市文荟路4号	都江堰市	社会旅馆
114	凯瑞商务酒店	成都市都江堰市江安路344号	都江堰市	社会旅馆
115	凯宾商务客栈	成都市都江堰市青城路336号	都江堰市	社会旅馆
116	君堰商务酒店	成都市都江堰市浦阳路	都江堰市	社会旅馆

续表

序号	酒店名称	酒店地址	区域	酒店类型
117	景鑫居商务酒店	成都市都江堰市青城山青正街静心巷27号	都江堰市	社会旅馆
118	锦港湾商务酒店	成都市都江堰市滨江街道永安大道南段	都江堰市	社会旅馆
119	金沙鸟巢酒店	成都市都江堰市翔凤路中段	都江堰市	社会旅馆
120	金桥商务酒店	成都市都江堰市二环路金桥花园	都江堰市	社会旅馆
121	金桥酒店	成都市都江堰市金桥花园	都江堰市	社会旅馆
122	金凯登大酒店	成都市都江堰市观景路203号	都江堰市	社会旅馆
123	金凯登大酒店	成都市都江堰市都江堰幸福大道	都江堰市	社会旅馆
124	金河源商务客栈	成都市都江堰市中山路18号	都江堰市	社会旅馆
125	简悦之家酒店	成都市都江堰市建设路天和盛世7号楼	都江堰市	社会旅馆
126	嘉瑞酒店	成都市都江堰市迎宾大道178号	都江堰市	社会旅馆
127	嘉瑞酒店	成都市都江堰市文汇路13号	都江堰市	社会旅馆
128	华都商务酒店	成都市都江堰市青城路岷山水都商厦	都江堰市	社会旅馆
129	和家商务宾馆	成都市都江堰市幸福路	都江堰市	社会旅馆
130	豪庭儒家酒店	成都市都江堰市水都豪庭36栋	都江堰市	社会旅馆
131	观景福松客栈	成都市都江堰市观景路711号	都江堰市	社会旅馆
132	高尔酒店	成都市都江堰市大观镇瓦窑村2组	都江堰市	社会旅馆
133	福仕莱酒店	成都市都江堰市观景路3号	都江堰市	社会旅馆
134	福士莱酒店	成都市都江堰市幸福镇观风路3号	都江堰市	社会旅馆
135	福来登宾馆	成都市都江堰市幸福路72号3楼	都江堰市	社会旅馆
136	福来登宾馆	成都市都江堰市观景路一段11号	都江堰市	社会旅馆
137	飞翔商务客栈	成都市都江堰市江安路5号	都江堰市	社会旅馆
138	飞龙人文酒店	成都市都江堰市青城山镇和乐村	都江堰市	社会旅馆
139	飞龙人文大酒店	成都市都江堰市青城前山和乐新居	都江堰市	社会旅馆
140	都市生活商务宾馆	成都市都江堰市新马路138号	都江堰市	社会旅馆
141	都江堰远豪酒店古城店	成都市都江堰市文庙街9号	都江堰市	社会旅馆
142	都江堰熊猫驿站主题文化酒店	成都市都江堰市都江堰市建设路白果巷1–4栋	都江堰市	社会旅馆
143	都江堰天地仁商务酒店	成都市都江堰市都江堰大道下段幸福生活广场	都江堰市	社会旅馆
144	都江堰水源宾馆	成都市都江堰市都江堰大道256号	都江堰市	社会旅馆
145	都江堰市远豪酒店管理有限责任公司	成都市都江堰市江安路38号	都江堰市	社会旅馆
146	都江堰市玉瑞酒店	成都市都江堰市灌口镇观景路980号	都江堰市	社会旅馆
147	都江堰市名城时代大酒店	成都市都江堰市建设路111号	都江堰市	社会旅馆
148	都江堰市林缘酒店	成都市都江堰市解放小区紫微巷1号	都江堰市	社会旅馆

续表

序号	酒店名称	酒店地址	区域	酒店类型
149	都江堰市蓝海商务酒店有限责任公司	成都市都江堰市幸福镇鲤鱼沱	都江堰市	社会旅馆
150	都江堰市君悦客栈	成都市都江堰市青城路401号	都江堰市	社会旅馆
151	都江堰市金沙鸟巢酒店	成都市都江堰市迎宾大道名都新城	都江堰市	社会旅馆
152	都江堰上官上书房酒店	成都市都江堰市学府路398号	都江堰市	社会旅馆
153	都江堰明和快捷酒店杨柳河店	成都市都江堰市杨柳河街142号	都江堰市	社会旅馆
154	都江堰凯辉酒店	成都市都江堰市玉带桥街70号	都江堰市	社会旅馆
155	都江堰金穗大酒店	成都市都江堰市高桥区重庆路66号	都江堰市	社会旅馆
156	都江堰二王庙宾馆	成都市都江堰市观景路二王庙后门侧	都江堰市	社会旅馆
157	都江堰都府大酒店	成都市都江堰市幸福镇太平街250号	都江堰市	社会旅馆
158	都江堰翠月湖宾馆	成都市都江堰市翠月湖镇	都江堰市	社会旅馆
159	都府大酒店	成都市都江堰市太平街250号1栋	都江堰市	社会旅馆
160	大众旅馆	成都市都江堰市幸福路63号3楼	都江堰市	社会旅馆
161	春天商务酒店	成都市都江堰市都江堰大道安康北路15号	都江堰市	社会旅馆
162	成都市中堰瑞铧酒店有限公司	成都市都江堰市滨江街道灌温路110号	都江堰市	社会旅馆
163	成都灵岩酒店管理有限公司	成都市都江堰市百花岭路32号	都江堰市	社会旅馆
164	柏林酒店	成都市都江堰市紫东街9号广场	都江堰市	社会旅馆
165	安信宾馆	成都市都江堰市崇义镇安信广场旁	都江堰市	社会旅馆
166	安平酒店	成都市都江堰市青城山镇泰安村	都江堰市	社会旅馆
167	爱客商务酒店	成都市都江堰市青城桥头水都商厦	都江堰市	社会旅馆
168	阿粮宾馆	成都市都江堰市迎宾路66号	都江堰市	社会旅馆
169	黄龙酒店	成都市都江堰市光明街堰锦家园278号	都江堰市	社会旅馆
170	左玲旅店	成都市都江堰市柳街五一村	都江堰市	乡村酒店
171	住宿	成都市都江堰市迎宾路12号	都江堰市	乡村酒店
172	住宿	成都市都江堰市青城路56号	都江堰市	乡村酒店
173	周晓清住宿	成都市都江堰市柳街御柳村	都江堰市	乡村酒店
174	中铁八局青城山庄	成都市都江堰市青城山镇青城村3组	都江堰市	乡村酒店
175	中山招待所	成都市都江堰市中山路中段3-16栋	都江堰市	乡村酒店
176	站前江城客栈	成都市都江堰市迎宾路客运中心	都江堰市	乡村酒店
177	再来客栈	成都市都江堰市联盟南路9号	都江堰市	乡村酒店
178	运通客栈	成都市都江堰市迎宾大道113号	都江堰市	乡村酒店
179	云来出租屋	成都市都江堰市观风路观锦二巷	都江堰市	乡村酒店
180	岳玉辉旅店	成都市都江堰市柳街五一村	都江堰市	乡村酒店

续表

序号	酒店名称	酒店地址	区域	酒店类型
181	缘友商务客栈	成都市都江堰市观景路	都江堰市	乡村酒店
182	缘梦圆商务客栈	成都市都江堰市都江堰大道岷江商城	都江堰市	乡村酒店
183	玉泉客栈	成都市都江堰市天马镇玉泉街83号	都江堰市	乡村酒店
184	玉朋旅馆	成都市都江堰市迎宾路125号	都江堰市	乡村酒店
185	榆城商悦客栈	成都市都江堰市幸福镇军民街68号	都江堰市	乡村酒店
186	渝都招待所	成都市都江堰市迎宾路189号2楼	都江堰市	乡村酒店
187	有家住宿	成都市都江堰市建设路360号	都江堰市	乡村酒店
188	永乐出租屋	成都市都江堰市观凤路3号13栋	都江堰市	乡村酒店
189	迎宾招待所	成都市都江堰市石油街96号	都江堰市	乡村酒店
190	迎宾花园招待所	成都市都江堰市迎宾路89号	都江堰市	乡村酒店
191	迎宾花园招待所	成都市都江堰市新马路23号	都江堰市	乡村酒店
192	懿家出租房	成都市都江堰市迎宾大道122号	都江堰市	乡村酒店
193	繶家出租房	成都市都江堰市通锦路68号	都江堰市	乡村酒店
194	宜家商务客栈	成都市都江堰市青城桥岷江商城4楼	都江堰市	乡村酒店
195	宜家商务客栈	成都市都江堰市都江堰大道24号	都江堰市	乡村酒店
196	一米阳光客栈	成都市都江堰市观景路梧桐苑	都江堰市	乡村酒店
197	燕南客栈	成都市都江堰市南街商住城11栋	都江堰市	乡村酒店
198	堰都出租房	成都市都江堰市观锦一巷77号	都江堰市	乡村酒店
199	休闲雅居住宿	成都市都江堰市旧货市场	都江堰市	乡村酒店
200	幸运商务客栈	成都市都江堰市江山南路12号	都江堰市	乡村酒店
201	幸运商务客栈	成都市都江堰市都江堰大道上段93号	都江堰市	乡村酒店
202	幸福之家住宿	成都市都江堰市安康南路31栋1单元	都江堰市	乡村酒店
203	幸福招待所	成都市都江堰市迎宾路130号	都江堰市	乡村酒店
204	幸福旅社	成都市都江堰市迎宾路旧货市场125号	都江堰市	乡村酒店
205	幸福旅馆	成都市都江堰市幸福路中段75号	都江堰市	乡村酒店
206	幸福旅馆	成都市都江堰市幸福大道11号	都江堰市	乡村酒店
207	兴兴出租屋	成都市都江堰市观凤路	都江堰市	乡村酒店
208	兴鑫隆客栈	成都市都江堰市宝莲路181号	都江堰市	乡村酒店
209	兴旺旅社	成都市都江堰市迎宾路123号	都江堰市	乡村酒店
210	兴隆门客栈	成都市都江堰市岷江路隆兴小区	都江堰市	乡村酒店
211	兴隆旅馆	成都市都江堰市兴隆街11号	都江堰市	乡村酒店
212	星河园天天出租房	成都市都江堰市建设路19号	都江堰市	乡村酒店
213	鑫玉商务客栈	成都市都江堰市玉堂镇三台村1组	都江堰市	乡村酒店
214	鑫幽院客栈	成都市都江堰市青城山镇长寿街59–75号	都江堰市	乡村酒店

续表

序号	酒店名称	酒店地址	区域	酒店类型
215	鑫鑫住宿	成都市都江堰市通锦路74号	都江堰市	乡村酒店
216	鑫鑫旅馆	成都市都江堰市幸福路58号	都江堰市	乡村酒店
217	鑫麟客栈	成都市都江堰市观景路726号	都江堰市	乡村酒店
218	鑫华出租房	成都市都江堰市幸福路华光寺48号	都江堰市	乡村酒店
219	鑫峰尚	成都市都江堰市迎宾大道222号	都江堰市	乡村酒店
220	馨悦住宿	成都市都江堰市杨柳河街4号	都江堰市	乡村酒店
221	馨悦住宿	成都市都江堰市江安路西街94号	都江堰市	乡村酒店
222	馨园旅社	成都市都江堰市石油街38号	都江堰市	乡村酒店
223	新月客栈	成都市都江堰市联盟南路9号附23	都江堰市	乡村酒店
224	新怡园	成都市都江堰市中兴镇新益村	都江堰市	乡村酒店
225	新素旅店	成都市都江堰市都江堰大道24号	都江堰市	乡村酒店
226	新世纪客栈	成都市都江堰市景中路紫景园1栋19号	都江堰市	乡村酒店
227	新世纪客栈	成都市都江堰市滨江路23号	都江堰市	乡村酒店
228	新仁客栈	成都市都江堰市观凤路82号	都江堰市	乡村酒店
229	新花溪渔港	成都市都江堰市玉堂镇	都江堰市	乡村酒店
230	新发出租房	成都市都江堰市新发南路152号	都江堰市	乡村酒店
231	新东门客栈	成都市都江堰市兴隆街55号	都江堰市	乡村酒店
232	新村出租房	成都市都江堰市中山路161号	都江堰市	乡村酒店
233	欣悦出租房	成都市都江堰市中山路旧货市场240号	都江堰市	乡村酒店
234	昕城商务客栈	成都市都江堰市聚源镇羊子河街113号	都江堰市	乡村酒店
235	小天使客栈	成都市都江堰市幸福镇幸福村5组	都江堰市	乡村酒店
236	小天鹅客栈	成都市都江堰市建设路34号	都江堰市	乡村酒店
237	小天鹅客栈	成都市都江堰市安康南路300号	都江堰市	乡村酒店
238	小金陈哥住宿	成都市都江堰市石油街1单元4楼	都江堰市	乡村酒店
239	祥和住宿	成都市都江堰市中山路245号	都江堰市	乡村酒店
240	祥和客栈	成都市都江堰市翔凤路159号	都江堰市	乡村酒店
241	西悦客栈	成都市都江堰市玉堂镇三台小区	都江堰市	乡村酒店
242	西行客栈	成都市都江堰市建设路38号	都江堰市	乡村酒店
243	夕次客栈	成都市都江堰市石油街85号	都江堰市	乡村酒店
244	五新招待所	成都市都江堰市文庙街9号	都江堰市	乡村酒店
245	梧桐客栈	成都市都江堰市奎光路303号	都江堰市	乡村酒店
246	无名出租房	成都市都江堰市翔凤路77号	都江堰市	乡村酒店
247	庭院住宿	成都市都江堰市翔凤路5栋71号	都江堰市	乡村酒店
248	田文学住宿	成都市都江堰市柳街御柳村	都江堰市	乡村酒店
249	天宇客栈	成都市都江堰市奎光路100号	都江堰市	乡村酒店

续表

序号	酒店名称	酒店地址	区域	酒店类型
250	天涯出租房	成都市都江堰市彩虹大道213号	都江堰市	乡村酒店
251	天天住宿	成都市都江堰市联盟南路21号	都江堰市	乡村酒店
252	天天住房	成都市都江堰市通锦路21号	都江堰市	乡村酒店
253	天天旅馆	成都市都江堰市中山路240号	都江堰市	乡村酒店
254	天伦客栈	成都市都江堰市观景路	都江堰市	乡村酒店
255	随缘小憩客栈	成都市都江堰市幸福路龙池商住城	都江堰市	乡村酒店
256	四海出租屋	成都市都江堰市观凤村4组	都江堰市	乡村酒店
257	水乡住宿	成都市都江堰市迎宾大道23号	都江堰市	乡村酒店
258	水乡住宿	成都市都江堰市奎光路东四街	都江堰市	乡村酒店
259	水利招待所	成都市都江堰市石油街26号	都江堰市	乡村酒店
260	双龙旅馆	成都市都江堰市柳街御柳村	都江堰市	乡村酒店
261	蜀都住房	成都市都江堰市翔凤路13号	都江堰市	乡村酒店
262	蜀都住房	成都市都江堰市观凤路3号10栋	都江堰市	乡村酒店
263	蜀都招待所	成都市都江堰市青城路	都江堰市	乡村酒店
264	仕良客栈	成都市都江堰市崇义镇土桥新街	都江堰市	乡村酒店
265	食为天出租房	成都市都江堰市五桂桥街88号	都江堰市	乡村酒店
266	石油街小旅馆	成都市都江堰市石油街75号	都江堰市	乡村酒店
267	石羊镇这站旅店	成都市都江堰市奎光路56号	都江堰市	乡村酒店
268	盛世鑫源客栈	成都市都江堰市聚源镇聚兴社区5号	都江堰市	乡村酒店
269	上阳茶庄	成都市都江堰市蒲阳镇上阳街38号	都江堰市	乡村酒店
270	上风上水	成都市都江堰市新马路23号	都江堰市	乡村酒店
271	如意出租房	成都市都江堰市通锦路85号	都江堰市	乡村酒店
272	容凤旅社	成都市都江堰市客运旧货市场	都江堰市	乡村酒店
273	荣华招待所	成都市都江堰市公园路47号	都江堰市	乡村酒店
274	仁和出租房	成都市都江堰市滨江路114号	都江堰市	乡村酒店
275	青堰住宿	成都市都江堰市彩虹大道23号	都江堰市	乡村酒店
276	亲友出租屋	成都市都江堰市观凤路观景二巷5号	都江堰市	乡村酒店
277	桥兴宾馆	成都市都江堰市南桥龙池商住城	都江堰市	乡村酒店
278	蒲大姐旅社	成都市都江堰市石油街	都江堰市	乡村酒店
279	平安旅馆	成都市都江堰市新马路91号附1号	都江堰市	乡村酒店
280	品兴住宿	成都市都江堰市走马河街12号	都江堰市	乡村酒店
281	南苑旅馆	成都市都江堰市幸福路龙池商住城	都江堰市	乡村酒店
282	南堰客栈	成都市都江堰市南街商住城2栋	都江堰市	乡村酒店
283	南桥龙池旅馆	成都市都江堰市幸福路龙池商住城	都江堰市	乡村酒店
284	南桥景区旅店	成都市都江堰市龙池商住城	都江堰市	乡村酒店

续表

序号	酒店名称	酒店地址	区域	酒店类型
285	南桥出租屋	成都市都江堰市建设路385号	都江堰市	乡村酒店
286	明蓉旅社	成都市都江堰市客运旧货市场	都江堰市	乡村酒店
287	名豪招待所	成都市都江堰市迎宾花园B栋	都江堰市	乡村酒店
288	岷江住宿	成都市都江堰市安康南路	都江堰市	乡村酒店
289	岷江楼客栈	成都市都江堰市崇义镇土桥新街十字口	都江堰市	乡村酒店
290	美凌客栈	成都市都江堰市五桂桥街商住城2楼	都江堰市	乡村酒店
291	美都商务客栈	成都市都江堰市幸福镇迎宾大道19-21号	都江堰市	乡村酒店
292	楼外楼客舍	成都市都江堰市外北街22号	都江堰市	乡村酒店
293	龙兴宾馆	成都市都江堰市内二环迎宾大道	都江堰市	乡村酒店
294	柳街招待所	成都市都江堰市柳街御柳村	都江堰市	乡村酒店
295	刘燕客栈	成都市都江堰市清江路23号	都江堰市	乡村酒店
296	灵岩山庄森达山庄西	成都市都江堰市百花岭路32号	都江堰市	乡村酒店
297	临时出租房	成都市都江堰市迎宾花园91号1栋	都江堰市	乡村酒店
298	利民住宿	成都市都江堰市中山路235号	都江堰市	乡村酒店
299	利民出租屋	成都市都江堰市中山路231号	都江堰市	乡村酒店
300	鹏都住宿	成都市都江堰市太平街485号	都江堰市	乡村酒店
301	老月季客栈	成都市都江堰市南街34号	都江堰市	乡村酒店
302	康丽君旅馆	成都市都江堰市柳街五一村	都江堰市	乡村酒店
303	开元宾馆	成都市都江堰市新马路银广场	都江堰市	乡村酒店
304	聚源友情旅社	成都市都江堰市聚源镇聚源社区	都江堰市	乡村酒店
305	聚友旅馆	成都市都江堰市书院街19号	都江堰市	乡村酒店
306	聚贤庄旅馆	成都市都江堰市柳街御柳村	都江堰市	乡村酒店
307	聚贤客栈	成都市都江堰市翔凤路55号	都江堰市	乡村酒店
308	金河源商务客栈	成都市都江堰市观凤路173-181号	都江堰市	乡村酒店
309	金凤招待所	成都市都江堰市观凤路6号	都江堰市	乡村酒店
310	金岸客栈	成都市都江堰市岷江路17	都江堰市	乡村酒店
311	嘉堰住宿	成都市都江堰市康复路下街45号	都江堰市	乡村酒店
312	家宁商务客栈	成都市都江堰市江安路123号	都江堰市	乡村酒店
313	吉祥旅社	成都市都江堰市滨江路22号	都江堰市	乡村酒店
314	华西招待所	成都市都江堰市玉带桥街97号	都江堰市	乡村酒店
315	华西饭店	成都市都江堰市江安路181号	都江堰市	乡村酒店
316	鸿珅客栈	成都市都江堰市中山路19号兰香苑	都江堰市	乡村酒店
317	鸿霖居住宿	成都市都江堰市文荟路47号	都江堰市	乡村酒店
318	鸿都出租房	成都市都江堰市观凤路3号	都江堰市	乡村酒店

续表

序号	酒店名称	酒店地址	区域	酒店类型
319	泓霖居住宿	成都市都江堰市通锦路2栋171号	都江堰市	乡村酒店
320	红运客栈	成都市都江堰市新马路22号	都江堰市	乡村酒店
321	红易客栈	成都市都江堰市天马镇金马村2组	都江堰市	乡村酒店
322	红鑫林出租屋	成都市都江堰市江安中路82号	都江堰市	乡村酒店
323	红鑫出租房	成都市都江堰市翔凤桥社区观锦二巷32号	都江堰市	乡村酒店
324	红霞旅社	成都市都江堰市聚源镇聚兴社区47号	都江堰市	乡村酒店
325	恒达旅馆	成都市都江堰市中兴镇商业街	都江堰市	乡村酒店
326	好又来出租屋	成都市都江堰市新发南路111号	都江堰市	乡村酒店
327	海洋客栈	成都市都江堰市灌口镇蒲阳路口	都江堰市	乡村酒店
328	国民出租房	成都市都江堰市迎宾大道213号	都江堰市	乡村酒店
329	观风招待所	成都市都江堰市石油街80号	都江堰市	乡村酒店
330	富林旅馆	成都市都江堰市观风路54号	都江堰市	乡村酒店
331	风格客栈	成都市都江堰市迎宾大道立交桥旁	都江堰市	乡村酒店
332	芳缘住宿	成都市都江堰市观风路3号	都江堰市	乡村酒店
333	繁华生态园	成都市都江堰市紫薇路	都江堰市	乡村酒店
334	都堰旅店	成都市都江堰市石油街1单元3楼	都江堰市	乡村酒店
335	都江堰榆城商悦客栈	成都市都江堰市西川街3号	都江堰市	乡村酒店
336	都江堰市远红旅店	成都市都江堰市石羊镇三羊大道77号	都江堰市	乡村酒店
337	都江堰市鑫幽院客栈	成都市都江堰市青城山镇桃花新居横街	都江堰市	乡村酒店
338	都江堰市太平盛世商务客栈	成都市都江堰市青城山镇桃花新居一标段3号	都江堰市	乡村酒店
339	都江堰市森林雪客栈	成都市都江堰市幸福路	都江堰市	乡村酒店
340	都江堰市岷江楼客栈	成都市都江堰市崇义镇土桥新街十字路口	都江堰市	乡村酒店
341	都江堰市金凤招待所	成都市都江堰市蒲阳镇盘龙村1组	都江堰市	乡村酒店
342	东风渠旅店	成都市都江堰市石油街2号	都江堰市	乡村酒店
343	东方旅馆	成都市都江堰市石油街73号	都江堰市	乡村酒店
344	电脑房住房	成都市都江堰市景中路67号	都江堰市	乡村酒店
345	大众旅馆	成都市都江堰市中山路23号	都江堰市	乡村酒店
346	春天住宿	成都市都江堰市景中路114号	都江堰市	乡村酒店
347	出租屋	成都市都江堰市迎宾花园	都江堰市	乡村酒店
348	出租房	成都市都江堰市迎宾花园3楼	都江堰市	乡村酒店
349	崇德宾馆	成都市都江堰市崇义镇	都江堰市	乡村酒店
350	程鑫住宿	成都市都江堰市景环路497号	都江堰市	乡村酒店
351	城中城旅馆	成都市都江堰市南街商住城2栋	都江堰市	乡村酒店

续表

序号	酒店名称	酒店地址	区域	酒店类型
352	诚信旅馆	成都市都江堰市石油街72号	都江堰市	乡村酒店
353	成都建工集团有限公司青城国际酒店	成都市都江堰市青城山镇青城大道88号	都江堰市	乡村酒店
354	陈二姐旅店	成都市都江堰市迎宾花园3楼	都江堰市	乡村酒店
355	彬彬出租屋	成都市都江堰市景中路135号	都江堰市	乡村酒店
356	宾朋招待所	成都市都江堰市迎宾路85号	都江堰市	乡村酒店
357	便民住宿	成都市都江堰市观凤路127号	都江堰市	乡村酒店
358	宝瓶旅馆	成都市都江堰市南街商住城2栋	都江堰市	乡村酒店
359	安康住宿	成都市都江堰市江安路23号	都江堰市	乡村酒店
360	安康住房	成都市都江堰市迎宾大道114号	都江堰市	乡村酒店
361	虹都水岸	成都市都江堰市虹口乡	都江堰市	乡村酒店
362	飞龙休闲山庄	成都市都江堰市青城后山	都江堰市	乡村酒店
363	山水丽苑	成都市都江堰市虹口乡	都江堰市	乡村酒店
364	虹口漂流中心	成都市都江堰市虹口乡	都江堰市	乡村酒店
365	留福乡村酒店	成都市都江堰市中兴镇	都江堰市	乡村酒店
366	柳凤休闲岛	成都市都江堰市柳街镇	都江堰市	乡村酒店
367	金澜山庄	成都市都江堰市青城山镇	都江堰市	乡村酒店
368	云居园	成都市都江堰市青城后山	都江堰市	乡村酒店
369	泉鸣山庄	成都市都江堰市青城后山	都江堰市	乡村酒店
370	翠月庄	成都市都江堰市翠月湖镇	都江堰市	乡村酒店
371	融大花园	成都市都江堰市大观镇	都江堰市	乡村酒店
372	都江堰市龙缘山庄	成都市都江堰市青城山镇泰安社区7组	都江堰市	乡村酒店
373	都江堰市云华居	成都市都江堰市青城山镇味江村9组	都江堰市	乡村酒店
374	都江堰市听禅山庄	成都市都江堰市青城山镇泰安社区4组	都江堰市	乡村酒店
375	都江堰市明阳山庄	成都市都江堰市青城山镇泰安社区7组	都江堰市	乡村酒店
376	都江堰市和悦人家	成都市都江堰市青城山镇泰安社区7组	都江堰市	乡村酒店
377	都江堰市梁鸡肉休闲庄	成都市都江堰市青城山镇和乐村3组	都江堰市	乡村酒店
378	味水山庄	成都市都江堰市青城后山	都江堰市	乡村酒店
379	华冠山庄	成都市都江堰市青城后山	都江堰市	乡村酒店
380	云顶山庄	成都市都江堰市虹口乡	都江堰市	乡村酒店
381	飞龙山庄	成都市都江堰市青城后山	都江堰市	乡村酒店
382	候旨山庄	成都市都江堰市紫坪铺镇	都江堰市	乡村酒店
383	祥和山庄	成都市都江堰市虹口乡	都江堰市	乡村酒店
384	明明休闲庄	成都市都江堰市青城后山	都江堰市	乡村酒店
385	银鑫酒楼	成都市都江堰市青城后山	都江堰市	乡村酒店

续表

序号	酒店名称	酒店地址	区域	酒店类型
386	近水山庄	成都市都江堰市青城后山	都江堰市	乡村酒店
387	荆竹庭院	成都市都江堰市青城后山	都江堰市	乡村酒店
388	杨其林山庄	成都市都江堰市青城后山	都江堰市	乡村酒店
389	贵莲休闲庄	成都市都江堰市青城后山	都江堰市	乡村酒店
390	水晶休闲庄	成都市都江堰市虹口乡	都江堰市	乡村酒店
391	吃醉山庄	成都市都江堰市青城后山	都江堰市	乡村酒店
392	青城大院	成都市都江堰市青城山镇	都江堰市	乡村酒店
393	泰庄	成都市都江堰市青城后山	都江堰市	乡村酒店
394	茶坪乡村客栈	成都市都江堰市大观镇	都江堰市	乡村酒店
395	麻顺鸡	成都市都江堰市滨江街道办	都江堰市	乡村酒店
396	正宗罗鸡肉	成都市都江堰市青城山镇	都江堰市	乡村酒店
397	翰霖农家乐	成都市都江堰市向峨乡	都江堰市	乡村酒店
398	谭府菜	成都市都江堰市聚源镇	都江堰市	乡村酒店
399	三块石河鲜鱼庄	成都市都江堰市崇义镇江安村2组	都江堰市	乡村酒店
400	西院农家乐	成都市都江堰市胥家镇大林村7组	都江堰市	乡村酒店
401	绿源休闲庄	成都市都江堰市胥家镇大林村7组	都江堰市	乡村酒店
402	新乐休闲庄	成都市都江堰市幸福镇奎光路新乐巷8号	都江堰市	乡村酒店
403	鲲鹏农家乐	成都市都江堰市胥家镇圣寿社区10组	都江堰市	乡村酒店
404	香满楼农家乐	成都市都江堰市柳街镇江雄村5组	都江堰市	乡村酒店
405	马家院子农家乐	成都市都江堰市胥家镇大林村7组	都江堰市	乡村酒店
406	高庄苑	成都市都江堰市安龙镇	都江堰市	乡村酒店
407	大林餐饮管理有限公司/金澳饭店	成都市都江堰市胥家镇	都江堰市	乡村酒店
408	刘忠贵农家乐	成都市都江堰市	都江堰市	乡村酒店
409	茅亭鸡肉	成都市都江堰市聚源镇	都江堰市	乡村酒店
410	怡香园	成都市都江堰市安龙镇	都江堰市	乡村酒店
411	楠苑	成都市都江堰市安龙镇	都江堰市	乡村酒店
412	玉缘农家乐	成都市都江堰市石羊镇	都江堰市	乡村酒店
413	丰乐农家苑	成都市都江堰市石羊镇	都江堰市	乡村酒店
414	凯达山庄	成都市都江堰市蒲阳镇	都江堰市	乡村酒店
415	何哥餐馆/建哥休闲庄	成都市都江堰市柳街镇	都江堰市	乡村酒店
416	隐秀山庄	成都市都江堰市青城山镇	都江堰市	乡村酒店

续表

序号	酒店名称	酒店地址	区域	酒店类型
417	山水涧	成都市都江堰市玉堂镇	都江堰市	乡村酒店
418	山泉渔庄	成都市都江堰市紫坪铺镇	都江堰市	乡村酒店
419	天下幽渔港	成都市都江堰市青城山镇	都江堰市	乡村酒店
420	九妹农家乐	成都市都江堰市紫坪铺镇	都江堰市	乡村酒店
421	三道桥农家乐	成都市都江堰市翠月湖镇	都江堰市	乡村酒店
422	鹏程休闲庄	成都市都江堰市天马镇	都江堰市	乡村酒店
423	聚和园	成都市都江堰市石羊镇	都江堰市	乡村酒店

金堂县旅游住宿业单位名单

序号	酒店名称	酒店地址	区域	酒店类型
1	金裕大酒店	成都市金堂县十里大道	金堂县	三星级酒店
2	成都豪庭商务酒店金堂县店	成都市金堂县文化街金丰巷5号	金堂县	商务连锁型酒店
3	成都帝都商务酒店	成都市金堂县淮口镇兴淮大道	金堂县	商务连锁型酒店
4	成都沱江之星商务酒店	成都市金堂县淮口镇解放路176号	金堂县	商务连锁型酒店
5	诚佳宾馆	成都市金堂县竹篙镇上正街	金堂县	社会旅馆
6	金堂县冠宇酒店	成都市金堂县赵镇永安街二段132-138号	金堂县	社会旅馆
7	金堂县赵镇惠尔登酒店	成都市金堂县赵镇桔园路198-214号	金堂县	社会旅馆
8	金堂交通旅馆	成都市金堂县平桥镇	金堂县	社会旅馆
9	兴隆旅馆	成都市金堂县隆盛镇兴隆街19号	金堂县	社会旅馆
10	仁阁商务酒店	成都市金堂县近郊五横道金沙街	金堂县	社会旅馆
11	成都宜尚名品酒店有限公司	成都市金堂县金堂学府大道68号	金堂县	社会旅馆
12	金堂金裕大酒店	成都市金堂县金堂十里大道	金堂县	社会旅馆
13	大唐柯怡宾馆	成都市金堂县金凤路555号恒大御景半岛	金堂县	社会旅馆
14	玉凤旅馆	成都市金堂县淮口镇淮州大道514和526号	金堂县	社会旅馆
15	鑫悦如意宾馆	成都市金堂县淮口镇淮州大道162号	金堂县	社会旅馆
16	金堂康洁宾馆	成都市金堂县淮口镇淮州大道	金堂县	社会旅馆
17	金堂白云128宾馆	成都市金堂县淮口镇淮白路18号	金堂县	社会旅馆
18	明海宾馆	成都市金堂县高板镇商业街	金堂县	社会旅馆
19	金堂维罗纳主题酒店	成都市金堂县复兴街100号	金堂县	社会旅馆
20	金龙港宾馆	成都金堂县赵镇十里大道八一巷33号	金堂县	社会旅馆
21	金堂维罗纳主题酒店	成都金堂县六横道金园街388维罗纳	金堂县	社会旅馆

续表

序号	酒店名称	酒店地址	区域	酒店类型
22	金堂祥源商务酒店	成都市金堂县赵镇玉龙街12号	金堂县	社会旅馆
23	金堂冠宇酒店	成都市金堂县赵镇永安二段132号	金堂县	社会旅馆
24	花园假日酒店	成都市金堂县赵镇迎宾大道1段99号	金堂县	社会旅馆
25	金堂网易通商务酒店	成都市金堂县赵镇幸福横路2-14号	金堂县	社会旅馆
26	金堂县唐古拉风情酒店	成都市金堂县赵镇新龙路4号附10号	金堂县	社会旅馆
27	成都尚好快捷酒店	成都市金堂县赵镇新龙路24号	金堂县	社会旅馆
28	金堂县毗河湾酒店	成都市金堂县赵镇新建路53号	金堂县	社会旅馆
29	成都海运酒店	成都市金堂县赵镇温州商业城	金堂县	社会旅馆
30	嘉豪商务酒店	成都市金堂县赵镇万方街350号	金堂县	社会旅馆
31	金堂县利威斯酒店	成都市金堂县赵镇十里大道二段511-527号	金堂县	社会旅馆
32	金堂县名蜀风情酒店	成都市金堂县赵镇十里大道737--741号	金堂县	社会旅馆
33	金堂花月湖商务酒店	成都市金堂县赵镇十里大道467-469号	金堂县	社会旅馆
34	成都金堂名蜀风情酒店	成都市金堂县赵镇十里大道2段741号	金堂县	社会旅馆
35	成都利威斯酒店	成都市金堂县赵镇十里大道2段511-527号	金堂县	社会旅馆
36	八方缘商务酒店	成都市金堂县赵镇三江路104--106号	金堂县	社会旅馆
37	成都惠尔登酒店	成都市金堂县赵镇桔园路198-214号	金堂县	社会旅馆
38	维罗纳温泉酒店	成都市金堂县赵镇金园街376号	金堂县	社会旅馆
39	宝龙商务酒店	成都市金堂县赵镇金园街287-299号	金堂县	社会旅馆
40	金堂圣龙酒店	成都市金堂县赵镇金泉路733号5楼	金堂县	社会旅馆
41	成都圣龙酒店	成都市金堂县赵镇金泉路733号	金堂县	社会旅馆
42	金堂县赵镇祥龙酒店	成都市金堂县赵镇金广路98号	金堂县	社会旅馆
43	豪庭商务酒店	成都市金堂县赵镇金凤巷5号	金堂县	社会旅馆
44	金堂水城怡家商务酒店	成都市金堂县赵镇韩滩桥	金堂县	社会旅馆
45	大唐商务酒店	成都市金堂县赵镇复兴街100号	金堂县	社会旅馆
46	金海棠酒店	成都市金堂县赵镇滨江路中段	金堂县	社会旅馆
47	水城名人酒店	成都市金堂县赵镇滨江路一段128-142号	金堂县	社会旅馆
48	金堂县水城名人酒店	成都市金堂县赵镇滨江路1288	金堂县	社会旅馆
49	成都金堂县鑫佳旅馆	成都市金堂县永安街一段269号	金堂县	社会旅馆
50	成都博雨宾馆	成都市金堂县永安街横街	金堂县	社会旅馆
51	成都金堂阳光假日酒店	成都市金堂县迎宾大道一段99号附18号	金堂县	社会旅馆
52	成都万方宾馆	成都市金堂县一横道万方街85号	金堂县	社会旅馆
53	成都虹桥宾馆	成都市金堂县幸福路107号	金堂县	社会旅馆
54	成都优客商务宾馆	成都市金堂县新龙路21号	金堂县	社会旅馆

续表

序号	酒店名称	酒店地址	区域	酒店类型
55	成都锐仕花园酒店	成都市金堂县五凤溪白凤街40-42号	金堂县	社会旅馆
56	成都金港湾快捷酒店	成都市金堂县文化街7号	金堂县	社会旅馆
57	成都金雨宾馆	成都市金堂县文化街432号	金堂县	社会旅馆
58	成都金桥宾馆	成都市金堂县文化街	金堂县	社会旅馆
59	成都麒麟宾馆	成都市金堂县万安街64号	金堂县	社会旅馆
60	成都佳能宾馆	成都市金堂县万安街32号	金堂县	社会旅馆
61	成都金龙港宾馆	成都市金堂县太极街八一巷33号	金堂县	社会旅馆
62	成都金堂三江旅馆	成都市金堂县十里大道一段39号	金堂县	社会旅馆
63	金堂金同福旅社	成都市金堂县十里大道一段271号	金堂县	社会旅馆
64	成都龙翔宾馆	成都市金堂县十里大道二段335号	金堂县	社会旅馆
65	金堂禾江宾馆	成都市金堂县十里大道二段276号	金堂县	社会旅馆
66	成都金堂鸿运旅馆	成都市金堂县十里大道79号	金堂县	社会旅馆
67	成都金堂锦康宾馆	成都市金堂县十里大道2段498号	金堂县	社会旅馆
68	成都沙河宾馆	成都市金堂县沙河街108号	金堂县	社会旅馆
69	成都金堂潘大姐宾馆	成都市金堂县沙河街102号	金堂县	社会旅馆
70	成都鑫泓旅馆	成都市金堂县三江路351号	金堂县	社会旅馆
71	成都银桂山庄	成都市金堂县栖贤向前村19组	金堂县	社会旅馆
72	金堂县川哥假日酒店	成都市金堂县栖贤乡风洞子村	金堂县	社会旅馆
73	如意旅馆	成都市金堂县平桥北街	金堂县	社会旅馆
74	金堂君怡商务酒店	成都市金堂县康宁街北二横道泰康尚境244号	金堂县	社会旅馆
75	成都金堂金轩宾馆	成都市金堂县康宁街35-44号	金堂县	社会旅馆
76	成都金江宾馆	成都市金堂县康宁街247号	金堂县	社会旅馆
77	成都金堂仁阁商务酒店	成都市金堂县近郊五横道金沙街102-122号	金堂县	社会旅馆
78	成都韩滩宾馆	成都市金堂县近郊韩滩桥桥头新龙路8号	金堂县	社会旅馆
79	金堂爪龙溪花园大酒店	成都市金堂县金堂大道官仓段国际铁人三项赛赛场旁	金堂县	社会旅馆
80	成都恒大世博中心金堂恒大酒店	成都市金堂县金凤路555号恒大御景半岛	金堂县	社会旅馆
81	金盟酒店	成都市金堂县淮口镇自由路76号	金堂县	社会旅馆
82	银河春天商务酒店	成都市金堂县淮口镇现代大道15号	金堂县	社会旅馆
83	金堂金港湾快捷酒店	成都市金堂县淮口镇文化街7号	金堂县	社会旅馆
84	金堂868公寓酒店	成都市金堂县淮口镇糖市坝街61号	金堂县	社会旅馆
85	成都金堂金盟酒店	成都市金堂县淮口镇鲤鱼桥街16-18号	金堂县	社会旅馆

续表

序号	酒店名称	酒店地址	区域	酒店类型
86	金堂县淮口镇英明酒店	成都市金堂县淮口镇淮洲大道南侧生资市场5号楼	金堂县	社会旅馆
87	成都大世界商务酒店	成都市金堂县淮口镇淮州大道淮口客运站左侧	金堂县	社会旅馆
88	华夏田园商务酒店	成都市金堂县淮口镇淮州大道514-526号	金堂县	社会旅馆
89	大世界商务酒店	成都市金堂县淮口镇淮州大道468号	金堂县	社会旅馆
90	金堂县淮口淮梦商务酒店	成都市金堂县淮口书院街387号	金堂县	社会旅馆
91	舒馨宾馆	成都市金堂县淮口鲤鱼桥104号	金堂县	社会旅馆
92	成都至尚山水酒店	成都市金堂县淮口科玛小镇	金堂县	社会旅馆
93	成都淮口英明大酒店	成都市金堂县淮口锦淮商业街	金堂县	社会旅馆
94	成都洁美商务大酒店	成都市金堂县淮口	金堂县	社会旅馆
95	成都白云宾馆淮白路店	成都市金堂县淮白路69号	金堂县	社会旅馆
96	成都东云酒店	成都市金堂县淮白路61号	金堂县	社会旅馆
97	成都金堂欣悦旅馆	成都市金堂县韩滩路14号	金堂县	社会旅馆
98	成都蓝光悦庭酒店	成都市金堂县观岭大道1188号	金堂县	社会旅馆
99	金堂史彦商务酒店	成都市金堂县高板镇中心街156-158号	金堂县	社会旅馆
100	成都金沙宾馆	成都市金堂县复兴街30号	金堂县	社会旅馆
101	成都金蓉旅馆	成都市金堂县复兴街1号	金堂县	社会旅馆
102	成都大唐柯怡酒店	成都市金堂县复兴街100号	金堂县	社会旅馆
103	成都嘉一酒店	成都市金堂县滨江路二段191号	金堂县	社会旅馆
104	金堂谦城宾馆	成都市金堂县滨江路二段178号	金堂县	社会旅馆
105	成都水城名人酒店	成都市金堂县滨江路1段128-142号	金堂县	社会旅馆
106	日月旅馆	成都市金堂县赵镇永安街6号	金堂县	乡村酒店
107	宏成宾馆	成都市金堂县赵镇永安街32号	金堂县	乡村酒店
108	金堂幸福旅馆	成都市金堂县赵镇幸福横路87号附9号	金堂县	乡村酒店
109	金雨宾馆	成都市金堂县赵镇文化街432号	金堂县	乡村酒店
110	雅洁旅馆	成都市金堂县赵镇沱源社区5组	金堂县	乡村酒店
111	金同福旅馆	成都市金堂县赵镇十里大道277号	金堂县	乡村酒店
112	慧园旅馆	成都市金堂县赵镇三江路92号	金堂县	乡村酒店
113	蜀龙旅馆	成都市金堂县赵镇三江路82号	金堂县	乡村酒店
114	金良缘宾馆	成都市金堂县赵镇金龙路22号	金堂县	乡村酒店
115	望江旅馆	成都市金堂县赵镇金龙路20、22号	金堂县	乡村酒店
116	顺发旅馆	成都市金堂县赵家镇场镇	金堂县	乡村酒店
117	聚友旅馆	成都市金堂县赵家镇场镇	金堂县	乡村酒店
118	土桥镇旅馆	成都市金堂县土桥镇禹王下街	金堂县	乡村酒店

续表

序号	酒店名称	酒店地址	区域	酒店类型
119	高家庄客栈	成都市金堂县淮口镇淮白路153号	金堂县	乡村酒店
120	金堂福兴经营站招待所	成都市金堂县福兴镇复兴街158号	金堂县	乡村酒店
121	竹篙合作旅馆	成都市金堂县竹篙镇下正街368号	金堂县	乡村酒店
122	常乐旅馆	成都市金堂县竹篙镇上正街881号	金堂县	乡村酒店
123	人人乐旅馆	成都市金堂县竹篙镇上正街843号	金堂县	乡村酒店
124	雅洁招待所	成都市金堂县竹篙镇上正街727-729号	金堂县	乡村酒店
125	金堂曾家花园宾馆	成都市金堂县竹篙镇上正街688-690号	金堂县	乡村酒店
126	星星旅馆	成都市金堂县竹篙镇上正街635号	金堂县	乡村酒店
127	金堂县竹篙镇义江商务会所	成都市金堂县竹篙镇上正街590-592号	金堂县	乡村酒店
128	金堂馨平安旅馆	成都市金堂县赵镇朱家巷	金堂县	乡村酒店
129	钟楼旅馆	成都市金堂县赵镇钟楼街67号	金堂县	乡村酒店
130	小白鹅旅馆	成都市金堂县赵镇永安街82号	金堂县	乡村酒店
131	金豪旅馆	成都市金堂县赵镇永安街287-289号	金堂县	乡村酒店
132	金堂县鑫佳旅馆	成都市金堂县赵镇永安街1段269号	金堂县	乡村酒店
133	金堂博雨宾馆	成都市金堂县赵镇永安街1段	金堂县	乡村酒店
134	金堂县赵镇米兰商务宾馆	成都市金堂县赵镇平安桥10号	金堂县	乡村酒店
135	金堂金旺旅馆	成都市金堂县赵镇幸福路	金堂县	乡村酒店
136	妙然居旅馆	成都市金堂县赵镇幸福横路43号	金堂县	乡村酒店
137	韩滩旅馆	成都市金堂县赵镇新生村4组	金堂县	乡村酒店
138	新民旅馆	成都市金堂县赵镇新生村4组	金堂县	乡村酒店
139	金诚旅馆	成都市金堂县赵镇新生村3组	金堂县	乡村酒店
140	金堂县赵镇优客旅馆	成都市金堂县赵镇新龙路21号	金堂县	乡村酒店
141	金堂和平旅馆	成都市金堂县赵镇先锋小区	金堂县	乡村酒店
142	金堂金桥宾馆	成都市金堂县赵镇文化街81号	金堂县	乡村酒店
143	洁净旅馆	成都市金堂县赵镇文化街418号	金堂县	乡村酒店
144	成都金丰宾馆	成都市金堂县赵镇文化街20号	金堂县	乡村酒店
145	金堂万方宾馆	成都市金堂县赵镇万方街85号	金堂县	乡村酒店
146	金堂赵镇麒麟宾馆	成都市金堂县赵镇万安街66号	金堂县	乡村酒店
147	佳能宾馆	成都市金堂县赵镇万安街32号	金堂县	乡村酒店
148	雅轩旅馆	成都市金堂县赵镇万安街326号	金堂县	乡村酒店
149	玉珍旅馆	成都市金堂县赵镇沱源社区23组	金堂县	乡村酒店
150	金府宾馆	成都市金堂县赵镇顺安街53号	金堂县	乡村酒店
151	月光驿站	成都市金堂县赵镇十里花园K栋6号	金堂县	乡村酒店
152	金堂县金龙港旅馆	成都市金堂县赵镇十里大道一巷33号	金堂县	乡村酒店
153	金堂车站旅馆	成都市金堂县赵镇十里大道现代名城64号	金堂县	乡村酒店

续表

序号	酒店名称	酒店地址	区域	酒店类型
154	广场休闲中心	成都市金堂县赵镇十里大道广场苑	金堂县	乡村酒店
155	金堂三江旅馆	成都市金堂县赵镇十里大道37号	金堂县	乡村酒店
156	金堂县龙翔宾馆	成都市金堂县赵镇十里大道2段359号	金堂县	乡村酒店
157	金堂鸿运旅馆	成都市金堂县赵镇十里大道111号	金堂县	乡村酒店
158	禾江宾馆	成都市金堂县赵镇十里大道	金堂县	乡村酒店
159	金堂金易旅馆	成都市金堂县赵镇沙河街96–100号	金堂县	乡村酒店
160	沙河旅馆	成都市金堂县赵镇沙河街84号	金堂县	乡村酒店
161	潘大姐旅馆	成都市金堂县赵镇沙河街76号	金堂县	乡村酒店
162	金堂建华旅馆	成都市金堂县赵镇沙河街38号	金堂县	乡村酒店
163	雅怡旅馆	成都市金堂县赵镇沙河街	金堂县	乡村酒店
164	金堂鑫泓旅馆	成都市金堂县赵镇三江路351号	金堂县	乡村酒店
165	蓝色阳光商务会所	成都市金堂县赵镇欧康大厦	金堂县	乡村酒店
166	华生旅馆	成都市金堂县赵镇南滨路79号	金堂县	乡村酒店
167	金轩旅馆	成都市金堂县赵镇康宁街38–44号	金堂县	乡村酒店
168	金江宾馆	成都市金堂县赵镇康宁街247号	金堂县	乡村酒店
169	成都优博客宾馆	成都市金堂县赵镇菊园路114号	金堂县	乡村酒店
170	金堂桔园旅馆	成都市金堂县赵镇桔园市场	金堂县	乡村酒店
171	金堂金典宾馆	成都市金堂县赵镇桔园路43号	金堂县	乡村酒店
172	金堂金河旅馆	成都市金堂县赵镇金园街167号	金堂县	乡村酒店
173	金堂金酉旅馆	成都市金堂县赵镇金堂大道753号	金堂县	乡村酒店
174	天鲜旅馆	成都市金堂县赵镇金堂大道257号	金堂县	乡村酒店
175	成都金堂缔怡商务宾馆	成都市金堂县赵镇金广路33号	金堂县	乡村酒店
176	金广旅社	成都市金堂县赵镇金广路24号	金堂县	乡村酒店
177	互益旅馆	成都市金堂县赵镇金广路	金堂县	乡村酒店
178	金堂欣悦旅馆	成都市金堂县赵镇韩滩桥	金堂县	乡村酒店
179	韩桥旅馆	成都市金堂县赵镇韩滩路16号	金堂县	乡村酒店
180	金堂馨园旅馆	成都市金堂县赵镇观潮路21号	金堂县	乡村酒店
181	金堂金沙宾馆	成都市金堂县赵镇复兴街30号	金堂县	乡村酒店
182	金堂博豪宾馆	成都市金堂县赵镇复兴街242号	金堂县	乡村酒店
183	金堂金蓉旅馆	成都市金堂县赵镇复兴街1号	金堂县	乡村酒店
184	谦诚宾馆	成都市金堂县赵镇滨江路五横道路口	金堂县	乡村酒店
185	绿园宾馆	成都市金堂县赵镇滨江路	金堂县	乡村酒店
186	云合翠蓉旅社	成都市金堂县云合镇云桥街95号	金堂县	乡村酒店
187	庆国旅馆	成都市金堂县云合镇场镇	金堂县	乡村酒店
188	五凤旅社	成都市金堂县五凤镇玉凤街23号	金堂县	乡村酒店

续表

序号	酒店名称	酒店地址	区域	酒店类型
189	金江旅馆	成都市金堂县土桥镇禹王上街74号	金堂县	乡村酒店
190	金堂朝阳旅馆	成都市金堂县土桥镇上正街6号	金堂县	乡村酒店
191	金堂县大桥旅社	成都市金堂县清江镇火盆路174号	金堂县	乡村酒店
192	成都学府宾馆	成都市金堂县近郊三星镇大学城星岛国际3栋4楼	金堂县	乡村酒店
193	天天来旅馆	成都市金堂县金龙镇金石街133-135号	金堂县	乡村酒店
194	金堂淮静宾馆	成都市金堂县淮口镇青年路8号	金堂县	乡村酒店
195	青建旅社	成都市金堂县淮口镇青建路63号	金堂县	乡村酒店
196	洁美宾馆	成都市金堂县淮口镇淮州大道69号	金堂县	乡村酒店
197	典雅宾馆	成都市金堂县淮口镇淮州大道66号	金堂县	乡村酒店
198	吉祥居宾馆	成都市金堂县淮口镇淮州大道430号	金堂县	乡村酒店
199	金堂金满楼招待所	成都市金堂县淮口镇淮州大道27号	金堂县	乡村酒店
200	汇源鸿盛宾馆	成都市金堂县淮口镇淮州大道242号	金堂县	乡村酒店
201	金堂天华宾馆	成都市金堂县淮口镇淮州大道18号	金堂县	乡村酒店
202	成都金堂明珠商务宾馆	成都市金堂县淮口镇淮州大道180号	金堂县	乡村酒店
203	集贤旅馆	成都市金堂县淮口镇淮白路9号	金堂县	乡村酒店
204	淮州旅馆	成都市金堂县淮口镇淮白路50号	金堂县	乡村酒店
205	桔红宾馆	成都市金堂县淮口镇淮白路50号	金堂县	乡村酒店
206	淮尊休闲会所	成都市金堂县淮口镇淮白路266号	金堂县	乡村酒店
207	东云宾馆	成都市金堂县淮口镇淮白路	金堂县	乡村酒店
208	淮口龙门客栈	成都市金堂县淮口镇红光村1组	金堂县	乡村酒店
209	成都金堂爪龙溪餐饮有限公司	成都市金堂县官仓镇柿子树村12组	金堂县	乡村酒店
210	商业总店旅馆	成都市金堂县高板镇中心街	金堂县	乡村酒店
211	君豪宾馆	成都市金堂县福兴镇福乐社区创业横街	金堂县	乡村酒店
212	紫玉农庄	成都市金堂县赵镇香龙山村	金堂县	乡村酒店
213	紫鑫园休闲庄	成都市金堂县赵镇香龙山村	金堂县	乡村酒店
214	金岭山庄	成都市金堂县赵镇香龙山村	金堂县	乡村酒店
215	一休醉美食坊	成都市金堂县赵镇桐梓园村	金堂县	乡村酒店
216	梓圆乡泥鳅	成都市金堂县赵镇桐梓园村2组	金堂县	乡村酒店
217	田原农家乐	成都市金堂县赵镇三江社区	金堂县	乡村酒店
218	三江农家乐	成都市金堂县赵镇三江社区	金堂县	乡村酒店
219	乡村食府	成都市金堂县赵镇滨江路一段32号	金堂县	乡村酒店
220	小三峡农家乐	成都市金堂县淮口镇光荣村2组	金堂县	乡村酒店
221	江涵园林	成都市金堂县栖贤乡梨花沟	金堂县	乡村酒店

续表

序号	酒店名称	酒店地址	区域	酒店类型
222	骑龙山庄	成都市金堂县金龙镇骑龙社区	金堂县	乡村酒店
223	三溪书院	成都市金堂县三溪镇白庙村	金堂县	乡村酒店
224	白云人家	成都市金堂县三溪镇白庙村	金堂县	乡村酒店
225	园中缘	成都市金堂县三溪镇金峰村	金堂县	乡村酒店
226	麟凤家宴	成都市金堂县五凤镇	金堂县	乡村酒店
227	林家大院	成都市金堂县清江镇场镇口	金堂县	乡村酒店
228	洪湖休闲农庄	成都市金堂县赵镇栖木河2组	金堂县	乡村酒店
229	望江馨城	成都市金堂县淮口镇望江村2组	金堂县	乡村酒店
230	酒香山寨	成都市金堂县栖贤乡梨花沟	金堂县	乡村酒店
231	银杏生态园	成都市金堂县高板镇石龙社区11、13组	金堂县	乡村酒店
232	爪龙溪花园大酒店	成都市金堂县官仓镇柿子村12组	金堂县	乡村酒店

附录三 成都市绿色旅游饭店名单

序号	饭店名称	星级	地 址	审批日期
1	成都博瑞花园酒店	金叶	成都龙泉驿区龙都北路	2007.08
2	成都西藏饭店	金叶	成都市人民北路一段10号	2007.08
3	四川星逸酒店	金叶	成都市德盛路33号	2007.08
4	成都索菲特万达大饭店	金叶	成都市滨江中路15号	2007.12
5	锦江宾馆	金叶	成都市人民南路二段80号	2007.12
6	望江宾馆	金叶	成都市下沙河铺42号	2007.12
7	成都岷山饭店	金叶	成都人民南路二段63号	2007.12
8	成都金玉阳光大酒店	金叶	成都市双林路88号	2007.12
9	成都天府阳光酒店	金叶	成都市泰升北路2号	2007.12
10	成都京川宾馆	金叶	成都一环路西一段144号	2007.12
11	加州花园酒店贵宾楼	银叶	成都市沙湾路258号	2008.6
12	成都天湖宾馆	银叶	成都市五丁路17号	2008.12
13	成都润邦国际酒店	金叶	成都市金牛区蜀汉路249号	2009.11
14	成都鱼凫国都温泉酒店	金叶	成都温江区鱼凫国都温泉大酒店	2009.12
15	成飞宾馆	银叶	青羊区黄田坝	2010.12
16	青城（豪生）国际酒店	金叶	都江堰市青城山镇青城大道88号	2010.12
17	成都波尔菲特酒店	银叶	成都市武侯区佳灵路75号	2012.12
18	凤凰湖天泉酒店	银叶	成都市青白江区石家碾中路88号	2012.5
19	中堰国际酒店	银叶	都江堰市灌温路110号	2014.10

附录四　2014年全国重点旅游城市星级饭店主要指标排名前十名统计表

地区	平均房价（元/间夜）	地区	平均出租率（%）	地区	每间可供出租客房收入（元/间夜）	地区	每间客房平摊营业收入（千元/间）	地区	全员劳动生产率（千元/人）	地区	人均实现利润（千元/人)
三亚	751.49	长沙	78.56	三亚	502.07	上海	329.46	上海	340.06	三亚	68.83
北京	714.09	昆明	71.10	上海	415.34	三亚	281.89	三亚	293.26	上海	33.70
上海	652.06	三亚	66.81	北京	394.58	北京	246.84	北京	258.39	广州	12.67
广州	486.68	深圳	65.96	深圳	310.06	温州	232.54	广州	220.61	昆明	11.35
厦门	471.38	珠海	64.05	广州	299.26	长沙	228.97	厦门	213.16	深圳	11.12
深圳	470.05	上海	63.69	厦门	299.16	深圳	220.61	杭州	212.78	福州	7.69
成都	429.72	厦门	63.47	长沙	291.49	广州	218.66	深圳	211.71	丽江	6.36
杭州	408.85	南京	63.46	昆明	254.51	无锡	210.40	拉萨	211.27	厦门	5.90
武汉	408.73	福州	62.64	南京	241.32	厦门	206.71	长沙	207.87	珠海	5.84
天津	405.70	济南	62.54	福州	241.00	南京	202.31	苏州	204.36	南京	2.42

附录五 2014年四川省星级饭店主要经济指标统计表

序号	项目	指标数据
1	四川省星级饭店营业总收入	78.47亿元
2	四川省星级饭店客房总收入	38.89亿元
3	四川省星级饭店主营业务利润	17.58亿元
4	星级饭店平均房价（五星级）	742.33元/间夜
5	星级饭店平均房价（四星级）	342.84元/间夜
6	星级饭店平均房价（三星级）	233.54元/间夜
7	星级饭店平均房价（二星级）	161.45元/间夜
8	星级饭店平均房价（一星级）	123.81元/间夜
9	四川省星级饭店平均房价	333.73元/间夜
10	四川省星级饭店平均出租率	52.17%

附录六 2014年中国饭店集团60强名单

序号	集团名称	饭店数量（家）	客房数量（间）
1	如家酒店集团	2810	316175
2	铂涛集团	3251	298435
3	华住酒店集团	2669	270063
4	格林豪泰酒店管理集团	2124	208152
5	上海锦江国际酒店（集团）股份有限公司	1334	177839
6	温德姆酒店集团	870	96870
7	喜达屋酒店与度假村集团	267	85365
8	洲际酒店集团	239	77750
9	万豪国际集团	199	63305
10	维也纳酒店集团	479	61637
11	开元酒店集团	186	56320
12	东呈酒店集团	571	54423
13	青岛尚客优城际酒店管理有限公司	951	53751
14	北京首旅酒店（集团）股份有限公司	166	35885
15	雅高酒店集团	145	34515
16	南京金陵酒店管理有限公司	126	34436
17	山东蓝海酒店集团	100	32999
18	碧桂园凤凰国际酒店管理公司	100	31108
19	海航酒店（集团）有限公司	89	29528
20	凯锐酒店集团	102	29181
21	港中旅酒店有限公司	81	28525
22	住友酒店集团	354	24881
23	山东银座旅游集团有限公司	223	22843
24	香格里拉酒店集团	47	21536
25	君庭酒店及度假村集团	90	20652
26	湖南华天国际酒店管理有限公司	78	20296
27	绿地国际酒店管理集团	71	20289
28	万达酒店及度假村	64	19543
29	希尔顿酒店管理（上海）有限公司	52	19428
30	广州岭南国际酒店管理有限公司	67	18061

续表

序号	集团名称	饭店数量（家）	客房数量（间）
31	湖南和一酒店连锁有限公司	88	17396
32	浙江世贸君澜酒店管理有限公司	68	16651
33	河南中州国际集团管理有限公司	76	16408
34	凯莱国际酒店管理（北京）有限公司	60	14855
35	康年国际酒店集团	49	14685
36	北京国宾友谊国际酒店管理有限责任公司	50	14175
37	四川锦江旅游饭店管理有限责任公司	45	14096
38	北京桔子水晶酒店管理咨询有限公司	108	13845
39	粤海（国际）酒店管理集团有限公司	45	13408
40	雅阁酒店集团（澳大利亚）	64	13284
41	明宇酒店股份有限公司	38	13003
42	白天鹅酒店集团有限公司	41	11834
43	石家庄国大酒店经营有限公司（驿家365连锁酒店）	170	11651
44	雷迪森旅业集团有限公司	57	10535
45	上海衡山集团饭店管理公司	38	10316
46	恒大酒店集团	25	10206
47	世纪金源酒店集团	20	10117
48	阳光酒店管理集团有限公司	43	9306
49	四川岷山集团有限公司	68	8843
50	北京天伦国际酒店管理有限公司	28	8265
51	湖北尚一特酒店管理有限公司	150	8120
52	贝斯特维斯特（北京）国际酒店管理有限公司	51	7950
53	亚朵（上海）酒店管理有限公司	60	7882
54	陕西旅游饭店管理（集团）股份有限公司	44	7769
55	深航酒店管理有限公司	27	7081
56	尊茂酒店控股有限公司	42	7044
57	福建中旅饭店管理有限责任公司	31	6700
58	城市名人酒店管理（中国）股份有限公司	26	6062
59	中青旅山水酒店投资管理有限公司	47	5895
60	远洲酒店集团	22	5565

附录七　2014年中国饭店品牌100强名单

排名	品牌名称	所属集团	品牌指标
1	7天酒店	铂涛集团	122.07
2	如家酒店	如家酒店集团	110.55
3	汉庭	华住酒店集团	106.79
4	香格里拉	香格里拉酒店集团	96.37
5	洲际	洲际酒店集团	85.89
6	锦江之星	上海锦江都城酒店管理有限公司	82.48
7	喜来登	喜达屋酒店及度假村集团	79.05
8	希尔顿	希尔特全球酒店集团	73.46
9	四季	四季酒店集团	70.46
10	万豪	万豪国际集团	65.64
11	凯宾斯基	凯宾斯基酒店集团	53.66
12	凯悦	凯悦酒店集团	52.97
13	布丁	住友酒店集团	51.98
14	格林豪泰	格林豪泰酒店管理集团	50.58
15	君悦	凯悦酒店集团	47.03
16	皇冠假日	洲际酒店集团	42.02
17	丽思卡尔顿	万豪国际集团	40.45
18	开元	开元酒店集团	39.6
19	威斯汀	喜达屋酒店及度假村集团	38.82
20	华尔道夫	希尔顿全球酒店集团	30.63
21	艾美	喜达屋酒店及度假村集团	29.7
22	文华东方	文华东方酒店与度假村集团	28.64
23	索菲特	雅高酒店集团	27.84
24	半岛	半岛酒店集团	27.55
25	朗廷	朗廷酒店集团	27.22
26	朗豪	朗廷酒店集团	26.72
27	JW万豪	万豪国际集团	26.48
28	速8	温德姆酒店集团	26.05
29	世纪金源	世纪金源酒店集团	25.48
30	海友	华住酒店集团	25.14
31	华天	湖南华天国际酒店管理有限公司	24.6
32	海航	海航酒店（集团）有限公司	24.13

续表

排名	品牌名称	所属集团	品牌指标
33	柏悦	凯悦酒店集团	23.95
34	瑞吉	喜达屋酒店及度假村集团	23.41
35	铂尔曼	雅高酒店集团	23.09
36	金陵	金陵酒店管理有限公司	22.85
37	华侨城	华侨城国际酒店管理有限公司	22.84
38	悦榕庄	悦榕控股有限公司	21.76
39	豪生	温德姆酒店集团	21.69
40	维也纳	维也纳酒店集团	21.12
41	丽晶	卡尔森瑞德酒店集团	20.87
42	建国	首旅酒店集团	19.93
43	锦江	上海锦江国际酒店（集团）股份有限公司	19.63
44	诺富特	雅高酒店集团	19.16
45	温德姆	温德姆酒店集团	19.09
46	莱佛士	莱佛士酒店集团/FRHI酒店集团	18.57
47	绿地	绿地国际酒店管理集团	18.25
48	美高梅	美高梅国际酒店集团	17.74
49	希尔顿逸林	希尔顿全球酒店集团	17.67
50	莫泰酒店	如家酒店集团	17.04
51	宜必思	雅高酒店集团	16.18
52	维景	港中旅酒店有限公司	15.54
53	星程	华住酒店集团	14.09
54	费尔蒙	费尔蒙酒店集团/FRHI酒店集团	13.96
55	豪华精选	喜达屋酒店及度假村集团	13.89
56	万丽	万豪国际集团	12.98
57	全季	华住酒店集团	12.55
58	华美达	温德姆酒店集团	12.50
59	万怡	万豪国际集团	11.97
60	福朋喜来登	喜达屋酒店及度假村集团	11.91
61	康莱德	希尔顿全球酒店集团	11.68
62	裸心	裸心酒店管理集团	11.50
63	雅乐轩	喜达屋酒店及度假村集团	11.49
64	尚客优	尚客优集团	11.32
65	美爵	雅高酒店集团	11.31
66	丽笙	卡尔森瑞德酒店集团	11.01
67	最佳西方	贝斯特韦斯特酒店集团	10.84

续表

排名	品牌名称	所属集团	品牌指标
68	万达文华	万达酒店及度假村	10.79
69	马哥孛罗	马哥孛罗酒店集团	10.51
70	桔子水晶	桔子水晶酒店集团	10.10
71	百时快捷	上海锦江都城酒店管理有限公司	9.84
72	开元名都	开元酒店集团	9.81
73	戴斯	温德姆酒店集团	9.68
74	日航	日航酒店管理集团	9.28
75	粤海	粤海（国际）酒店管理集团有限公司	9.17
76	锦江都城	上海锦江都城酒店管理有限公司	8.97
77	万达嘉华	万达酒店及度假村	8.75
78	千禧	千禧国敦酒店集团	8.73
79	金广快捷	上海锦江都城酒店管理有限公司	8.37
80	凯莱	凯莱酒店集团	7.89
81	智选假日	洲际酒店集团	7.66
82	城市之家	安徽古井酒店管理公司	7.48
83	英迪格	洲际酒店集团	7.47
84	卓美亚	卓美亚酒店集团	7.37
85	君澜	君澜酒店集团	7.28
86	美居	雅高酒店集团	7.05
87	南苑	首旅酒店集团	6.83
88	99旅馆	上海恭胜酒店管理有限公司	6.74
89	和颐	如家酒店集团	6.69
90	碧桂园凤凰	碧桂园凤凰国际酒店管理公司	6.57
91	皇家驿栈	北京大成有方酒店管理集团	6.39
92	天伦	天伦国际酒店管理有限公司	6.34
93	城市便捷	东呈酒店集团	6.29
94	安达仕	凯悦酒店集团	6.14
95	雷迪森	雷迪森旅业集团有限公司	6.03
96	隐居	浙江隐居集团有限公司	5.56
97	城市名人	城市名人酒店集团	5.55
98	君亭	君亭酒店	5.3
99	唐拉雅秀	海航酒店集团	5.29
100	安缦	安缦酒店集团	5.20

参考文献

[1] 文吉 . 中国星级酒店空间布局研究 [J]. 商业研究，2004（21）：154-159.

[2] 梅林，韩蕾 . 中国星级酒店空间分布与影响因子分析 [J]. 经济地理，2011，31（9）：1580-1584.

[3] 姜海宁，谷人旭，李广斌，等 . 南京市星级酒店空间可达性格局研究 [J]. 地域研究与开发，2012，31（2）：129-134.

[4] 侯兵，黄震方，陈肖静 . 主客体视角的城市经济型酒店空间分布研究——以扬州市为例 [J]. 旅游学刊，2009，24（5）：72-79.

[5] 蔡雨泉 . 苏州高端酒店空间分布研究 [D]. 苏州大学，2012.

[6] 刘国果 . 广州星级酒店空间分布特征研究 [J]. 中山大学研究生学刊（自然科学与医学版），2011（1）：102-113.

[7] 龙茂兴，马丽君 . 中国星级酒店空间分布差异及其影响因素 [J]. 经济论坛，2013（8）：87-92.

[8] 徐宽志 . 乌鲁木齐市星级酒店空间分布研究 [D]. 新疆大学，2009.

[9] 柯立 . 南京主城区经济型酒店空间布局分析 [J]. 镇江高专学报，2008，21(2)：62-64.

[10] 李龙，王朝辉，李保超，等 . 上海市星级酒店空间可达性及其驱动力研究 [J]. 海南师范大学学报（自然科学版），2016，29（4）：425-434.

[11] 李美婷 . 东莞星级酒店空间布局及形成机制研究 [J]. 现代城市研究，2014（5）：27-31.

[12] 兰肖雄 . 基于扩展效率与空间形态结合的城市蔓延综合判别——以成都市为例 [D]. 中国科学院研究生院，2012.

[13] 肖晓 . 主题酒店创意与管理 [M]. 成都：西南财经大学出版社，2010 年 7 月 .

[14] China Hotel Review_2014 [EB/OL]. http：//www.strglobal.com/，2014-06-17.

[15] AP Hotel Review 2014 [EB/OL]. http：//www.strglobal.com/，2014-06-21.

[16] 中国住宿业革命 [EB/OL]. http：//www.docin.com/p-1693007161.html，2014-10-21.

[17] 四川省旅游星级饭店发展战略规划征求意见稿（2006—2020 年），2016-10-28.

[18] 李克强出席首届世界旅游发展大会开幕式并致辞 [N]. 人民日报，2016-05-20.

[19] 2015 年全国旅游工作会议在南昌召开，国家旅游局信息中心，2015-01-16.

［20］国务院关于印发十三五旅游业发展规划的通知［EB/OL］. 中国政府网，2016-12-26.

［21］四川省十三五旅游业发展规划［EB/OL］. 四川省人民政府网站，2017-04-22.

［22］成都旅游产业十三五规划及投资前景预测报告（2017—2020 年），产业经济研究院，2016-11.

［23］郭献山 . 市场营销策划［M］. 长沙：湖南师范大学出版社，2015.

［24］翟运涛 . 现代酒店管理（最新版项目化教程）［M］. 长沙：湖南师范大学出版社，2016.

［25］卢竹 . 旅游市场营销（最新版项目化教程）［M］. 长沙：湖南师范大学出版社，2016.

策划编辑：段向民
责任编辑：李志忠　张芸艳
责任印制：谢　雨
封面设计：何　杰

图书在版编目（CIP）数据

旅游住宿业升级增效研究：成都市旅游住宿业“十三五”发展研究报告 / 韩勇等著 . -- 北京：中国旅游出版社，2017.6

ISBN 978-7-5032-5879-4

Ⅰ . ①旅… Ⅱ . ①韩… Ⅲ . ①旅馆－服务业－经济发展－研究报告－成都－ 2016-2020 Ⅳ . ① F719.2

中国版本图书馆 CIP 数据核字 (2017) 第 193226 号

书　　名：旅游住宿业升级增效研究：成都市旅游住宿业“十三五”发展研究报告

作　　者：韩勇等著
出版发行：中国旅游出版社
（北京建国门内大街甲9号　邮编：100005）
http://www.cttp.net.cn　E-mail:cttp@cnta.gov.cn
营销中心电话：010-85166503
排　　版：北京旅教文化传播有限公司
经　　销：全国各地新华书店
印　　刷：河北省三河市灵山红旗印刷厂
版　　次：2017年6月第1版　2017年6月第1次印刷
开　　本：787毫米×1092毫米　1/16
印　　张：27.5
字　　数：480千
定　　价：55.00元
I S B N　978-7-5032-5879-4
